国家出版基金项目
NATIONAL PUBLICATION FOUNDATION

HISTORY OF CHINESE PERIODICALS

中国期刊史

第一卷(1815—1911)

石 峰 主编 刘兰肖 著

人民出版社

绪　论

石　峰

一

1815 年 8 月 5 日，英国传教士威廉·米怜（Willian Milne，1785—1822）和他的中国助手、刻字工梁发（1789—1855，又名梁亚发，广东肇庆人），在华人聚居的英属殖民地马六甲创办了《察世俗每月统记传》（Chinese Month Magazine），学界普遍认为，这是世界上第一本以华人为读者对象的中文期刊（亦可称为杂志）。后因米怜病重无人主持，该刊于 1822 年停刊，共出版八十多期。其主要以传播基督教教义和伦理道德为主，同时介绍一些西方历史、地理、风俗和科学知识等方面的内容，也偶有新闻刊发。当时英国是近代报刊业出现较早的国家之一，《察世俗每月统记传》从内容到形式都因袭了英国人所办刊物的特征。

一些学者认为，清乾隆五十七年（1792 年）由清代名医唐大烈编纂的《吴医汇讲》是中国最早的中文期刊。《吴医汇讲》到清嘉庆六年（1801 年）停止刻印出版，前后历时 10 年，共刊印 11 卷。《吴医汇讲》尽管有专业类期刊的一些元素，但尚不具备期刊的本质特征，从形式到内容更像文稿汇集的丛书，而且当时编者的主观意图也并不是当作期刊出版。所以，学界一般认为，从严格意义上讲，把《吴医汇讲》作为最早的中文期刊有些牵强。对此，刘兰肖博士在本史首卷中作了比较翔实的阐述，权当一家之言。以《察世俗每月统记传》的创办为标志，到 2015 年中文期刊已经走过了 200 年的历史。

纵观这 200 年，中文期刊的产生、发展以及曾经的波折不是孤立的，都与这 200 年中国社会的变迁密切相关。任何社会现象的产生发展乃至消亡，都是在一定社会历史条件下发生的。期刊作为一种信息传播媒体，它的出现反映了当时社会生产力和思想文化发展的需要，曾经出版的任何一种期刊都承载着大量社会发展变化的信息。据有关资料记载，法国的第一个科技期刊《博学者杂志》（Jovrnal des Scavans）诞生于 1665 年，是世界上最早的科技刊物。16 世纪前后，欧洲社会生产力的发展，使欧洲社会发生重大转折——从封建社会开始向资本主义社会过渡，加上欧洲文艺复兴运动，成为时代变革的先声，也极大地推动了法国的科技进步。在这样的社会背景下，《博学者杂志》的创办可谓应运而生，其水有源。

期刊媒体是一种特殊的社会利器，既能客观地记录社会的发展变化，又能对社会变迁的种种因素做出一定程度的揭示，同时又会反作用于社会。在这个作用与反作用的过程中，期刊和社会同呼吸、共命运，在社会生态环境的滋养和磨砺下成长。因此，把 200 年来中文期刊的发展脉络梳理清楚，把期刊业的发展进步与社会的发展进步之关联性揭示出来，把不同历史阶段的杰出办刊人的办刊理念和经营模式加以总结，对于我们深刻认识期刊在社会发展变革中的地位和作用，科学总结期刊业的发展经验和规律，正确把握新时期期刊出版的舆论导向和发展方向，都有着重要的意义。特别是自 20 世纪末以来，新兴媒体的迅速崛起，对传统期刊业形成强势冲击，期刊业的发展出现历史性拐点，期刊形态正在发生着深刻变化。在这个新旧融合、交替的节点上来回顾过去、审视当下、展望未来，更具有标志性的意义。由此，中国期刊协会产生了组织编撰《中国期刊史》的动议。

经过座谈访问，听取各方意见，明确了主旨思想，初步确定了要编撰一部什么样的期刊史的问题。同时，组建了长期从事期刊研究、以中年学者为主体的撰稿班子。张伯海老先生是业界公认的从事期刊出版研究的资深专家，在国家行政机关管理期刊出版工作二十多年，虽年逾八旬，却始终为期刊业操心劳神，且颇有建树，编撰《中国期刊史》也是他的夙愿，特聘他为编撰顾问。

以 200 年历史时段编撰的这部《中国期刊史》，不仅意在客观、准确地记录中国期刊曾经的发展历程，更想在科学总结我国期刊发展的客观规律与历史经验中，将中国特色社会主义期刊事业的核心品质传递给新一代期刊人，以期在期刊的数字化变革中，步子走得更加坚定执着。

二

根据编撰《中国期刊史》的主旨思想，确定了《中国期刊史》的基本框架。全书近二百万字，分为五卷：

第一卷（1815—1911），自晚清到辛亥革命的期刊历史。这一时期是中国期刊的萌生和初创期，重在探寻中国期刊生长的本土"基因"，由从事出版科学基础理论研究的刘兰肖博士撰稿。她对这一时期中国社会的政治、经济、文化、科技等诸多社会生态环境进行了深入剖析，试图回答中国期刊发展历史研究中的一系列疑惑和问题，提出了许多自己独到的见解。如中国是文明古国，中国古代的四大发明中，造纸术和印刷术都与出版业息息相关，中国的古代出版业是走在世界前列的，但是为什么到了近代，中国期刊的产生却比西方国家晚了约一百五十年？为什么第一本中文期刊是由外国人创办、在境外出版的？1840年鸦片战争以后中国沦为半封建半殖民地国家，为什么以反帝反封建为旗帜的期刊没能在中国如期出现？晚清时期中国期刊的时代特征是什么？等等，这些问题作为期刊史都是回避不了的。刘兰肖博士从一个史学者的角度，纵览这一时期中国社会的政治生态和文化现象，坚持历史唯物主义观点，对腐朽没落的封建制度，对西方列强的疯狂入侵和掠夺，对以林则徐、康有为、梁启超等为代表的反帝反封建力量可歌可泣的抗争，以及近代中国人期刊观念的嬗变，都做了全面客观的评析，向读者呈现了这一时期中国期刊成长的时代景象和历史风采，可谓艰难曲折。

中文期刊的真正兴起是在清王朝覆灭前的十几年。随着维新运动高潮的到来以及革命思潮的发展，民众日益觉醒，期刊成为仁人志士手中强大的思想武器，期刊业得到了蓬勃发展。这一时期最有代表性的期刊和办刊人以及期刊业呈现的特征，本卷都做了详尽而客观的介绍。

　　第二卷（1911—1949），主要是民国时期的期刊历史。这一时期中国社会风起云涌，阶级矛盾错综复杂，革命斗争艰难曲折、但势不可挡，思想文化领域良莠共生、阵线分明，中国期刊的生态环境光怪陆离；而反映人民心声的进步期刊在夹缝中生长，其战斗性得到了充分洗礼，涌现出一批革命性、思想性、斗争性都很强的期刊和办刊人。该卷由民国史研究专家吴永贵博士撰稿。

　　辛亥革命以后，产生了一个具有这一时期标志性特征的刊物《新青年》（1915 年 9 月 15 日，陈独秀在上海创办《青年杂志》，1916 年 9 月 1 日第二卷第一号改名为《新青年》）。《新青年》距离第一个中文刊物《察世俗每月统记传》的创刊，正好是 100 年时间；而《青年杂志》的创刊到 2015 年中国传统期刊在数字化大潮中出现转折，又正好是 100 年。在这两个 100 年中，《新青年》在中国期刊的发展历史上有着承前启后的重要意义。《新青年》的创办标志着中国期刊在社会变革中开始走到历史的前台，传播先进思想和文化，为人民群众拨云驱雾，为社会生活注入生机活力，无论是传播力、感召力、影响力都实现了一个大的提升与飞跃。

　　辛亥革命推翻了清王朝，中国处于社会大转折、大变动中，民族矛盾激化，军阀混战加剧，社会思潮四起，为期刊业的发展赋予了全新的使命。晚清时期的士大夫阶层有崇尚"清议"的传统，也可以说这是当时中国社会的一种舆论形式。一些上层人士和知识分子经常在一起议论国是，对社会现象高谈阔论，对人对事品头论足，以表达自己的政治见解。中日甲午战争失败以后，民族危亡、国难当头，使他们意识到"清议"不能救国。于是他们从西方报刊舆论的影响力中得到启发，纷纷投身办报办刊，以扩大自我政见的社会影响。这是知识分子阶层以言论影响政治的一种自我觉醒和升华，也是中国舆论形式的一次大转折。

　　期刊的"战斗性"日益彰显，是这一时期期刊业发展的内生动力。在这一卷中，吴永贵博士在深入分析当时社会背景和政治流变的基础上，着重介绍了在解放区和"白区"创办的较有影响的期刊，特别是对在中国共产党领导下由革命先驱直接参与创办的期刊和杰出的办刊人都做了全面介绍，同时还原了当时出现的一些期刊的独特现象。当然，社会是多元的，对期刊的需求也是多方面的，因此这一时期还有许多其他流派和性质的期刊，作者也择其要者进行客观评介，包括 20 世纪 20 年代文化保守主义的刊物，以反映当时期刊出版的生态和原貌。

第三卷（1949—1978），是新中国成立以后到党的十一届三中全会之前的期刊历史。这一时期是新中国期刊的重建和探索阶段，是为新中国期刊业定性、定调、定方向的时期。在这个过程中，期刊业获得了空前的发展，但也经受了十年"文化大革命"的摧残，经验和教训都极其深刻。这一时期期刊业发展所留下的印迹，可以说至少影响了两代期刊人。该卷由研究中国近现代思想史和中外出版文化史的专家范继忠博士撰稿。

新中国的成立意味着中国社会性质的根本改变，中国的历史从此开辟了一个新的时代。改变落后的生产关系，清除腐朽的上层建筑，建立适应生产力发展要求的新制度、新体系，成为这个新时代的主题，一切"从新"成为这一时期最耀眼的主题词。属于上层建筑范畴的期刊业，既要承接革命战争年代中国共产党领导期刊出版工作的优良传统，更重要的是要"再造"一个全新的期刊业。范继忠博士把新中国之初期刊业的这个"再造"过程，称之为新中国期刊业的"奠基"。

中国共产党在长期的革命斗争实践中，对社会舆论的独特作用有着自己独到的理解，深谙包括期刊在内的出版工作在新中国新政权建设中的重要性和特殊性，在建立新中国的千头万绪中，即对新生的出版事业进行了精心部署。1949 年 2 月成立了中央宣传部出版委员会，着手设计新中国出版事业的建制和布局。同年 10 月 3 日中华人民共和国成立第三天，该委员会就在北京召开了全国新华书店工作会议，毛泽东主席为大会题词："认真作好出版工作"。时任中央人民政府副主席的朱德同志在开幕讲话中，号召全国出版工作者准备迎接随着经济建设高潮而到来的文化建设高潮，勉励大家把《中国人民政治协商会议共同纲领》中"发展人民出版事业"这一条变成现实。这次会议为新中国出版事业的发展在方向上、政策上、组织上、制度上、业务上奠定了基础。会议结束的 10 月 19 日，中央人民政府第三次会议通过任命：胡愈之为出版总署署长，叶圣陶、周建人为副署长，并于 11 月 1 日召开出版总署成立大会。与此同时，10 月 25 日《人民文学》杂志创刊，这是新中国第一本全国性文学刊物，毛泽东主席为创刊号题词："希望有更多好作品出世"。11 月 15 日《新华月报》创刊，毛主席为之题写刊名。这一切还原到当时的历史环境和条件下，说明党中央、毛主席对出版事业是何等的重视和关怀。

1950年9月，在中宣部出版委员会召开的第一届出版会议上，作出了《关于改进期刊出版工作的决议》；1952年12月20日，中共中央又发布了《关于加强报纸期刊出版发行工作的规定》，这对中国的期刊出版工作而言，可以说是开天辟地的。同时，有关管理部门还先后作出了一系列政策性规定，如不允许成立私营出版机构，期刊定价不得有地区差价，期刊只能交邮政发行，等等。回顾这一时期中央人民政府对期刊业的种种规范和要求，对社会主义期刊事业来说，有的是带根本性的，至今仍需坚持；有的是为巩固新政权、实行计划经济体制或政治运动使然，是阶段性的，须与时俱进；也有对期刊业发展的规律认识不足、对期刊的市场属性尊重不够带来的缺憾，这在探索社会主义期刊事业发展过程中是不可避免的，今天我们需要多维度地去考察。

胡愈之先生是新中国期刊业的奠基者和开创者之一。他是新中国第一任出版总署署长，对旧中国期刊业进行的整合改造，对新中国期刊业发展方向的确定和体制的建立，对新型期刊业运行机制的规范和扶植政策的制定，以及亲自主持创办《新华月报》的实践等等，在中国特色社会主义期刊业的形成、发展过程中，都留下了不可磨灭的业绩。他的出版理论建树和办刊思想、办刊实践，影响深远。

新中国成立之初创办的许多刊物，直到今天仍有较大影响，这是十分难能可贵的。特别是逐步形成的"中国""中华""人民"等字头的系列期刊，成为新中国期刊的一个重要特征。新中国成立以后出现的党刊系列，至今仍是推进党的建设和解读党的政策的重要阵地。地方刊物也曾伴随新中国的脚步得到了长足发展。对这一时期我国期刊业发展的脉络和经历的曲折，范继忠博士也进行了全面梳理和介绍。由于频繁的政治运动，也出现过一些昙花一现的刊物，书中也做了客观描述。而因政治、经济因素造成的期刊出版大起大落现象，作者也进行了深入研究和分析，以求留下前车之鉴。至于"文化大革命"对期刊业造成的损害，作者力求进行实事求是的评述，也给读者留下了思考的空间。

第四卷（1978—2015），是党的十一届三中全会以后跨越近四十年的期刊历史。这一时期的中国期刊业，经过正反两方面经验教训的总结和沉淀，在改革开放大潮的带动下，发展过程尽管有起伏，但始终保持旺盛的生命力，是中国期刊业发展最好的时期，也是体现中国特色社会主义期刊事业最充分的时期。特别是党的十八大以后，开启了以实现中华民族伟大复兴中国梦为目标的新时代，期刊业开始了新的征程。期刊品种由 1978 年的 930 种增加到 2015 年的 10014 种，总印数由 1978 年的 7.62 亿册增加到 2015 年的 28.78 亿册（2012 年曾达到 33.48 亿册的峰值）。这一部分由李频博士撰稿。李频博士长期研究当代中国期刊，二十多年来始终站在文化体制改革前沿跟踪我国期刊业的改革发展，时有新鲜观点与业界分享，并出版了《共和国期刊 60 年》一书。他对这一时期的期刊发展走势有深入的研究和思考。

我国实行改革开放以后，期刊的生存发展环境发生了根本性改变。

第一是政治环境的变化。党的十一届三中全会以后，我国平稳有序地推进政治体制改革。虽说这种改革是我国社会主义制度的自我完善，但是，政治体制改革牵一发而动全身，对社会的方方面面都不由自主地带来悄然而深刻的变化。期刊出版也不例外，从管理体制、运行机制都迫切需要进行改革。党的指导思想从"以阶级斗争为纲"转变为以经济建设为中心，思想解放运动，真理标准大讨论，国家行政管理体制、管理机构改革等，直到党的十八大以后提出一系列治国理政的新思想，大力倡导社会主义核心价值观等等，都对期刊业的发展提出了新的更高的要求。

第二是经济环境的变化。经济体制改革是改革开放以后首先着力的方面，而且持续深入、跨步前行。从承包制到绩效挂钩，从鼓励个体经营到放手发展民营经济，从确立市场主体到完善法人治理结构，从股份制到混合所有制，从发挥市场的基础性作用到发挥市场的决定性作用等等，以市场为导向的经济体制改革，是对计划经济体制的一种全方位的渐进式的颠覆。经济体制改革的目标是建立中国特色社会主义市场经济体制。随着这个目标的逐步实现，整个社会的所有经济活动无一例外地都将经历深刻变革。期刊作为一种文化产品，虽然有其意识形态的特殊性，但同样要经过市场环节才能发挥其功能，它的商品属性也是不言而喻的。因此，期刊经营也要摆脱计划经济的束缚，走进市场，最大限度地发挥市场机制的作用。这就要求期刊从业者解放思想、转变观念、创新机制，在确保党的领导和正确舆论导向的前提下，建立起与社会主义市场经济体制相适应的经营模式，实现社会效益与经济效益的最大化。

第三是社会环境的变化。改革开放以后，中国共产党重新确认了我国仍处于社会主义初级阶段，并把它作为我们认识当前社会矛盾、制定方针政策的基本出发点。社会主义初级阶段就必须承认社会利益的多元化和价值取向的多元化，由此又出现了社会思潮、利益诉求空前活跃。而在由计划经济向社会主义市场经济的社会转型过程中，各种思想文化相互激荡，社会矛盾空前凸显，倡导和弘扬社会主义核心价值观、营造和谐的社会环境更加紧迫而艰巨。执政为民理念深入人心，老百姓的维权意识日益增强，又增加了社会工作的复杂性。2001 年 12 月 11 日中国正式成为世界贸易组织（WTO）成员，这是我国对外开放的里程碑事件，对我国社会生活产生了深刻而深远的影响。期刊作为社会思想、文化理念、价值取向的传播载体，从指导思想到刊载内容都必须进行调整和创新。

第四是文化环境的变化。"文化大革命"结束以后，思想文化领域首先进行了拨乱反正、正本清源，这是这一时期期刊出版工作面临的首要任务。随着改革开放逐步推进，文化领域的改革也日益活跃起来，文化工作的体制机制随之发生了很大变化。"三个代表"重要思想提出以后，"代表先进文化前进方向"成为期刊出版舆论导向的根本要求。党的十六大明确提出了要建设社会主义文化强国的任务，并采取了一系列扶植激励文化大发展大繁荣的政策措施。习近平总书记更把增强国家文化软实力，提高到关系我国在世界文化格局中的定位、关系我国国际地位和国际影响力、关系"两个一百年"奋斗目标和中华民族伟大复兴中国梦的实现的高度。这是中国共产党人对文化的地位和作用认识的新境界。期刊出版工作是文化建设的重要组成部分，对期刊业的改革发展要求更高、任务更重、责任更大了。

第五是媒体格局的变化。20 世纪 90 年代以后，数字技术借助互联网在传播领域的广泛应用，各种新兴形态的媒体应运而生，其发展之快、影响之大、冲击之猛，出乎人们的想象。媒体格局的变化，传统媒体面临新的严峻考验，有人甚至用"柯达"的终结来警告传统媒体的未来。但是，数字技术和互联网为传统媒体带来的机遇也是前所未有的。传统媒体可以利用互联网和数字化整合内容资源，创新传播形式，提升传播速度，扩大传播范围，等等。传统媒体与新兴媒体融合发展，将给传统媒体带来新的生机和活力。

这些变化对期刊业的影响是全面而深刻的。李频博士对改革开放以后期刊业发展的时代背景和特征做了深入的分析，对这一时期期刊业发展的轨迹和概貌做了清晰的描述，对新时期出现的期刊现象进行了多维度的思考。特别是 20 世纪 80 年代前后期刊业呈现的独特景象，他认为在世界期刊史上都是绝无仅有的，很有研究价值，为此他做了重点介绍。尤其是他对这一时期较有代表性的若干期刊，进行了认真调查研究，用较大的篇幅进行剖析，以期总结出带有规律性的经验或者启示。有的期刊情况较为复杂，是非曲直需要经过时间的沉淀，记录下来，以便后人研究思考。

这一时期期刊业的发展也不平静。1985 年针对出版物庸俗化倾向，对包括期刊在内的出版工作进行了全面整顿；1989 年针对"自由化"问题在报刊中的表现，又对全国报刊进行了清理和压缩；2003 年为减轻基层和农民订阅报刊的负担，整合停办了一批利用权力摊派发行的报刊。这三次报刊的治理整顿，对端正报刊出版工作方向、规范报刊出版秩序、改善报刊经营环境都产生了积极作用，也在中国期刊发展史上留下了深深的印记。李频博士对 2003 年的报刊治理整顿进行了初步剖析。

第五卷为中国期刊发展纪事。这一卷是为了丰富《中国期刊史》的史料性，弥补书中的缺漏而安排的。这一卷由《中国期刊年鉴》主编、期刊创刊号收藏爱好者段艳文先生整理编撰。他采用编年体条目形式记录了中国期刊 200 年的发展脉络，并对期刊业发展产生过重要影响的政策、法规、人物、事件等，进行了系统整理和记述。《纪事》是《中国期刊史》的有机组成部分。

在拟议本书编撰结构时，曾设想科技期刊单独立卷。科技期刊是我国期刊业的重要组成部分。科技期刊在我国期刊史上影响深远，在中国期刊早期发展阶段，随着"西学东渐"的兴起，在洋务运动、戊戌变法的推动下，首先影响中国的是科技知识、科学理念。其间，科技期刊发挥了媒介的应有作用，可以说，我国早期科技期刊的影响力要超过其他门类的期刊。辛亥革命推翻了封建专制，追求新思想、新文化成为当时主流社会舆论，随之与其相适应的各门类期刊迅速崛起，但科技期刊始终占有半壁江山，很多科技期刊对我国科学事业的发展产生了重要而深远的影响。如1912年的《中国工程师学会会报》发表了我国杰出工程师詹天佑的《京张铁路工程纪略》等，不仅首次为在我国复杂环境中修筑铁路提供了经验资料，而且也大大提高了中国人民自力更生办铁路的信心。又如1915年由留学美国的任鸿隽、杨杏佛等为发起人创办的《科学》杂志，在《发刊词》中就发出"为芸芸众生所托命者，其唯科学乎，其唯科学乎"的呼唤，振聋发聩，并大量发表海内外学子探讨如何发展中国科学事业不同观点的文章。新中国成立以后，为了适应经济建设高潮的到来，中央政府高度重视科技的发展，1950年中国科学院就创办了《科学通报》《中国科学》《科学记录》（外文版）等，随后又创办了《中华外科杂志》《中华儿科杂志》《知识就是力量》等十几种科技期刊。1963年、1965年国家两次召开科技出版工作会议，对科技期刊出版工作予以特别关注，促使一大批科技期刊应运而生。改革开放以后，我国实施"科教兴国"战略，我国科技事业迎来了新春气象。在"科学技术是第一生产力"思想的指引下，科技期刊如沐雨露茁壮成长，逐步形成了中国科学院、中国科协、中华医学会、中国高校四大科技期刊集群，建立了学科门类齐全的科技期刊体系，各类科技期刊始终占全部期刊品种的50%左右。科技期刊的不断发展，对普及科学知识、培养科技人才、促进科技交流、推动科技进步、增强科技实力等方面都发挥了不可替代的作用。有资料表明，我国科技人员从期刊中获取的科技情报占整个情报信息来源的70%—80%，有的学科占比更高。特别是在将科技成果转化为生产力方面，科技期刊更是功不可没。曾经有人提出科技期刊在《中国期刊史》中应独立成卷，考虑到这部《中国期刊史》编撰体例的因素，科技期刊在各个阶段的发展背景与其他类别期刊的发展背景基本类似，单独立卷多有重复之虞。因此，决定把科技期刊按四个发展阶段穿插在其中，以体现《中国期刊史》的完整性和统一性。但是从结果来看，在本书中科技期刊的分量明显不足，科技期刊的发展没有得到足够的反映，这不能不说是一大缺憾。因此，单独出版《中国科技期刊发展史》也是值得期待的。

　　为了使科技期刊在本书中得到应有的反映，特聘请时任中国科学院自然科学期刊编辑研究会副理事长、对我国科技期刊发展历史研究有素的专家钱俊龙先生撰稿，提供给各卷主撰人参考选用。钱俊龙先生也为《中国期刊史》的成书作出了可贵贡献。

三

　　这部《中国期刊史》有以下几个特点：

　　一、"全景式"地展示了中国期刊 200 年的发展历程。从 1815 年第一本中文期刊《察世俗每月统记传》创办，到 2015 年本书基本截稿，整整 200 年。这部《中国期刊史》通过对不同时期期刊发展状况的综合叙述，对各个历史时期有代表性、有广泛影响力的期刊的深入介绍，对一些不同凡响期刊事件的粗略回顾，较完整地再现了中国期刊 200 年的发展面貌。本书近二百万字的篇幅，对各个不同历史时期涉及期刊的事件、人物以及期刊的发展状态都有足够的笔墨进行描述。特别是新的历史时期，我国期刊业发展达到了新的高峰，面对新媒体的挑战，期刊业经历体制转型和媒体形态转型的双重考验，是中国期刊发展史上最精彩的阶段，值得人们去关注。在编撰过程中，本着实事求是的精神，不回避矛盾、不掩盖问题，对敏感时期的期刊发展状况也有客观的阐述。200 年来中国期刊业的发展可谓跌宕起伏，恰如一幅重峦叠嶂的"画卷"。当然，"全景式"只是一种比喻，在这一"画卷"中，疏漏还很多，"景色"还不尽如人意。

　　二、"居高临下"观察中国期刊业的发展轨迹。苏轼的《题西林壁》是一首哲理诗："横看成岭侧成峰，远近高低各不同。不识庐山真面目，只缘身在此山中。"即景说理，耐人寻味。观察期刊业的发展史何尝不是这样，必须跳出期刊业才能看清期刊业的发展轨迹，即所谓要"居高临下"。"居高"，第一是站在时代潮流的高度，把期刊业的发展放到时代潮流的大背景下去观察分析。时代潮流代表着社会发展的趋势，期刊业是伴随着社会的发展而成长的，研究期刊史就要研究其在推动社会进步上，有哪些期刊走在了时代的前列，产生过什么作用。第二是站在历史唯物主义的高度。历史唯物主义是关于人类社会发展一般规律的科学，是马克思主义哲学的重要组成部分，是科学的历史观和方法论。分析研究涉及期刊业发展的重大事件，必须从经济的发展、生产关系的调整、社会思潮的兴起、阶级矛盾的变化等方面，去剖析其中的原因，否则就可能缘木求鱼。第三是站在实事求是思想路线的高度，去判断一个刊、一件事、一个办刊人的是非曲直。实事求是是马克思主义科学世界观，看待历史最重要的就是要坚持实事求是，还历史的本来面貌。第四是站在意识形态领域错综复杂斗争的高度，观察期刊界的风起云涌。期刊的意识形态属性决定了任何一次思想文化领域的斗争，都会在期刊上反映出来，回眸期刊业的发展历史不能少了这根弦。这是《中国期刊史》撰稿过程中把握的几个重要原则。由于有这些原则的指导，使 200 年来我国期刊业的发展主线清晰、是非分明，也使本期刊史有了一定的思想深度。

三、史、论并茂，是《中国期刊史》始终所追求的。客观记载、诠释人类社会的演变过程称之为历史，历史是客观存在的反映。作为一部《中国期刊史》，主要应该把中国期刊的历史沿革、来龙去脉、发展过程客观地记录下来，包括代表我国社会发展历程的刊物，以及相关的背景、人物、事件、物件等等。然而历史是一门科学，历史不是客观事物的堆砌，写历史也不是记流水账，史学工作者必须赋予它深刻的思想、鲜明的观点、有益的启迪，这样的历史才立得起来，这样的史书才可为后人提供借鉴。所以，撰写《中国期刊史》一开始我们就强调，史实要可靠准确，史料要翔实充分，评价要客观公正，观点要正确鲜明。纵观全书，这一点虽然仍有欠缺，但也可以说基本达到了，至少可以说撰稿人努力了。

四、点与面结合。这里所说的"点"，即个案，它表现为一个有代表性的刊物、一个典型的办刊人、一个涉刊的重大事件，或者一个时段、一个地区的刊物状况等。全书涉及的刊物大约有上千种，其中一个刊物用一章或一节的篇幅加以介绍的就有一百多种；涉及历史上有重要影响的办刊人也有几十位，其中梁启超、章士钊、邹韬奋、储安平、胡愈之等做了重点记述；涉刊的大大小小事件不少，贯穿全书。所谓"面"，即对一个时期、一个发展阶段或一个区域、一个类别期刊的综合性、概括性的记载、论述，这是《中国期刊史》的筋骨，有粗有细、有详有略。本书除了开篇有一个"绪论"外，每卷开头都有一个"导言"，对四个阶段期刊业发展的背景、特点等进行概括性的分析交代，起到"纲"的作用，纲举目张。

五、学术性与通俗性兼顾。史书一般都板着面孔说话，缺乏亲近感，如何让史书"活"起来，也是《中国期刊史》追求的目标之一。史书要有学术性是毋庸置疑的，要有严谨的理论表达，要有独到的创新见解，要有科学的求证方法。有一部分学术著作很难兼顾通俗性，这也不难理解。但是作为一部期刊的专业史书，则完全可以也应该做到学术性与通俗性相统一。中国期刊的发展历程本身就有神奇色彩，一个发明了造纸术、印刷术的文明古国的第一本中文期刊居然是由外国人创办的。一本影响巨大刊物名称的由来、一个建树非凡期刊主编的人生经历、一个非同寻常涉刊事件的背后都可能蕴含传奇故事，把它挖掘出来，都会给《中国期刊史》增色。本书的撰稿人都是做研究工作的，学术性基本上没有问题，难在通俗化。为了增强《中国期刊史》的可读性，在编撰过程中，我们始终强调，从内容设计到史实表述，都要尽可能做到好读、好懂、多讲故事、多加插图，使枯燥的内容形象化。在这方面，可以说大家都努力了，但做得还很不够，特别是全书的插图，还应该做得更好些。

四

期刊作为一种传媒、一种信息载体，无论在什么社会制度下、处在什么社会发展阶段的国家创办，都有其自身的一些共同的基本属性和发展规律。但它毕竟属于意识形态范畴，必然受到社会制度和社会发展阶段的深刻影响。因此，不同社会制度、不同发展阶段国家创办的期刊，又必然有其不同的特征。中国期刊业经过整整 200 年的发展，在社会变迁中成长，特别是经过近四十年改革开放的洗礼和考验，逐步形成了中国特色社会主义期刊事业的基本特征。

一、坚持马克思主义的指导地位。我国是中国共产党领导的社会主义国家，中国共产党是以马克思主义为行动指南的政党，我国的期刊业是中国共产党领导的社会主义事业的组成部分，毫无疑问必须坚持以马克思主义为指导，在今天则必须坚持以中国特色社会主义理论为指导。这是中国特色社会主义期刊事业与资本主义国家期刊业的根本区别之一。这就要求期刊出版工作必须站在马克思主义立场上，解决好为什么办刊、为谁服务、怎么办刊的问题；必须以马克思主义的基本观点为行动指南，坚定中国特色社会主义的理想信念，传播社会主义核心价值观，代表社会主义先进文化的前进方向；必须运用马克思主义思想方法，用辩证唯物主义的思维、实事求是的历史观和群众路线的工作方法，观察问题、分析问题、处理问题，使期刊成为传播马克思主义的重要阵地，弘扬社会主义核心价值观的重要载体，指导社会实践活动的重要利器。

二、坚持党管媒体的原则。党管媒体是中国特色社会主义期刊事业坚持正确舆论导向和政治方向的组织保障。党管媒体的原则是通过国家的一整套严密的行政管理制度得以实现的：一是完善的法律法规体系。从期刊出版单位的建立到新闻采访、组稿审稿、编辑加工、征订发行等等，都有明确的规章。二是严格的审批制度，确认谁可以创办期刊，确保期刊出版权始终掌握在马克思主义者手中。三是实行主管主办单位负责制，并对期刊主管主办单位的职责作了明确规定，使党管媒体的原则"落地"。四是对期刊出版工作者实行资格准入，并对期刊编辑人员开展定期培训，对期刊社的主要负责人实行任命制度。五是对期刊出版人员中的中共党员还有党的纪律约束。

党管媒体的内涵是十分丰富的，除了把握方向、管好导向，还有促进发展的重要职能。新中国成立以来，无论是哪一门类的期刊，都是在党的关怀与领导下发展起来的，如制定发展规划，制定扶持期刊业发展的政策，建立国家发展基金，开展评优激励活动，培训业务骨干，组织国内外交流合作，等等。随着时代的发展、改革的深入，期刊管理的某些制度也要与时俱进。在依法治国的大背景下，党管媒体的原则应该坚持，但党管媒体的实现形式可以进行深入的探讨。

三、坚持为人民服务的宗旨。新中国成立以后，人民掌握了国家的权力，成为国家的主人，我国宪法明确规定："中华人民共和国一切权力属于人民"。因此，我国所从事的任何一项事业都必须坚持为人民服务，这就要求期刊社的所有采编经营活动都要以人民的利益为最高准则，树立

"以人民为中心"的办刊理念。

在新时期，幸福生活是人民群众的现实追求，期刊出版工作要为小康社会建设、为实现"两个一百年"的奋斗目标服务；安居乐业是人民群众的最大愿望，期刊出版要为全国的安定团结大局服务，始终坚持正确的舆论导向；提升精神文化生活是人民群众的迫切需要，期刊出版要为城乡广大读者提供内容健康、适应不同需求、丰富多彩的文化产品；树立社会主义核心价值观是人民群众的根本追求，期刊出版要坚持用人民群众喜闻乐见的形式，播种梦想、凝聚人心、鼓舞斗志。

四、坚持"百花齐放、百家争鸣、古为今用、洋为中用、推陈出新"的方针。这一方针是在深刻总结我国科学文化事业发展的经验教训的基础上确立起来的。期刊出版工作是一项科学文化工作，具有很强的思想性和知识性、科学性，要自觉地为广泛传播科学文化知识，为面向现代化、面向世界、面向未来的民族的大众的科学的社会主义文化建设，为提高我国文化软实力作出贡献。在期刊出版工作中，既有政治思想问题，又有学术艺术问题，两者要严格区分开来。在艺术问题上坚持"百花齐放"，在学术问题上坚持"百家争鸣"，既反映了科学文化发展的客观规律，又反映了社会主义新时期民主政治建设的现实要求。

科学文化是人类的共同财富，是超越时空、跨越国界的，各国的科学文化因交流而丰富、因交融而发展。我国期刊业的发展表明，文化的进步和发展，在很大程度上体现在包容性上。在先进文化的指引下，对古代文化的包容与融合，对外国文化的包容与融合，对当代创新文化的包容与融合，对不同学术观点的包容与融合，是代表社会主义先进文化前进方向的题中应有之义。

五、坚持社会效益与经济效益的高度统一。我国期刊出版工作的社会效益与经济效益的矛盾，是在计划经济体制向社会主义市场经济体制转轨的大背景下日渐突出的。这对矛盾是客观存在的，且有其普遍性，是不可回避的。期刊作为一种思想文化载体、信息传播工具，深刻地影响着人们的社会实践和行为准则，所以我国的期刊出版工作必须坚持社会效益第一的原则。期刊出版工作本质上不是赚钱的工具，不能沾上铜臭气，更不能不择手段地挣钱，而要把党的利益、国家的利益、人民的利益放在首位，以践行为人民服务为神圣使命。但是，期刊作为一种文化产品，又具有商品属性，要通过市场流通产生价值，发挥其应有的作用。因此，期刊出版不但不排斥经济效益，而且要十分注重经济效益。

任何矛盾既有对立的一面，又有统一的一面。社会效益与经济效益通常处在对立的状态，处理不好就会偏离方向，在期刊出版工作的实践中教训不少。而社会效益与经济效益又是完全可以统一的，期刊的质量高，就会受读者欢迎；越受读者的欢迎，经济效益就越好。这里的关键是要实事求是、客观理性地评价一个期刊的社会效益。

六、坚持分类指导。期刊是丰富多彩的，不同门类的期刊，其宗旨、性质、作用，以及运行机制、生存环境和发展水平，千差万别。政府部门的期刊管理工作必须从实际出发，因刊而宜，实施科学管理、分类指导。比如，在宣传教育功能上，对时政类期刊和对学术类、消费类期刊的要求应有所不同；在税收政策上，对时政类、学术类期刊和完全市场化的期刊应有所区别；在资金扶持上，要首先支持科技、学术类期刊的发展；在推进集约化发展上，要首先推进消费类期刊的整合；如此等等。只有这样，才能为整个期刊业的发展营造良好的环境。

中国期刊业的这些特征是一个有机的整体，是在期刊业发展过程中逐步形成的。但这些特征又不是一成不变的，随着改革的深入、社会的发展，中国特色社会主义期刊业的特征将不断丰富和完善。

五

中国的期刊业经过 200 年的发展，在 21 世纪初可以说达到了顶峰。在新的历史条件下，中国期刊业的传播形态需要变革、体制机制需要创新、国际竞争力需要提升，正面临着前所未有的挑战。

一、新兴媒体的挑战。这是全世界传统媒体共同面临的问题。新兴媒体的出现，使读者大量分流，广告严重下滑，商业模式受到冲击，期刊经营陷入空前困难。这个挑战对传统媒体来说，看似生死攸关，其实不一定是坏事。中国有句成语"置之死地而后生"，新兴媒体的强势冲击，可以迫使传统媒体放弃因循守旧、尝试创新重构，为未来的进一步发展开辟新路径。

新兴媒体的出现是时代进步、科技发展的表现。据有关资料介绍，1967 年美国哥伦比亚电视网技术研究所所长 P. 戈尔德马（P. Goldmark）第一次提出"新媒体"的概念。随着数字技术和网络技术的迅速发展，不断为这个概念赋予新的内涵。新媒体由开始的网络新闻、电子报纸、电子杂志，发展到数字电视、移动多媒体，再到网络电视台、自媒体、播客、微信等等，发展变化之快令人诧异。新媒体的出现，不仅对传统媒体的经营理念、经营模式以及对媒体效益和价值的评价都带来革命性的变化，同时对人类的社会活动和生活方式也产生了意想不到的深刻影响，而这种影响正在促使人们重新认识新兴媒体。

新兴媒体相对于传统媒体有其独特的优势：形式丰富，花样翻新；互动性强，人人都可以参与其中；渠道广泛，可以说无孔不入；覆盖率高，几乎无处不在；精准到达，可以个性化定制；性价比高，信息发布费用几乎为零。所以，传统媒体简单地与新媒体拼时效、拼覆盖、拼成本、争市场、争读者、争广告，都无济于事。

如何应对新媒体的挑战，是对传统期刊业的一个严峻考验。《孙子·谋攻篇》中说："知己知彼，百战不殆；不知彼而知己，一胜一负；不知彼，不知己，每战必殆。"其实新兴媒体除了有独特优势，目前也还存在一些弊端：传播速度快，但信息的准确性不够；内容丰富多彩，但鱼龙混杂，缺乏整理加工，虚假信息、有害信息时有出现；互动性强，但主流意识较弱；等等。而传统期刊目前仍有其自身的优势：有一支训练有素的采编队伍，政治思想敏锐；有一整套严格的规章制度，确保内容的真实性、准确性；善于进行信息整合加工，做深度报道，在学术研究、理论探讨、公共政策阐释等方面可以发挥独特作用；阅读体验感好。在多元社会结构中，传统期刊和新兴媒体都有其存在的理由与空间，各自都应扬长避短，相互取长补短，各尽所能，融合发展，共同营造丰富多彩的社会文化生活环境。

在传统媒体和新兴媒体共生共荣的环境下，当代期刊人要始终把打造既富有时代精神又有意蕴魅力的内容优势发挥好；要善于运用互联网思维，树立"用户至上"的观念，创新传播方式，重构经营模式；要主动融入新的媒体生态环境，做现代传媒的主人。

二、体制转型的挑战。随着国家政治体制、经济体制改革的不断深入，期刊业的体制机制改革也渐入"深水区"。新中国成立以后，我国期刊业一直是在计划经济体制下运行的。改革开放以来，跟随国家体制改革的大力推进，期刊业管理体制和运行机制也发生了很大变化，特别是市场消费类期刊，基本上已经市场化了。但是由于期刊业的意识形态属性，舆论导向事关国家大局，推进改革较为谨慎，对审批制、主管主办单位等敏感性问题基本上还没有涉及。改革并不是一定要推翻原有的制度，而是应该随着社会环境的变化，与时俱进，在我国基本制度的框架内，及时进行调整。

从期刊业的角度看问题，国家层面的经济体制、政治体制改革越往前走，期刊业的经营和发展就感到越不适应。比如转企改制，对整个期刊业来说肯定是一种趋势，但涉及大量科技学术期刊编辑部的体制改革，推进就有难度。因为我国学术期刊的社会资助体系还没有建立起来，这部分期刊转企改制后，生存就会出现困难。有的消费类期刊转企改制了，但是市场主体的作用很难发挥出来，因为行政管理体制改革没有跟上来。原有体制的运行惯性，也给转企改制增添了不少麻烦。因此，部分期刊从业者对体制改革很纠结。改革是大势所趋，不坚持改革，与时代格格不入、与社会环境格格不入，生存就会越来越困难。深化体制改革是我国期刊业创新发展的唯一选择。但是，改革要做好顶层设计，要把期刊管理体制改革放到国家整个体制改革的全局中统筹考虑，积极稳妥推进。

三、国际化的挑战。传媒国际化也是一种大趋势。在全球化背景下，随着网络技术的日新月异，无论是经济还是文化，国际化的步伐都在明显加快。为了国家文化安全、政治稳定，过去我国有一整套行之有效的防护措施，但是这些措施在互联网面前开始越来越失去效能。

我国的文化虽然有很大优势，在世界范围内也有一定影响，但与西方发达国家的文化软实力相比，我国还处于弱势，与我国的国际地位还很不相称。对于期刊业来说，这是一个很大的挑战。到国际社会去讲好中国故事，说清楚中国坚持和平发展的战略意图；到国际舞台上去平等交流，弘扬中国优秀的文化传统；到国际市场上去公开竞争，体现中国思想文化成果的价值，期刊都有不可推卸的责任。

新中国成立以来，通过期刊的传播渠道加强对外宣传得到高度重视。1950 年 7 月由毛泽东主席题写刊名的《人民画报》正式创刊，成为第一个对外报道新中国建设成就的刊物。随后又创办了《中国报道》《中国建设》《人民中国》等重要外宣刊物。目前这些期刊可以用 11 种语言文字开展对外宣传，发行到世界一百多个国家和地区。其中，中国外文局的 16 种刊物年总发行量就达到 500 多万册，成为中国与世界联系的重要窗口和桥梁。此外，每年还有 300 多种外文学术期刊对外交流，占比最大的英文刊物就有 240 多种。21 世纪开始，通过版权贸易方式对外交流合作有所加强，每年平均有 200 种左右的刊物进行版权合同登记。同时，我国每年有 220 万册期刊出口，近 500 万册期刊进口，成为中外学术、文化交流的重要渠道。数字化传播为我国期刊"走出去"开辟了新渠道。中国同方知网已经成为中外学术交流的重要平台，使我国的学术期刊走进了西方国家的智库、研究机构、名牌大学等，近年来业务发展迅速；成立于 1993 年的超星集团，始终致力于学术传播与知识服务的融合创新，已签约全国 6000 余种期刊全文数字化，打造成较有影响力的全球数字化中文传播媒体；龙源期刊网已经获得国内 4200 多家期刊社授权，在北美、亚洲、大洋洲等建立了立体营销市场。

但是，根据目前我国期刊业的实力，要担当起弘扬中华文化的更多责任，还有点勉为其难；要用自身的传播力、影响力有效抵御西方的文化渗透，还有些力不从心；要主动出击，到国际市场上去与世界传媒大亨竞争，还不是人家的对手。我们不但要正视这个现状，更要增强文化自信，立志于改变这个现状，积极创造条件"走出去""走进去"，变消极防御为积极防御，在国际竞争中发展壮大我国期刊业。值得庆幸的是，在这方面我们已经看到了可喜的势头。

六

在中文期刊诞生 200 年之际，中国期刊业的未来向何处去？正在考验着每一个中国期刊人。

2014 年 8 月 18 日，习近平总书记主持召开中央全面深化改革领导小组第四次会议，会议审议通过了《关于推动传统媒体和新兴媒体融合发展的指导意见》。会议强调："坚持传统媒体和新兴媒体优势互补、一体发展，坚持先进技术为支撑、内容建设为根本，推动传统媒体和新兴媒体在内容、渠道、平台、经营、管理等方面的深度融合，着力打造一批形态多样、手段先进、具有竞争力的新型主流媒体，建成几家拥有强大实力和传播力、公信力、影响力的新型媒体集团，形成立体多样、融合发展的现代传播体系。"这个《指导意见》是从国家层面对传媒业的发展进行顶层规划设计，为传统媒体和新兴媒体融合发展指明了方向，也为传统媒体的未来发展开辟了一条光明大道。构建现代传媒体系的新时代将从此开始。

基于网络技术和数字技术的飞速发展，以《关于推动传统媒体和新兴媒体融合发展的指导意见》为指引，中国期刊业在可预见的未来，将呈现新业态，即纸质期刊和新兴媒体融为一体；构筑新机制，即探索建立与现代传媒业相适应的管理体制和运行机制；创造新价值，即发挥新兴媒体的独特优势，放大主流媒体功能。

趋势之一：期刊形态呈现多元。纸质期刊尽管已经处于消亡的通道中，但它不会很快消失，还将存在相当长一个时期，只是不能期望再有目前这么大的发行量。纸质期刊和新兴媒体融合，是一个"化学反应"的过程，融合将派生出很多新的信息载体。这些载体是多元的、分众的，而它们的生命力则取决于它的内容和支撑内容的先进技术。因此，有的载体可能只是来去匆匆的过客，即使再好的载体也不能期望像纸质期刊那样存在几百年之久。未来的社会将处于媒体快速更新的时代。

今天我们对期刊的未来形态也许还描述得不那么清楚，但未来一定比我们想象的更美好、更神奇、更丰富多彩。当代期刊人要以拥抱未来的姿态对待新媒体，以互联网思维去培育新媒体，以求实的精神走好当下的每一步。

趋势之二：体制机制呈现创新。传统媒体和新兴媒体的融合是全面的、深刻的、渐进的变革，新闻采集平台、内容表达方式、信息传播渠道以及商业模式等，都将发生意想不到的变化。融合以后产生的形态多样、手段先进的新型媒体，是一种集多种功能于一身、全方位服务公众的信息平台。这种信息平台既不同于传统媒体，也不同于目前的微博、微信等，而是一个立体的、智能的强势传播媒介。在未来的传媒格局中，各类媒体的边界将会越来越模糊，从你中有我、我中有你，发展到你就是我、我就是你。在未来的媒体大家族中应该还会有期刊，但是期刊的内涵和外延都已经发生很大变化，作为一个期刊人，其经营的模式和范围都已远远超出期刊的概念，期刊人将作为纯粹的媒体人而存在。在融合的过程中，不同媒体形态、不同经济成分、不同管理体制和运行机制，相互取长补短、同生共荣，融合后产生的新型传播载体将是一个全新的经济体。因此，现行的期刊管理体制和运行机制都必须与时俱进，进行必要的调整。融合或许将倒逼传媒业管理体制和运行机制的改革创新。

构建新型的媒体管理体制和运行机制，是建立现代传播体系的关键所在，但这是一个不断探索、创新、完善的过程，可能还会出现一些思想障碍和认知误区。要坚持解放思想、实事求是、从实际出发的思想路线，要遵循新闻传播规律和新兴媒体发展规律，要坚定改革的方向和目标，为中国特色社会主义现代传媒业繁荣发展而不懈探索。

趋势之三：价值评价更加务实。任何一种媒体都有传递信息、传播知识、传承文化的功能，而期刊作为传统主流媒体，长期以来以传播社会主流价值、传承社会主义先进文化、引领社会风尚为使命，可谓独占鳌头。可是现在却被一些新兴媒体"抢了彩"，很多人正在为读者日益疏远传统主流媒体而烦恼。但是，如果冷静地看待这个问题，应该从传统媒体自身寻找原因。传统主流媒体的内容固然很好，然而受众为什么会疏远了？新兴媒体尽管内容缺乏公信力，却为什么能聚人气？当然，从社会学的角度看，原因并不那么简单。但是，人们的观念随着时代的进步在变化，传播的手段随着信息技术的发展在改变，传统媒体无论是表达方式还是传播手段都落伍了。所以这里就涉及对传统媒体社会价值的评价问题，主流媒体不但要内容好，还要有越来越多的读者。

新兴媒体与传统媒体看似竞争对手，其实相互之间有着巨大的依存关系。新兴媒体以其新颖的内容、互动的模式、快捷的传播吸引了越来越多的读者。客观地看，现在接触传统媒体的人比过去多了而不是少了，只是人们获取传统媒体信息的渠道多样了，这是媒体人的福音。传统主流媒体在坚持主流意识的同时，要争取到更多的读者，就要"走下神坛""放下身段"，接地气、察民情，转作风、改文风，用现代传播手段重振雄风，才能使自己成为真正具有较强竞争力的现代主流媒体。

呈现在读者面前的这部《中国期刊史》，虽然来之不易，却还是一个比较粗糙的作品，还存在诸多不足和缺点。这是一个集体作品，在表述风格上各显风采，但也存在缺乏整体感的遗憾。在内容上还有很多疏漏，如我国期刊在各个历史时期的管理体制机制，涉及不多，很不完整；一些重要门类期刊没有反映或反映不够；还有一些应该介绍的期刊没有介绍，而有的期刊介绍则过于琐碎。由于客观因素，这部《中国期刊史》尚未包括港、澳、台地区期刊的发展情况，也是一个缺憾。还会有其他问题，请学界、业界批评指正。

《中国期刊史》的编撰启动阶段，得到中国韬奋基金会和北京康泰纳仕广告有限公司、北京赫斯特广告有限公司的资金支持，在此表示衷心感谢。

2016 年 9 月定稿

CONTENTS

目 录

导　言

　　作为文化传播的媒介，期刊在我国的产生，有其悠久的思想传统和深厚的文化积淀。

　　从思想传统来看，以经世致用为核心的儒家文化，为近代期刊的生长提供了深厚土壤。自西汉武帝实行"罢黜百家，独尊儒术"的政策以后，尽管不同的朝代对于社会的主导思想流派有所变化或侧重，但儒家学说始终作为中国传统文化的主流，其理念得到了充分的阐发和传播，并深刻地影响着人们的行为。儒家思想的创始人孔子以积极入世的心态，关注民生疾苦、国家命运和社会前途，引导和启迪后世知识分子在现实世界中建功立业。在内圣外王的经世致用思想影响下，历代中国知识分子把"修身齐家治国平天下"的儒家哲学内化为自己的人生追求，以不同的方式实践他们以天下为己任的政治抱负。历代设立言官的监察制度以及科举考试和选拔制度的逐步完善，也为知识分子实现其政治理想提供了体制的路径。由此，形成了重视立言、致力教化、崇尚清议的三大思想传统，为近代期刊在中国落地开花奠定了深厚的思想文化基础。

　　一是重视立言。春秋时期，鲁国大夫叔孙豹有言："太上有立德，其次有立功，其次有立言，虽久不废。此之谓不朽。"① 这"三不朽"的人生观和价值观，深为后世推崇。特别是对于"立言"的追求，更左右了历代士大夫的人生方向。他们往往通过著书立说，"文以载道"，表达忧国忧民之现实关怀和对儒家仁政理想的不懈追求。他们都把"文"作为阐释"道"的途径。近代期刊的出现，让追求"三不朽"人生价值的新式知识

---

　　①　杨伯峻编著：《春秋左传注》，中华书局 1990 年版，第 1088 页。

分子看到了"立言"的新渠道新载体，从而对这一新传播形态产生心理认同。例如，王韬创立《循环日报》时，其高标的宗旨，正是"日报立言，义切尊王，纪事载笔，情殷敌忾，强中以攘外，诹远以师长，区区素志，如是而已"。①

二是致力教化。春秋战国时期，儒家学说在继承和发扬西周以来礼制原则和道德思想的基础上，积极倡导以"礼""德"治国教民，强调"克己复礼"以达到"仁"的最高道德境界，通过"父子有亲，君臣有义，夫妇有别，长幼有序，朋友有信"达到"明人伦"的目的，从而创立了儒家"道之以德，齐之以礼"的以"德""礼"为核心内容、以"明人伦"为基本出发点的"以教辅政"思想。《荀子·王制》提出"论礼乐，正身行，广教化，美风俗"的主张；《礼记·学记》把教化的作用概括为十六个字："建国君民，教学为先"，"化民成俗，其必由学"。特别是西汉以来，儒家思想教化的主张更被统治者所接受，嗣后历代都"莫不以教化为大务"。② 随着教化的实践不断深入，教化的形式逐渐丰富，教化的意义也深入人心。从钟鸣鼎食之家到引车卖浆者流，教化对塑造人们的性格和精神发挥了重要作用，成就了中华传统文化的特质。深受传统教化思想影响的中国近代新式知识分子，对于期刊的接纳，也源于对期刊传播知识、教化万民这一功能的认识。王韬认为，新报可以移风易俗，"辅教化之不及"，"乡里小民不知法律，子诟其父，妇诟其姑，甚或骨肉乖离，友朋相诈，诪张为幻，寡廉鲜耻，而新报得据所闻，传语遐迩，俾其知所愧悔，似亦胜似间胥之觥挞矣"。③ 梁启超在创办《新民丛报》时，在对《新民丛报》的宗旨和办报方针的论述中指出："本报取《大学》'新民'之义，以为欲渐新我国，当先维新我民，中国之所以不振，由于公民公德缺乏，智慧不开，故本报专对此病而药治之，务采合中西道德以为德育之方针，广罗政学理论以为智育之原本。"④ 从而很好地表达了近代报刊"开民智"

---

① 王韬：《弢园尺牍》，中华书局1959年版，第206页。

② 董仲舒著，袁长江等校注：《董仲舒集》，学苑出版社2003年版，第9页。

③ 王韬：《论各省会城宜设新报馆》，载张之华主编《中国新闻事业史文选》，中国人民大学出版社1999年版，第15页。

④ 《新民丛报章程》，《新民丛报》第一号，1902年2月。

的诉求和效用。也正是基于这样一种认识，当近代报刊经由西方传教士引入中国之后，中国新式知识分子才会给予莫大的关注，表现出极大的办刊热情，"开民智"因而也就成为他们的一个重要的办刊宗旨。

三是崇尚"清议"。"清议"是中国古代历史上的一种舆论形式，被认为是公正地议论政治、品评人物的言论，于道德外，往往突出其非官方性质，是一种由士人议论构成的言论场，是士人经由言论实施政治参与、干预的传统形式。① 顾炎武说："天下风俗最坏之地，清议尚存，犹足以维持一二，至于清议亡而干戈至矣。"② 这就把清议上升到关乎国家兴亡治乱的高度，突出强调了清议对于维护皇权政治和巩固社会秩序的极端重要性。的确，清议作为一种文人论政的传统，源远流长。较为突出的东汉太学生运动、明代东林党议等，都体现了传统知识分子以言论影响政治的自觉。历代士人或通过上疏建言，或通过著书立说，以儒家伦理道德观念为准则抨击时弊、议论时政，逐步把积极的入世精神与言论报国的清议传统发扬光大。正如费正清所言："中国有过一个强烈而确有感召力的传统，每个儒生都有直言反对坏政府的道义责任。"所以，当西方近代报刊和报刊理论传入以后，清议传统与言论自由一拍即合。人们发现，报刊这种新型传播工具所提供的话题空间，远远超越儒家传统书籍所能波及、所向迅达；报刊所覆盖的读者面，远比儒家经典的受众面要广泛和普遍。以之作为主持"清议"的机关，自然能够取得不同于传统的效果。因此，"百日维新"期间，康有为在《上清帝第二书》中明确提出"纵民开设"报馆的建议："《周官》诵方训方，皆考四方之慝。《诗》之《国风》、《小雅》，欲知民俗之情。近开报馆，名曰新闻，政俗备存，文学兼存。小之可观物价，琐之可见士风。清议时存，等于乡校。见闻日辟，可通时务。外国农业、商学、天文、地质、教会、政律、格致、武备，各有专门，以为新报，尤足以开拓心思，发越聪明，与铁路开通，实相表里。宜纵民开设，并加奖

---

① 赵园：《明清之际士人的"清议"批评》，《开放时代》1999 年第 2 期。
② 顾炎武著，黄汝成集释，栾保群、吕宗力校点：《日知录集释·清议》，上海古籍出版社 2006 年版，第 766 页。

励，庶裨政教。"[1] 而他和他的弟子梁启超创办《清议报》，更加明确提出其办刊宗旨在于"维持支那之清议，激发国民之正气"。[2]

综上所述，伴随着19世纪以来近代中国急剧的社会变迁和文化转型，近代期刊出版业的崛起，把一大批新式知识分子吸引到办刊队伍中来。他们试图运用传统思想资源去解释、理解近代期刊的功能，从而为自己的办刊活动找到了本土文化基因，为报刊事业赋予了文字报国的社会使命。

从出版实践来看，我国较早就产生了以《宫门钞》、谕旨、章奏为内容的古代报刊。从官方来看，从唐朝的《进奏院状》、宋明两朝的《邸报》，到清朝的《邸报》《官书局汇报》和《谕折汇存》等，有近一千二百年的历史；从民间来看，从北宋的《小报》、明末报房的《邸报》《急选报》，到清末报房的《京报》，也有近一千年的历史。[3] 这类具有连续发布或周期性、求新求快、册页式装订等特点的不定期出版物，虽名为"报"，但已包含了某些"刊"的特性，在近代官报出现之前，曾经是官员、士大夫获知中央和地方政情的重要渠道。历史地看，它们在信息来源、产生流程、传递路径、阅读对象和管理方式等方面，与近代意义上的报刊迥异。但在中国近代，几乎所有报刊均通过设立《京报全录》专栏，出版专门附刊或《京报》汇编本，以转载等方式主动吸纳京报内容，从而形成了两种异质报刊的组合物。[4] 可以说，期刊在近代中国的产生发展，深深打上了传统文化的烙印。

此外，我国自古就有选文成书、丛书出版的传统，这也推动了出版方式的创新探索。魏晋南北朝时期，以晋挚虞的《文章流别集》、南朝萧统的《文选》为起点，出现了"总集"这种把多人多体裁的著作汇集成一书的出版形式；南宋时期，以俞鼎孙、俞经编的《儒学警语》，左圭辑的《百川学海》为开端，又形成了"丛书"这一新的图书出版形式，并在明清时期发展到极盛，到近代达三千余种。"丛书"是在一个总书名下汇集

---

① 康有为撰，姜义华等编校：《康有为全集》第二集，中国人民大学出版社2007年版，第42—43页。

② 《叙例》，《清议报》第一册，1898年12月。

③ 方汉奇：《清史报刊表中有关古代报纸的几个问题》，《国际新闻界》2006年第6期。

④ 谷长岭：《晚清报刊的两个基本特征》，《国际新闻界》2010年第1期。

多种单独著作为一套，并以编号或不编号方式出版的图书，通常是为了某一特定用途，或针对特定的读者对象，或围绕一定主题内容而编纂。一套丛书一般有相同的版式和装帧，且多由一个出版者出版，或者一次出齐，或者陆续出版。可以说，从"总集"到"丛书"，我国古代图书不断创新，特别是陆续推出的"丛书"，越来越接近于狭义期刊的出版形式。正由于此，一些学者将明神宗万历四十三年（1615 年）安徽徽州府婺源县（今属江西）江旭奇所著的《朱翼》，视为世界上最早的期刊；① 一些学者将清乾隆五十七年（1792 年）八月，江苏长州（吴县，今苏州）人唐大烈（字立三，号笠山）刊刻的《吴医汇讲》，视为在南宋以来丛书出版形式启发下诞生的中国最早的期刊。②

　　由于已有研究对于《朱翼》作为期刊最为本质的特征——按期连续出版，没有提出有力证据，所以这一观点并未引起广泛关注。对于《吴医汇讲》是书是刊，则存有较大争议。③ 研究中国期刊史，这个问题显然是绕不过去的，因为它不仅关乎人们对期刊的认识，更关乎人们对中国期刊发生发展的认识，是研究中国期刊史必须首先回答的基本问题。为此，我们回顾分析了 1949 年以来各方面有关这一课题的研究成果，对《吴医汇讲》的主要特征进行了考察。

　　从形式来看，《吴医汇讲》自 1792 年（清乾隆五十七年）创刊，至 1801 年（清嘉庆六年）唐大烈去世为止，在 10 年当中刊刻了 11 卷，并以卷标明次序号，版名与出版开本始终如一。有论者认为这符合期刊连续出

　　① 20 世纪 40 年代，王重民（1903—1975）曾提出此说；最近又有学者著文附会其说，如宫为之《世界最早期刊当属我国明代〈朱翼〉》，《编辑之友》2000 年第 3 期。
　　② 持此观点的主要有祝苤梅：《我所看到的两种最早的中医期刊》，《上海中医药杂志》1955 年创刊号；金寿山：《我国最早的医学杂志——吴医汇讲》，《中医杂志》1958 年第 1 期；俞慎初：《中国医学史》，福建科学技术出版社 1983 年版，第 299 页；居芳菲：《吴医汇讲——我国最早的连续出版物》，《图书与情报工作》1990 年第 2 期；姚远：《中文期刊源头考——论〈吴医汇讲〉之归属并与苏铁戈先生商榷》，见中国高校自然科学学报研究会《科技期刊编辑学论文集》，北京师范大学出版社 1997 年版，第 72—86 页；于鸣镝：《历史地看：〈吴医汇讲〉是期刊》，《图书情报论坛》2000 年第 2 期；等等。
　　③ 如江乃武《吴医汇讲是否期刊问题商榷》（《图书与情报工作》1990 年第 1 期）、苏铁戈《吴医汇讲为连续出版物之质疑》（《中华医史杂志》1993 年第 3 期）等均对《吴医汇讲》是否是期刊提出质疑。

版、固定名称、固定开本的特征。综合各家之说，考察现存文献，说《吴医汇讲》是连续性出版物，值得商榷。据考证，《吴医汇讲》11 卷并不是在 10 年当中分 11 次刊刻的，而是在三年当中分两次刻成的，[①] 此其一。其二，《吴医汇讲》的卷次顺序也不是按照出版时序排的，而是按照作者进行归类成卷的。正如编者所说，"诸公所著……各分版页，不相连属，以便续增"。换言之，各卷的作者如有新的文章，可以通过该卷续补，而不是增加后续卷次（11 卷中只有唐氏本人的文稿在其他卷中重复出现，但其续刻、再续、三续标志并非事先设定的连续序号，也无内在关联）。其三，《吴医汇讲》各卷虽然用了统一名称，开本也是一样的，但各卷出版编排的篇幅并不一样，且差距较大。篇幅最多的是卷二与卷五，每卷字数均达万字，最少的卷十和卷十一，篇幅字数仅为四千五百字左右；卷十一仅收录了一位作者的五篇中医学研究文章。[②]

从内容来看，《吴医汇讲》收载包括唐大烈本人在内的 41 位作者的128 篇医论著述。有论者认为这正符合期刊收集多个作者文章的特征。考察近代期刊的编辑机制，一般应根据其办刊宗旨和栏目设置要求约写稿件或选载稿件，而《吴医汇讲》所载文章均为旧作合集。其中有不少为多年积存的旧稿，有些从成文到出版跨越了几十年甚至半个多世纪。据考证，《吴医汇讲》超过四分之一的作者为当时已故医家，[③] 如卷一首篇王云林的《祷告药皇誓疏》，以及卷二薛生白，卷三孙庆曾，卷四沈受益、沈悦庭、沈实夫，卷八唐作霖，卷十汪缵功的文章均为遗作。其中叶天士《温证论治》还曾以《温热论》为名于清乾隆四十二年（1777 年），即大约《吴医汇讲》出版前 15 年由卫生堂刊行过。由此可见，《吴医汇讲》与期刊不同于图书的时效性特征存有差距。

从编辑意图来看，编者在自序中说，清康熙时期"有过君绎之者，衷集众贤治案，合缕为书，名曰《吴中医案》"，故"谨仿《吴中医案》之旧帙，更辑《吴医汇讲》之新编"，"日增月益，可成大观，洵可以传世而

---

① 苏铁戈：《吴医汇讲非连续出版物考辨》，《九州学刊》1992 年第 2 期；江乃武：《吴医汇讲并非连续出版物》，《中国科技期刊研究》1995 年第 1 期。

② 龚维忠：《中外早期期刊出版探究》，《湖南师范大学学报》2008 年第 4 期。

③ 沈敏等：《吴医汇讲是期刊吗?》，《中国出版》2010 年第 13 期。

行远矣"。这显然表明，编者虽然声称"广以奉征""随到随镌"，但并不能据此就理解为无限期出版之意，因为它不是为了"传播"，而是为了"传世"。之所以"渐次补镌"，一个原因在于防止"翻刻"："凡新书一出，坊间每即翻刻，虽云必究，然而此弊久延矣。今余是集，系就先见教者先为付梓，现在广以奉征，正无已时，即余拙撰，积稿颇繁，现因卷帙不匀，故亦先刻几条，俟诸同学陆续赐教，余亦渐次补镌，非止限此几卷，便为完书也，购阅者须认本堂原板，乃得卷以日增，若夫翻刻之本，焉能随补随翻，决非全集，愿诸公辨之"。①

从作用和功能来看，《吴医汇讲》收集名医遗作，特别是不遗余力地对中医温病学派的代表作之一——《温证论治》精心编辑加工，起到的是整理和保存文献的作用。朱克柔在《书〈吴医汇讲〉后》的跋语中评价说：唐大烈"集前辈名医及诸同人著作，汇为一编，名之曰《吴医汇讲》"。朱氏这里高度肯定的，也是唐大烈作为编者把分散的文献资料搜集起来，加以整理，"集腋成裘，堪补艺林之阙"的作用。由此可见，无论是主观意图还是客观效果，《吴医汇讲》在承载期刊传播信息、知识教育等方面的功能上还显得有些勉强。

综上所述，《吴医汇讲》是征集多位作者的单篇文章组成，其"随到随镌，不分门类，不限卷数""陆续赐教""卷以日增"的出版形式，"广以奉征"的征稿方式，"苟能各通一理，不妨两说并采"的争鸣方式，"反复细阅，再商之二三老友"的编审方式等，均具有创新价值。这种出版方式上新的探索，具备了一些期刊的元素，但还不具备期刊的本质特征。从深层次来看，自明中期开始出现的资本主义萌芽虽然缓慢发展，但新的社会力量还很薄弱，没有走上政治舞台，而皇权专制主义又严重遏制了人们的思想。在这样的社会土壤中，以言论自由、传播知识和信息为基石的近代期刊是难以生长起来的。

期刊作为近代社会的制度性设置，它在西方的产生有其时代背景和条件。从经济来看，随着资本主义市场经济的兴起，社会分工越来越细，市场把民族国家紧密联系在一起，而航海事业和对外贸易的发展也增加了国

---

① 唐笠山纂辑：《吴医汇讲》，嘉庆十九年（1814年）刻本。

际交往，人们对知识和信息的需求日益增长；从政治来看，随着资产阶级革命运动此起彼伏和封建秩序逐步覆灭，社会信息量大大增加，而社会各阶层为了适应形势的变化，对知识和信息的需求更加迫切，特别是新兴阶级往往借助知识和信息的传播主导社会舆论，推动社会变革；从社会发展来看，工业化转型推动城市化进程，随着大量农村人口涌向城市，工业城市越来越多，市民阶层越来越成熟，知识和信息的生产传播和社会需求双向增加。从技术进步来看，机械印刷的应用推动了印刷工业的发展，提高了印刷效率，为大规模报刊复制提供了技术支撑；交通条件的改善和邮政系统的建立，增加了邮刊定期发行的可行性，扩大了信息传播的范围。从思想文化来看，在西方文艺复兴运动的影响下，知识就是力量的观念逐步为人们所认同，科学方法和科学实验的兴起以及知识更新的迅速，都激发了人们对现实世界和自身的新探索；人人生而平等、言论自由等先进观念深入人心，一定程度上打破了思想的禁锢和阶级阶层的局限，为近代报刊的产生奠定了基础。可以说，近代期刊是西方资本主义社会的产物，与中国古代报刊有着本质的不同。早期来华传教士马礼逊曾在《广州记录纸》上发表过《印刷自由论》一文，向中国人介绍西方出版自由观点和天赋人权学说："上帝赋予人类有思想和言论的自由，因此人类有写作和印刷的自由"。[①] 这里包括天赋人权和言论出版自由等西方思想，对于几千年来处于封建禁锢下的中国民众起到了深刻的思想启蒙作用。1867—1869 年间，王韬到欧洲游历，观察西方报刊的自由传播对于文明国家形成所发挥的推动作用："日报之于泰西诸国，岂泛然而已哉？所载上关政事之得失，足以验国运之兴衰；下述人心之事，亦足以察风俗之厚薄。凡山川之形胜，物产之简番。地土之腴瘠，邦国之富强，莫不一览而了然。其所以见重于朝野。良有以哉。"[②] 王韬对西方近代报刊功能的认识，尽管不够全面，却也揭示了近代报刊与中国古代报刊的本质不同，并开启了学习西方、创办新报的热潮。实际上，我国真正近代意义上的期刊，正是源于西学东渐之

---

① ［英］马礼逊：《论印刷自由》，载［英］马礼逊夫人编《马礼逊回忆录》，顾长声译，广西师范大学出版社 2004 年版，第 285 页。

② 王韬：《重订法国志略》卷二十一，《淞隐庐刊本》，1890 年，第 29 页。

风，无论分类、编辑、印刷、经营、传播，从形式到内容都全面模仿西方。

从世界范围来看，近代定期的连续性出版物起源于 16 世纪西欧出版商为配合德国法兰克福春秋两季图书博览会而定期编发的新书目录。1564 年，德国奥格斯堡一个名叫格奥尔格·维勒的书商开始编印法兰克福展销图书综合目录。该目录的第一本版本的全名为《1564 年将在法兰克福秋季博览会出售以便到会的书商和书业的各位朋友利用的新书目录》，共 10 页，介绍新书 250 种，一年两期介绍 500 种，到 1627 年停刊。1588—1598 年，奥地利人米夏埃尔·冯·艾钦格（Michael Von Eyzlnger）出版世界上第一种有固定刊名的定期刊物《博览会报道》（Messcolationen），每年两期，主要介绍欧洲和近东政治、军事、商业等方面发生的重大事件，分春秋两季在法兰克福书市上出售。① 1665 年 1 月 5 日，法国学者德尼·德萨洛在巴黎创办的《博学者杂志》，被认为是世界上第一种期刊，并作为一种文学、科学和艺术周刊，在欧洲广为仿效。在《博学者杂志》创办出版两个月后，即 1665 年 3 月 6 日，英国皇家学会在伦敦出版了《哲学会刊》（Philosophical Transactions Of The Royal Society），创刊号为 4 开 16 页，创办者亨利·奥尔登伯格还专为刊物的首发撰写了《导言》，置于刊首之页。该刊主要刊登有关天文、物理、生物、航海和冶金等方面的众多作者的多类文章，并保持了三百余年的办刊历史，是目前世界上办刊时间最长的刊物。19 世纪初，当第一代基督教新教传教士来中国传教时，报纸和杂志在西方国家已经蓬勃发展起来。这类代表近代文明的新型传播媒体，也因而随着传教士漂洋过海来到东方，并在中国传统文化的滋养下遍地开花。

由于清康熙、雍正年间推行闭关政策，仅限广州一隅对外通商，同时严禁天主教在中国的传播，使得自明朝中后期以来由传教士推动的西学东渐时断时续。1807 年，英国的基督新教组织伦敦布道会（London Missionary Society）派马礼逊（Robert Morrison）前往中国传教。由于当时政府的禁教政策依然严厉，马礼逊在广州地区的工作难以取得进展，不得不考虑曲线传教。1813 年伦敦布道会派米怜（William Milne）协助他开展工作，

---

① 林穗芳：《"杂志"和"期刊"的词源和概念》，《编辑学刊》1993 年第 2 期。

马礼逊乃与之议定前往南洋一带开辟对华传教基地。按照马礼逊的计划，米怜前往马六甲，并于 1815 年创办了世界上第一份中文期刊《察世俗每月统记传》，以传播新教教义和西方近代知识。1817 年，又一位传教士麦都思（Walter Henry Medhurst）来到南洋，逐步承担了该刊的编辑出版事务。米怜去世后，麦都思于 1823 年在巴达维亚创刊《特选撮要每月纪传》，承续了《察世俗每月统记传》的办刊风格。1833 年，隶属于另一个新教组织荷兰传教会的普鲁士人郭实腊（Karl Friedrich August Gutzlaff）在广州创办了《东西洋考每月统记传》，成为鸦片战争之前本土影响最大的一份传教士刊物，同时也是中国境内第一份中文期刊。[①] 1840 年鸦片战争爆发后，西方列强用坚船利炮打开了中国的大门，传教士的办刊活动也转入中国本土，并逐步由沿海向内地扩展。1853 年，麦华陀创办了香港第一份中文期刊《遐迩贯珍》（Chinese Serial）；1857 年，伟烈亚力（Alexander Wylie）创办了上海第一份中文期刊《六合丛谈》（Shanghae Serial）。1872 年 4 月底，英商美查与人合资创办《申报》，并于同年 11 月创办了中国最早的一本文艺期刊《瀛寰琐记》，也标志着外国商人开始进入办刊领域。至中日甲午战争前，由传教士和外商创办的中外文期刊达到二百多种，[②] 对当时的中国社会产生了多方面的影响，并直接推动了中国人自己创办的近代期刊的出现。正是在传教士和外商办刊活动的直接影响下，许多中国知识分子通过参与外刊的编辑经营活动，逐步认识到期刊作为传播载体的社会功能，开始了独立创办期刊的探索和尝试，并最终成为中国近代期刊业的主导力量。

---

① 关于我国境内第一份中文期刊，也有学者认为是 1833 年 4 月 29 日马礼逊在澳门创办的《杂闻篇》，比《东西洋考每月统记传》还要早 3 个月出版。见林玉凤《鸦片战争前的澳门新闻出版事业：1557—1840》，中国人民大学 2006 年博士学位论文，第 92 页。

② 方汉奇主编：《中国新闻事业通史》第一卷，中国人民大学出版社 1992 年版，第 430 页。

图导–1　《察世俗每月统记传》编辑场景

　　之所以把《察世俗每月统记传》作为中国近代期刊的开端，主要基于以下几个方面的史实：第一，从编者来看，《察世俗每月统记传》虽然出版地不在中国境地，由外国传教士编辑，但有中国人梁发参与其中。第二，从读者来看，《察世俗每月统记传》主要向南洋各地和中国境内发行，正如其主编之一米怜在《释疑篇》中所说的："此察世俗书今已四年，分散于中国几省人民中，又于口外安南、暹罗、加拉巴、甲地等国唐人之间，盖曾印而分送与人看者三万有余本。"① 也就是说，它的目标读者在中国国内。第三，从形式上看，《察世俗每月统记传》尽量迎合中国人的文化传统和阅读习惯。在报刊的显著位置刊出诸如"多闻择其善者而从之"之类的孔子语录，用"博爱者"这一中国人乐于接受的语汇作为编者名，并模仿中国读者习见的报房京报的书册形式，用木版雕印，黄色连史纸做封面，封面最上端横排中国农历出版年月。第四，从内容上看，《察世俗每月统记传》有关宗教方面的内容固然占了较大比重，但其文章体裁多样，内容丰富庞

_____

　　① 转引自卓南生《中国近代报业发展史（1815—1874）》，中国社会科学出版社 2002 年版，第 30 页。

杂,刊载了大量中国读者感兴趣的有关世界各国的地理、历史、宗教、文学、制度、经济、生物、风俗、科学、技术、新闻和行情等各方面的信息、知识和资料。第五,从编辑宗旨来看,《察世俗每月统记传》的创办主要在于宣传宗教教义,拓展传教士们在中国的传教事业,同时也是为了展示西方的文明,使中国人认识到洋人并非"蛮夷",不再故步自封、妄自尊大,乐意向西方学习,进而为西方商业资本打开中国的门户服务。① 综合以上几点,《察世俗每月统记传》是把西方近代期刊与中国传统出版形式结合起来而形成的中文期刊最早的范例,开启了我国近代期刊发展的先声。

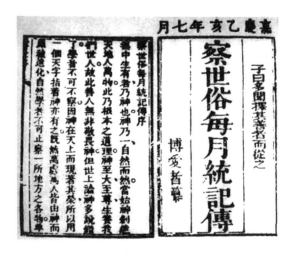

图导－2　《察世俗每月统记传》

基于对近代中文期刊起点的认识,本书承接前人成果而展开,一方面把研究时段定位于 1840 年至 1911 年的晚清这一重要社会转型时期,以期刊与近代社会、思想、文化关系的历史演化轨迹为主线,按照时序将社会思潮、文化思潮与期刊的兴衰及传播效果结合起来进行考察;另一方面,考虑到近代中文期刊的产生其水有源、其来有自,结合期刊发展的内在逻辑,本书的相关论述在前述时限的基础上,将做相应的突破,向前追溯及于 1815 年的《察世俗每月统记传》,向后延伸至于 20 世纪 20 年代"期刊"概念的产生。

---

① 方汉奇:《清史报刊表中的海外华文报刊》,《国际新闻界》2005 年第 5 期。

第一章

期刊出版时代的开启

清王朝是以满族贵族为主体，联合汉族地主阶级和少数民族上层贵族建立起来的政权，是中国历史上最后一个封建王朝。以1840年鸦片战争爆发为分界线，其统治经历了前后两个时期。自17世纪40年代清军入关之后，清政府采取一系列政治、军事措施巩固封建政权，实行减轻赋税、招民垦荒、安置流民、兴修水利等措施，使社会经济恢复到正常发展的轨道上来。从顺治、康熙到乾隆三朝，经过一百多年励精图治和休养生息，中国历史自唐宋以来发展到一个新的鼎盛高峰，这就是史家所谓的"康乾盛世"。"康乾盛世"是清朝历史最辉煌的时期，也是中国封建社会最后一个发展的高峰期。在长达一百多年的持续上升期内，清王朝的国力和声威达到高峰，一个东到大海，西越巴尔喀什湖，北越外兴安岭、贝加尔湖，南到南海诸岛的中华帝国巍然屹立在世界的东方。但是，在"盛世"的光环下也投射出没落的阴影。一方面，封建的生产关系仍然控制着整个经济领域；另一方面，闭关锁国、重农抑商、大兴文字狱、不重视科学技术等统治政策阻碍了经济的发展，禁锢了人们的思想，严重制约着社会的进步。当人们都在对乾隆皇帝的文治武功歌功颂德之际，清王朝从兴盛的顶峰开始滑落。伴随着政治腐败、吏治废弛、土地集中、物价飞涨和自然灾害接连不断，社会矛盾日益尖锐，农民起义此伏彼起。嘉庆元年（1796年），湖北西部爆发白莲教起义，迅速蔓延到四川、河南、陕西、甘肃等地。这次起义历时9年，清王朝动用了16个省的兵力，耗银2亿多两，才将起义镇压下去。嘉庆十八年（1813年），华北又爆发了天理教起义，紫禁城一度被攻破。这次起义的烽火虽然很快被扑灭，但社会矛盾冲突并未因此缓解，动乱的社会土壤依然存在，清王朝的统治也由此急剧衰落下去。

从17世纪中期至19世纪中期，正值西方资本主义崛起的时候，中国的封建主义却依然维持着"野蛮的、闭关自守的、与文明世界阻绝"① 的状态。从道光二十年（1840年）中英鸦片战争开始，西方列强用炮舰打开中国的大门，把千年文明古国推入"千古未有之变局"中。此后数十年间，列强一次次破门而入，迫使清政府签订一系列不平等条约，以武力攫取在华利益。与列强的坚船利炮裹挟而来的还有西方近代科学与文化，这两方面的力量，引发了一连串的改革与革命。从1840年鸦片战争爆发至1911年辛亥革命爆发前的晚清社会，随着外国侵略的深入，政治上独立自主、经济上自给自足的现状被打破，半殖民地化程度不断加深。与此同时，中国人对西方社会认识也不断深化，开始走上应变求存、救亡图强的道路。因此，晚清既是中国半殖民地半封建社会的形成时期，也揭开了中国近代化历史的序幕。近代期刊就是在这样的社会背景之下，扎根于这样的历史土壤之中，逐步发生发展起来的。

图 1-1 清政府被迫在英国军舰上签订《南京条约》

---

① 《马克思恩格斯选集》第1卷，人民出版社2012年版，第779页。

第一节　晚清期刊出版的社会背景

一、政治变革渐次推进

鸦片战争之后数十年间，列强一次又一次破门而入，把中国卷入世界资本主义掠夺、侵凌和浸染的旋涡。与此同时，社会内部危机加剧，各地农民起义汇成强大的洪流，以前所未有的气势打乱了清朝的统治秩序。在内忧外患的双重冲击下，统治集团内部的矛盾也日趋激烈。第二次鸦片战争的失败，清朝苟且偷安的局面无法维持，以奕訢、李鸿章等为代表的一批具有改革意识的洋务派官僚，在同西方打交道的过程中，感觉到中国正在经历着"千古变局"，意识到中国的"长远之患在西人"。① 他们以"自强"为目的，主张学习西方长技以抵御侵略，在错综复杂的国内外矛盾中为清政府寻求新的出路。洋务派的崛起，标志着清廷权力结构开始转变，也标志着近代化推进力量的出现。在变法自强的共识之下，洋务派发起的洋务运动作为中国近代化首开其端的事业，不仅给近代中国留下了诸如近代工业、近代教育、近代军队等实绩，更促进了国人观念开始由传统到近代的转变，从而推动了中国传统社会和文化的近代化转型。

19 世纪 90 年代，洋务派经营的近代化事业遇到了严重挑战。经过明治维新而渐趋富强的日本，逐步废除了与西方列强签订的不平等条约，摆脱了沦为殖民地的危机，走上了对外扩张的道路。1894 年，日本发动了侵华战争，这场战争使洋务派苦心经营三十余载的洋务事业毁于一旦，丧师、赔款、割地，损失之重超过鸦片战争以来历次外敌入侵之总和。在战争的硝烟中，中国人看到了中日两国不同政治制度之间的差距，提出了改革封建专制制度，实行明治维新式改革的客观要求；而战后日渐形成的列强瓜分之局，又使中国人不得不面对迫在眉睫的亡国灭种之祸。在此民族危亡的紧急关头，以康有为、梁启超为代表的新兴资产阶级知识分子，要

---

① 李鸿章：《李鸿章全集·函稿》卷四，时代文艺出版社 1998 年版，第 17 页。

求仿效西方和日本的模式，通过改革政治体制达到救亡图强的目的。1898年6月到9月，光绪帝采纳康、梁等维新派的主张，发布一系列变法令，主要内容有：改革政府机构，裁撤冗官，任用维新人士；鼓励私人兴办工矿企业，开办新式学堂培养人才，翻译西方书籍传播新思想；创办报刊，开放言论；训练新式军队；等等。但是，以慈禧太后为首的顽固守旧势力发动政变，镇压了戊戌变法，并利用义和团"扶清灭洋"向各国宣战，失败后又与列强签订《辛丑条约》，把中华民族推向濒于灭顶的绝境。

在严峻的形势逼迫下，清朝统治者终于认识到传统的体制和统治方式已完全不能适应新的局势。1901年1月，慈禧太后在逃难途中颁发上谕，宣示"改弦更张"，实行新政。清末新政从本质上说是传统政治体系内部的一次自我调节，不仅未能带来民族的振兴，反而造成了一个"洋人的朝廷"。但值得注意的是，清末新政作为政治改革的前奏，使中央政权体制初步改观。其中，商部的设立，教育的更新，为资本主义经济的发展和文化的传播创造了条件；外务部的改设，适应了日益频繁的国际交往和外交近代化的需要；新式学堂的兴办和选派留学生出国游学，造就了一代新式知识分子，使之成为近代中国社会变革的新生力量。由此，中国传统的政治体制，开始偏离数千年固有的发展轨道，走向一个新的历程。

尤为重要的是，19世纪末到20世纪初中国资本主义经济的初步发展，为民族资产阶级的成长壮大提供了物质基础，作为民族资产阶级的政治代表——立宪派和革命派，也逐渐走到历史前台，成为推动清末政治变革的两股主导力量。1904年日俄战争爆发后，人们从日本战胜俄国的事实中，得出君主立宪战胜君主专制的结论。这个结论"使许多动摇不定的中国人深信，要使国家强盛，必须实行君主立宪制度"。[①] 于是，萌发于19世纪中期，由维新派提出而又被视为过激的立宪主张，经过康有为、梁启超等人的鼓吹宣传，迅速形成一股具有强大影响力的社会思潮。与此同时，以孙中山为代表的资产阶级革命派迅速崛起，声势日益扩大。革命派主张推翻君主专制制度，建立西方式的资产阶级共和国。他们积极组织革命团体，在沿海及长江流域发动武装起义，对清朝统治构成了巨大震慑。立宪

---

① ［美］兰比尔·沃拉：《中国：前现代化的阵痛》，辽宁人民出版社1989年版，第155页。

派和革命派这两派新兴社会政治力量的崛起，推动了清朝统治集团内部进一步分化。以张之洞、袁世凯、周馥、刘坤一等为代表的部分开明官僚也转而主张对现有体制进行改革，从而构成了统治集团内部的"官僚立宪派"，他们同资产阶级立宪派一起，成为清末政治改革舞台上的主要角色，推动清朝政府对传统体制进行有限的改革。1905 年 7 月，清廷谕派五大臣分赴东西洋各国，考求一切政治。1906 年，出洋考察政治大臣先后回国复命，痛陈利弊得失，恳请实行立宪。同年 9 月，清廷颁发上谕，宣布"仿行宪政"。这是清政府对戊戌维新以来资产阶级立宪运动的首肯，其改革的深度也大大超过了戊戌时期维新志士的拟想。特别是官制和机构的改革，资政院、咨议局的设立以及《钦定宪法大纲》和《大清新刑律》的颁布，对于改革我国两千多年的封建政治结构，推动国家体制、法制的近代化起了一定作用。1911 年 10 月 10 日，辛亥革命爆发，革命风暴迅速席卷全国，加速了清朝统治的崩溃。次年 2 月 12 日，宣统皇帝溥仪被迫颁布退位诏书，结束了清政府自 1644 年入关以来 268 年的统治。

　　清朝政府作为封建专制主义政权，具有历代王朝集权政治的特点，并且不断使集权政治更加强化。清朝统治者运用所拥有的一切手段，坚决维护封建专制制度及固有的统治秩序，直至鸦片战争前，在外敌压境的情况下，依然昏昏沉沉、毫无生气。然而，随着资本主义潮流的东来，"当中国与整个世界变化日益结为一体，并日益卷进造成这些变化的机制之中时，中国的政治构架和特征就发生了深刻而不可逆转的变迁"。①

　　纵观整个晚清时期，中国传统的君主专制政治制度历经两千余年的发展，终于走到了尽头，开始了由传统政治形态向现代政治形态艰难转型的历程。由筹海到自强、从洋务到变法、从维新到立宪、从改良到革命、从君主专制到民主共和的应变递嬗过程，构成了晚清政治体制变革的主线，反映了中国早期现代化的基本路向。而晚清政治风云的激荡变幻，推动各个政治派别纷纷以报刊为载体，宣传自己的政治主张，表达自己的政治诉求，为近代中文期刊的崛起提供了持续的内在动力和适宜的政治土壤。

――――――――――――

　　① ［美］吉尔伯特·罗兹曼主编：《中国的现代化》，江苏人民出版社 1998 年版，第 262 页。

二、新经济因素的产生

中国是个古老的农业国家，农耕经济绵延几千年，"重农抑商"是历代王朝所奉行的基本国策。明清以降，这种经济政策及其衍生出来的思想观念与行为模式，严重阻碍了商品经济的发展和资本主义生产关系的萌芽。鸦片战争失败后，清政府被迫与侵略者签订了《南京条约》，开放了五个通商口岸，中国开始沦为半殖民地半封建社会，经济结构开始发生重大变化。随着越来越多的外国商品输入中国，以农业和家庭手工业相结合的自给自足的自然经济受到前所未有的冲击。在通商口岸和沿海地带，自然经济逐步解体，资本主义萌芽缓慢发展。第二次鸦片战争以后，中国的经济主权进一步丧失，由于开放了更多通商口岸并丧失关税主权，列强的廉价商品在中国大肆倾销，传统的自然经济进一步瓦解。与此同时，在以"师夷长技以自强"为号召的洋务运动中，洋务派官僚兴办了一批军事和民用工业，标志着中国工业化和近代化的起步。在外国企业和洋务运动的影响下，沿海地区产生了早期的民族资本主义工业，以及第一代具有自由竞争性质的企业家，这是资本主义在中国发生和发展的开端。

中日甲午战争中国的战败，民族危机空前加剧，外国列强在中国攫取了投资设厂的权利，开始了以资本输出为主的经济侵略，并企图操纵中国的社会经济命脉。严峻的形势使越来越多的人认识到，要救亡图存，不从根本上改变经济落后状况，仿效西方兴办近代企业、发展资本主义，中国便没有出路。以康有为、梁启超等为首的维新派奔走呼号，要求解除民间私人设厂的禁令，推行有利于发展资本主义的经济政策，其中包括统一币制、鼓励民间开发矿藏、修筑铁路、制造轮船以及兴办机器制造业；奖励各种发明创造，许其专利；提倡采用西方先进的农业器械和技术，扩大经济作物的生产；帮助商人组织合股公司，振兴商务，豁免厘金，减轻出口税，发展国内外贸易。尤其是准许民间广为设厂制造、"纵民为之"、力为保护、毋得官权侵之的主张，反映了一些积极准备投资兴办近代企业的地主、买办、商人和华侨的愿望与要求，成为有识之士的一致呼声，代表了时代发展的趋势，因而得到社会各方面的积极响应，促使光绪皇帝下决心进行变法。1898 年 6 月至 9 月戊戌变法期间，总理衙门议定并颁布《振兴工艺给奖章程》十二条，以世职、实官虚衔、专利或匾额颁给有实绩的创厂各商。这一时期的经济政策，主要有两方面的内容：一是继续督导、提倡官办军用、民用企业，官办、官商合办的民用企业有了明显增加，投资的工业部类也由原来集中于纺织业，扩展到造纸、印刷、制革、火柴、卷烟、水泥等部类；二是对民间资本投资设厂给予一定程度的支持和鼓励，解除民间资本投资兴办近代企业的禁令，颁布奖励投资设厂的法令，在某种程度上保证了民间资本投资设厂的合法性，促成了中国有史以来首次投资设厂的高潮。

清末新政期间，于 1903 年 3 月正式设立商部，着手调整经济政策，相继颁布了《商人通例》《公司律》《公司注册试办章程》等，推行"振兴实业""奖励设厂"的政策。

由于民族资本投资设厂合法性地位的确立，大大激发了社会资本投资近代企业的热情，使中国近代企业迅速由官办向商办转变，推动形成了 1903 年至 1908 年又一次振兴实业的高潮。而一系列奖励民族资本主义经济发展的法令政策的颁行，以及民间私人资本投资近代企业的实践，对于改变千百年来轻商贱商的社会传统与价值观念，也是一个有力的促进。1906 年，清廷按照"预备立宪，须先厘定官制"的思路对中央部门设置进行调整，将巡警部改为民政部，户部改为度支部，兵部改为陆军部，刑部改为法部，工部并入商部改称农工商部，增设邮传部，统辖全国路、船、邮、电四政。1907 年，农工商部先后颁布《华商办理实业爵赏章程》和《奖励华商公司章程》，明确把制造业和商业金融业区分开来，对"能开辟利源，制造货品，扩充国计民生"的生产性企业实行奖励，对公司发起者授奖。"由是国人耳目崭然一新，凡朝野上下之所以视农工商，与农工商之所以自视，位置较重故"。①

晚清中国虽然产生了资本主义，并有一定程度的发展，但它始终没有能够得到正常的充分的发展。西方列强依仗不平等条约取得的特权，在中国经营许多企业，不断扩大外资在华势力，控制中国的经济命脉，据统

---

① 高劳：《十年以来中国政治通览·实业篇》，《东方杂志》第九卷第七号，1913 年 7 月。

计，外国在华资本总额的比重 1894 年为 60.7%，1913 年为 80.2%。① 而在占比不高的中国资本中，官僚资本又压倒民族资本，破产或被兼并成为民族工业企业的宿命。② 尽管如此，晚清资本主义经济的产生和发展，还是为近代期刊创办和发展提供了基本条件和物质基础。这主要体现在以下几个方面：

一是培育了对近代期刊的社会需求。尽管晚清社会依然处于"微弱的资本主义经济和严重的半封建经济同时存在，近代式的若干工商业都市和停滞着的广大农村同时存在，几百万产业工人和几万万旧制度统治下的农民和手工业工人同时存在"③ 的二元结构中，但随着近代工商业的兴起，从 19 世纪中叶到 20 世纪初，在通商口岸和沿海地区仍出现了若干个近代化程度较高的中心城市，如南方的上海和北方的天津，其中上海 1852 年的人口为 54.4 万，到 1900 年增加到 108 万多人。伴随着新的生产关系和阶级力量的出现以及城市化的进程，产生了一个重要的社会群体，这就是市民阶层。市民阶层的生活方式较之传统社会发生了重大转变，他们在信息、知识及娱乐休闲等方面的新需求，为各类期刊的应运而生开拓了发展的空间。

二是涵养了近代期刊的办刊队伍。资本主义经济的初步发展，加速了传统官绅社会的分化，一部分士绅成为商人、实业家，但更多的转化为新式知识分子，进入文化教育领域。1905 年清政府废除科举制度，士绅阶层的转化明显加速。除了海外留学一途，师范学堂、法政学堂最初的招生对象也以有功名的各级士绅为主。这些传统士绅接受新式教育之后，转变为律师、教师、科学家等新式知识分子。他们当中的不少人，后来成长为职业的报刊从业者。

三是建立了近代期刊的传播渠道。晚清时期，近代工业特别是近代交

---

① 吴承明：《中国资本主义的发展述略》，载《中华学术论文集》，中华书局 1981 年版，第 337 页。
② 龚书铎：《社会变革与文化趋向：中国近代文化研究》，北京师范大学出版社 2005 年版，第 8 页。
③ 毛泽东：《中国革命战争的战略问题》，载《毛泽东选集》第一卷，人民出版社 1991 年版，第 88 页。

通事业的兴办，为人们从事商业活动提供了便利的河道、海运、铁路交通。至 1909 年，设置电政局 268 处，线路里数达到 21057.5 千米；至清廷灭亡前，已筑成 9656 千米的铁路，设置邮局 5485 处。① 轮船、铁路、邮政、电报电话等新兴产业的建设，形成了覆盖广泛、方便快捷的交通和邮政网络，为期刊的出版流通奠定了物质基础。依托这些新兴的工业和设施，期刊的传播渠道日趋多元化，除了构建覆盖各主要城市和地区的直接销售网络外，还可以利用邮政系统开展函购业务，从而极大地便利了期刊的发行和销售。

三、文化转型与新式教育

一定的文化是一定的社会政治和经济的反映。鸦片战争以后中国政治经济领域数千年未有之深刻变革，也深刻地改变了中国文化传统形态。

晚清中国一系列创深痛剧的社会现实，使得有识之士从"天朝上国"的梦幻中惊醒，不断进行文化上的探索，逐步认识到在当时世界潮流下中国文化的基本方向，就是唤起全民族反抗侵略的意识，学习西方先进文化。在两次鸦片战争之间，西方的科学技术和思想文化逐渐传入中国，外患日深的社会现实，推动林则徐、魏源、徐继畬、姚莹等近代"开眼看世界"的先驱者撰写了《四洲志》《海国图志》《瀛环志略》等著作，研究边疆史地和边防问题，介绍世界各国历史地理和社会情况，总结清朝在鸦片战争中失败的教训，抨击列强的侵略行径，赞颂军民反抗侵略的斗争，构成了这一时期文化探索的基调，迈开了近代中国人向西方学习的第一步。从 19 世纪 60 年代到 90 年代，清政府内部的部分官僚为维护封建统治，发起和主持了一场以学习西方科学技术和军事上坚船利炮为主要内容的"洋务运动"，把"师夷之长技以制夷"的口号变为实践。他们以"中学为体，西学为用"为宗旨，试图以传统文化为主，以西方先进科学技术为辅，在振兴传统文化的同时吸取西方先进的科学技术，通过振兴传统文教来达到自强的目的。在洋务派主持下，先后开办了江南制造总局等一批军事工业，建立了现代化的海军，兴办了民用企业、翻译机构、新式学

---

① 苏全有：《清末邮传部研究》，中华书局 2005 年版，第 297、34、277 页。

堂,并先后派出 4 批中国学童赴美国留学,以便通晓西方学识。特别是自京师同文馆、江南制造总局翻译馆设馆译书后,沿海地方纷纷仿行。同治

图 1-2　京师同文馆旧址

二年(1863 年),李鸿章在上海设立上海同文馆(亦称广方言馆),后又有广州同文馆(亦称广州广方言馆)之设;仿照江南制造总局又有北洋制造局(天津制造局)、福州船政学堂(求是堂)等相继建立。后起的张之洞也在武汉设立了自强学堂。这样,从中央到地方自上而下地形成了一个新式的官方翻译出版系统,再加上一些民间译书机构和教会译书机构,三个方面的力量汇聚成一个输入西学的热潮。

　　洋务运动后期,资本主义得到一定发展,民族资产阶级逐渐形成。他们受到帝国主义和封建势力的双重压迫,迫切要求改变现状,独立发展资本主义。冯桂芬、王韬、郑观应等代表民族资产阶级利益的先进分子首先冲破"中学为体,西学为用"的藩篱,要求学习"西学""西法"。他们认为,西方国家富强之本,不在于技术的先进,而在于政治制度的优越:"治乱之源,富强之本,不尽在船坚炮利,而在议院上下同心"。① 他们受西方资产阶级的民主精神浸润,称赞资产阶级的议会制度,鼓吹建立君主立宪政体,提倡发展民族工商业。而把西学、西政的理论发展为爱国救亡行动的,是以康有为、梁启超、严复为代表的维新人士。他们发起著名的公车上书,设报馆、办报刊,成立学会,传播西方思想观念,推动光绪皇帝于 1898 年 6 月宣布开始变法。虽然这次变仅仅 103 天就失败了,但在文化方面的一系列政策,如废除八股,改试策论,办学堂、设译局,允许自由开设报馆,成立学会等,在当时促使京城内外形成了"家家言时务,人人谈西学"的时尚。

----

　　① 郑观应著,夏东元编:《郑观应集》上册,上海人民出版社 1982 年版,第 233 页。

百日维新失败后，人们认识到政治变革必须进行思想启蒙，因而西方社会科学学说传播的进展，在 20 世纪初尤为显著。其中，对中国思想界影响最大的，当属进化论和天赋人权学说。这是当时学界的新风，进步学人的心之所好。除了进步学人主动追求新知之外，清廷废科举、书院，兴学堂，奖励留学，也在更大的范围内对人们的知识结构进行着一种具有导向性、强制性的调整。

晚清时期民族危亡的不断加深，使具有爱国主义思想的进步人士都自觉地把吸收西学与救亡图存、振兴中华的历史使命结合起来，"输入东西之学说，唤起国民之精神"。① 基于这种爱国主义精神，人们对于西方文化或其他外来文化的输入、吸收，大多抱着分析、筛选的态度，先是引进西方的器物和科技，随后是变革思想、观念和制度。近代期刊作为近代文化的基本建制，也在这个过程中逐步确立了自己的地位。

从观念层面来看，鸦片战争之后，近代文化随着西方船坚炮利的传入，由少到多、由浅到深，一点点传了进来。封建纲常伦理作为从意识形态上维护封建统治秩序的权威地位发生动摇，反映新的资本主义经济和资产阶级政治势力需要的新思想新观念，如进化论和天赋人权说、民族国家、民权、自由、平等等逐渐在社会上传播开来。19 世纪 70 年代，在马建忠、王韬、康有为等人的日记和著作中就出现了"自由"一词。严复在 1895 年发表的《论世变之亟》一文中，从国家与世界的关系角度提出了"国国各得自由"，也从个体与群体、个体与国家关系的角度提出了"人人各得自由"，"第务令毋相侵损而已"的重要论点。1903 年至 1909 年，严复翻译了英国思想家穆勒的《论自由》（On Liberty）和法国思想家孟德斯鸠的《论法的精神》（Spirit Of Law）这两部公认的现代自由主义经典之作，分别以《群己权界论》和《法意》作为书名出版，把言论自由、权利观念、公民理论、法治精神引入中国，成为人们批判传统儒学和封建纲常伦理的思想武器。自此，进化论和民权、平等等思想成为文化各个领域的指导思想，而文化的各个领域也为宣传民权、自由、平等服务。也正是适应了启蒙民主宣传的现实需要，期刊这一大众传播工具才能在晚清社会风

---

① 《湖北学生界开办章程》，《湖北学生界》第一期，1903 年 1 月。

生水起，充当了批判封建文化的武器和近代文化的播种机，把盘桓在精英圈子里的民主思想转化成为带有群众性的社会思潮。

从文化部门来看，随着西学的输入，传统的学科内容和知识体系发生改变，经学衰落、诸子学兴起；资产阶级新史学的建立、白话文运动的开展，使传统的史学、语言学领域发生深刻变化；与此同时，哲学、法学、政治学、社会学、经济学、逻辑学、伦理学等新领域、新学科的发展，打破了传统经、史、子、集的分类，反映了传统学术走向近代的轨迹，使这一时期的文化变得丰富而复杂。[①] 一些知识分子开始明显地、有意识地将求知的重点从中学转到了西学。据对孙宝瑄读书日记的粗略统计，从 1901—1906 年数年之间，他阅读的新书刊多达六十余种。[②] 20 世纪初期，"自东国游学途辟，东学之输入我国者不少，新书新报年出无穷，几于目不暇给，支那人脑界于是不能复闭矣"。[③] 可见，近代文化由西学而新学的转型，不仅为近代期刊的出版开辟了广阔的活动空间，也提供了前所未有的丰富内容。随着西学输入的不断深化，近代期刊作为西方近代文化的一种制度性建制，其作用和功能被越来越多的人所认识，推动晚清最后 20 年出现了两次办刊高潮。

在晚清社会变迁过程中，教育作为社会经济文化的综合产物，也发生了根本性变化，对于近代期刊的发展意义深远。如前所述，清政府在洋务运动中兴办了一批军事工业和民用工业，训练新式陆军，建立新式海军。这些洋务事业的兴办，需要相应的各种人才。于是，从 19 世纪 60 年代至 90 年代中期又陆续创办了一批新式学堂。戊戌变法时期，光绪皇帝根据维新派的建议，在教育方面相应提出了改革科举制度、废除八股文、兴办学校、北京设立京师大学堂、各地大小书院改为兼习中学和西学的学堂等改革举措。1905 年，学部成立，在教育近代化的道路上迈出了关键的一步。[④]

---

① 龚书铎：《社会变革与文化趋向：中国近代文化研究》，北京师范大学出版社 2005 年版，第51—53 页。

② 龚书铎等：《辛亥革命时期文化四题》，《北京师范大学学报》（人文社科版）2001 年第6 期。

③ 刘大鹏：《退想斋日记》，山西人民出版社 1991 年版，第 739 页。

④ 龚书铎：《略谈中国传统教育现代化的演进》，《北京师范大学学报》（社会科学版）1995年第 5 期。

值得注意的是，新式教育的发展，形成了一个规模可观的近代学生群体。1905 年废除科举之前，学生增长率虽高，但基数较小，最多不过 255873 人。此后两年，学生人数达到 1024988 人。1908 年至 1909 年，在高基数上，仍以每年净增 30 万人的速度扩大，达 1638884 人。到 1912 年，跃升为 2933387 人。除官方正式统计数字外，还有未经申报立案的公私立学堂、军校、教会学堂，以及日本、德国在东北、山东、福建、江宁等地开办的非教会学校，总数超过 300 万人，几乎是 1905 年的 12 倍。[①] 如此庞大的新型社会群体出现，必然引起旧社会体系的结构性变动。新式学堂一方面以综合性科学教育取代家庭式经验传承，使学生的知识结构大为优化，改变了单一纵向比较的传统价值评判准则；另一方面学生来自四面八方各个社会层面，相互交流信息，拓宽了眼界，尤其是他们掌握了语言文字工具，处于信息中心带，直接面向大众传播媒介，对政治风云变幻异常敏感，容易接受甚至期望社会的近代化变动，[②] 在充当推进中国社会近代化新生力量的同时，也成为推动近代期刊发展的重要力量。

第二节　晚清期刊观念的嬗变

期刊作为信息、知识传播载体，它的诞生是社会进化和科学技术发展的产物，也是人类社会文化传播的客观需要。作为近代文化的传播载体，近代中文期刊是中西文明冲突融合的结果，期刊观念的演变是近代中西文化冲突融合的反映。通过考察“期刊”一词的出现及其意义演变的过程，我们可以发现，近代以来对于期刊概念的描述和理解的嬗变，不仅作用于我国近代期刊发展的历史脉络，而且还直接塑造了近代中文期刊不同于西方近代期刊的鲜明特征。

一、早期来华传教士对“新闻纸”的认识和变通

19 世纪初，当第一代基督新教传教士来中国传教时，报纸和期刊在西

---

① 桑兵：《晚清学堂学生与社会变迁》，广西师范大学出版社 2007 年版，第 2 页。
② 桑兵：《清末兴学热潮与社会变迁》，《历史研究》1989 年第 6 期。

图 1-3 郭实腊

方国家已经蓬勃发展起来。这一代表近代文明的新型传播媒体，也随着传教士漂洋过海来到东方。传教士在办刊过程中，把西方出版的近代报刊统称为新闻纸。对于"新闻纸"的概念和范畴，郭实腊在《新闻纸略论》一文中说："在西方各国有最奇之事，乃系新闻纸篇也。……其新闻纸有每日出一次的，有二日出一次的，有七日出二次的，亦有七日或半月或一月出一次不等的，最多者乃每日出一次的，其次则每七日出一次的也。其每月一次出者，亦有非纪新闻之事，乃论博学之文。"① 在这里，郭实腊一方面介绍了西方新闻纸按刊期和内容可分为不同类型，主要是报道新闻，另一方面也指出了部分月刊刊载"博学之文"的特点。为了与中国古代的邸报相区别，传教士也把"新闻纸"叫作"新报"。如另一位传教士花之安在《新闻纸论》一文中指出："溯西国新报之名，始为新闻纸，今则易其名为《万国公报》，又有《小孩月报》《循环日报》《中西闻见录》各等，皆广人学问，增人识见，寓劝惩于规谏，其意甚美。然其出也有定期，或一日三次、一日二次，或半月每月一卷，或半年每年一卷，或每季每礼拜一卷，其数甚繁，大抵每日出者，则为时势政事杂报居多，每月、每礼拜出者，则为专报，如天文、格致等报居多。盖事有多寡，且有难易，故不得不分报也。"② 由此可见，在来华传教士的中文词汇里，"新闻纸"和"新报"包括了英语 Magazine、Serial、Newspaper 等多个词的词义。对"新报""新闻纸"的这样一种解读，体现在他们的办刊实践中，就是创办了一批"兼具报纸与杂志性质"③ 的近代中文刊物。也就是说，传教士一方面深知

---

① 爱汉者等编，黄时鉴整理：《东西洋考每月统记传》，中华书局1997年版，第76页。
② ［德］花之安：《自西徂东》，上海书店出版社2002年版，第179—180页。
③ 周振鹤：《六合丛谈的编纂及其词汇》，载沈国威编著《〈六合丛谈〉（附解题索引）》，上海辞书出版社2006年版，第161页。

西方国家报与刊之间的区别，另一方面在创办近代中文报刊时，却采用了把报纸的新闻要素和期刊的知识元素结合在一起的新形式，无论是早期的《东西洋考每月统记传》《六合丛谈》，还是后期的《万国公报》，都既刊登新闻，又介绍各方面知识，从而形成了一种中国化的办刊模式。之所以做出这样的选择，主要是为了适应当时中国社会的需要。19 世纪初叶，由于中国紧闭国门，"不准耶稣基督的传教士传教"，"以月刊或其他适当的期刊形式出版"，能够实现"传播普通知识和基督教知识"的目标。[①] 鸦片战争后，紧闭的国门被打开，但信息传播环境与西方依然有着巨大差距："恒无分送日报，又无置邮递信，更无迅速驰骤，平时透达信息，多由耳食传闻，或由书筒寄递，素有携带书函，以资营生，其日行至速，亦不逾一百二十里，故此土相距辽远之事，颇难早得确耗。"[②] 在这种社会环境下，西方传教士要把西方消息和基督教教义传播到中国内地，就必须采取一种折中的办法，近代中文报刊就是这样一种报与刊合二为一的结合体。

二、国人报刊分类意识的萌发

在西方传教士创办中文期刊的过程中，一批中国知识分子参与进来，接受了传教士关于中文报刊的办刊理念。林则徐、魏源等第一批"睁眼看世界"的中国人，把翻译的西方报纸叫作《澳门新闻纸》，即是西方传教士影响的一种表现。而此后的沈毓桂、李善兰、王韬、郑观应等人，也依然把报与刊作为一类出版物看待，那就是"日报"。郑观应的《盛世危言》专有"日报"篇；王韬发表于《循环日报》的《论日报渐行于中土》一文，也把《察世俗每月统记传》视为近代中文日报的鼻祖。与此同时，他们还把西方基于信息传播需要的报刊，提高到了"国之利器"[③] 的高度，开始了独立创办报刊的尝试，并取代传教士成为中国近代报刊业的主导力量。随着西学东渐的深入，特别是中日甲午战争后，以康有为、梁启超为代表的维新派把报刊作为宣传变法的舆论工具，在不断丰富的办刊实践中

---

① ［英］米怜：《新教在华传教前十年回顾》（中文版），大象出版社 2008 年版，第 72 页。
② 松浦章等编著：《遐迩贯珍》，上海辞书出版社 2005 年版，第 714 页。
③ 赵树贵等编：《陈炽集》，中华书局 1997 年版，第 106 页。

加深了对西方报刊的了解，逐步产生了报刊分类意识。梁启超在《时务报》创刊号上发表《论报馆有益于国事》，介绍西方报业情况时说：

> 其分报也，言政务者可阅官报，言地理者可阅地学报，言兵学者可阅水陆军报，言农务者可阅农学报，言商政者可阅商会报，言医学者可阅医报，言工务者可阅工程报，言格致者可阅各种天、算、声、光、化、电专门名家之报。有一学即有一报，其某学得一新义，即某报多一新闻，体繁者证以图，事赜者列为表，朝登一纸，夕布万邦。是故任事者无阂隔蒙昧之忧，言学者得观善濯磨之益。犹恐文义太赜，不能尽人而解，故有妇女报，有孩孺报。其出报也，或季报，或月报，或半月报，或旬报，或七日报，或五日报，或三日报，或两日报，或每日报，或半日报。①

次年，严复对当时出版的中文报刊作了类型分析：一是《时务报》《经世报》《苏报》等，为明当世之务，"知四国之为"；二是《农学报》《算学报》等，讲专门之业。他认为："大抵日报则详于本国之事，而于外国之事则为旁及。旬报则详于外国之事，而于本国之事则为附见。"严复还分析，报与刊的读者对象有明显的分别："大抵阅日报者，则商贾百执事之人为多，而上焉者或嫌其陈述之琐屑；阅旬报者，则士大夫读书之人为多。"② 也正是基于这样一种认识，维新派往往不是很热心于创办日报，而是更倾向于选择旬报、月刊的刊物模式，如《强学报》《时务报》等，因为这种媒体形式更能够满足他们议政论政的诉求。这说明，随着对西方近代报刊认识的深入，近代中国人逐渐超越传教士报刊合一的办刊理念，开始从理论和实践上划分报与刊的不同媒介功能了。

戊戌变法失败后，一批维新人士流亡海外，一批青年学子出国留学，"而日本以接境故，赴者尤众。壬寅、癸卯间，译述之业特盛，定期出版之杂志不下数十种。日本每一新书出，译者动数家。新思想之输入，如火

---

① 梁启超：《论报馆有益于国事》，《时务报》第一册，1896 年 8 月。
② 严复：《国闻报缘起》，载王栻编《严复集》，中华书局 1986 年版，第 453—454 页。

如荼矣"。① 受日本转译过来的欧美新闻学著作影响，他们对报刊的媒介功能有了更加深刻的理解，对报刊分类有了更加清晰的界定。1901 年，梁启超把当时的"报"分为两类："一曰日报（星期报附之），二曰丛报（旬报、月报附之）"。② 在他看来，丛报即"日本所谓杂志者是也"，"其搜罗极博，其门类极繁，如政治，如理财，如法律，如哲学，如教育，如宗教，如格致，如农工商，如军事，如各国近事，如小说，如文苑，如图画，如评骘各报，无一不载，而其选择又极严。"③ 这里，梁启超抓住了"杂志"与"日报"的主要区别在于内容这一根本的差异。而同一时期的范祎，也从多个层面分析杂志与新闻的不同："杂志报章与每日新闻，其体制不同，其宗旨不同，其功用亦不同"，杂志是"社会之公共教科书"，"无论上流、中流、下流以暨种种之社会，其知识之一般大都取资于杂志报章者居多，新事新理新物之研究之表见之发明无不先睹于杂志报章。若夫主持舆论，阐发政见，评议时局，常足为一国前途之导向方针也，砥柱也，皆杂志报章之天职也"。④

报刊分类意识的增强，反映在这一时期海外留学生办刊实践中，就是其刊物名称一般不再使用某某"报"，而是使用"杂志""月刊""学报"等更加具有期刊特征的名称，如《开智录》《浙江潮》《汉声》《浙江月刊》《湖北地方自治研究会杂志》《云南杂志》等。这些报刊通过各种渠道传入国内，产生了广泛而深远的影响，同时也把"杂志"这一概念引进到中国。

三、"杂志"与"期刊"概念的出现

"杂志"是古代汉语词汇。以"杂志"为名的书，宋代以来有周辉的《清波杂志》、王念孙的《读书杂志》、王韬的《瀛壖杂志》、黎庶昌的《西洋杂志》等。最早以"杂志"命名的中文刊物，是 1862 年（同治元

---

① 梁启超：《清代学术概论》，《饮冰室合集》专集之三十四，中华书局 1989 年版，第 71 页。
② 梁启超：《中国各报存佚表》，《清议报》第一百册，1901 年 12 月。
③ 梁启超：《本馆第一百册祝辞并论报馆之责任及本馆之经历》，《清议报》第一百册，1901 年 12 月。
④ 范祎：《万国公报第二百册之祝辞》，《万国公报》第二百册，1905 年 9 月。

年）在上海创办、由英国伦敦布道会传教士玛高温主编的《中外杂志》（Shanghai Miscellany）。1867 年，日本柳河春三创办《西洋杂志》，该刊创刊号说："本杂志创刊的目的，乃类似西洋诸国月月出版的 Magazine，广集未下奇谈，应能一新耳目。"一般认为，这是借用"杂志"这个中国古典词汇翻译西洋术语 Magazine 的最早译法。20 世纪初，这一译法从日本传入中国，并作为周期性出版物的名称被广泛使用，如《亚泉杂志》《东方杂志》《法政杂志》《教育杂志》等等。辛亥革命以后，孙中山的南京临时政府在 1912 年 3 月发布《暂行报律》，其第一条规定，"新闻、杂志已出版及今后出版者，其发行及编辑人姓名"，要向内务部登记。[1] 1927 年北洋政府京师警察总监颁布的《管理新闻营业条例》第二条规定，无论定期或不定期的杂志均属新闻之一种。[2] 1930 年国民党政府通过的《出版法》和 1937 年的《修正出版法》，将出版物分为新闻纸（报纸）、杂志、书籍及其他出版品，并规范了报纸与杂志的分界："（一）新闻纸指用一定名称，其刊期每日或隔六日以下之期间继续发行者而言。（二）杂志指用一定名称，其刊期每星期或每隔三月以下之期间继续发行者而言。但其内容以登载时事为主要者，仍视为新闻纸。"[3] 在学界，1927 年戈公振所著《中国报学史》，首次从学理上探讨了报纸和杂志的区别："报纸与杂志普通包括于定期刊行物名义之下"，二者最根本的区别不仅仅是外观上"报纸为折叠的，杂志为装订的"；更主要的是从内容方面乃至原质方面，"报纸以报告新闻为主，而杂志以揭载评论为主，且材料之选择，报纸是比较一般的，而杂志是比较特殊的"；"报纸之论说（Article），对于时事表示临时的反应，杂志之论文（Eassy）则以研究对于时事之科学的解决"。[4] 可见，到 20 世纪二三十年代，人们已从学理和实践层面上，较为准确地界定"杂志"不同于报纸的媒体特征了。

---

① 《民国暂行报律》，转引自张静庐辑注《中国近代出版史料初编》，上海书店出版社 2003 年版，第 325 页。

② 《管理新闻营业条例》，转引自戈公振《中国报学史》，生活·读书·新知三联书店 2011 年版，第 295—296 页。

③ 《修正出版法》，倪延年选编：《中国新闻法制通史（史料卷上）》，南京师范大学出版社 2015 年版，第 251 页。

④ 戈公振：《中国报学史》，生活·读书·新知三联书店 2011 年版，第 7 页。

　　"期刊"源于英语 Periodical 的意译，最初意译为周期性刊物，后简称为"期刊"。直到 18 世纪末，Periodical 作为连续性出版物的定义在西方才最终形成。[①] 中文"期刊"一词直到 20 世纪 20 年代才逐步为人所使用。1920 年《中华图书馆协会会报》第五卷第六期刊载了一篇题为《中国期刊调查表》的文章，说明其时"期刊"一词已经在一定范围内使用；1926 年 10 月鲁迅致李霁野的信中，也出现了"期刊""月刊"[②] 的词汇。1929 年，刘国钧首次对"期刊"一词进行了界定："凡分期刊行之出版品，每期有一定之番号，且拟继续无穷者，不论出版之有定或无定，皆谓之期刊。"[③] 在他看来，"期刊"囊括了报纸、杂志等一切连续出版物。1930 年，金敏甫还提出了"继续刊物 Serial"的概念，认为继续刊物是"陆续刊行之出版物，常有规定之距离，而内容有继续之性质者"，"包含期刊、公报、年报（报告或年鉴等）及会社之调查录、会报，以及其他会社刊物等"。[④] 可见，这一时期人们已经对期刊的定义及期刊与报纸、杂志的关系展开了讨论，但"期刊"一词依然没有获得广泛认同，1936 年出版的《辞海》也未列"期刊"条目。不过，对报纸、杂志与期刊细分方面的探索却在继续，如钱亚新认为"杂志又叫期刊"；[⑤] 徐家麟认为期刊和杂志是有区别的。[⑥] 随着讨论的逐步深入，到 20 世纪 40 年代，"期刊"一词日益为人所知，这从 1947 年出版的中国大辞典编纂处所编《国语辞典》首列"期刊"条可以得到印证。这本辞典对"期刊"的定义是"定期出版之书报"，显然还比较笼统。由于对"期刊""杂志""报纸"定义和关系的认识有一个过程，有关的争论直到今天还没有结束。不过，把期刊和杂志作为同义语使用，在我国已经成为被广泛认同的观点。

　　综上所述，我们可以形成以下结论：（一）作为近代文化的传播载体，期刊是近代中西文明冲突融合的产物，期刊观念的演变是近代中西文化冲

---

① 林穗芳：《"杂志"和"期刊"的词源和概念》，《编辑学刊》1993 年第 2 期。
② 鲁迅：《马上日记》，载《鲁迅全集》第 3 卷，人民文学出版社 1973 年版，第 325 页。
③ 刘国钧：《中文图书编目条例草案》，《图书馆学季刊》1929 年第三期。
④ 金敏甫：《图书馆术语集》，《图书馆学季刊》1930 年第四期。
⑤ 钱亚新：《杂志和索引》，《武昌文华图书科季刊》1929 年第一期。
⑥ 徐家麟：《中文编目论略之论略》，《图书馆学季刊》1929 年第三期。

突融合的反映。（二）在中国期刊史的早期，无论在观念层面还是在实践层面，报与刊是作为一类出版物而存在的。报与刊类型划分的提出，首要的前提是近代中国人对西方报刊观念的消化吸收。（三）"杂志"的概念从中国传入日本，又从日本回流到中国，成为对应于报纸而存在的我国周期性出版物的统称。（四）"期刊"的概念产生于17世纪至18世纪的西方，我国使用"期刊"一词迟至20世纪20年代，直到新中国成立前后才进入官方正式语汇。如果说"杂志"的概念是在报与刊分离过程中形成的，是相对于报纸而言的；那么"期刊"一词的出现，则反映了在报纸、杂志等载体形式不断丰富的条件下，人们对周期性出版物的总体认识和探讨。"期刊"在我国使用虽晚，却日益成为范式名称。

第三节　晚清期刊出版的阶段性特征

和欧洲17世纪初出现连续性出版物相比，我国近代期刊约晚了150年。这与当时我国社会、政治、经济、科学技术等方面的发展水平分不开。19世纪初叶以来，期刊这一新型文化传播形式从木刻本发展到石印本和铅印本，从线装本发展到平装本，逐步形成了近代形态的期刊样式。由于鸦片战争以来空前深重的民族危机，我国期刊的产生和发展，主要受意识形态而非商业利益的驱动，起主导作用的是知识精英而不是社会大众。一方面，由于期刊制度还没有建立起来，个体刊物生存时间大多不够长，但从整体看，期刊发展此伏彼起，"救亡"和"启蒙"两大主题成为近代期刊发展的强大动力，各种政治派别为教育和发动群众，不约而同地创办面向大众的期刊，推动了期刊的专业化、通俗化和民间化。对应鸦片战争、维新变法运动、清末新政和辛亥革命这四个晚清社会发展变化的标志性事件，期刊的发展经历了一个由慢到快，由外国人在海外创办中文期刊，渐次向我国沿海和内地推进的过程，呈现出十分明显的阶段性。办刊主体从传教士办刊，到国人自主独立办刊，再到海外华人办刊，官办、民办、商办等多种办刊模式并存；期刊类型从报、刊不分，到政论性、综合性刊物，再逐步分化为多种专业化和类型化期刊，这其中有些期刊开创了我国不少学科、专业之先河，有些期刊成为某类期刊载体的范例；分布和传播空间从东南亚到沿海城市，再到内地和边疆，呈现出超密集的地域聚集性和大幅度的流散性。

从总体上说，19世纪初以迄清王朝结束的近一百年间，我国期刊出版活动的发生发展，可以划分为四个阶段。

第一个阶段，从1815年至1840年鸦片战争爆发。以1815年在马六甲创办的《察世俗每月统记传》和1833年在广州创办的《东西洋考每月统记传》为标志。这期间，共出现了7种近代中文期刊，其中中英文合刊1种，出版地集中在东南亚、澳门及广州外人商馆区。这些近代期刊多由传教士创办，以介绍外国情况为主，在版式、印刷及行文等方面开启了近代期刊中国化路径。

表1-1　鸦片战争前中文期刊出版情况

刊　名	创刊时间	刊期	出版地	创办人	备注
察世俗每月统记传	1815.8	中文月刊	马六甲	［英］马礼逊（Robert Morrison）米怜（William Milne）	
特选撮要每月纪传	1823	中文月刊	巴达维亚	［英］麦都思（Walter Henry Medhurst）	1826年停刊
天下新闻	1828	中文月刊	马六甲	［英］吉德（Samuel Kidd）	1829年停刊
东西洋考每月统记传	1833.8	中文月刊	广州	郭实腊（Karl Friedric Haugut Guôtzlaff）	1835年停刊，1837年在新加坡复刊
杂闻篇	1833	中文不定期刊	澳门	［英］马礼逊（Robertmorrison）	共出版3期
各国消息	1838.10	中文月刊	广州	［英］麦都思（Walter Henry Medhurst）	1839年5月停刊
依泾杂说	1837—1838	中英文合刊	澳门	［葡萄牙］罗	停刊时间不详

从创办者情况来看，6种中文期刊均为传教士所创办。除了创办《东西洋考每月统记传》的郭实腊（Karl Friedric Haugut Guôtzlaff）来自普鲁士，其他传教士均来自英国。总的来看，这一时期的中文刊物具有以下一

些特点：

第一，办刊宗旨兼顾传播宗教教义和西方文化。在东南亚最先创办的三家刊物，均以传教为目的，如《察世俗每月统记传》，"其首要目标是宣传基督教"。① 此后，在广州出版的《东西洋考每月统记传》逐步增加了宗教以外的其他内容，特别是加强了对西方近代文化和科学知识的介绍，成为由传教士编辑出版的世俗刊物；而麦都思创办的《各国消息》则不再登载宗教文章，主要刊登各国历史、地理知识和航运消息，并特辟专页刊载广州商情。

第二，目标读者在中国国内。这些刊物虽然为外国人创办，但除了赠送出版地华侨华人免费阅读之外，主要是向南洋各地和中国境内发行。如《察世俗每月统记传》主编之一米怜在《释疑篇》中说："此察世俗书今已四年，分散于中国几省人民中，又于口外安南、暹罗、加拉巴、甲地等国唐人之间，盖曾印而分送与人看者三万有余本"。② 《东西洋考每月统记传》迁至新加坡出版后，在广州出版时期的发行渠道依然畅通，继续向中国国内发行。

第三，办刊模式具有开创性。这几种刊物大多采取分类编纂的方法，在卷首刊有本期内容目录，便于读者查阅，并设有固定的栏目。这些都是近代期刊的基本特征。同时，为便于中国读者接受和阅读，在形式上模仿中国读者习见的报房京报的书册形式，用黄色连史纸做封面；内容多附会儒家学说，在刊物显著位置刊出诸如"子曰：多闻，择其善者而从之""三人行必有我师焉""多闻阙疑，慎言其余"等之类儒家经典语录，采用"博爱者""爱汉者""尚德"等作笔名，等等。这些做法，为后来外国人创办的近代中文刊物所沿用。

第四，印刷技术取得新进展。这几种刊物在采用雕版木刻的同时，它们的创办者也在积极研究探索把西方近代化印刷技术运用于中文刊物的出版。吉德创办的《天下新闻》采用铅字活版排印，同时采用白报纸印刷散页，打破了传统的书册形式。在广州出版的《各国消息》则采用石印，是

---

① ［英］米怜：《新教在华传教前十年回顾》（中文版），大象出版社 2008 年版，第 72 页。

② 转引自卓南生《中国近代报业发展史》，中国社会科学出版社 2002 年版，第 30 页。

中国最早使用石印技术的报刊，比麦都思在巴达维亚印刷所用石印工艺与活字排版工艺相结合的办法印刷他编的《汉英字典》早了4年，比过去出版界通常认为的中国最早使用石印技术的是上海土山湾印书馆（该馆于1876年开始石印天主教传道读物）和1879年开设的上海点石斋石印书局石印《圣谕详解》早了43年至46年。①

第二个阶段，从1840年到1894年中日甲午战争爆发。鸦片战争后，西方列强用枪炮打开中国的大门，近代期刊开始公开传入中国。而资本主义经济的发展、近代工商业的兴起和西学的输入，也为近代报刊生存和发展创造了必要的条件。这两方面的因素，推动了近代期刊在数量上缓慢增长，在地域上逐步扩展。

这一时期，新出近代报刊302种。其中，外文报刊173种，中文近代报刊129种②（海外不计）。这一时期外文报刊、外人办的中文报刊仍占近代报刊的主导地位，同时，外国商业资本开始进入中文期刊出版领域，打破了传教士办刊的单一局面，并呈现出以下特点：

第一，由中国人自己创办的第一批近代期刊，改变了外人独占中国近代期刊事业的格局。鸦片战争以后，西力西学的冲击日益加重，资本主义经济发展起来，在"师夷长技以制夷"思想指导下，兴起了洋务运动和社会改革思潮，中国人自己创办近代期刊的条件基本成熟。早在鸦片战争期间，林则徐就曾组织翻译《澳门新闻纸》，第一次把近代化报刊纳入视野。此后，魏源的《海国图志》辑录了《澳门月报》，并对西方近代报刊的情报和信息功能进行了阐述。19世纪五六十年代起，王韬、李善兰、蔡尔康、李毓桂等一批中国知识分子进入西方传教机构，参与到近代报刊的编辑工作中，积累了一定的办刊经验。1873年艾小梅在汉口创办的《昭文新报》和1874年王韬在香港主办的《循环日报》，开中国人自办报刊之先河。自1873年4月（清同治十二年三月）由江南制造局出版不定期刊物

---

① 叶再生：《中国近代现代出版通史》第1卷，华文出版社2002年版，第155—156页。
② 谷长岭：《清末报刊的发展轨迹和总体状况》，《国际新闻界》2009年第12期。

《西国近事汇编》，① 至甲午中日战争爆发前，共出现了9种中国人自办期刊，出版地集中在香港和上海，期刊类型主要为文摘性刊物和文学刊物，此外还有两种画报。这几种中国人自办刊物，还处于初创阶段，大多刊期不固定或者不能按期出刊。《西国近事汇编》沿袭了林则徐开创的译报传统，《循环日报周刊》和《记闻类编》为报刊文摘，其他几种刊物从内容到形式都具有明显的模仿性质，"其形式既不脱外报窠臼，其发行亦多假名外人"，"固无明显之主张也"。②

表1-2　甲午中日战争前国人自办中文期刊情况

刊　名	创刊时间	刊期	出版地	创办人	备注
西国近事汇编	1873.4	不定期刊	上海	江南制造总局	1898年停刊
循环日报周刊	1874.2	周刊	香港	香港中华印务总局	选编《循环日报》一周之新闻、文章、行情、告白，另行印刷，装订成册，特为各外埠客商便于翻阅，且邮寄亦较易耳③
侯鲭新录	1876冬	月刊	上海	沈饱山	停刊时间不详
记闻类编	1877	不定期刊	上海	沈饱山自设之机器印书局	报刊文选式不定期刊物，1877年出版了壬申、癸酉两年的结集，内分为12类计14卷
词林书画报	1888.4	刊期不详	上海	蔡尔康	内容以新闻画、文艺作品及风月界信息为主，停刊时间不详
日报特选	1889	刊期不详	香港	香港中华印务总局	分京报、中外新报、广报、海防日报及中外新闻等专栏
飞影阁画报	1890.10	旬刊	上海	吴友如	1895年停刊
艺林报	1891.2	五日刊	上海	高太痴	停刊时间不详，已知共出版15期
海上奇书	1892.2	半月刊，后改为月刊	上海	韩邦庆	1893年停刊，已知共出版15期

---

① 该刊内容译自欧洲各报，旨在为官绅和士大夫知识分子提供有关西方社会政治经济和自然科学等方面的信息。每日或数日择要闻十余条印送官绅阅看，然后刊印成册，汇订本称《西国近事汇编》。

② 戈公振：《中国报学史》，生活·读书·新知三联书店2011年版，第21页。

③ 陈鸣：《香港报业史稿》，香港华光报业有限公司2005年版，第115—120页。

第二，近代期刊的出版地逐步扩展，香港、上海租界先后成为近代报刊的出版中心。鸦片战争清政府战败，被迫签订《南京条约》，割让香港岛，开放广州、福州、厦门、宁波、上海为通商口岸。自此，近代期刊的出版地点由南洋和澳门、广州，发展到上海、宁波、福州、汉口、厦门、武昌、汕头、九江、烟台、台南等沿海通商口岸，以及北京、天津、开封等内地城市。香港作为英国占领地，率先"成为外人在中国办报的重要基地"。① 1853 年在香港创刊的《遐迩贯珍》，是香港第一份中文刊物，也是鸦片战争后外国传教士创办的第一份中文期刊。进入 19 世纪 60 年代以后，上海迅速取代香港成为中外交流的枢纽。上海城市地位的提升，也为它发展成为近代期刊出版中心奠定了基础。1857 年 1 月英国伦敦会传教士伟烈亚力在上海创办的综合性月刊《六合丛谈》，成为上海第一份中文期刊。由此，上海作为近代期刊出版中心的地位逐步确立并日益巩固。

第三，期刊类型日益丰富，出版技术开拓新境。一方面，传教士创办的刊物从以宗教性刊物为主逐步转向以世俗性刊物为主；另一方面，随着资本主义经济的发展、西学的输入和近代城市的崛起，满足不同读者需求的多种类型刊物涌现出来。以 1872 年申报馆创办《瀛寰琐记》为标志，我国第一批文学期刊陆续面世；以 1876 年傅兰雅创办《格致汇编》为标志，我国第一批科技期刊相继出版；以 1884 年嘉约翰在广州创办《西医新报》为标志，我国第一批医学期刊渐成规模。与此同时，以 1874 年创办于福州的《小孩月报》② 为开端，西方传教士还创办了《孩提画报》《训蒙画报》《成童画报》等一批儿童刊物。而石印技术的传入和使用，不仅大大提高了出版速度，更为重要的是它能使书画"与元本不爽锱铢，且神采更觉焕发"，③ 增强了绘画印制的本真性，提高了新闻时事报道的时效性，"开启了以'价廉费省'的石印方式报导'各国新奇事'的新时

① 方汉奇主编：《中国新闻事业通史》第 1 卷，中国人民大学出版社 1992 年版，第 286 页。
② 关于《小孩月报》(The Child's Spaper) 的创刊时间、创刊地点、创办人，目前学界仍有分歧和疑问。
③ ［美］美查：《点石斋印售书籍图画碑帖楹联价目》，《申报》1879 年 7 月 27 日。

代",[1] 催生了创办近代画报的第一次高潮。

第三个阶段，从 1895 年到 1898 年。甲午中日战争以后，随着维新运动的兴起，近代中文期刊的创办迎来了第一次高潮。1895 年新出 14 种，1896 年新出 16 种，1897 年突增至 51 种，1898 年达 64 种，共 145 种。其中，国人自办者 94 种，同期增加数首次超过了外人办的报刊。这一时期，近代期刊出版地高度集中于上海、广州、香港等通商口岸城市，同时继续发展到长沙、西安、开封、温州、桂林、成都、重庆、无锡等城市，在江西萍乡、福建兴化、浙江平湖、湖南衡阳等中小城镇也出版了近代期刊。

第四个阶段，从 1899 年至 1912 年中华民国成立。戊戌变法失败后，近代期刊出版经历了短暂低潮。庚子事变之后，清王朝宣布实行新政，科举制度的结束和新式学校教育的兴起，以及革命思潮的发展，推动近代期刊出版呈现出又一个延续十余年的高潮，国内新出中外文近代报刊 1773 种，约占晚清国内近代报刊总数的 78%。这是中国近代报刊的一次较大发展。其中，国人自办的报刊占多数，除汉文外，在伊犁和拉萨还出现了《西藏白话报》《伊犁白话报》等少数民族文字刊物。国内近代报刊出版地扩展到保定、济南、太原、奉天、吉林、南昌、安庆、合肥、南宁、昆明、贵阳等八十余个城镇，北京创办的刊物数量仅次于上海，居全国第二位。这一时期，海外中文报刊发展加速，和国内刊物声气相求，成为近代中文期刊出版的重镇。特别是康有为、孙中山等各派政治势力以及留学生等创办的期刊，主要输往国内，引领新思潮，传播新知识，在海内外产生了广泛而深远的影响，对于这一时期的政治变革和文化变迁起到了重要推动作用。

综上所述，晚清时期，近代期刊还处于初始阶段，其发展呈现出明显的不成熟性，这主要表现在：

第一，地域发展不平衡，呈现出高度的集聚性。晚清近代期刊的出版地覆盖了除青海、宁夏、海南以外的所有地区，但主要集中在上海、北京、广东、江浙、香港等地沿海和中心城市。上海共出版近代报刊约 700

---

① 陈平原：《书画争夺点石斋》，《文史知识》2006 年第 4 期。

种，约占国内总数的31%，高居首位。北京位居第二，除邸报等传统报刊外，近代报刊共约183种。和上海相比，北京的近代报刊因起步较晚而在规模、种类、编辑、印刷等方面稍逊一筹，政治性较强但较保守，商业性较弱，娱乐性报刊较少，通俗性的白话报画报所占比重较大，外人报刊所占比重较小，传统报刊及新式官报有较大势力。

第二，报与刊由合而分，奠定了类型化、专业化发展的基础。在近代期刊的初创期，报与刊的界限还不分明，大多数刊物以"报"命名，但类型化发展的基础已经具备了，如按照刊期长短有时报、周报、旬报、月报、季报、年报等；按照刊物功能有学报、汇报、会报、集报、专报、新报公报、导报、简报、通报等；按照专业有农报、画报、医报等。

第三，刊物寿命普遍较短，发行量普遍较低，有持久影响力的全国性刊物较少。绝大多数刊物属于速生速灭型，这对于期刊的传播力，无疑是一个重要的影响因素。因为，一种刊物从正式出版到在读者中建立信誉、引起反馈并形成双向交流，都需要一个过程。以清末的交通、邮递等方面条件，那些存活时间不到一年的期刊，其产生的实际影响，恐怕不能高估。

第二章

传教士与近代中文期刊的创办

中西文化交往源远流长。秦汉时期，中西方丝绸贸易的开展，特别是张骞出使西域、甘英出使大秦两大标志性事件，打破了东西方文明的隔绝状态，为中西方交通和经济文化交流创造了有利条件。隋唐之后，随着丝绸贸易的扩大以及基督教的二次传入，中西方的接触不断加深。尤其是15世纪末的西方地理大发现，开启了大航海时代的序幕，一些西方国家开始大举向海外殖民。与这种海外殖民扩张同步的，是基督教的海外传教事业，直接推动了中西文明又一次大规模的遇合。而这一次遇合的媒介，正是基督教的传教士们。

第一节　海禁开放后社会环境的转变

与前代对外积极开拓不同的是，明王朝在对外政策上逐渐采取保守的政策，面对"南倭北虏"的复杂的周边政治环境，实行了严禁商民私自出海贸易的"海禁"政策。郑和下西洋后，明朝海外政策更加保守，不仅严行海禁，更是将郑和航海图烧毁，使得此后官方海外活动难以为继，中西文化交往也基本处于中断状态。这不仅影响了中国人主动探索外部世界的步伐，也造成中国航海、造船、天文等技术发展的滞后。16世纪初期，葡萄牙殖民者抵达东南亚，澳门成为葡萄牙的租借地，外国传教士、商人等开始在此地集结。直到隆庆年间开关之后，传教士逐步在半合法化的处境下进入中国。

一、传教士东来与中西文化的碰撞

有学者认为，如果要梳理中西文化之间的关系，非从明清间的中西对话入手不可。如果要梳理中国近代以来的文化问题，也非从这个源头入手不可。[①] 15 世纪末 16 世纪初，处于明朝中后期的中国，步入前所未有的大转折时代。一方面，经过明初以来百年的沉寂，各种社会因素趋于活跃，商品经济发展，江南等地市镇经济日渐活跃，被学界视为中国早期资本主义的萌芽。与之相适应，思想文化也开始走出程朱理学压抑下的沉闷局面，特别是王阳明心学对人的主观能动性的肯定，推动形成了以个人觉醒、个性解放、批判封建专制主义和扬弃传统思想文化为特征的新思潮，涌现出汤显祖、李贽、徐光启、宋应星、顾炎武、方以智、黄宗羲、王夫之等具有近代思想因素的代表人物。而在西方，新航路的开辟和新大陆的发现，以及欧洲文艺复兴运动的持续推进，使得西方工业文明迅速崛起，正式步入了近代阶段，在世界文明史上开始居于不容置疑的领先地位。特别是欧洲思想界从神本主义转向人文主义，从中世纪的神学世界观转向近代人与自然的世界观，引发了影响深远的宗教改革运动。面对新教方面的宗教改革，天主教为了与新教抗衡，也发动了一场自上而下的内部改革，耶稣会、方济各会、多明我会等新的天主教修会纷纷建立，传教活动也不断扩大。特别是其中的耶稣会在建立之初，就将传教事业与海外殖民结合在一起，借此推行海外传教，以扩大耶稣会的生存空间。他们伴随西班牙、葡萄牙等西方势力东来，历经艰难进入中国，充当了西方文化的传播者和中西文化交流的中介者的角色。在沙勿略、范礼安、罗明坚等早期传教士艰难探索的基础上，利玛窦深入中国内地，"借讲学译书，以与当时人士接近，遂开译印科学书籍之端"，[②] 由此形成了以"友道"和"书教"为主要方式的适应策略，对中西文化作了卓有成效的调和，推动了中西文化的实质性碰撞。

---

① 张西平：《中国与欧洲早期宗教和哲学交流史》，东方出版社 2000 年版，第 3 页。

② 周昌寿：《译刊科学书籍考略》，载《张菊生先生七十生日纪念论文集》，商务印书馆2012 年版，第 346 页。

　　清王朝确立在全国的统治以后，天主教传教士来华者日众。费赖之《在华耶稣会士列传及书目》收录有姓名可考的有 467 人，荣振华《在华耶稣会士列传及书目补编》收录达 920 人。康熙皇帝继位以后，重用天主教传教士主持"钦天监"的工作，并请几位法国耶稣会修士为自己和皇子们讲授西方天文、地理、数学、科学、人文及宗教知识，使得天主教在华传教活动获得了官方的有力支持，天主教传教事业也得到了空前的大发展。然而，由于中西方宗教和文化冲突导致的所谓"礼仪之争"，使得清朝统治者最终与罗马教廷产生分歧，下令禁止西洋人在中国传教。这一禁教政策推行后，传教士被逐回国者甚多，天主教在华传教事业因而遭到挫折，直到鸦片战争以后，才借助西方军事入侵势力再次兴起。

　　众所周知，明末清初以利玛窦、汤若望等为代表的天主教耶稣会传教士的到来，是在西方资本主义经济扩张、宗教改革、文化复兴的大背景下展开的，也是在明末中国封建制度日渐衰落、社会危机逐步显现、科学文化停滞不前的大环境下展开的。利玛窦、南怀仁、汤若望等传教士实行的"文化适应"策略，架设了中西文化交流的桥梁。他们通过"学术传教"，和徐光启、李之藻等中国士人合作翻译书籍，大力引进西方科学仪器和科学方法，推动中国科技知识结构和学术思想的变革，形成有别于传统的格物穷理之学，一定意义上为近代西方科学技术顺利传入中国奠定了基础。明清时期的士人正是通过利玛窦等人翻译引进的西方著述和宗教布道等方式，获得了关于欧洲的信息，初步形成了对欧洲的新认识。受西方科技和科学方法的影响，他们积极倡导格物穷理之学，深刻影响了当时乃至有清一代的学术面貌，萌发了近代科学主义的种子。至 19 世纪，一批新式知识分子逐渐改变了"华夷之辨"的立场，走上学习西方、推动中国艰难地向现代化转型之路。正如李约瑟所指出的："在文化交流史上看来没有一件事足以和 17 世纪耶稣会传教士的入华相比，因为他们充满了宗教热情，同时又精通那些随欧洲文艺复兴和资本主义兴起而发展起来的科学。即使说他们把欧洲的科学和数学带到了中国，只是为了达到传教的目的，但是由于当时东西两大文明仍互相隔绝，这种交流作为两大文明之间文化联系的最高范例，仍然是永垂不朽的。"① 而近代中国的期刊出版活动，也经由西方传教士的入华及其翻译出版活动，揭开了序幕。

二、中文活字印刷技术的引进

"一部近代文化史，从侧面看去，正是一部印刷机器发达史。"② 在西方，1450 年左右，德国的谷登堡用铅合金制成西方字母活字版，使用油墨印刷，并根据压印原理制成木质手扳印刷机，以代替纯手工印刷。随着欧洲工业化和商品经济的发展，谷登堡发明的铅活字压印机发展成了完善的由电力拖动的称为铅印机的机械设备，使印刷由手工操作进入了机械化生产，在西方实现了印刷工业化革命。"于很短的时间，印刷多量的、价值低廉的书籍，俾一般平民均有求知的机会，这样才把欧洲文化史完全改造起来，并且确立了近代的基础。"③

在中国，虽然早在 11 世纪中期，北宋的毕昇就发明了泥活字印刷，此后又出现了木、锡、铜、铅等活字，然而，活字自发明以后鲜见利用，雕版印刷始终在印刷市场上占据主导地位。1588 年，天主教传教士范礼安来华，把西方近代活字印刷设备引进过来，在澳门成立了第一个西式印刷所，并于当年出版了第一本书——拉丁文版《基督教幼教——青少年行为指南》。此后数年间，这个印刷所又陆续印发一批书籍。由于它制造的铅活字是使用拉丁字母，印刷教义及语言学习用书，恰遇清朝雍正年间实行锁国政策，使得这种西方活字技术并未对中国印刷市场造成较大影响就退出了舞台。及至 19 世纪中期，大量西方传教士进入中国，积极探索宗教教义的传播方式。马礼逊（Robert Morrison）作为第一位进入中国的新教传教士，对书籍和报刊的印刷在宗教传播的重要作用有着深刻的理解。他认为：

> 每一种文明的语言中，印刷在传播人类或神圣知识方面具有十分显而易见的优势。在汉语中，书籍作为一种提高改进自身的工具，也

① ［美］李约瑟：《中国科学技术史》第四卷，科学出版社 1975 年版，第 693 页。
② 曹聚仁：《文坛五十年》，生活·读书·新知三联书店 2011 年版，第 80 页。
③ 吴经熊：《过去立宪运动的回顾及此次制宪的意义》，载《张菊生先生七十生日纪念论文集》，商务印书馆 2012 年版，第 180 页。

许比任何其他现有的传播工具都更为重要。阅读汉语书籍的人数比其他任何民族都要多。汉语各种方言的口语多得难以计数，而且彼此各不相同，相邻省份的人（正如作者经常观察到的），如果不借助于书面文字，常常无法进行长时间交谈。汉语书面语具有一种其他语言所没有的统一性。……而且，由于迫害性的法令和对于外国人几乎无法克服的嫉妒，目前的中国正紧闭国门，不准耶稣基督的传教士在"广阔的大地上"用生动的声音宣讲福音——因此，他甚至不敢在边境上召唤广大偶像崇拜者来忏悔。但是，书籍可以被民众普遍理解——它们能走进每一个角落——通过合适的工作人员与恰如其分的谨慎，书籍能大量进入中国。这些观点共同促成了前文提到的有关"创办一份中文期刊"的决议。①

基于对印刷事业的重视，马礼逊于 1807 年雇人用西式方法镌刻中文字模，但这种行为在当时的中国是被禁止的，"事机不密，为官厅所知，刻工恐祸将及己，举所有付之一炬以灭迹，损失至巨；事虽未成，而华文改用欧式字模，则以此为嚆矢也"。② 在这次努力之后，传教士所从事的出版活动，其中也包括《察世俗每月统记传》，基本上都是采取传统的雕版印刷技术。在马礼逊看来，之所以做出这样的选择，主要是因为当时的传教工作正处在初期阶段，"面临的主要困难是中国政府的提防、迫害和嫉妒，以及缺乏当地生活经验。前一困难使得印刷基督教书籍非常危险，而后者则大大增加了印刷的费用"。③ 雕版印刷在很多情况下可以将这些困难降到最低的范围：其一，雕版似乎适合汉语的性质，"拼音文字与汉字之间存在巨大差异，前者的字母数量很少超过 40 个，可以通过不同的方式组合出该语言中所有的词汇，而后者的汉字数量超过 40000 个。要浇铸 40000 个汉字字模是一项艰巨的任务，而在木板上将其刻出来似乎比较容易。"④ 其二，除了持久性不足和不能将几页合并成更大的印版来印刷这两点外，雕

① ［英］米怜：《新教在华传教前十年回顾》（中文版），大象出版社 2008 年版，第 72 页。
② 贺圣鼐：《三十五年来中国之印刷术》，载《中国近代出版史料初编》，上海书店出版社 2003 年版，第 258 页。
③ ［英］米怜：《新教在华传教前十年回顾》（中文版），大象出版社 2008 年版，第 106 页。
④ ［英］米怜：《新教在华传教前十年回顾》（中文版），大象出版社 2008 年版，第 112 页。

版具有欧洲铸版印刷的所有优点，甚者有一点更胜一筹，即"制作较简便"，"也比较容易修正错误"。其三，费用比较低廉。雕版印刷不需要铸字工厂，印刷和装订时不需要复杂的机器，不需要为印刷所租用昂贵的房子。"在小规模印刷中文书籍时，整个印刷过程中需要的每件工具（除了桌子和椅子）都能由一块大手帕卷起由工人随手携带，所有的工作都能在地下室或阁楼的一个角落，由一个人独自安静地完成。在大规模印刷书籍时，如果摆放整齐，一个普通的 1.2 米长、0.8 米宽的箱子就能装下全部必需的工具。"① 雕版印刷具有铅刻印刷所不具备的优势，有助于传教士躲避清政府的文化管制。

1814 年，为资助印刷马礼逊的《英华字典》，东印度公司成立了特选委员会，并派汤姆斯从英格兰携最新的印刷机、英文铅字及其他印刷材料，前往澳门成立印刷所，专门负责监督、组织字典以及其他书籍的印刷出版事务。汤姆斯雕版印刷书籍时，在具体工艺上遇到了巨大问题，即如何将汉字与罗马字母结合在一起印刷的问题。在当时，中国木版雕印不能完全胜任此项任务，"而相关的人既没有浇铸活字字模的工具、材料，也不具备实际操作技能"。② 浸信会教士马士曼（Joshua Marshman）在南亚的雪兰坡（Serampore）使用雕刻中文木活字，随后改用铸造铅活字，并于1813 年用铅活字印刷出了《新约》中的《约翰福音》，1814 年和 1815 年又分别印刷了《中国言法》和《通用汉语之法》，在当时反响巨大，这给马礼逊造成了极大震撼。他与汤姆斯通过比较雕版印刷与铅活字印刷之间的优劣，认为"雪兰坡浸礼会布道站用铸模浇铸的汉字印成的书，这非常令人振奋，但因为缺乏适当的工具和材料，在中国不可能尝试此法。"同时，"由于中国的活字只是个个大致相同，而非在大小尺寸和活字柱体的高度上完全一致，恐怕无法达到与欧洲活字精确相配。"③ 经过各种各样不成功的尝试，汤姆斯最终决定采用钢铸模来浇铸活字柱体，再雇用当地工人在柱体表面刻字。这种印刷工艺取得了成功，随之就运用于《察世俗每

① ［英］米怜：《新教在华传教前十年回顾》（中文版），大象出版社 2008 年版，第 113 页。
② ［英］米怜：《新教在华传教前十年回顾》（中文版），大象出版社 2008 年版，第 109 页。
③ ［英］米怜：《新教在华传教前十年回顾》（中文版），大象出版社 2008 年版，第 109—110 页。

月统记传》部分栏目的印刷，由于"我们的活字数量太少，目前还不能充分发挥其实用性，有时会用这些活字来印刷《察世俗每月统记传》中的一般新闻专栏。"① 关于印刷《中国语文字典》所需的中文活字的数量，马礼逊只是估计需要 8 万至 10 万个左右，有专家考证，当时所铸刻的中文活字为 12.1 万个。② 1834 年，东印度公司澳门印刷所关闭，其 20 年间累积的二十余万个活字被赠送给美国海外传教委员会印刷所，这批活字在 1856 年广州十三行的一场大火中化为灰烬。

在马礼逊之后，英国、美国、法国等国的传教士们纷纷起而效尤，而铅印技术也渐渐真正进入了中国本土。如前所述，最早雕刻中文活字的是英国浸信会的雪兰坡印刷所。雪兰坡印刷所采取的方法是整片雕成后，逐行锯成长条，再和《论语》的英译铅字间行排印。每个中文字大约 1.6 至 1.8 平方厘米。后来又采取整片雕成后逐字锯开排印的方法，活字也变小，只有 1 平方厘米。由于木活字太大造成纸张成本过高，从 1811 年起，雪兰坡印刷所开始制造铅活字，这些铅活字在体积上更小，只有 0.5 到 0.8 平方厘米。后来用雕刻木版翻铸铅版，再锯成单个铅活字。最早采用这种方法的是戴尔（Samuel Dyer）。戴尔是英国人，1824 年加入伦敦传教会，随后又进入马礼逊等创办的东方语言学校学习中文。1827 年他成为牧师并到东方传教，同年 6 月到达槟榔屿，开始致力于完善中文金属活字。1833 年，戴尔获得一套雕版书，用来浇铸铅板，再锯成小方块，成为单个活字，后因木材柔软、字体粗俗而且活字不耐久，只能使用五六年，又得重新铸造，反而增加成本，于是采取钢模。由于钢模成本较高，戴尔的实验工作起初进展不大，后找到一个中国工人，能在钢上刻字，成本较低，并得到友朋的资助，到 1838 年已有金属活字字样展出，而且非常精美，生前已刻成大字模 1845 枚及小部分小字模。③ 另外，德国传教士郭实腊 1833 年曾设计在半英寸见方的铜板上，手工刻凿出正文凹下的汉字字模，约 4000 字，然后送到雪兰坡浇铸铅活字。这种刻凿字模的方法由于字形不规

① ［英］米怜：《新教在华传教前十年回顾》（中文版），大象出版社 2008 年版，第 110 页。
② 汪家熔：《试论马礼逊字典的活字》，载《商务印书馆史及其他》，中国书籍出版社 1998 年版，第 435 页。
③ 张秀民等：《中国印刷史》，上海人民出版社 1989 年版，第 171 页。

整，加上费用太贵，未能得到推广。①

汉字与欧洲文字由字母组成不同，是由偏旁部首组成的，且字数众多，如采用欧洲传统的浇铸铅合金活字，字模工艺复杂，成本很高。为减少字模来降低成本，法国人勒格朗（Marcellin Legrand）率先尝试解决这一问题。他根据汉字由偏旁部首组成的特点，采取了将中文形声字的偏旁与原字分开铸造再加以拼接组合的方法。如"碗"字以"石"旁和"宛"字拼合。也就是说，只刻虫、石、女、禾、宛、口、火等半边字模，浇出这些偏旁，就可拼接组合出蜿、碗、婉、如、和、秋等众多汉字；不能分开的字，仍制作单字字模浇铸。这种活字被称为"叠积字"，卫三畏在《中国纪录》（1875年卷6）刊载的《汉字印刷的活字》一文中，对勒格朗的字模研制进行了总结回顾，指出勒格朗按照拼合原理共制了3000个以上的字模，包括214个偏旁、1100个基本汉字，偏旁占字的三分之一，基本汉字占三分之二，据此可拼出22471个汉字。勒格朗的叠积字在西方产生了极大的影响，麦都思评价道："在巴黎，在亚洲学会会员曳铁先生指导下，也进行了另一铸造中文金属活字的尝试。从一些出版的样本看，似乎比戴尔的活字小得多，相当于Great Primer的大小，是由法国最有名的活字铸造专家之一铸造的，从笔画之精细、高度之精确看，这些活字比亚洲的任何工匠所做的都好。一些活字的形式有点僵硬，不成比例……但是，总体上它们极为精细和美丽。"②

伴随着中文铅活字研制工作的开展，现代意义上的出版机构开始进入中国。墨海书馆作为外国人在华设立的最早的近代出版印刷机构及中国近代第一家铅印出版机构，其前身是1816年在爪哇创办的"巴达维亚印刷所"。1843年11月，上海开埠伊始，主持巴达维亚印刷所的麦都思就决定把印刷所迁至中国。12月，麦都思抵达上海，筹办印刷所迁沪事宜，并将迁到上海后的印刷机构定名为"墨海书馆"。初时，使用手摇印刷机，规模极小，活字印刷亦是在半副戴尔浇制的金属活字、郭实腊给予的一批德

① S. Wellspring Williams："Movable Types For Printing Chinese"，Chinese Recorder. 1875，V. 6. p. 26.

② W. H. Medhurst，China：Its State And Prospects. London. 1838，p. 556.

国大活字的基础上，加以自己的创造实现的。1847 年秋，在英国圣书公会的帮助下，墨海书馆从英国本土购进滚筒印刷机，运抵上海后当年年底投入运作。该印刷机在运转时所用的动力是牛力。王韬曾描述说：墨海书馆"以铁制印书车床，长一丈数尺，广三尺许，旁置有齿重轮二，一房以二人司理印事，用牛旋转，推送出入。悬大空轴二，以皮条为之经，用以递纸，每转一过，则两面受印，甚简而速，一日可印四万余张，字用活板，用铅浇制。墨以明胶、煤油合搅煎成。印床两头有墨槽，以铁轴转之，运墨于平板，旁则联以数墨轴，相间排列，又揩平板之墨，运于字板自无浓淡之异。墨句则字迹清楚，乃非麻沙之本。……其所以用牛者，乃以代水火二气之用耳"。① 这在当时算是最先进的设备，"印速其快""制作甚奇"，引得不少人前来参观。时人作《洋径浜杂诗》云："车翻墨海转轮圆，百种奇编字内传。忙杀老牛浑未解，不耕禾陇种书田。"②

1844 年 2 月，美国长老会在澳门建立了华英印书房，它的一些设备和中文活字字模都是由美国运来。美国长老会早已注意到勒格朗的叠积字，并购买一套，运到中国，后设在澳门的印刷所又购买一套叠积字。1845 年，澳门的华英印书房迁到宁波，改名为"花华圣经书房"，勒格朗的叠积字也被带到宁波。1859—1860 年又从宁波搬至上海，改名美华书馆，并扩建了一所印刷厂，设有排字、印刷、装订、浇铸和照相排版等车间，这是西方传教士在中国办的规模最大、设备最齐全的一家活字排版、机械化印刷的出版社。③ 1858 年，美国长老会派遣早年曾经学习印刷的传教士姜别利（William Gamble）来华主持花华圣经书房。姜别利出生于爱尔兰，早年移居美国，在 1859—1860 年间，他发明了用电镀法制造铅活字铜模的新方法，即以黄杨木刻成阳文，镀制紫铜阴文，镶入黄铜外壳，制成电镀中文字模，并据此制成了大小七种铅字，被称为"美华体"，克服了中英文合排时因字号不同而带来的困难。这种字模和铅字发明以后，美华书馆大量制造出售给上海、北京等地的报馆、书局，成为此后几十年中国最通

① 王韬：《瀛壖杂志》，上海古籍出版社 1989 年版，第 118 页。
② 王韬：《瀛壖杂志》，上海古籍出版社 1989 年版，第 119 页。
③ 叶再生：《中国近代现代出版通史》第 1 卷，华文出版社 2002 年版，第 97 页。

用的字模和铅字。此外，姜别利还按照汉字使用频率，把中文铅字分为常用、备用、罕用三大类，按照《康熙字典》部首检字法分部设计成元宝式的字盘和字架，排字工站在中间就能拣取字模。姜氏发明的这一方法比过去没有排字架的拣字最少快三倍，而且一直沿用到1909年，商务印书馆对此做出改进为止。

近代以来对于西方印刷术的引进和汉字印刷体系的创造，使印刷生产摆脱了传统的手工业模式，实现了机械化生产，显著提高了生产效率和印刷品质量，为近代乃至现代中国报刊业的发展奠定了基础，创造了条件。自墨海书馆和美华书馆之后，采取铅印技术的出版机构陆续增多，涌现了福州罗扎里奥·马卡尔出版公司、上海土山湾印书馆等在国内颇有知名度的出版机构。这些出版机构在印刷、发行期刊时，大都采取了铅印技术，如香港英华书院印字局创办的《遐迩贯珍》，墨海书馆创办的《六合丛谈》，福州罗扎里奥·马卡尔出版公司出版的《中华录和传教士录》《卫理会月刊》《教务杂志》《福建基督导报》，格致书院出版的《格致汇编》等。

三、新教传教士对创办中文期刊态度的转变

早期来华的西方新教传教士，在传教过程中遇到众多难题，这些难题大都是来自于外部客观环境的影响，即印度等英国殖民地人民对传教士所采取的"不友好"态度，天主教与新教之间的冲突与斗争，以及清政府对西人入境的严格限制和严密监视。在这种环境中，传教士的活动是举步维艰的。不过，他们很快地发现，中国人对文字的敬畏，是培养中国人对基督教好感的基础，甚至以此为契机，可能会改变他们的信仰。马礼逊在1814年给大英圣书公会负责人的一封信中指出："中国人是一个驯服和通情达理的民族，他们一般都愿意接受劝告和教导，更尊重书籍，他们明显地对此常存感激的心，绝少有粗暴的表现。"[①] 麦都思在南洋分发宗教小册子时，发现很多中国人抢着要这些小册子，尽管他也认识到这些中国人并

---

① ［英］马礼逊夫人编：《马礼逊回忆录》，顾长声译，广西师范大学出版社2004年版，第105页。

非都对基督教有兴趣，但是这种现象至少"表明中国人对于书写文字的崇敬，而且中国人对于免费的外国东西有一定的热情"。① 裨治文认为，中国人对于自己语言的尊重，在于他们相信"只有在他们的语言中才存在统领与调和世界的礼仪和原理，上古时代的圣人们已经把革新的理论通过文字传给他们，他们必须将这些宝贵的遗产代代相传。"而作为西方传教士，只要能够掌握中文，"通过印刷品传播西方的知识，就会成为改变中国人的国民性格的最强大的工具"。②

既然在中国广州、澳门的传教活动难以展开，而中国人对文字的情感又让早期来华的新教传教士们看到一种新的契机，于是他们决定在"某个欧洲新教国家的政府管辖下并靠近中国的地方"建立一个对华传教基地。1813 年 7 月，马礼逊给米怜写信说："我的弟兄，由于我们无法在中国建立这样一个基地，那就必须到恒河以东任何国家，觅一个地方，建造我们的耶路撒冷。我们需要有一个差会总部，在那里我们可以聚会和讨论差派传教士前往东南亚、包括中国去传播基督教。""现在，不论在澳门或广州，都因门户禁闭无法进入传教。为此，我们可以在麻六甲或爪哇找到门户开放的地方。"③ 这个建议得到了米怜的赞同，后者并于 1914 年年初赴南洋群岛考察，9 月返回中国，二人商定后最终认定马六甲为最适合的传教基地。而对于中文书籍及刊物的出版，马礼逊其实早有打算，不过对于期刊的创办，最初只是想编印英文月刊或季刊，因为他在广州与澳门生活数年后，"深感与西方社会音讯联络迟缓之苦，因而希望编印定期刊物，至少便于散布亚洲各地区的传教士彼此互通声息"。④ 然而在 1815 年 4 月与米怜讨论后，马礼逊决定增办一种中文期刊。之后，米怜给伦敦布道会提出了"恒河外方传教计划"，其中涉及中文期刊的创办，准备在马六甲"出版一种旨在传播普通知识和基督教知识的中文杂志，以月刊或其他适

① 转引自邵志择《近代中国报刊思想的起源与转折》，浙江大学出版社 2011 年版，第 12—13 页。
② ［美］雷孜智：《千禧年的感召——美国第一位来华新教传教士裨治文传》，尹文涓译，广西师范大学出版社 2008 年版，第 100—101 页。
③ ［英］马礼逊夫人编：《马礼逊回忆录》，顾长声译，广西师范大学出版社 2004 年版，第 95—96 页。
④ 苏精：《马礼逊与中文印刷出版》，台湾学生书局 2000 年版，第 155 页。

当的期刊形式出版"。① 在得到伦敦布道会的批复后，《察世俗每月统记传》于 1815 年 8 月创刊，"将传播一般知识与宗教、道德知识结合起来；并包括当前公众事件的纪要，以期启迪思考与激发兴趣。其首要目标是宣传基督教；其他方面的内容尽管被置于基督教的从属之下，但也不能忽视"。②

继《察世俗每月统记传》之后，西方传教士在鸦片战争前又陆续出版了《特选撮要每月纪传》《天下新闻》《东西洋考每月统记传》等中文刊物。这其中，《特选撮要每月纪传》承继了米怜的办刊宗旨。关于这一点，麦都思在其创刊号的序中指出："夫从前到现今已有七年，在吗啦呷曾印一本书出来，大有益于世，因多论各样道理，惜哉作文者，一位老先生，仁爱之人已过世了，故不复得印其书也。此书名叫《察世俗每月统记传》……夫如是，弟要成老兄之德业，继修其功，而作文印书，亦欲利及后世也，又欲使人有所感发其善心，而遏去其欲也，弟如今继续此察世俗书，则易其书之名，且叫作《特选撮要每月纪传》，此书名虽改，而理仍旧矣，夫特选撮要之书，在乎记载道理各件也。如神理一端……是人中最紧要之事，所以多讲之……其次天文……又其次地理……"③ 可见，《特选撮要每月纪传》全面继承了《察世俗每月统记传》宣传基督教与推广一般知识的编辑方针。

《东西洋考每月统记传》的出现，意味着传教士办刊宗旨开始发生变化，把宣传西方文化，改变中国人对西方的形象作为主要方向。关于该刊的办刊宗旨，郭实腊有着清晰的阐述："虽然我们与他们长久交往，他们仍自称为天下诸民族之首尊，并视其他所有民族为'蛮夷'。如此狂妄自大，严重影响到广州的外国居民的利益，以及他们与中国人的交往。这个旨在维护广州与澳门的外国人利益的月刊，就是要使中国人获知我们的技艺、科学与准则。它将不谈政治，避免就任何主题以尖锐言词触怒他们。用巧妙的方法表达：我们确实不是'蛮夷'。编者偏向于用展示事实的手

---

① ［英］米怜：《新教在华传教前十年回顾》（中文版），大象出版社 2008 年版，第 65 页。

② ［英］米怜：《新教在华传教前十年回顾》（中文版），大象出版社 2008 年版，第 72 页。

③ 《特选撮要序》，转引自张之华主编《中国新闻事业史文选》，中国人民大学出版社 1999 年版，第 79—80 页。

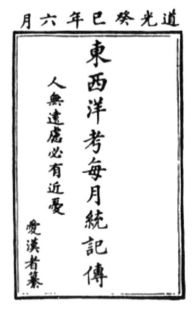

图 2-1 《东西洋考每月统纪传》

法，使中国人相信，他们仍有许多东西要学。"① 这里，郭实腊认为中国人对西方人存有严重的偏见，并直接地影响了他们的利益，主张通过创办月刊改变中国人对洋人的偏见，以维护自身的利益。为此，郭实腊在发刊序文中强调"多闻""好学"的重要性："子曰多闻阙疑，慎言其余，则寡尤；多见阙殆，慎行其余，则寡悔。言寡尤，行寡悔，禄在其中矣。亦曰多闻，择其善者而从之，故必遍观而详核也。"进而指出："子曰四海之内皆兄弟也，是圣人之言，不可弃之言者也。结其外中之绸缪，倘子视外国与中国人当兄弟也，请善读者仰体焉，不轻忽远人之问矣。"②

鸦片战争后，西方传教士在中国传教的禁令开始被打破。随着五口通商及香港岛的割让，西方传教士取得了在这些地区合法传教的机遇，于是他们开始将出版中心由马六甲等地移向中国本土，并在香港出版了《遐迩贯珍》，在上海出版了《六合丛谈》等。这些期刊从教义的宣讲转移到以传播西方文明为重点，进而在赢得中国人对外国人及西方文明尤其是英国好感的同时，不失时机地进行宗教渗透。

《遐迩贯珍》在香港创刊时，自称"原非为名利起见，不过欲使读是书者，虽不出户庭，而于天地之故，万物之情，皆得显然呈露于心目"。这种"天地之故"和"万物之情"，更多的是西方文明。在《遐迩贯珍》创办者看来，"中国虽有此俊秀藩庶，其古昔盛时，教化隆美，久已超迈侪伦。何期倏忽至今，列邦间有蒸蒸日上之势，而中国且将降格以从焉，

① 转引自爱汉者等编，黄时鉴整理《〈东西洋考每月统记传〉影印本导言》，中华书局1997年版，第12页。
② 《东西洋考每月统记传序》，《东西洋考每月统记传》，转引自爱汉者等编，黄时鉴整理《〈东西洋考每月统记传〉影印本导言》，中华书局1997年版，第3页。

是可叹已"，其原因就在于"中国迩年与列邦不通闻问"，"彼此不相交，我有所得不能指示见授，尔有所闻无从剖析相传"，如果清朝政府能够"准与外国交道相通，则两获其益"，则"中国愈见兴隆，则列邦愈增丰裕"，为此，《遐迩贯珍》的创办，"诚为善举，其内有列邦之善端，可以述之于中土，而中国之美行，亦可以达之于我邦，俾两家日臻于洽习，中外均得其裨也"。①

《六合丛谈》是《遐迩贯珍》的上海版，其办刊宗旨，根据该刊主编伟烈亚力的自叙，说："今予著《六合丛谈》一书，亦欲通中外之情，载远近之事，尽古今之变，见闻所逮，命笔志之，月各一编，罔拘成例，务使穹苍之大，若在指掌，瀛海之遥，如同衽席，是以琐言皆登诸纪载，异事不壅于流传也"，从而能够使西人与中国人真正地相互理解，"俾远方之民与西土人士，性情不至于隔阂，事理有可以观摩，而遐迩自能一致矣"。② 换言之，创办《六合丛谈》的目的，也是为了"通中外之情"，使中国人更好地了解西方，促进东西方的相互了解。

在这一时期，传教士宗教期刊走上了世俗化的道路，但是也有一些西方传教士对中文期刊的传播价值开始产生质疑和动摇，这从担任这些期刊专职编辑、熟悉中英文语法的欧美籍传教士的人数可略见一二。譬如《遐迩贯珍》从创刊到停刊，编辑一直是临时和兼职的，专职编辑始终没有出现。这也"说明了教会已认识到作为传教手段的中文定期刊物的影响与传播效果，实际上远比其期待为低"。③ 甚者，个别传教士积极筹划创办宗教性中文期刊。1868 年 9 月，林乐知在上海创办了《中国教会新报》，声称："在中国之传教外国牧师先生，久有十八省之外国字新闻纸，月月流通，年年不断，多得备益。何独中国牧师讲书先生未得举行此事？兹特欲创其事，俾中国十八省教会中人，同气连枝，共相亲爱，每礼拜发给新闻一次，使共见共识，虽隔万里之远，如在咫尺之间，亦可传到外国有中国人

① 《遐迩贯珍序言》，《遐迩贯珍》1853 年第一号，载松浦章等编著《遐迩贯珍（附解题·索引）》，上海辞书出版社 2005 年版，第 714—715 页。
② 《六合丛谈小引》，《六合丛谈》第一卷第一号（1857 年 1 月），载沈国威编著《〈六合丛谈〉（附解题·索引）》，上海辞书出版社 2006 年版，第 521 页。
③ 卓南生：《中国近代报业发展史》，中国社会科学出版社 2002 年版，第 72 页。

之处"，"况外教人亦可看此新报，见其真据，必肯相信进教，如大众同发热心行此新报，不独教会易于兴旺，而益处言之不尽也"。① 换言之，林乐知创办的《中国教会新报》，主要是以中国教众及外国传教士为读者对象的宗教性期刊。

至19世纪70年代，传教士对中文期刊的这种质疑，逐步演变为公开化的中文期刊世俗化与宗教化之争。1877年5月，代表在华各国19个差会传教士的142人，在上海召开在华基督教传教士大会。韦廉臣、林乐知、傅兰雅、丁韪良等出席了这一会议。这次会议对于传教士在中国开展的活动展开了讨论，其中包括传教士中文报刊问题。当中，就是否继续出版世俗报刊，是否通过这些报刊向中国人传授科学、地理、医学、艺术、政治和历史等"世俗化"内容等问题，形成两种截然对立的观点。这次会议上的有关论争，对传教士创办中文期刊的态度产生了直接影响，导致传教士中文期刊出现了分野：一部分报刊延续《遐迩贯珍》等借助于传播西学达到宣传宗教的目的，另一部分则以直接宣传宗教教义为主旨。属于前者的有：1872年创刊于北京的《中西闻见录》，1876年创刊于上海的《格致汇编》，1880年创刊于上海的《花图新报》（后更名《画图新报》），1897年创刊于北京的《尚贤堂月报》（后更名《新学月报》）等；属于后者的有：1871年创刊于上海的《圣书新报》，1875年创刊于上海的《小孩月报》，1887年创刊于上海的《圣心报》，1891年创刊于上海的《中西教会报》（后更名《教会公报》）等。

至于哪种传教士期刊的办刊旨趣占据上风，从后来出版的期刊数量及影响力可以看出，借助于传播西学达到宣传宗教目的的期刊占据了优势。《中西闻见录》是一份以传播科技特别是西方近代科技为主要内容的期刊，"其书内所论者，乃泰西诸国创制之奇器、防河之新法以及古今事迹之变迁、中西政俗之同异。"② 特别值得关注的是《中国教会新报》，该刊于1874年更名为《万国公报》（Globe Magazine），特别标榜自己"为推广与泰西各国有关的地理、历史、文明、政治、宗教、科学、艺术、工业及一

---

① 林乐知：《教会新报发刊词》，《教会新报》第一册，台湾华文书局1968年版，第8页。
② 《中西闻见录序》，《中西闻见录》第一号，1872年8月。

般进步知识的期刊"。为减少期刊名称所带的宗教色彩，便于中国读者接受，"新报编订之初，国事与教事，尚合而一为，而教事较国事为尤重"，"新报篇幅有限，势难遍收，自不得不择人所愿睹而登之，以快众览，此又易新报为公报，并多载国事之所由来也"。①《格致汇编》则主要是对西方科学一无所知或知之甚少的人介绍科学知识，其他如社会新闻、政治学说、文学作品一概不登。对此，徐寿在《格致汇编序》中解释说："名曰'汇编'，乃检泰西书籍，并近事新闻，有与格致之学相关者，以暮夜之功，不辞劳悴，择要摘译，汇集成编，便人传观。从此门径，渐窥开聪益智，然后积日累功，积少成盈，月计之不足，年计之有余，得其要领，而再致力于成书全帙，以冀造乎其极，而豁然有得。则于民生日用之事，措置有道而设施有方，即所谓有裨实用之效也。"②

第二节　传教士中文期刊的发展

一、鸦片战争前：传教士中文期刊的先声

最初由西方传教士创办的中文期刊，始于英国传教士马礼逊、米怜于1815年8月15日在马六甲创办的《察世俗每月统记传》。它的英文名称是Chinese Monthly Magazine。按月发行一期，每期5页，③ 约2000字。起初每期印刷500册，至1819年增至1000册。此外，每年出版合订本（全卷），共出7卷74册。西方传教士之所以创办该刊物，与他们传播基督教义是联系在一起的。按照米怜的设想，"这个小型出版物应将传播一般知识与宗教、道德知识结合起来；并包括当前公众事件的纪要，以期启迪思考与激发兴趣。其首要目标是宣传基督教；其他方面的内容尽管被置于基督教的从属之下，但也不能忽视。知识和科学是宗教的婢女，而且也会成

---

① 沈毓桂：《辞万国公报主笔启》，《万国公报》第六十一册，1894年2月。

② 徐寿：《格致汇编序》，《格致汇编》第一年第一卷，1876年2月。

③ 关于页数，学术界存在众多说法，熊月之《西学东渐与晚清社会》认为每册7页，戈公振《英华读书记》认为每册5页。

为美德的辅助者"。① 这一宗旨亦体现在《察世俗每月统记传》的《序言》中："故察世俗书必载道理各等也。神理、人道、国俗、天文、地理、偶遇，都必有些。随道之重遂传之。最大是神理，其次是人道，又次国俗，是三样多讲。其余随时顺讲。"② 作为在中国境外出版、又以"阐发基督教义为根本要务"的中文期刊，《察世俗每月统记传》采取"让中国哲学家们出来讲话"这一婉转隐晦的方式，"对于那些对我们的主旨尚不能很好理解的人们，可以收到好的效果"。③ 为此，其在封面的右上角标有嘉庆年号，左侧写着"博爱者纂"，右侧则写着孔子名言"子曰多闻择其善者而从之"。《察世俗每月统记传》刊发的文章，亦大量采用孔孟语录和中国古代典籍，如《仁义之心人皆有之》《孝》《论仁》《论人之知足》等文。不仅如此，该刊还积极介绍天文、地理方面的知识，以增加其宣教的说服力。这其中，关于天文学的文章有：《论日居中》《论行星》《论月》《论彗星》《论日食》《论月食》和《天球说》等。这些文章一方面以设问、答疑的方式，介绍日食、月食及地球运行等知识，驳斥中国民间长期流传的所谓"天狗食日"、"日食月食主凶兆"等观点，但同时又强调这些自然现象是神赋的，"神之能也，住天地间之万人，皆当敬畏神，以荣归之。又敬崇拜造天地海与水泉之一真活神也。"④

图 2－2 刻字工梁发

《察世俗每月统记传》的文章，除了少量为马礼逊、麦都思和中国人梁发所写，其余大部分文字由米怜执笔，他不仅是该刊的主办者、编辑，也是其主要撰稿人。在 1822 年米怜去世后，《察

① ［英］米怜：《新教在华传教前十年回顾》（中文版），大象出版社 2008 年版，第 72 页。

② 《察世俗每月统记传序》，转引自张之华主编《中国新闻事业史文选》，中国人民大学出版社 1999 年版，第 77 页。

③ 赵晓兰等：《传教士中文报刊史》，复旦大学出版社 2011 年版，第 44 页。

④ 《论地周日每年转运一轮》，《察世俗每月统记传》第二卷（1816 年），转引自赵晓兰等《传教士中文报刊史》，复旦大学出版社 2011 年版，第 49 页。

世俗每月统记传》也随之停刊。①

1823 年，来自英国伦敦布道会的麦都思在印度尼西亚的巴达维亚（今雅加达）创办了《特选撮要每月纪传》，这份刊物与《察世俗每月统记传》一脉相承，仍按照《察世俗每月统记传》封面的做法，只不过由"博爱者纂"改为了"尚德者编"，由"子曰多闻择其善者而从之"改为《论语》第十一章《先进》篇的"子曰亦各言其志也已矣"。其内容亦大致是宣传基督教和普及地理、历史、科学等一般知识，但措辞要比《察世俗》要尖锐得多，对中国人的习惯、风俗和传统宗教大都予以抨击，如《清明扫墓之论》《普度施食之论》《兄弟叙谈》《妈祖婆生日之论》等批判了中国人的祖宗崇拜和祭拜祖先，认为介子推的行为"后人以其不忠不孝，反以有德，禁火以赞其志，寒食以记其廉，岂非愚人之为乎。宁可无从此等恶俗，乃每人自己修身尊德，则可为善于子推多矣。"② 如此激烈的批判，在当时必然引起中国读者的回击。1826 年，《特选撮要每月纪传》停刊。至于停刊原因，在麦都思以及后来的传教士的回忆录和其他记载中均未说明。《特选撮要每月纪传》停刊两年后，时任马六甲英华书院院长的吉德创办了《天下新闻》（1828—1829），不过，这份出版物是以活版印刷的报纸形式出版的。

1833 年 8 月，德国传教士郭实腊在广州创办了《东西洋考每月统记传》（Eastern And Western Ocean's Monthly Investigation），被认为是在中国境内出版的第一份中文报刊，在许多方面为后来的中文报刊提供了先例。这份刊物之所以能在广州发行，很大程度上归功于郭实腊与广州官吏有着"亲密的关系"，可以"不受干扰地印刷和发行自己的刊物"。③《东西洋考每月统记传》采用木版雕印，连史纸印刷，线装册页形式，署名"爱汉者

① 卓南生：《中国近代报业发展史》，中国社会科学出版社 2002 年版，第 18 页。关于《察世俗每月统记传》的停刊时间，学界有 1821 年和 1822 年两种不同的说法，对此，赵晓兰、吴潮做了梳理和辨析，认为"停刊于 1821 年"的说法"肯定是不准确的，它的停刊时间应为 1822 年"，并从国家图书馆找到道光壬午年（1822 年）二月出版的《察世俗每月统记传》缩微胶卷，证实了这一说法（赵晓兰等：《传教士中文报刊史》，复旦大学出版社 2011 年版，第 41—42 页）。

② 《清明扫墓之论》，《特选撮要选集》卷三，中国国家图书馆缩微胶卷，胶卷号：MF0609/A77，转引自赵晓兰等《传教士中文报刊史》，复旦大学出版社 2011 年版，第 85 页。

③ ［德］白瑞华：《中国报纸》，王海译，暨南大学出版社 2011 年版，第 26 页。

纂"。爱汉者即郭实腊的笔名,他逐渐放弃了宗教期刊的办刊宗旨,将宣传西方文化、改变中国人对西方人的形象作为最重要内容:"本月刊现由广州和澳门的外国人社区提供赞助。它的出版意图,是要消除中国人那种高傲和唯我独尊的民族意识,让他们知晓我们的艺术、科学和准则。有鉴于此,本刊避谈政治,也不在任何论题上以粗鲁的言词激惹他们,而采取较为巧妙的方法表明我们确实不是'蛮夷';编者更属意于陈述事实,使中国人确信他们还有很多东西要向我们学习。"① 在这一办刊方针的指导下,《东西洋考每月统记传》对西方科学文化知识作了广泛介绍。创刊号的栏目有:《序》《东西史记和合》《地理》《新闻》。自第三期始,《序》栏目改设为《论》,以后几期几乎都有《论》,还增设了《天文》。1834 年增设了《市价篇》,这一年出版的五期,期期都有该栏目。以后又陆续增设了《诗》《史》《杂文》《贸易》等栏目。这些栏目的设置尽管有些是之前《察世俗每月统记传》等刊物已有的,但其篇幅明显增加了,且内容已经涉及气象、工艺、动植物和东西方众多国家的历史、文化知识,具备了近代报刊内容多样性的特征。这其中,麦都思《东西史记和合》一文自创刊号起连载 11 次。该文通过上下两栏的方式,叙述了中西历史上的重大事件、文明进程和创造发明,旨在使中国读者了解西方的悠久历史。此外,该刊的《地理》一栏介绍了东南亚、南亚、欧洲各国地理,"该怀文、报质、广见、博闻者鲜矣。海洋穷极幽远,自日出之国,以至穷极岛,凡身之所经目之所睹,无不广询博咨熟悉端委,弟欲补之,缀辑成地理之篇,由是可明知岛屿之远近,外国之形势,风俗之怪奇,沙礁之险,埠头之繁,好湾泊所等事,及物产贸易海关之则例。"② 自创刊号至戊戌九月号,"共载世界地理类文章达 35 篇"。③ 至于该刊的《论》,每一期都有鲜明的主题,针对现实问题展开,采用对话的方式写作,以便于中国读者的理

---

① 爱汉者等编,黄时鉴整理:《〈东西洋考每月统记传〉影印本导言》,中华书局1997 年版,第12 页。

② 爱汉者等编,黄时鉴整理:《〈东西洋考每月统记传〉影印本导言》,中华书局1997 年版,第7 页。

③ 爱汉者等编,黄时鉴整理:《〈东西洋考每月统记传〉影印本导言》,中华书局1997 年版,第17 页。

解，该刊也因而被认为是最早发表评论的中文报刊。① 此外，从期刊编辑业务方面来看，《东西洋考每月统记传》的创始之功不容忽视，特别是"它采取分类编纂的方法，在卷首刊有本期内容目录，便于读者查阅，并设有固定的栏目，这些近代期刊的特征，在中文报刊史上是第一次出现。它刊载的文章，强调简短、通俗和可读性，以吸引读者的阅读兴趣。在稿末有时加上编者按语，这些都使它进一步具有了现代期刊的基本特征。"② 1837 年，《东西洋考每月统记传》迁往新加坡出版，但编辑工作仍在广州，由郭实腊和马礼逊之子马儒翰编好后，交由在新加坡的麦都思印刷发行。现存最后一期为道光戊戌年（1838 年）九月，共出 33 期。

1838 年 10 月，麦都思在广州创办了一份中文月刊，刊名为《各国消息》。如前所述，麦都思曾在巴伐利亚主持《特选撮要每月纪传》，后返回英国，19 世纪 30 年代到广州，在英国商人奚礼尔的协助下，合作出版《各国消息》。该刊为中文月刊，每期 3—8 页，连史纸石印，是中国最早使用石印技术的报刊。③ 根据现存的一、二两期目录来看，即第一号：第一至二页，郭尔喀国、阿瓦国；第二页，省城（刊载有关广州的商业信息）；第三页，前月间外洋风飓不测坏船无数、入口货、出口货。第二号：第一至二页，英吉利国；第二页，比耳西国；第三至七页，广东省城洋商与各国远商相交买卖各货现时市价。这是一份以外国新闻及广州的商品市场价格介绍为核心的中文刊物，不仅对地理、历史、物产较为集中介绍，同时对商业信息与物价行情的介绍也较为详尽。其第一号一则信息指出"茶叶每日陆续到来，正在试看之际，尚未定着。湖丝因丝名取价太重，还未有办。"④ 为此，有学者评论说："《各国消息》虽然称不上商业报刊（以当时的社会背景，也不可能诞生商业报刊），但它刊载海外讯息与反映商业情报的新尝试，无疑却为后来者提供了另一编辑方针的模式。"⑤ 由于

① 赵晓兰等：《传教士中文报刊史》，复旦大学出版社 2011 年版，第 74 页。
② 叶再生：《中国近代现代出版通史》第 1 卷，华文出版社 2002 年版，第 148 页。
③ 叶再生：《中国近代现代出版通史》第 1 卷，华文出版社 2002 年版，第 155 页。
④ 《各国消息》1838 年 10 月，转引自方汉奇主编《中国新闻事业通史》第一卷，中国人民大学出版社 1992 年版，第 405 页。
⑤ 卓南生：《中国近代报业发展史》，中国社会科学出版社 2002 年版，第 63—64 页。

《各国消息》创刊之时，正值鸦片战争前夕，中英关系日趋紧张，1839 年5 月，麦都思离开广州，前往巴伐利亚，该刊因之停刊，具体停刊时间未详。

二、鸦片战争后：传教士中文期刊的拓展

1842 年鸦片战争中国战败，清政府被迫与英国签订中英《南京条约》，西方传教士得到不平等条约的庇佑，开始在中国境内公开传教和办报。这就使得原先以南洋和澳门为办刊基地的传教士逐渐移至中国本土发展，香港成为外国人在华办报的第一个基地，而后随着中国长江三角洲地区开辟的通商口岸数量增多，以及上海的兴起，宁波、上海逐渐成为新的报业中心。自 19 世纪 60 年代始，"无论从报纸的数量还是其实际影响考察，香港都已不及上海而退居第二了"。① 对于上海之所以成为中国近代新的报业中心，曾有学者做过精辟的分析："上海没有广州那么良好的西学传播基础，不像福州、厦门有那么多华侨在南洋。在中国传统城市历史上，上海比起其他在通商四口，地位最低。但她有自己的优势——地理环境，地处中国经济、文化最发达的江浙地区，离中国中心地带比较近，沿江可直达中国内地，沿海可直逼京畿，港口优良，潜力特大。加上外国人在这里对租界的经营比较顺手，以及吴越人的性格特点，不像广州人、福州人那么激烈排外，这种种因素，使得上海在适应外国人居留方面，在吸收外国人兴趣方面，在西学传播方面，很快超过其他城市，从而成为西学传播中心。"②

1853 年 8 月，鸦片战争后由传教士创办的第一份有影响的中文刊物《遐迩贯珍》（Chinese Serial）在香港出版发行。该刊由马礼逊教育协会出资，香港英华书院印字局采用铅活字和洋纸印刷发行，为中国本土最早用活字排版机械化印刷的报刊。马礼逊教育协会是 1833 年马礼逊去世以后，为纪念他在华开拓基督教传播事业而于 1834 年成立的一个团体，1842 年迁往香港；而由马礼逊一手创办的英华书院，也于 1843 年从马六甲迁至香

---

① 方汉奇：《中国新闻传播史》，中国人民大学出版社 2002 年版，第 52 页。
② 熊月之：《西学东渐与晚清社会》，上海人民出版社 1994 年版，第 218 页。

港，附设于该院的中英文印刷设备，也同时迁来。1850 年，马礼逊教育协会决定出资创办一份中文报刊，时值具有丰富办刊经验的麦都思来港，马礼逊教育协会和英华书院合作，决定邀请麦都思担任主编，在香港创办《遐迩贯珍》。由于麦都思年事渐高，工作繁忙，1854 年由奚礼尔接任主编。1855 年，时任英华书院院长的理雅各又接替奚礼尔，成为《遐迩贯珍》第三任主编，直至 1856 年 5 月，因香港英华书院关闭，《遐迩贯珍》随之停刊，共出 33 期。《遐迩贯珍》封面居中为刊名，右侧印有出版时间、刊号，左侧印有出版机构及价格。该刊首期只有中文目录，从第二号开始附有中英文两种文字目录，这也是我国中文期刊史上第一种有英汉对照目录的刊物。对于其办刊宗旨，《遐迩贯珍》创刊号的《序言》明确以介绍西学与西方文明为目的。① 而后刊载的《遐迩贯珍小记》和《遐迩贯珍告止序》两文，也都表达了类似的观点，如《遐迩贯珍告止序》认为，"然刊之者，原非为名利起见，不过欲使读是书者，虽不出户庭，而于天地之故，万物之情，皆得显然呈露于心目，刊传以来，读者开卷获益，谅亦不乏人矣"。② 但毕竟是传教士所办的刊物，宗教内容还是时常涉及，如 1853 年第三号《彗星说》中的"然而上帝之妙用，造化之神功，岂可以寻常意计测哉"；③ 1855 年第十号《热气理论》中的"上帝好生大德下及于鳞族矣……上帝爱物之仁，其用心良苦矣……上帝令万物各得其所，盖善尽美矣"，④ 等等。

《遐迩贯珍》所载内容，大致分为介绍西洋文明的长篇文章和新闻部分。介绍西洋文明的文章，不仅涉及了欧美政治、经济、社会制度，如《英国政治制度》一文详细介绍君主、议会、立法、司法、选举、审判等，认为英国的政治制度"一则能防闲在上君相之侵虐，一则能消弭众庶愚顽

---

① 《遐迩贯珍序言》，《遐迩贯珍》1853 年第一号，载松浦章等编著《遐迩贯珍（附解题·索引）》，上海辞书出版社 2005 年版，第 714—715 页。

② 《遐迩贯珍告止序》，《遐迩贯珍》1856 年第五号，载松浦章等编著《遐迩贯珍（附解题·索引）》，上海辞书出版社 2005 年版，第 407 页。

③ 《彗星说》，《遐迩贯珍》1853 年第三号，载松浦章等编著《遐迩贯珍（附解题·索引）》，上海辞书出版社 2005 年版，第 696 页。

④ 《热气理论》，《遐迩贯珍》1855 年第十号，载松浦章等编著《遐迩贯珍（附解题·索引）》，上海辞书出版社 2005 年版，第 467 页。

之把持"，"士庶同声，莫不推诚爱戴"。①《补灾救患普行良法》介绍生命保险和火灾保险制度，主张中国效法此种制度。同时又介绍了西方医学、自然科学的知识，以显示中西医的不同。如《眼官部位论》指出："人不自知其何以能此，学医之士，欲治其症者，必先识其源，欲探其源者，非剖割究寻，无以识其中部位浅深之奥，然人目难得，须割犬羊豕目代之，取次详验，间有未明，又按图而推考之，未有不了然心目者，盖中华目科，五轮八廓，脏腑定位之说，概属无凭，故中土南北，人多目疾"。② 又如《脏腑功用论》认为："西国医院有验尸之法，其无视亲近执葬者，有司专司其事，送入医院，剖胸刳腹，搜脏潜肠，细心考较，验毕乃收葬之，故于五脏六腑剖析特详，比中土耳闻臆断者，实不相侔"。③

新闻部分是《遐迩贯珍》的一大特色，其创刊号《序言》说："中国除邸抄载上谕奏折，仅得朝廷举动大略外，向无日报之类。惟泰西各国，如此帙者恒为叠见，且价亦甚廉，虽寒素之家亦可购阅，其内备载各种信息，商船之出入，要人之往来，并各项著作篇章，设如此方，遇有要务所关，或奇信始现，顷刻而四方皆悉其详，前此一二人所仅知者，今乃为众人所瞩目焉。"④ 为此，《遐迩贯珍》设有新闻专栏，即《近日杂报》栏目。起初，刊载的新闻从数量到篇幅都不多，自1854年第一号始，新闻的数量急剧增加，篇幅几乎占到总页码的一半或三分之二。1855年第二号有所调整，新闻报道开始分类，并加了小标题。这些新闻中的很多还附有评论，如"岁客香港进支费项"，在用大量篇幅逐项介绍香港政府的年收入、年度支出后，评述说："尝闻中国与余为友者，说及官府所取于民，不入国库者强半，所受以给兵，而不如数以与者亦然。此言果否，余不敢置议，惟以上所陈大英等国之常例，华夏未有行之，故敢略录其概，庶使行

① 《英国政治制度》，《遐迩贯珍》1853年第三号，载松浦章等编著《遐迩贯珍（附解题·索引）》，上海辞书出版社2005年版，第694—695页。

② 《眼官部位论》，《遐迩贯珍》1855年第七号，载松浦章等编著《遐迩贯珍（附解题·索引）》，上海辞书出版社2005年版，第512页。

③ 《脏腑功用论》，《遐迩贯珍》1855年第十号，载松浦章等编著《遐迩贯珍（附解题·索引）》，上海辞书出版社2005年版，第473页。

④ 《遐迩贯珍·序言》，《遐迩贯珍》1853年第一号，载松浦章等编著《遐迩贯珍（附解题·索引）》，上海辞书出版社2005年版，第714页。

政者于修己治人之方，或未必无小补云"。①

"在各种意义上，《遐迩贯珍》都可以说是一本承前启后的杂志。"②
它不仅是香港第一份中文报刊，还是中国第一份采用中英文对照目录的中
文刊物，第一份冠有新闻题目的中文刊物，第一份刊登收费广告并辟有广
告专栏的中文报刊，第一份由铅活字机械化印刷的中文报刊，它"突破了
《察世俗每月统记传》《特选撮要每月纪传》等鸦片战争前传教士创办的中
文月刊的范畴"，③ 极大地推进了中国报刊近代化的进程。

继《遐迩贯珍》创刊之后，美国浸礼会传教士玛高温于 1854 年在宁
波创办了《中外新报》。该刊是为宁波的第一份近代中文报刊。玛高温是
美国浸礼会传教医师，1843 年作为第一批被派往中国的美国传教士进入香
港，后到宁波创办医院，在行医布道的同时，创办了《中外新报》。该刊
初为半月刊，自 1856 年第三卷始改为月刊。1858 年，另一位美国传教士
应思理接替玛高温，担任《中外新报》主编，并另改序号出版，至 1861
年年初停刊。《中外新报》宣称是一种宗教刊物："拜真神，尊帝王，畏官
长，亲爱兄弟，圣经之要旨也。故是报以此数者为宗旨，不敢悖理妄录。"
但事实上，其宗教色彩并非如其标榜的那样强烈。从应思理主持时期出版
的 3 期刊物内容来看，传教文章仅有 4 篇，占大量篇幅的是新闻报道。对
此，应思理指出："窃思，《中外新报》所以广见闻、寓劝戒，故序事必求
实际，持论务期公平，使阅者有以兴起其好善恶恶之心。然一人之耳目有
限，报内如有报道失实者，愿翻阅之诸君子，明以教我。又，或里巷中有
事欲载报内，可至敝寓，商酌补入，无非人求多闻，事求实迹之意，览者
愿之"。④ 其新闻报道内容涉及四个方面：第一，宁波新闻；第二，宁波周
边地区新闻；第三，国内其他地区新闻；第四，世界新闻。《中外新报》
出版时正值太平天国时期，其对太平天国运动进行了大量的报道，如第四

---

① 《遐迩贯珍》1855 年第四号，载松浦章等编著《遐迩贯珍（附解题·索引）》，上海辞书
出版社 2005 年版，第 546 页。
② 沈国威：《遐迩贯珍解题》，载松浦章等编著《遐迩贯珍（附解题·索引）》，上海辞书出
版社 2005 年版，第 91 页。
③ 卓南生：《中国近代报业发展史》，中国社会科学出版社 2002 年版，第 84 页。
④ 《中外新报》第一号，咸丰八年（1858 年）十一月，转引自浙江省新闻志编辑委员会编
《浙江省新闻志》，浙江人民出版社 2007 年版，第 1084—1085 页。

号以《南京》为标题报道洪秀全教义的"荒谬不经"，第十号以《杭州》为标题的新闻，记载太平军攻打杭州的经过。《中外新报》以刊载新闻为主，西学知识的传播在其刊文中也占据一定的分量，因而受到读者的欢迎，其发行量一度超过同一时期的《遐迩贯珍》和《六合丛谈》，在宁波、杭州、上海、北京、香港均设有销售点，国外则传入日本、美国、英国等地。[①]

　　在香港和宁波相继出版近代中文刊物的影响下，上海的第一家中文报刊《六合丛谈》也在1857年1月创刊了。鸦片战争后，上海逐渐成为西方传教士在华活动和创办报刊的重要基地。1843年，麦都思将巴伐利亚印刷所迁至上海，改名为墨海书馆，引进欧洲新式印刷机和金属活字，发行了一批新式出版物。《六合丛谈》是墨海书馆出版发行的一份连续性出版物，是上海第一份中文刊物，也是上海第一份使用铅活字排版、机械化印刷的刊物。该刊为月刊，至1858年6月停刊，共出15期。由伦敦传教会传教士伟烈亚力任主编，主要撰稿人包括慕维廉、艾约瑟、韦廉臣等外国传教士，参与该刊撰稿和编辑工作的还有王韬、蒋敦复等中国知识分子。《六合丛谈》基本继承了《遐迩贯珍》的编辑模式，封面设计与《遐迩贯珍》大致相似，也刊有中英文对照目录，其发行渠道也与《遐迩贯珍》大致相同。从内容来看，《六合丛谈》本质上是一份宗教性刊物，但是其纯传教性质的成分是比较少的，"西学"在该刊中占有相当大的比重。这在于伟烈亚力等人欲以此示"四海如一室"，"亦欲通中外之情，载远近之事，尽古今之变，见闻所逮，命笔志之，月各一编，罔拘成例，务使穹苍之大，若在指掌，瀛海之遥，如同衽席，是以琐言皆登诸纪载，异事不壅于流传也。是书中所言天算舆图及民间事实，纤悉备载。"[②]《六合丛谈》刊载的文章，内容涉及范围也很广泛，化学、地理、数学、电学、天文学等西方近代科学等无所不包。譬如对于天文学的介绍，《六合丛谈》自第一卷一号起至第二卷一号，除最后1期外，每期都登载有当月的天文历。

---

　　① 赵晓兰等：《传教士中文报刊史》，复旦大学出版社2011年版，第132页。

　　② 《六合丛谈小引》，《六合丛谈》第一卷第一号（1857年1月），载沈国威编著《〈六合丛谈〉（附解题索引）》，上海辞书出版社2006年版，第521页。

具体介绍天文知识的文章，除了"地理"中有所涉及的专题部分《地球形势大率论》外，最集中介绍"测天之学"的当属《西国天学源流》栏目，其中包括8篇文章，分别连载于第一卷的第五、九、十、十一、十二、十三号以及第二卷的一、二号上。这些科技文章不仅介绍近代科学，还向中国人阐明近代科学的重要意义，提出科技决定国家富强的观点："国之强盛由于民，民之强盛由于心，心之强盛由于格物穷理"，"精天文则能航海通商，察风理则能避飓，明重学则能造一切奇器，知电气则万里之外，音顷刻可通，故曰心之强盛由于格物穷理"。[①]

《六合丛谈》设有《新闻》栏目，其内容分三类：一般新闻、新书介绍和经济新闻。对于《新闻》栏目，编者认为："四海虽远，在一积块中耳，兆民虽多，由一始祖生耳。一国有事，列国亦必共闻，庶几政令流通，风行雷厉，此泰西近事之所由译也。览之可以明治乱盛衰之故，乖和兴废之端。"[②] 其新闻报道对于中国国内的信息非常少，而欧洲的信息占绝对优势，并且新闻所占篇幅在创刊时比较多，占据全刊的二分之一或三分之一，后来逐渐越来越少，最后一期干脆不登了。至于《书籍介绍》栏目，其目的在于："中国微有所不足者，在囿于见闻，有美不彰，苟且自域，宜播无从。偶有一书出，传之不远，不能遍告同人，使之不胫而走，迟之数月，或数年，尚无有知其名，遇而闻之者，甚者，庋之于高阁，有辜作者之盛意。西国苟著新书，人必争售，一月间家置一编，此新出书籍之目，所以每月必书也。"[③] 该栏目最初刊载在《杂记》栏中，后自成一栏，几乎每期都介绍二至三册新书。这些新书多为传教士所撰写翻译、由墨海书馆出版发行的书籍，其主要内容是宗教、自然科学和医学等。如第一卷第十二号的"新出书籍"介绍《西医略论》说："辨症制药之方，靡不赅备，理取真实，词务浅显，说所不能尽者，助之以图。计为论数十，

---

① 韦廉臣：《格物穷理论》，《六合丛谈》第一卷第六号（1857年6月），载沈国威编著《〈六合丛谈〉（附解题索引）》，上海辞书出版社2006年版，第604页。

② 《六合丛谈二卷小引》，《六合丛谈》第二卷第一号（1858年2月），载沈国威编著《〈六合丛谈〉（附解题索引）》，上海辞书出版社2006年版，第731页。

③ 《六合丛谈二卷小引》，《六合丛谈》第二卷第一号（1858年2月），载沈国威编著《〈六合丛谈〉（附解题索引）》，上海辞书出版社2006年版，第732页。

为图四百余，其详于外症者，因外症易见，可使华人照方施治也。此真为世间有用之书"。①

综上所述，鸦片战争以后传教士创办的刊物，无论是广州的《东西洋考每月统记传》、香港的《遐迩贯珍》和上海的《六合丛谈》，还是宁波的《中外新报》，均不同于以往的宗教刊物，其学术性、新闻性逐渐增强，在传播西方近代文明方面发挥了一定作用。特别是《六合丛谈》，由于其主要撰稿人的中文水平较高，并得到在墨海书馆工作的中国知识分子的协助，其内容较之此前的传教士中文刊物更为符合中国读者的口味和需求，在近代中国人学习西方进程中产生了不容忽视的影响，在近代中文期刊史上具有重要的意义，"不仅宣告了上海第一个中文报刊的问世，而且还悄悄地突破了不准民办报刊的禁忌，创造了'佣书'这种便于中国文士进入新闻界的道路，作为一个'洋襁褓'孕育了最早一批中国新闻工作者开始活动"。②

三、19 世纪中后期：传教士中文期刊的分化

19 世纪 60 年代，传教士中文期刊出现了新的变化，原先注重传播西学知识的中文期刊逐渐遭到了部分传教士的质疑，他们认为，"格致虽有益，犹不若救灵之道则万信有益，故可不论格致，专论救灵，庶不致分心也"③，"传授西学可能重要，但我们众人都有更紧要的事去做。我们受救世主和差会的派遣来到中国，不是为了增进人们的世俗知识，而是为了让人们懂得基督教的真理。我们来到这里是为了拯救人类的灵魂，把人们从苦难中拯救出来，这才是我们所肩负的特殊使命"④。为此，他们创办了数量不少的宗教期刊，如创办于 1891 年的《中西教会报》，其宗旨是"将基督教在全世界推行的情况，特别是在中国教会的工作情况，提供给传教

---

① 《西医略论》，《六合丛谈》第一卷第十二号（1857 年 12 月），载沈国威编著《〈六合丛谈〉（附解题索引）》，上海辞书出版社 2006 年版，第 703—704 页。

② 陈镐汶：《〈遐迩贯珍〉到〈六合丛谈〉》，《新闻研究资料》1993 年第 2 期。

③ ［美］艾约瑟：《教会聚集续记》，《万国公报》第四五三卷（1877 年 9 月），（台北）华文书局 1968 年版，第 4009—4010 页。

④ Records Of The General Conference Of The Protestant Missionaries Of China Held At Shanghai, 1877, pp. 236 – 237.

士，使分散在各地的传教士，得以了解别人是怎样在帮助中国摆脱愚昧、无知、迷信、贫困和绝望，从而改善处境的"。① 又如由上海天主教会于1887 年 6 月创办的《圣心报》，其办刊主旨是"专录天主教事理，文词平浅，意义清庸，务使寡学之人亦得了如指掌"。② 其所设立的栏目，如《祈祷总章》《教事汇录》《宗意释义》《圣心良友》《祈祷益闻》等，也多涉及对教义的阐释、布道、教会活动动态、宗教故事等内容。

不过，相比宗教期刊的创办，传教士中文期刊沿着世俗化道路前进的数量则更多，影响也更大。如 1875 年创办的《小孩月报》，1876 年创办的《益智新录》《格致汇编》，1880 年创办的《画图新报》，等等，"有专给妇女读的报，有专给儿童读的报，有专谈科学的杂志。这也是促进戊戌政变后中国各科杂志发达的一个原因"。③ 其中，《万国公报》及其前身《中国教会新报》在从宗教期刊向世俗化刊物转变的过程，逐渐走向成熟，把传教士中文期刊在华影响扩大到空前的程度。

1868 年 9 月，美国监理会传教士林乐知在上海创办《中国教会新报》。该刊为周刊，每期 8 页，年出 50 期，由美华书馆印刷。起初，这是一份宗教色彩较为浓厚的期刊，如林乐知在创刊号所称，其办刊宗旨，一是为了加强教徒之间的联系，"俾中国十八省教会中人同气连枝，共相亲爱"；二是为了对外宣传，使"外教人亦可看此《新报》，见其真剧，必肯相信进教"。④ 从其内容来看，在 1872 年之前，该刊用大量篇幅刊登中国基督事务，特别是阐扬教义，译述《圣经》故事，报道教会动态，以及宗教问题辩难。偶尔亦介绍中外史地知识、自然科学常识以及中国教育信息。随着时间的推移，《中国教会新报》的宗教内容逐渐减少，世俗内容不断增多。1872 年 8 月底出版的该刊第二○一卷，正式更名为《教会新报》，去掉"中国"二字，每期篇幅增加至 14 页，内容也与前大不相同，新闻和中外

---

① 《同文书会年报1894》，转引自叶再生《中国近代现代出版通史》第 1 卷，华文出版社 2002 年版，第 441—442 页。

② 《圣心报》第一期，1887 年 6 月 1 日。

③ 胡道静著，虞信棠等编：《胡道静文集·上海历史研究》，上海人民出版社 2011 年版，第 316—317 页。

④ 林乐知：《教会新报发刊词》，《教会新报》第一卷，（台北）华文书局 1968 年版，第 8 页。

时事的篇幅明显增加，栏目设置也做了相应调整："本馆新报办至二〇一卷，即是五载之首卷也，往年所载事件可登即登，不分门类，若远若近，笔墨纷投，甚为欣幸。今五载，新闻必更新式，拟分五类，不紊有条，一曰政事，二曰教事，三曰中外，四曰杂事，五曰格致。每期广为搜罗，别其类而登诸报。"① 后来《政事近闻》与《中外近闻》合为一个栏目《中外政事近闻》，由原来的五个板块改为"教事近闻""中外政事近闻""杂事近闻""格致近闻"四个板块，原来占主导地位的宗教内容仅占到四分之一。

图2-3 《万国公报》

图2-4 林乐知

1874年8月，林乐知在《教会新报》上登载了一则告白，宣称"本报即将更名为《万国公报》（The Chinese Globe Magazine）"。同年9月5日，第三〇一卷《教会新报》正式易名为《万国公报》，英文为 Globe Magazine，直译为《环球杂志》。这一次所更刊名的非宗教化，"无疑是在传递一个明白的信息，即未来的《万国公报》，将越出'宣教'的领域，更多

---

① 《林华书馆告白》，《教会新报》第五卷，（台北）华文书局1968年版，第1988页。

地面向中国的公众，尤其是面向中国的士大夫"。① 更名后的《万国公报》仍为周刊，卷数和周期都与《教会新报》相接续，还是年出 50 期，每期 10 页至 18 页左右，但办刊宗旨和内容有所调整，变宗教性宣传刊物为以时事为主、传播世俗知识、介绍西学的综合性刊物。"是以现今改易新名，加增事件，报内亦分门别类。一系中国京报，每七本登于一卷，报中辕门抄亦所必载；二系各国新奇事件；三系教会近闻及各处信息；四系西国制造机器机械电线天文地理格致算法各学，无一不备。他如各种告白各货至近行情价目及各处有新著书籍告成，亦可开列明晰，俾爱购者得以先睹为快。""总而言之，所录京报各国政事辕门抄者，欲有益于现任候补文武各官也；所录教会各件者，欲有益于世人罪恶得救魂灵也；所录各货行情者，欲有益于商贾贸易也；所录格致各学者，欲有益于学士文人也。至若英国通商甲于天下诸国，上海口岸甲于中国各省码头，故印此两处货物行情者，使各路买卖流通也。"② 此后，该刊宗教性的内容越来越少、世俗性的内容越来越多，虽然名义上还是一份教会刊物，经费来源主要由传教士捐助，主编也还是林乐知，撰稿人除林乐知外，还有艾约瑟、慕维廉、韦廉臣、傅兰雅等传教士，但从刊物内容上来看，宣传基督教和有关教会的新闻已不多见，在介绍西方科学技术的同时，还刊载了介绍西方政治制度、社会制度等方面的文章，并出现了针对中国时政的评论文章。由于出版方向的调整，更名后的《万国公报》发行量较前有所上升，至 1875 年 6 月，销售 94000 份，每卷约为 1900 份。③ 在连续刊行近十年后，出至 750 期，于 1883 年 7 月 28 日停刊。

1889 年 2 月，在广学会筹划下，停办近六年的《万国公报》复刊，一直延续到 1907 年 12 月。复刊后的《万国公报》，中文刊名未变，主编仍是林乐知，但由周刊改为月刊，并重新进行编号，每期由"卷"改称"册"，篇幅增至 30 页（后改为 90 页），其性质也从林乐知个人主办的同

① 朱维铮：《万国公报文选导言》，载李天纲编校《万国公报文选》，生活·读书·新知三联书店 1998 年版，第 3 页。

② 《本报现更名曰万国公报》，《教会新报》第六卷，（台北）华文书局 1968 年版，第 3295 页。

③ 杨代春：《万国公报与晚清中西文化交流》，湖南人民出版社 2002 年版，第 56 页。

人刊物，变成广学会的言论机关，由广学会出资并发行，成为代表"在华西方人士一派的合办刊物"。英文名称由 Global Magazine 改为 A Review Of The Time，直译为《时代评论》，表明其重心在于论学论政。从此，以赫德为首的同文书会——广学会这一领导机关，集中了英美德诸国在华的外交、企业和宗教各界人物，共同为刊物出谋划策，提供资助，建立起了编辑、撰稿、翻译的有效系统，除了林乐知、李提摩太等主持编撰外，丁韪良、傅兰雅、韦廉臣、艾约瑟、慕维廉、花之安、李佳白、狄考文、马林等在华的著名传教士，都是刊物的撰稿人，而林乐知为刊物所聘用的一批华人学者，如沈毓桂、蔡尔康、任廷旭、袁康、范祎等，他们与林乐知等共同主持编译校雠，乃至直接分题作文，极大地有助于刊物成为沟通中西的桥梁。[①]

图 2 - 5 李提摩太

《万国公报》复刊之后，"专以开通风气，输入文明为宗旨"，"首登中西互有裨益之事，敦政本也；略译各国琐事，志异闻也；其他至理名言，兼收博取，端学术也；算学格致，务为撷其精蕴，测其源流；形上之道与形下之器，皆在所不当遗也"。[②] 也就是说，这是一份以政论为主、新闻次之的综合性时政刊物，其主要内容是发表政论、介绍西学和鼓吹变法。首先，发表《论格致为教化之源》《推广西学说》《泰西之学有益于中华论》等一系列文章，论证科学技术的发展与西方富强的关系，呼吁中国人学习西学。其二，刊登大量介绍西方自然科学

---

① 朱维铮：《万国公报文选·导言》，载李天纲编校《万国公报文选》，生活·读书·新知三联书店 1998 年版，第 6、15—16 页。
② 沈毓桂：《兴复万国公报序》，《万国公报》第一册，1889 年 2 月。

的文章，如《论数学》《格致新学》《西医汇抄》《法拉特先生电学志略》《声学刍言》《论行星》《论微生物》等，涉及数学、物理学、化学、天文学、地理学、医学、电学、声学、生物学等多个学科领域。其三，全面介绍西方民主政治、制度模式等社会学科知识和进步思想学说，如李佳白的《列国政治异同考》，林乐知的《美国法治要略序》《美国法治原理》以及马林翻译的斯宾塞的《自由篇》等。1899 年 2 月至 5 月出版的《万国公报》第一二一至一二四册，连载李提摩太译、蔡尔康笔述的《大同学》，该文节译自英国人颉德的《社会进化》一书，最早向中国人介绍了马克思及其《资本论》的主要观点，以及达尔文万物"相争相进""优生劣灭"的进化论学说，在近代中国思想史和文化史上具有划时代意义。其四，从 1889 年《万国公报》复刊，至 1898 年戊戌变法失败，《万国公报》发表了多达数百篇有关变法的政论文章，对中国改革思想的形成和改革运动的勃兴起到了一种不容忽视的作用。[1] 特别是中日甲午战争前后，《万国公报》的政论文章紧紧围绕"变新政"而展开，其发文数量和议论范围都有很大突破。如李佳白的《中国能化旧为新乃能以新存旧论》，李提摩太的《新政策》《行政三和说》，林乐知的《泰西新政备考》《文字兴国策序》，艾约瑟的《富国养民策》等，产生了广泛的社会反响，在"清帝国自改革思潮中"发挥了向导的作用。[2] 1898 年 6 月至 9 月百日维新期间，《万国公报》还开辟了《中朝新政》专栏，刊载《又议覆工部郎中条陈各省自开利源疏》《钦遵筹办京师大学堂事宜疏》《总理衙门遵议优奖开物成务人才事宜疏》等变法内容，为维新运动营造了舆论氛围。此外，《万国公报》连载的李提摩太翻译的《泰西新史揽要》，林乐知撰译的《中东战纪本末》，花之安《自西徂东》等作品，深受读者欢迎，后来都出版了单行本。

因传播西学和鼓吹变法，《万国公报》声誉鹊起，成为 19 世纪影响最大、发行时间最长的传教士中文报刊。1897 年至 1904 年间，其发行量一

---

① 赵晓兰等：《传教士中文报刊史》，复旦大学出版社 2011 年版，第 401 页。
② 朱维铮：《万国公报文选·导言》，载李天纲编校《万国公报文选》，生活·读书·新知三联书店 1998 年版，第 24 页。

度达到每年售出四五万册，创造了 19 世纪后期传教士中文刊物发行量的纪录，"且购阅者大都达官贵介、名士富绅，故京师及各直省阀阅高门、清华别业，案头多置此一编，其销流之广，则更远至海外之美澳二洲"，① 成为中国人认识世界的重要窗口和获取新知的源泉。王韬、孙中山都是《万国公报》的作者，梁启超担任李提摩太的秘书，光绪皇帝保存有全套的《万国公报》，康有为曾"购《万国公报》，大攻西学书，声、光、化、电、重学及各国史志，新知深思，妙悟精理，俯读仰思，日新大进"；李鸿章、张之洞等维新派官员长期订阅《万国公报》。在维新思想家的各类变法著作中，我们随处可见《万国公报》等广学会出版物的影响。② 进入 20 世纪以后，随着中国人自办报刊的大量出现和海外留学热潮的兴起，《万国公报》虽然保持了较好的销售业绩，但其影响明显减弱，1907 年 12月，在林乐知去世半年后，《万国公报》停刊，共出版 227 期。③

总体来看，19 世纪中后期创办的传教士中文刊物，即使是那些世俗化特征明显的传教士中文期刊，其办刊宗旨仍是为传播教义服务的。譬如，尽管前后两期的《万国公报》栏目内容有所变化，但其主旨却是一致的，即改变宣教方式，以科学知识辅助宗教宣传。对此，广学会曾有过自白，"他（指林乐知）除了自己教会的工作外，近几年来一直担任《万国公报》的编辑"，"这件工作，我们胆敢说是真正属于传教性质的，它为人们接受上帝直接启示的宗教真理铺平道路"。④ 而范祎则更是直接指出了《万国公报》宗教月刊的本质："中国二十年以前，惊西方之船坚炮利，知有西艺矣，而于西政，则以为非先王之法，不足录也。十年以前，亲见西方政治之美善者渐多，其富强之气象似实胜于中国，知有西政矣，而于西教，则以为非先圣之道，不足录也。嗟乎！知西艺最易，知西政已较难，更进而知西教，则如探水而得真源，艺果而获佳种，是《公报》之最大要

① 《请登告白》，《万国公报》第九十四册，1896 年 11 月。
② 熊月之等：《上海通史·晚清文化》第 6 卷，上海人民出版社 1999 年版，第 163—165 页。
③ 关于《万国公报》出版册数，学界说法不一，本书使用的数字，据叶再生《中国近代现代出版通史》第 1 卷，华文出版社 2002 年版，第 441 页。
④ 《同文书会年报》第八次（1895 年），《出版史料》1990 年第 1 期。

义也"，① 而实际上，"国人接受了他们传播的西学，对其夹带兜售的基督教并无兴趣。主观动机与客观效果的最终背道而驰，这或许是传教士们自身没有想到的"。② 20 世纪初，随着中国政治形势的变化，以《万国公报》的停刊为转折点，以传播教义、传递教会信息、沟通教友感情为主要内容的报刊又重新占据主流。传教士中文期刊自 1815 年以来"从传播西教转向传播西学，最后又回到起点——传播西教"。③

值得一提的是，从地域来看，19 世纪的传教士中文期刊主要集中在中国沿海地区，也呈现出向内地甚至是北京延伸的趋势。如 1872 年创办于北京的《中西闻见录》，该刊先由丁韪良、艾约瑟共同主编，艾约瑟离去后，完全由丁韪良负责。其宗旨诚如《中西闻见录》指出的："兹印行中西闻见录，每月一次，其书内所论者乃泰西诸国创制之齐器，防河之新法，以及古今事迹之变迁，中西政俗之同异。盖土域疆界各国大有变更，流风遗俗阅世亦多移易。览万国图说天下地皆了然于胸，中述海外奇闻，宇内事俱恍然于耳前矣。几新法齐器珍禽异兽并万国舆地绘有图式，以便查阅，按月分续，公诸同好。"④ 换言之，这是一份以传播西学为主要内容的综合性期刊，杂录各国新闻近事，并讲天文、地理、格物之学。该刊的出现，"宣告了一个重要的事实，即外国人在华办报的最后一个禁区被突破了。既然天朝的首都都允许外国人出版报刊，那么就意味着整个中国都向他们开放了。"⑤

第三节　传教士中文期刊的传播效果

自 1815 年马礼逊、米怜等创办《察世俗每月统记传》以来，主持或参与中文期刊编辑的西方传教士尽管来自于不同的教派、国家，且其办刊初衷亦有所不同，但就实际效果而言，这些传教士创办的中文期刊均在中

---

① 范祎：《万国公报二百册之祝辞》，《万国公报》第二〇〇册，1905 年 9 月。
② 杨代春：《万国公报与晚清中西文化交流》，湖南人民出版社 2002 年版，第 230 页。
③ 赵晓兰等：《传教士中文报刊史》，复旦大学出版社 2011 年版，第 392 页。
④ 《中西闻见录序》，《中西闻见录》第一号，1872 年 8 月。
⑤ 方汉奇主编：《中国新闻事业通史》第 1 卷，中国人民大学出版社 1992 年版，第 365 页。

国近代史上留下了不可磨灭的痕迹，对中国社会产生了广泛而深远的影响。

一、输入近代新闻出版理念

中国自唐以来素有官府发行邸报的传统，但这一传统并未结出近代意义的报刊的果实。即花之安所说："中国素称声名文物之邦，而于报馆之

图2-6　马礼逊

设则未有闻，上下隔绝，情意不通，民间疾苦不能知，朝廷政事、官吏设施，其是非得失亦有所莫辨"。[①] 随着19世纪西方传教士中文期刊的创办，近代报刊理念逐渐在国人中传播开来。马礼逊曾经在1827年创刊的《广州文摘》上发表过一篇题为《印刷自由论》的文章，阐述天赋人权思想：强调"上帝赋予人类有思想和言论的自由，有写作和印刷出版的自由，这是为了使他们所创造的人类得到快乐。因此，没有一条人立的法律可以取消这个天赋的人权"[②]，"我们的结论是：凡是违背上帝的法则由人们制订的禁止言论、写作和印刷自由的法律，凭着我们的良心可以不服从。"[③] 郭实腊主办的《东西洋考每月统记传》，更是发表了专论新闻纸的《新闻纸略论》，系统介绍西方的新闻报纸："在西方各国有最奇之事，乃系新闻纸篇也。此样书纸乃先三百年初出于义打里亚国，因每张的价是小铜钱一文，小钱一文西方语说加西打，故以新闻纸名为

① ［德］花之安：《自西徂东》，上海书店出版社2002年版，第179页。
② ［英］马礼逊夫人编：《马礼逊回忆录》，顾长声译，广西师范大学出版社2008年版，第285—286页。
③ 叶再生：《中国近代现代出版通史》第1卷，华文出版社2002年版，第85—86页。

加西打，即因此意也。后各国照样成此篇纸，至今到处都有之甚多也。惟初系官府自出示之，而国内所有不吉等事不肯引入，之后则各国人人自可告官而能得准印新闻纸，但间有要先送官看各张所载何意，不准理论百官之政事，又有的不须如此，各可随自议论诸事，但不准犯律法之事也。其新闻纸有每日出一次的，有二日出一次的，有七日出二次的，亦有七日或半月或一月出一次不等的，最多者乃每日出一次的，其次则每七日出一次的也。其每月一次出者，亦有非纪新闻之事，乃论博学之文。"①

之后，西方传教士及在华洋人更是标榜言论自由，要求清政府开放新闻与期刊管制，认为西人"不患人之多言而特患人之不言，是以博采舆论以见政之善否，其所善者则行之，其所恶者则改之，故每遇可行可止之事，得以抒所见闻"。② 而中国报业之所以不发达，在于"泰西各国，上下一体，不但官与民不甚悬殊，即君与民亦不相暌隔，故每遇事，可以尽情议论，直陈无隐，言虽出自民间，意可达于君上，君不以直言为逆耳，民自不因直言生戒心，至于官吏更无论矣"。③ 这些言论随着传教士报刊的广泛发行，对中国士人产生了积极的影响。

鸦片战争后，传教士中文期刊还严格区分邸报与中文期刊的不同。譬如《遐迩贯珍》指出，"中国除邸抄载上谕奏折，仅得朝廷举动大略外，向无日报之类"，而与之对应的泰西各国，"如此帙者，恒为叠见，且价亦甚廉，虽寒素之家，亦可购阅。其内备载各种信息，商船之出入，要人之往来，并各项著作篇章。设如此方，遇有要务所关，或奇信始现，顷刻而四方皆悉其详细。前此一二人所仅知者，今乃为众人瞩目焉。中国苟能同此，岂不愉快？若此寸简，可为中国人之惠，毫末助之，俾得以洞察真理，而增智术之益，斯为吾受无疆之贶也夫。"④ 《万国公报》登载的《新

---

① 郭实腊：《新闻纸略论》，《东西洋考每月统记传》（癸巳年十二月号），载爱汉者等编，黄时鉴整理《〈东西洋考每月统记传〉影印本导言》，中华书局1997年版，第66页。

② 《上海日报之事》，《申报》1874年5月12日。

③ 《论新闻日报馆事》，《申报》1874年3月12日。

④ 《遐迩贯珍序言》，《遐迩贯珍》1853年第一号，载松浦章等编著《遐迩贯珍（附解题·索引）》，上海辞书出版社2005年版，第714—715页。

闻纸论》一文，进一步明确指出了邸报和近代报刊二者的差异："中国素称声名文物之邦，绝无新报馆之设。上下隔绝，情意不通，民间疾苦不能知矣。朝廷政事，官吏设施，无人敢议，得失莫辨矣。纵有上谕颁行，《京报》叠发，亦多言百官升迁，太史陈奏之事，而于民间之隐痛恒鲜洞烛，果何裨乎？虽缙绅阀阅，衙署幕僚，无不备览，而庶民于《京报》亦鲜得览观焉，奚以劝善而惩恶哉？此中国不设新报馆之疏也。夫朝廷寄封疆于督抚，民情实难周知，倘据一面之词，则诈伪作奸之徒易于蒙蔽。即委员探查，吾恐见利忘义，反以曲为直，以直为曲者多矣。而新闻纸则查察真确，不敢妄谈。叙事之的当，俾观者了如指掌，而民间疾苦冤屈无不遍达。"①

　　西方传教士对于新式办刊理念的提倡和实践，逐渐为中国知识分子所认知。起初，居住于沿海通商口岸且与洋人交往甚密的中国士人，如王韬、郑观应等逐渐接受了报刊舆论引导的观点，认为："闻见多而议论正，得失著而褒贬严，议政者之有所刺讥，与柄政者之所有申辩，是非众著，隐谲胥彰，一切不法之徒，亦不敢肆行无忌矣"。② 他们主张在国内各省会城市设立新报馆，"今之所设者不过上海、香港耳，而内地各省均未之设，故其所闻之事犹有不尽不实，以贻局外之讥。"如果各省会设立新报馆，"延博古通今之士以操其简"，则获益匪浅，并要求这些操笔之士多为中国通人，"无事之时，官吏设法保护，俾于劝善惩恶，兴利除弊，以及人才之盛衰，风俗之纯疵，制作之良窳，泰西各国政事，有何更改，兵制有何变迁，商务制造有何新法，足以有益于人者，精心考核，列之报章。大小官员，苟有过失，必直言无讳，不准各官与报馆为难。如有无端诋毁，勒诈财贿者，只准其禀明上司，委员公断，以存三代之分。执笔者尤须毫无私曲，暗托者则婉谢之，纳贿者则峻拒之，胸中不染一尘，惟澄观天下之得失是非，自抒伟论。倘有徇私受贿，颠倒是非，逞坚白异同之辩，乱斯民之视听者，则援例告官惩治。如谓当堂挟恨，审断不公，准其登报，以

---

① ［德］花之安：《自西徂东》，上海书店出版社2002年版，第179页。
② 郑观应著，夏东元编：《郑观应集》上册，上海人民出版社1982年版，第346页。

告天下，庶公论不稍宽假。"① 不过应指出的是，这里的舆论引导作用，主要是引导国人了解世界各国情况和沟通朝廷与民众信息，如王韬认为："其达彼此之情意、通中外之信息者，则有日报。时或辩论其是非，折中其曲直。有时彼国朝廷采取舆论，探析群情，亦即出自日报中。窃以为，此亦可从而仿效者也。中外交涉之事，时时可刊之日报之中，俾泰西之人秉公持论其间，是岂无所裨益者与？"②

戊戌维新时期，梁启超等人汲取这些报刊舆论引导言论的精髓，提出了报刊喉舌说："去塞求通，厥道非一，而报馆其导端也。无耳目，无喉舌，是曰废疾。今夫万国并立，犹比邻也；齐州以内，犹同室也。比邻之事而吾不知，其乃同室所为，不相闻问，则有耳目而无耳目；上有所措置，不能喻之民，下有所苦患，不能告之君，则有喉舌而无喉舌。其有助耳目喉舌之用，而起天下之废疾者，则报馆之为也。"③ 这其中的喉舌之说，并非后世所称的"喉舌论"，主要强调报刊的"去塞求通"功效，而这种作用亦只停留于辅助政府的层面。维新变法失败后，这些中国人对报刊的功能与职责又有了新的思考。譬如梁启超提出了报刊要监督政府的新思想，"某认为报馆有两大天职：一曰，对于政府而为其监督者；二曰，对于国民而为其向导者是也。"所谓监督政府，是通过报刊形成舆论来实现的，"舆论无形，而发挥之，代表之者，莫若报馆。""报馆者，即据言论、出版两自由，以实行监督政府之天职者也。故一国之业报馆者，苟认定此天职而实践之，则良政治必于是出焉。拿破仑常言：'有一反对报馆，则其势力之可畏，视四千支毛瑟枪殆加甚焉。'诚哉！报馆者，摧陷专制之戈矛，防卫国民之甲胄也。"④

二、开创中文期刊出版新模式

首先，传教士中文期刊大都采用了中国古代报纸的传统装帧样式，以适合中国读者的阅读习惯。自唐以来，邸报的出版发行均采用书册形

---

① 郑观应著，夏东元编：《郑观应集》上册，上海人民出版社 1982 年版，第 347 页。
② 王韬：《弢园文录外编·变法自强上》，上海书店出版社 2002 年版，第 29—30 页。
③ 梁启超：《论报馆有益于国事》，《时务报》第一册，1896 年 8 月。
④ 梁启超：《敬告我同业诸君》，《新民丛报》第十七号，1902 年 10 月。

式。明代邸报的外观如书册，每期页数不定，时有增减。清代的报房京报也是如此。乾隆、嘉庆等朝民间报房所出报纸，一般没有报头，没有封面，每天出一期，每期一册，每册 4 页至 10 页不等。由于西方传教士认为中文期刊的功效多等同于一般书籍，"在汉语中，书籍作为一种提高改进自身的工具，也许比任何其他现有的传播工具都更为重要。阅读汉语书籍的人数比其他任何民族都要多。汉语各种方言的口语多得难以计数，而且彼此各不相同，相邻省份的人（正如作者经常观察到的），如果不借助于书面文字，常常无法进行长时间交谈。汉语书面语具有一种其他语言所没有的统一性"，加之"目前的中国正紧闭国门，不准耶稣基督的传教士在'广阔的大地上'，用生动的声音宣讲福音"，"书籍可以被民众普遍理解——它们能走进每一个角落——通过合适的工作人员与恰如其分的谨慎，书籍能大量进入中国"。① 因而，传教士中文期刊多采取了书本式的装帧方式，以服务于中国国内的识字群体。《察世俗每月统记传》便是如此，其每册 5—7 页、10—14 面，有时多至 10 页 20面。初期每面七行，每行 20 字，后每面 9 行 24 字。之后的《特选撮要每月纪传》《东西洋考每月统记传》，乃至《万国公报》等诸多报刊，也都采用了这种形式。

其次，传教士中文期刊的语言多介于文言与白话之间，呈现出文言浅近化，乃至文言欧化、欧化白话等多种形式。早期传教士中文期刊，多比较讲究对于中文的把握能力。1819 年，米怜在谈及《察世俗每月统记传》的中文水平时说："初期的样本不论是在文章写作或者印刷方面都很不完善，但习惯阅读的读书人应该能理解。编者希望在进一步掌握语言能力之后，能改善文体。"并表示，"若要让这本杂志变得生动有趣，会占用传教士一般的时间和工作——必须是充分安排利用的时间和工作——并要联合不同的作者一起来写稿。本刊编者希望将来他有更多的时间专心于这部分工作，而且他的弟兄们对汉语不断熟悉，这能促使他们写出主体多样的好文章——尤其是那些只是偶然介绍过的主题。"② 而后，如郭实腊、林乐知

---

① ［英］米怜：《新教在华传教前十年回顾》（中文版），大象出版社 2008 年版，第 72 页。
② ［英］米怜：《新教在华传教前十年回顾》（中文版），大象出版社 2008 年版，第 73 页。

等人亦基本持这种观点，所不同的是，由于 19 世纪中后期沿海口岸的中国知识分子如王韬、蔡尔康等人被聘为传教士中文期刊的编辑，这使得传教士中文期刊的语言风格更具备了文言欧化的色彩。譬如《万国公报》聘用的中文编辑沈毓桂、范祎等人，与林乐知等西方传教士的合作，"将所欲译者，西人先熟览胸中而书理已明，则与华士同译，乃以西书之义，逐句读成华语，华士以笔述之；若有难言处，则与华人斟酌何法明之；若华士有不明处，则讲明之。译后，华士将初稿改正润色，令合于中国文法。有数要书，临刊时华士与西人核对；而平常书多不必对，皆赖华士改正。因华士详慎郢斲，其讹则少，而文法甚精。"①

再次，根据中国的现实情况，在中文期刊中设置新闻栏目。自《察世俗每月统记传》始，就比较注重新闻，其立义馆的《告帖》以及几则有关"吗喇呷"济困会的会务报告可算得上此类内容，《东西洋考每月统记传》增设了《新闻》栏目，该刊第一期的栏目按语中指出："夫天下万国，自然该当视同一家，而世上之人，亦该爱同兄弟。然则远方之事务，无不愿闻以广见识也，缘此探闻各国之事。"② 不仅如此，该刊部分《新闻》栏目还有按语，如："今月所到西方船只皆无带来紧要信息"。③ "此刻西方英吉利等国船只，近月尚未有到，致无信息可传，且今时风亦顺逆不常，四方船皆少来，所闻各国之事，甚为稀鲜也。"④ 到《遐迩贯珍》时，新闻栏目又有新的变化，出现了分类报道，还加了小标题，如 1855 年第四号，共有 12 个小标题：《岁客香港进支费项》《马加列船搭客受枉事论》《公使包令往暹罗事纪》《救危获报论》《省垣新闻略》《清远等处杂报》《省城西关惠爱医院报》《上海新闻论》《上海报捷奏稿》《旧金山新闻略》《欧罗巴新闻略》《大英主后纶音》等。从新闻文体与新闻写作方面看，"以前中文报刊上的新闻报道，往往与文学不分，与历史不分，与评论混淆，而《遐

---

① 沈毓桂：《辞万国公报主笔启》，《万国公报》第六十一册，1894 年 2 月。

② 《新闻》，《东西洋考每月统记传》（癸巳年八月号），载爱汉者等编，黄时鉴整理，中华书局 1997 年版，第 28 页。

③ 《新闻》，《东西洋考每月统记传》（癸巳年九月号），载爱汉者等编，黄时鉴整理，中华书局 1997 年版，第 38 页。

④ 《新闻》，《东西洋考每月统记传》（癸巳年十月号），载爱汉者等编，黄时鉴整理，中华书局 1997 年版，第 48 页。

迩贯珍》所载新闻，从总体上看，则是对新近发生的事实的报道，基本上能体现新闻的特点。……标志着中文报刊的新闻报道已进入了一个新阶段。"①19世纪中后期，无论是《中西教会报》之类宗教报刊，还是《六合丛谈》《万国公报》等非宗教报刊，均将《新闻》栏目作为重要栏目加以设置。

最后，输入近代印刷设备和印刷技术，为国人自办近代报刊提供了物质条件。如前所述，鸦片战争之前，马礼逊、米怜在马六甲设立的中文印刷所铸出一副中文铅字，后又购买了一批印刷机械，用以印刷《察世俗每月统记传》和宗教书籍；由马礼逊提议、美国公理会提供印刷机和英文活字，在广州成立印书馆，印刷英文月刊《中国丛报》；另一在广州创刊的传教士刊物——《各国消息》，最先在中国采用石印技术印刷。鸦片战争后，麦都思主持的上海墨海书馆，其印刷设备有大小英文活字七种、汉文活字两种，以及制泥版、铸铅版机器，印刷机用牛力转动。美国长老会在宁波设立的花华圣经书房，最先用电镀法制造汉字字模，并刻制大小七种宋体活字字模，又设计字盘字架，奠定了近代中文铅字印刷的基础。

传教士中文期刊开创的以上出版模式，为中国人自办报刊打下基础。19世纪下半叶至20世纪初，中国人自办的近代报刊差不多全部照搬外报外刊模式，"所以它一开始就能以比较完备形式呈现在读者面前"。②

三、推动西学知识广泛传播

长期以来，中国人以儒学作为主流意识形态，对外来文化多加以排斥。19世纪早期西方传教士进入中国，为了消除中国人对基督教的排拒心理，实现"使上帝的荣光照耀全世界"的理想，他们秉承明末耶稣会士的传教思路，将科学作为宗教传播的媒介和载体，以输入学术为接近社会之方法。"故最初发行之报纸，其材料之大部分，舍宗教外，即为声光化电之学。"③《察世俗每月统记传》就曾发表《论行星》《论月》《论彗星》

---

①　方汉奇主编：《中国新闻事业通史》第1卷，中国人民大学出版社1992年版，第296页。
②　方汉奇主编：《中国新闻事业通史》第1卷，中国人民大学出版社1992年版，第532页。
③　戈公振：《中国报学史》，生活·读书·新知三联书店2011年版，第104页。

《论日食》《论月食》等有关天文学的科普文章，解释了诸多天文现象。郭实腊则坦言自己创办《东西洋考每月统记传》的意图，是通过传播西方自然科学知识来消除中国人故步自封和盲目自大的观念："本月刊现由广州和澳门的外国人社区提供赞助。它的出版意图，是要消除中国人那种高傲和唯我独尊的民族意识，让他们知晓我们的艺术、科学和准则。"①

鸦片战争后，教会报刊更是大力宣传西学，《天文》《地理》《格致之学》几乎成为中文报刊的必备栏目和重要内容。《遐迩贯珍》宣称："自《贯珍》之始创，至今十有七月矣。其首号之序，已历陈造是书之由，非欲藉此以邀利也，盖欲人人得究事物之巅末，而知其是非，并得识世事之变迁，而增其闻见，无非以为华夏格物致知之一助。""吾当求上帝默助，冀来年每号所出，卷内行数加密，使得多载故事。吾亦博采山川人物，鸟兽画图，胪列于其内也。"② 为此，该刊曾登载《地形论》《地质略论》《地理撮要》《地理全志节录》《彗星说》《鸟巢论》《手鼻口腔论》《热气理论》等多篇介绍自然科学知识的文章。《中西闻见录》大量登载介绍西方天文学、理学、铁路、电报、蒸汽机、钢铁冶炼、照相术及防治河患水灾等方面的文章，而继其后出版的《格致汇编》则是最早的中文科学杂志，旨在"将西国格致之学与工艺之法，择其要者译成中文，便于中国各处之人得其益处，即不出户庭，能知天下所有强国利民之事理。远近诸君，如有疑问格致或工艺之事，则可致书本馆，如所问之事果有益于众人，则当依次奉答，列入《汇编》。又如西人欲问中华之物理，则先将所问之语印入《汇编》。阅者如有论答，可寄至本馆，代为列入答之。西国有专论格致与工艺之新报，数十年来，上下各等人得其大益。余望中国亦能如此。"③ 该刊刊载的文章几乎都是科学作品，所涉及的西方科学知识非常全面，涵盖了数学、物理、化学、天文学、生物学、地质地理学、医学、农业、工业、商业等多个学科领域。它所设的《互相问答》一栏，回

①　转引自爱汉者等编，黄时鉴整理《〈东西洋考每月统记传〉影印本导言》，中华书局1997年版，第12页。

②　《遐迩贯珍小引》，《遐迩贯珍》1854年第十二号，载松浦章等编著《遐迩贯珍（附解题·索引）》，上海辞书出版社2005年版，第594页。

③　［美］傅兰雅：《格致汇编启事》，《格致汇编》第一年第六卷，1876年6月。

答了读者提出的五百余条有关科学常识的问题，对启迪国人心智发挥了很大的作用。

在 19 世纪传教士报刊中影响最大、作用最大的《万国公报》，在大力译介西方自然科学知识的同时，还以大量的篇幅输入西方资产阶级的哲学社会科学，登载的文章涉及天文地理、医药卫生、声光化电以及哲学、政治学、经济学、教育学等。这其中，仅自然科学知识一项，初刊的《万国公报》就登载《前月二十八日金星昼见解》《彗星略论》《地理说略》《万国地图说略》《西医举隅》《光热电气新学考》《化学易知》《格物探源》《电报节略》等多篇文章。1889 年复刊后，《万国公报》介绍的西学范围更为广泛，还辟有《各国新闻》专栏，报道英、美、法、奥、日等国发生的大事，发表"论说""时评"，分析评述世界形势，对普法战争、中日战争这些关系世界大局的大战都作了跟踪报道和评论。该刊还最早向中国人介绍了马克思及其《资本论》的主要观点："马克思之言曰：纠股办事之人，其权笼罩五洲，实过于君相之范围一国。吾侪若不早为之所，任其曼延日广，诚恐总地球之财币，必将尽入其手。然万一到此时势，当即系富家权尽之时。何也？穷黎既至其时，实已计无复之，不得不出其自有之权，用以安民而救世。所最苦者，当此内实偏重，外仍如中立之世，迄无讲安民新学者，以遍拯此垂尽之贫佣耳。"[1]

总之，无论是早期的传教士报刊，还是鸦片战争以后的传教士报刊，都注意对西学的引介。正如熊月之在《西学东渐与晚清社会》一书中所指出的，"传教士在晚清西学东渐中，担当了相当重要的角色，大部分时间里是主角。"[2] 应当指出的是，利用科学为传播宗教服务，是西方教会对待科学的一贯态度。传教士报刊之所以以西学相标榜，也是为了更好地实现"科学辅教"的效果而进行的策略选择。换言之，传教士报刊科学内容的传播是隐含着宗教目的的，科学为形式、传教是本质。从这个意义上来说，即便是《万国公报》等世俗化的传教士报刊，在本质上仍是宗教性的。从客观效果来看，传教士在试图借助报刊这一载体对当时的中国进行

---

[1] ［美］李提摩太译，蔡尔康述：《大同学》，《万国公报》第一二一册，1899 年 2 月。
[2] 熊月之：《西学东渐与晚清社会》，上海人民出版社 1994 年版，第 22 页。

精神殖民与同化的过程中，自觉与不自觉地为中国打开了了解近代西方自然科学与哲学社会学说的窗口。

四、为中国近代思想启蒙和政治变革提供知识资源

19 世纪初期，清政府以天朝上国自居，盲目排外，对于国内则采取言论钳制。西方传教士以中文期刊为主要载体形式的文字播道事业，对当时中国人的思想产生了极大的冲击力。如前所述，以西学吸引中国知识分子，进而对他们施行思想影响，达到"借西方之近代科学来介绍上帝"的目的，是传教士报刊惯用的伎俩。然而，从传播的实效来看，被传教士用作辅助手段的西学传播，客观上适应了近代中国向西方学习的潮流，引入了科技知识、科学观念，对中国人的思想启蒙产生影响，在一定程度上促进了中国近代社会转型和文化发展。可以说，传教士报刊充当了促进中国社会变革的"不自觉的工具"。[①]

首先，传教士报刊输入天文地理等西方自然科学知识，打破了"中国中心论"的天下观，带来了新的世界观念。中国传统的变易观以旧的"天下"观为思想基础，长期的封建专制统治和缺少生机与竞争机制的自给自足的自然经济，限制了中国人的视野，影响了中华民族世界意识的形成。[②]直至鸦片战争前，士大夫阶层依然沉迷于"天朝上国"神话，把中国以外的国家视为"夷狄"，占据主流的依然是中国即世界中心的天下国家观念。这也是几个世纪以来中国远远落后于世界发展潮流的根源所在。传教士报刊的创办及其对西学东渐的推动，把西方近代世界地理历史知识传入中国。一部分先进的中国人从救亡图存的角度出发，探求世界、研讨新知，而其知识来源，大多是鸦片战争前后的《察世俗每月统记传》《特选撮要每月纪传》《东西洋考每月统记传》《遐迩贯珍》，以及 19 世纪 60 年代至 80 年代的《中西闻见录》《格致汇编》《万国公报》《西国近事汇编》等传教士报刊。这些刊物，为"开眼看世界"的士大夫提供了解世界的窗口，并逐渐促使他们在世界观念上发生着变化。

---

① 《马克思恩格斯选集》第 1 卷，人民出版社 2012 年版，第 854 页。
② 李喜所：《中国近代社会与文化研究》，人民出版社 2003 年版，第 11 页。

鸦片战争结束后，林则徐、魏源、徐继畬等一部分具有经世致用思想的知识分子开始关注外部世界，掀起了一股研究世界和边疆史地的热潮，编纂了一批介绍世界史地知识的舆地学著作。如林则徐组织编译的《四洲志》、魏源辑录的《海国图志》、徐继畬编著的《瀛环志略》和梁廷枏编著的《海国四说》，他们试图通过了解外部世界以达到"师夷长技以制夷"的目的。这股反映新时代内容的"开眼看世界"思潮，其思想资料主要来自传教士报刊。其中，林则徐组织一批了解西方、外文较好的华侨青年翻译包括传教士报刊在内的西方各国资料，编译成为《四洲志》。以此为基础，魏源写成《海国图志》60卷，后增补至100卷，其中仅引用《东西洋考每月统记传》的文字就达28处。作为一部中国人了解世界的启蒙读本，《海国图志》的地理学知识不仅有助于开阔国人的眼界，使他们放弃盲目自大的心理，而且更为重要的是，西方近代科学知识的引入，有助于国人抛弃狭隘的夷狄观，开始关注外面的世界，为民主观念传入做了准备。通过研究世界，个别敏锐的思想家提出了一些新见解，为近代中国人的思想解放奠定了基础。如魏源提出的"师夷长技以制夷"的改革思路，冯桂芬在鸦片战争后提出的"主以中学、辅以西学"的主张，给当时沉闷的中国思想界带来新声。借助传教士报刊对世界知识的介绍，中国人的世界意识开始萌发。从此后的洋务运动、维新运动来看，传教士报刊在中国走出中世纪、走向世界的艰难进程中始终扮演着重要角色。

其次，传教士报刊输入西方哲学社会科学知识，使近代民主观念渐入人心。传教士报刊将国际法知识传入到中国，这也是新的世界观念形成的重要理论基础。它与中国几千年来长期形成的以中国中心观为核心的华夷秩序观念和朝贡体系是根本对立的，从理论上宣告了西学东渐已成为不可抗拒的历史潮流，与鸦片战争以来西学东渐的历史事实一起，影响了那个时代的中国人。王韬初步认识到"今之天下，乃地球合一之天下也"，在世界一体化的历史趋势之下，中国再也不能固守"严中外、控戎狄"的旧观念了。郑观应通过学习国际公法，进一步认识到中国只是万国中的一国，而非世界的中心："公法者，彼此自视其国为万国之一，可相维系，而不可相统属之道也"。① 他也认为，中国必须抛弃"内外之辨""夷夏之防"的旧观念，接受中西通商互市这一大变局。

传教士报刊对于中国近代民主思潮的产生也起到了非常关键的作用。它最先引入了近代报刊这一形式和概念，又借助报刊介绍西方近代科技文明、政治制度与社会学说。广为传播的西学知识，逐渐成为传统士人学术文化的组成部分。近代许多著名思想家如洪仁玕、康有为、梁启超等人先进思想的启蒙，都与传教士报刊的西学介绍有关。传教士报刊大量刊载言论、进行新闻报道，介绍西方的民主制度和民主思想，对中国的爱国人士、知识分子甚至封建士大夫都起到了思想启迪作用，促使要求变专制制度为立宪制度为主要特征的民权思想的出现，直接或间接地影响了当时中国社会的变革。由于受其传播西学的影响，中国人首先在器物上要求学习西方，提高自己的实力。中日甲午战争中国的失败，使那个时候不少人得出了中国要富强，就必须学习西方民主政治制度的结论。他们把西学视为谋求民族振兴和国家富强的精神武器，利用自己的报刊进行更加广泛和深入的西学宣传。特别是在维新变法运动兴起前后，《万国公报》先后刊载了一系列重要论文，提出了一系列变法改革主张，包括加强武备、筑路开矿、开办银行、办学校、设报馆、沟通中西关系等，在一般士大夫和知识分子中，尤其在康有为、梁启超等维新人士中引起了强烈共鸣，对维新运动的发生影响极大。自由平等的民权思想在这个过程中逐渐被提出来，随之而来的是民主思潮的兴起，终于将中国从漫长的封建社会泥沼中一步步地拉了出来。"民主"一词渐渐植入了中国人的思想，并成为后来近一个世纪的中国人寻求民族独立、国家富强、人民自由的风向标。从这个意义上说，传教士报刊作为一支传播西方近代文化的重要力量，在客观上推动了中国社会文化的近代化。

如何认识和评价近代历史上传教士的办刊活动，是一个有难度的问题。外国传教士的情况十分复杂，他们在华的办刊情况也十分复杂。一方面，传教士作为西方殖民者开拓新边疆的前路先锋，鸦片战争以后又挟兵船大炮涌入中国内地，他们在中国的所作所为，包括报刊活动在内，理所

---

① 郑观应著，夏东元编：《郑观应集》上册，上海人民出版社 1982 年版，第 175 页。

当然地被认为是殖民侵略的一部分，加之中西文化的差异，因此在中国人看来，传教士的报刊活动大多属于"精神鸦片""文化侵略"。另一方面，如果将传教士的报刊活动置于中西文化交流的大背景下加以客观分析，19世纪在华传教士的报刊活动，无疑是近代中西文化交流的一个重要组成部分，在西学东渐和中学西传中所起作用应该予以肯定。

第三章

国人自办近代期刊的高潮

一种文化的传播及其发展状况，主要取决于社会或时代需要的程度。鸦片战争以后，传教士在以文字传教的同时，创办了《六合丛谈》《万国公报》《中西闻见录》等综合性刊物，适应当时中国社会学习西艺西学西政的迫切需求，在输入西方近代自然科学和社会科学知识的同时，也带动一批中国人自办综合性期刊。尤其是 1895 年中日甲午战争中国战败后，空前屈辱的《马关条约》的签订，加速了中华民族的觉醒。被历史推到政治舞台中心的资产阶级维新派，担当起了社会变革的主力，掀起了以"开启民智、变法图强"为宗旨的维新变法运动。兴办学堂，组织学会，创办报刊，成为这场运动的重要环节。"杂志亦风起云涌，盛极一时"，[①] 由此出现了近代中国第一个办刊高潮。

第一节 维新运动与《时务报》等政论期刊

酝酿于洋务运动时期，并于 1895 年中日甲午战争后进入高潮的维新运动，是一场以思想启蒙、政治变革为主要内容，同时涉及经济、文化、教育、道德、军事、外交等方方面面的社会变革运动。[②] 在这场运动中，以康有为、梁启超等为代表的维新派把舆论宣传、信息传播作为发动维新运动的重要武器，把组织学会和创办报刊作为开展政治活动的两种途径，打

---

① 戈公振：《中国报学史》，生活·读书·新知三联书店 2011 年版，第 117 页。
② 徐松荣：《维新派与近代报刊》，山西古籍出版社 1998 年版，第 3 页。

破了外国人在中国垄断创办刊物的局面，开启了中国人自办刊物的历史。维新派报刊的内容，基本围绕变法维新、救亡图存的时代主题展开。正因为此，这一时期的刊物从内容上来看大都是综合性的，以时事政治为主。"我国人民之发表政论，盖自此始。"①

一、维新思潮与《时务报》的风行

中日甲午战争后，中国面临着民族存亡的严重危机，社会矛盾日益激化。为争取更多人士参与和舆论支持，1895 年 11 月中旬，维新派在北京组织了强学会。强学会"尤仿英美教士在华之广学会，其异于往古者，盖为客观化之社团组织，循一定规章以为会员行为之约指，有固定宗旨及专门性之旨趣，会员须负担一定量之会费及年费，为宣扬某种理想，有机关发行之报章书刊，并由选举以组织执行中枢"。② 强学会还将政治性和学术性结合起来。对此，康有为作了充分说明："中国风气向来散漫，士大夫戒于明世社会之禁，不敢相聚讲求，故转移极难。思开风气、开知识，非必合大群而后力厚也。合群非开会不可。在外省开会，则一地方官足以制之，非合士夫开之于京师不可。既得登高呼远之势，可令四方响应，而举之于辇毂众著之地，尤可自白嫌疑，故以上书不达之后，日以开会之义，号之同志。"③ 梁启超也对学会在广联人才、激发民智的作用寄予希望：

> 今欲振中国，在广人才；欲广人才，在兴学会。诸学分会，未能骤立，则先设总会。……今以四万万人中，忧天下、求自强之士，无地无之，则宜所至广立分会，一省有一省之会，一府有一府之会，一州县有一州县之会，一乡有一乡之会，虽数十人之寡，数百金之微，亦无害其为会也。积小高大，扩而充之，天下无不成学人矣。尊此行之，一年而豪杰集，三年而诸学备，九年而风气成。④

① 戈公振：《中国报学史》，生活·读书·新知三联书店 2011 年版，第 108 页。
② 王尔敏：《清季学会汇表》，载《晚清政治思想史论》，广西师范大学出版社 2005 年版，第 111 页。
③ 康有为：《康南海自编年谱》，载《戊戌变法》（4），神州国光社 1953 年版，第 133 页。
④ 梁启超：《论学会》，《时务报》第十册，1896 年 11 月。

由此可见，京师强学会的成立，是康、梁关于学会思想的一个具体实践。作为资产阶级维新派在国内成立的第一个具有政党性质的政治团体，京师强学会的主要成员包括康有为、梁启超、麦孟华等维新派人士，也包括任职于政府的一批开明官吏，如陈炽、文廷式、杨锐、袁世凯等。仿照西方形式，该会推举陈炽任提调（会长），梁启超为书记员，其实际的组织者仍是康有为。

在组织京师强学会的过程中，康有为和梁启超十分重视报刊的舆论宣传作用，将创办期刊作为强学会的重要任务。早在筹备京师强学会之际，康有为就自己出资创办了一份刊物，受外国传教士创办的《万国公报》影响，他把这个刊物也命名为《万国公报》，并于1895年8月17日出版了第一期。该刊为双日刊，木版雕印，每册虽无出版年月，但有编号，版式与《京报》相似。其每册有论文一篇，长篇则分期连载，除转录广学会及其他报刊文章外，其余撰文未署名的文章均出自梁启超、麦孟华之手。登载的文章有《地球万国兵制》《通商情形考》《万国矿务考》《学校说》《铁路备荒说》《铁路与屯垦说》《报馆考略》等。《万国公报》刊行后，"报开两月，舆论渐明，初则骇之，继亦渐知新法之益"，并在一定程度上促成了京师强学会的成立："吾（康有为）复挟书游说，日出与士大夫讲辩，并告以开会之故，听者日众，乃类集通才，游宴以鼓励之，三举不成，然沈子培刑部、阮次亮户部皆力赞此举。"① 京师强学会正式开局后，"先以报事为主"，将《万国公报》改名为《中外纪闻》，作为强学会的机关报，于1895年12月16日正式出版，由梁启超、汪大燮为主笔。该刊为双日刊，木活字印刷，每册连封面约9至11页，每页20行，其《凡例》对期刊栏目、文章来源等内容有比较翔实的规定：

一、本局新印《中外纪闻》，册首恭录阁钞，次全录英国路透电报，如《泰晤士报》《水陆军报》等类，次择录各省新报，如《直报》《沪报》《新闻报》《汉报》《循环报》《华字报》《维新报》《岭南报》《中西报》等类，次译印西国格致有用诸书，次附论说。一、《纪闻》两日一次，每月十五次，月底取回，装订成册，中西近事，

---

① 康有为：《康南海自编年谱》，载《戊戌变法》（4），神州国光社1953年版，第133页。

略具于中。拟仿《西国近事汇编》之例，不录琐闻，不登告白，不收私函，不刊杂著。一、此册所录近事，皆采各国各省日报，标明来历，务期语有根据；至其论说，亦采各书各报，间加删润，或有集采众书成篇者，不标来历，以省繁重。[1]

由此可见，虽然《中外纪闻》由《万国公报》改名而来，但二者之间还是有很大区别。《中外纪闻》以强学会机关报的面貌出现，经费来源为支持强学会的官员给强学会的捐款，其内容不仅有论说，还刊登中外新闻。其中，康有为写的《京师强学会序》堪称维新派的政治宣言。[2] 该文分析了当时中国面临列强环伺的危机局势，总结印度、土耳其、朝鲜国家被列强侵吞的历史教训，主张以日本、德国为榜样，成立"强国之会"，以挽救亡国危机。这在当时引起了强烈反响，也招致了保守势力的反对。该刊"送至各家门者，辄怒以目，驯至送报人惧祸及，悬重赏亦不肯代送矣"。[3] 迫于保守势力的压力，1896 年 1 月 20 日，光绪皇帝下令封闭京师强学会，《中外纪闻》也被迫停刊。

在京师强学会筹备工作大致就绪之时，1895 年 11 月，在两江总督张之洞的支持下，康有为南下上海，与黄遵宪、张謇、梁鼎芬、汪康年等共同发起成立上海强学会。康有为起草的上海强学会章程规定，该学会"聚天下之图书器物，集天下之心思耳目，略仿古者学校之规，及各家专门治法，以广见闻而开风气，上以广先圣孔子之教，下以成国家有用之才"。并列举其最要者四事，其中一项即为创办报刊，"陈文恭公劝士阅邸报以知时务，林文忠公常译《澳门月报》以觇敌情。近来京沪各报，取便雅俗，语涉繁芜，官译新闻纸，外间不易购求。今之刊报，专录中国时务，兼译外洋新闻，凡于学术治术有关切要者，巨细毕登，会中事务附焉。其邸钞全分，各处各种中文报纸，各处新事，各人议论，并存钞以广学识，各局互相钞寄。"[4] 1896 年 1 月 12 日，上海强学会机关报《强学报》正式发刊，康有为弟子徐勤、何树龄任主编。该刊为五日刊，共出三号。创刊

① 《〈中外纪闻〉凡例》，《中外纪闻》创刊号，1895 年 12 月 16 日。
② 方汉奇主编：《中国新闻事业通史》第 1 卷，中国人民大学出版社 1992 年版，第 547 页。
③ 梁启超：《鄙人对于言论界之过去及将来》，《庸言》第一卷第一号，1912 年 12 月。
④ 康有为撰，姜义华编校：《康有为全集》第 2 集，中国人民大学出版社 2007 年版，第 93 页。

号共8页，铅字排印，竹纸印刷，装订成册，派送赠阅，并不收费。首载《本局告白》，次录《上谕》和三篇论说：《开设报馆议》《孔子纪年说》和《论会即荀子群学之义》，次列学会文件：《京师强学会序》、《上海强学会序》（张之洞）、《上海强学会章程》和《上海强学会后序》（康有为）。1月17日，《强学报》出版了第二号，登载四篇论文：《毁淫祠以尊孔子议》《变法当知本源说》《论回部诸国何以削弱》和《欲正人先修法度说》。从其刊载的内容来看，《强学报》较之北京的《万国公报》《中外纪闻》，政治色彩更为强烈，提出的变法主张更加明确。该刊采用孔子纪年，报头印有"孔子卒后二千三百七十三年"字样，意在"托古以改今制"；大胆刊登未经公开的"廷寄"，并在文后加上跋语，阐述变法维新的必要性。该刊发表的《变法当知本源说》《开设报馆议》等文，宣传设会办报的重要性，阐明变法的本源，并鲜明地提出明定国是、开设议院等代表维新派的政治主张。京师强学会遭封禁后，上海强学会亦解散，《强学报》随之停刊。据《申报》1896年1月26日发出的一则消息称："昨晚七点钟，南京来电到本馆云：自强学会报章，未经同人商议，遽行发刻，内有廷寄及孔子卒后一条，皆不合，现时各人星散，此报不刊，此会不办"。①

上海强学会和《强学报》停办后，以维新变法相号召的办报活动受到暂时挫折。1896年春，部分强学会会员"愤学会之停散，谋再振之"。当时正在广州的康有为，与在上海的汪康年和刚从新加坡回上海的黄遵宪联系，并推荐梁启超、徐勤等人，积极筹办新报。汪康年在接管上海强学会的余款后，取得张之洞的支持和捐助，以及盛宣怀等人的捐款，筹集了办报经费。经过与黄遵宪等人反复磋商，汪康年决定创办一份紧密联系时势的报刊，并邀请时在北京的梁启超南下，在《强学报》停刊7个月后，于1896年8月9日创刊《时务报》。作为维新运动的重要舆论阵地，《时务报》集结了维新派的骨干力量，并得到部分洋务派官员的支持。汪康年任总经理，梁启超任总主笔，麦孟华、徐勤、欧榘甲、章炳麟、王国维等先后任撰述及编辑。另外聘请了张坤德、曾广铨等与日本人古城贞吉翻译英法俄日文报纸。黄遵宪参与该刊的初创，不久北上，后赴湖南任职，未参

---

① 《申报》1896年1月26日。

加主编《时务报》的具体活动。

《时务报》为旬刊,每月逢一(初一、十一、廿一)出版,每册约三十页,以石版连史纸印刷,分《论说》《谕旨恭录》《奏折录要》《京外近事》《域外报译》等栏目。第二册起,《域外报译》又分列为《英文报译》《东文报译》和《法文报译》等,占每期二分之一左右的篇幅。在这些栏目中,《论说》栏目的分量最重,产生的影响也最大。《时务报》创刊之际,正值中日甲午战争挫败之后,维新变法运动风起云涌之时,"变法自强"是《时务报》坚持不渝的宗旨,成为中国较早的一份"论政之杂志"。[①] 其论说主题有:一、论证变法的重要性和迫切性。二、提出废科举、兴学校;兴民权、设议院;振兴实业、增强实力、抵御外侮;裁冗兵、讲武备;驳斥顽固派、支持戊戌维新等一系列改革措施。三、呼吁学习日本,警惕沙俄的侵略。四、学习西方文化,反思传统文化。《时务报》七位主笔梁启超、汪康年、章太炎、郑孝胥、麦孟华、徐勤、欧榘甲刊发的论说最多。此外,《时务报》"论说"还刊发了二十余位投稿人的文章,如在北京的陈炽(户部郎中)、严复、高凤谦、康有为[②]、张之洞、裘廷梁、汪大钧、夏曾佑、伍廷芳等等。

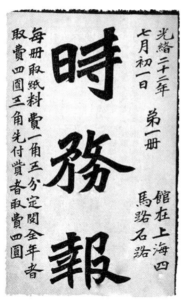

图 3-1 《时务报》

作为《时务报》的总主笔,梁启超的任期从创刊至 1897 年 10 月,除了中间的

① 汪诒年编:《汪穰卿先生传记》卷二,《近海稗海》第 12 辑,四川人民出版社 1988 年版,第 207 页。

② 即《圣学会后序》,该文署名岑春煊。岑春煊(桂林)后来在给汪康年的信中证实:"近阅贵报,文编中有敝省《圣学会后序》,署名家兄云阶所作。弟见所言雄阔,与平日文字不类,昨专电询问,知系康长素工部手笔,属之家兄。因思贵报自创设以来,远近争观,万口同佩,良由语必征实,足以信今。不揣冒昧,谨更正数言,以昭核实"。见上海图书馆编《汪康年师友书札》(一),上海古籍出版社 1986 年版,第 549 页。

四个月因去广东和武汉的缘故未能履职外，其他时间都在担任主笔，在使《时务报》成为维新派的主要喉舌中付出了极大的努力。后来他在回忆这段经历时说："每期报中论说四千余言，归其撰述，东西文各报二万余言，归其润色，一切奏牍告白等项，归其编排；全本报章，归其复校，十日一册，每册三万字，经启超自撰及删改者几万字，其余亦字字经目经心，六月酷暑，洋蜡皆变流质，独居一小楼上挥汗执笔，日不遑食，夜不遑息，记当时一人所任之事自去年以来，分七八人始乃任之。"①

"时务报的精华是梁启超写的文章"，他的作品"使民族主义和民主化在变法纲领中更为集中突出"。② 梁启超兼具报刊活动家、历史学家、政治宣传家等多重身份，从 1895 年开始创办《中外纪闻》到 1922 年《改造》停刊，先后创办和主编了 11 家报刊，发表的政论文章累计 1000 多万字。③ 其中在《时务报》，发表政论 60 篇约十万字（分别刊登在 38 册上），占该报政论总数（133 篇）的近一半。④ 其中政论色彩比较强的、最有影响的是《变法通议》系列言论。该文共 14 篇 7 万字左右，从第一册开始，分 21 期陆续刊载，后三篇发表在《清议报》上，时间跨度长达一年又三个月。《变法通议》以大量的中外历史事实为依据，深刻揭露封建专制制度的腐朽，猛烈抨击封建顽固派的因循守旧。其中，《论不变法之害》阐述不变法之危害及变法的必要性，将世界历史上各国变法之途分为四种："其一如日本自变者也；其二如突厥他人执其权而代变者也（埃及高丽等国皆是）；其三如印度并于一国而代变者也（越南缅甸等国皆是）；其四如波兰见分于诸国而代变者也。"⑤ 一方面用欧洲自拿破仑以后"幡然而变，不百年间，乃勃然而兴"、俄国彼得大帝变政而"国势日盛"、普鲁士"发奋兴学练兵"而"蹶强法、霸中原"、日本明治维新"改弦更张"而强，论证变法是强国必由之路的深刻道理。另一方面用印度"守旧不变"而沦

---

① 梁启超：《梁卓如孝廉述创办时务报原委》，《知新报》第六十六册，1898 年 8 月。
② ［美］费正清、刘广京编：《剑桥中国晚清史（1800—1911）》下卷，中国社会科学出版社 1985 年版，第 345 页。
③ 参见胡文龙主编《中国新闻评论发展研究》，中国人民大学出版社 2002 年版，第 40 页。
④ 参见汤志钧《戊戌变法史》，人民出版社 1984 年版，第 175—176 页。
⑤ 梁启超：《变法通议·论不变法之害》，《时务报》第二册，1896 年 8 月。

为"英藩"、非洲不能开化而"拱手以让强敌"、波兰"政事不修"而被"择其肉而食"、越南缅甸高丽三国"因仍弊政,尔靡不变"而不存等历史事实,有力地论证了"不变法之害",指出中国已经到"变亦变,不变亦变"的境地,警告清政府不要重蹈"印度、突厥之覆辙",呼吁学习"因变致强之日本",实行维新变法。

刊载于《时务报》第八册的《变法通议·论科举》,本身就是一篇关于中国古代选官制度变迁的史论。文章从三个方面分析:首先,肯定中国古代选官制度由"世卿"到"科举",是历史进步的一大标志:"世卿为据乱世之政,科举为升平世之政"。从汉代"辟举"之法到魏晋时期的"九品中正制","不考实行,专采虚望",导致"寒门贵族,划若鸿沟"。隋唐以后,"制科代兴","其所立以为标准者,不得不在雕虫之技,兔园之业,狗曲之学,蛙鸣之文"。其次,探讨历史上人才的盛衰与选官制度的关系。汉代"其科目与出身之多"而"天下人人皆有用之器";隋唐时期"制科之名多至百数"而"一时贤良往往出焉",但由于其"专在进士一科,遂令天下学子,虽有绝学高志"而不得不"肆力于诗赋帖括之业",造成"人才之少,风俗之坏"。由此得出结论:欲"养人才以强中国,惟变科举为第一义"。进而,作者提出改革科举制度的上、中、下三策,上策"远法三代,近采泰西,合科举于学校",中策"用汉唐之法,多设诸科",下策采"宋元之遗",仍用八股取士的形式,变革科举考试的内容,增加时务、实学。针对 1862 年关于"同文馆天文算学馆"招生而引起的洋务派与顽固派的争论,尖锐批判了倭仁等顽固派"以用彝变夏之说"而使成议流产,"误人家国"。①

刊载于《时务报》第十册的《变法通议·论学会》,从中外历史论证兴办学会的重要性:其一,从中国历史上考察,自孔子私人讲学以来,"孟子从者数百,子夏西河,曾子武城,荀卿祭酒于楚宋,史公讲业于齐鲁,楼次子之著录九千,徐遵明之会讲逾万、鹅湖鹿洞之盛集,东林几复之大观"的群学,乃中国种类"不至夷于蛮越"的原因所在。而"学会之亡"乃清代以来"汉学家之罪,而纪昀为之魁也"。其二,从世界历史上

---

① 梁启超:《变法通议·论科举》,《时务报》第八册,1896 年 10 月。

考察，西方国家因学会而兴，印度亡国以及鸦片战争后中国的丧权，乃英国"商学会为之也"。由此，提出远仿古代，近学泰西，"欲振中国，在广人才；欲广人才，在兴学会"。

从上面几篇政论可以看出，梁启超《变法通议》宣传的变法维新主张，建立在对中外历史的比较研究基础之上，具有很强的说服力和震撼力，以至"通邑大都，下至僻壤穷陬，无不知有新会梁氏者"。① 《万国公报》主笔林乐知也对该文给予高度评价，称其"议论明通，识解超卓"。②

报刊作为"改革的工具"，成为维新变法在民众中产生影响力的重要渠道。因为大众传播媒介"能够同时传播统一及标准的政治消息给众多的人民，它们的标准化足以产生举国一致的行为模式"。③ 《时务报》的畅销，最主要的原因是它的维新变法的政论宣传符合时代发展的要求，有一支以梁启超等为代表的既有深厚的旧学根基又接受西学洗礼的撰稿队伍。

图 3 – 2　梁启超

《时务报》创办之初，中国还未设立自己的邮政系统，各通商口岸的信局均为外国设立，发行主要是依托报馆在各地建立的代派处。《时务报》每期都公布代派处地点，从中可以发现其变动性比较大。以 1898 年上半年之前的代派处及派报、销报情况为据，计有 18 个省百余处代派机构。从《汪康年师友书札》中可以发现，

①　汤志钧：《戊戌变法史》，人民出版社 1984 年版，第 177 页。
②　归洁生来稿：《阅时务报第六册变法通议有感而书（附跋)》，《万国公报》第九十三册，1896 年 10 月。
③　杨孝荣：《传播社会学》，台北商务印书馆 1979 年版，第 439 页。

在海外订阅《时务报》的还有：美国纽约①、华盛顿②、檀香山③，日本神户④、东京⑤，英国伦敦⑥，德国柏林⑦，法国巴黎⑧，以及海参崴⑨和中国台湾⑩等地。从发行数量上看，分布很不均衡，发行量在三万册以上的如上海、江苏、湖北、湖南、广东、直隶、北京；而西北、西南地区因交通不便，销报较少。各个城市的销量也不平衡。如长沙发行千余份，而南京"仅及二百份"。⑪ 东三省虽无固定的代销点，但也有少量《时务报》流传，曾为张之洞幕宾、1897 年任黑龙江舆图局总办的屠寄就曾代销过《时务报》。⑫《时务报》后期，发行情况远不如前，代派处也锐减。据《时务报》第六十九册公布的"代派处"清单，共有 67 个城市 92 个代派处。除

---

① 中国驻纽约使署成员黄中慧订阅《时务报》《农学报》《蒙学报》等，见上海图书馆编《汪康年师友书札》（三），上海古籍出版社 1986 年版，第 2262—2277 页。

② 中国驻华盛顿使馆的周自齐订阅《时务报》及《知新报》，见上海图书馆编《汪康年师友书札》（二），上海古籍出版社 1986 年版，第 1173 页；汪大钧随伍廷芳出使美国、派驻华盛顿参赞前，写信给汪康年："《时务报》在粤购阅尚便，抵美自须专寄，拟请设法寄我一份，并附以《申报》，寄费即稍多，亦不吝也"。汪大钧曾在《湘报》第一三五号发表《美国费城商务博物会记》，见上海图书馆编《汪康年师友书札》（一），上海古籍出版社 1986 年版，第 612 页。

③ 檀香山华侨杨俊英盛赞《时务报》并应征时务会课，见上海图书馆编《汪康年师友书札》（三），上海古籍出版社 1986 年版，第 2388 页。

④ 中国驻日使馆的查双绥在写给汪康年的信中说："使署阅《时务报》者甚多，均由神户商家代寄"。"日本各官署，现亦拟一律购阅"，见上海图书馆编《汪康年师友书札》（二），上海古籍出版社 1986 年版，第 1279—1280 页。

⑤ 汪有龄写给汪康年的信中说："东京所送《时务报》，各处惟外务省闻已收到"，见上海图书馆编《汪康年师友书札》，上海古籍出版社 1986 年版，第 1093 页。

⑥ 高凤谦致汪康年函中有："友人卢梅丞有英国之行，自下期起改寄英国"；见上海图书馆编《汪康年师友书札》（二），上海古籍出版社 1986 年版，第 1638 页；中国驻伦敦使馆亦购阅，见上海图书馆编《汪康年师友书札》（四），上海古籍出版社 1986 年版，第 3348 页，《苏报》的主办人陈贻范当时也在伦敦，订阅《时务报》，见上海图书馆编《汪康年师友书札》（二），上海古籍出版社 1986 年版，第 2016 页。

⑦ 中国出使德国大臣吕海寰致函汪康年："弟出洋后，仍祈按月径交驻沪文报局转寄柏林"，见上海图书馆编《汪康年师友书札》（一），上海古籍出版社 1986 年版，第 540 页。

⑧ 中国驻法国使馆的高而谦为《时务报》提供译报，见上海图书馆编《汪康年师友书札》（二），上海古籍出版社 1986 年版，第 1576 页。

⑨ 中国驻海参崴使署的李家鏊不仅订阅且提供译稿，见上海图书馆编《汪康年师友书札》（一），上海古籍出版社 1986 年版，第 556 页。

⑩ 梁启超在写给汪康年的信中说："台湾大稻埕陈君所定之报，其报费久已收到，而彼云未见有报寄去，乞查寄去销差"，见上海图书馆编《汪康年师友书札》（一），上海古籍出版社 1986 年版，第 1853 页。

⑪ 谭嗣同：《与唐丞书》，载蔡尚思等编《谭嗣同全集》，中华书局 1981 年版，第 262 页。

⑫ 上海图书馆编：《汪康年师友书札》（三），上海古籍出版社 1986 年版，第 2189 页。

了建立自己的发行销售网,《时务报》还通过赢得各级官员的支持而扩大销量。根据粗略统计,发布推广《时务报》札谕的官员计有 15 位,他们对《时务报》论说都给予了高度评价。另外,李鸿章及北洋官员都曾阅读该报并给予支持。①

从发行情况看,《时务报》第一年年底的发行量达七千余份,② 第二年增至 12000 份,③ 1898 年降至 8000 份,④ 远远超过了《万国公报》;⑤ 在云南主持岁试的姚文倬写信给汪康年说,在云南未曾见到《万国公报》,而《时务报》在当地却颇有读者。这说明《时务报》的覆盖面比《万国公报》广;从内容上看,人们普遍认为《时务报》比《万国公报》要好。如邵孝义(杭州)就认为,《时务报》的创办,"较《万国公报》更易风行。《万国公报》犹嫌其空论多,而实事少";汪立元也说"此报(即《时务报》)胜于《公报》"。⑥ 一张报纸往往被反复传阅,故发行量不能准确反映受众的阅读情况,《时务报》尤其如此。据包天笑回忆,他"不曾定《时务报》,只是向人家借看";⑦ 周贡瑚(军中幕僚,湘阴人)也向汪康年反映过相似的情况:"昨暮借到仲春乙丑日贵报第五十三册,自序论以讫告白,循览既遍"。⑧ 在《时务报》停刊之后,仍有不少人收藏和传阅《时务报》旧报。⑨ 传阅较为频繁的是学堂、书院的学生。《时务报》馆初期曾有向学堂书院赠阅刊物的成例。当时许多书院学堂也设立了阅书报室,如杭州的求是书院要求学生"每日晚间及休沐之日,不定功课,应自

---

① 在天津北洋大臣处的夏循珆写信给汪康年说:"第七次报,此间均已阅及。日前合肥(李鸿章)有捐助报馆洋贰百元,慕韩丈嘱由和祥号汇上,祈检收",见上海图书馆编《汪康年师友书札》(二),上海古籍出版社 1986 年版,第 1311 页。

② 《本馆谢启》,《时务报》第十七册,1897 年 1 月。

③ 《本馆告白》,《时务报》第三十九册,1897 年 9 月。

④ 《王国维全集》(书信),浙江教育出版社、广东教育出版社 2010 年版,第 5—6 页。

⑤ 《万国公报》在 1897—1898 年销量为三千余份,见《广学会年报》1897、1898 年,《出版史料》1991 年第 2 期、1992 年第 1 期。

⑥ 上海图书馆编:《汪康年师友书札》(二),上海古籍出版社 1986 年版,第 1236、1215、1023 页。

⑦ 包天笑:《钏影楼回忆录》,中国大百科全书出版社 2009 年版,第 150—151 页。

⑧ 上海图书馆编:《汪康年师友书札》(二),上海古籍出版社 1986 年版,第 1184 页。

⑨ 汪康年曾赠送孙翼中"《时务》《昌言》旧报",见上海图书馆编《汪康年师友书札》(二),上海古籍出版社 1986 年版,第 1486 页。

浏览经史古文,并中外各种报纸";① 鲁迅就读的南京路矿学堂"设立了一个阅报处。《时务报》不待言,还有《译书汇编》";② 湖南时务学堂则把"《时务》《知新》《湘学》各报"作为其学生的"专精之书"。③ 此外,四川泸州师范学堂、浙东中西学堂、江苏校经书院,甚至传教士创办的书院也有阅读《时务报》。④ 一时之间,"举国趋之,如饮狂泉"。⑤ 据有的学者分析,每份《时务报》与受众的比例当在 1∶10—1∶20 之间。据此推测,其直接和间接的读者应在一百万人以上。⑥

《时务报》获得如此大的成功,具有极强的先导性和示范性。它不仅激发了资产阶级知识分子办报的热情,而且切实扶持了许多维新派报刊,并为之提供了办报经验。《知新报》《国闻报》《湘学报》《湘报》等,都曾由《时务报》馆代销而得以风行。这些报刊初期都曾仿效《时务报》,吸取其办报经验。如澳门的《知新报》,最初即取名《广时务报》,"其格式一依《时务报》";⑦ 《国闻报》曾借助《时务报》馆的影响和发行网"设法推广销路";⑧ 《湘学报》"所有章程、例言、总叙"通过在《时务报》上登载以扩大影响。此外如浙江童亦韩"拟于浙省开一报馆",特向时务报馆求教编辑发行经验;陈虬也曾请求《时务报》代销其创办的学报。⑨

以《时务报》为代表的维新派报刊,其突出特点是非常重视政论这一报刊文字体裁的战斗作用。政论的好坏和影响的大小,成为衡量报刊质量高低的一个主要标志。报刊在读者中的口碑,主要是通过它所发表的脍炙

① 《浙江求是书院章程》,载陈学恂编《中国近代教育史教学参考资料》上册,人民教育出版社1987年版,第251页。

② 鲁迅:《朝花夕拾·琐记》,人民文学出版社1973年版。

③ 《时务学堂功课详细章程》,《湘报》第一○二号,1898年7月。

④ 上海图书馆编:《汪康年师友书札》(一),上海古籍出版社1986年版,第4页。

⑤ 梁启超:《本馆第一百册祝辞并论报馆之责任及本馆经历》,《清议报》第一百册,1901年12月。

⑥ 闾小波:《中国早期现代化进程中的大众传播媒介》,复旦大学1993年博士学位论文,第6页。

⑦ 上海图书馆编:《汪康年师友书札》(二),上海古籍出版社1986年版,第1846页。

⑧ 上海图书馆编:《汪康年师友书札》(一),上海古籍出版社1986年版,第52页。

⑨ 上海图书馆编:《汪康年师友书札》(二),上海古籍出版社1986年版,第1518—1519、2001页。

人口、动人心弦的杰出的政论文章积聚起来的。"关于变法主张的宣传，以及这些报刊和封建顽固势力的斗争，也主要是通过政论的方式来进行的"。① 综观这一时期维新派报刊的政论，有如下几个显著特点：其一，内容广泛，涉及面包括政治、军事、经济、教育等各个方面。其二，史论与时政有机结合，以史为鉴，透视现实。以改革社会为着眼点，从中外历史论证中国改革之必要，又从中外历史探究改革之道。其三，在论证方法上，多采用中西历史比较、正反两面历史事实比较两种形式。当然，这一时期的报刊政论也有牵强附会的成分，诚如梁启超所言："启超生平最恶人引中国古事以证西政，谓彼之所长，皆我所有，此实吾国虚骄之积习，初不欲蹈之，然在报中为中等人说法，又往往自不免"。② 但是，以史论为政论，成为戊戌时期政论报刊的言论特色。这一传统在辛亥革命前后得到发扬，并培育出了宋教仁、于右任、邵力子等一批报刊政论家。

二、学会组织与政论报刊的多元化

强学会遭封禁后不久，由于当时"风气渐开，已有不可抑压之势"，再加上《时务报》的宣传影响，各地学会次第成立。这种学会多为官员及士绅知识分子为某种共同兴趣而组织的团体，参加团体的人或研究学术，或传播知识，或弘扬理念。在戊戌时期兴起的这些学会，多为鼓吹理想，"讲论新知，代表知识分子之求知欲，及对新政治新社会之想象，为最正当最有意义之行动"。③ 其类型既有讲求"强学"的学会，也有各种专门学会；既有"会友辅仁"的地区性学会，也有改变社会陋俗的学会。关于这一时期社团及学会的数量，前人与今人均有较详尽的记载。如梁启超著《戊戌政变记》卷七《改革起源》附《强学会封禁后之学会学堂报馆》与胡思敬《戊戌履霜录》卷四《二十一省新政表》分别列出 18、36 个学会。汤志钧著《戊戌变法史》列出 53 个学会，闾小波根据所搜集到的有关资料，又

① 方汉奇：《中国近代报刊史》，山西教育出版社 2012 年版，第 128 页。
② 梁启超：《与严幼陵先生书》，载《饮冰室合集》文集之一，中华书局 1989 年版，第 109 页。
③ 王尔敏：《晚清政治思想史论》，广西师范大学出版社 2005 年版，第 111 页。

对《戊戌变法史》未提及的 20 个社团做了增补，合计有七十多个。① 这些学会，"每会必有一种出版物以发表其意见"。由各个学会创办的期刊，内容新颖，既有议论时政、宣扬变法的，也有介绍西方社会科学和自然科学知识的；既有综合性的，也有专门性的。仅择其主要者列表如下：②

表 3 - 1　戊戌时期主要学会

学　会	地址	时间	创办人	机关刊物
新学会	上海	1896	叶耀元	1897 年 8 月创《新学》半月刊
务农会（农学会）	上海	1896 冬	罗振玉　徐树兰　蒋黼　朱祖荣	1897 年 5 月创《农学报》半月刊
圣学会	桂林	1897.4.8	康有为　唐景崧　岑春煊　蔡希	《广仁报》半月刊
蒙学公会	上海	1897.10	叶瀚　曾广铨　汪康年　汪钟霖	1897 年 10 月 26 日创《蒙学报》周刊
中国女学会	上海	1897 冬	黄谨娱　沈瑛	《女学报》
译书公会	上海	1897	恽积勋　恽毓麟　陶湘　赵元益　董康	1897 年 10 月创《译书公会报》周刊
算学会	上海	1897	黄庆澄　陈家虞	《算学报》
实学会	上海	1897	王仁俊	《实学报》
南学会	长沙	1898.2.21	陈宝箴　江标　黄遵宪　皮锡瑞　唐才常　谭嗣同　邹代钧　秦鼎彝	1897 年 4 月创《湘学新报》旬刊
蜀学会	成都	1898.3.22	宋育仁　杨道南　吴之英	《蜀学报》
工商学会（沪南商学会）	上海	1898.9	汪大钧	1898 年 9 月创《工商学报》
白话学会	江苏无锡	1898		《无锡白话报》《中国官音白话报》

---

① 闾小波：《变法维新时期学会、社团补遗》，《文献》1996 年第 1 期。
② 此表参考汤志钧《戊戌时期的学会与报刊》以及张玉法《戊戌时期的学会运动》（《历史研究》1998 年第 5 期）等而成。

在湖南维新运动中，南学会扮演着极为重要的角色。南学会筹议于光绪二十三年（1894 年）冬，"盖当时正德人侵夺胶州之时，列国分割中国之论大起，故湖南志士仁人作亡后之图，思保湖南之独立。而独立之举，非可空言，必其人民习于政术，能有自治之实际然后可。故先为此会以讲习之，以为他日之基，且将因此而推诸于南部各省，则他日虽遇分割，而南支那犹可以不亡，此会之所以名为南学会。"① 南学会会员，一方面通过自身的经济实力和条件，参与湖南近代工矿企业以及政治、教育改革；另一方面通过讲演、答问以及在各府厅州县设分会，上通督抚、下联士绅，以《湘学报》和《湘报》配合宣传，介绍西学和变法思想，批判传统封建思想文化。《湘学报》原名《湘学新报》，创刊于 1897 年 4 月 22 日，原为湖南学政江标受《时务报》影响而创办。据其《例言》称："去岁上海《时务》一报固能通知世局，力破鲰生小儒之成见。现在总理各国事务衙门议准各省学堂译艺学新报，又乡会试三场或议以时务策士，运会所趋，日新月异，而湘省报馆阙如，非所以开民智而育人才也，爰拟创立《湘学新报》。"② 自二十一册起，改名为《湘学报》。旬刊，每月三期，每期三十多页，用洁白棉料纸印订。由江标、徐仁铸先后任督办，唐才常、易升、陈为镒等主编，唐才常、蔡钟濬、邹代钧、杨毓麟等人担任撰述。从《湘学新报》及《湘报》的发起人及主要办报人来看，大都是南学会成员。可以说，湖南维新运动声势浩大并取得一系列成果，与南学会利用《湘学报》这一舆论手段的宣传与鼓动分不开。

当时的各种报刊，"言政者多，言学者少；言改政者多，言广学者少"。作为湖南第一份近代刊物，《湘学报》在言学方面用力尤多。该刊《例言》说："民智恶乎开？开于学；学术恶乎振？振于师。顾安得天下之老师宿儒，悉以明体达用之新法渐之，则报馆其师范嚆矢也。"以是之故，《湘学报》以"讲求中西有用诸学，争自濯磨以明教养，以图富强，以存

① 梁启超：《戊戌政变记》，上海人民出版社 1984 年版，第 81 页。
② 《湘学新报例言》，《湘学报》第一册，1897 年 4 月。

遗种"① 为宗旨，设有 6 个栏目："曰史学（综贯古今中外诸史，以知兴衰治乱之由），曰掌故之学（切述朝野典故，及夫中西制度之何以通行各国，人心风俗之有无同异，俾学者知所鉴别），曰舆地之学（分地志、地文、地质三种，兵家言附焉），曰算学（简明浅近，取便初学），曰商学（尚明各国盈虚衰旺之理，及夫内地宜否，讲求制造及生利之别，以拓利源），曰交涉之学（述陈一切律例、公法、条约、章程，与夫使臣应付之道若何，间附译学，以明交涉之要）"。② 后《掌故》一栏改为《时务》，不列经学。《湘学报》倡言维新，推动变法，欲"以体用赅贯之学，导湘人士"。③ 其发表的论文，叙述古今中外各国

图 3-3　《湘学报》

之历史，介绍西方议会制度，并对学人提出的各种新学问题进行回答，在当时得到了部分学者的认可。谭嗣同称赞说："《湘学报》愈出愈奇，妙谛环生，辩才无碍，几欲囊古今中外群学而一之，同人交推为中国第一等报，信不诬也。"④《湘学报》以介绍西方科技文化和资产阶级的政治、法律制度等作为宣传变法维新的先导，在省内外产生了很大影响。正如蔡元培所说，戊戌时期维新派主办报刊中，《时务报》"以言论转移思想"；《知新报》"参以学理"，《湘学报》"参以掌故"，"嗣是人心为之一变"。⑤ 1898 年 8 月《湘学报》终刊后，又被汇编成《湘学报大全集》和《类编》流传于世。

戊戌时期创办的学会及其期刊，多深受《时务报》影响，或仿效《时

① 《湘学新报例言》，《湘学报》第一册，1897 年 4 月。
② 《湘学新报例言》，《湘学报》第一册，1897 年 4 月。
③ 江标：《湘学新报叙》，《湘学报》第一册，1897 年 4 月。
④ 谭嗣同：《与唐丞书》，载蔡尚思等编《谭嗣同全集》，中华书局 1981 年版，第 262 页。
⑤ 蔡元培：《创办外交报叙例》，载高平叔编《蔡元培全集》第一卷，中华书局 1984 年版，第 137 页。

务报》而创办。据严复在《国闻报缘起》中说："道光之季，既通道于欧墨各洲；咸、同以来，若广州，若福州，若上海，若天津，各以次设立报馆。自上年今大冢宰孙公奏设《官书局汇报》于京师，而黄公度观察、梁卓如孝廉、汪穰卿进士继之以《时务报》，于是海内人士似稍明当世之务，知四国之为矣。踵事而起者，乃有若《知新报》《集成报》《求是报》《经世报》《萃报》《苏学》《湘学》等报，讲专门之业者，则有若《农学》《算学》等报。虽复体例各殊、宗旨互异，其于求通之道则一也。"① 这其中，1896 年 7 月在澳门创刊的《知新报》最具有代表性。该刊原定名为《广时务报》，后有人对这一提法提出质疑，遂将原拟名《广时务报》更改为《知新报》。《知新报》称，其同人"群独之势殊，南北之情睽"，更何况"铁路未周，邮政未便"，故在澳门刊行报刊，"以继上海而应之也"。其《叙例》称，"去国之客，见似人而喜者耶？篇幅隘短，编志漏略，记事则西多而中少，译报则政详而艺略，久怀扩充，未之克任。瀛镜海隅，通商最早，中西孔道，起点于斯，二三豪俊，继倡此举，公拟《略例》，属为弁词。"其栏目设置主要有五类："子舆好辩，孔图卒赖其功，贾生建策，孝景始感其言。言之若罪，阅者足兴。录论说第一。大哉王言，如丝如纶，录上谕第二。创巨痛深，知耻不殆，齐威不忘在莒，勾践每怀会稽，海隅迭听，拭观新政。录近事第三。周知四国，行人之才。知己知彼，兵家所贵，观螳蝉之机心，识棒喝之妙用。译录西国政事报第四。生众食寡，是曰大道，智作巧述，不耻相师。译录西国农事、矿政、商务、工艺、格致等报第五。"②

在各省兴办学会和报刊的高潮中，浙江的兴浙会和《经世报》具有一定的特殊性。如果说这一时期的大多数学会及其刊物都以康有为、梁启超及其《时务报》为模仿对象的话，那么兴浙会及其依托的《经世报》则有着不同的政治追求。1897 年由章炳麟、宋恕、陈虬等发起成立的兴浙会，依托于杭州经世报馆，是旨在振兴浙学的学术团体，和其他并时学会的类似处在于讲求"学问之道"，并限其内容为"政法、艺事、商务、舆地四

---

① 严复：《国闻报缘起》，《国闻报》第一号，1897 年 10 月。
② 梁启超：《知新报叙例》，《知新报》第一册，1897 年 2 月。

类"；不同之处在于具有反清意识，属于带有政治性的学术团体。[1] 1897年3月，新昌的童学琦和绍兴的胡道南赴上海，聘任宋恕担任筹备中的《经世报》（初名《自强报》，继改《兴庶报》）总主笔。宋恕认为他们资金拮据，难以持久，允为暂"摄著论"，却未离沪赴杭。童、胡二人乃于4月间复聘章太炎为主笔，于同年8月2日，在温州创办《经世报》。该刊为旬刊，农历逢五出版。连史纸铅印，线装成册，每期三四十页不等。馆址设在杭州市上扇子巷，上海分馆设在上海新马路福海里。此外，北京、天津、西安、长沙、汉口、济南、广州、安庆、芜湖、福州、南昌、苏州、常熟、宁波、温州、兰溪、绍兴等地均设有售报处。

图 3-4 《经世报》

据宋恕在《经世报叙例》中所述，其创办原委大致是"迩者，倭衅甫平，君咨臣儆，不忘在莒，大破忌讳，中外报馆，悉许创开，于是胜流鹊奋，新报骤起，若上海之《时务》、澳门之《知新》、湖南之《湘学》、温州之《利济》，就所见者，皆忧时君子发愤而作，所谓雷在地中、风行水上者非欤？杭州固钱赵旧都，今巡抚所驻，秘书藏阁，精舍诂经，人文之盛，齐州罕俪，兹通迟市，聆睹益扩，苟我士夫情切补牢，心存支厦，善甄彼长，急备己短，赖以凿沌益智，保教护种，天下兴亡，匹夫之贱，与有责尔。"于是，"愿与各新报翕效嘤鸣，自固气类，隐任《春秋》经世之责，无忘同舟共济之怀，助聪导察，庶几小补云尔"。[2] 出于以上考虑，《经世报》设有《皇言》《庶政》《学政》《农政》《工政》《商政》《兵政》《交涉》《中外近事》《格致》《通人著述》《本馆论说》等12个栏目。此外尚有《兴浙文编》与《附录》两个特别栏目。从《经世报》登载的文字来看，译文占的篇幅较大，

---

① 胡珠生：《兴浙会和保浙会是两个团体》，《历史研究》1988年第1期。
② 宋恕：《经世报叙例》，《经世报》第一册，1897年8月。

这些译文多为转译或移录英、法报纸的消息和知识性文章。作为兴浙会的依托,《经世报》还特别重视浙江的资料,如刊登的《兴浙会序》《求是书院章程》《杭州府林启请筹款创设养蚕学堂禀》《拟修绍兴三闸议》《论浙矿》《浙江各府厘局总略》《浙江减定粮价表》等,都是研究浙江地方史的重要资料。

在《经世报》刊文的作者中,作为"撰述"的章太炎,仅在第一至四册发表《变法箴言》《平等论》《读管子书后》《东方盛衰论》4 篇文章,此后主《经世报》笔政的,实为宋恕。据《浙江人物简志》介绍,宋恕与谭嗣同、梁启超、章太炎交往甚密,曾担任京师水师学堂总教习和杭州求是书院汉文总教习,著有《六斋卑议》,力主维新,认为学校、议院、报馆三端,"为无量世界,微尘国土,转否成泰之公大纲领"。这些著作在《经世报》的政论文章中也得到体现。《经世报》的另一重要撰稿人是陈虬,他与平阳宋恕、瑞安陈介石,被称为"温州三杰"。他在《经世报》发表的《经世宜开讲堂说》《救时十二策》《论外交得失》等,主张改革政治制度,发展工商业,并对政治、经济和各种社会问题提出改革措施。《经世报》的主要倾向是宣传变法图强,介绍西方学术思想和科学知识。但由于撰稿人中政治立场和思想认识上的不一致,言论多出现相互矛盾之处。既有主张仿效西方资本主义、强调变法图强的文章,也有文章认为"今中国不求自修其古《大学》格致之学,反役役于形下之西氏,如取火于燧,昧火之原,辄谓火热于日,其去扣盘扪籥之见亦厘矣",① 显得与维新思潮格格不入。为此招致维新人士的批评。如张元济在致梁启超信中说:"近见《实学报》《经世报》皆有显与《时务报》为敌之意,此皆例有之阻力,执事幸勿为所动也。《经世报》言多粗鲁,姑勿论。"② 或许因为这个缘故,《经世报》销路始终"不过八九百份",经济无法支撑,1897

---

① 宋恕:《经世报例言》,《经世报》第一册,1897 年 8 月。
② 张元济:《致梁启超书》,载《张元济书札》(增订本)下册,商务印书馆 1997 年版,第 1022 页。

年 12 月，出至第十六册停刊，① 附属于该刊的兴浙会也随之解散。

除去学会创办的政论性期刊外，在这一时期创办的报刊中，对于西方近代哲学和社会政治学说的输入作出重要贡献的，还有严复在天津创办的《国闻汇编》。其时，法国实证主义学者孔德创始、经英国学者斯宾塞阐发而逐渐发展起来的西方社会学中的社会进化理论，输入中国后在思想界引起了强烈反响。对此，外国传教士报刊已有论及，但真正把它作为一种理论观点介绍进来，当以严复创办的天津《国闻报》和《国闻汇编》为先。

《国闻报》创刊于 1897 年 10 月，是维新派在中国北方创办的第一家报纸，着力于翻译"泰西政法、学术、教宗"。该报馆主王修植，主笔严复，总编辑夏曾佑②在筹建《国闻报》时，一致决定"略依英国《泰晤士报》之例"，于同年 12 月出版旬刊《国闻汇编》，办报与办刊相辅相成，并确定"以通外情为要务"的办刊方针。《国闻汇编》除了刊载高质量的学术性译稿外，还有译自俄、英、法、德著名报刊的新闻和评论，深受维新人士的欢迎。无论是维新派头面人物梁启超，还是对康、梁心怀敌意的著名人士汪大燮，都一致认为该刊博大精深，对其推崇备至，称其为继《时务报》后唯一"精深完粹"者。③

《国闻汇编》在历史上的最大贡献，就是发表了严复翻译的《天演论》④（刊载时题名《天演论悬疏》）和《群学肄言》（刊载时题名《斯宾塞尔劝学篇》）的部分译文，第一次向中国人民介绍进化论的思想。早在1895 年，严复在《直报》发表的《原强》一文中，就简要介绍了英国资产阶级社会学者斯宾塞的社会学及其政治观点，称其宗天演之理"而大阐人伦之事，帜其学曰群学（社会学）"，其学说"于一国盛衰强弱之故，民

---

① 《经世报》终刊时间说法不一。据戈公振所著《中国报学史》，《经世报》出到"十余册即止"，据徐运嘉、杨萍萍从上海徐家汇藏书楼所见，《经世报》共存有 1897 年的 16 册（缺第一册），尚未见到 1897 年以后的实物。见徐运嘉等《清末杭州的三种报纸》，《新闻研究资料》1989年第 3 期。

② 姚继申：《天津国闻报若干史实辨析》，载《新闻研究资料》第 51 辑，中国社会科学出版社 1990 年版，第 143 页。

③ 梁启超：《本馆第一百册祝辞并论报馆之责任及本馆之经历》，《清议报》第一百册，1901年 12 月。

④ 严复：《译天演论自序》，参见［英］赫胥黎造论，严复达旨《天演论悬疏》，《国闻汇编》第二册，1897 年 12 月 18 日。

德醇漓翕散之由，尤为三致意焉"，① 对现实政治具有推动作用："群学治，而后能修齐治平，用以持世保民，以日进于郅治馨香之极盛"。②《天演论》原名《进化论与伦理学》，是英国生物学家赫胥黎的著作，旨在介绍达尔文关于生物界"物竞天择，适者生存"的进化论思想。严复约从 1894 年就着手翻译这部著作，1895 年译完其中的《序论》与《本论》两篇，《国闻汇编》从第二册开始连载，③ 使之提前与读者见面。这部分内容，阐述了进化论的基本论点，即生物是进化的，生物的进化由"物竞"与"天择"而推动："以一物与物物争，或存或亡，而其效则归于天择"，"一争一择，而变化之事出矣。"由此，译者进一步引申指出，种族与国家间同样处于竞争之中，"天演之事，将使能群者存，不群者灭；善群者存，不善群者灭"，欧洲列强之侵略中国，其根因在于不断增强竞争力量。中国只有顺应"天演"的自然法则，实行变法，转弱为强，方不致亡国亡种，为"天演"所淘汰。《群学肄言》原名《社会学研究法》，是斯宾塞的著作，用进化论观点研究社会问题，全书共 16 章，严复先译出其中两篇，第一篇（即《砭愚篇》）曾在《国闻汇编》第一、三、四册以《斯宾塞尔劝学篇》之篇名连载，全书直到 1903 年才全部译完出版。

《天演论》和《群学肄言》用来分析社会问题的观点是庸俗进化论的观点，用优胜劣败、弱肉强食的自然现象比附人类社会，在当时西方并非新的理论。但一经搬到中国，却产生了激励人们相信进步、相信未来、要求变革的现实意义，向国人发出了民族危亡的信号，呼吁顺应"天演"的法则，厉行变法，才能由弱转强，否则就有被淘汰和亡国灭种的危险，成为正在向西方寻求真理的人们的重要精神食粮，点燃了他们的救亡爱国热情。"自严氏书出，而物竞天择之理，厘然当于人心，而中国民气为之一变。"④ 达尔文的进化论，在严复之前就已经零星地传入国内，但仅限于自

---

① 严复著，王栻主编：《原强》，载《严复集》第 1 册，中华书局 1986 年版，第 6 页。
② 严复著，王栻主编：《原强》，载《严复集》第 1 册，中华书局 1986 年版，第 7 页。
③《天演论》部分修改稿以《天演论自序》和《天演论悬疏》之篇名连载于《国闻汇编》第二、四、五、六册。
④ 胡汉民：《述侯官严氏最近政见》，载《辛亥革命前十年间时论选集》第二卷上，生活·读书·新知三联书店 1963 年版，第 146 页。

然科学，未能引起思想界的注意。严复的译本综合了达尔文的《物种原始论》、斯宾塞的《综合哲学》、马尔萨斯的《人口论》等西方社会学的成果，对于古希腊哲学家诸如苏格拉底、柏拉图、亚里士多德、伊壁鸠鲁的学说也有简略介绍。由于严复学贯中西，且中西文字均精通，"信、达、雅"的翻译标准和"一名之立，旬月踟蹰"的严谨学风，使其译文比外国传教士和同文馆、广方言馆之类学校的翻译作品在质量和品位上占据绝对优势。译文发表后，对当时的思想界产生了很大冲击：

> 自曾国藩时代所创始之译书事业，虽有化学物理法律各种类，然不足以唤起当时之人心。至此二书（康有为的《孔教论》、严复翻译的《天演论》）出而思想界一变。《天演论》发挥适者生存、弱肉强食之说，四方读书之子，争购此新著。却当1896年中东战事之后，人人胸中，抱一"眇者不忘视，跛者不忘履"之观念。若以近代之革新，为起端于1895年之后，则《天演论》者，正溯此思潮之源头而注以活水者也。①

进化论的传播，对复古、循环的历史观迅速形成冲击，很快成为人们观察社会的思想武器。唐才常在《湘学报》发表的《各国种类考》，用进化论观点分析世界历史，特别提到严氏译著的影响："严之言曰：英国达尔文者，著书牖其群，曰物类宗衍，以谓物类之繁，始于一本"，"其尤精要之义二篇，曰争自存，曰遗宜种"；"其后英人锡彭塞（斯宾塞），标其微而帜"。②梁启超读严复翻译的《天演论》，"犁然有当于其心"，称赞其"进种之说至矣"。③并以之为参考作"说群十篇"。④在严译的影响下，汪康年主持的《昌言报》也刊登曾广铨译、章炳麟笔述的《斯宾塞尔文集》，⑤进一步推动了进化论的介绍和传播。至20世纪初，进化论和"优胜劣败、适者生存"的学说深入人心，成为人们观察社会历史的重要方法

---

① 贺麟：《严复的翻译》，《东方杂志》第二十二卷第二十一期，1925年11月。
② 唐才常：《各国种类考》，《湘学报》第十五册，1897年9月。
③ 梁启超：《与严幼陵先生书》，载《饮冰室合集》文集之一，中华书局1989年版，第109—110页。
④ 梁启超：《说群序》，载《饮冰室合集》文集之二，中华书局1989年版，第3页。
⑤ 《昌言报》第一、二、三、四、六、八册，1898年8—10月。

论。柳亚子崇拜斯宾塞为"圣人"，曾有"少诵斯宾塞尔篇"① 的诗句。梁启超发表于《新民丛报》上的划时代史论《新史学》，将历史学的界说规定为"历史者，叙述人群进化之现象而求得其公理公例者也"。② 黄纯熙在《政艺通报》发表《历史强权论》，认为人类历史就是强者的历史，"怵乎天战之足惧，则惟有强权而已矣"，呼吁"合多数之权力以为强权"。③ "优胜劣败"的思想"像野火一样，延烧着许多少年的心和血。'天演'、'物竞'、'淘汰'、'天择'等等术语都渐渐成了报纸文章的熟语，渐渐成了一班爱国志士的'口头禅'"。④ 在马克思主义唯物史观没有在中国传播开来之前，进化论一时成为进步知识分子的主要理论武器。

第二节　新学兴起与各类专业期刊的萌芽

甲午战败后，维新人士关注时局，借助报刊以启迪民智，认识到"报者，天下之枢铃，万民之喉舌也，得之则通，通之则明，明之则勇，勇之则强，强则政举而国立，敬修则民智"。⑤ 由于这一时期的报刊多为政论性报刊，更是标榜为政治服务。《时务报》报例就规定："广译五洲近事"，"详录各省新政"，"博搜交涉要案"，"旁载政治学艺要书"。该刊主笔梁启超认为："准此行之，待以岁月，风气渐开，百废渐举，国体渐立，人才渐出，十年以后而报馆之规模亦可以渐备矣"。⑥ 对于《时务报》这一编辑取向和出版方向，严复亦称许说："使中国而终无维新之机，则亦已矣；苟二千年来申商斯高之法，熄于此时，则《时务报》其嚆矢也。"⑦ 然而，由于政论性刊物容易受到清政府当局的迫害，也有人对于创办观点鲜明的政论性刊物感到忧虑，主张曲线救国，以译述为主。例如，汪大燮在给汪

---

① 柳无忌：《柳亚子年谱》，中国社会科学出版社1983年版，第17页。
② 《新民丛报》第一号，1902年2月。
③ 黄纯熙：《历史强权论》，《政艺通报》光绪二十九年《政史文编》卷一。
④ 胡适：《四十自述》，《胡适全集》卷十八，安徽教育出版社2003年版，第58页。
⑤ 吴恒炜：《知新报缘起》，《知新报》第一册，1897年2月。
⑥ 梁启超：《论报馆有益于国事》，《时务报》第一册，1896年8月。
⑦ 严复：《与汪康年书》，载王栻主编《严复集》，中华书局1986年版，第505页。

康年的信中说:"报事以旬报为安。持久不持久,其权操之于办事之人。旬报、日报,似不任功过。且发议论及中国时政,必有忌之者。强学会之封闭,即前鉴也。借洋股以抗之,尤非初意。此馆系士大夫所为,何必依傍洋人? 洋股报馆已有数家,所载之论虽未必尽是,可取者居大半。公从而步其后尘,未必驾而上之,不若守夫子述而不作之训,专译西政、西论、西事、西电,并录中国谕旨,自为一编。其开风气,良非浅鲜,且能益人神智。"① 言外之意,其实就是建议《时务报》少评论时事,多译述国外自然科学等不涉及国内政治的普及知识。还有人主张参考《格致汇编》的编纂体例,创办新的刊物。譬如《知新报》的创办便是如此,其最初拟定名为《广时务报》,"中含二义:一、推广之意;二、谓广东之《时务报》也。其广之之意,约有数端:一、多存格致各书各报,以续《格致汇编》;二、多载京师各省近事,为《时务报》所不敢言者;三、报末附译本年之列国岁计政要。"② "上海《时务报》之设,所以开风气、广见闻,数月以来,推行渐广,颇为通人所许可。惟东西各国报馆,皆以数千计。今中国之大,而作者寥寥,非所以广流风、餍众听也。是以联合同志,集股万金,爰在澳门更辟斯馆。查《时务报》所译西报,详于政而略于艺,本报拟略依《格致汇编》之例,专译泰西农学、矿学、工艺、格致等报,而亦政事之报辅之。"③

在这种舆论氛围中,戊戌维新时期以介绍西方科学知识为主要内容的期刊,多冠上"学报"的名称,其中有《利济学堂报》(1897.1)、《农学报》(1897)、《算学报》(1897)、《实学报》(1897.8)、《蒙学报》(1897.11)、《新学报》(1897)、《湘学报》(1897)、《岭学报》(1898.2)、《蜀学报》(1898.5)、《女学报》(1898.7)、《工商学报》(1898)等等。这些刊物大多以开启民智、图谋富强为宗旨,与当时许多以宣传政治主张为要义的报刊相比较,具有较强的学术性和知识性。

---

① 上海图书馆编:《汪康年师友书札》(三),上海古籍出版社 1986 年版,第 2648 页。
② 上海图书馆编:《汪康年师友书札》(二),上海古籍出版社 1986 年版,第 1846 页。
③ 《广时务报公启》,《时务报》第十五册,1896 年 12 月。

一、文摘性和文理综合性刊物

在戊戌维新时期众多以论学为主的刊物中，《新学报》《实学报》《求是报》等均为文理综合性刊物。而 1897 年 5 月创刊于上海的《集成报》，为我国最早的文理综合性文摘旬刊。该刊为陈念萱倡办，连史纸石印，每册 30 页左右。1898 年 5 月出至第三十四册停刊。馆址初在上海英租界，前十七册曾标"英商经办"。自第五册起，由上海商务印书馆代印。根据孔昭晋《集成报叙》所言，该刊之创办，主要是考虑到当时的报刊众多，读者"纵观非易，遍购又难"，故"专集各报，节其所长，去其所短，取其所是，缺其所非，类聚群分，都为一册"。① 《集成报》第一、二册首上谕、奏折，次译录中外报刊，未分栏目。第二册"本馆告白"称："友人王君来馆商榷体例，谓本报原分门类，未能包举大凡，不如分政事、军事、矿事、工事、农事、商事，末附杂事及各电。事以类聚，眉目较清。"于是自第三册起，《集成报》分谕旨、政事等栏。第八册《重次〈集成报〉章程》又改为七类，称："本馆出报之后，蒙诸君子不弃，络绎订购，并荷贻书商榷体例。谨就来书，参以鄙见，重次条例如左：一、本报之设，以讲求时务为主，博采群言，期以精要。凡采自某报者，逐条注明，不敢掠美；一、报首恭录谕旨及章奏、公牍、同人来稿；一、录报分军政、学校、农桑、商务、制造、交涉、杂事七类。凡中外事实，按类辑录，以便检阅。"② 《集成报》对科技信息颇为关注，仅创刊号即载有九十余篇文摘，接近半数以上与科技相关，此后的数期因有专栏，文章亦复不少，仅医学专栏登载的就有：讲究瘟疫（译《考查东方情形报》）、印瘟近况（译《木司寇新闻报》）、德国麻风公会（译德国《歌仑报》）、考试医学（录《星报》）、疫虫宜治（录《吣报》）、剖孩验药（录《申报》）、军医告退（译英国《水陆军报》）、传谕华医人会（录《申报》）、医局译书（录《苏报》）、树汁医病（录《益闻报》）、精究药味（译美国《医学院报》）、派医察瘟（译《考查东方情形报》）、皮里枢机（译《纽约格致

---

① 孔昭晋：《集成报叙》，《集成报》第一册，1897 年 5 月。
② 《重次〈集成报〉章程》，《集成报》第八册，1897 年 7 月。

报》)、奇症待辨（录《益闻报》）、防瘟多术（录《星报》）、电照新法（录《苏海汇报》）、剖脑疗疮（译《横滨日报》）、医中新理（译《伦敦格致择录报》）、查看牛症（译《木司寇新闻报》）、药针宜戒（录《苏报》）、试验电医（录《申报》）、日本创设医船（录《时务报》）、马医之良（录《知新报》）、胃中有蛇（录《苏报》）等。据不完全统计，作为开我国文摘性刊物之先河的《集成报》，所录《万国公报》《时务报》《湘学新报》等不下二三十种。[①]

图 3-5 《新学报》

《新学报》创办于 1897 年 8 月。半月刊，连史纸石印，每册二十多页。终刊时间不详，上海图书馆藏有该刊第一至七册。叶耀元任总撰述。《新学报》栏目分为《上谕》《算学》《政学》《医学》《博物》。作为隶属于新学会的刊物，该刊除了上谕之外的四类，统称新学："本新学会之设，原为振兴教学、切磋人材起见，集中外通人讲学天算、兵学、医学、格物各种学术，总其名曰新学。"从《新学报》刊载的文章来看，算学类有叶耀元的《容圆切点图解》《考求炮弹速率》《推测流星高卑》《算学浅题》《求堆垛同数奇法》《测天经纬度》《割圆比例线》《求炮弹飞行高卑》和《简算新法》，崔朝庆的《代数术辨误》《发明代数第一百五十二款》，叶青的《光绪二十四年元旦日食图》《本报第一册算学浅题课案》和《第二课算学浅题》，陶模的《算学会课艺》（连载 2 期）、《第三课算学题》《第三课算学浅题》等；政学类有叶耀元的《学校新章》，列《启蒙学章程》《幼学章程》和《大学章程》三部分，其中《大学章程》指出课程设置为国文、外文、算学、格物、音乐、兵略、政法等科；医学类有程祖植的《医学发微论》《论小儿霍乱证》《瘟疫新论》《延寿新理》，邵友濂的《治疯

---

① 方汉奇主编：《中国新闻事业通史》第 1 卷，中国人民大学出版社 1992 年版，第 620 页。

痀方》等；博物类有关于声光化电以至于天体气象等论说，涉及的文章有叶耀元的《格物穷理说》《测验音声光热之理》，栾学谦的《格致书院教演化学记（附图）》，谢洪赍的《说雪》，游书和的《蚕子变鱼奇法（附图）》，以及译自各国书报的《奇河》《钢笔原始》《首至美洲之人并非科伦布（附图）》等。此外，"每期报出，必恭录祖宗圣训一二条，以弁报首，盖讲学必先正心固本，莫要尊王。"

《实学报》创办于 1897 年 8 月，文理综合性旬刊。王仁俊为总理，章太炎任总撰述。该刊自定办刊宗旨："本报之设，以讲求学问、考核名实为主义，博采通论，广译各报，内以上承三圣之绪，外以周知四国之为，故名《实学报》"。① 在栏目设置上，《实学报》严守其办刊立场，设有《实学通论》《谕旨敬纪》《章奏汇编》《英报辑译》《法文书译》《译印中西书籍公会启》等，内容分为四大板块："曰天学，浑盖通法律历要义，以及中西算理、一切权衡度量之属隶焉；曰地学，山川形势，

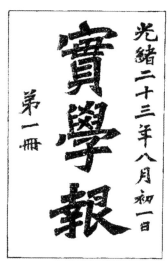

图 3 - 6　《实学报》

边防险要，以及万国图志、五洲矿产之属隶焉；曰人学，圣贤教术、朝野掌故、中外制度、约章因革异同，以及礼乐兵刑工商之属隶焉；曰物学，格致体用、动植形性，以及光化声汽重力之属隶焉"，并声明："本报恭录上谕，摘采章奏之涉及实学者，除冠列四类前不复分隶外，不讥朝政，不议官常，其一切琐事新闻，概不登载。"② 就自然科学知识介绍而言，曾发表王季锴的《泛倍数衍》、范祎的《四元演化》；地学方面有王仁俊的《五洲舆地类表叙》、郑沅的《拟海国图志后叙》、傅云龙的《六大洲说》和《地图经纬说》，其他还有地气推移、石灰肥田、广东金矿发现、新式烘茶机器、德国新设麻风会等报道。该刊的总撰述章太炎，其《儒道》《儒兵》《儒法》《儒墨》等著名史论文章，也是首先在该刊发表的。

① 王仁俊：《实学报启》，《时务报》第三十六册，1897 年 8 月。
② 《实学报》，《时务报》第三十六册附送，1897 年 8 月。

《求是报》亦是文理综合性旬刊，1897 年 9 月 30 日创办于上海。陈季同、陈寿彭兄弟创办，陈衍、曾仰东主编。铅印，每期约三十页。上海格致书院印行，1898 年 3 月停刊。① 根据其告白，《求是报》"不著议论，以副实事求是之意，报首恭录上谕，其次分为内外编；内编之目三：曰交涉类编，曰时事类编，曰附录；外编之目五：曰西报译编，曰西律新译，曰制造类编，曰格致类编，曰泰西稗编。倘一期不及齐出，则下期补刊。末附路透电音。"该刊对西方科学技术方面的介绍，多反映在制造类编和格致类编两栏的译文中，文章主要有赫皮华（J. C. Hepwarth）著，陈寿彭译的《格闻》（附图，连载 2 期）；卑郎（Piron）著，曾仰东译的《炉承新制（附图）》；禄邵（Chollot）撰，曾仰东译的《拟造浦东铁桥图说》；亚克母雷低等著，陈寿彭译的《格影（附图）》；登林（W. F. Denning S. A. F. R. ）著，陈寿彭译的《格土星》（附图，连载 2 期）等。

二、学术性和专业性刊物

戊戌维新时期，还涌现出一批以《利济学堂报》《农学报》《算学报》等为代表的学术性、专业性刊物。这些刊物，大多开创某一学科刊物的先河。

《利济学堂报》为陈虬于 1897 年 1 月 20 日在浙江温州瑞安创办，是利济学堂的医学专业报，也是中国最早的一份医学刊物。当时，陈虬在瑞安设立利济医院，自任院长，同时在利济医院设立了利济学堂，集股创办《利济学堂报》，并任该刊主编，其他如总校、分校、襄订、纂修等职，则多由利济医学堂的教师或学生充任。由于该刊新开的栏目接踵而起，其报馆前后参与编辑出版者多达五十余人，甚者出现了人员兼职现象，如总理陈国琳兼襄订，协理叶麟风兼总校。《利济学堂报》每月出版两期，以农历二十四节气日为出报之日，各期封面上只标明出版年份及节气，不标日月。木刻本，用七刀官堆纸印，后改用连史纸，线装成册。《汇编》第一册的《本馆告白》言："本报去冬集股开办，原议版参活字，纸用七刀官堆出报，后颇蒙远近奖掖，重议全刊木版，岁增刻资千余金。本郡报价议收八五，如有订印连史白纸者，每份加宝银六角出各册，一例换补，不另

---

① 史和等编：《中国近代报刊名录》，福建人民出版社 1991 年版，第 188 页。

取资。"①《利济学堂报》每期约五十页。每期首页设目录，提纲挈领，间或择取重要新闻、论说作一强调导引。栏目分《文录》《院录》《书录》《报录》四大专栏，下面又统筹不固定的小专栏。《文录》下设医论、政论、各小专栏的开栏弁言、汇编总序等，《院录》中载医院的学堂教条、习医章程、利济讲义等，《书录》下设利济元经、利济卫生经、医历答问、教经答问、算纬前编、中星图略等，《报录》下辟时事鉴要、洋务掇闻、利济外乘、学蔀新录、农学琐言、艺事稗乘、商务丛谈、见闻近录、近政备考、格致卮言、经世文传等小专栏，《报录》后附告白。其题材丰富多样，有论说、报道、电文、奏折、报章文摘、译稿、课堂教材等。第四册后开始附"本报刊误"，校正谬误，巨细靡遗。

《利济学堂报》登载的文章，因本报原出利济医学堂，故医学独详。不仅设置《利济讲义》专栏，登载了《元经宝要》《习医章程》《丁酉医历表》和《医历答问》等论著，而且还通过其他栏目登载医学类的论文，重要的医论有陈虬的《瘟疫霍乱答问》《祷医圣文》和《霍乱病源方法论》，胡鑫的《论医家古三学之源》和《论小儿中暑痉挛不宜骤开心窍》，陈葆善的《白喉条辨》等。陈虬的《霍乱病源方法论》一文，针对当时医者用药"一刀切"的惯习，强调霍乱有寒有热，若瘟疫霍乱则属于热，而寒者不过虚人百中之一耳，并研制出了九服利济专治霍乱方剂，八服利济天行应验方，一服利济秘制保命平安酒方，补全了王孟英的《随息居霍乱论》有论无药的缺憾；而其《瘟疫霍乱答问》一文以问答形式讨论了霍乱病源、证治、方药，因其卓越的医学见识，后被辑入《中国医学大成》，成为中华医药绵泽世代的瑰宝。主编曹炳章赞誉其"试之多验，远近传抄，时医奉为圭臬。先生昕夕出诊，不以为苦，活人无算"。② 此外，《利济学堂报》还兼采各报，"凡学派、农学、工政、商务以及体操、堪舆、壬遁、星平、风鉴、中西算术、语言文字暨师范、蒙学等类。"仅《时事鉴要》选录"湖南新政""铁路环逼"等137项，《洋务掇闻》选录"分

---

① 《本馆告白》，《利济学堂报》第一册，1897 年 1 月。
② 曹炳章：《中国医学大成·瘟疫霍乱答问提要》（4），中国中医药出版社 1997 年版，第703 页。

割华土""日本船政"等184项,《见闻近录》选录"停捐举人""女可举士"等222项,《商务丛谈》选录"缎业日盛""华茶渐衰""公议中国银行章程"等121项,《学蔀新录》选录"渐兴西学""盲哑学校""各国读书数"等73项,《近政备考》选录孙家鼐《议覆开办京师大学堂折》、总理衙门《覆奏洋商改造土货折》等21件奏折,《经世文传》选录文廷式《条陈养民事宜折》、姚文栋《察北洋大臣请开北方利源总公司条议》等文20篇。这些栏目介绍新政进展和外国的新鲜事物,点评旧政利弊和重要的时局动态,分析列强侵华的严重局势和当前改革的方向,是有政治意图的。这一点在陈虬致《时务报》总经理汪康年的信中说得非常明确:"敝报改刻已出四册,敬寄奉三十份。宗旨虽出于医,而推广义类,针起聋瞽之意,猥与贵报变法、论学相与经纬。"① 即希望有助于开阔眼界,学习西方,振奋人心,推进改革热潮。

1897年5月,《农学报》创刊。该刊由罗振玉、蒋黻等创设的上海农学会负责编辑出版和发行。原名为《农学》,第十五期起改为《农学报》,为我国第一份农学专业刊物,也是近代第一批专业性科技期刊。初为半月刊,自1898年第十九期起改为旬刊。连史纸线装石印,每册25页,1906年1月停刊,共出315期。对于其创刊宗旨,罗振玉指出:"念农为邦本,古人不仕则农,于是有学稼之志,既服习《齐民要术》《农政全书》《授时通考》等书,又读欧人农书译本,谓新法可增收获,恨其言不详,乃与友蒋君伯斧协商,于上海创办学农社,购欧美日本农书迻译,以资考究。时家事粗安,乃请于先姚,以丙申春至上海设报馆,聘译人译农书及杂志,由伯斧庶务,予任笔削。"② 梁启超为该刊创刊号撰写《农学报序》,再次重申罗振玉的观点,并加以具体化:

秦汉以后,学术日趋无用。于是,农工商之与士,划然分为两途。……学者不农,农者不学,而农学之统,遂数千年绝于天下,重可慨矣。本会思与海内同志,共讲此义,遵丽泽之古训,仪合群之公理,起点海上,求友四方。将以兴荒涨之垦利,抉种产之所宜,肄化

① 上海图书馆编:《汪康年师友札记》(二),上海古籍出版社1987年版,第2001页。
② 罗振玉:《贞松老人遗稿甲集之一·集蓼编》,辛巳秋印行,第19页。

学以粪土疆，置机器以代劳力。志愿宏大，条理万端。经费绵薄，未克具举。既念发端伊始，在开广风气，维新耳目，译书印报，实为权舆。①

《农学报》初刊时，分《奏折录要》《各省农事》《西报选译》《东报选译》《农会博议》等十余个栏目。这些栏目设置多有深意，不仅引进国外先进的农业生产技术和经验，同时还注重结合中国实际的农业生产状况。如《东报选译》栏目是考虑到日本与我国较近，"在农业生产条件与风俗上有很多相似或相近之处"，由于后来刊载的文章比重日益增加，遂在1900年2月中旬更名为《译篇》。而《各省农事》栏目则针对"中国幅员广大，南近炎陬，北邻冰塞，风土既异，农事自殊。加以铁道未设，风气鲜通，欲遍考各省农功优绌，颇不易耳。迩与当世诸君子立会上海，考求此事"，② 登载了《山东试种洋棉简法》《鄂省西北部农业视察记》等文章，调查各地农业特

图3-7 《农学报》

产，总结群众生产经验。此外还刊登了二十多种古农书辑佚。从《农学报》创刊到1905年终刊，刊载译书上百种，介绍了大量国外农业科学专著、教材，广泛介绍国外农业生产概况、先进经验和实用技术，在我国农学发展过程中发挥了一定的启蒙作用。

1897年7月《算学报》创刊，这是我国最早的一份数学期刊。为黄庆澄独力创办并任主编，该刊不接受官绅捐助。社址在温州府前街，从第二册起在上海新马路梅福里设立分馆，并在时务报馆、格致书室、六先书局和醉六堂等处设经销点。《算学报》每月出1册，1897年7月至次年6月，共出版12册。第一、二册为石印，第三册起改为木刻。该刊主办者黄庆澄也是一位维新人士，与陈虬、宋恕过从甚密，主张变法，提倡新学。在

① 梁启超：《农学报序》，《时务报》第二十三册，1897年4月。
② 罗振玉：《各省农事述·编者按》，《农学报》第二十五期，1898年3月。

《算学报》第一册的《公启》中，黄庆澄阐明了其创办该刊的用意："本报专择近日算学中最切要者演为图说，俾学者由浅而深，循序而进，即穷乡僻壤，无师无书，亦可户置一编，按其图说，自寻门径，本报实为开风气起见，区区苦心，识者鉴之。"① 换言之，该刊旨在通过图解，普及数学知识。所刊内容大部分为中国传统数学中浅显易懂的知识及西方传入的初等数学知识。第一册的内容为"论加减乘除、命分、约分、通分之理"，包括命位、总论加减乘除之法、命分、约分、通分、总论诸分各栏；第二册的内容为"总论比例"；第三册的内容为"开方"；第四册至第十册的内容为"代数论"；第十一、十二册的内容为"几何第十卷释义"。其编排采用图文结合的方式，通俗简练，注重结合图解，并列出实用的应用题，使读者便于理解并学以致用。黄庆澄在《公启》中指出："算学一道，以图教人，其难易相去不啻天壤。本报所重者图，故图多说少，间或标为论说，亦必格外简明，免令阅者生厌。"该刊在每册后都附有"庆澄曰"的编者按，如第一册的《总论加减乘除之法》一栏"乘法歌"注指出："右从歌诀看似极浅，其用极大，初学须熟诵之。"② 又如第二册的《总论比例》注曰："异哉，异哉！太空冥冥无端有物，有物斯有比，有比斯有差，有差斯有例。……断之曰：世间无物，见物非物，我不见物，惟见比例。"③ 这些论点颇有见地，使读者便于掌握这些数学知识的性质和特点。

作为我国数学刊物的开先河之作，《算学报》出版后，深受读者欢迎。俞樾在《算学报》第三册序中说："《算学报》月出一编，流布海内，每设一题必绘图以明之，使读者晓然于其理。"④ 对于促进国人关注数学、研究数学、培育数学专业人才，均起到了一定的作用。

第三节　社会启蒙与通俗性期刊的创办

戊戌维新时期，维新派在宣传维新变法思想时既注重走自上而下的道

---

① 黄庆澄：《公启》，《算学报》第一册，1897 年 7 月。
② 黄庆澄：《总论加减乘除之法》，《算学报》第一册，1897 年 7 月。
③ 黄庆澄：《总论比例》，《算学报》第二册，1897 年 8 月。
④ 俞樾：《序》，《算学报》第三册，1897 年 9 月。

路，也认识到开通民智的重要性。梁启超在《时务报》撰《蒙学报演义报合叙》一文，从变法维新的角度，论证了在救亡图存的历史潮流中，社会启蒙所具有的时代意义：

> 今言变法，必自求才始，言求才必自兴学始。然今之士大夫，号称知学者，则八股八韵大卷白折之才十八九也。本根已坏，积习已久，从而教之，盖稍难矣。年既二三十，而于古今之故，中外之变，尚寡所识，妻子仕宦衣食，日日扰其胸，其安能教，其安能学，故吾恒言他日救天下者，其在今日十五岁以下之童子乎？西国教科之书最盛，而出以游戏小说者尤伙，故日本之变法，赖俚歌与小说之力，盖以悦童子以导愚氓，未有善于是者也。他国且然，况我支那之民不识字者十人而六，其仅识字而未解文法者，又四人而三乎！故教小学教愚民，实为今日救中国第一义。①

为此，许多维新志士投身于近代教育事业，通过开学会、创报刊、办学堂等途径，将启蒙思想化作文字、化作语言注入每个关心国家命运者的心中，形成了以"开民智"为中心的思想启蒙运动。为了使女性、儿童和没有受过教育的一般民众也能够接触新知识、新思想，维新人士还致力于创办专门面向这些读者的通俗性报刊。

一、以孩童为目标读者

与中国近代中文报刊的创办相一致，专以儿童为目标读者的中文报刊，也是最先由西方传教士创办的。这就是1872年2月创刊于福州的《小孩月报》（The Child's Paper）。该刊为中文月刊，最初由与教会有关的外籍女士普洛姆太太和胡巴尔太太创办于福州。1875年3月，美国长老会牧师范约翰接办和主编，将该刊迁往上海，由上海清心书馆发行，中国圣教书会出版。初聘钟子能任主笔，1907年改聘柴连复为主笔。《小孩月报》为铅印线装，月出一期。封面均印有"小成孩子德，月朔报嘉音"的藏头诗。署有"上海南门外清心书院印发"等字样。文字浅显有趣，图文并茂，插图均以黄杨木雕刻成版，用上好洋纸精印，因此也被普遍认为是中

---

① 梁启超：《蒙学报演义报合叙》，《时务报》第四十四册，1897年11月。

国最早的画报。1914 年 1 月易名《开风报》（此前还曾改名《月报》），但只发行了 5 期，即因第一次世界大战爆发后教会经费拮据，被迫停刊。前后共出版了四十余年。

图 3-8 　《小孩月报》

继《小孩月报》之后，传教士还创办了《孩提画报》《训蒙画报》《成童画报》等几种儿童画报，颇受读者欢迎。近代儿童报刊的源头之所以以画报为主，原因正如后来《启蒙画报》创办人彭翼仲所说："孩提脑力，当以图说为入学阶梯，而理显词明，庶能收博物多闻之益。"但教会儿童报刊的宗教和殖民色彩，在一定程度上激发了中国人创办自己的儿童报刊的激昂斗志。教会创办的儿童报刊直接为维新人士所效仿，促生了中国最早的一批儿童报刊。①

戊戌维新时期，维新人士认识到儿童教育对救亡图存的重要意义。如前所述，梁启超径直提出维新救亡第一要义在于儿童教育。为了达成塑造健全儿童人格的目的，维新人士特别注重发挥学会和报刊的作用。《蒙学报》的创办，就是蒙学公会职责的一种延伸。关于该会的缘起，其《立会本旨》说："蒙养者，天下人才之根柢也，根本不正，萌芽奚遂？是以屯难造物，受之以萌，圣经遗制，规利宏远。某等痛愤时难，恐善良种子播弃蕾落，受人蹂躏，用是仰体圣心，立为蒙学公会，务欲童幼男女，均沾教化为主。"

据此，蒙养公会确定了自己的四项职责，并把创办期刊作为首要任务："一曰报，立法广说新天下之耳目，而为蒙养之表范也"，"今本会同志，因时习极弊亟欲广化而利用，故公议先以书报为起点，而以会学为归宿焉。"

① 傅宁：《中国近代儿童报刊的历史考察》，《新闻与传播研究》2003 年第 1 期。

　　《蒙学报》创办于 1897 年 11 月 24 日，上海蒙学公会编辑，上海时务日报馆发行。初为周刊，其第二十五册的《本馆告白》声明："启者，本馆刻因恭逢明诏废弃八股改试策论，拟于本报加添十三岁以上之教法及课书以便中等学生之用。即于本报二十六册为始增广报章为按旬出报，分上中下三编。"[①] 于是自第二十六册起，《蒙学报》按旬出报。该刊的编辑人员包括：总董汪康年、总理汪钟霖、总撰述叶瀚、总翻译曾广诠、东文翻译古城贞吉、总图绘叶耀元、撰述兼删校叶澜。《蒙学会报简章》宣称，其报分为两类：一为母仪训育之法，一为师教通便之法。母仪训育分养育、劝诵、仪范、演习四目，多取材于传统教育经典，旨在加强儿童道德规范教育；师教通便分演习、字课、数理、方名、智学、史要、时事七目，多由西方通俗儿童作品翻译而来，并配有插图，旨在向少年儿童传播新知。从实际情况来看，《蒙学报》编排情形是：一、文学类，含中文识字法、启蒙字书、东文读本书；二、算学类，即为加减乘除浅理；三、智学类，含物类释、事类释、东文修身书；

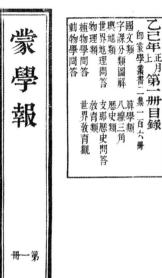

图 3 - 9　《蒙学报》

四、史事类，含中史略论、母仪故事图说、西事略、东文儿童笑话；五、舆地类，含亚洲全图简明说略、西文舆地启蒙；六、格致类，即西文格致奇事。

　　《蒙学报》作为近代中国人编辑出版的第一份儿童期刊，[②] 在内容上集新学与旧学于一体，力求吸纳借鉴海外蒙童读物，并进行一定程度的改造，如介绍自然知识往往借助于演义的形式，借由"说故事"口吻传述。[③]

---

① 《本馆告白》，《蒙学报》第二十五册，1898 年。

② 丁守和主编：《辛亥革命时期期刊介绍》四，人民出版社 1987 年版，第 547—578 页。

③ 徐兰君等主编：《儿童的发现：现代中国文学及文化中的儿童问题》，北京大学出版社 2011 年版，第 58 页。

其二十一册介绍蜂巢与蜂蜜：

> 你们大家看啊！这地面上头，有大城一个，并没有个人住在里面。城里面有无数的街道，约莫四周围住起人家来，竟可以住到两万人和六万人。却也有屋宇，屋上都是一扇一扇的窗户，窗户宽大照着屋子的样式开的。这屋是人工做的么？不是不是，但是虽不是人工造的，却甚是位置妥帖得很，屋宇的样式都是层层连上……这不是个绝好世界么？可惜这般好世界，我们不能去住。列位看官，在下明讲了罢，这去处那里是个城？便是个蜜蜂的窠。①

在形式上，《蒙学报》力求简明易懂、图文并茂，故在用浅近的文言过程中亦出现了大量白话，如其第十册开始的《中国古代通史演义》第一回"激民乱秦胡亥亡国，启真人陈楚王起兵"，内容纯用白话："话说天下的百姓，都是替皇上做出事业，供养君王的。那皇上没一日不靠着他过度日子。论起理来，皇上是个家主，百姓是个子弟。子弟好，家主要格外保全他，亲爱他。"② 之所以做出这样的编辑选择，《蒙学报》第六册的《来书总复》做了说明：

> 来书有一谓文义尚深，宜力求浅显者。启蒙之道，本贵由浅及深，但中国于课蒙之法苦无一善本，东西各国新书极为便宜，又苦于文字各殊，译人自有神吻，一时难以强合。本馆亦竭力广求同志互相商定，终觉未尽妥善，后当改择数种演为白话歌诀，以便童孺易于诵读。③

自第八册以后，《蒙学报》栏目有所变化，分为上、下两编，并注明上编为"三岁至十岁用"，下编为"十一岁至十三岁用"，两编所包括的类目大体相同，所不同的是格致一目通常仅列入"下编"。自第二十六册起，每期分上、中、下三编，分别面向初小、高小、中学，"上编仍如其旧，以教初等小学；取从前之下编为中编，而重加排比，以教高等小学；另译东西各国中等学校规制及教授术，并编经史问答、经济刍议，依经济特科

---

① 《格致演义》，《蒙学报》第二十一册，1898 年。
② 《中国古代通史演义》，《蒙学报》第十册，1897 年。
③ 《来书总复》，《蒙学报》第六册，1897 年。

谕旨，所分六类，编列伦理、要旨、中外文字源流、体操、卫生、通论诸书，按期印入，以教中学"，[①] 开创了我国儿童刊物分级阅读的先例。

戊戌变法失败后，维新派报刊大部分遭到禁毁，《蒙学报》也于 1899 年第四十三册停刊，直至 1901 年续办。目前所见，共出 72 期。此后，维新派于 1902 年 6 月在北京还创办一份面向儿童的启蒙读物《启蒙画报》，这也是北京最早的一份白话刊物。该刊初为日刊，第十九期后改为月刊，后又改半月刊，1905 年初停刊。《启蒙画报》由维新志士彭翼仲创办并自任文字撰述，聘名画家刘炳堂任绘画，旨在"从根本上解决，辟教育儿童之捷径"，栏目有《伦理》《舆地》《掌故》《算术》《动植物》《格致》《时闻》《各国新闻》《海国佚事》《寓言》《小说》《杂俎》等，内容注重数、理、化、史，地、生物、修身之类的基础知识和思想修养教育。在编辑业务上，该刊每页上图下文，铅印，图为木版印刷，文字采用白话，图文并茂，生动活泼，符合儿童的接受心理，既传播西方新知，又传承传统文化，还关注现实问题，切实担负起启蒙的使命。

庚子事变后兴起的资产阶级革命派，对于启蒙教育也高度重视。他们创办的第一份以青少年为对象的刊物是《童子世界》。该刊于 1903 年 4 月，由上海南洋公学退学学生组织的"爱国学社"编印。撰稿人有吴忆琴、钱瑞香、陈君衍、翁筱印、薛锦江等。原为日刊，后改为双日刊，同年 5 月 27 日（五月初一）第三十一号起，改为旬刊。其宗旨为"开通民智，输导文明"，"以爱国之思想曲述将来的凄苦，呕吾心血而养成夫童子之自爱爱国之精神"。[②] 主要栏目有：《论说》《历史》《地理》《小说》《传记》《故事》《格致》《化学》《演说》《箴言》《新闻》《游戏》《歌词》《专件》《笑话》《学界风潮》《介绍新刊》等，改为旬刊后又增加《学说》（浅述中西各著名思想家学说）、《时局》（论述中外重要政事"以为国民当头棒喝"），以及《评论》《谈丛》《杂俎》《文苑》等，文章普遍较短，有些用通俗白话文写作，适合青少年阅读。1903 年 6 月爱国学社被迫解

---

① 《蒙学报告白》，《中外日报》第一号，1898 年 8 月。
② 钱瑞香：《论童子为二十世纪中国之主人翁》，《童子世界》第五号，1903 年 4 月。

散，《童子世界》于 6 月 16 日出至第三十三号后即停刊。[①]

二、以女学女权相提倡

在重视并创办面向少年儿童的刊物的同时，女子教育的问题也被提了出来。梁启超对于女子教育重要性的认识十分深刻，他认为欲强国保种，就必须兴女学。在《变法通义》中，他提出著名的"女学论"，强烈批判"女子无才便是德"的旧观念，表达了希望通过兴办女学，培养更多的人才，以使中国早日富强起来的良好愿望。梁启超认为："西人分教学童之事为百课，而由母教者居七十焉。孩提之童，母亲于父，其性情嗜好，惟妇人能因势而利导之。以故母教善者，其子之成立也易；不善者，其子之成立也难"，故"蒙养之本，必自母教始，母教之本，必自妇学始，故妇学实天下存亡强弱之大原也"。

图 3-10　秋瑾

维新派对女子教育提倡之不遗余力，引起许多有识之士纷纷响应。1897 年 10 月，经元善同康广仁等人在南洋大臣刘坤一的支持下，创办了我国近代第一所女子学校——中国女学堂。同年底，梁启超在《时务报》上刊登《创设女学堂启》和《上海新设中国女学堂章程》，支持兴办女学，并对女子学校的建设蓝图做出了规划，希望以此为起点，在各地办更多的女学堂。此后，我国女子教育发展迅速，至 1907 年，全国有女子学堂 380 所，女学生 15496 人。[②] 此外，从 1900 年开始，我国逐渐兴起一股女子

---

① 史和等编：《中国近代报刊名录》，福建人民出版社 1991 年版，第 322 页。
② 清学部总务司编：《第一次教育统计图表》（光绪三十三年），转引自李又宁等《近代中国女权运动史料》下册，（台北）传纪文学出版社 1975 年版，第 1165—1166 页。

留学的热潮。以陈撷芬、林宗素、秋瑾等为代表的一批先进女性先后走出国门，接受了较为系统的西方教育，受到新文化与新思想的浸染，逐渐形成了一个由受过资产阶级新式教育的女性组成的知识女性群体。

她们认为，人才教育的基础在于妇女：

> 世界上万事万物，皆有个根本，我从来未见有无根本而能生出事物的，又未见有根本既坏而能生出好事好物的。这女子岂不是世界上生人的根本么？你们不明白这个话儿，请听我讲一番道理：今有良田一块，那个不想种的五谷出来。既种五谷，那个不想收成的好谷米。可恨世人将良田抛荒，从不理会，要想收成的好谷米，这是万万不能的。你要知道这世界上人，都是女子生出来的，为何将这女子当作废物，不要他读书明理，不要他通晓古往今来的事，反要他受许多束缚，吃许多苦楚，将女子一身变成顽蠢壅滞的血肉。这样行为，要向他相助丈夫，生出个好儿子来，是理上断断没有的。岂不闻古人有胎教的法，若要培养人才，定须从此处起点。①

为了提倡女学，"感发天下女子向学之心"，由经元善主持的中国女学堂创办了我国最早的一份以女性为读者对象的刊物——《女学报》。该刊于 1898 年 7 月 24 日在上海出版，创办初期为旬刊，每期四页。第一页前半页的上半截属刊头部分，包括刊名、目录和主笔名单，下半截是"本馆告白"，后半页为图画。第二至四页刊登文章，分《论说》《新闻》《征文》《告白》四栏，各期体例相同。从第十期始，改为五日刊。每期出一大张，分成上下四页，即第二期《本馆告白》所谓"其式单张如湘报，以便装订"。该刊共出 12 期，至 1898 年 10 月 29 日停刊。②《女学报》兼有中国女学会会刊和中国女学堂校刊的两重性质，③ "以女子主持笔政"，主笔为潘璇，其他撰稿人为薛绍徽、孙蕴、康同薇、章畹香、李蕙仙、裴毓

---

① 潘璇：《上海〈女学报〉缘起》，《女学报》第二期，1898 年 8 月。

② 夏晓虹等：《中国近代妇女期刊简介》（《辛亥革命时期期刊介绍》第四集，第 682 页）提供的一份未标期数的《女学报》考证认为，《女学报》至 1899 年 3 月 6 日还在刊行，并且改为月刊，社址仍在中国女学堂校内，主笔者仍为中国女学堂的中西教习，只是不再零售，改为随《苏报》附送。见《晚清两份〈女学报〉的前世今生》，《现代中文学刊》2012 年第 1 期。

③ 夏晓虹：《晚清文人妇女观》，北京大学出版社 2016 年版，第 29 页。

芳等。如其第二期罗列的主笔就有：晋安薛绍徽女史、金匮裘梅侣女史、番禺潘道芳女史、明州沈和卿女史、上虞蒋畹芳女史、武进刘可青女史、诸暨丁素清女史、皖江章畹香女史、京兆龚惠苹女史、江右文静芳女史、南海康文僩女史、贵筑李端蕙女史、临桂廖元华女史、邗江睢（念劬）女史、梁溪沈静英女史、梁溪沈翠英女史、古吴朱莳兰女史、上海潘仰兰女史。主笔的人选不断有所增减，如第八期增加了武进程湘蘅、华亭钟茜君、蜀东姜訒秋三人，减去了龚、李、睢、康、周、丁、廖等七人。女子参与期刊的主笔工作，在当时无疑是开创性的。对此，潘璇不无自豪地说：

> 日报通行在中国，已经许久了，到今天更见日盛。至于设报的人，或者是本国的绅商，或者是外国的教士，从来没有我们本地女子设立报的。故此不独他们男子和外国人，看为稀奇，即我们自己，岂不也觉得新奇！直把戒外言、内言的这块大招牌，这堵旧围墙，竟冲破打通了，堂堂皇皇的讲论女学。女主笔岂不是中国古来所未有的呢，我们现在竟直认不讳，亦畅快极了。①

《女学报》每期设《论》《新闻》《征文》《告白》等栏目，并附女学会所办女学堂事数例，其内容包括女学、修身、家事、体操、官话、汉文、洋文、史学、地理、算学、格致、绘画、裁缝、音乐等。其创办宗旨，据《知新报》刊登的《中国女学拟增设报馆告白》所称，"中国女学不讲已二千余年矣。同人以生才之本在斯，于是倡立女学堂……欲再振兴女学会，更拟开设官报女学报，以通绅道消息，以广博爱之心"，简言之，即是宣传变法维新、兴女学、争女权，要求妇女参政、主张男女平等。这其中，仅"兴女学"方面，《女学报》就发表了梁启超的《女学会书塾创办章程》（第一至三、五至八期连载）、潘璇的《上海女学报缘起》（第二期）、刘纫兰的《劝兴女学启》（第四期）、薛绍徽的《女教与治道相关说》（第四期）、裘毓芳的《论女学堂当与男学堂并重》（第七期）、康同薇的《女学利弊说》（第七期）、蒋畹芳的《论中国创兴女学实有裨于大局》（第九期）等文，对"兴女学"的必要性、重要性和可行性进行探

---

① 潘璇：《论〈女学报〉难处和中外女子相助的理法》，《女学报》第三期，1898 年 8 月。

讨，提倡在全国范围内大力发展女子教育，并且还详细介绍了欧美、日本的教育制度和学校情况，要求仿效资本主义国家，在全国城乡普遍设立女子小学、中学、大学，发展女子教育；而其刊载的争取男女平等权利，要求女子参政方面的文章，则言辞激烈、态度鲜明，如卢翠指出，"女子最为庶民，可联名上书，直陈所见"，"方今瓜分之局已开，国势日危，有声同叹。前月明诏特下，谕各庶民，皆得上书。夫民也者，男谓之民，女亦谓之民也。凡我同辈亦可以联名上书，直陈所见，以无负为戴高履厚之中国女子也。"并提出了女子参政的政治要求：请求皇太后、皇后设贵妇院，"召各王公大臣命妇，一年一次会集京师"；① 请求皇上设女学部大臣，公举 12 人，"分任各省，广开女教，并准荐拔高等女学生及闺媛，入贵妇院授职理事"；建议皇上"举女特科，定女科甲"，主张让妇女参加科举考试。《女学报》这种敢于向传统的歧视妇女的封建礼教挑战的大胆作风，深为读者称赏，"每印数千张，一瞬而完"。②

作为这份停刊未久的《女学报》的接续，1902 年 5 月 8 日，《苏报》主办人陈范之女陈撷芬创办了《女报》。该刊封面署有"续出女报"，每月发行一期，薄纸单面印，每册约 20 页，在上海出版，随《苏报》赠送。同年 10 月第七期起，由赠送改为销售，至 12 月共出 9 期。自 1903 年起改为《女学报》，并从苏报馆独立出来，设立编辑所于上海新马路华安里，由文明书局印刷，成为陈撷芬专心经营的一桩事业，也揭开了晚清女性以一人之力主持报刊的新篇章。③ 在编辑出版业务上，陈撷芬做了一些努力，改名后的刊物使用新的刊期编号，用报纸两面印，改装封面，添印图画，还适应当时多方面读者的需要，在内容上增加了《白话演说》栏目：

> 我做这个《女报》，已经有了"论说"一门，又另外有《女子教育论》，又有"新闻"，又有各国各省女学的章程，为什么还要添一门"白话演说"呢？因为论说、新闻、章程，都是书上的文理，有那些闺中同伴不愿意看的，还有那些小孩子，不会看的，所以添出这个白

---

① 卢翠：《女子爱国说》，《女学报》第五期，1898 年 8 月。
② 《本报告白》，《女学报》第八期，1898 年 9 月。
③ 夏晓虹：《晚清两份〈女学报〉的前世今生》，《现代中文学刊》2012 年第 1 期。

话演说，预备这个不愿意看论说、新闻、章程的，和那些不会看论说、新闻、章程的，把这白话演说当作听戏，当作听说书，当作听讲闲话，一人传十，十人传百，无事时可以消消闲，瞌睡时可以消消瞌睡，又可以当作课本，教教那些女孩子。[①]

这份《女报》在提倡女学的同时，还刊载了《批茶女士传》《罗兰夫人传》《英国女杰涅儿柯儿传》等介绍西方女杰的翻译文章，以及《要有爱国的心》《独立篇》《快做些事》等论说，在传播新思想、新知识的同时，发出了妇女要求平等自由的呼声，号召妇女和男子一道，共同改变整个国家"受制于外人"的状况。1903 年"《苏报》案"后，陈撷芬随父流亡日本，该刊在日本东京出版了最后一期，此后似未再出刊。

《女学报》和《女报》的创办，带动了诸多女性期刊的问世，到 1911年年底，我国大约出现了 30 份妇女期刊，并且办刊地主要集中于上海。这些女性期刊主要分为两种类型：

一类以"提倡女学""开通女智""尊重女权"为主旨，着重于对妇女进行启蒙教育，号召妇女把自身解放和民族解放联系起来，投入民族民主革命的社会洪流中。这类期刊以《女子世界》和《中国女报》为代表。《女子世界》作为"《中国女报》创刊以前的一个时期中宣传最持久言论最勇猛，反映最激烈的一家革命妇女报纸"，[②] 具有独特的刊物特色。《女子世界》创刊于 1904 年 1 月 17 日，月刊。第一至八期由大同印书局发行，自第九期起改由小说林社发行。该刊由常熟女子世界社编辑，丁祖荫（号初我）主编，编辑及主要撰稿人有金松岑、柳亚子、徐觉我、沈同午、蒋维乔、丁幕卢等。《女子世界》以改造中国妇女为宗旨，以西方资产阶级自由民权说为思想武器，鼓吹民族革命，大力提倡反缠足，宣传反压迫、复女权，主张兴女学；设有《社说》《演坛》《科学》《实业》《译林》《图画》《传记》《谈薮》《小说》《女学文丛》《记事》《文苑》等栏目，并从第五期开始加入科学、卫生、实业等内容，目的是"为女子独立自营之绍介"。1906 年 7 月出至第二年第四、五期合刊，共出版 17 期。1907 年

---

① 《白话演说的缘故》，《续出〈女报〉》第一期。
② 方汉奇：《中国近代报刊史》，山西教育出版社 1981 年版，第 562 页。

7月续办1期，由南浔陈勤编辑。是年
11月与《中国女报》合并，改名为
《神州女报》出版。《中国女报》由著
名的女革命家秋瑾于1907年1月创办
于上海。发刊之前，秋瑾曾于1906年7
月31日至8月9日在上海《中外日报》
刊登广告，拟筹集股金，但实际效果不
佳。《中国女报》在"经费很为难"的
背景下，勉力出版了两期，第三期文稿
也于1907年6月中旬前编就，后因秋
瑾筹划起义而未能付印。在该刊中，秋
瑾以本名或"鉴湖女侠"刊载的论说文
字，第一期有两篇，分别是《社说》栏

图3-11　《中国女报》

的《发刊辞》和《演坛》栏的《敬告姊妹们》；第二期有卷首的《创办
〈中国女报〉之草章及意旨》一篇广告，译稿《看护学教程》以及诗歌作
品。《中国女报》没有停留在对女性自身权益的低层次要求上，而是将女
权纳入以救亡图存为目标的民族国家论述之中：

> 国民者，国家之要素也。国魂者，国民之生源也。国丧其魂，则
> 民气不生。民之不生，国将焉存？故今日志士，竞言招国魂，然曷一
> 研究国魂之由来乎？以今日已死之民心，有可以拨死灰于复燃者，是
> 曰国魂。有可以生国魂，为国魂之由来者，是曰大魂。大魂为何？厥
> 惟女权！①

　　这里，作者从启发女性挣脱奴隶地位，确立国民观念，到站在民族国
家的高度，赋予女性以"生国魂、为国魂"的重大使命，鼓励女性积极投
身反抗清朝统治和抵抗列强侵略的革命中。
　　另一类则是"鸳鸯蝴蝶派"女性期刊，主要是提供"消闲""游戏"
的资料，其中以《上海滩》《销魂语》《眉语》《妇女时报》等为代表。
《妇女时报》于1911年6月11日创刊，1917年5月停刊，共出21期。创

---

① 黄公：《大魂篇》，《中国女报》第一期，第7页。

办人荻葆贤，实际编辑为包天笑与陈景韩。该刊的办刊宗旨是介绍知识、开通风气，主要栏目有《图画》《时论》《知识介绍》《中外妇女风俗》《文学》等。

三、以白话文为表现形式

中日甲午战争前后，维新人士为鼓吹维新变法和实现"开通民智"的主张，极力主张在文体上进行改革，1887 年，黄遵宪率先提出语言与文字合一的问题："盖语言与文字离，则通文者少；语言与文字合，则通文者多"。[①] 他呼吁创造一种"明白晓畅，务期达意"，"适用于今，通行于俗"，使"天下之农工商贾，妇女幼稚皆能通文字之用"的新文体。1896 年，梁启超对黄遵宪提出的"文言合一"理论加以发挥，并对此在实践上做出了尝试，创造了"时务文体"。这种文体"纵笔所至，略不检束"，"务为平易畅达，时杂以俚语、韵语及外国语法"，"条理明晰，笔锋常带感情"。"时务文体"尽管在很大程度上摒弃了文言文的僵化形式，但和白话文仍有一定距离。譬如经常出现"文字上的浮滥"，"无谓的堆砌，繁缛的铺张，复沓的排比"，同时"感慨惊叹的句子用得太滥，动不动就是'呜呼哀哉'！'耗矣哀哉'！以此来弥补内容和思想的空虚"。[②]

为了更好地对下层民众进行启蒙，人们力图避免文字上的华丽铺排，探索使用白话文写作报刊文章。1897 年，中国人创办的第一份白话报刊在上海创刊，这就是《演义白话报》。该报宣称："中国人要想发奋立志，不吃人亏，必须讲求外洋形势、天下大势，必须看报。想要看报，必须从白话起头，方才明明白白。"这份刊物设有时事、新闻二门，"时事以感发人心为主，新闻以增广见识为主"。[③] 值得一提的是，《演义白话报》为逐日排印出版，版式也与《申报》《新闻报》相仿，是日报而非期刊。

1898 年 5 月 11 日（光绪二十四年闰三月二十一日），裘廷梁在无锡创办了《无锡白话报》，这是国人自行创办的最早的白话期刊。该刊的读者

---

① 黄遵宪：《日本国志·学术志二》，载陈铮编《黄遵宪全集》下，中华书局 2005 年版，第 1420 页。

② 方汉奇：《中国近代报刊史》上册，山西教育出版社 2012 年版，第 132 页。

③ 《申报广告》1897 年 10 月 26 日。

定位立足于普通的民众，旨在宣传维新变法。《无锡白话报序》开宗明义地指出：

> 无论古今中外，变法必自空谈始，故今日中国将变未变之际，以扩张报务为第一义。阅报之多寡，与爱力之多寡，有正比例，与阻力之多寡，有反比例。甲午之后，报章盛行，惟日报撷拾细碎，牢不变前式，披沙炼金，百才一二。外此旬报，七日报，皆当代通人主持报务，痛哭流涕，大声疾呼，天下感动，然每销报最多者，万四千册而止，曾不逮中国民数万分之一。职是之故，朝野上下，非不渐生动力，而一爱万阻，终于无成。幸而成之，终于无效。

文章接着分析，之所以出现这种现象，根源在于"其不效者，民智未启也"。为了开民智，则必自广学校始，"不得已而求其次，必自阅报始。报安能人人而阅之，必自白话报始"。

《无锡白话报》为五日刊。从第五期起，改名《中国官音白话报》，每两期合出一册，停刊时间未详。该报为无锡裘廷梁（可桴）与同里顾述之、吴荫阶、汪赞卿、丁仲祐等共同创办。该刊书本形式，木刻活字毛边纸印。每全页28行，每行28字。初期每册十多页，以后扩充为二十多页。馆设城内沙巷。栏目有：《五大洲邮电杂录》《中外纪闻》《无锡新闻》《海国丛谈》《史地知识》及《政论》，兼载工商情况和一些小品文。内容分三大类："一演古，曰经、曰子、曰史，取其足以扶翼孔教者，取其与西事相发明者；二演今，取中

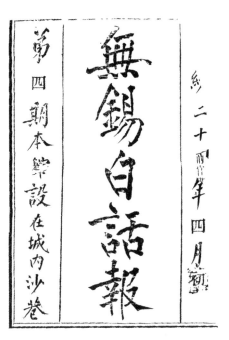

图3-12　《无锡白话报》

外名人撰述之已译已刻者，取泰西小说之有隽理者；三演报，取中外近事，取西政西艺，取外人论说之足以药石我者。谈新述故，务撷其精；间涉诙谐，以博共趣。……汰芜秽，存精英，以话代文，仰商者农者工者，

及童塾子弟，力足以购报者，略能通知中外古今，及西政西学之足以利天下，为广开民智之助。"这三大类内容的编排，实分前后两部分：前面以新闻为主，有《五大洲邮电杂录》《中外纪闻》《无锡新闻》等；后面是用白话演译书报文章。因为这类文章一般较长，所以其编排方法，是把文字演译成篇，陆续付排，然后汇集许多篇数，分期连载。从这三项我们可以看出，编者十分强调"西事""西政""西艺"，与主办者为变法而"空谈"的办报宗旨是一致的。从前4期《无锡白话报》连载的文章来看，除《孟子年谱》《班昭女诫注释》外，其余诸篇如《富国策》《养民新法》《史学新学记》《农学新法》等，均为介绍西方科学技术和社会经济，着力于用通俗浅显的文字向民众传播西方技术，特别是宣传西方的新知识、新观念。这既是开民智的具体措施，也是编者为维新变法而办报的具体体现。

自第五、六期合刊起，《无锡白话报》改版为《中国官音白话报》。每两期合为一册，《告白》称："自第五期起改名《中国官音白话报》，每月三期，并两本为一本，每本照原定章程加倍，计二十八页，告白在外"。对此，裘廷梁解释说："本报业已出版四期，颇蒙远近诸君同声许可，惟嫌页数不多，一览易尽。又以报首表明无锡二字，恐阅者或疑专为无锡而设，尚虑不足以号召宇内。兹谨遵良友箴言，拟自第五期改名为《中国官音白话报》。"① 其篇幅容量较之原来增加一倍，内容亦更为丰富，辟有《无锡新闻》《中外纪闻》《上谕恭注》《洋报药言》《海外奇闻》《海国丛谈》《海外拾遗》《五大洲邮电杂录》等专栏。

改名后的《中国官音白话报》，与《无锡白话报》连续计算刊数，但刊期从五日刊改为十日刊，篇幅也增加了一倍，以两期合刊的形式出版。上海图书馆现存最后一期为第二十三至二十四期。易名后的《中国官音白话报》，不仅是刊名、刊期等形式的变化，更重要的是传播内容的扩大和宣传重心的转移。从五、六期合刊起，连载的文章不再限于对西方经济、科技和社会生活等方面的介绍，而是以大量篇幅刊登西政西史，如裘毓芳的《日本变法记》《印度记》、愿学子的《泰西新史揽要》、注廷六的《华

---

① 《本馆告白》，《无锡白话报》第四期。

英谳案定章考》、窦士镛的《万国公法》等，其中心内容明显转变为直接介绍西方反封建的资产阶级革命和宣传日俄变法取得成功的历史经验。该刊还发表了《哥伦布探新洲纪略》《麦哲伦探地》《蒙哥巴克探地》《富兰克令探北极》等科学小故事，向民众传播科学知识。此外还采用章回体写了《海国妙喻》等一系列生动活泼的通俗语言小品，其中将伊索寓言改为白话发表，如《拔骨刺豺忘鹤恩》《献宝石国王供作贼》《挖金蛋笨伯求财》《村中鼠急流勇退》等。1898 年，裘毓芳将《无锡白话报》《中国官音白话报》上发表的 25 篇伊索寓言汇集成册，名为《海国妙喻》，署名"金匮梅侣女史演"，在上海商务印书馆出版发行，此书成为伊索寓言在我国的第一个白话译本。客观来说，由于这些文章多为裘毓芳所作，其文笔优美，事后多年，裘可桴在给其侄孙裘维裕的信中，还对裘毓芳的文笔称赞不已：

> 戊戌年创行《无锡官音白话报》时，汝父及汝姑母（指裘毓芳）皆吾报一分子，所译中西书籍。逐字逐句，不失丝毫真相，盖皆忠于译事，又皆白话高手，视近人以白话译成之西书，比《盘庚》《汤诰》尤为难读，判若天渊矣。[①]

《中国官音白话报》从第十三、十四期合刊起，还增辟了《上谕恭录》一栏，集中演绎连载光绪皇帝推行变法的"诏谕"，如开办京师大学堂、变通科举章程、开设经济特科、鼓励臣民上书言事等，刊载自光绪二十四年农历五月十五日至八月初六的数十条上谕，使一般平民百姓及时了解光绪皇帝实行变法、推行新政的信息。如先摘录七月十九日上谕：

> 吏部奏遵议礼部尚书怀塔布等处分一折，朕近来屡次降旨，戒谕部臣，令其破除积习，共矢公忠。并以部院司员各士民，有上书言事者，均不得稍有阻隔。原期明目达聪，不妨刍荛兼采，并借此可觇中国人之才识。各部院大臣均宜共体朕心，遵照办理。乃不料礼部尚书怀塔布等，竟敢首先违抗，借口于献可替否，将该部主事王照条陈，一再驳斥。经该主事面斥其显违谕旨，始不得已勉强代奏。似此故为抑格，岂以朕之谕旨为不足遵耶。若不予以严惩，无以儆戒将来……

---

① 朱燮钧编校：《与侄孙维裕书》，《可桴文存·书牍》，无锡裘翼经堂 1946 年。

特谕。钦此。①

接下来将此上谕译成白话：

> 礼部遵着意旨，议礼部尚书怀塔布的处分。议定了，上了一个折子。十九日奉上谕道：朕近来屡次降旨，儆戒各部大臣，教他们除去习气，忠心为国。还说部员司员，以及各处读书人，有条陈事件的，不准阻格他，要想借此看中国人的才具见识，各院部大臣，都该体谅朕的心，照着办理。不料礼部尚书怀塔布等，竟敢头一次违背朕的话。推说好条陈可以代奏，坏条陈不能代奏，把该部主事王照的条陈，再三批驳。后来该主事说他显违谕旨，他方才不得已，勉强代奏。照此故意违背朝廷的旨意，阻隔大家条陈的路，岂不是把朕的谕旨，不能算数么？若不给他一个重重的责罚，将来更不能儆戒。……特谕，钦此。

从十三期到二十四期，《中国官音白话报》发表的上谕近二十条，在这些上谕的选编上，编者煞费苦心。此时正处于维新变法时期，清廷内部维新派与顽固派之间的斗争，也在光绪皇帝前后下达的许多诏谕中反映出来。该刊编者显然意识到这种错综复杂的政治局势，因此对诏谕并不条条演译，而是选择演译诏谕中推行新法新政的各项措施，如开办学堂、振兴农业、开设经济特科、废除科举制度等。但对诏谕中反映出来的"帝党"与"后党"的矛盾与斗争则略而不提，如1898年7月8日，后党御史文梯上疏弹劾康有为等"任意妄为，遍结言官，把持国是"。光绪谕责："文梯不胜御史之任，着回原衙门行走"，《无锡白话报》就未予发表。传播内容的这些变化，反映了《中国官音白话报》的主办者从一般的"开启民智"，转入想方设法为维新变法制造舆论。1898年9月16日，《中国官音白话报》出版了第二十三、二十四期。5天后，慈禧太后发动戊戌政变。此后，该刊便不见刊行于世了。

在早期的白话报刊中，《中国官音白话报》的地位不容忽视。它把白话运动和办报结合在一起，② 致力于以白话传播新思想、新知识，以白话

---

① 朱寿朋编：《光绪朝东华录》第4册，中华书局1958年版，第4176—4177页。
② 朱传誉：《报人·报史·报学》，（台北）商务印书馆1967年版，第6页。

为维新变法造舆论声势，这是同一时期其他白话刊物所不能比肩的。尤其值得指出的是，《中国官音白话报》的主办者裘廷梁在改刊第十九、二十期合刊上发表了著名的论文《论白话为维新之本》，从八个方面阐明了白话的益处，"一曰省目力"，"读文言日尽一卷者，白话可十之，少亦五之三之，博极群书，夫人而能"；"二曰除骄气，三曰免枉学，四曰保圣教，五曰便幼学"，"一切学堂功课书，皆用白话编辑，逐日讲解，积三四年之力，必能通知中外古今及环球各种学问之崖略，视今日魁儒耆宿，殆将过之。""六曰练心力"，"华人读书，偏重记性。今用白话，不恃熟读，而恃精思，脑力愈浚愈灵，奇异之才，将必迭出，为天下用。""七曰少弃才"。"八曰便贫民"，"农书商书工艺书，用白话辑译，乡僻童子，各就其业，受读一二年，终身受用不尽。"在文章的最后，作者总结道："愚天下之具莫文言，智天下之具莫白话"；"文言兴而实学废，白话行而后实学兴，实学不兴是谓无民"。这是对历史的总结，是对黄遵宪语言文字合一理论的一个重大发展，同时也成为19世纪末我国早期白话文运动和白话报刊生存发展的理论基础。

第四章

庚子事变后期刊的鲜明办刊宗旨

从 1901 年庚子事变之后至 1911 年辛亥革命爆发，各地创办的中文期刊有 486 种。[①] 这些期刊在内容分类上，以综合性期刊所占比重为最大。但值得注意的是，随着各种政治势力的逐渐成长，这一时期的期刊创办者在刊物的目标定位方面均有着清晰的认识，具有鲜明的政治倾向。这"往往就是由于每个阶层和团体都应该有自己的期刊的观念产生的结果。甚至并非从事论战事业的学会和协会也认为期刊十分必要"。[②]

第一节　政论期刊的成熟与辉煌

戊戌政变失败后，康有为、梁启超等人流亡日本，相继创办《清议报》《新民丛报》等政论刊物，在介绍西方社会政治学说方面发挥了无可替代的作用。但随着民主革命运动向前发展，以康有为、梁启超为首的改良派却抱持保皇立宪的观点，站到了革命的对立面。曾经一度令无数进步知识分子倾倒、以灌输西方新知识新学问为宗旨的《新民丛报》，其传播方针和内容也发生了变化，"专言政治革命，不复言种族革命，质言

图 4-1　《民报》

---

①　陈江：《辛亥革命前我国中文期刊的空间分布及其解释》，《编辑学刊》1994 年第 4 期。
②　白瑞华：《中国近代报刊史》，中央编译出版社 2013 年版，第 147 页。

之，则对于国体主维持现状，对于政体则悬一理想以求达也"。① 在《新民丛报》转向之时，革命派逐渐认识到革命宣传的重要性，聚集当时革命派最精锐的办报力量，② 于1905年在东京发行《民报》，作为中国同盟会的机关报。由此展开了一场革命派与改良派的报刊大论战，推动政论报刊走向成熟。

一、梁启超与《清议报》《新民丛报》的政治传播

1898年戊戌政变后，康有为、梁启超等流亡日本，在外环视中国政局变化，认为"我支那国势之危险，至今日而极矣"，"吾尝纵观合众国独立以后之历史，凡所谓十九世纪之雄国，若英若法若奥若德若意若日本，当其新旧相角、官民相争之际，无不杀人如麻，流血成河，仁人志士，前仆后起，赴汤蹈火者，项背相望；国势岌岌，危于累卵，不绝如线，始则阴云妖雾，惨黯蔽野；继则疾风暴雨，迅雷掣电，旋出旋没，相搏相击，其终乃天日忽开，赫曦在空，和风甘雨，扇煦群类。……今兹政变，下封禁报馆之令，揆其事实，殆与一千八百十五年至三十年间，欧洲各国之情形大略相类。"③ 在这样的政治格局下，拯救民族危亡的关键在于振奋民心，"欲行天下之权者，必先拥天下之兵；欲拥天下之兵者，必先握天下之财；欲握天下之财者，必先收天下之心。"④ 为此，梁启超于1898年12月23日在日本横滨创办《清议报》，欲以此"为国民之耳目，作维新之喉舌"。⑤

《清议报》为旬刊，每逢农历初一、十一、二十一日出版，连史纸印刷，按线装书的款式装订，每期30页至40页，三万余字。零售一角五分，订阅全年四元。在第一册"叙例"中，《清议报》的内容计分六门：一、支那人论说；二、日本及泰西论说；三、支那近事；四、万国近事；

---

① 梁启超：《在北京报界欢迎会之演说词》，《庸言》第一卷第一号，1912年10月22日。
② 《民报》68位撰稿人中，有章太炎、陈天华、廖仲恺、胡汉民、宋教仁、刘师培、汪东、陈去病、苏曼殊、马君武、冯自由、陶成章、周作人、柳亚子等，为一时之选。
③ 梁启超：《清议报叙例》，《清议报》第一册，1898年12月。
④ 梁启超：《兴清论》，《清议报》第一册，1898年12月。
⑤ 梁启超：《清议报叙例》，《清议报》第一册，1898年12月。

五、支那哲学；六、政治小说。自第十一册起，每册分九类刊登：一、本馆论说；二、来稿杂文；三、中国近事；四、外论汇译；五、万国近事；六、政治学谈；七、支那哲学；八、政治小说；九、诗文辞随录。《清议报》名义上由日本人铃木鹤太郎担任印刷人，冯镜如担任编辑兼发行人，实际主编是梁启超。在1898年至1901年的3年内，梁启超以任公、哀时客、饮冰室主人、少年中国之少年等为笔名，为该报撰写了三百五十多篇论著和刊于《文苑》《饮冰室自由书》《诗界潮音集》等专栏的若干诗词与散文。麦孟华、欧榘甲协助梁启超担任编辑工作。在《清议报》发行期间，梁启超曾作两度远游，其间期刊的编辑业务由麦孟华代为主持。此外，后来成为革命党人的秦力山、郑贯公等，也曾一度担任该报编辑工作。

图4-2 《清议报》

对于《清议报》的政论色彩，梁启超从一开始就加以明确，在第一册卷首《叙例》中指出，其创办的宗旨有四：一、维持支那之清议，激发国民之正气；二、增长支那人之学识；三、交通支那日本两国之声气，联其情谊；四、发明东亚学术以保存亚粹。第十一册《本报改定章程告白》将上述四点作了更为集中、明确的表述，标榜"本报宗旨专以主持清议、开发民智为主义"。① 在其第一百册《祝辞》中，梁启超对于《清议报》政论性质的认识更为深化，提出了"党报"与"国报"等概念。那么介于党报与国报之间的《清议报》，其特色又是怎样呢？梁启超进而指出，《清议报》的特色为"广民智，振民气"。具体来说，主要有四项：一是倡民权，"始终抱定此义，为独一无二之宗旨，虽说种种方法，开种种门径，百变而不离其宗，海可枯石可烂，此义不普

① 《本报改定章程告白》，《清议报》第十一册，1899年4月。

及于我国，吾党弗措也"；二是衍哲理，"读东西诸硕学之书，务衍其学说以输入于中国"；三是明朝局，"戊戌之政变，乙亥之立嗣，庚子之纵团，其中阴谋毒手病国殃民，本报发微阐幽得其真相，指斥权奸一无假借"；四是厉国耻，"务使吾国民知我国在世界上之位置，知东西列强待我国之政策，鉴观既往，熟察现在，以图将来，内其国而外诸邦，一以天演学物竞天择优胜劣败之公例，疾呼而棒喝之，以冀同胞之一悟。"①

　　1901 年 12 月 31 日，《清议报》刚出满 100 期，报馆发生一场大火，损失惨重，被迫停刊。不久，梁启超、冯紫珊、黄为之等从旅日华侨商人中筹措资金，于 1902 年 2 月 8 日创办了《新民丛报》。该刊为半月刊，每月农历初一日、十五日发行。光绪二十九年（1903 年）正月起，改为每月十四日、二十九日发行。历时 6 年，至 1904 年 2 月以后，经常不能按时出版。共出 96 号。白报纸印刷，每期约五万字，40 至 100 页不等。编辑兼发行人署冯紫珊，实为梁启超负责。蒋智由、韩文举、

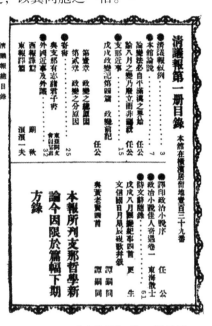

图 4 - 3　《清议报》第一册目录

麦孟华、马君武、罗孝高和蒋百里等人先后协助梁启超担任编辑工作。经常撰稿的，除编辑人员外，还有狄平子、周宏业、张东荪、蔡锷、徐佛苏、黄遵宪等人。其内容分类每年不同，第一年分为《图画》《论说》《学说》《学术》《政治》《兵事》《生计》《地理》《教育》《宗教》《法律》《实业》《史传》《小说》《文苑》《青年思想》《时局》《国闻短评与中国近事》《谈丛》《舆论一斑》《杂俎》《答问》《海外汇报》《余录》等24 栏；第二年进行调整、增补，分为《哲理》《科学》《历史》《军事》

---

① 梁启超：《本馆第一百册祝辞并论报馆之责任及本馆之经历》，《清议报》第一百册，1901年11月。

《传记》《译丛》《时评》《专件》《杂评》《日俄战争》等 33 栏；第三年
又适当压缩，分为《纪事》《国闻杂评》《新刊介绍》等 28 栏；到第四年
时，只设《图画》《论著》《记载》《批评》《文艺》《杂录》《杂俎》《杂
纂》《译述》等 9 栏。

图 4-4　《新民丛报》

《新民丛报》创办时，部分启动资金来自于保皇会的借款，一年后才还清借款，又由于梁启超本人此时的思想变化等原因，《新民丛报》实际上既可以说是保皇会的党报，同时也是一个股份公司。① 也正是由于如此，梁启超认为《新民丛报》的办刊宗旨有三：一是"维新吾国"和"维新吾民"，"中国所以不振，由于国民公德缺乏，智慧不开，故本报专对此病而药治之。务采合中西道德以为德育之方针，广罗政学理论，以为智育之本原"。二是以教育为主，以政论为辅。"今日世界所趋重在国家主义之教育，故于政治亦不得不详。惟所论务在养吾人国家思想，故于目前政府一二事之得失，不暇沾沾词费也"。三是"为吾国前途起见，一以国民公利公益为目的。持论务极公平，不偏于一党派；不为灌夫骂座之语，以败坏中国者，咎非专在一人也。不为危险激烈之言，以导中国进步当以渐也"。② 简言之，《新民丛报》的政治主张是预备立宪，即先新民，后君主立宪，以新民为君主立宪之预备，以新民为预备立宪之内容。认为只有用教育和开民智的手段改造人民的素质，达到"新民"的目的，才是"中国第一要务"。

为系统阐述"新民"这一中心思想，《新民丛报》自创刊号起用数十

---

① 周佳荣：《言论界之骄子：梁启超与新民丛报》，中华书局（香港）有限公司 2005 年版，第 5 页。

② 《本报告白》，《新民丛报》第一号，1902 年 2 月。

期连载了由梁启超执笔的《新民说》。在梁启超看来，中国之所以日渐衰弱和时时处于挨打状态，主要在于国民的"衰败堕落"，和缺少公德、私德、国家思想、义务思想、权利思想，以及进取、冒险、自由、自治、进步、自尊、合群、尚武等精神。因此，中国要想改变现状，重新富强，不能"责人"，只能"责己"。既然要"新民"，那就要"开民智"。

在"开民智"方面，《新民丛报》大量引进西方学说，仅 1902 年刊发的 24 期发表的各种文章、资料三百四十多个篇目中，评介西方资产阶级意识形态方面的文字，计一百八十多个篇目，占总数一半以上。这些内容，就起讫时间来说，从古代希腊、罗马，到近代英、美、法、意等资产阶级民族国家的兴起，上下几千年；就其涉及的人物来说，从孟德斯鸠到达尔文，从罗兰夫人到噶苏士，从苏格拉底、柏拉图、亚里士多德到培根、笛卡儿，不下百十人；就其学术智识范围来说，哲学、文学、政治、经济、法律、教育、历史、地理以及自然科学等，兼收并蓄，无所不包。[1] 专门介绍国外新知识、新书刊、新消息的还有《新知识之杂货店》《绍介新著》《海外汇报》等栏目。在一年之中如此大量输入西学的刊物，当时无有出其右者。《新民丛报》的《学说》栏目，专以介绍西方学术流派为务，其中影响较大的如《近世文明初祖二大家之学说》，[2] 介绍培根实验派、笛卡儿怀疑派两家学说对近代科学的巨大影响和意义。该文发表后，被多家刊物转载。[3]《近世第一大哲康德之学说》对于康德之学术地位也给予了比较准确的历史定位。在重点介绍西方学术名家的同时，梁启超还在《新民丛报》发表《论学术之势力左右世界》（第一号）、《泰西学术思想变迁之大势》等综述性文章，简介哥白尼之天文学、笛卡儿之哲学、孟德斯鸠之著万法精理、卢梭之倡天赋人权、富兰克林之电学、瓦特之汽机学、亚当·斯密之理财学、伯伦知理之国家学、达尔文之进化论等近代西方资产阶级自然和社会科学的成果。

传播进化论学说，是《新民丛报》《学说》专栏的重点内容之一。该

---

① 丁守和主编：《辛亥革命时期期刊介绍》（一），人民出版社 1982 年版，第 146 页。

② 《新民丛报》第一、二号，1902 年 2 月。

③ 转载该文的有《选报》第十四期，1902 年 4 月 28 日；《论说》《政艺通报》壬寅第四期，1902 年 4 月 22 日。

刊发表的梁启超《天演学初祖达尔文之学说及其略传》通过自然界的诸多事实，说明"生物变迁之原因，皆由生存竞争、优胜劣败之公例而来"，证明这条"公例"不仅适用于生物界，"实普行于一切邦国、种族、宗教、学术、人事之中。无大无小，而一皆为此天演大例之所范围"。① 此外，如马君武的《新派生物学（即天演学）家小史》（第八号）、日本理学博士丘浅治郎的《进化论大略》（第三十八号）、署名彗广的《大哲斯宾塞略传》（第三十八、三十九号）对生物进化论及社会进化论均有较为系统的介绍。《大哲斯宾塞略传》准确概括了斯宾塞"进化论哲学""以天演言群治，所最尊者自由也，放任也"的思想特质。用生物界的"物竞天择、适者生存"来解释人类社会的发展和进化是不科学的，但在当时封建压迫和民族危机十分深重的情况下，强调在"弱肉强食"的世界中，中国如不发愤图强，就要被优胜劣败的"公例"所淘汰，就要被帝国主义所吞并，这对于人们摆脱精神上的枷锁，力争在世界历史发展的急流中争自存，则具有积极的意义。值得注意的是，《新民丛报》的《学说》专栏还系统介绍了黑格尔的历史哲学及西方考古学方法。署名君武（即马君武）的《唯心派巨子黑智儿学说》，首先比较系统地介绍了黑格尔历史哲学的内容和观点："黑智儿之历史哲学，实黑氏全集中最有味之书也，令后之读者自赞美不止。黑智儿谓历史者，人群理想发达之记录也。欲研究历史学者，不可不知其三面：一正面，二反面，三反面之反面，经此三面，人群之真事乃可见"；② 其次，揭示黑格尔历史哲学的思想和学术价值，肯定了"黑智儿以哲学修饰历史，能直扶历史发达之实例"，对于历史学研究具有重要意义。至于西方考古学的动态，观云（即蒋智由）的《世界最古之法典》（第三十三、三十四号）认为，西方学者"于古昔之事被其发明者甚多，然皆从实验得来，与我国学者从纸片上打官司盖有异矣。考古之学，亦今日之饶趣乐而有实益者也"。该文提倡将考古方法应用于学术研究中，同时也初步认识到西方近代科学实验方法对于学术研究的重要性。

---

① 《新民丛报》第三号，1902 年 3 月 10 日；《选报》第十三期，1902 年 4 月 18 日；《论说》曾转载此文。

② 君武：《唯心派巨子黑智儿学说》，《新民丛报》第二十七号，1903 年 3 月。

在《学说》专栏系统介绍西方社会学、历史哲学、考古学等理论和方法的同时，《新民丛报》还通过大量刊登出版广告，推介外国史译著。1902 年至 1903 年，正是"上海新学书报最风行时代"，[①] 根据钱存训的《近世译书对中国现代化的影响》和顾锡广《译书经眼录》、徐维则《东西学书录》统计，这一时期共出版了 533 种译著，其中史地方面的就有 128 种，约占总数的 24%。当时出版这类译著的主要有上海广智书局和商务印书馆，而《新民丛报》因其在国内外的影响，成为这两家出版机构的广告代理。这些图书出版广告以富有理性又饱含激情的语言，将此类书籍的主要内容、社会功用及写作特点简明扼要地概括出来，密切联系社会现实，对于扩大其销路具有不可低估的作用。可以说，《新民丛报》以刊登出版广告的形式，有力地推动了辛亥革命时期外国史研究及西方史学的输入。

《新民丛报》对西方学说的介绍，对人们的思想启蒙作用较大，因而受到读者的欢迎。1902 年冬，黄遵宪写信赞扬《新民丛报》说："《清议报》胜《时务报》远矣。今之《新民丛报》又胜《清议报》百倍矣。惊心动魄，一字千金。人人笔下所无，却为人人意中所有。虽铁石人亦应感动。从古至今文字之力之大，无过于此者矣。"[②] 其第二十六号刊登梁启超的一篇题为《丛报之进步》的文章，分析《新民丛报》自创刊以来期刊界的变化：

> 自去年本刊创刊以来，至今以同一之体例，同一之格式发行之丛报，殆近十家；上海《新世界学报》最早，《大陆报》次之，东京湖南学生所出之《游学译编》次之，而《译书汇编》亦以第二年第九期以后改译为撰，而今年正月东京湖北学生有《湖北学生界》之设，浙江学生有《浙江潮》之设，闻江苏学生亦将自出一报，计划已熟，今正在编印中云。半年之间，彬彬踵起，姑勿论其良楛如何，而学界之活动气，可征一斑。[③]

---

① 冯自由：《中国教育会与爱国学社》，载《革命逸史》初集，中华书局 1981 年版，第 115 页。
② 丁文江等编：《梁启超年谱长编》，上海人民出版社 2009 年版，第 181 页。
③ 梁启超：《丛报之进步》，《新民丛报》第二十六号，1903 年 2 月。

1903 年,资产阶级民主革命的思潮快速高涨,宣传民主革命的图书报刊也如雨后春笋,风行国内外,梁启超的政治思想和《新民丛报》的宣传内容发生了根本的变化。是年初,梁启超在《敬告我国民》一文中指摘中国人自治能力太差,认为:"吾今不要求公等鼓吹破坏,不要求公等以赞成破坏,即惟要求公等以扑灭破坏"。① 随后梁启超赴美洲游历,在此期间,《新民丛报》由蒋智由主持编辑。同年 11 月,梁启超返回日本,继续主持笔政。回到日本后,梁启超的政治态度和言论大变,"从前所深信的破坏主义和革命排满的主张,至是完全放弃","以后几年内的言论和主张,完全站在这个基础上立论"。②《新民丛报》的内容亦从激进转向保守,在政治上趋向改良,反对革命。其间,梁启超发表了《政治学大家伯伦知理之学说》《论私德》《论俄罗斯虚无党》《新大陆游记》《中国历史上革命之研究》等文章,其主要观点可以归纳为以下几个方面:一是认为中国人民"无高尚之目的",只有"族民资格而无市民资格",只有"村落思想而无国家思想",一言以蔽之,"今日中国国民,只可以受专制,不可以享自由"。③ 即使是中国历史上的那些农民起义者,实际是"自附于白种景教,而借其力欲摧异己之党派";即使是"以第一等革命家自命之少数豪杰",也都是"道德信义"扫地,"其内部日日有杨、韦相搏之势也"。④ 二是 19 世纪 70 年代以后,很多国家的统治阶级都已掌握了新式武器,"区区民间斩木揭竿者",如要通过革命暴动推翻当权的政府,那完全是一种梦想。三是革命不会给中国带来幸福,只会带来混乱,加速亡国,他悲叹道:"呜呼,共和共和……吾与汝长别矣!"⑤

1905 年 7 月,清廷派遣载泽、端方等五大臣出洋考察宪政。1906 年 9 月 1 日,清廷宣布"预备立宪"。《新民丛报》在梁启超的主导下,转而成为立宪舆论的重要宣传者。该刊第七十二号至九十六号发表了大量关于立

---

① 梁启超:《敬告我国民》,《新民丛报》第二十六号,1903 年 2 月。
② 丁文江等编:《梁启超年谱长编》,上海人民出版社 2009 年版,第 218 页。
③ 梁启超:《中国人之缺点》,载《辛亥革命前十年间时论选集》第 1 卷下册,生活·读书·新知三联书店 1979 年版,第 788 页。
④《中国之新民:中国历史上革命之研究》,《新民丛报》第四十六、四十七、四十八号合刊,1904 年 2 月。
⑤《新民丛报》第三十八、三十九号,1903 年 10 月,第 48—49 页。

宪的文章，其作者及文章数量分别为：梁启超（10 篇）、徐佛苏（5 篇）、吴仲遥（5 篇）、渊生（4 篇）、蒋观云（2 篇）、黄与之（2 篇）、康有为（1 篇），以及张君劢与笔名为遇虎、孟扬、宇的作者各 1 篇。这些文章的内容大致可以分为两个方面：一是宣传君主立宪思想，认为中国今日万不能行共和立宪制，当以开明专制为立宪之预备。在他们看来，"开明专制者，实立宪之过渡也，立宪之预备也。"① 在"人民程度未及格""未能立宪未能革命"的今日中国，只能行开明专制。"以开明专制为立宪之预备"。② 二是与革命派论战，认为满人早已同化于汉人，满人和汉人谁当皇帝都可以，排满必定引起民族仇杀，造成天下大乱。不仅如此，帝国主义会乘虚而入，中国就会被瓜分。

《新民丛报》在创刊之初致力于输入各种西学知识，在中国思想史、文化史、期刊史上均产生了深远影响。《新民丛报》的销路很广，仅在国内销售点就达 49 个县市 97 处之多，且每册一出版，内地就有人翻印。清政府虽然严禁，读者仍是争相传阅。该刊最初仅印 2000 册，到第二十号时增至 9000 册，发行量最高时达 14000 册。《新民丛报》因政治上的转向，特别是在与《民报》的论战中，逐步失去了读者的支持，最终于 1907 年停刊。③ 20 世纪 30 年代，人们在谈到这份刊物时还认为，它"影响中国社会舆论之巨，直至于今，无他杂志可与匹敌也"。其原因在"当时适值义和团乱后，旧文化、旧制度，不满人望。士大夫求新知识之欲甚炽。梁氏亡命日本，得彼邦之普通常识，以畅达流利之文，尽量灌输于国中，所谓因时乘势也"。④

《新民丛报》停刊后，1907 年 10 月，梁启超在东京组织成立政闻社，由马相伯任总务员，徐佛苏和麦孟华为常务员。在创办政闻社的同时，梁启超又创办一份名为《政论》的刊物，"其目的在唤起国民之政治思

① 梁启超：《开明专制论》，《新民丛报》第七十四号，1906 年 2 月。
② 梁启超：《开明专制论》，《新民丛报》第七十五号，1906 年 2 月。
③ 该刊1907 年春，销量跌至不足 3000 册，以至最后被迫停刊，见丁文江等编《梁启超年谱长编》，上海人民出版社 2009 年版，第 252 页。
④ 张星烺：《欧化东渐史》，商务印书馆 2011 年版，第 91—92 页。

想"。① 对于这份刊物，梁启超明确"此社非如新民社之为出版物营业团体
之名称，而为政治上结合团体之名称，现在所联结者，即先以纳诸政论社
中，将来就此基础结为政党"。②

二、《民报》与辛亥革命的舆论准备

以孙中山为代表的资产阶级革命派，从革命早期就十分注重期刊的宣
传作用。但由于现实的原因，他们没有创办自己的刊物，而是采取资金资
助的方式参与到报刊出版活动之中。1900 年 11 月，郑贯一创办《开智

图 4 - 5　孙中山

录》，初为油印，接受孙中山的资助，
于 1900 年 12 月改为铅印。《开智录》
借《清议报》为印刷和发行机关，后
因郑贯一被《清议报》免去编辑一职
而停刊。1901 年 5 月 10 日，秦力山、
戢元丞、沈翔云等流亡日本的民主革
命者在日本创办《国民报》，亦受到孙
中山"捐助印刷费一千元"的支持，
其宗旨是"破中国之积弊，振国民之
精神，撰述选译，必期有关中国大局
之急务，勿取空琐，毋蹈偏私"。③ 设
有《社说》《时论》《丛谈》《纪事》
《来文》《外论》《译编》《答问》等 8

个专栏，各门作者不署名，多由秦力山、杨廷栋、杨荫杭、雷奋等人执
笔，篇末附以英文论说，由王宠惠执笔。每月一期，共出 4 期，终刊于同
年 8 月 10 日。戢元丞在《国民报》停刊后，于 1902 年 12 月在上海创办
《大陆》月刊，延聘秦力山、杨廷栋、雷奋等人担任笔政。两年后改为半
月刊，1906 年 1 月停刊，共出 47 期。该刊内容包括政治、军事、经济、

---

① ［日］大隈重信：《政论序》，《政论》第一号，1907 年 10 月。
② 梁启超：《与佛公书》，载丁文江等编《梁启超年谱长编》，上海人民出版社 2009 年版，
第 396 页。
③ 《倡办国民报简明章程》，《国民报》第一期，1901 年 5 月。

哲学、历史、教育、文艺、自然科学各方面，设有《社说》《论说》《学术》《史传》《军事》《实业》《小说》《纪事》等栏。因其不遗余力鼓吹改革，排斥保皇，"实为国民报之变相"。①

《开智录》尽管痛斥帝国主义，肯定义和团运动，但其语言隐晦曲折。《国民报》则有着比较鲜明的革命色彩，"开留学界革命新闻之先河"。它以公开的姿态宣告：

> 同人痛之，不揣固陋，谋创是报，发其狂愚，月出二册，都为八门，名曰《国民报》，冀明我国民当任之责，振我同胞爱国之心。伊尹曰使先知觉后知，以先觉觉后觉。拿破仑曰：报章者，国民之教师。先觉、教师，则吾岂敢。若以唤起国民之精神，讲求国民之义务，自附于播种培根之末，或亦自尽国民之责欤？大雅君子，倘亦有乐于是欤？民智渐奋，安见今日服从专制之人，不足抗衡于欧美而享西国国民所享之人权也。②

其登载的《二十世纪之中国》《说国民》《中国灭亡论》《说汉种》《亡国篇》等一系列文章，批判锋芒直接指向帝国主义，认为中国已成为帝国主义列强角逐的中心，"十九世纪之中，白皙种人既领澳大利亚，又出其全力分割阿非利加洲，粒沙寸土，皆有主权；于是登喜望之峰，睥睨全球，见夫太平洋东之大陆，可以染指，遂乃移戈东向，万马骈蹄，群趋并力，移其剧场于亚洲，六十年于兹矣。今既圈其土地，割其港湾，削其主权，监其政治，二千年文明之古国，久已为列强俎上之肉，釜中之鱼，其存其亡，不容自主矣"。③ 并对中国革命如何进行的问题作了积极探索，认为革命应当由资产阶级及其知识分子领导，只有这样，"则二十世纪之中国，将气凌欧美，雄长地球，固可蹻足而待也。"同时还要极力破除迷信、解放思想，"冲决治人者与被治者之网罗，则人人皆治人者，即人人皆被治者；冲决贵族与平民之网罗，则人人皆王侯，即人人皆皂隶；冲决自由民与不自由民之网罗，则律例之中无奴仆之文字，海外华工无苦力之

---

① 冯自由：《东京〈国民报〉》，载《革命逸史》初集，中华书局1981年版，第96页。
② 《叙例》，《国民报》第一期，1901年5月。
③ 《二十世纪之中国》，《国民报》第一期，1901年5月。

称号；冲决男子与女子之网罗，则男子有参政权，即女子亦有参政权"，[1] 使中国成为一个真正的"平等之国"。

1903年，因拒俄事件和"《苏报》案"的发生，留日学生期刊的政治立场逐渐由倾向改良转向激进，鼓吹反满和流血革命。如1903年初留日学生创办的《浙江潮》，就其言论而言，较早发刊的几期较为含蓄温和，然而自第4期起，就公开指名抨击清政府，"持论激烈，不让他省"。[2] 1902年创办的《游学译编》，初期囿于教育救国、实业救国、地方自治救国等改良主义的内容，在1903年春秋之际亦逐渐出现了激烈的革命言论，指出"权衡今日支那民族时势之轻重，事业之缓急，莫如革命。革命者，今日支那民族最大之幸福也，民族主义则求此最大幸福之线引也"。[3] 这些留日学生期刊尽管政治立场接近革命党人，但与之相比较，仍有一些距离，如《浙江潮》错误地看待人民群众，过分夸大留学生的作用，认为"上等社会"已腐败无能，是革命的对象；"下等社会"愚昧无知，只可"使知之，不可使由之"；只有留学生，才能"挟其学、挟其智、挟其才、挟其手段以救中国"。[4]

1905年6月3日，湖南华兴会主要成员在日本创办《二十世纪之支那》，初定为月刊，后未按月出版；编辑有田桐、宋教仁、黄兴、陈天华、仇式匡、白逾恒等人。其栏目有《图画》《论说》《学说》《政法》《历史》《军事》《理科》《实业》《丛录》《文苑》《时事》《时评》等。之所以创办《二十世纪之支那》，是为了"提倡国民精神，输入文明学说"。该刊在《二十世纪之支那初言》中，对这一宗旨作了进一步阐释：

> 夫杂志者，促民德民智民力之进步，挑发而引导之活机也，以今日之支那与欧美日本相较，宜有以挑发引导我国民者，实非倍蓰不为功，乃百不逮其一。况列强之殖民于我土地者，已星罗棋布，以最劣之民族与最最优者相竞争，其处必败之势，亦属天演公例。爰是则吾人不可不有以挺救之，挺救之方策如何？亦日挑发而引导之，使其德

---

① 《说国民》，《国民报》第二期，1901年5月。
② 冯自由：《浙江之文字狱》，载《革命逸史》第5集，中华书局1981年版，第43页。
③ 《民族主义之教育》，《游学译编》第十期，1903年9月。
④ 《国魂篇》，《浙江潮》第三期，1903年4月。

其智其力，皆有所进也；然后对于内足以组织完全之国家，对于外足以御列强之吞噬；于是树二十世纪新支那之旗于世界。此则我《二十世纪之支那》杂志所以发刊之趣意也。①

1905 年 8 月 20 日，黄兴因《二十世纪之支那》杂志的创办人和编辑多半加入同盟会，提议将其改为同盟会机关报。同年 8 月 26 日，因《二十世纪之支那》第二期登载蔡序东的文章《日本政客的支那经营谈》，抨击日本的侵华政策，被日本政府没收停刊。于是，同年秋，同盟会将其更名为《民报》，作为同盟会机关报出版发行。

《民报》是一份大型时事性政论月刊，设有《论说》《时评》《谈丛》《纪事》《译丛》等栏目，每期 6 万至 8 万字。最初五期主编为张继，实际上是胡汉民。主要撰稿人有陈天华、汪精卫、朱执信、廖仲恺和宋教仁。1906 年 6 月，章太炎加入同盟会，自第六期起任《民报》主编。后来有几期因章太炎有病，由张继、陶成章主编。出至第二十四期（1908 年 10 月），被清政府通过日本政府下令禁止。1910 年 2 月 1 日，在汪精卫等推动下复刊，出版二十五、二十六两期后停止。在以孙中山名义发表的《民报发刊词》中，首先提出了"民族、民权、民生"，并对《民报》的使命做了说明：

翳我祖国，以最大之民族，聪明强力，超绝等伦，而沉梦不起、万事堕坏；幸为风潮所激，醒其渴睡，旦夕之间，奋发振强，励精不已，则半事倍功，良非夸嫚。惟夫一群之中，有少数最良之心理能策其群而进之，使最宜之治法适应于吾群，吾群之进适应于世界，此先知先觉之天职，而吾《民报》所为作也。抑非常革新之学说，其理想灌输于人心而化为常识，则其去实行也近，吾于《民报》之出世觇之。②

在《民报》第三期上，又发表了胡汉民的《民报之六大主义》，宣布"本杂志之主义如下：（一）颠倒现今之恶劣政府；（二）建设共和政体；（三）土地国有；（四）维持世界真正之和平；（五）主张中国日本两国之

---

① 卫种：《二十世纪之支那初言》，《二十世纪之支那》第一期，1905 年 6 月。
② 《民报发刊词》，《民报》第一期，1905 年 11 月。

国民联合；（六）要求世界列国赞成中国革新之事业"。①

如前所述，1903 年以前，《清议报》《新民丛报》等在介绍西方社会政治学说方面发挥了无可替代的作用。但随着民主革命运动迅猛向前发展，以康有为、梁启超为首的改良派却抱持保皇立宪的观点，站到了革命的对立面。

1904 年年初，《新民丛报》刊登梁启超《中国历史上革命之研究》一文，将中国历史上的"王朝革命"与欧美历史上之"国民变革"进行比较，认为前者较后者有"七不如"：一、有私人革命而无团体革命；二、有野心的革命而无自卫的革命；三、有上等下等社会革命而无中等社会革命；四、革命之地段较泰西为复杂；五、革命之时日较泰西为长久；六、革命家与革命家之自相残杀；七、因革命而外族之势力因之侵入。文章历数并夸大中国历史上从陈涉起义到太平天国革命对社会造成的破坏"最酷且烈"，"蒙革命之害者，动百数十岁"，革命军"同类相屠，而两造皆以太阿之柄授外族"等所谓"恶果"，贬低"欲用之以起革命之多数下等社会，其血管皆含黄巾、闯（李自成）、献（张献忠）之遗传性"。文章最后得出结论：中国历史上"王朝革命"的坏传统是行不通的，革命论者为"亡中国之罪人也"，② 从而完全否定中国历代革命的历史地位和作用。

该文发表后，《民报》立即刊登思黄（陈天华）的《中国革命史论》予以还击。文章详叙中国历代革命的原因及"当时革命之实迹，及革命后之影响"，以之与西方"近世之文明革命"两相比照，从研究方法上否定了梁启超所采用的比较研究法乃"以泰西近世之革命例吾以往之革命"，因此其"泰西可革命，中国不可革命"的结论是"不明泰西之历史"的表现。《中国革命史论》主要从四个方面对梁文予以驳斥：其一，以大量的中外历史事实论证了"乱亡相寻，杀戮不已"不仅是中国历代革命中的现象，也同时存在于古希腊、古罗马、德意志、法兰西、英吉利等国。其二，肯定了历代革命在推动社会进步方面所起的作用："宇内各国无不准进化之理，其所以雄飞突步、得有今日者，进化为之也，非自古然，革命

---

① 胡汉民：《民报之六大主义》，《民报》第三期，1906 年 4 月。
② 参见《新民丛报》第四十六、四十七、四十八号，1904 年 2 月。

亦其一端也"。其三，划清了中国历代"革命""政变"、外族入侵之间的模糊界限，提出只有"因于时君之失政、草泽啸聚、英雄崛起，颠覆旧政府者"才算得上革命，将"东汉之七国、西晋之八王、明世之燕王"等"君主之家事，无关国民之消长"的政变以及"权臣篡国、夷狄乱华"等历史事件与革命史区别开来，肯定了中国历代农民起义是一系列以挫折而告终的革命的连环。其四，针对梁氏以"野蛮之革命"与"文明之革命"分野的观点，把中外历代革命归纳为"国民革命"和"英雄革命"两类，前者"设立共和国，其幸福较之未革命之前增进万倍，如近日泰西诸国之革命是也"；后者则"一专制去而一专制来"，如"中国历来之革命是也"。呼吁实行"国民革命"，摆脱"英雄革命"之旧轨。[1] 陈氏此文，从阐明历史发展规律的高度，说明革命是推动社会前进的动力，对人们摆脱改良主义的影响，具有积极意义。

经过这一回合交锋之后，《新民丛报》又于1906年8、9月间连载署名明夷（康有为）的《法国革命史论》，[2] 继续反对革命。该文为康有为1904年游历欧洲回国后撰写的《欧洲十一国游记》之一节，论述法国大革命的原因及其影响，否定革命，宣传改良。

首先，对法国大革命造成的惨状进行浓墨重彩的描写，极力夸大革命的破坏性，危言耸听地渲染"法革命之祸，至于弑君易朝，死者百廿九万，可谓弥天之大祸矣"，认为"祸酷"的"近代革命"正是肇始于此；同时，文章极力夸大革命党派之间的矛盾："彼革命党之政策无他，以上断头台为实，彼革命党之言志甚侠，皆以舍身流血救国救民为词，而必日杀同志左右至亲以为自保"。并由此武断地认为，"夫以革命者之必作乱也，作乱者之必无秩序、无理义而争权也，其必至同志同党至亲左右展转相杀者，势必不可已也"。

其次，分析法国革命的原因，认为革命并非由法皇路易十六的暴虐统治而引起，相反，路易十六是"宽裕爱民""至公""至仁"的"恭俭之

---

① 参见《民报》第一、二期，1905—1906年，未完稿，因陈天华的离世而中断。

② 明夷：《法国革命史论》，《新民丛报》第八十五、八十七号，1906年8月20日、9月18日。

君"，只是因为他的优柔寡断，才导致了革命形势的蔓延。由此反思中国现状，康有为认为，中国不存在爆发革命的社会和思想基础，声称中国自秦以来"既无世家诸侯大夫，人人平等，无封建之压制，民久自由，学业宗教，士农工商，皆听自为之"，"平等自由，若今惟美国有一二少能比我，但异于一民主耳"。换言之，中国社会现状已经达到了自由平等的地步，与法国大革命前旧制度的"野蛮之俗""压迫苛暴之政"有着本质的不同，故效仿法国大革命乃是"安平无忧，而服鸩自毒，强健无病，而引刀自割，在己则为丧心狂病，从人是庸医杀人"。

再次，考察法国大革命失败的原因，认为造成动荡局面的责任不在民众与雅各宾派，因为他们根本没有资格承担政治责任的主体；"拉飞咽"（Marquis de La Fayette 1757—1834）等立宪君主派和"及伦的"党（即吉伦特派）等稳健革命派应对此负责。前者因追求"政治平等"而最终背弃"拥护王室"的初衷；后者则因"妄倡革命"这一激进手段而被暴民夺取了主动权，以至失去控制政治状况的能力。由此，康有为向将法国大革命视为榜样的"轻躁"的中国知识分子发出了警告：如果无视社会条件的差异，一旦中国爆发暴力革命，必将如法国大革命一样动荡与无序。

梁启超专门为该文写"跋语"以说明其编辑意图在于"其论笃切恳挚，足以为病狂热者之药，故录诸报中"。他认为，康文"最博深切明者，为末段论法国所以不得不革命之原因，而推求我国现在果有此原因与否"以及"法国破坏后不能建设之因果"。在这一基调下，梁启超进一步宣扬法国大革命的破坏性，错误地推导出各革命党派之间的互相倾轧是民主革命的必然结果。他声称，法国大革命时代"诸党其非若我国历朝鼎革之交，诸豪杰之争为帝王"，"意见无论如何总不免于冲突，万事付之众议，则其冲突之程度愈甚"，秩序新破坏之时，"惯习荡然，旧法律全丧其效力，而新法律未立即立矣"，冲突之起，"非借腕力无从解决之"，"则能杀人者胜，见杀于人者败而已"。

《新民丛报》的这篇文章，立即引起了革命派的警觉。章太炎敏锐地意识到，"自此论出，其为进步之梗者，良非浅鲜，不可不有以匡之"。乃将此项任务交给《民报》最年轻的撰稿者汪东，于第十一号刊出署名寄生（即汪东）的《正明夷法国革命史论》，就康、梁以法国大革命的历史否定、反对革命的言论，针锋相对地予以驳斥。

首先，汪文充分肯定并高度赞扬法国大革命"一洗旧弊，遂能祛虐政，均利权，卒达改革之首志"的历史功绩，一针见血地指出，康有为无视法国大革命的贡献，"不睹其功，而重科之罪"，其根本原因乃"其尊君之心理使然"。文章认为，正是在这种先入为主的"尊君"观念指导下，康有为才会对"有拥护王室则目之为忠诚，反是者皆不忠不诚也；有欲以君主立宪定国，则叹为才智之士；反是者皆无识之乱民也"。以是否具备拥护皇室的"忠诚"为基准，而不是从国家、国民及人类的高度评判法国大革命中各派的功过，这种是非颠倒的做法，乃"无定着无恒者之小人"所为，从而彻底揭露了康有为保皇的真面目。

其次，针对康有为提出的革命招致社会大乱的理由，逐一加以驳斥：（1）针对康有为对议院选举雅各宾派主政乃大乱之源的说法，文章指出，雅各宾派的领袖罗伯卑尔等人"皆英迈果断有卓见者"，"造诣甚深"，但"天赋其性，剽悍不仁"，"互相争权，流血遍地，以是酿成恐怖之世"，故"法国之不幸实天为之"，不是革命的通则。（2）针对康有为对吉伦特党"妄倡革命"的指责，文章指出，"凡革命一起，诸恶象随之，不可逃避，若影之逐形"，但这些并非"革命必得之果"。吉伦特党政治行动的动机，乃出于"不忍人之心"，是引导人类实现更好的生存状态、最终实现"大同"世界的原动力。（3）针对康有为提出的"凡预于革命之役，无仁暴智愚贤不肖，无一人能免者，百二十九万人流血以去一君，卒无所成，只助武人拿破仑为大君，复行专制而已"，文章辩驳说，拿破仑登上帝位并非单纯依靠武力，而是面临欧洲封建势力干涉的国际局势，起而捍卫共和国，其称帝乃"法民之所许"，非吉伦特党所能预料和左右。（4）批驳康有为的"法国大革命之不亡其国，幸赖罗伯卑尔、马喇诸屠伯悍贼之酷毒，绝无人理，遂谓吾国革命之结果，不尽杀四万万人不止"等言论为倒果为因，历数中国历史上君主专制制度压制民权之烈，驳斥康有为所谓中国"自由平等已二千年，与法之十万贵族压制平民，事既不类，倡革命言压制者几类于无病而学呻"的谬说为"病狂之言"。

最后，对法国革命与欧洲的干涉、中国革命也将招致瓜分之祸的论调给予了回应。文章指出，欧洲列强干涉法国是因为法国革命宣言中有"欧洲列国之民，胜帝王而能自立"导致"欧洲民气嚣动，王族震惊"，法国流亡的旧贵族"又遣使求援列国，王侯以为耀兵于法，复其王政"；中国在亚洲，且不会扰及王室，因此不会引起外国的干涉。在作者看来，中国的现状，与法国大革命前的状况极其相似："法国当18世纪，在上者之专恣与夫文士党锢之狱，民以困议论之沸腾，无一不与中国类"，故"欲取往事以为师资，则法国为最善"。

对梁启超"跋语"中提出的革命各派之间"总不免于冲突"的观点，文章也反驳指出，冲突时时处处都在，并非革命时期所独有，更非革命所衍生。法国大革命"亦必待既缚王族而后屠戮之迹乃见。若政权不在此辈之手，完善之宪法早定，则彼亦岂能不生活于此新政府新法律之下"。

从上述持论可以看出，革命派的反驳，一方面有助于澄清法国大革命的历史事实，但同时也暴露出他们脱离民众、对帝国主义缺乏警惕的致命伤，一定程度上影响了文章的说服力和战斗力。但不可否认，这篇长文与康有为极力主张大革命前的法国与20世纪初叶的中国社会之不同相比，更强调了二者在"不自由与不平等"方面的相似性，从而论证了中国仿效法国实行革命的正当性。

继该文之后，《民报》自第十三号起连载寄生（即汪东）的《法国革命史论》，并在正题下面加了一个副题"附正新民丛报第十五号明夷作"，[①]较之前文更加系统、具体地批驳康、梁对法国和中国革命历史的错误认识。这篇长论取材于河津祐所译之《佛国革命史》、奥田竹松所著《佛兰西革命史》，并参考了有贺长雄、本多浅次郎所著的《西洋历史》和烟山专太郎的《法国史讲义》，资料丰富翔实。作者的撰述宗旨，一方面是为了回应康有为、梁启超的挑战，另一方面则是为中国革命提供借鉴。文章分三章叙述法国大革命的起因与过程，主要论点有：其一，将卢梭的《民约论》主要内容概括为天赋人权、自由之理、平等说、四海同胞论等四个方面，高度评价其对法国大革命的贡献："法国十八世纪后半期之思想界，实民约论操纵之。一千七百八十九年震撼天地之大革命于是焉起"。其二，抨击法国路易十六的暴政是革命"成流血僵尸之局"的直接原因。其三，

---

① 分别参见《民报》第十三、十五、十六、十八、十九期，1907年5月—1908年2月。

分析列举法国大革命前夕的形势，揭露康有为"举中国历朝之深仁厚泽与法国十八世纪相比较"、歪曲历史而达到其消弭革命的意图，以万余字的篇幅从财政、土地赋税制度、吏治、民力、荒政、刑法、君主专制、文字狱、民族歧视政策等方面一一列举清朝的虐政，论证中国革命的必要性和迫切性。

围绕革命与改良、君主立宪和民主立宪问题，《民报》与《新民丛报》之间展开的论战，在当时产生了强烈反响。该刊出版后，受到国内外同盟会员和同情革命的知识分子热烈欢迎，创刊号再版 6 次，第二、三期各再版 5 次，最高发行量达到 17000 份，远远超出了 1902 年《新民丛报》的盛时销量，① 成为当时影响极大的刊物。通过与《新民丛报》的论战，不仅使资产阶级民主革命思想得到广泛传播，三民主义逐渐深入人心，而且还为辛亥革命做了组织上的准备，许多原来支持改良派的人改变了立场，纷纷退出保皇派而加入同盟会。从编辑业务来看，《民报》在论战中得到了锻炼，有了新的发展，代表了当时的最高水平。其前 6 期的主编胡汉民，以及后来的章炳麟，都是当时的国学大师，因此虽然《民报》出版时间不足五年，但其影响十分广泛，使相当一批接受过新学教育、有进步意识的人士由思想上同情革命，走上了全身心参加革命的道路。

继《民报》之后，同盟会成员创办了一大批革命期刊，宣传革命思想。1905 年 9 月，同盟会会员雷铁崖与四川籍留日学生董修武、李肇甫等人在日本创办《鹃声》杂志，雷铁崖任主笔。该刊设有《社说》《论说》《宗教》《政治》《军事》《经济》《记事》《小说》《文苑》《时评》等栏目，旨在唤起四川及全国同胞，挽救民族危亡，建设一个新的中国：

　　我们这个报取这鹃声的意思，原来是望我们四川人，听了鹃声二字，就想起了亡国的惨历史，触目惊心，自然动了些感情，把这个报买一份来看看。……所以本社同人，欲效啼鹃，把以上所说这些事情，及如何造成新国家，救我们四百兆同胞的法子，一期一期的说了出来，哀鸣于我七千万伯叔兄弟之前。日日啼哭，今日劝不转来，明日依然啼哭，明日劝不转来，后日还是要哭诉的。古人有两句诗云：

---

① 方汉奇主编：《中国新闻事业通史》第 1 卷，中国人民大学出版社 1992 年版，第 825 页。

"子规夜半犹啼血，不信东风唤不回"。这就是取名鹃声的意思了。①

1906 年 1 月，孙中山为了扩大宣传革命的阵地，与吕志尹、杨振鸿等云南留日学生面谈，提出要他们筹备创办《云南杂志》："云南最近有两个导致革命之因素：一件是官吏贪污，如丁振铎、兴禄之贪污行为，已引起全省人民之愤慨；另一件是外侮日亟，英占缅甸，法占安南，皆以云南为其侵略之目标。滇省人民在官吏压榨与外侮侵凌之下，易于鼓动奋起，故筹办云南地方刊物为刻不容缓之任务"。② 孙中山并嘱咐陶成章、宋教仁等对该刊的出版给予支持帮助。在其关怀下，1906 年 4 月，云南杂志社成立，10 月 15 日《云南杂志》创刊，由李根源、罗佩金等主办，吴琨、张榕西等负责编辑工作。该杂志设有《时评》《小说》《评述》《历史》《传记》《调查》《访函》《文苑》等栏目，以宣传资产阶级民主主义，反对法、英帝国主义侵略云南为主要宗旨：

> 呜呼，《云南杂志》!《云南杂志》!! 是云南前此未有之创举，而今日之救亡策也；是故乡父老引领翘足朝夕期待者也；是留东同人枯脑焦心日夜经营者也。……是编也，非仅商榷学术、启发智识之作，实为同人爱乡血泪之代表。非激越过情之谈，实不偏不颇，具有正当不易之宗旨。非草率无责任之文，实苦心孤诣，抱有绝大之希望者也。③

1907 年 9 月，景定成、景耀月、谷思慎等同盟会会员在日本创办《晋乘》，设有《论著》《文艺》《杂俎》《图画》《附录》等栏目，其中以《论著》一栏为重点，主张实业救国，开通民智，挽救危亡。共出 3 期，不定期刊物。该刊刊名原本为古代晋国史书的名字，套用此名，在于引古喻今，使国民产生"眷怀古昔的爱情"，从而使其"爱国爱种之心，独立进取的志"，犹如"盘波瓮倒的流溢出来"，以拯救中国于危亡。④ 1907 年 12 月，同盟会河南分会创办《河南》，作为机关刊物，由刘积学为总编辑，张钟端为发行人。《河南》设有《社说》《政治》《地理》《历史》《教育》

---

① 《说鹃声》，《鹃声》，第一期，1906 年。
② 李根源：《云南杂志选辑·序》，知识产权出版社 2013 年版，第 1 页。
③ 《发刊词》，《云南杂志》第一期，1906 年 10 月。
④ 《晋乘说》，《晋乘》第一期，1907 年 9 月。

《军事》《实业》《时评》《译丛》《小说》《文苑》等 15 栏，每期都有一百数十页。以"牖启民智，阐扬公理为宗旨"，具体含义是为了"激发爱国天良，作酣梦之警钟，为文明之导线"。① 1907 年下半年，四川留学生成立四川杂志社，推举同盟会会员吴玉章为编辑兼发行人，后又有雷铁崖、邓絜等同盟会会员加入杂志的编辑工作。1908 年 1 月，《四川》杂志同时出刊第一、二两期，至第三期就被日本当局查封。《四川》设有《论著》《译丛》《时评》《杂俎》《文苑》《演说辞》《小说》《大事记》等栏目；在民族危机日益加重的形势下，该杂志同人"合内外，共贤愚，集群才，鸠大力"以"醒聋聩"，② "其主义在输入世界文明，研究地方自治，经营藏卫领土，开拓路矿利源。就此等问题，切实发挥，和平鼓吹，使我蜀国同胞起作神州砥柱"。③

1908 年初，陕西、甘肃留日学生在日本创办《关陇》，主持人为白毓庚等部分陕西籍同盟会会员。该刊旨在唤起广大群众，传播新知识，抨击清政府，鼓吹救亡图存。同年 2 月，陕西同盟会员井勿幕在东京创办《夏声》，高祖宪、李子逸、茹卓亭、杨西堂、张季鸾等先后任主编。设有《论著》《时评》《学艺》《文艺》《杂纂》《附录》（多社会调查材料）等栏目，第七期增设《通俗讲话》。该刊宣称"以开通风气，剪除敝俗，灌输最新学说，发挥固有文明，以鼓舞国民精神为宗旨"。其创刊号刊载的《夏声说》一文，对其唤起国民觉醒以挽救民族国家之危亡的宗旨，作了进一步的阐述：

> 宁勤勤恳恳以鼓吹我同胞乎，将偷安旦夕以听天演之沙汰乎？宁不避忌讳以扶持国家乎，将反舌无声以诬辱先人乎？宁大声疾呼以振聋而起聩乎，将和声鸣盛以效碌碌者乎，忝颜取容且以荣吾身乎？宁木铎以警以循乎，将如靡靡之音以淹湮心耳乎？孰去孰从，孰优孰劣，不待智者之择、勇者之决，已可了然而得所归矣。④

由于部分同盟会员与孙中山在革命方略、革命行动和思想上分歧越

---

① 《〈河南〉杂志广告》，《豫报》第四期，1907 年 11 月。
② 《发刊词》，《四川杂志》第一号，1907 年 12 月。
③ 《四川杂志广告》，《广益丛报》第一五五号，1908 年 12 月。
④ 《夏声说》，《夏声》第一号，1908 年 2 月。

来越大，遂从同盟会中分裂出来。1907 年 6 月，刘师培在日本东京创办《天义报》以宣扬无政府主义。该刊设有《论说》《学理》《时评》《记事》《译丛》《杂记》等栏目，声称"以破坏固有之社会，实行人类之平等为宗旨，于提倡女界革命外，兼提倡种族、政治、经济诸革命，故名曰天义"。①自八、九、十卷合刊开始，宗旨改为"破除国界、种界，实行世界主义；抵抗世界一切之强权；颠覆一切现近之人治；实行共产制度；实行男女绝对之平等"。②1907 年 6 月，张静江、吴稚晖、李石曾等人在法国巴黎创办《新世纪报》，该刊为宣传无政府主义的周刊，最初为单张报纸形式，共四版，自第五十三号起改为书册形式，每册 14 页。该刊认为，易朝改姓为旧纪革命，扫除一切政府为新世纪革命，故而极力推崇新世纪革命："苟不进或进而缓者，于人则谓之病，于事则谓之弊。夫病与弊皆人类之欲革者也。革病与弊无他，即所谓革命也"；③"人类之所以有今日在，以自古及今，历数百万次大小之革命，有以造之也"。④《天义报》和《新世纪报》尽管也鼓吹革命，反对清政府，只不过这种革命是无政府主义的革命，如《天义报》认为："排满主义虽与无政府不同，然今之政府既为满人所组织，而满汉之间又极不平等，则吾人之排满，即系排帝王，即系颠覆政府，即系排特权，正与无政府主义之行事相合。"⑤

在同盟会以外，还有一些革命党人参与革命期刊的创办。如前所述，1907 年 1 月，女革命家秋瑾在上海创办《中国女报》，自己担任主编兼发行人，还请光复会领导人之一的陈伯平担任编辑。主要撰稿人有黄公、钝夫、燕斌、陈志群、徐寄尘（自华）、吕碧城等。《中国女报》系月刊，32 开本，正式出版了两期，每期约六十页，有《社说》《论说》《演坛》《译编》《传记》《小说》《文苑》《新闻》《调查》等栏目，其团结妇女，提倡女权、女学，鼓吹革命救国的宗旨十分明确。秋瑾在《创办中国女报之草章及意旨广告》中说："本报之设，以开通风气，提倡女学，联感情，

---

① 《简章》，《天义报》第一卷，1907 年 6 月。
② 《天义报》第八、九、十卷合刊，1907 年 10 月。
③ 真：《进化与革命》，《新世纪报》第二十一号，1907 年 11 月 2 日。
④ 民：《普及革命》，《新世纪报》第十五号，1907 年 9 月 28 日。
⑤ 《公权》：《社会主义讲习会第一次开会记事》，《天义报》第六期，1907 年 9 月。

结团体，并为他日创设中国妇女协会之基础为宗旨。"① 后又在《发刊辞》中指出：

> 吾今欲结二万万大团体于一致，通全国女界声息于朝夕，为女界之总机关，使我女子生机活泼，精神奋飞，绝尘而奔，以速进于大光明世界，为醒狮之前驱，为文明之先导，为迷津筏，为暗室灯，使我中国女界中放一光明灿烂之异彩；使全球人种，惊心夺目，拍手而欢呼。无量愿力，请以此报创。②

综上所述，自 1900 年庚子事变之后，革命报刊相继创办，以革命大义鼓动群伦，使志士风偃，人心归向。③ 至 1911 年辛亥革命爆发，革命洪流以沛然莫御之势奔腾于全国，正如孙中山所指出的："此次中国推倒前清，因赖军人之力，而人心一致，则由于各报鼓吹之功。"④

第二节　海外留学生创办的各类期刊

19 世纪末期，随着中日甲午战争的结束，中国青年开始赴日本留学，人数急剧增加，逐渐在日本本土形成了以留日学生为主的一股强大的政治、学术力量。20 世纪初，他们积极投身期刊的创办事业，大致创办了 97 种学生期刊，并将期刊的销售市场定在中国本土，进而对中国学术、政治产生了重大的影响。

一、留日学生期刊的衍变

留日学生刊物的创办，大致经历了四个历史阶段。

第一个阶段，从 1900 年至 1902 年，主要是以跨省留日学生联合团体为创办主体的学生期刊。

---

① 秋瑾：《创办中国女报之草章及意旨广告》，载《秋瑾集》，上海古籍出版社 1979 年版，第 10 页。
② 《发刊辞》，《中国女报》第一期，1907 年 1 月。
③ 陈玉申：《晚清报业史》，山东画报出版社 2003 年版，第 286 页。
④ 孙中山：《对粤报记者的演说》，载《孙中山全集》第 2 卷，中华书局 1982 年版，第 348 页。

1900 年 11 月 1 日,《开智录》创刊于日本横滨,12 月出改良第一期,每月两册,停刊于 1901 年春,具体卷数不详,据冯自由回忆,"出版至十余号而止"。[1] 它的创办,意味着 20 世纪初学生期刊的创办进入了一个新的时代。在接下来的两年中,一批学生期刊得以创办:(1)《译书汇编》(1900.12);(2)《国民报》(1901.5);(3)《大同学录》(1901);(4)《同瀛录》(1902)。这一时期的学生期刊,主要是以跨省留日学生联合团体创办为主。

《开智录》主要由东京高等大同学校学生郑贯一、冯自由、冯斯栾等 3 人创办。他们之所以创办《开智录》,在很大程度上是难以忍受《清议报》风格的变化,力图通过《开智录》来阐发自己的办刊理念。1900 年,梁启超从日本远赴美国,《清议报》笔政由麦孟华摄理,文字部分则由秦力山、蔡锷、周宏业等人分任,郑贯一为该报助理编辑。此时的《清议报》言论受康有为的直接干涉,稍有急激之文字俱不许登载。"诸记者咸以为苦,而莫敢撄其锋。郑乃约同学冯懋龙、冯斯栾同创《开智录》,专发挥自由平等真理,且创作歌谣谐谈等门,引人入胜。"[2]《译书汇编》的创办则与东京留学生团体励志会有密切关系。励志会以"联络感情,策励志节"为宗旨,[3] 开创当时跨省份的留学生团体先河。仅以参与译书汇编社的励志会成员为例,据《译书汇编》第二年第三期刊登的社告,该社 14 名主要成员的籍贯分别为:戢翼翚(湖北籍)、王植善(江苏籍)、陆世芬(浙江籍)、雷奋(江苏籍)、杨荫杭(江苏籍)、杨廷栋(江苏籍)、周祖培(江苏籍)、金邦平(安徽籍)、富士英(浙江籍)、章宗祥(浙江籍)、汪荣宝(江苏籍)、曹汝霖(上海)、钱承鋕(浙江籍)、吴振麟(浙江籍)。此外,《同瀛录》是由清国留学生会馆出版,以曹汝霖、张绍曾、吴禄贞、金邦金、章宗祥为干事。

第二阶段,从 1902 年至 1905 年,为留日学生刊物转型与分化的时代,这一时期以同乡留日团体创办的学术期刊为主。

---

① 冯自由:《开国前海内外革命书报一览》,载《革命逸史》第 3 集,中华书局 1981 年版,第 144 页。
② 冯自由:《横滨开智录》,载《革命逸史》第 3 集,中华书局 1981 年版,第 95 页。
③ 《励志会章程》,《译书汇编》第二年第十二期,1903 年 3 月。

　　1902 年前后，留日学生数量发生了很大的变化。据清国留学生会馆第一次报告《同瀛录》统计，1898 年至 1900 年留日学生总数为 143 人。1901 年始，留日学生剧增，年终人数至 274 人；1902 年 8 月止为 614 人，年终达千余人；1903 年，在校人数最少不低于 1454 人；1904 年在校人数最少不低于 2560 人，最高可达 3000 人；1905 年至 1906 年，留日学生总数已达 12909 人。① 留日学生在人数增多的同时，彼此间的思想分歧日趋明显，很多人留学仅是热衷追求利禄，认为留学只是仕途捷径，不从事与之不相符的活动，其中就包括了学术与思想启蒙活动，这客观上造成原先以交换知识、联系感情为宗旨的跨区域的留学生组织逐渐解体，以《译书汇编》为创办主体的励志会亦在其列。这对译书汇编社的发展造成了巨大冲击。为保持其原有的办刊特色，自第二年第九期起，《译书汇编》改为登载著述为主、编译为副，强调"取他人之思想，而以吾之思想融会贯通之……以同人数年之研究心得，借本编以发表之"。② 后来，《译书汇编》改名为《政法学报》，宣称"专主实学，不事空谈，自始至终无一篇简文章，无一句空泛话"，③ 力图使之成为"政法学界之灯"。然而，无论是出于思想启蒙的需要，还是出于联系感情的目的，相对稳定的团体组织需求始终存在。在这种氛围下，一种以同乡师友关系为纽带的群体开始出现，他们在乡土情感上诉之于浓厚的眷乡之情，并辅之以强烈的政治诉求。在早期，这种区域性的群体往往是以同乡会的面目出现。譬如湖南恳亲会，为湖南籍留日学生和同省游历日本的士绅组成，旨在"对于同乡加厚情谊，对于同国联络声气，对于世界研究学术"；④ 湖北同乡会由"湖北留学同人团结而成"，旨在"敦睦乡谊，砥砺学行，推广一切公益事件"；⑤ 浙江同乡会由"吾浙留学生及官绅游历或寄居日本者所组织"，以"笃厚乡谊为主"。⑥

---

① 苏贵民：《辛亥革命前中国留日学生人数考正》，《社会科学战线》1981 年第 4 期。
② 《改正体例告白》，《译书汇编》第二年第九期，1902 年 12 月。
③ 《本学报十大特色》，《政法学报》第一期，1903 年 4 月。
④ 《湖南恳亲会草章》，《游学译编》第二册，1902 年 12 月。
⑤ 《湖北同乡会章程》，《湖北学生界》第一期，1903 年 1 月。
⑥ 《浙江同乡会简章》，《浙江潮》第一册，1903 年 2 月。

　　这一时期留日学生创办的期刊大致有24种，大多由这类同乡会性质的群体所创办：（1）《游学译编》（1902.12），（2）《湖北学生界》（后改为《汉声》）（1903.1），（3）《浙江潮》（1903.2），（4）《直说》（1903.2），（5）《浙江月刊》（1903.3），（6）《江苏》（1903.4），（7）《政法学报》（1903.4），（8）《汉声》（1903.7），（9）《新白话报》（1903.12），（10）《江西白话报》（1903），（11）《刍报》（1903），（12）《日新学报》（1904.7），（13）《白话》（1904.9），（14）《海外丛学录》（1904.9），（15）《女儿魂》（1904），（16）《湖北地方自治研究会杂志》（1904），（17）《湖南学生》（1904），（18）《四新月报》（1904），（19）《东京留日界纪实》（1905.2），（20）《二十世纪之支那》（1905.6），（21）《第一晋话报》（1905.7），（22）《鹃声》（1905.9），（23）《醒狮》（1905.9），（24）《晨钟》（1905年秋）。以上这些学生期刊，很多仅出版一两期就停刊了，如《东京留学界纪实》只出1期。而其中发行周期较长、影响较大的留日学生期刊，往往以同乡会为创办单位，如《湖北学术界》因"由湖北留学日本同人创办"而得名；《浙江潮》的刊名，也因浙江籍留日同乡会"眷念故国，其心恻以动，乃谋集众"而出。

　　第三阶段，从1906年至1908年，留日学生刊物多以同盟会各省同乡创办为主。

　　为加强对留日学生的管理，清政府于1903年出台《约束游学生章程》，认为留日学生"妄发议论，刊布干预政治之报章，无论所言是否，均属背其本分，应有学堂随时考察防范，不准犯此禁令"，如刊发书报"有妄为矫激之说，紊纲纪，害治安之字句者，请各学堂从严禁阻。或经中国出使大臣总监督查有凭据，确系在日本国境内刊刷翻印者，随时知会日本应管官署，商酌办法，实力查禁"。① 但是由于各种原因，始终是鞭长莫及。1905年，日本政府对于留学生所办的期刊监管日趋严厉，日本文部省颁布《清国留学生取缔规则》，指出："受选定之公立或私立学校，不得

---

　　① 舒新城：《近代中国留学史》，上海书店出版社2011年版，第101页。

招收为他校以性行不良而被饬令退学之学生"。① 不难看出，"性行不良"在当时语境下，指的是留日学生从事革命活动。在这样的环境中，创办以同乡会面貌出现、传播相对激进言论的期刊已经变得不太现实。部分学生期刊开始向专业性期刊转型，其中有：（1）《音乐小杂志》（1906.2），（2）《法政杂志》（1906.3），（3）《复报》（1906.5），（4）《川汉铁路改进会报告书》（1906.6），（5）《新译界》（1906.11），（6）《教育》（1906.11），（7）《医药学报》（1907.11），（8）《法政学交通社杂志》（1907.1），（9）《学报》（1907.2），（10）《汉风》（1907.2），（11）《法政学报》（1907.2），（12）《卫生世界》（1907.6），（13）《农桑学杂志》（1907.6），（14）《学海》（1908.2），（15）《教育新报》（1908.5），（16）《武学》（1908.5），（17）《法政新报》（1908），（18）《醒回篇》（1908）。

鉴于部分杂志已经无法刊登其革命言论，同盟会成员于是纷纷创办学生期刊，宣传革命思想。这些学生期刊有：（1）《云南杂志》（1906.10），（2）《洞庭波》（1906.10），（3）《革命军》（1906.12），（4）《豫报》（1906.12），（5）《汉帜》（1907.12），（6）《中国新女界杂志》（1907），（7）《天义报》（1907.6），（8）《秦陇报》（1907.8），（9）《晋乘》（1907.9），（10）《河南》（1907.12），（11）《四川》（1907.12），（12）《鹃声》（1907），（13）《关陇》（1908.2），（14）《夏声》（1908.2），（15）《衡报》（1908.4）。与之前以各省同乡会创办的学生期刊相比，创办者的籍贯由东部城市逐渐向内陆及边疆城市转移。1902 年至 1905 年几家较有影响的留日学生期刊基本上都是浙江、江苏、湖北等沿海地区留学生所办，而自 1906 年始，这种格局有了比较大的突破，出现了《鹃声》《云南杂志》《四川》《夏声》《滇话报》《晋乘》等内陆省份留日学生所办的期刊。之所以会这样，在很大程度上取决于内地城市留日学生人数的增多。1905 年年底，沿海等地留学生大量归国，其中浙江籍留学生二百余名，此后这一区域赴日留学的学生数量剧减，云南、四川等内陆地区留学生人数却不减反增。锡良奏称：1905 年四川省"自风气盛开，东游相继，

---

① ［日］实藤惠秀：《中国人留学日本史》，谭汝谦译，生活·读书·新知三联书店 1983 年版，第 381 页。

官费而外，自费游学者，不下四五百人"；① 江西籍留日学生在 1904 年 2 月只有 27 人，从 1905 年始人数逐渐增多，尤其是自费生增长迅猛，据不完全统计，到 1908 年，江西留日学生人数猛增了二百五十多人，其中 1906 年的人数就达近二百人。②

图 4-6　《河南》　　　　　　图 4-7　《夏声》

同盟会会员创办的期刊与之前的学生期刊一样，大都采取以创办者籍贯所在省份命名的方式。这主要是受到《浙江潮》等杂志的影响，强调的是从乡土出发启发民智。譬如《豫报》同人认为："痛时局沦胥、民智未迪，久拟苦口哀诉，警觉桑梓，奈云海相隔，声息难通，即鱼雁往来频仍，究属不能普及，因组织杂志，月出一册，以为输入文明导线。"③《夏声》同人认为："蜀之鹃，浙之潮，洞庭之波，鸣其不平，以为激励，大抵皆救时爱国之士发愤悲伤之所为作也，且即地制名动人，较易不忘，厥本义尤厚焉。故吾雍苟无文明之史则已，苟有文明之史也，则欲以思古之幽情抒救时之良策，又不啻以雍之声歌，提雍人士之耳目者，则显名思义，惟《夏声》为最宜。"④ 当然，也有部分期刊是为便于宣传革命而如此

① 锡良：《奏陈学务情形并推广办法摺》，载《锡良遗稿·奏稿》第 1 册，中华书局 1959 年版，第 522 页。

② 黄耀柏：《清末江西留日学生述论》，《江西社会科学》1992 年第 1 期。

③ 《豫报公启并简章》，《豫报》第一期，1903 年 1 月。

④ 百无：《夏声说》，《夏声》第一期，1908 年 2 月。

命名的，吴玉章回忆说："1906 年以后，《民报》运进国内就较前更加困难了。为此，留日学生中各省的革命同志，又纷纷以本省的名义创办和继续出版报刊，分散地运进国内，进行革命宣传。例如《云南杂志》就是这样办起的。当时全国人民正在反对英帝国主义侵略我国云南边疆（片马事件），因此，《云南》着重地反对外国侵略，这样就使它得以比较容易地运进国内，并且受到广大读者的欢迎。《四川》杂志也是在这种情形下决定创刊的。"①

第四阶段，从 1909 年至 1911 年辛亥革命爆发，以专业性学会创办的学生期刊为主。

1909 年始，留日学生数量剧减，年底降至 3000 人，1912 年减至 1400 人。而这距离 1907 年 1 万人的留学数量，已经是遥不可及。与此同时，政治性学生期刊经常受到经费限制和清政府的管制，出版周期大都不固定，而且时常面临停刊的困境。留日学生期刊的经费通常由会员自费集资而成，经费不足是其常态。在早期，作为同乡会组织的机关刊物，经济境况相对好一些，但即便如此，有限的经费也只能用

图 4 - 8　《四川》

以维持编辑部的基本运转，不少刊物连工作人员的薪水与来稿稿费都拿不出来。譬如《江苏》杂志表示，"本会会员及本部办事各人皆各尽公众之义务，不领薪水亦无酬劳"。② 这种现象在 1905 年后同乡友朋创办的期刊上表现得尤为明显，譬如景定成等人创办的《晋乘》出了 3 期，即"因经济拮据而停刊"。③ 此外，清政府对留日学生期刊的管制日益森严，对刊物的发行与销售造成了极大影响。1904 年袁世凯因军机处函札饬各属各学堂

① 吴玉章：《吴玉章回忆录》，中国青年出版社 1978 年版，第 46 页。
② 《江苏同乡会调查部公约》，《江苏》第四期，1903 年 6 月。
③ 赵瞻国：《景梅九年谱简编》，《运城文史资料》，《山西》第 10 辑，1990 年。

查禁《新民丛报》《浙江潮》等报刊，[1] 1905 年锡良发告示查禁《鹃声》，"有藏者则比室株连，获主笔则就地正法"。尽管也有个别杂志因清政府的查禁而名声大涨、销量剧增，但这毕竟只是暂时而已，情况并没有维持多久。正是以上这些现实原因，专业性学会创办的学生期刊在 1909 年至 1911 年间成为留日学生刊物的主流。在这一期间创办的学会专业学生期刊有 9 种：(1)《女报》(1909.1)，(2)《海军》(1909.6)，(3)《中国蚕丝业会报》(1909.8)，(4)《湘路警钟》(1909.8)，(5)《南洋群岛商业研究会杂志》(1910.6)，(6)《铁路界》(1910.7)，(7)《工商学报》(1910.12)，(8)《浙湖工业同志会杂志》(1910.12)，(9)《中国商业研究会月报》（留日女学会杂志）。其他的群体创办的学生期刊仅有《宪政新志》《中国青年学粹》《陕北》《教育今语》等几种。

二、留日学生期刊的特色

20 世纪初留日学生创办的中文期刊，在晚清期刊发展史上具有鲜明的特色。

其一，以传输新知识为宗旨。这从留日学生刊物所表明的创刊宗旨可以体现出来。如《开智录》宣称该刊"以争自由发言之权及输进新思想鼓励国民独立之精神为第一主义"。[2] 又说，"此书以开民智为宗旨。倡自由之言论，伸独立之民权，启上中下之脑筋，采中东西之善法"。[3]《游学译编》"专以输入文明，增益民智为本"；《直说》以"输东西文明，开内地风气"为宗旨；《河南》宣布"以牖启民智，阐扬公理为宗旨"；《江西》"以开通风气，渐剪除弊俗，灌输最新学说，发扬固有文明，以鼓舞国民精神为唯一之宗旨"。据有学者统计，在 97 种晚清留日期刊中，明确以传输新知识奉为宗旨或宗旨之一的期刊就有 33 种。[4] 这些刊物所标榜的"文明"或者新知，是指包括自然科学、社会科学在内的西方近代文化。因留日学生多以文科为主，其传播的西方文化知识又多偏重于社会科学。《译

---

① 《札禁书报之野蛮》，《警钟日报》1904 年 5 月 28 日。
② 冯自由：《论演说之源流及其与国民之关系》，《开智录》改良第一期，1900 年 12 月。
③ 《开智录缘起》，《开智录》改良第一期，1900 年 12 月。
④ 谷长岭、叶凤美：《辛亥革命时期的留日学生期刊》，《新闻春秋》2011 年第 2 期。

书汇编》"以政治一门为主，如政治、行政、法律、经济、政史、政理各门每期所出或四类，或五类，间附杂录"；《游学译编》"以学术、教育、军事、理财、时事、历史、地理、外论为主，其余如中外近事及各国现今之风俗、习尚、材技、艺能"。①

应该指出的是，在留日学生刊物介绍新知的背后，还有着更深的用心，这就是以激发爱国主义、改革社会为主要目的。《河南》力图"激发爱国天良，作酣梦之警钟，为文明之导线"；② 《四川》"输入世界文明，研究地方自治，经营藏卫领土，开拓路矿利源。就此等问题，切实发挥，和平鼓吹，使我蜀国同胞起作神州砥柱"。③ 即便是所谓的各种学会或妇女期刊亦是如此，如《译书汇编》宣称："本编创自庚子，其时败衅之余，同人留学斯邦，眷念故国，深惟输进文明，厥惟译书，乃设社从事译事，创为本编。"④ 该刊认为，国家要实行改革，主要是学习欧美等国的政治制度，这不仅仅要探求形式，而是要深入探究学理，"同人等负笈他邦，输入文明，义不容辞。课程余阴，勉力从事，爰将欧美日本'学理'最新之书……汇辑成编，饷遗海内"。⑤ 其他如妇女期刊《新女界》认为，输入新知是为宣传妇女解放、妇女平等："本杂志主义五条列下：1. 发明关于女界最新学说。2. 输入各国女界新文明。3. 提倡道德，鼓吹教育。4. 破旧沉迷，开新社会。5. 结合感情，表彰幽遗。"对此，王国维从学术角度加以批评："庚辛以还，各种杂志接踵而起，其执笔者，非喜事之学生，则亡命之逋臣也，此等杂志，本不知学问为何物，而但有政治上之目的，虽有学术上之议论，不但剽窃灭裂而已。"⑥

20 世纪初，很多留日学生期刊具有浓厚的地域色彩，其爱国主义是基于地域性的，从某一省一地出发，推及国家，进而唤醒爱国主义。《湖北学生界》认为，"夫中国将来不为地球第一强国，吾楚不为文明之中心点，

---

① 《游学译编简章》，《游学译编》第二期，1903 年 4 月。
② 《河南杂志广告》，《晋乘》第二期，1908 年 2 月。
③ 《四川杂志广告》，《广益丛报》第一五五号，1908 年 12 月。
④ 《改正体例告白》，《译书汇编》第二年第九期，1902 年 12 月。
⑤ 《译书汇编发行之旨趣》，《译书汇编》第二卷第一期，1902 年 4 月。
⑥ 王国维：《论近年之学术界》，载谢维扬等编《王国维全集》第 1 卷，浙江教育出版社 2010 年版，第 123 页。

而斯报不为启山林之筚路蓝缕也，二十世纪之中或因此而增一纪念物焉"；①《豫报》声称，"中国之危迫，至于如此之亟；我河南之受刺激，又如此其甚。愚等深恐我父老兄弟僻居乡里，或不能知，或知之而不详，或虽能知其详而不知所以因应对待之法。满腹蓬蓬，肠一日而九回，因与同人商酌，于功课之暇，各抒耳目所及，汇集成帙，专供我河南父老兄弟披阅，作扩充见闻之用。《豫报》之所以出现也"；②《鹃声》同人之所以把刊名"取这鹃声的意思，原来是望我们四川人，听了鹃声二字，就想起来亡国的惨历史，触目惊心，自然动了些感情，把这个报买一份来看看"。③

其二，栏目内容主要以译述、论说为主。在众多的晚清留日学生期刊中，译述往往是其必不可少的栏目。早在1901年《开智录》创办时，就设有《译书》《言论自由录》等栏目。后来，很多留日学生期刊不仅设有此类栏目，而且在栏目设置上更加细化。如《云南杂志》有《专论》《时评》和《译述》等栏目；《湖北学生界》设有《论说》《学说》《政法》《教育》《军事》《经济》《理科》《医学》《史学》《地理》《时评》《国闻》《实业》（农学、工学、商学）等栏目；《河南》设有《社说》《政治》《地理》《历史》《教育》《军事》《实业》《时评》《译丛》等15个栏目；《直说》设有《教育》《政治》《学术》《经济》《军事》《外交》《实业》《历史》《地理》《社会》《外论》等栏目。《译书汇编》和《游学译编》干脆以"译"字作为立刊之本，《游学译编》宣称"全以译述为主"，"所译以学术、教育、军事、理财、时事、历史、地理、外论为主，其余如中外近事及各国现今之风俗、习尚、材技、艺能，无论书报，择其尤者，由同人分译。"④ 而《译书汇编》设有《政治通论》、《政治》、《法律》、《经济》、《历史》、《哲学》、《杂纂》（政治片片录、觉醒录）、《附录》（留学界）等栏。至于《音乐小杂志》《法政杂志》《卫生世界》《海军》《中国实业杂志》等专业学会创办的杂志，更是以介绍专业性知识为主要内容，如《武学》以"专研究最

---

① 《叙论》，《湖北学生界》第一期，1903年1月。
② 仗剑：《豫报之原因及其宗旨》，《豫报》第一号，1903年1月。
③ 《说鹃声》，《鹃声》第一期，1906年。
④ 《游学译编简章》，《游学译编》第二期，1902年12月。

新武学，冀补内地军界教育所不及为宗旨"，其编译社同人在留学期间"搜罗其关于军事上之新出诸书，深加斟择，抽要译出，弃短扬长，惟求实用，将以供我国研究军事者之参考，亦以征世界陆军之进步"。①

晚清留日学生期刊的译述等栏目大都译述日本教科书、讲义，其他日文书籍和日本报刊文章，后来也有少数英译。譬如《译书汇编》第一期就登载了美国伯盖斯的《政治学》、德国伯伦知理的《国法概论》、日本鸟谷部铣太郎的《社会行政法论》、法国孟德斯鸠的《万法精理》、日本有贺长雄的《近世政治史》和《近时外交史》、日本酒井雄三郎的《十九世纪欧洲政治史论》、法国卢梭的《民约论》、德国伊耶陵的《福利竞争论》；《直说》载译了矢津昌永的《十九世纪亚洲地理志变迁》、浮田和民的《国民教育论》、上野英三郎的《支那农业对外竞争力》、日本《国民新闻》的《德国外交手段》《西藏与英俄之关系》等。这些译述虽然来源日本，但内容大都是与中国有关的，《游学译编》在第二册的《本社同人启》中曾公开声明："本社同人，大都湘籍，眷怀宗国之外，而于桑梓有注意焉"。② 又如《豫报》认为："愚等对于学界虽无出报之程度，而对于内地则有应写家书之责任。"③ 由于这些期刊的内容与中国时代脉搏相切合，很快取得了时人的认可。冯自由认为，《译书汇编》"专以编译欧、美法政名著为宗旨，如卢梭之《民约论》，孟德斯鸠之《万法精理》，约翰穆勒之《自由原论》，斯宾塞之《代议政体》，皆逐期登载。译笔流丽典雅，风行一时。时人咸推为留学界杂志之元祖。"④ 顾燮光等人认为："留东学界，颇有译书，然多附载于杂志中，如《译书汇编》《游学译编》《浙江潮》《江苏》《湖北学生界》各类，考其性质，皆籍译书别具会心，故所译政治学为多。"⑤

至于"论说"，据有学者统计，至少有 60 种留日学生期刊设有该栏

---

① 《武学编译社缘起简章》，《武学》第二期，1908 年。
② 《本社同人启》，《游学译编》第二期，1902 年 12 月。
③ 仗剑：《豫报之原因及其宗旨》，《豫报》第一期，1903 年 1 月。
④ 冯自由：《励志会与译书汇编》，载《革命逸史》初集，中华书局 1981 年版，第 99 页。
⑤ 诸宗元等：《译书经眼录序例》，载张静庐辑注《中国近代出版史料二编》，上海书店出版社 2003 年版，第 98 页。

目。① 它们一般都在图画之后，位列全刊文字之首。在留日学生期刊发展早期，"论说"方面相对较为薄弱，《开智录》中的《言论自由录》仅是其众多栏目中的一个；《游学译编》采取在译文前用"译者识"，或在译文后用"译后"的形式发布言论；而《译书汇编》也是在第九期改良体例时，提出"译书之事，仅能假他人之思想，直接映之于吾，而不能即以为吾之思想。纯以吾之思想发表，斯之谓学问独立"，故"以同人数年研究之心得，借本编以发表之，专主实学，不事空谈"。② 直到《浙江潮》等期刊出现，才将"论说"作为重要栏目予以特别重视。有些期刊在篇幅上也是以"论说"为主，如《中国新报》往往同时发表"论说一""论说二""论说三"等多篇论说。这些《论说》栏目，多以革新为主旨，纵论时局。但在如何改革中国这一现实问题上，却意见不一致，有的认为清政府已不可救药，主张排满革命；有的主张采取渐进性改良，鼓吹实行君主立宪；有的则是主张从教育、军事和实业等某一领域入手。

其三，构建更加有效的期刊发行模式。19 世纪末，国内创办的很多期刊借助于学会附机关报的形式，得以传播。如戊戌维新时期湖南校经书院（湘学会）与《湘学新报》、上海农学会与《农学报》、上海译书公会与《译书公会报》、上海蒙学公会与《蒙学报》、上海新学会与《新学报》、浙江温州利济学堂与《利济学堂报》、温州算学会与《算学报》、广西圣学会与《广仁报》、四川成都蜀学会与《蜀学报》等等，把新式传播媒体开始与政学团体密切结合起来。留日学生期刊也主要通过与团体相结合方式进行，换言之，如果没有晚清时期的学会期刊作为先导，那么后来的学生期刊很难有所发展。戊戌维新时期的机关学会期刊，以各种方式拓展其营销网，包括借助官方力量，获得中央、地方官员于公于私的协助；运用私人关系，通过朋友间的推广；结合报刊机构、书局、书店等各地的新组织；以及遵循一般的商业派报管道。戊戌政变之后，国内大量期刊被清政府取缔，而日本出现了留日学生期刊。大量留日学生身居异国，几乎每天面对陌生人、各种新事物的挑战，亟待寻找一个新的人际网络。同乡会这种互助团体在中

① 攻法子：《敬告我乡人》，《浙江潮》第二期，1903 年 3 月。
② 《第九期改正体例告白》，《译书译编》第二年第八期，1902 年 8 月。

国发展已久，《浙江潮》《江苏》等留日学生期刊都是同乡会或是同乡专业学会创办的。因而，这些期刊在很大程度上借助了之前的期刊发行渠道，但有所变通。由于留日学生受官方的管制要比国内少很多，但同时又有清政府派出去的留学监督及日本政府的烦扰，而且还要将期刊输入国内。在这种情况下，他们采取了变通的措施：一方面要应付清政府及日本当局的烦扰而作的种种人事安排，很多留日学生期刊或用日本人担任杂志的编辑或出版工作，如《译书汇编》编辑兼发行者是坂崎斌，《游学译编》编辑兼发行者是熊野莘，或由日本印刷机构负责印刷，如《湖北学生界》印刷者是井上健二，《夏声》印刷者是藤泽外吉；另一方面加大国内发行网络的构建和扩大，即主要是通过私人关系构建发行网络。从《开智录》开始，即是如此。《开智录》最初的发行及印刷依托于《清议报》，"凡有清议报销流之地，即莫不有开智录"。因《开智录》文字浅显、立论新奇，各地华侨"多欢迎之，尤以南洋群岛为最"。① 后来的大多数学生期刊都在国内设有发行所，或在国内有代理处。譬如《湖北学生界》的总发行委托湖北省武汉市中东书社，其改名为《汉声》后，则在日本、上海开辟两大总发行所；《浙江潮》由上海《中外日报》总发行；《游学译编》曾在上海的广智书局和苏报馆设总派报处，其分派点更是分布全国，遍及上海、杭州、南京、北京、苏州、常州、无锡、武昌、广州、嘉兴、绍兴、成都、汕头、桂林、福州、重庆、安庆、开封、长沙等大中城市，多是广智书局、官报馆、文海阁、梁溪务实学堂等

图4-9　《浙江潮》

文教机构；《湖北学生界》的代派处则有上海、无锡、南京、南昌、宜昌、武汉、成都、天津、太原、宁波、杭州、北京等地的开明书店、文明书室等文教机构。而这些报刊机构、书店、出版社，本身与留日学生有着密切

---

① 冯自由：《横滨开智录》，载《革命逸史》初集，中华书局1981年版，第96页。

联系，或是部分留学生归国所办，或是他们的师友所办，其中上海《中外日报》就是留日学人汪康年所办的。

此外，留日学生期刊在期刊版式设计方面形成了自身的特点，推动中国期刊出版形式从旧装本向洋装本的转变。1900 年《译书汇编》不同于之前的《清议报》，一开始便以洋装面世。当时，中国国内创办的期刊，诸如《时务报》《知新报》《农学报》《湘学新报》《无锡白话报》一类，都是旧装。即使是在日本横滨创刊的《清议报》，尽管用活字印刷，但也沿袭旧装，保留对折装订的款式。而《译书汇编》打破陈规，成为中国期刊史上采用洋纸、两面印刷和洋式装订的鼻祖。此后出版的《湖北学生界》《浙江潮》《江苏》《游学译编》亦都采取了洋式装订，这使得洋式装订迅速成为当时留日学生期刊的主流。随着这些期刊流回国内，深刻影响了国内期刊的版式设计理念：

> 回顾自 1900 年《译书汇编》在日本出版以来，留日学生在日本刊行的杂志全是洋装的。受此刺激，梁启超主编的杂志也在 1902 年改为洋装本。这些影响，也在中国的最大的杂志《东方杂志》中反映出来。《东方杂志》是兼有日本的《太阳》和《中央公论》的形式的一份大杂志，而它以洋装本出现，正象征着中国出版界以洋装书为本位的转变。①

---

① ［日］实藤惠秀：《中国人留学日本史》，谭汝谦等译，生活·读书·新知三联书店 1983 年版，第 274 页。

第五章

庚子事变后期刊的专业化知识传播

20世纪初，维新人士流亡海外以及青年学子的外出游历，使这部分人有更多的机会接触到西学，并对学术与社会发展的关系有了深入体会和认识。《译书汇编》指出：

> 今日上下倡言，孜孜于理财兴学，整军经武，设警察，订邦交，概以言之，非即所谓改革行政乎于是，朝野之有志者莫不知宜取法欧美日本之制度，似矣。然各国之制度，非可徒求诸形迹，要当进探乎"学理"，否则仅知其当然，仍不知其所以然。盖其各种之经营结构，莫不本乎"学理"之推定，而所谓学理者，盖几经彼国之巨儒硕学朝考夕稽以得之真谛也。①

杜亚泉亦认为：

> 我国自与欧洲交通以来，士大夫皆称道其术。甲午以后国论一变，啧啧言政法者日众。即如南皮张氏所著《劝学篇》，亦云西政为上，西艺次之。氏固今日之大政治家，所言必有见；且政重于艺，亦我国向来传述不刊之论也，但政治与艺术之关系，自其内部言之，则政治之发达，全根于理想，而理想之真谛，非艺术不能发现。自其外部观之，则艺术者固握政治之枢纽矣。航海之术兴，而内治外交之政一变；军械之学兴，而兵政一变；蒸气电力之机兴，而工商之政一变；铅字石印之法兴，士风日辟，而学政亦不得不变。且政治学中之

---

① 《译书汇编发行之趣意》，《译书汇编》第二卷第一期，1902年4月。

所谓进步，皆藉艺术以成之。①

这里，"艺术"一词的内涵是指近代学术理论。杜亚泉批判洋务派中体西用的观点，旨在说明西方学科的发展是以学理进步为基础的。近代学人对当时我国学术发展现状表示不满，认为造成这一状况的原因，与学术期刊的不发达有着直接联系。梁启超就明确指出："泰西日本诸国，其关于学术上之报章特盛，各种科学，莫不有其专门之杂志，且每一科之杂志，动以十数百数计。我中国前此则杂志既寥寥，即有一二，而其性质甚复杂不明，政谈学说，壮言谐语，错杂于一编中，而纯粹为学术上之研究者，未有一焉。此虽办报者之幼稚，亦由社会需要之程度，未及此也。"②《译书汇编》也认为："我国维新先于日本者几三十年，一则若断若续，一则一往直前，推原其故，未始非'学理'解否之别也。"③ 为此，他们以介绍西方学术为己任，创办了一批学术性期刊，推动了各学科专业知识的广泛传播和近代学术体系的建设。

第一节　早期学术期刊与近代学术体系的建立

学术期刊作为一个重要的期刊门类，也是由来华基督教传教士最先创办的。早期传教士创办的近代学术期刊，作为普及基督教教义而采取的迂曲手段，其出现迎合了当时维新人士讲求洋务、向西方学习的心理。傅兰雅在创办《格致汇编》时说："中华得此奇书，格致之学必可盛行，且中国地广人稠，才智迭兴，固不少深思好学之士尽读其书。所虑者，僻处远方，购书非易，则门径且难骤得，何论乎升堂入室！急宜先从浅近者起手，渐积而至见闻广远，自能融会贯通矣。"④

以《格致汇编》为先导，传教士创办了一批以传播西学为主旨的学术期刊，对维新人士产生了积极的影响，如创办于 1897 年的《农学报》，

---

① 杜亚泉：《亚泉杂志序》，《亚泉杂志》第一期，1900 年 11 月。

② 梁启超：《新出现之两杂志》，载《饮冰室合集（集外文）》上册，北京大学出版社 2005 年版，第 482—483 页。

③ 《译书汇编发行之趣意》，《译书汇编》第二卷第一期，1902 年 4 月。

④ 徐寿：《格致汇编序》，《格致汇编》第一年第一卷，1876 年 2 月。

"远法《农桑辑要》之规，近依《格致汇编》之例，区其门目，约有数端，曰农理，曰动植物学，曰树艺，曰畜牧，曰林材，曰渔务，曰制造，曰化料，曰农器，曰博议。月泐一册，布诸四海"。① 但是，在中体西用思维的主导下，加以学堂尚未采取新的分科体系，使得这一时期的学术期刊主要扮演着科技启蒙、传递新知的角色，处于知识普及的层面，还未涉及学术研究和学术交流的层面。

"自戊戌以还，有报馆之禁，各埠报章为之一衰，其海外流传者类多偏激谬妄之谭，不足以贻学者，然欲知五洲时事，开内地风气，非此不为功，故旬报之设尤急于日报，苟有人踵昔日时务各报之例，采辑务求精审，吾知其功大矣。"② 19 世纪末 20 世纪初，传统士大夫逐渐向新式知识分子过渡，其地位从中心走到边缘，维系着他们作为独特的人群、表达其人生价值的评价体系亦在转变之中。部分传统士大夫迫于形势的需要，其心态由从政转变到做学问上来。张百熙为管学大臣时就教育后学要读书不为做官。他在 1904 年对新进士金梁说："京师人才所萃，来者皆志在得官，君当以求学问为先，官岂可求，惟学问必求而始得尔。"③ 社会形势以及知识分子心态的变化，客观上使得学术期刊这一新媒介在学术评价中的地位逐渐抬升，并日益成为推动近代学科转型的载体。

1900 年至 1904 年间出版的学术期刊，大致有《译书汇编》（1900）、《亚泉杂志》（1900.11）、《农学报》（1901.1）、《东方杂志》（1904.3）、《励学译编》（1901.4）、《教育世界》（1901.5）、《普通学报》（1901）、《政艺通报》（1902）、《新世界学报》（1902）、《瓯学报》（1902）、《科学世界》（1903）、《湖北学报》（1903）、《政法学报》（1903）等。此时的学术期刊往往以编译日本及西方学术著述为主，《译书汇编》表示："今则时机之不可再逸也，覆辙之不可重蹈也，巡回有其人游览，有其人惟言'学理'之书，尚稀若晨星，同人等负笈他邦，输入文明，义不容辞，课程余

---

① 《农学报序》，《时务报》第二十三册，1897 年 3 月。
② 徐维则：《增版东西学书录》，见熊月之主编《晚清新学书目提要》，上海书店出版社 2007 年版，第 8 页。
③ 金梁：《光宣小记》，见张伯峰等主编《近代稗海》第 11 辑，四川人民出版社 1988 年版，第 286 页。

阴，勉力从事，爰将欧美日本'学理'最新之书，有关于行政理财者，汇辑成编，饷遗海内。"①《教育世界》"爰取最近之学说书籍，编译成册"，"此杂志中所译各学教科书多采自日本，考各种教科书有可通用者（如动植、理化之类），有须特撰者（如读本、地理、历史之类），兹译日本教书为蓝本"。②

然而需要指出的是，随着国人对中西学术认识的深入，一些学术期刊逐渐"脱译书时代而进于学问独立之时代"。1902 年 12 月，《译书汇编》认为，"译书之事，仅能假他人之思想，直接映之于吾，而不能直接为吾之思想"。要解决实际问题，应着重于"取他人之思想，而以吾之思想融会贯通之"。为了"取政法必要之问题，以与吾国民留心斯学者，互相商榷"，决定"以同人数年之研究心得，借本编以发表之"。③

就其性质而言，这些学术期刊多为综合性的，囊括了各个学科的学术知识。如《新世界学报》称："学报之设，庶亦于世界有济欤？我又未知其济与不济也。然以求补救什于千万者，今或有赖于是举也欤！今或有赖于是举也欤！区其例为十八门：曰经学，曰史学，曰心理学，曰伦理学，曰政治学，曰法律学，曰地理学，曰物理学，曰理财学，曰农学，曰工学，曰商学，曰兵学，曰医学，曰算学，曰辞学，曰教育学，曰宗教学"。④ 创办《亚泉杂志》的杜亚泉也表示：

> 今世界之公言曰，二十世纪者，工艺时代。吾恐吾国之人，嚣嚣然争进于一国之中，而忽争存于万国之实也。苟使职业兴而社会富，此外皆不足忧。文明福泽，乃富强后自然之趋势。天下无不可为之事，惟资本之缺乏为可虑耳，吾愿诸君之留意焉。亚泉学馆辑《亚泉杂志》，揭载格致算化农商工艺诸科学，其目的盖如此。然记者自料非能副此目的者，且区区杂志，讵足当此目的，惟冀为他日艺林中之一片败叶也。⑤

① 《译书汇编发行之趣意》，《译书汇编》第二卷第一期，1902 年 4 月。
② 罗振玉：《教育世界序例》，《教育世界》第一期，1901 年 5 月。
③ 《改正体例告白》，《译书汇编》第二卷第九期，1902 年 12 月。
④ 陈黻宸：《新世界学报叙例》，载《陈黻宸集》（上册），中华书局 1995 年版，第 528 页。
⑤ 杜亚泉：《亚泉杂志序》，《亚泉杂志》第一期，1900 年 11 月。

1905 年前后，近代学术期刊的发展出现了专业化的新趋势，各种专业期刊开始大量出现。据不完全统计，从 1904 年至 1911 年清王朝灭亡，国人创办的学术期刊大致有《医学报》（1904）、《蚕学月报》（1904）、《国粹学报》（1905）、《卫生学报》（1906.1）、《音乐小杂志》（1906.2）、《东吴月报》（1906.6）、《北洋法政学报》（1906）、《学报》（1906.12）、《理学杂志》（1906.12）、《宪政杂志》（1906.12）、《震旦学报》（1907）、《法政丛刊》（1907.10）、《万有学报》（1908.6）、《教育杂志》（1909.2）、《地学杂志》（1910）、《法政杂志》（1911.3）、《医学新报》（1911.6）、《北京法政学杂志》（1911.9）、《国学丛刊》（1911）等。而这其中，1904 年至 1906 年又是专业期刊发展的关键期。正如梁启超指出的，"吾国出版界，近一年来，奋迅发达。即其定期出版之杂志，以东京学界一隅论陆续出现者已逾十种，且为分科发达之趋势，不可不谓进步之良现象也。"①

从当时社会的大背景来看，这种现象的发生，与新式学堂的广泛建立及近代学术分科体系的转化是分不开的。19 世纪末，西方学术分科体系开始传入中国，地方学堂在新编课程中越来越多地涉及西学内容。张之洞曾作《劝学篇》，对于中学与西学、旧学与新学的分类作了分析说明："其学堂之法有五要。一曰新旧兼学：四书五经、中国史事、政书、地图为旧学，西政、西艺、西史为新学。旧学为体，新学为用，不使偏废。一曰政艺兼学：学校、地理、度支、赋税、武备、律例、劝工、通商，西政也。算、绘、矿、医、声、光、化、电，西艺也。"这成为当时改革教育者的指导思想。1902 年，清政府出台《钦定学堂章程》，规定大学堂的课程分政治、文学、格致、农业、工艺、商务、医术等七科。该学制虽经颁布，但并未实施。1904 年，清政府再次颁布《奏定学堂章程》，其中大学堂课程分经学科、政法科、文学科、医科、格致科、农科、工科、商科等八科。每科之下各设二至十一门不等。至此，清政府在教育改革中基本认可和接纳了西方学术分科体系，这激发了近代学人创办学科期刊的热情，中国近代意义上第一份大学学报《东吴月报》也在此时应运而生。该刊在

---

① 梁启超：《新出现之两杂志》，载《饮冰室合集（集外文）》上册，北京大学出版社 2005 年版，第 472 页。

《发刊词》中曾指出："东吴学堂成立者逾五年，西士谋刊行月报，以表学堂之内容，与当代学界交换智识，属教员某，名以'学桴'，而系其词曰：揽神州之苍茫，叩人间其何世。群虎眈视，涎兹禁脔，一狮欠申，皋其坠魂，劫桴待收，舞台难下。"① 由此可见，《东吴月报》对于大学学报展示科研成果、促进学术交流的基本功能，已经有了清晰的认识和明确的定位。对于当时学术期刊的盛行和学术分科之间关系，梁启超也有精到的阐述："今世一切事业，大率分科发达。盖现象日趋复杂，而一现象之范围中，其所函愈富，而所造愈深，非有专门，不能以善其事也。即杂志亦何莫不然？"② 概括起来，学术期刊的发展与现代学术体系的建立，是相辅相成的。作为现代学术建制的重要组成部分，学术期刊对于现代学术发展的积极作用，主要表现在以下几个方面：

其一，学术期刊标榜输入新学理，以示区别于传统的学术内容及其分科形式。

20 世纪初，随着新政的推进及新学的兴起，青年学子逐渐认识到学术是社会改革的内在依据，政治经济等制度措施则是皮相。③ 如果学术日益进步，国家振兴、民族富强则指日可待：

> 居今日而言，救国其必一国之国民，人人自励，人人自竞，先使一身之学术无一年无一月无一日无一时而不有其进步，无不为其一身之过渡时代；译者与阅者日以学术相切磋，而同进一寸，斯国民增一寸之热度矣；游学者与不游学者日以学术相责望，而同进一尺，斯国民增一尺之涨力矣。举国国民之学术既进，然后群起而谋其国，使一国之政事亦无一年无一月无一时而不有其进步，无不为其一国之过渡时代，夫而一跃而与日本齐，再跃而与西洋各国齐，由此而追他日之日本，他日之西洋。④

然而何为学术？在当时的人们看来，学术有新旧、中西之分，此时中

---

① 《发刊词》，《东吴月报》第一期，1906 年 6 月。
② 梁启超：《法政杂志序》，载《饮冰室合集（集外文）》中册，北京大学出版社 2005 年版，第 562 页。
③ 《译书汇编发行之趣意》，《译书汇编》第二卷第一期，1902 年 4 月。
④ 杨度：《游学译编叙》，《游学译编》第一册，1902 年 11 月。

国学人最主要的任务是引入西方学术，如《湖北学生界》自称："同人为是学报也，以为今日言兵战，言商战，而不归之于学战，是谓导水不自其本源，必终处于不胜之势，且吾侪，学生也，输入文明与有责焉，其学成归国，濡滞时日，而后转述于国人，何如旋得旋输，使游学者不游学者日征月迈，同为平等之进步。"① 为此，当时的学术期刊都非常注重介绍新知，如《万有学报》称："将以求理科智识之普及，使吾国一旦而并驾欧美者，其奚自乎竭少数人之力，执高尚之学理，就群天下之人以告之，吾知其必不行也。用力少而功多，以一二人而得通其邮者，惟杂志而已。"② 不仅如此，许多刊物在栏目设置上，也大多采取西方学科分类。譬如《游学译编》"所译以学术、教育、军事、理财、时事、历史、地理、外论为主，其余如中外近事、各国现今之风俗、习尚、材技、艺能"，③ 设有《学术》《理财》《外交》《历史》《军事》《地理》《传记》《新闻》等栏目；《湖北学报》"重选译东西名家论著，以资考究。或本馆间有撰述，亦酌按门类编载"，④ 其栏目除《谕旨》《文牍》等外，涉及的学科有教育学、史学、地学和外交学四门。

其二，学术期刊的发展，使学术论文逐渐取代传统的笔记札记，成为学术评价的新载体。

在清代学术研究中，笔记札记是非常重要的学术载体，"实为治此学者所最必要，而欲知清儒治学次第及其得力处，固当于此求之"。札记的兴盛，又是与信札这一交流学术思想的媒介是相关的，"清儒既不喜效宋、明人聚徒讲学，又非如今之欧美有种种学会学校为聚集讲习之所，则其交换智识之机会，自不免缺乏。其赖以补之者，则函札也"。⑤ 这"实一种困知勉行工夫，其所以能绵密深入而有创获者，颇恃此"。⑥ 然而，晚清时期大量留学归国的青年学子，所受是域外教育，在传统学术场域会面临着被

---

① 《叙论》，《湖北学生界》第一期，1903 年 1 月。
② 杨同衡：《发刊词》，《万有学报》第一期，1908 年 5 月。
③ 《游学译编简章》，《游学译编》第二册，1902 年 12 月。
④ 《湖北学报例言》，《湖北学报》第一卷第一期，1903 年。
⑤ 梁启超：《清代学术概论》，上海古籍出版社 1998 年版，第 63—64 页。
⑥ 梁启超：《清代学术概论》，上海古籍出版社 1998 年版，第 63—64 页。

边缘化的危险。为此，他们积极抬高新式媒介在学术研究中的地位，并通过新式报刊传递研究心得，以期改变原有的学术媒介生态。如《游学译编》认为："游学诸人原有输入文明、开通本国之责务，故此书即以游学译编为名，译者各著姓氏于后，既可觇游学者之学识程度，亦可以使阅者知游学诸人所以为此之苦心，且全以译述为宗，则有绍介之劳而无立言之咎。"①

当时学术期刊登载的学术论文，不同于传统意义的笔记札记，很多文章译自日本乃至西方的学术论著，如《译书汇编》称："本编所译辑者，以欧美日本之政治、法律为主，尤侧重于外交、财政、教育、警察等类"。②《湖北学生界》概括该刊的一大特色为"搜罗宏富，各种荟备或考诸泰西哲人著述，或本于日东名家讲授，精义明言，弥漫磅礴，渊雅壮快，宏阔万里"。③ 即使如《国粹学报》这类国学期刊，亦是深受发源于日本的国粹思潮的影响，其登载的学术文章多为论文形式。④ 这些学术期刊刊载的论文，对青年学子的学术探讨形式产生了重大影响。对此，戈公振曾指出："清代文字，受桐城派与八股之影响，重法度而轻意义。自魏源、梁启超等始，绍介新知，滋为恣肆开阖之致。留东学子所编书报，尤力求浅近，且喜用新名词，文体为之大变。"⑤ 但是，由于学术论文"体裁愈演愈进，组织愈谨严，愈深刻"，这就使得由札记一类的文字到论文形式的转变过程，一直延续到 20 世纪 20 年代。

当然，晚清学术期刊的兴起尚处于初步发展阶段，对于传统学术的传承，产生了一定程度的影响。章太炎就曾针对此说，高文典册固非人人所有事，书札文牍则未有不用者，"然林纾小说之文，梁启超报章之格，但可用于小说报章，不能用之书札文牍，此人人所稔知也。今学子习作文

---

① 《游学译编简章》，《游学译编》第二册，1902 年 12 月。
② 《本编改良规则》，《译书汇编》第二年第一期，1902 年 4 月。
③ 《湖北学生界简章》，《湖北学生界》第二期，1903 年 2 月。
④ 对此，贺昌群曾指出："我国学术文字最初具有论文形式的，似以光绪三十一年（1905 年）创办的《国粹学报》中所载为最早。"贺昌群的这种说法，若从近代学术论文最早形式而言，是有商榷余地的，事实上《译书汇编》和《游学译编》等留日学生所译介的文章已经具备了学术论文的特征，但从国学论文的角度来看，《国粹学报》可能是最早登载的。
⑤ 戈公振：《中国报学史》，生活·读书·新知三联书店 2011 年版，第 124 页。

辞，岂专为作小说，撰报章，而舍书札文牍之恒用邪！"① 或许也正是由于部分学者的抵制，晚清学术期刊对于学科转型的作用还是相当有限的。这在 1911 年梁启超对政法期刊的评价中可略见一二："今日欲求分科杂志之发达，则最要者莫如政法矣"，"今政法一门之译书，固稍有可见，然既已不足以语于著述，且于输进国民政治常识，专恃成书，亦所不能也。畴昔学界，政法类之杂志，亦时时间作，然多不竟其功"。即使这样，他仍对于学术期刊寄予了厚望："今法政杂志社有发刊《法政杂志》之举，吾知其于国民之法律观念与政治能力，必将大有所造也。"② 换言之，早期学术期刊为 20 世纪学术期刊的繁荣和学术发展奠定了基础，其中既有成绩，也有教训。

第二节　早期科技期刊和近代科技知识的传播

鸦片战争前后，随着外国传教士在华办刊活动的扩张，近代期刊大致经历由少到多、由综合向专业化发展的过程。作为近代期刊的一个重要门类，我国科技期刊也经历了长期的酝酿，才逐渐兴起。在科技期刊产生之初，科技知识是在综合性期刊中刊载的。至 19 世纪六七十年代，西方传教士创办了早期科技期刊。戊戌维新时期，由我国知识群体创办的科技期刊不断涌现，至 20 世纪初出现了近代科技期刊出版的第一个高峰期。从这一时间段科技期刊的发展来看，与中国近代期刊的发展轨迹基本吻合，经历了由外国传教士独立办刊到吸收中国学者共同办刊，再到中国人自办报刊，从宣传宗教为主到淡化宗教宣传、以传播科学知识为主的渐变过程。

一、科技刊物的萌芽与科技知识的传播

当清王朝走向衰落之时，西方资本主义迅速发展。资本主义生产方式的形成和第一次技术革命的冲击，推动生产力高速发展，大量产品需要寻

---

① 马勇编：《章太炎书信集》，河北人民出版社 2003 年版，第 118 页。
② 梁启超：《法政杂志序》，载《饮冰室合集（集外文）》中册，北京大学出版社 2005 年版，第 563 页。

找市场，为了扩大再生产，也需要寻找大量的原材料。因此，西方列强把掠夺的目标投向东方，而地大物博、人口众多的中国就成了西方扩展势力的目标。在西方列强军事侵略、经济掠夺的同时，传教士也随之来到中国传教。这既是影响中外关系的一个重要方面，也是早期中西文化交流的重要组成部分。传教士为了宣扬上帝是万事万物的创造者，把创办报刊作为文字传道的重要手段，先后在香港、上海、天津、宁波等地创办一些中文刊物，这些刊物多为综合性，其中包括许多介绍西方科学技术的内容。

1857 年 1 月，《六合丛谈》在上海创办。由英国传教士伟烈亚力主编，中国学者王韬参与编辑工作。月刊，由上海墨海书馆印行。至次年第二号出版后停刊。伟烈亚力在《六合丛谈小引》一文中阐明其办刊宗旨为"欲通中外之情，载远近之事，尽古今之变，见闻所逮，命笔志之，月各一编，罔拘成例，务使穹苍之大，若在指掌，瀛海之遥，如同衽席"。① 栏目主要有《宗教》《科学》《文学》《地理》《史地》《新闻与商业货价》等，内容除部分宗教说教外，主要是对有关国家和地区贸易、物价，以及科学技术知识的报道，并且其科学技术内容占有相当大的比重。其中，无名作者的《西国天学源流》从 1857 年 5 月 23 日第五号开始，一直连载了 5 期，直至 1858 年 1 月 25 日出版的第十三号似尚未载完。其他与地理学、地质学、物理学、化学相关的文章，有韦廉臣的《地球形势大率论》（1857 年 1 月 26 日第一号）、《格物穷理论》（1857 年 6 月 22 日第六号），慕维廉的《地理》（1857 年 2 月 24 日第二号）、《释明》和《水陆分界论》（1857 年 3 月 26 日第三号）、《洲岛论》（1857 年 4 月 24 日第四号）、《山原论》（1857 年 5 月 23 日第五号）、《地震火山论》和《平原论》（1857 年 6 月 22 日第六号）、《海洋论》（1857 年 7 月 21 日第七号）、《湖河论》和《地气》（1858 年 1 月 25 日第十三号），无名氏的《物中有银质论》（1857 年 9 月 21 日第九号）等。该刊吸收中国学者参与工作，如王韬、数学家李善兰等；西方人士中的麦都思、伟烈亚力、艾约瑟、韦廉臣等皆在自然科学方面有所造诣，所译书籍多系西方科学技术书籍，如《几何原本》后 9 卷、《重学》《代数学基础》《谈天》《植物学基础》《光论》《博物新编》

---

① ［英］伟烈亚力：《六合丛谈小引》第一期，1857 年 1 月。

等，皆可称名作。

《中西闻见录》1872 年 8 月在北京创办，1875 年 8 月停刊，是中国近代创刊较早的科技期刊。由京都施医院编辑，实际主持人为美国传教士丁韪良、英国传教士艾约瑟。它是一本以传播科学技术知识为主的综合性科技刊物，也是西方传教士在华北地区创办的最早的文理综合性月刊。1876 年 2 月转上海易名《格致汇编》。《中西闻见录》"仿照西国新闻纸而作"，开设有《天文学》《地学》《物理学》《化学》《各国新闻》《近事》等栏目，内容为社会科学与自然科学合一，而偏重自然科学。郑观应《盛世危言》中的部分篇章曾在该刊发表。该刊发表的自然科学方面论文包括数学、天文学、物理学、地学、医学等。数学论文有：海宁李善兰的《考数根法》（连载 3 期），刘业全的《立天元一源流述》（连载 2 期），钱塘江槐庭的《天文馆难题图说》《勾股新术图解》《天文馆难题作法又法》，艾约瑟的《希腊数学考》，陈鹤芳的《数学会友》，天津殷浚昌的《算学难题疑问》《勾股新术细草》《推算学难题》《弧弦设题》，蔡锡勇的《天文馆难题作法》，左秉隆的《天文馆难题作法又法》，邵文琪的《勾股难题算法》，天文馆负贵荣的《论光远近乘方转比》《同文馆课作：格物测算题》，天文馆席淦的《勾股六术边角求图说》，无名氏的《西国数目字考》等；天文学论文有：天文馆的《交食解（附图）》，包尔腾的《星学源流》，李善兰的《星命论》《天文馆新术》，丁韪良的《金星过日》（连载 2 期），和桂林的《续星命论》《飞车测天（附图）》《彗星论（附图）》《占星辩缪》《辩地居中说》《恒星动论》，左秉隆德的《游览测天所略述》，师克勒的《法士来沪观星记略》《问以日居中以地居中二说孰是（附图）》，刘业全的《续辩地中说》《国月定四时解》，天津殷浚昌的《读星命论占星辩缪书后》等；物理学论文有：德贞的《镜影灯说（附图）》（连载 4 期）、《脱影奇观之原序》，丁韪良的《权量新法》《权量表》（连载 2 期）、《侯氏远镜法（附图）》《论分光镜（附图）》《电报论略》《论光之速》《发电报图说》，师克勤的《论音学》（连载 2 期），艾约瑟的《光热电吸新学考》（连载 2 期）等；地学论文有：包尔腾的《地学指略》（连载 4 期），刘业全的《地圆考证》，丁韪良的《新开地中河记（附图）》《争新岛记略》和《防地震法》，罗琳森撰、达文波译的《天时雨旸异常考略》、佩福来译的《中西各国煤铁论》（连载 2 期）等；医学论文有：德贞的《西医考证》《牛痘考》（续 2 期）、《稽那治痘》《目睛论》（续 2 期）、《论心（附图）》《论运血之器（附图）》《脉论》（连载 4 期）等；其他科技内容主要是工业技术方面的报道。中国学者在该刊发表了不少论著，如我国著名数学家李善兰，曾在该刊发表了《考数根法》《星命论》《天文馆新术》等数学及天文学的论文。1875 年第三十一号所载李善兰的《书殷仲深事》，对该刊主要撰稿人、天津数学家殷浚昌（仲深）的事迹作了记述，这是由中国科学家记中国科学家特别是该刊撰稿人事迹的开端。另外，其中《某客问早磨》和《答某客问早磨》，《某客驳某客论读书法》和《答驳某客论读书法》，《问以日居中以地居中二说孰是》和《辩地居中说》《续辩地居中说》，《占星辩缪》和《读星命论占星辩缪书后》等，采取问答、商榷、辩论、争鸣的做法，无疑在科技期刊上开创了一种学术研究和讨论的新气氛。

　　作为《中西闻见录》的补续，《格致汇编》1876 年 2 月在上海创办。由英国人傅兰雅担任主编与主要撰稿人，我国化学家徐寿具体负责集稿和编辑工作，曾为创刊号撰有《格致汇编序》和《编者启事》。傅兰雅为第二期撰序。复刊后的第五卷第一期上，薛福成、王韬等人作序。1892 年出完第七卷一至四期后最终停刊。对于其创刊宗旨，徐寿在为《格致汇编》所作的序中指出："是书名曰汇编，乃检泰西书籍并近事新闻，有与格致之学相关者，以暮夜之功，不辞劳悴，择要摘译，汇集成编，便人传观，从此门径渐窥，开聪益智，然后积日累功，积少成盈，月计之不足，年计之有余"。[①] 1890 年复刊时，汪振声在《续辑格致汇编序》中再次明确了这一观点，"见英国傅兰雅先生所辑《格致汇编》，如言天文则推测日月五星之运行，言地理则考辨山川各物之形类，推而至于民生日用之常经，与夫各国制造之新法，无不探原穷本，殚见洽闻，有图有说，令人一目了然"。[②] 可见，该刊是一份以介绍西方科学知识为宗旨的期刊。

---

① 徐寿：《格致汇编序》，《格致汇编》第一年第一卷，1876 年 2 月。
② 汪振声：《续辑格致汇编序》，《格致汇编》第五年第一卷，1890 年春季。

从栏目来看，设有《论说》《格致略论》《格致杂说》《相互问答》《人物小传》《算学奇题》《广告》等，其中，《论说》《格致略论》为主要栏目。《格致杂说》栏目则系摘录自各国科学技术书报刊中的简短新闻；《相互问答》栏目是早期期刊中具有独创性的一个栏目，即采用读者和编者通信的方式，答复读者提出的有关自然科学的各种疑问。据统计，从第一卷开始，连续刊载了 320 条"互相问答"，提问者分布于全国 18 个省市，涉及近五百个问题，[①] 其中属于科学常识中最基本、最初步的相当多，直接实用性的相当多。通过这种相互问答的方式，拉近了读者与编者的距离，启迪了读者智慧，使民众对近代科学"建立起一种普遍的信任感"，也激发了编者办刊的积极性。

就具体内容而言，该刊主要译自英国《幼学格致》，以数学、物理、化学、生物、天文学、地质地理学、医学、工业、农业、商业等各学科及各行业的理论、方法、技术和应用为主，偶尔有科学家传记，在机械工程类文后往往附有插图，也有少量各国新闻。《格致汇编》对西方科学技术知识几乎无所不包，广泛地介绍了西方的近代科学理论，如天文、数学、物理、化学、动植物学、昆虫学、地质学、地理学、水力学、潮汐、医学、药物学、生理学、电学、机械学等；在工艺技术方面，属于日常生活方面的有造啤酒、造汽水、制冰器、磨面机、养蜂、碾米、制糖、幻灯机、电灯、电话、留声机、照相机、灭火器；属于生产方面的有纺织机械、碾泥机、凿石机、抽水机、弹花机、造针机、造扣子机、造纸、造火柴、造玻璃、石印技术、炼铁、炼钢、电气镀金；属于军事仪器的有水雷、炮船。主要撰稿人和译者为傅兰雅，其合作者有中国人王韬、华蘅芳、徐寿、周郇雨、栾学谦等。后来其撰稿者、译者不断增加，其中有十余位外籍学者：玛高温、范约翰、斯米德、瑞乃尔、李提摩太、狄考文、巴心田、卜舫济、巴次、爱凡司、欧礼斐、潘慎文等，18 位中国学者：徐寿、华蘅芳、徐建寅、钟义山、史琦、赵子钦、奇迹人、高密、沈善蒸、李铭熙、苏映魁、李全才、赫先生、贵荣、董觉之、杨文会、王德言、赵静涵等。新的力量不断加入，特别是作者由外国译者居多逐渐向以中国学

---

① 熊月之：《西学东渐与晚清社会》，上海人民出版社 1994 年版，第 426、431 页。

者为主转化，使该刊登载的原创性稿源大大增加，进而增强了刊物的研究性、学术性和新颖性。

《格致汇编》最初每卷印 3000 册，以后各卷又有重印，读者反响十分强烈。据《申报》介绍：

> 西国傅兰雅，主讲格致书院，月出《汇编》一卷，所载皆有关格致之事，始于丙子中，正月为第一卷书出之期。书凡二十八页，印千卷，散寄各省镇，取资以充印费纸本，亦颇廉售，盖意不在逐利也。余初以为中国讲求格致之人极少，且即有不拘陈见，深慕西学，知化学、算学之精，汽机制造之利，而事征诸书，不能历试其妙，则亦阅后辄忘，束之高阁已耳，千卷之书，恐其不能尽售也。不谓印至八九卷时，书出数日，即已售完。可知中国之人于格致之学，已日新其耳目，深信而爱慕之，详阅而考究之矣。①

《格致汇编》的创刊和发行，在中国近代早期以"中学为体，西学为用"为特点的科学技术发展史上，占有重要地位。傅兰雅虽受英国圣公会派遣，但对传教兴趣不大，因此与圣公会产生了矛盾，遂于 1868 年 5 月脱离教会，转受上海制造局聘任，专门从事西方科技著作的译介工作，其口译的译著达 113 种之多。由傅兰雅主持的《格致汇编》，就成为有别于早期传教士期刊的一份划时代的期刊，它作为晚清第一份真正的科学技术期刊，为近代中国人学习科学技术提供了入门教材。

《格致汇编》创办后不久，一份天主教主办的文理综合性半月刊《益闻录》于 1879 年 3 月 16 日在上海诞生。该刊是天主教的舆论机关，由上海南汇李杕（问渔）主编。1898 年 8 月 17 日与《格致新报》合并为《格致益闻汇报》，改为铅印，每星期发行两次。1899 年 8 月 9 日第 100 期起，简称为《汇报》，并分别出版《时事汇录》和《科学杂志》。其中，《时事汇录》每周出刊两次；《科学杂志》为半月刊，后因主要撰稿人比利时的赫师慎回国而停刊。1912 年易名为《圣教杂志》，最终在 1938 年 8 月停刊。这份杂志历经数次易名改刊，前后持续半个多世纪，是教会期刊中存在时间最长的刊物。该刊编者确立的办刊宗旨是"以时事、科学作为两大

---

① 《申报》1877 年 6 月 30 日。

支柱，间以宗教，杂以文学作品，"即"故是录始以谕旨，示尊王也；终以地舆、天文、算数诸说，崇实学也；期间附以道学论、时事论，暨一切新闻、传记、文启、诗词等作，分为数种，类皆有益闻见，不尚浮夸，至鲛市蜃楼，事嫌芜杂，莺歌燕曲，语涉轻佻，概不登诸梨枣，示以宜别薰莸"。这里不仅明确了办刊宗旨，而且也明确追求"不尚浮夸"的文风和拒绝"语涉轻佻"的文风。创刊之初所设主要栏目有：《谕旨恭录》《论说》《摘译》《新闻》《教士汇登》《科普》《京报选录》《诗歌》等。

从形态上看，《益闻录》处于由新闻报纸向小册子式期刊过渡的状况，出版周期最短为每周出两次，其次为周刊、半月刊，直至 1912 年改为《圣教杂志》月刊后才全部完成了由小册子向杂志的过渡，它在某种程度上既受中国册页式《京报》的影响，又受西方报刊（宗教方面）的影响；从主编者来看，虽为教会刊物却由外国传教士易为中国学者，这使其文字表述比初期那种蹩脚中文或将《圣经》与儒家经典生硬地糅合起来，有了显著进步，更为文通字顺，更为符合中国人的阅读习惯。在内容方面，看重和继承"自利玛窦等开始以天文、地理、算学、化学、物理等科带入中国"和看重梁启超所说的"明末清初那一点点科学萌芽，都是耶稣会士传进来的"这一传统，改良过去以传教为主的宗旨，而以时事和科学为主，间以传教，即"示尊王""崇实学""附以道学"，显然有别于在此之前的教会刊物。

如前所述，在《益闻录》的发展过程中，曾经融合了一份科学期刊《格致新报》。该刊为旬刊，创办于 1898 年 3 月，同年 8 月停刊，与《益闻录》合并为双周刊《格致益闻汇报》，共出 16 期。首册赠送，此后接受订阅和零售。这份刊物并非传教士刊物，而是由江苏青浦人朱开甲、浙江宁波人王显理主编，商务印书馆承印，撰稿除了朱开甲、王显理外，还有项藻馨、王丰曾等人，只是聘请了一位法国传教士对刊物内容进行把关。《格致新报》设有《论说》《科学问答》《格致新义》《时事新闻》等栏目，通过翻译《美国学问报》《英国泰晤士报》《法国报》《法文博学报》等外报的内容，向中国及时报道西方各国科技发展的最新动态和最新成果，并通过《答问》专栏回答读者提出的问题。与《格致汇编》相比，《格致新报》刊载的西方科技信息更新更快,与读者互动的问题,层次更高。[①] 报馆还一度设有学舍,聘请教士演讲并实地试验,且可代购理化器械。[②]

二、《东方杂志》《教育世界》与综合性刊物对于科学技术的关注

戊戌维新时期,在国人自办报刊的高潮中,涌现出来了一批文理综合性刊物和以《农学报》《算学报》等为代表的学术性、专业性刊物。[③] 至 20 世纪初,以《东方杂志》《教育世界》为代表的一批综合性刊物,在对科学技术的介绍、研讨和交流方面发挥了一定作用。这些刊物规模更大、内容更丰富,其影响也更为深远。

图 5 – 1 《东方杂志》

《东方杂志》1904 年 3 月 11 日创刊于上海,是上海商务印书馆出版的文理综合性月刊,也是近代中国历时最久的大型综合性刊物。创刊时主编为李圣五,以后由徐柯、杜亚泉、陶惺存、钱智修、胡愈之等相继任主编。据 1910 年统计,其每期销数达 15000 份。1920 年第 17 卷起改为半月刊,1932 年 2 月因杂志社址在一·二八事变中毁于炮火而停刊,同年 10 月复刊;1937 年 8 月因全面抗战而停刊,1938 年 1 月迁湖南长沙复刊,同年 11 月迁香港;1941 年 12 月因太平洋战争爆发再度停刊,1943 年 3 月迁重庆复刊,1947 年 1 月迁回上海;1948 年 12 月停刊,共出 44 卷。《东方杂志》的科学技术内容,主要反映在其《实业》《交通》《教育》等栏内,尤其是在杜亚泉任主编的七八年中,有关新知识、新学说和

---

① 熊月之:《西学东渐与晚清社会》,上海人民出版社 1994 年版,第 457 页。
② 史和等编:《中国近代报刊名录》,福建人民出版社 1991 年版,第 281 页。
③ 关于这一时期的文理综合性刊物,参见本书第三章第二节。

科学技术的介绍成为杂志的一大特点，也是使杂志发行量攀升至一万五千余份的主要原因之一。该刊所发表的比较重要的科学技术类文章，大体可分为以下几个方面：

在综合性科学论述方面，1911 年第八卷第二号有甘永龙译自《美国时文报》的《基督教与科学》、蓬仙译自日本《科学世界》大僧正本多氏的论文《佛教与科学》，1911 年第八卷第三号有美国医学士胡芝赫钦生著、甘永龙译自《美国世界名著丛报》的《美国国民卫生之成绩（附图）》，1911 年第八卷第五号有若尔史卡脱著、杨锦森译自 6 月份《美国工艺界》的《二千五百万美金之科学研究费（附图）》，1911 年第八卷第七号有赵修五的《宗教科学并行不悖论》，1915 年 7 月第十二卷第七号有造五的《科学之价值》，1915 年 8 月第十二卷第八号有章锡琛译的《科学与道德》，1917 年 2 月第十四卷第二号有赫蒲德著、邹彬如译自《美国科学杂志》的《科学与家庭经济之关系说》，1918 年 9 月第十五卷第九号有罗罗译的《科学事业宜国际联合进行论》等。其中，有关西方国家大幅度资助科学研究和有关国际合作从事科学研究的记述，首次将现代科学管理思想引入我国。

在数学方面，1909 年 7 月第 6 期有王寿昌的《算语今译》，1911 年第八卷第一号有寿孝天的《代数学中之谬误》《几何学中之谬误》，1911 年第八卷第二号有寿孝天的《纵横对角等和排列法之研究》，1911 年第八卷第三号有寿孝天的《骰点之比较》等。

在天文学方面，1907 年 10 月第八号有录自《京报》的《论彗星之现无关于灾异》，1910 年 5 月第三号有叶青的《记哈雷彗星之历史》（附窦长安彗星真说和高葆真彗星无害说），1911 年第八卷第二号有甘永龙译自《美国格致学报》的《新星之发现》，1911 年第八卷第九号有高鲁的《辛亥年日蚀月蚀记》等。

在生物学方面，1908 年 9 月第八号有甘永龙译自《美国评论之评论报》的《植物之于电光》，1910 年 4 月第二号有奚若节译自《世界报》的《电为助植物生长说（附图）》等。

在地学方面，1910 年 6 月第四号有吴医时的《瑞典地理家游历西藏之演说》，1910 年 7 月第六号有《广东西沙岛志》、叶瀚的《滇省矿物志略》，1911 年第八卷第一号有甘永龙的《制万国通用地图新法》等。

在农学方面，1910 年 3 月第一号有译自日本《朝日新闻》的《满洲农业概略》，1911 年 3 月第八卷第一号有黄以仁的《苜蓿考》等。

在医学方面，1910 年 4 月第二号有奚若节译自《世界报》的《肺结核症之新发明》，1911 年 1 月第十二号有丁福保的《欧洲帝王之病尸解剖》，1911 年第八卷第二号有杜亚泉译自《日本卫生新报》的《食物养生法》《鼠疫之预防及看护法》、甘永龙译自《美国体育杂志》的《菜蔬疗病之力》，1911 年第八卷第五号有甘永龙译自英国《图画报》的《记德米司登卫生会》，1911 年第八卷第七号有全炼的《性近习远之说以生理学上脑髓之作用解释之》、甘永龙译自《美国体育杂志》的《睡醒后卧床之练身法》，1911 年第八卷第九号有亨利海尔著、甘永龙译自《美国技术界杂志》的《电话验病术》，以及许家庆译自《日本卫生新报》的《运动之目的与效果》等。

在工程技术方面，1910 年 6 月第四号有甘永龙的《机器学报汇译》，1910 年 7 月第六号有留学英国伦敦大学的徐兆熊的《研究无声枪说》，1910 年 8 月第七号有《汉冶萍煤铁厂矿记略》、李煜瀛的《论大豆工艺为中国制造之特长》和《关于飞行器之记载》，1911 年第十二号有飞行研究家李宝浚的《研究飞行机报告》，1911 年第八卷第一号有杜就田辑述的《空中飞行器之略说》（连载数期），1911 年第八卷第二号有杨锦森译自《美时文报》的《莫柯尼无线电报之进步》和《最新式之手枪》，1911 年第八卷第五号有吉文斯著、杨锦森译自《美国工艺界》的《模型制造之进步》《新发明之单片活动影戏》，1911 年第八卷第六号有杜就田的《摄影术发明之略史及现今之方法》，1911 年第八卷第八号有甘永龙译自《美国技术界杂志》的《机器人》，1911 年第八卷第九号有北洋大学梁宗鼎投稿的《电炉之历史》、杜就田译自《日本工业化学杂志》的《月光摄影（附图）》等。

从办刊特色来分析，《东方杂志》对科学的重要贡献是对爱因斯坦相对论学说的系统介绍，而且由于杜亚泉、甘永龙、梁宗鼎等一批科学家的参与，吸引了国内外一批科学家、发明家、工程师、大专院校教员投稿，国内学者有关原创研究论文的发表数量越来越多，从而使其发表的科学技术文章保持了与国际科技进步大致同步水平。另外，由于其翻译所据之蓝本是以英、美、日、德等发达国家的报纸、杂志或演说为据进行最新的翻译介绍，不少报道距其原出处仅一两个月，这就大大地提高了国内杂志报道科技成果的新颖性。

此外，1901 年 5 月创刊于上海的《教育世界》，作为我国最早的教育半月刊，也在介绍科技方面颇有贡献。该刊由罗振玉倡办，王国维主编。1908 年 1 月出至第一六六号后停刊，是 1907 年以前发行量最大、出版时间最长的教育杂志。该刊"一引诸家精理微言以供研究；二载各国良法宏观以资则效；三录名人嘉言懿行以示激劝。若夫浅薄之政论，一家之私言与一切无关教育者概弗录"。① 其栏目先有《文篇》《译篇》《学校》《卫生》《文部》，后陆续增设《教育》《国民》《算术》《实业》《科学丛谈》《学理》《来稿》《论说》《传记》《教授训练》《肖像》《本国学事》《外国学事》《教育史》《学术史》等。其科学技术内容主要包括科技教材、科技课程教授法、自然科学研究和科学知识介绍等，在医学教材、算学教育、地学教育、实业教育等方面都有不少论文发表。另外，还有工业学校规程、农业学校规程、谋兴医学、英国技艺学校、海军军医学校、德国技艺师范学校等科技教育报道，并且开始注意到一些新的研究动向。

三、《亚泉杂志》与综合性自然科学期刊的创办

《亚泉杂志》是鸦片战争后中国人自办最早的综合性自然科学半月刊。1900 年 11 月 29 日创刊于上海。杜亚泉编辑，上海北京路商务印书馆印刷，亚泉学馆发行。该刊初为半月刊，铅印，竖排线装本，单色花边封面，每册正文 16 页。自第五册起改为月刊，出至 1901 年 6 月 9 日停刊，共出 10 期。其停刊的原因，大致有二："一是杂志中字式往往须另铸铜模，甚为费时，所以不免延误发行之期日；二是本馆发行杂志，定价既廉，工料之外，所赚无几，加以馆用有绌无盈，况销行甚滞，所耗殊多，

---

① 《本报改章广告》，《教育世界》第六十四号，1904 年 2 月。

今又以三分定价之一作邮费，则是并工料而不敷矣"。①

《亚泉杂志》的创办人杜亚泉是中国近代自然科学先驱，1898 年受聘绍兴中西学堂数学和理科教员，1900 年到上海，自费创办亚泉学馆，并编辑出版《亚泉杂志》，自任主编。他在该刊创刊号上发表的《亚泉杂志序》，重点论述了政治（泛指人类社会生活、社会进步）与艺术（指工艺技术或实业、科学技术）的关系，提出"自其内部言之，则政治之发达，全根于理想，而理想之真谛，非艺术不能发现；自其外部观之，则艺术者固握政治之枢纽矣"。他进而形象地指出："人身必以手、足、耳、目、口、鼻组合而成，脑髓只须一个"；"水手要多，船长只须一人"，"则存活我社会中多数之生命者，必在农商工艺"，"二十世纪者，工艺时代"。他把政治和科学技术的关系比喻为人的头脑和手、足，船长和水手的关系，并预言 20 世纪为科学技术的时代，主张通过发展科学技术，争取国家富强。所以，"亚泉杂志揭载格致、算化、农商、工艺诸科学，其目的盖如此"。②

图 5-2　《亚泉杂志》

就刊物特点而言，《亚泉杂志》受到创办者杜亚泉个人科学爱好的影响，突出地以化学内容为主。该刊第一至十册共刊登 39 篇文章，其中化学方面的文章占 23 篇，如第一册的《化学原质新表》和《钙之制法及性质》，第一、三册连载的《质点论》，第二册的《食物标及食物各质化分表》《配合各色玻璃材料方》和《显影药水方》，第三册的《橡皮及格伯查之代用品》和《化学奇观》，第三、四册连载的《昨年化学界》和《化学理论》，第四册的《显影新方》，第四至十册连载的《定性分析》，第六册的《化学

---

①　杜亚泉：《本馆广告》，《亚泉杂志》第十册，1901 年 6 月。

②　杜亚泉：《亚泉杂志序》，《亚泉杂志》第一册，1900 年 11 月。

周期律》，第七册的《述铜钒钼之性情》和《铍即裕考》，第八册的《论氩》和《论歇留谟》（即氦，helium），第九册的《论物质溶和》和《自来火工艺》，等等，记录了西方近代化学传入我国的历程。其中，《化学原质新表》是杜亚泉新编的化学元素表，包括 76 种元素，比此前江南制造局译本中的化学元素表多出 13 种。针对当时翻译过来的化学书名目参差百出的现象，杜亚泉将化学元素译名统一，对"未有旧名者"重新命名，并宣布"以后本杂志中有记述化学者，悉准是表"。[1] 其中铍（Be）、氩（Ar）、镨（Pr）、钆（Gd）、铥（Tm）、镱（Yb）等 6 种新元素的命名为国内化学界所接受，并沿用至今。氦、氮、氟等元素以气字为部首，用一个单汉字表示的命名法，也源于杜亚泉对"氩"的命名法。与此同时，《亚泉杂志》还刊出虞和钦的《化学周期律》一文，介绍化学元素周期律，附以由英国物理化学家沃克修订发表的元素周期表，其中包括"近来新得之学，向来译书中未曾述及"[2] 的内容。1901 年 3 月 13 日出版的第六册《亚泉杂志》，第一次介绍并刊登了由俄国化学家门捷列夫发现的元素性质随原子量的增加而周期性变化的《化学周期率》，对于我国自然科学研究有着重要的意义。[3] 1900 年 12 月 29 日出版的第三册刊载由王希琴翻译的《昨年化学界》一文，在中国最早报道了居里夫妇 1898 年 7 月 18 日和 12 月 26 日发现的钋（Po）和镭（Ra）两种放射性元素及其化学性质。此外，发表在第一、二册的《质点论》一文，介绍原子学说这一近代化学的基本理论；发表在第三、四册上的《化学理论》一文，介绍了理想气体定律。另外，《亚泉杂志》还设有《化学问题》专栏，用以解答读者提出的问题。因此有人认为，"《亚泉杂志》在某种意义上可以看作是中国第一部化学期刊"。[4]

---

[1]　杜亚泉：《化学原质新表》，《亚泉杂志》第一册，1900 年 11 月。

[2]　虞和钦：《化学周期律》，《亚泉杂志》第六册，1901 年 2 月。

[3]　范明礼：《亚泉杂志》，见丁守和主编《辛亥革命时期期刊介绍》（第一集），人民出版社 1982 年版，第 288—302 页。

[4]　曾敬民：《杜亚泉》，载杜石然《中国古代科学家传记》，科学出版社 1993 年版，第 1286—1291 页。

图 5 - 3　江南制造局翻译处

　　在数学方面，《亚泉杂志》第一册刊载了《算学问题四则》；第二至六、八、十册刊载《微积答问》和《算题答问》，介绍代数、微积分原理和公式；第四至六册连载《平圆互容新义》。此外，还有《洛书探颐偶编》（第五册）、《珠盘开方法》（第八、九册）、《幻视图》（第九册）等等。其中，《珠盘开方法》一文介绍利用珠算开平方、开立方的方法，主张应效仿日本重视珠算的做法，发扬光大中国的珠算传统；《平圆互容新义》用二次曲线解决初等几何中复杂的平圆互切问题，这在我国初等几何研究中是一种新方法，确为"别开一径"。① 在地理、地质学方面，《亚泉杂志》刊载了《天气预报器》《地球之风向》和《探南极之航路》（第一册）、《考察金石表》（第一、三册）、《矿物理学》（第二册）、《论地震》（第五册）、《论火山》（第七册）等一系列文章。其他方面，还有《日本长野县蚕业同志会委员中村利无采访中国蚕业记》（第一、三、六册）、《蚕与光线之相关》（第二册）、《博物学总义》（第八册）、《日本理学、数学书目》

①　李迪：《我国现代数学的先驱者周达》，载《中国科学技术史论文集》（第一集），内蒙古教育出版社 1991 年版，第 255—275 页。

（第七、八、十册）、《日本太阳杂志工业摘录》（第十册）等等。其中，《日本理学、数学书目》一文，分类开列数学书目 531 种、物理学书目 64 种、化学书目 86 种、生物学书目 125 种（含博物）、天文学书目 9 种、地学书目 57 种，总计 872 种，对于 20 世纪初日本自然科学著述集中予以介绍；《日本太阳杂志工业摘录》（第十册）就"日本著名之《太阳杂志》中所辑工业世界，载近世新发明之理"，特别是就"近年杂志中摘录若干条，以备留心工业者之采择焉"。① 这种做法，无疑是科学杂志中科技文摘的创始。此外，杜亚泉基于自己的化学讲演实践和西方科学讲演形式，首倡在中国大兴科学讲演，并将这种体裁作为《亚泉杂志》的稿件体裁之一，具有积极意义。

作为真正由中国人自己创办的第一份综合性自然科学半月刊，《亚泉杂志》的产生和发展昭示了综合性自然科学期刊的历史轨迹。综合性自然科学期刊脱胎于文理综合性期刊，代表着哲学社会科学期刊与自然科学期刊的分野，也标志着学科既越分越细、却无法掩盖学科亦有综合化发展趋势的特有现象。从《格致汇编》《亚泉杂志》等综合性科学期刊一百二十余年的发展来看，亦足以说明这种期刊类型经久不衰的生命力。②

《亚泉杂志》创办一年后，于 1901 年 10 月改名为《普通学报》，③ 仍由杜亚泉编辑。《普通学报》栏目以学科分设，包括《经学科》（心理、伦理、政法、宗教、哲学），《史学科》（中外历史、地理），《文学科》（文典、修辞、诗歌、小说），《算学科》（数学、几何、代数、三角），《格物学科》（地学、化学），《博物科》（矿物、动物、生理、卫生），《外国语学科》，《学务杂志》（学校章程、新图书评论、海外留学生通讯等）。因其不足一年停刊，故所设计的栏目内容大多未能实现。据统计，该刊登载理化方面文章 11 篇，生物学方面文章 4 篇，地质、地理学方面文章 7 篇，特别是数学方面的 13 篇论文，除 1 篇为杜亚泉所撰外，其余均为我国现代数学的先驱者之一和中日数学交流的开拓者周达（美权）所撰。由此

---

① 《日本太阳杂志工业摘录》，《亚泉杂志》第十册，1901 年。
② 苏力等：《中国综合性科学期刊的嚆矢〈亚泉杂志〉》，《编辑学报》2001 年第 5 期。
③ 谢俊美：《普通学报》，见丁守和主编《辛亥革命时期期刊介绍》（第二集），人民出版社 1983 年版，第 1—4 页。

来看，《普通学报》虽然力图改变原《亚泉杂志》自然科学的性质，办成文理并重的综合性刊物，但实际上还是以自然科学为主的期刊。1903 年 3 月，《普通学报》重归纯自然科学期刊的起点，改为《科学世界》月刊。

《科学世界》改由上海科学仪器馆编辑部出版，图书部发行。虞和钦、王本祥等为主要编辑者和撰稿人，虞和寅、虞辉祖、虞翼祖、虞勉庵、杜亚泉、胡雪斋、王明怀、徐宗彦等也曾为该刊撰稿。1903 年至 1904 年发行 12 期后停刊，1921 年 7 月复刊，期数另起，至 1922 年 7 月共出 5 期后停刊，前后共出版 17 期。该刊每期近百页，大 32 开本，蓝底白字彩色封面。虽号称月刊，实际上仅第一至八期按月发行，第九至十二期未按月发行，第八期后整整隔了 10 个月，到 1904 年 7 月才出第九期。[1] 该刊旨在"发明科学基础实业，使吾民之知识技能日益增进"。[2] 一方面希望通过创

图 5 – 4 《科学世界》

办杂志，"极意研求企实业之改良"，作为"吾人对社会国家之义务"，[3] 以图民族的昌盛和国家的富强；另一方面，"用复裹集见闻，绍介当世"，"弥愿我教育大家、青年学士"，通过发挥期刊的社会教育功能，振兴中国科学技术。从栏目和内容来看，《科学世界》设有《图画》《论说》《原理》《实习》《拔萃》《传记》《教科》《学事汇报》《小说》等 9 个栏目，包括科学思想、科学技术史、数学、物理学、化学、生物学、地学（含气象学）、中小学教材研究、科普作品等。其中所载的地学内容，如虞和钦的《中国地

① 姚远等：《中国近代科技期刊源流（1792—1949）》（上），山东教育出版社 2008 年版，第 153—158 页。

② 《科学世界简章》，《科学世界》第一期，1903 年。

③ 林森：《科学世界发刊词》，《科学世界》第一期，1903 年。

质之构造》（第二至三期）、《释岩石学名》（第六期），虞和寅的《论岩石之成因》（第四期），以及柯进民的《江西矿物调查报告》等（第八期），均属近代中国学者研究中国地质学的原创文献。《科学世界》还系统论述了科学救国强国的思想，认为"通世界万国，有急剧的战争，有平和的战争，或战以工，或战以农，要莫不待助于理科。是故，理科者，实无形之军队，安全之爆弹也。凡国于斯土者，能战胜于斯，则其国强，其民富；不能战胜于斯，则其国弱，其民贫。生存竞争将于斯卜之，优胜劣败将于斯观之"，① 从理科与军事、工业、农业等方面的关系说明自然科学的社会功能。该刊还从科学技术与生产力之关系的角度，提出"勿徒空谈哲理，扩张政权，惟尊尚理学节减劳力，则效果有不胜言，而富强可待也"的主张。

从《亚泉杂志》到《普通学报》再到《科学世界》，其办刊宗旨和风格，成为 20 世纪初代表中国人办刊新理念或新思想的科学期刊。这集中表现在下列五个方面：一是"发明科学基础实业，使吾民之知识技能日益增进"的宗旨；二是"输高尚之理想于国民"的志趣；三是"人非挫折不名，事非困难不成，纪其经历，皆师资也"的办刊思想；四是"有推理，有归纳，皆以上穷天巧求原则"；五是"提要钩无"，"不关科学者不录"的办刊原则。《科学世界》所开创的中国人办刊新理念具有划时代的意义，是近代中文科技期刊演化史上的一个重要进步。

第三节　早期国学期刊与传统文化坚守

19 世纪末，随着西学知识的大规模传播，国粹与欧化之辩始见于一些私人信函、日记和报刊言论之中。由于其相关言论或为私密之语，或为零碎杂言，遂不为学界重视。20 世纪初，中国学人借助于国学期刊这一期刊新类型，凭借其出版平台和发行网络，集中回应了当时的众多文化问题，展现了学术同人的理论见解、政治诉求，形成了晚清时期较具中国特色的

---

① 王本祥：《论理科与群治之关系》，《科学世界》第七期，1903 年。

一个学术期刊类群，反映出这一时期学术期刊发展的多样性。

一、坚守国学：国学期刊的精神文化诉求

庚子事变之后，青年学子赴日游学人数日增，其见于学理性知识输入之急迫，遂创办了大量学术性期刊。然而，由于这些学术性刊物多参差不齐、泥沙俱下，在绍介西学的同时又往往将传统文化放在对立面加以批判，"去祖国日远，其所与相习者日疏，骛于他国语言文字学术风俗，而以比较诸内地腐败之社会，于是厌贱之鄙弃之之心生焉"。① 对此，有的学人表示不足为怪，"近顷悲观者流，见新学小生之吐弃国学，惧国学之从此而消灭。吾不此之惧也。但使外学之输入者果昌，则其间接之影响，必使吾国学别添活气，吾敢断言也"。② 也有不少人认为这种现象无异于断绝传统中华文化，"自东土多事，西邻责言，人厌旧邦，群趋新学，夸康瓠为宝鼎，认符拔作祥麟，见异思迁，众咻夺傅，微觇民俗，大有夷风，即诊文章，已多恣为无当之言"。③ 甚至有人将醉心欧化的人士斥之为"学奴"，"海波沸腾，宇内士夫，痛时事之日亟，以为中国之变，古未有其变，中国之学，诚不足以救中国，于是醉心欧化，举一事革一弊，至于风俗习惯之各不相侔者，靡不惟东西之学说是依，概谓吾国固奴隶之国，而学固奴隶之学也。呜呼！不自主其国，而奴隶于人之国，谓之国奴；不自主其学，而奴隶于人之学，谓之学奴"。④

创办国学期刊，提倡国学、国粹，一时成为批判醉心欧化现象的重要手段。国学期刊的缘起，可追溯至1902年梁启超欲创办的《国学报》。该刊意在养成真正的国民，"以保国粹为主义，取旧学磨洗而光大之"。并计划由马鸣、黄遵宪和梁启超分任其事。但黄遵宪明确反对，他认为，"国力之弱，至于此极，吾非不虑他人之挟而夺之也。吾有所恃，恃四千年之历史，恃四百兆人之语言风俗，恃一圣人及十数明达之学识也。公之所

① 黄节：《游学生与国学——东京国学图书馆之设置所望于留学生及留学生会馆监督》，《新民丛报》第二十六号，1903年2月。
② 梁启超：《论中国学术思想变迁之大势》，上海古籍出版社2006年版，第110页。
③ 张英麟：《国学萃编序》，《国学萃编》第九期，1908年。
④ 黄节：《国粹学报叙》，《国粹学报》第一期，1905年2月。

志，略迟数年再为之，未为不可"。① 后来，梁启超听取其建议，创办《国学报》的提议被搁置。

真正意义的第一份国学期刊，是1905 年创刊的《国粹学报》。该刊由邓实、黄节等人发起，"以发明国学，保存国粹为宗旨"。② 1908 年 2 月，沈宗畸等人创办《国粹一斑》，旨在"网络散佚、甄阐隐隐"，"将欲提命风骚，表章绝学，不有编述，孰云观摩"，③后因"国粹二字于古无徵"，④ 易名为《国学萃编》。1911 年 2 月，罗振玉在北京创办《国学丛刊》，强调"以续前修之往绪，助学海以涓流"。⑤ 这些国学期刊的创办，多依托国学方面的学

图 5 - 5　《国粹学报》

术组织。譬如《国粹学报》是国学保存会的机关刊物。国学保存会成立于1904 年 3 月，该会以"研求国学，保存国粹"为宗旨，会员"毋须捐金，惟须著述（或自撰或搜求古人遗籍，或钞寄近人新著)"。⑥ 《国学萃编》为著湔吟社的机关刊物，强调"本社同人，类皆束身自爱，断无比匪之事，惟是声应气求，来者不拒"。⑦ 至于《国学丛刊》，则是罗振玉等人认为"朝市中隐，闭户自精，朋从往还，稽古相勖，于是乃有《国学丛刊》之约，"其出版得到了学界同人的支持，如沈曾植表示："《国学丛刊》，鄙人极表同情"，"公果有意于斯，鄙固愿隶编摩之末也"。⑧

---

① 黄遵宪：《致梁启超函》（1902 年 9 月），载陈铮编《黄遵宪全集》，中华书局 2005 年版，第 433 页。
② 《国粹学报略例》，《国粹学报》第一期，1905 年 2 月。
③ 夏仁虎：《国学萃编序》，《国学萃编》第一期，1908 年。
④ 《本社简章》，《国学萃编》第一期，1908 年。
⑤ 罗振玉：《国学丛刊序》，《国学丛刊》第一期，1911 年。
⑥ 《国学保存会简章》，《国粹学报》第一期，1905 年 2 月。
⑦ 《本社简章》，《国学萃编》第一期，1908 年。
⑧ 许全胜：《沈曾植年谱长编》，中华书局 2007 年版，第 353 页。

由于时人对"国学"的范畴莫衷一是，而国学期刊又要对此做出回应，以便对稿件合理分类，为此，部分国学期刊进行了有效的探索。譬如《国粹学报》为会通中西学术，"于我国学术源流、派别，疏通证明，原原本本。阅者得此，可以知读书门径。本报于泰西学术其有新理精识足以证明中学者，皆从阐发。阅者因此可通西国各种科学"。① 故初设七门：《社说》，用以言志；《政篇》，为执政者提供参考；《史篇》，匡古志今，作为针砭；《学篇》，是为不分门户，实事求是治学；《文篇》，用以论文章源流；《丛谈》，是为博采异闻，知旧求新；《撰录》，是为搜罗遗籍，阐发幽光。后又增设《地理篇》《博物篇》《美术篇》《藏书志》《绍介遗书》等。到第

图 5-6　《国学萃编》

六年时，栏目又有较大变动，分《通论》《经籍》《史篇》《子篇》（附理学）、《文篇》（附小学）、《博物篇》《美术篇》（附金石学）、《丛谈》《撰录》等，其中以《通论》取代《社说》，并刊登学术性论著而不是政治性评论文章，逐渐呈现其作为学术期刊的特色。其他如《国学萃编》则完全照搬了传统文学分类体例，将"是编卷分十门，都为一集"。《国学丛刊》则多沿袭清代目录之学，区分为八目：曰经，曰史，曰小学，曰地理，曰金石，曰文学，曰目录，曰杂识。

通过创办期刊而不是出版专著以提倡国学，固然有当时国内出版技术发展作为基础，同时亦是针对古籍出版保存的窘境而进行的一种尝试。当时的一批学人受到日本的启发，认识到期刊作为传播国学媒介的特殊价值，认为创办国学期刊在日本国粹主义思潮中的地位举足轻重，"昔者日本维新，归藩覆幕，举国风靡，于时欧化主义，浩浩滔天，三宅雄次郎、

---

① 《国粹学报略例》，《国粹学报》第一期，1905 年 2 月。

志贺重昂等，撰杂志，倡国粹保全，而日本主义，卒以成立"。① 同时，有感于当时古籍保存颇为困难、流失严重的情况，部分学人主张以期刊发行弥补古籍出版的不足：

> 吾曩以壬寅走京师，当丧乱之后，士夫若梦初醒，汲汲谈新学倡学堂，窃喜墨守之习之由是而化也。入琉璃厂书肆，向者古籍菁英之所萃，则散亡零落，大非旧观，闻悉为联军搜刮去，日本人取之尤多。而我国人漠然无恤焉，以为是陈年故纸，今而后固不适于用者也，心又悲之。迨乙巳返里，幽忧索居，南中开通早，士多习于舍己从人之便利，日为卤莽浮剽之词，填塞耳目，欲求一国初以前之书于市肆，几几不可得。②

为此，晚清时期的国学期刊多以刊代书，等待日后汇编成书。如《国学萃编》简章称："他日全书告成，拟名曰《晨风阁丛书》，每集十种，分甲乙丙丁等十集"。③ 又如邓实认为，"道咸以后，学风少衰，简帙零落，日渐湮没，不有蒐集，罕睹微文，罔逸拾残，当与同志，庶几复古，无愧先民"。由他主编的《国粹学报》外编所录前人著作，"按期刊入，不使间断，各种至年终必为刊完，以便汇订成丛书"。④

在国学期刊的主办者和参与者看来，西学输入固然重要，但在应对民族危机加剧时还必须重视传统文化的保存问题。譬如黄节、刘师培、邓实、罗振玉等人曾游历日本，阅读过大量西学著述，对域外学术动态有相当的了解，甚至曾了解过日本的国粹主义思潮。黄节在 1902 年发表《国粹保存主义》一文，指出："夫国粹者，国家特别之精神也。昔者日本维新，欧化主义浩浩滔天，乃于万流澎湃之中，忽焉而生一大反动力焉，则国粹保存主义是也"。⑤ 但与醉心欧化的留日青年不同，他们对中国传统文化有较多的肯定和承继，认为语言文字是中华民族精神的载体，"一国之

---

① 黄节：《国粹学报叙》，《国粹学报》第一期，1905 年 2 月。
② 《张南械辑印佚丛自序》，《国学萃编》第六、七期合刊，1908 年。
③ 《本社简章》，《国学萃编》第一期，1908 年 2 月。
④ 邓实：《第六年国粹学报更定例目》，《国粹学报》第六十三期，1910 年 3 月。
⑤ 黄节：《国粹保存主义》，《政艺通报》壬寅第二十二期，1902 年 12 月。

文字，一国之精神系焉"，① 其兴亡与国家命运息息相关，"立乎地圜而名一国，则必有其立国之精神，虽震撼挽杂而不可以灭之也。灭之则必灭其种族而后可。灭其种族，则必灭其国学而后可"。② 也正是因此，在民族危机日益严重的境遇下，他们主张保存国学较醉心欧化更为重要："举世汹汹，风靡于外域之所传习。非第以其持之有故，言之成理也。又见其所以施于用者，富强之效，彰彰如是，而内视吾国，萎薾颓朽，不复振起，遂自疑其学为无用，而礼俗政教，将一切舍之以从他人。循是以往，吾中国十年后，学其复有存者乎？"③ 换言之，晚清国学期刊的创办者多主张保存、发扬国学，"钩元提要，括垢磨光，以求学术会通之旨，使东土光明，广照大千，神州旧学，不远而复，是则下士区区保种爱国存学之志也"。④

综上所述，晚清时期的一部分学人创办国学期刊，批判醉心欧化、主张保存国学，既体现了他们注重保存传统文化以固国本的精神诉求，同时也表明了不少国学提倡者并非故步自封，而是积极借鉴域外的经验教训，引入期刊这一新媒介，在一定程度上弥补了古籍出版界传播国学的不足和不力。

二、复兴古学：国学期刊的学术价值重塑

在清代学术演变中，古学复兴是其核心内容，"综观二百余年之学史，其影响及于全思想者，一言蔽之，曰'以复古为解放'。第一步，复宋之古，对于王学而得解放。第二步，复汉唐之古，对于程朱而得解放。第三步，复西汉之古，对于许郑而得解放。第四步，复先秦之古，对于一切专注而得解放"。⑤ 人们将这种古学复兴与西方文艺复兴联系在一起，赋予了新的价值和含义。如邓实认为"夫周秦诸子，则犹之希腊七贤也"，"泰山之麓，河洛之滨，大江以南，五岭以北，如有一二书生，好学新古，抱残守缺，伤小雅之尽废，哀风雨于鸡鸣，以保我祖宗旧有之声名文物，而复我三千年史氏之光荣者乎。则安见欧洲古学复兴于十五世纪，而亚洲古学

---

① 张英麟：《国学萃编序》，《国学萃编》第九期，1908 年。
② 黄节：《国粹学报叙》，《国粹学报》第一期，1905 年 2 月。
③ 潘博：《国粹学报叙》，《国粹学报》第一期，1905 年 2 月。
④ 《国粹学报发刊词》，《国粹学报》第一期，1905 年 2 月。
⑤ 梁启超：《清代学术概论》，上海古籍出版社 1998 年版，第 7 页。

不复兴于二十世纪也"。① 对于古学复兴的时代价值，罗振玉认为："间尝闻今之论学者言稽古之事，今难于昔。又谓道莫大于因时，事莫亟于致用，礼教足以致削，诗书不能救衰，古先学术必归淘汰。蒙窃以为不然。"② 邓实也强调："今之忧世君子，睹中夏之沦亡，则疾首痛心于数千年之古学，以为学之无用而致于此也。邓子曰：悲夫！其亦知吾国之古学，固未尝用，而历代所用者，仅君学乎？夫用之而无效，则谓其学为无用固宜。若夫其学犹未用也，而即嚣然以无用名之，而乌知乎其学之果无用也。"③

对于古学的范畴，不同学人理解有异。邓实强调的古学是周秦学术，"皆卓然自成一家言，可与西土哲儒并驾齐驱者也。"④ 罗振玉认为，古学范围更为宽广，包括圣贤典籍、诸子百家著述和文物制度考证等，"至若先圣遗书，经世大典，固已范天地而不过，揭日月而俱行。即诸子之学说，百家之撰论，文字之训诂，名物之考证，挹其精华，固光焰之常在"。⑤ 不过，他们创办的国学期刊在文稿的选编方面，并没有拘泥于这些观点的限制。《国粹学报》不仅发表了大量的古学研究论著，如邓实的《国学原论》《国学通论》《国学无用辨》《国学今论》《古学复兴论》等系列文章，以及刘师培的《古学出于史官论》《古学起源论》《国学发微》《周末学术史序》《南北学派不同论》《古政原始论》等，还广泛蒐集古籍善本，并择善加以刊载。该刊创刊号"略例"还刊登征文广告，声称"海内通儒，如有专家著述，皆可惠寄本馆，代为刊登"。其《撰录》栏目主要刊登文献古籍，"蒐罗我国佚书遗籍，征采海内名儒伟著，皆得之家藏书钞未曾刊行者，为外间所希见之本，至可宝贵。"《国学萃编》发布的"征求名家遗稿"广告，则宣称："大雅宏达著述等身，每以经济困难，无力刊版，后人宝守遗编，藏弄箧笥，徒饱枯蝇，终归泯灭，半生心血所在，著者有知，宁不悲恫。昔李穆堂云，刻人遗稿，如拾枯骼。"对于名家遗稿，《国学萃编》"除选刻时贤来稿外，每期留一二卷专刊名家遗稿，

---

① 邓实：《古学复兴论》，《国粹学报》第九期，1905 年 10 月。
② 罗振玉：《国学丛刊序》，《国学丛刊》第一期，1911 年。
③ 邓实：《国学无用辨》，《国粹学报》第三十期，1907 年 6 月。
④ 邓实：《古学复兴论》，《国粹学报》第九期，1905 年 10 月。
⑤ 罗振玉：《国学丛刊序》，《国学丛刊》第一期，1911 年。

如无副本，获寄本社录副，原稿珍缴，决不敢失，或自觅抄胥录副，由本社酌送抄费，惟须先录一二卷寄京，由本社同人鉴定，果堪传世，并可先将抄费寄上，若系寻常文字，不必代刊专集，亦必立时登复。"①

由于晚清时期西学已经成为国学期刊创办者的公共思想资源，中西学术融合问题也就成为古学复兴路径中的重要基石。《国粹学报》讲求中西学术的会通：

> 学术所以观会通也。前哲有言，执古之道，以御今之有，睹往轨，知来辙。史公之言曰，知天人之故，通古今之变。又曰，好学深思，心知其意。班孟坚曰，尔雅故，通古今。盖化裁为变，推行为通，观会通以御世变，是为通儒之才。但所谓观其会通者，非断断于训诂词章之末，姝姝守一先生之说也。乃综贯百家，博通今古，洞流索源，明体达用。

《国粹学报》坚持中学为体，"于泰西学术其有新理精识，足以证明中学者，皆以阐发。"② 《国学丛刊》创办者罗振玉也指出，古学复兴在于"求其义理，则有光大而无沦胥；语其方法，则有变通而无弃置"；"在昔六籍灰尘，东鲁之弦歌自若；五季俶扰，群经之雕椠方新。今且旁行斜上，尽译遗经；海峤天涯，争开文馆。矧兹宗国，尚有典型，老成未谢，睹白首之伏生，来者方多，识青睛之徐监，方将广鲁于天下，增路于椎轮，张皇未发之幽潜，开辟无前之涂术，信斯文之微坠，仁古学之再昌"。③ 换言之，罗振玉认为学术并无新旧之分，古学变通，仍有可能再昌。王国维更进一步强调，学术不分新旧、中西、有用无用，主张会通中西学术。他指出："中西二学盛则俱盛，衰则俱衰，风气既开，相互推动。且居今日之世，讲今日之学，未有西学不兴而中学能兴者，亦未有中学不兴而西学能兴者。"④

由于域外学术分为泰西之学（有时略称西学）和东洋之西学（又称东学），国学期刊创办者基于各自的政治立场、学术经历等，对东学、西学

---

① 《本社简章》，《国学萃编》第一期，1908 年 2 月。
② 《国粹学报发刊词》，《国粹学报》第一期，1905 年 2 月。
③ 罗振玉：《国学丛刊序》，《国学丛刊》第一期，1911 年。
④ 王国维：《国学丛刊序》，《国学丛刊》第一期，1911 年。

其实有着不同的心情和想法。在他们看来，西学多有深意，主张大胆引进、吸收，"泰西之学，为我学所未及者，亦极多焉。当取其精华，弃其糟粕，融会而贯通之，而后国学庶能复兴"。① 而对于东学则是感情相对复杂，在引进的同时又保存着相当多的谨慎和排斥。因为日本的东洋学者，除绍介欧美之西学外，还对中华文化抱有很大研究热忱，"夫经欧美之藏书楼，无不广贮汉文之典册；入东瀛之书肆，则研究周秦诸子之书，触目而有"。② 这给予了中国学人研究国学极大的刺激，认为"频年日本书估，辇重金来都下，踵项相望，海内藏书家与皕宋楼埒者，如铁琴铜剑楼，如海源阁，如八千卷楼，如艺风楼，如长白某氏某氏等，安知不为皕宋楼之续。前车可鉴，思之兹惧，用特印行皕宋楼源流考，以告有保存国粹之责者"。③ 同时，日本与中国存在众多的相似处，容易给人造成错觉，"日本与吾同文而易殽也"。"譬之生物焉，异种者虽有复杂，无害竞争，惟同种而异类者，则虽有竞争，而往往为其所同化。泰西与吾异种者也，日本与吾同种而异类者也。是故不别日本，则不足以别泰西。"④ 此外，20 世纪初日本对华政策的演变，及其在台湾的文化措施，都引起了国人的警觉："吾闻俄人之于东省强人用俄语俄文，日本之于台湾强人用日语日文，人之欲梏亡我精神，盖靡弗至，顾我乃不待人之强之，而将自汨其灵台以为人役。"⑤ 为此，不少学人表达了研究国学要以中国本位为主、与日本展开学术争鸣的观点，认为："亡吾国学者，不在泰西而在日本乎！""凡欲举东西诸国之学，以为客观，而吾为主观，以研究之，期光复乎吾巴克之族，黄帝、尧、舜、禹、汤、文、武、周公、孔子之学而已。"⑥

三、朝野有别：读者世界的文化身份认同

晚清国学期刊均为私人或民间团体组织创办，其出版发行不同于官方

---

①　姚光：《国学保存论》，《国学丛选》第一、二期，1923 年。
②　邓实：《古学复兴论》，《国粹学报》第九期，1905 年 10 月。
③　[日] 岛田彦桢著，董康跋：《皕宋楼藏书源流考并购获本末》，《国粹学报》第四十四期，1908 年 9 月。
④　黄节：《国粹学报叙》，《国粹学报》第一期，1905 年 2 月。
⑤　《张南械辑印佚丛自序》，《国学萃编》第六、七期合刊，1908 年。
⑥　黄节：《国粹学报叙》，《国粹学报》第一期，1905 年 2 月。

报刊的摊派行为，而是主要借助于日趋成熟的邮政发行网络和报刊代派渠道。《国粹学报》编辑发行所设在上海四马路老巡捕房东面的惠福里，自第一期起即广泛招募、开拓报刊代派处，"江海内地诸君有愿为本报代售者，皆可投函寄款于本馆，本馆认定即可寄报，惟报资不能拖欠，资满停寄，例必实行"。① 至1911年，已在北京琉璃厂土地祠内设立分社，并在北京、保定、山东、天津、山西、河南、四川、吉林、广东、江西、江苏、湖北、安徽、贵州、湖南、浙江、福建、云南等地24个城市的几十个书庄设了代售书报处，譬如在北京，有公慎书局、饷华新社、北京官书局、文明斋等；河北保定有官书局、萃英书房、大有山房；山西有书业昌、文元书局、晋新书社。《国学萃编》则第一期免费送阅3000册，自第二期开始订阅，随后在上海、湖北、吉林、南京、安徽、芜湖、嘉兴、山东、九江、镇江、吴城、安庆、清江、四川、河南、香港、南昌、苏州、广东、汉口、扬州、天津及日本等地设立代派处。此外，国学期刊还与部分报刊社合作，或是由其合作报刊的代派处代为发行刊物，如《国粹学报》与四川《广益学报》合作；或是登载广告，让学人知晓刊物的内容，以便找人代售。

值得引起注意的是，由于张之洞等"在朝"官员提倡国学，国学期刊的出版被赋予了与之对立即"在野"的政治内涵，"夫在上而言国粹，则挟其左右学界之力，欲阻吾民图新之先机，以是为束缚豪杰之具，辞而辟之可也。若在野而倡国粹，则一二抱残守缺之士，为鸡鸣风雨之思。其志哀，其旨絜。是犹仁者见仁，智者见智，欧化者自欧化，国粹者自国粹而已。与执政之主持，殆不可同日而语"。② 为此，晚清国学期刊以学会机关刊物的身份，凸显了其自身"在野"的群体认同。事实上，国学期刊传阅的核心也多是在学术同人圈子内部。《国粹学报》作为国学保存会的机关刊物，"其有所外间投赠之文字著述，当择优先刊报内。同人见惠文字著述，其已登于《国粹学报》者，即以原报一份还赠。"③《国学萃编》为著涒吟社的机关刊物，该社员声气相应求，"吾道非孤，求友或应。字编一

---

① 《国粹学报售报简章》，《国粹学报》第一期，1905年2月。
② 许之衡：《读国粹学报感言》，《国粹学报》第六期，1905年7月。
③ 《国学保存会简章》，《国粹学报》第一期，1908年2月。

出，吾知江湖载酒，燕赵悲歌，必且贻以芳兰，赠之杂佩，津逮后学，继续微言，斯文未坠，其在兹乎"。① 这种同人之间的学术传播，增进了期刊所代表的政治和文化认同，形成了所谓的学派意识。黄节、邓实、陆绍明、刘师培、高天梅、柳亚子、黄侃、马君武、马叙伦等《国粹学报》撰稿者，多为国学保存会会员，他们出身"书香门第"，不仅旧学根底深厚，学有所长，同时又愿意接受新思想新文化的影响，更易于感受时代风气的冲击，具有较强的革命色彩，对办刊活动"硁硁自守，抱其素志，毋敢少渝。中间虽屡经官家之注目，始饴以金资，继加以威吓。同人不为少动，不为中止，得延一线至今日"，以至于时人认为《国粹学报》为"精神革命之先河"。②

由于国学期刊大都宣称向外界广泛征稿，这在进一步拓展读者群体的同时，也强化了"在野"的身份认同。《国学萃编》表示："海内外同志愿任义务编辑，除录寄大著外，仍恳广为蒐罗，源源录寄，所有邮费每三月由本社认缴。"其文章必须符合本社宗旨，"凡以著述嘱刊入本编者，倘因宗旨不合，即纳费亦不代刊，如经本社鉴定，即毋庸纳费，惟另行抽印若干册，则须照付印工纸费。"③《国粹学报》则表示，愿意吸纳意见相左的稿件，"本报刊行，原欲与我国学人讲习实学，俾收切磋之益。海内通儒如有专家著述，皆可惠寄本馆，代为刊登。本报体例、论著有未善者，亦望教诲惠我，或赐以驳义，或别发新议，其宗旨原不必相同，庶几奇义与析，真理日出"。④ 换言之，不同政治主张、学术立场的学者通过投稿方式，均可参与到国学期刊的学术文化重构中来。这意味着，国学期刊的读者世界不仅仅是学会同人，而是扩展到了晚清知识精英群体中。于是，不同立场的学者通过期刊文本的阅读，可以做出自己的判断取舍，获得某种身份认同。在《国粹学报》三周年纪念活动中，张謇、孙诒让、陈三立、郑孝胥、丘逢甲、吴承仕、陈锐等二十多人题词赋诗表示祝贺，如徐鋆题诗云："墨雨欧风特地狂，千钧一发感微茫。不期澎湃文章海，现出庄严七宝装"。"齐节奇情一例传，群公高会大江天。斯楼不共河山破，突兀人

① 《国学萃编序》，《国学萃编》第一期，1908 年 2 月。
② 《国学保存会报告》，《国粹学报》第八十二期，1911 年 9 月。
③ 《本社简章》，《国学萃编》第一期，1908 年 2 月。
④ 《国粹学报略例》，《国粹学报》第一期，1905 年 2 月。

间十万年"。① 当然，对于这些国学期刊，持不同意见者亦多有之。如沈曾植指出，《国学丛刊》"要当以世界眼光扩张我至美、至深、至完善、至圆明之国粹，不独保存而已。而亦不仅仅发抒怀古思旧之情抱，且不可与《国粹学报》重复"。② 宋恕则批评《国粹学报》"择焉不精，玉石并列，且间登逆说，致反碍及'国粹'字样，尤为可恨！"③

相对于精英知识分子群体的各种学术活动，年轻学子对国学期刊的反应要简单很多，他们或是将此作为对众多期刊选择中的一次文本阅读行为，如舒新城在郦梁书院（次年改入溆浦县立高等小学堂）读书期间，翻阅《国粹学报》，"在溆浦那样偏僻的地方，当然购不着什么真的新书，但阅报室中有《时报》《新民丛报》《国粹学报》《安徽俗话报》及《猛回头》《黄帝魂》《中国魂》《皇朝经世文编》《西学丛书》《皇朝蓄艾编》《时务通考》等等。"④ 或是在阅读后，不甚了解内容深邃的文章，而对保存国学行为则颇为支持，甚至模仿。譬如顾颉刚少年时期初看《国粹学报》，"那时在报上见了广告，便请父亲去买，他买回了两册，在病榻上爱玩不忍释手。可是孙仲容（诒让）、章太炎（炳麟）两位先生的文章是看不懂的。""过了一二年，北京又有《国学萃编》出版，也是一月两册，我按期买了。那是沈太侔先生（宗畸）集合一班诗文同好所编的，里面有陈衍、孙雄、冒广生、诸宗元诸人的作品，也常常表彰古人湮没不传的著作。"顾颉刚与叶圣陶等创办的国学研究会，就是受到邓实国学保存会的启发："我想，邓先生已组织了'国学保存会'，我就借这机会组织一个'国学研究会'罢。因此在正常的刊物之外，还找些未刊的著作油印出来，算是国学研究会的丛书。当时出版了多少种，已过三十余年记不真了，只记得《艺兰要诀》一种是在吴姑丈家里找到的，《龚半千续画诀》一种是在孙伯南先生处抄来的，这毋宁说是受的《国学萃编》的影响。"⑤

① 徐鋆：《丁未冬为国粹学报行世之第三周年赋诗寄祝即希诸君子正刊》，《国粹学报》第三十八期，1908年2月。
② 许全胜：《沈曾植年谱长编》，中华书局2007年版，第353页。
③ 宋恕：《上东抚奏创粹化学堂议》，载《宋恕集》，中华书局1993年版，第374页。
④ 舒新城：《舒新城自述》，安徽文艺出版社2013年版，第51页。
⑤ 顾颉刚：《顾颉刚自传》，北京大学出版社2012年版，第56—57页。

第六章

庚子事变后期刊的大众化读者定位

中日甲午战争之后，新式报刊、学堂、学会大量出现，知识阶层的启蒙从理论层次落实到实际行动；下层社会的启蒙则还停留在少数几个人的议论中。但仅仅几年之后，外忧内患造成的前所未有的危局，促使知识阶层普遍而深入地反省赖以传播新思想的文字媒介，认识到文学作品在"发起国民政治思想，激励其爱国精神"方面的作用，体悟到语言和文字必须合二为一，才可能达到面向大众传播新知识新思想的效果，由此推动形成了创办文学期刊和白话报刊的热潮。一方面为了开启一般民众的智慧，另一方面为使信息更有效地传达到底层社会，从而形成了一个从知识精英到下层民众的传播回路。

第一节　早期文学期刊的办刊路线

自 1872 年上海《申报》创办我国第一份文学期刊《瀛寰琐纪》起，至 1911 年间，我国共出版文学期刊有近百种。① 其中 1872 年至 1901 年仅出版 6 种，即《瀛寰琐纪》（1872）、《四溟琐纪》（1875）、《寰宇琐纪》（1876）、《侯鲭新录》（1876）、《艺林报》（1891）②、《海上奇书》（1892）

① 方汉奇主编：《中国新闻事业通史》第 1 卷，中国人民大学出版社 1992 年版，第 936 页。

② 《艺林报》创刊于 1891 年 2 月 23 日（清光绪十七年正月十五日），是曾为《申报》主笔的高太痴自办的文学期刊，阴历每逢五逢十出版，出版 15 期后停刊，具体停刊时间不详（《上海新闻史》第 82 页）。

等。1902 年梁启超在日本横滨创刊《新小说》，标志着我国正式开启了文学期刊出版的历程。《新小说》杂志发动了"小说界革命"，被认为是中国近代第一种真正具有鲜明的"期刊意识"的文学期刊，其栏目分类与栏目格局，成为此后中国文学期刊的样板。其《小说丛话》专栏的开辟与设置，更是我国文学期刊史上第一个文学理论和批评专栏，充分体现了近代文学期刊的"公共领域"性质。自《新小说》之后，我国出现持续性的文学期刊出版态势。《新小说》的这种示范作用，使得梁启超的小说理论追随者和意欲创办文学期刊、以办文学刊物为职业的人，有了可直接效仿的办刊样本与实例。正如日本学者樽本照雄所说，《新小说》的创刊"象征着文艺杂志时代的开始"。①

在《新小说》的影响下，以"小说"命名的刊物纷纷涌现，至 1910 年共出版 19 种（见表 6 - 1）。由此，晚清文学期刊也迎来了出版高峰，1903 年出版了 7 种文学期刊，1906 年至 1908 年三年出版了 35 种，占了晚清文学期刊的半壁。但大起之后即出现了大落，1905 年仅创刊 1 种，1909 年至 1911 年三年创刊 10 种，种数和所占比例迅速跌落。这种起伏波动的变化趋势，构成了我国文学期刊出版业初始阶段的基本特征。

表 6 - 1　1902—1910 年创办的小说刊物

刊　名	创刊时间	出版地	刊　期	编　辑	备　注
新小说	1902	日本横滨	月刊	梁启超	24 期
绣像小说	1903	上海	半月刊	李伯元	72 期
新新小说	1904	上海	月刊	陈景韩	10 期
小说世界	1905	上海	半月刊	（不详）	2 期
月月小说	1906	上海	月刊	汪惟父、吴趼人	24 期
新世界小说社报	1906	上海	月刊	警　僧	9 期
小说七日报	1906	上海	周刊	谈小莲	5 期
小说林	1907	上海	月刊	徐念慈	12 期
小说世界	1907	香港	旬刊	（不详）	4 期

---

① 〔日〕樽本照雄：《新编增补清末民初小说目录·序》，齐鲁书社 2002 年版，第 5 页。

续表

刊　名	创刊时间	出版地	刊　期	编　辑	备　注
中外小说林	1907	广州	旬刊	黄伯耀、黄世仲	28 期
广东戒烟新小说	1907	广州	周刊	李　哲	9 期
竞立社小说月刊	1907	上海	月刊	彭　俞	2 期
新小说丛	1908	香港	月刊	林紫虬	3 期
白话小说	1908	上海	月刊	姥下余生	2 期
扬子江小说报	1909	汉口	月刊	胡石庵	5 期
十日小说	1909	上海	旬刊	环球社	12 期
小说时报	1909	上海	月刊	冷　血、天　笑	33 期
小说画报	1910.1	上海	月刊	（不详）	6 期
小说月报	1910.8	上海	月刊	王蕴章、恽铁樵	从创刊到清王朝被推翻共出版 19 期

　　与近代中文期刊同源，我国最早的文学期刊也是由外国人创办的。1872 年至 1877 年间，上海申报馆陆续创办了《瀛寰琐纪》《四溟琐纪》和《寰宇琐纪》。曾任《申报》主笔的沈饱山、高太痴和韩邦庆受到申报馆所办文学期刊的影响，先后创刊《侯鲭新录》《艺林报》和《海上奇书》，并由申报馆代售。由此可见，无论是外人创办还是国人自办的早期文学期刊，都与申报馆有着很深的渊源，报馆办刊和个人办刊也是早期文学期刊的主要办刊模式。

　　由英国商人美查所办的申报馆在出版《申报》这一商业性日报的同时，创办了我国最早的文学期刊《瀛寰琐纪》，对申报馆初期扩大业务做了尝试。在创办《申报》之初，其资金来源主要是报纸的销售收入和广告收入。为了扩大报纸的知名度，申报馆打算免费登载一些作者投稿的文学作品，但出于经济上的考量，又无法给予这类文字更多的版面，不久就积存了一定数量的稿件。为了迎合和满足文人雅士的创作和阅读欲望，申报馆决定增设一个刊物，专门刊登此类作品，一方面可以扩大经营范围以谋利，另一方面也可以吸引更多的作者和读者。《瀛寰琐纪》就是在这种背景下出版的。该刊创办于 1872 年 11 月 11 日（同治十一年十月十一日），1875 年 1 月（同治十三年十二月）停刊，共出 28 期。每册 24 页，线装本，用四号字排印，每期销量在两千册左右。据 1877 年《申报馆书目》介绍称："是书皆近时诸同人惠投本馆嘱刊之作，本馆延请名人详加选择。"作为我国第一份近代文学期刊，《瀛寰琐纪》的内容主要是诗词小说和译文，也发表时论、益智见闻、各地消息、科学知识、读书札记、人物传记等。为了扩大销售，该刊沿用《申报》连载长篇小说以促使读者逐期购买的策略，从第三卷开始连载蠡勺居士翻译的英国小说《昕夕闲谈》，这不仅是我国近代最早的文学翻译作品，也开创了小说在杂志上分期连载之先例。《瀛寰琐纪》载文的作者或译者多使用笔名，据阿英考证，有当时上海名士李芋仙、王韬、何桂笙、邹翰飞、钱昕伯等人。1875 年 1 月停刊后，2 月改名《四溟琐纪》继续出版，次年 2 月再改名《寰宇琐纪》，出至 1877 年 11 月停刊。①

在申报馆创办文学期刊的启发下，曾任《申报》主笔的沈饱山于 1876 年冬创办了文学期刊《侯鲭新录》，由沈饱山自设的上海机器印书局印行，在《申报》刊出告白发售，停刊时间未详。现存 5 卷，体例效仿《瀛寰琐记》《四溟琐纪》《寰宇琐纪》三刊，但有些作品又前后连续，内容除文史之外兼及诗词、戏曲，刊有《林则徐传》《周天爵传》《潘世恩传》和戏曲《青衫泪》等。学界普遍认为，这是国人自办的第一种文学期刊，亦是民间创办文学期刊的发端。

1892 年 2 月 4 日，另一曾任《申报》主笔的韩邦庆（字子云）以"花也怜侬"的笔名，出版了一份名为《海上奇书》的刊物，初为半月刊，自第十期起改为月刊。韩邦庆与申报馆的关系使他能够借助该馆发布广告和代售。实际上早在该刊创刊号出版之前，即在《申报》连续 10 次刊出广告，以后每期刊物出版之前，都照例连续在《申报》发布两三次广告，显示出了创办者良好的现代广告意识和文学期刊经营才能。② 堪称我国近代文学期刊史上个人办刊的典范。《海上奇书》每期内容分三部分：首刊韩邦庆自撰的文言短篇笔记小说《太仙漫稿》数则；其次连载韩邦庆自撰

① 阿英：《晚清文艺报刊述略》，载《阿英全集》第六卷，安徽教育出版社 2003 年版，第 238—239 页。

② 王燕曾专门讨论过《海上奇书》之"广告先行的营销策略"，见王燕《晚清小说期刊史论》，吉林人民出版社 2002 年版，第 133—139 页。

的长篇吴语小说《海上花列传》两回；末为《卧游集》，选辑前人笔记小说。因此，《海上奇书》也被认为是中国近代第一个专门刊登小说的刊物。

特别是该刊连载的韩邦庆自撰小说《海上花列传》，以开埠后的上海为背景，为我国最早的近代方言文学作品之一，代表了当时纯文学的艺术水平。[①] 此外，《海上奇书》每期都刊载图片14幅，"绘图甚精，字迹工整明朗"，被认为是我国最早的图文并重的文学刊物。[②] 该刊每期售价一角，采取薄利多销的发行策略，但是作为韩邦庆一个人独力创办、靠一篇主打作品撑起来的刊物，内容显得十分单薄，加之"彼时小说风气未尽开，购阅者鲜，又以出版屡屡衍期，尤不为阅者所喜"，[③] 所以刊行后销路不畅，到1893年1月2日出完第十五期后停刊。[④]

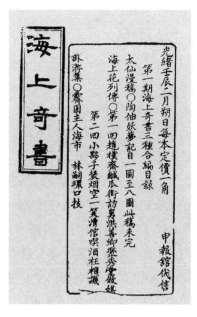

图6-1　《海上奇书》

一、《新小说》的创刊与文学期刊出版高潮

《海上奇书》停刊以后，从1893年到1902年《新小说》创刊，尽管文学期刊出现了10年的沉寂期，但报刊文学日渐受到重视，为1902年至1908年文学期刊出版的第一次高潮做了较好铺垫。在这十年间，中国社会更加动荡，从甲午战争到庚子事变，外强侵略日深，亡国危机日迫，爱国志士在寻求救国之路的过程，逐步认识到发动民众的重要性："欲救亡图

---

① 陈伯海等：《上海近代文学史》，上海人民出版社1993年版，第240页。

② 方汉奇主编：《中国新闻事业编年史》，福建人民出版社2000年版，第88页。

③ 颠公：《懒窝随笔》，载《海上花列传"附录"》，人民文学出版社1985年版，第615页。

④ 关于停刊日期及出版期数，目前存疑。史和等《中国近代报刊名录》认为，该刊最后一期为1892年11月出版的第十六期。本书采纳《上海新闻史》（第82页）、《中国新闻事业编年史》（第88页）的说法。

存，非仅恃一二才士所能也。必使爱国思想，普及于最大多数之国民而后可"。而"求其能普及而收速效者，莫小说若"。① 现实危机和救亡思潮相互激荡，推动报刊文学在中日甲午战争之后开始加速递增。当时的许多刊物，大多设有专门栏目，登载文学作品，或者刊载西方文学的翻译作品，或刊载国人自撰的以外国历史上的杰出人物和重大事件为题材的作品，给文学界带来了新的气象。与此同时，梁启超等人创办的《清议报》《新民丛报》等刊物宣传"彼美、英、德、法、奥、意、日本各国政界之日进，则政治小说为功最高"② 的观点，对"以稗官之体写爱国之思"的政治小说极力推崇，不仅赋予报刊文学以改良社会的使命，还集聚了罗普、雨尘子、麦仲华等一批"硕学能文之士"，为《新小说》等文学期刊的创办明确了社会定位，积累了办刊经验，储备了人才资源。

1902 年 11 月 14 日，《新小说》在日本横滨出版。这是继《清议报》《新民丛报》之后，康、梁在日本创办的又一份刊物，也是中国第一份以"小说"命名的文学期刊，又是继《海上奇书》之后第一份具有近代色彩的小说杂志。该刊由新民丛报社活版部印刷，新小说社发行。第二卷起迁至上海，改由广智书局发行。编辑兼发行者署赵毓林，主要译作者有梁启超、罗普、周桂笙、吴趼人等。初为月刊，从第四号起经常脱期，前后延续了 5 年多，大约于光绪三十二年（1906 年）七月停刊，共出 24 号。③ 该刊的办刊宗旨是"借小说家言，以发起国民政治思想，激励其爱国精神"。这一办刊思路的确定，与其主创者梁启超关系密切。在《新小说》创刊之前，他就通过《新民丛报》推出了很多文学作品，"想借助文学的感化力作手段，而达到其改良中国政治和中国社会的目的"。④ 而《新小说》的出版，可以说是对这一思想主张的进一步实践。

作为我国近代第一份现代色彩的小说杂志，《新小说》在近代小说杂

---

① 天缪生：《论小说与改良社会之关系》，《月月小说》第一卷第九期，1907 年 10 月。

② 梁启超：《译印政治小说序》，《清议报》第一册，1898 年 12 月。

③ 日本学者樽本照雄《〈新小说〉内发行年月及印刷地》一文称，《新小说》第十八号以后 7 期都没有标示出版年月，因此它的确切停刊时间实际上是一个谜。根据现有研究成果，《新小说》第二年第十二号的出版时间为光绪三十二年七月，见陈大康《新小说出版时间辨》，《华东师范大学学报》2009 年第 2 期。

④ 曹聚仁：《文坛五十年》，生活·读书·新知三联书店 2011 年版，第 87 页。

志和文学刊物的发展史上具有里程碑意义，其办刊宗旨、运作方式以及内
容形式诸方面都有鲜明的时代特征，
对此后的文学刊物起到了示范和带动
作用。在内容上，它以刊载小说为主，
兼及文艺理论、剧本、诗与歌谣、笔
记等，先后登载了《新中国未来记》
《二十年目睹之怪现状》等著译小说 26
种，《黄萧养回头》《警黄钟》等戏曲
10 种，《爱国歌》《支那新乐府》等歌
谣 25 题，《论小说与群治之关系》等
文艺论文 4 篇，饮冰、平子、侠人、
曼殊等人的《小说丛话》14 期，托尔
斯泰等人物画像、罗马博物院馆藏风
景画等 55 幅，"杂记""杂录"若干。
每期洋装 180 页，六万字左右（第二

图 6-2　《新小说》

卷篇幅有所缩减，每期平均约为五万字），印刷装帧具有现代杂志的气息。
具体来说，《新小说》的开创性主要表现在以下方面：

一是形式规范、内容丰富。这份刊物以《新小说》命名，本身就有反
叛传统、标新立异之意。封面是一束"幽雅秀气的以深蓝和浅蓝两色套印
的紫藤花"，"花串由右上探向左下的构图方式"代表了"某种探索性和走
向春天的风度"，而"左侧'新小说'三字贯注着的魏碑体的力度，说明
它崇尚的不是阴柔之美，而是阳刚之美"。① 特别是与之前《海上奇书》等
个人刊物不同，《新小说》是同人刊物，向海内外广泛征稿，作者队伍庞
大，栏目繁多，信息量大。在 24 期《新小说》上发表作品和评论的有六
十多人，比较固定的作者也有十几人。《新小说》创刊时设计的是每期 8
到 15 个栏目，② 实际上一般都在 10 个以上，其中仅小说就刊出了 13 类
二十多种。

---

① 杨义：《中国新文学图志》，人民文学出版社 1996 年版，第 12 页。
② 《中国唯一之文学报〈新小说〉》，《新民丛报》第十四号，1902 年 7 月。

二是在小说理论上开创新境界。梁启超在创刊号上发表了著名的《论小说与群治之关系》，详细论述小说的影响力，把小说和改良社会、救亡图存联系在一起。而其重要栏目《小说丛话》则是以谈话体的新形式发表的小说理论，运用中西小说对比的视角，对梁启超的新小说理论加以发挥和补充，把对小说的推崇从劝善惩恶的教化层面，升华到一种人文关怀的境界，打破了我国长期以来轻视小说的旧观念，把小说提升到"文学最上乘"的地位。

三是在小说体裁上撰述和译作并重。《新小说》重视输入外国小说，明确提出"本报所登载各篇，著、译各半"。① 该刊第一次集中、持续地翻译域外小说，其数量之多几乎相当于它创刊前所有翻译小说总量的一半，这是中国小说史上从未有过的新情况。尽管在输入的过程中存在明显的"误读"现象，对原作增、删甚至篡改之处也时有发生，但通过《新小说》的努力，确实开始打破封闭的小说观念，建立了一种以西方文学为参照系的评价体系，把中国小说与世界文学连接在一起，为中外文学交流架设起一座桥梁。"著译各半"也成为这一时期小说杂志的一大特色，甚至出现了《小说林》这样以刊载翻译小说为主的刊物。以《新小说》的创刊为标志和起点，20世纪初期的小说家实践"小说界革命"的主张，大量引进域外小说，并创作出一批内容风格与传统小说迥异的"新小说"，开创了我国小说发展的新时代。

四是在小说题材上全面拓展。我国传统小说在题材上大抵不出"英雄、儿女、鬼神三大派"。梁启超在主办《清议报》期间，开启了撰译政治小说的先河。在《新小说》的前七号中，也基本以《洪水祸》《东欧女豪杰》《新中国未来记》等政治小说为主。从第八号开始，《新小说》笔政改由吴趼人、周桂笙接任，吴趼人发表了历史小说《痛史》、社会小说《二十年目睹之怪现状》、言情小说《电术奇谈》，周桂笙则发表了翻译的侦探小说《毒蛇圈》。此后，《新小说》开辟专栏，登载的小说类型包括了历史、政治、哲理、科学、军事、冒险、侦探、语怪以及札记体、传奇体、法律、外交和奇情等13类，其中侦探、科学、法律三类小说更为我国

---

① 《中国唯一之文学报〈新小说〉》，《新民丛报》第十四号，1902年7月。

古代所从未有过。也因为此，有学者认为《新小说》是第一份明确体现小说类型观念的文学期刊，从此以后，几乎所有的文艺杂志都标出了小说类型，而且越来越多，至 1915 年创刊的《小说大观》，所开列的小说类型竟多达 45 种。①

五是在运作方式上注重运用报刊发行策略进行营销。在《新小说》创办之前三个月，就在《新民丛报》上连续登出署名"新小说社"的广告。发刊以后又充分利用《新民丛报》现成的发行网络，采用寄销等多种方式向社会发售。《中国唯一之文学报〈新小说〉》中即有"海内外各都会市镇，凡代派《新民丛报》之处，皆有本报寄售，欲阅者请各就近挂号"之语。而《新民丛报》当时在海内外的代派处已达 75 处，到 1903 年初又增加到 87 处，除日本横滨外，范围涉及东京、长崎，朝鲜仁川，国内上海、北京、天津、广州等 44 个地区。因此《新小说》借助《新民丛报》建立的发行网络，传播速度和范围都很可观。例如，《新小说》于光绪二十八年十月十五日在日本横滨创刊，而远在广东嘉应州老家居住的黄遵宪因得了"汕头之洋务局中每有专人飞递"的便利，在十一月初八就已看到该刊的第一号。从横滨到上海，再由上海到汕头，最后送到黄遵宪手里，总共只用了二十多天的时间，这在当时的交通条件下简直可以算是神速。②《新小说》与《新民丛报》有着十分密切的关系，但它的宣传、发行工作都是以新小说社的名义组织进行的。至第十二号出版以后，新小说社把版权转让给与之经常合作往来的上海广智书局，建立了独立的运作机制。当然，此时的《新小说》与创刊初期的宗旨也已大相径庭了。

《新小说》出版后，刊登了我国第一部政治小说《新中国未来记》，并大量输入域外小说，丰富了中国的小说类型，为小说的发展提供了全新的参照系统。在创作中注意吸收域外小说的长处，对传统小说进行大胆革新，以及创设《小说丛话》这种小说理论批评的新形式等等，都使它以鲜明的近代色彩，给中国的小说界带来新气象，因而"引起了知识界的兴

---

① 刘永文：《晚清报刊小说研究》，上海师范大学 2004 年博士学位论文，第 59 页。
② 郭浩帆：《新小说创办刊行情况略述》，《明清小说研究》2002 年第 4 期。

味，哄动一时，而且销数亦非常发达"。① 从此至 1911 年辛亥革命前，小说杂志纷纷出版。1903 年，李伯元主编的《绣像小说》是最早响应"小说界革命"号召，在国内创办的第一份小说杂志。继《新小说》《绣像小说》之后，上海又有《新新小说》《小说世界》《新世界小说社报》《小说七日报》《竞立社小说月刊》《白话小说》《十日小说》等小说期刊先后问世，这是近代小说杂志最为兴盛、成就最为辉煌的时期。鉴于这一时期的《新小说》《绣像小说》《月月小说》《小说林》并称为近代四大小说杂志，我们仅以这四份刊物为例，对这一时期的文学期刊出版情况进行以点带面的分析。

《绣像小说》1903 年 5 月 27 日创刊于上海，半月刊，由商务印书馆发行，晚清著名谴责小说作家李伯元主编。1906 年 4 月因李伯元逝世而停刊，共出 72 期。线装本，拷贝纸铅印，三十二开本大小，每期双面 40 页，每本售价两角。所刊十分之九是小说，有创作的，也有翻译的，不分栏目，每期刊登作品十种左右。小说每回都配以绘画两幅，所以称为"绣像小说"，是继《海上奇书》后配有插图的又一重要文学刊物。

关于《绣像小说》的办刊宗旨，该刊创刊号载有《本馆编印绣像小说缘起》中说："欧美化民，多由小说，扶桑崛起，推波助澜……本馆鉴于此，于是纠合同志，首辑此编，远撷泰西之良规，近挹海东之余韵，或手著，或译本，随时甄录，月出两期，藉思开化夫下愚，遑计贻讥于大雅。"② 由此可见，其办刊思想承继《新小说》，也是为了唤醒民众，改良政治，富强国家。《绣像小说》刊登有长篇创作小说 18 种，弹词、传奇、新戏 7 种，翻译作品 18 种，通俗歌谣——"时调唱歌" 21 篇，还有其他作品 3 种。其主要撰稿者，除李伯元、欧阳巨元、吴趼人、刘鹗、周桂笙等知名作家外，另有洗红庵主、忧患余生、旅生、遁庐、荒江钓叟、悔学子、姬文、壮者、吴蒙、嘿生、血泪余生、杞忧子等一大批作者，还有著名翻译家吴梼等。③ 比较有名的译作有显克微支的《灯台卒》、马克·吐温

---

① 包天笑：《钏影楼回忆录》，中国大百科全书出版社 2009 年版，第 356 页。
② 《本馆编印绣像小说缘启》，《绣像小说》第一期，1903 年 5 月。
③ 丁守和主编：《辛亥革命时期期刊介绍》第 3 集，人民出版社 1983 年版，第 115—118 页。

的《山家奇遇》。另外，柯南道尔的《华生包探案》在该刊也大量连载。《绣像小说》还刊载了一些戏曲和唱本，其中有影响的有惜秋等人的《维新梦》，讴歌变俗人的《经国美谈新戏》和《醒世缘》，等等。

在编辑业务上，《绣像小说》主要的特色是它所载小说每回都刊载两幅绣像。这些绣像"和通俗小说书的附图一样，画法不甚精美，和《点石斋画报》《寰球图画日报》的画法差不多，没有初期石印绘画如《海上青楼图记》那样的细致，然而因为故事的背景是社会时事，是今日新时代的前幕，很可以按图索骥，回想初倡维新时期的形形色色的景象，这是些写实画，和才子佳人文官武侠式的小说绣像，满含着低级浪漫的意味者不同"，[①] 因而为后世留下了难得的历史形象资料。如《绣像小说》第二十四期有一幅《俱洋兵乡绅偷进府》的绣像，是《文明小史》第二十八回的配图，描述的是洋行买办子弟佘西卿，勾结退休的户部侍郎和新任的县太爷，包揽讼事，鱼肉乡里，但一听说洋教士被海盗杀死，外国兵船停在港口，威胁着要开炮洗城，就仓皇失措把字画古董装好，带着家眷逃往绍兴府。连县太爷也想托病离任，以避风头。录自《绣像小说》第二十七期的一幅《名士倾谈西城挟妓》绣像，为《文明小史》第三十一回所配的插图。该回

图6-3 《绣像小说》

写河南巡抚的刑钱师爷余伯集进京捐官，拜谒同乡京官。其中一位以时新人物自许的周翰林，邀集商务部讲新政的冯主事，和余伯集一起到西城妓院，与妓女去抽鸦片。[②] 借助这些绣像，与文字配合，使得《绣像小说》刊载的小说作品能够更加形象生动地揭露官场的荒淫和腐败，更加深刻地

---

① 毕树棠：《绣像小说》，《文学》第五卷第一号，1935年。
② 杨义：《中国新文学图志》，人民文学出版社1996年版，第27页。

反映社会现实。

《绣像小说》之所以成为当时小说期刊中的"最纯正的"，同时也是晚清小说期刊中寿命最长者，[①] 还在于它比《新小说》更注重文艺性，刊载了一系列有影响的小说，集中地反映了现实生活，激烈地批判社会。其中，李伯元的《文明小史》和《活地狱》、逮园的《负曝闲谈》、鸿都百炼生的《老残游记》、吴趼人的《瞎骗奇闻》等小说，从批判的角度刻画了官场、商界、教会、学界各个领域和官僚、洋人、维新党人、商人等各色人物，为人们提供晚清社会的一个缩影。正如《老残游记》第一卷《自评》中所说："举世皆病，又举世皆睡，真正无下手处，摇串铃先醒其睡，无论何等病症，非先醒无法治，具菩萨婆心，得异人口诀，铃而曰串，则盼望同志相助，心苦情切。"可见，《绣像小说》刊载谴责小说批判社会、抨击官场，旨在以良药起沉疴，与《新小说》刊载政治小说，畅谈政治理想、进行改革规划，有异曲同工之效。

《新小说》和《绣像小说》相继于1906年上半年停刊之后，《月月小说》和《小说林》先后创刊，成为这一时期小说杂志新的代表。

《月月小说》1906年11月创刊于上海，月刊，由月月小说社发行。第一号至第四号，编辑兼发行者署庆祺，印刷者署汪惟父。第五号至第八号，编辑者署吴趼人，印刷兼发行者署汪惟父。第八号与第九号之间曾停刊4个月，进行内部改组。从第九号起，编辑者署许伏民，印刷兼发行者署沈济宣。上海群乐书局出版，群学社发行，第九号起改为群学社图书发行所发行。1909年1月停刊，共出版2卷24期。《月月小说》的办刊宗旨，主要体现了这份刊物的"灵魂"[②] 人物吴趼人的思想主张。他给《月月小说》确定了两个方面的主题：

其一，是道德。在《月月小说序》中，吴趼人强调要用小说宣扬道德，"吾人于此道德沦亡之时会，亦思所以挽此浇风耶？则当自小说始。……历史小说而外，如社会小说、家庭小说及科学冒险等。或奇言

① 马光仁：《上海新闻史》修订本，复旦大学出版社2014年版，第290页。
② 杨义：《月月小说与小说林》，《书城》1994年第11期。

之，或正言之，务使导之以入于道德范围之内"。① 在连载于该刊的《上海游骖录》《发财秘诀》等小说中，吴趼人用谴责小说的笔触，讽刺和批判现实，主张用"道德"改良社会："我所说的改良社会，是要首先提倡道德心，要使道德普及，人人有了道德心，则社会不改自良"；"我们中国人道德丧尽，就是立宪，也未见得能治国，还怕比专制更甚呢！"②

其二，是娱乐。在《月月小说序》中，吴趼人说："当前之事物言论，无趣味以赞佐之也。无趣味以赞佐之，故每当前而不觉。读小说者，其专注在寻绎趣味，而新知识即暗寓于趣味之中，故随趣味而输入之而不自觉也。"③ 自 1902年梁启超发起"小说界革命"以来，许多作者对小说的艺术规律作出了多种探索，明确指出小说应有"趣味性"的，吴氏是第一人。吴趼人还依据"趣味"的标准，把小说的体裁作了分类："小说虽一家言，要其门类颇复杂，余亦不能枚举，要而言之，奇正两端而已。"并说："盖以为正规不如话谏，庄语不如谐

图 6-4 《月月小说》

词之易入也。"④ 这种小说观体现在期刊的编排上，使得《月月小说》在娱乐性方面比《新小说》和《绣像小说》显得突出。《新小说》和《绣像小说》刊载的小说作品如《文明小史》《痛史》《新中国未来记》等，内容和格调都比较严肃，而《月月小说》则围绕"借小说之趣味之感情，为德育之一助"的宗旨，大量刊载侦探小说、言情小说和滑稽小说，该刊在每一期后面，还附有吴趼人主持的娱乐性很强的小栏目《解颐语》《俏皮

① 吴趼人：《月月小说序》，《月月小说》第一号，1906 年 11 月。
② 茧：《上海游骖录》第八回，《月月小说》第八号，1907 年 5 月。
③ 吴趼人：《月月小说序》，《月月小说》第一号，1906 年 11 月。
④ 吴趼人：《两晋演义序》，载陈平原《二十世纪中国小说理论资料（1897—1916）》第一卷，北京大学出版社 1989 年版，第 172 页。

话》,讲述各种类型的小笑话。该刊刊载的侦探小说主要是译作,其范围包括了美、英、俄等国的侦探小说,甚至还有不少西方的刑事案件,也作为侦探小说被翻译过来,在晚清民初兴起了一股侦探小说翻译潮。言情小说这一小说门类,在《新小说》时期就产生了,但大张旗鼓地宣扬情之作用的,还是《月月小说》。该刊还把带"情"字的小说发展到写情、奇情、侠情、苦情等多种类型。如侠情小说《弱女救兄记》,写惠仙凭借自己的机智和勇敢搭救被绑架的兄长,情节曲折,可读性很强;如苦情小说《劫余灰》写哀婉缠绵的爱情悲剧,读来令人扼腕。此外,如天虚我生的《柳非烟》《泪珠缘》、李涵秋的《瑶瑟夫人》《双花记》、小白的《鸳鸯碑》、符霖的《禽海石》、非民的《恨海花》、绮痕的《春梦痕》等大量言情小说,被认为"鸳鸯蝴蝶派"之滥觞。《月月小说》还开了"滑稽小说"的先河。连载于《月月小说》第一号署名大陆的《新封神传》,即是中国近代第一部滑稽小说。《月月小说》还是刊载短篇小说较多的刊物,体现出可贵的文体探索精神。该刊专设《短篇小说》栏,在这个栏目之下,吴趼人以第一人称写的12篇短篇小说,是中国近代最早的一批短篇小说,其中最著名的是《庆祝立宪》《立宪万岁》《光绪万年》等"立宪三种",以狂讽风格,嬉笑怒骂,想象奇诡,对于我国短篇小说发展具有重要意义。

在出版经营方面,《月月小说》也独具特色。该刊的第一任编辑和发行人是同一个人,就是《月月小说》第一个发行书局的经理汪惟父,因此这份刊物在经营上更加符合商业规范。它不仅有告白价目、代派处、售报价目表,杂志封面还有英文刊名、发行所地址、出版间隔,以及"大清邮局特准挂号认为新闻纸类"标识,目录之后还有编辑者、印刷兼发行者的姓名以及编辑所、发行所、印刷所的地址,严格遵守商业运作规则,并大量刊登广告。据统计,该刊共刊登商业广告七十多则,其中有广益书局、中国图书公司、科学书局、蒙小学堂等14家机构的图书广告,还有轮船公司、药房、仪器局等企业和小说作者、医生等个人广告业务,这在当时的文学期刊中是不多见的。

《小说林》1907年1月创刊,在上海出版,月刊,由小说林总编辑所编辑,小说林、宏文馆有限合资会社发行。1908年10月停刊,共出版12期。《小说林》是小说林社的同人刊物,小说林社成立于1904年,主要成

员有黄人（摩西）、徐念慈（东海觉我）、曾朴、丁芝孙等人。《小说林》
的主要编辑为黄人和徐念慈。黄人原
名振元，字慕庵，又字慕韩，号摩西，
南社成员，曾任东吴大学（今苏州大
学）教授，与庞树柏等结三千剑文社。
今存《摩西词》《中国文学史》《小说
小话》等。徐念慈字彦士，别号觉我，
亦署东海觉我，曾为爱国学社常熟支
部负责人，译著有《新舞台》《黑行
星》《美人妆》《海外天》《新法螺先
生谭》等小说多种。

图 6-5　《小说林》

　　与前几种小说刊物相比，《小说
林》具有以下几个方面的特色：

　　一是办刊模式不同于其他小说刊
物的主编负责制，而是名副其实的同
人刊物。该刊是在小说林社的同人们畅谈国内文坛的激情中创办起来的，
办刊宗旨体现了集体意识。

　　二是翻译作品占相当大的分量。在《小说林》创刊之前两年，小说林
社已经由曾朴、徐念慈等人创立，并已出版了四五十种翻译小说。特别是
徐念慈是一位译笔严谨的翻译家，在他的推动下，小说林社在其存在的数
年间出版了九十多种翻译小说。而《小说林》杂志刊载的翻译小说中，以
陈鸿璧译作为最多，以法国作家作品的介绍和翻译最具特色，如东亚病夫
（曾朴）翻译的嚣俄（雨果）著的《马哥王后佚史》（未完），以及专门介
绍大仲马的长文《大仲马传》等。

　　三是以文学理论的探讨见长。《小说林》同人们引进西方美学思想，
并将其作为衡量一部小说的标准。黄人在《小说林发刊词》中说："小说
者，文学之倾于美的方面之一种也。"[1] 徐念慈在《小说林缘起》中

　　① 黄人：《小说林发刊词》，《小说林》1907 年第一期，载陈平原《二十世纪中国小说理论
资料（1897—1916）》第一卷，北京大学出版社 1989 年版，第 233 页。

也说："所谓小说者，殆合理想美学、感情美学而居其最上乘者乎。"什么是小说的美呢？徐念慈在这篇文章中提出五个特征：一是"醇化于自然"，即要满足于读者的美的欲望；二是反映事物的个性，"事物现个性者，愈愈丰富，理想之发现亦愈愈圆满，故美之究竟在具象理想，不在于抽象理想"；三是美的快感来自于"实体之形象"；四是美的产生要有形象性，"想象者，实体之模仿也"①；五是美的意义还在其具有理想化的特征。上述小说理论在当时的中国文坛是十分新鲜的，它涉及了小说创作中的典型性、形象性和美感作用等问题，明显接受了西方美学思想的影响。事实上，在黄人和徐念慈的文章中，黑琦尔氏（黑格尔）、邱希孟氏（基尔希曼）等人的名字常能见到。依据这样的理论，《小说林》对当时过分提高小说价值的做法，提出了不同观点："昔之视小说也太轻，而今之视小说又太重也。"过去对小说是"言不齿于缙绅，名不列于四部"，甚至以"鸩毒""妖孽"视之，现在却把小说视作为"图像之法典，宗教之圣经，学校之科本，家庭社会之标准方式"，如果真是如此，哲学、法律、经济又有什么用呢？小说如果没有美，则不过是"一无价值之讲义，不规则之格言而已"。② 关于小说与社会之关系，黄人在《小说小话》、徐念慈在《余之小说观》中专门作了评说。黄人一方面承认小说的强大社会影响力，另一方面也指出社会的现实生活对小说的影响："小说之应响于社会，固矣，而社会风尚实先有构成小说性质之力，二者盖互为因果也。"③ 徐念慈说得更明白："余平心论之，则小说固不足生社会，而惟有社会始成小说者也。""小说与人生，不能沟而分之，即谓小说与人生，不能阙其偏端。"④这些言论，对当时的小说创作风气，无疑具有警醒的作用。自外国小说进入中国之后，就受到了中国文人的广泛关注。而《小说林》的同人们更注

---

① 徐念慈：《小说林缘起》，1907 年第一期，载陈平原《二十世纪中国小说理论资料（1897—1916）》第一卷，北京大学出版社 1989 年版，第 235—236 页。

② 黄人：《小说林发刊词》，《小说林》1907 年第一期，载陈平原《二十世纪中国小说理论资料（1897—1916）》第一卷，北京大学出版社 1989 年版，第 233—234 页。

③ 黄人：《小说小话》，《小说林》1907 年第一期，载陈平原《二十世纪中国小说理论资料（1897—1916）》第一卷，北京大学出版社 1989 年版，第 245 页。

④ 徐念慈：《余之小说观》，《小说林》1908 年第十期，载陈平原《二十世纪中国小说理论资料（1897—1916）》第一卷，北京大学出版社 1989 年版，第 310—311 页。

意寻求中外小说相通之处。黄人认为："盖人心虽极变幻，更不能于感官所接触之外别构一思想，不过取其收蓄于外界之材料，改易其形式质点加以支配，以新一时之耳目。"[①] 各国、各民族的"天演程度相等"，所以不同国家的小说创作中出现"设想正同"的情况，是十分正常的事。正是从这种理解出发，他相信，外国小说的先进之处，是可以移植到中国来的。

　　四是作品内容反映出革命的思想倾向。《小说林》同人们与革命党人都有比较密切的关系。徐念慈是当时爱国学社常熟支部的负责人，黄人与章太炎同校任教。他们革命的思想倾向在杂志所刊的作品中也表现了出来。《小说林》所载不多的创作小说中，以东亚病夫（曾朴）的《孽海花》最有影响。这部小说在《小说林》上虽只刊载了 5 回，[②] 但是贯穿其中的主旨，却很能反映出杂志的思想倾向。《孽海花》同样是"借用主人公做全书的线索，尽量容纳近三十年来之历史"，也

图 6-6　《小说林》征稿函

属于"社会谴责小说"，但和《官场现形记》《二十年目睹之怪现状》中将官场与维新党、革命党人一起批判、谴责的做法不同，它不仅刊载了"我皇帝子孙民族共和政府"的演说辞，还对孙中山、陈千秋、史坚如等革命党人推崇备至。此外，《小说林》在秋瑾就义一周年之际，还集中刊发了《秋女士遗稿》共诗词 21 题，以及《秋女士历史》《秋女士逸事》（徐寄尘作），《轩亭秋杂剧》（吴梅作），《碧血碑杂剧》（龙禅居士作），《轩亭血传奇》（啸庐作）等纪念秋瑾的文章，在当时的政治环境之中，表现出相当的勇气和胆识。

---

　　① 黄人：《小说小话》，《小说林》1907 年第一期，载陈平原《二十世纪中国小说理论资料（1897—1916）》第一卷，北京大学出版社 1989 年版，第 245 页。

　　② 分别载于《小说林》第一期（第二十一、二十二回）、第二期（第二十三、二十四回）、第四期（第二十五回）。

二、晚清文学期刊出版的地域特点

与晚清文化发展的不平衡相表里，这一时期的文学期刊出版资源分布也是不均匀的。自 19 世纪 70 年代以来，上海创刊文学期刊的数量始终居于首位。可以说，近代文学期刊的发源地在上海，生长地在上海，集聚地也在上海。对于上海文学期刊出版一枝独秀的原因，学术界已经从多方面进行过探讨。在 1919 年之前，上海出版的文学期刊数量，不但在总量上占全国的 70%，每年创刊种数也都占全国的半数以上。上海出版的期刊中，文学类期刊不仅高居榜首，而且在数量上超过政治类期刊和经济类期刊之和。与同一时期中国各主要城市相比，上海堪称是一座典型的"文学的城市"，由此可见上海之鲜明的城市文化性格特征。由这种城市文化性格所构成的文化氛围和文化市场空间，也是晚清时期上海文学期刊出版业发展的丰沃土壤。

香港也是我国引入西方印刷技术和开展现代报刊活动最早的城市之一。香港最早出版的文学期刊是《小说世界》旬刊，创办者不详。据阿英《晚清文艺报刊述略》介绍，该刊仅存第四期，署光绪三十三年二月（1907 年 3 月）印行，由此推测其创刊时间应为 1907 年 2 月。同年 5 月 11 日，曾在广州创办《粤东小说林》的黄伯耀和黄世仲兄弟在香港创办了《中外小说林》。是年底，该刊出至第十七期起改由公理堂接办，并更名为《绘图中外小说林》，月出三册，停刊时间未详。有研究者认为，黄氏兄弟创办的这三种《小说林》为"晚清穗、港小说期刊的典范之作，更是晚清穗、港文艺作品的集大成者"。[①] 次年 1 月，《新小说丛》月刊又在香港创刊，署新小说丛社编辑发行，林紫虬主编。但此后除 1910 年曾由民声杂志社出版含有文学内容的综合性期刊《民声杂志》（陈复初主编）外，香港一直没有文学期刊问世。

广州作为鸦片战争后最早开放的五个通商口岸之一，是我国最早接受西方影响的沿海城市之一，也是我国最早传入西方现代化铅活字排版和机械化印刷术的城市，我国境内第一份中文报刊《东西洋每月统记传》1833

---

① 王燕：《晚清小说期刊史论》，吉林人民出版社 2002 年版，第 288 页。

年就诞生在广州。根据现有资料，广州的文学期刊出版始于 1906 年 9 月 17 日，为晚清著名报人和革命家黄伯耀、黄世仲兄弟创办的《粤东小说林》旬刊。该刊月出三册，1907 年 5 月出版至第二十六期停刊。该刊停刊数月后，9 月中旬，另一种小说期刊《广东戒烟新小说》在广州创刊，月出四册，李哲主编。

此外，1907 年《庄言报》报社出版的谐趣性文学刊物《庄言旬报》，是北京最早的文学刊物。1908 年，北京的京都国学萃编社还出版过《国学萃编》。武汉的文学期刊出版活动始于 1909 年 5 月，为创刊于汉口的一种纯文学月刊《扬子江小说报》。该刊由汉口《中西日报》报馆出版发行，胡石庵主编，停刊时间不详。第一期为 32 开本，第五期为 24 开本，主要栏目有《图画》《社文》《小说》《文苑》《词林》《杂录》等。①

三、文学期刊与近代文学的发展

晚清文学和文学理论与 19 世纪末出现的先进的传播媒介——期刊的结合，是我国文学史上前所未有的。阿英在论及晚清小说的繁荣时说：

> 造成这空前繁荣的局面，在事实上有些怎样的原因呢？第一，当然是由于印刷事业的发达，没有前此那样刻书的困难，由于新闻事业的发达，在应用上需要多量产生。第二，是当时智识阶级受了西洋文化影响，从社会意义上，认识了小说的重要性。第三，就是清室屡挫于外敌，政治又极窳败，大家知道不足与有为，遂写作小说，以事抨击，并提倡维新与革命。②

诞生于 19 世纪末的文学期刊，有其他期刊所不具有的专门性特点，为近代文学贡献了一种全新的传播方式，它为文学创作者提供了广阔的发表平台，极大地激发了写作者的创作热情。特别是期刊确立的稿酬制度，使相当数量的文人走上了职业创作的道路。同时，由于期刊的发行周期缩短、联系方式便利，作者与刊物的关系日益密切，创作者、办刊人、读者往往有着共同的旨趣，所以文学期刊发表的作品在量和质上都居于开先河

---

① 史和等：《中国近代报刊名录》，福建人民出版社 1991 年版，第 152 页。
② 阿英：《晚清小说史》，载《阿英全集》第八卷，安徽教育出版社 2003 年版，第 3 页。

和主流的地位，极大地推动了这一时期文学的发展。

首先，文学期刊对稿源的需求，推动了晚清文学创作的繁荣。刊于《瀛寰琐纪》第一卷的小说《程勿卿寻亲记》有一则蘅梦庵主的跋："此余戚朱子钦驾部旧作也，驾部邃于学，于古文辞尤所致力。迨遭寇乱间，由海道入闽，此壬戌在章门时作也。检旧箧得之，因录出以识一斑也。"第四卷《记严孝子复仇事》跋语说："此文不知何人所作，偶从敝箧中检出，喜其笔力简劲，亟录登之，俾天下知有是事，且知有是文也。"《竞立社小说月报》刊载的传记小说《竹泉生异闻传》的作者在其序言中说："此余弱冠时嬉戏之旧作也，吾友狄君莲如爱之，为之音注释义，吾友陈君荫斋又爱之，为之论文，两君皆相继物化矣，故不惜疮痂，犹藉存纪念云。"① 可以看出，文学期刊的出版，为以前难以面世的作品提供了发表的平台，使得这些作品得以传播存世。而文学期刊按周期出版的载体形态，需要以大量的优质稿源为基础，从而极大地激发了人们文学创作的热情。晚清谴责小说代表作《老残游记》的作者刘鹗在撰写这部小说时，本来为一时兴起，写来送人，偶然在《绣像小说》刊载一回，立即引起关注，这使得刘鹗备受鼓舞，促使他很快完成了这部作品的创作，在《绣像小说》连载后产生了巨大影响，成为近代文学刊物催生文学作品的范例。晚清另一谴责小说作家吴趼人和文学期刊的关系更是密不可分。他不仅为文学刊物撰稿，还直接参与了文学期刊的创办和编辑出版活动。吴趼人最初在《新小说》上发表《痛史》和《二十年目睹之怪现状》，并主持《新小说》后期编辑工作，还为《绣像小说》撰写了《瞎骗奇闻》。此后，他开始自己办刊，主编《月月小说》，并在该刊发表《两晋演义》《上海游骖录》《发财秘诀》等十几种长短篇代表作。《竞立社小说月报》创办以后，他又给该刊提供稿件。梁启超在《新中国未来记绪言》中介绍自己的创作过程时也说："既念欲俟全书卒业，始公诸世，恐更阅数年，杀青无日，不如限以报章，用自鞭策，得寸得尺，聊胜于无。"② 也就是说，作品一旦在刊

---

① 《竹泉生异闻传序》，《竞立社小说月报》第一期，1907 年。
② 梁启超：《新中国未来记绪言》，《新小说》第一号，1902 年 11 月。

物上连载，作者的创作就不能拖延。由此可见，晚清小说之所以高产，[①]与文学期刊作为连续性出版物对于时效性的要求是密切相关的。

其次，文学期刊的载体形式，推动了文学理论的发展。在中国文学史上，晚清的文学理论成就比文学创作更广泛，得益于文学期刊者尤多。从数量上来看，文学期刊刊载的理论文章占有很大的比重。陈平原、夏晓虹的《二十世纪中国小说理论资料》收录从 1897 年至 1916 年发表的小说理论 834 篇，收录范围包括论文、序跋、发刊词、杂评、笔记、广告、书信等。其中，1897 年至 1911 年 517 篇；出自单行本著作序跋的 289 篇，出自文艺期刊的 115 篇，出自其他期刊和报纸的 113 篇，其中后两项约占总量的 45%。从形式上来看，文学期刊的理论专栏推动了单篇论文的出现，兼具了论证成熟和集中争论的优点。如晚清文学期刊《新小说》的著名专栏《小说丛话》，论题不固定，或多人合作，或一人独评，每一期内一般重点讨论一个问题或相关的几个问题，采用对话形式，将众多观点汇集在一个相对集中的篇幅内，有立论、有反驳，互相呼应，论争集中，对问题的开掘比较深入，且更富有理论色彩，梁启超称之为"中国前此未有之作"。[②]换言之，文学理论栏目的优势在于论题集中、论证角度不同，让读者看起来一目了然，有助于加深对问题的理解。从社会影响来看，晚清的文学理论名篇大多是首先在文学刊物上发表的。例如，《瀛寰琐纪》第三期刊载的蠡勺居士翻译英国小说《昕夕闲谈》的《小叙》（1872），对"谓小说为小道"的观念提出质疑："若夫小说，则妆点雕饰，遂成奇观。嘻笑怒骂，无非至文。使人注目视之，倾耳听之，而不觉其津津甚有味，孳孳然而不厌也。则其感人也必易，而其入人也必深矣。谁谓小说为小道哉！"[③]严复与夏曾佑于 1897 年，在天津《国闻报》上所发表的《国闻报附印说

---

① 据统计，1872 年至 1900 年共出版小说 83 部，而 1908 年至 1909 年两年间就出版了 200 种小说，这在一定程度上反映了近代文学期刊的出版与小说出版之间的关系。《中国通俗小说总目提要》收录的晚清 620 种通俗小说中，首发于文学刊物的达 94 种。这 94 种小说在总量上占 15%，但从质的方面来说，最能够代表晚清文学的成就，由此亦可见文学期刊在晚清小说传播领域取得不可替代的地位。

② 梁启超：《小说丛话》，《新小说》第七号，1903 年 9 月。

③ 蠡勺居士：《昕夕闲谈小叙》，载陈平原《二十世纪中国小说理论资料（1897—1916）》第一卷，北京大学出版社 1989 年版，第 541 页。

部缘起》，被阿英誉为"阐明小说价值的第一篇文字"。该文分别从小说的功能、特征及社会影响三个方面阐明了小说的价值，以新的理论对传统小说观念发起了冲击。《新小说》第一期刊载的梁启超《论小说与群治之关系》，拉开了"小说界革命"的序幕。在其倡导下，"新小说"俨然成为一代文学的风范。正如吴趼人所说："饮冰子《论小说与群治之关系》之说出，提倡改良小说，不数年而吾国之新著、新译之小说几如汗万牛、充万栋，犹复日出不已而未有穷期也。"① 发表在《新小说》第七期的楚卿《论文学上小说之位置》，从各国小说家之地位的角度，论证小说为文学之最上乘的观点。陆绍明撰写的《月月小说发刊词》，探讨了中国古代小说史的发展与小说之现实意义。《小说林》第九、十期刊载的东海觉我《余之小说观》，则从小说与人生、著作小说与翻译小说、小说之形式、小说之提名、小说之趋向、文言小说与白话小说、小说之定价、小说今后之改良等八个方面论证"小说潜蓄之势力"。晚清小说家、小说理论家天缪生发表在《月月小说》第一年第九号、十一号，第二年第二号上的《论小说与改良社会之关系》《中国历代小说史论》《中国三大家小说论赞》对古代小说的价值进行了系统分析，从社会改良的目标出发，肯定了梁启超关于文学救国的理论。以上这些文艺期刊刊载的文学理论，从创作规律、文学观念，到对中国古代文学的评价，再到中西文学的比较，都有初步的研究，推动近代文学理论逐步走向成熟。

最后，文学期刊实行的稿酬制度，催生了一批以文为生的专业作者。近代文学期刊明确的稿费制度，为写作者提供了赖以谋生的手段，使得为杂志撰文成为一种职业，开创了中国自由撰稿人的先河。有学者认为，"投稿之定有酬金，自晚清宣统二年（1910 年）商务印书馆发行之《小说月报》始"。② 但从实际来看，早在《小说月报》创刊以前，就有了关于稿酬的历史记录，《绣像小说》在 1903 年曾以"千字酬五元"的形式争取稿源。《小说林》在 1907 年创刊号上明确标出稿酬金额："甲等每千字五圆，乙等每千字三圆，丙等每千字二圆。" 文学期刊提供的创作发表平台

---

① 吴趼人：《月月小说序》，《月月小说》第一号，1906 年 11 月。
② 郑逸梅：《清末民初文坛轶事》，学林出版社 1987 年版，第 29 页。

和稿酬收入，使得一批作者有了生活保障，他们写稿、编稿、翻译，从事研究，发行刊物，在传统的仕途之路以外，开辟一种以编辑和写作为生的新途径，也使他们的价值观念发生了很大的转变。如吴趼人面对被举荐做官的人生抉择，"夷然不屑曰：与物亡竞，将焉用是？吾生有涯，故舍之以图自适"，① 从此专心于小说创作。而李伯元也曾拒绝推举："使余而欲仕，不及今日矣，辞不赴，自是肆力于小说，而以开智谲谏为宗旨"。②

与此同时，写小说、翻译小说、进行小说评论的文人逐渐聚拢在文学期刊的旗帜之下，围绕不同文学期刊，形成各有特点的作家群。在《新小说》办刊宗旨的号召下，集聚了梁启超、康有为、陈独秀等一批颇具影响的政治家、思想家。《绣像小说》则集结了李伯元、吴趼人、刘鹗、连梦青等受维新思想启发的传统文人，创作了相当数量贬斥时弊的谴责小说。其他如《月月小说》《小说林》《新新小说》《小说月报》等，也都有自己相对固定的作者群体。

第二节　风行一时的白话报刊

19 世纪八九十年代，黄遵宪、裘廷梁等一些知识分子开始关注报刊语言和文体，或呼吁采用"适用于今、通行于俗"③ 的文体，或认为"白话为维新之本"，主张"以话带文""崇白话而废文言"，④ 或要求"报章宜改用浅说"。⑤ 言论最终落实到行动，1897 年到 1898 年，出现了白话报刊创办的第一个高潮，而这也预示着梁启超等人权宜式的、亦文亦俗的"报章文体"逐渐被超越。这一时期出版的白话报刊计有 12 种，⑥ 其中以《无锡白话报》影响最大。戊戌变法失败后，民族危机加深，进步知识分子认

① 魏绍昌：《吴趼人研究资料》，上海古籍出版社 1980 年版，第 12—13 页。
② 吴趼人：《李伯元传》，《月月小说》第三号，1906 年 12 月。
③ 黄遵宪：《日本国志》卷三十三《学术志二》，光绪二十四年浙江书局刻本。
④ 裘廷梁：《论白话为维新之本》，《无锡白话报》第一号，1898 年。
⑤ 陈荣衮：《论报章宜改用浅说》，《知新报》第一一一号，1899 年。
⑥ 这 12 种白话报刊分别是：《演义白话报》、《蒙学报》、《平湖白话报》、《无锡白话报》、《中国官音白话报》（由《无锡白话报》改名）、《渝州新闻》、《俚语报》、《女学报》、《白话报》（1898 年 10 月 17 日，上海）、《白话报》（1898，浙江）、《广州白话报》、《演义报》。

识到民众力量的强大。随着维新改良逐渐退潮，革命派的发展势头开始变得迅猛，他们创办了众多的报刊来宣传自己的政治主张，白话报刊在这一时期新创办的革命派报刊中占据了一定比重，[①] 近代期刊也因此迎来了创办白话报刊的高潮。

1901 年清廷宣布实行新政，白话报刊在经历了戊戌维新后的低潮之后复苏；到 1903 年年初，随着拒俄运动和"《苏报》案"的发生，新生的排满革命的知识群体日益壮大，创办白话报刊成为他们投身革命的一个重要途径，因而在 1904 年至 1905 年出现了创办白话报刊的新高潮。1908 年，预备立宪的施行，革命形势的发展，特别是当年 3 月奏定颁行的《大清报律》第四条中，对于开办白话报刊实行免缴保押费的优惠政策，催生了又一个白话报刊的创办高潮，反映了白话报刊因应中国大势而兴的时代特征。

一、从开启民智到鼓吹革命、传播新知的发展历程

根据不完全统计，从 1901 年至 1911 年辛亥革命爆发这十年间，新创办的白话报刊达一百九十余种，遍及全国大部分地区，继而延至国外。北起哈尔滨，南到广州，东至上海，西达伊犁，遍布全国近三十个大中小城市，甚至在世界屋脊的拉萨，也在 1907 年创办了《西藏白话报》，在日本东京也出现了 9 种中文白话报刊。数量之多，分布之广，都是维新时期所不及的。这一时期的白话报刊，不仅数量多、范围广，而且参与者众，其主办者既有如刘师培等国学功底深厚的学者，也有如胡适等初涉世事的学生；既有如北洋大臣等中央大员，也有如辽宁海城县署等地方机构；既有如吴樾等革命烈士，也有如秋瑾、裘毓芬等女杰。从读者定位看，这一时期的白话报刊涉及外交、军事、卫生、宪政、语言、农业、警务等方面，面向妇女、儿童的白话报刊也占有相当比重。尤其值得关注的是，这一时期政治上的复杂性，反映在白话报刊方面，就是其政治立场的明显分化，

---

① 从 19 世纪末到 20 世纪初，国内陆续创办的各种政治倾向的白话报纸中，由革命派主办的以宣传革命为宗旨的约占四分之一。见方汉奇《中国近代报刊史》，山西人民出版社 1981 年版，第 263 页。

既有如《山西白话报》等站在清政府立场上鼓吹新政者，也有如《中国白话报》《安徽俗话报》《直隶白话报》《白话新报》等站在革命立场上宣传排满革命者；既有如《京话日报》《苏州白话报》《启蒙通俗报》《宁波白话报》《扬子江白话报》等改良论者，也有如《预备立宪官话报》《吉林白话报》等立宪论者。

1901 年至 1911 年这十年间创办的白话报刊中，倾向改良和革命立场的占了绝大部分，尤其具革命立场的占了较大比例。晚清不少著名革命党人吴樾、王法勤、李亚东、范鸿仙、詹大悲、居正、景定成、韩衍、李辛白、何海鸣、刘冠三、秋瑾等都办过白话报刊。由于革命形势的迅速发展，还有一部分白话报刊由原来宣传维新变法而转为宣传革命，其中较具代表性的是《杭州白话报》。

《杭州白话报》于 1901 年 6 月 20 日创刊,① 在杭州出版，旬刊，全年共出 33 期，毛边纸木刻印刷，线装书形式，无标点，最初为 12 页，售价大钱 20 文，后增至 16 页，第十期起售价增至 30 文。年底偶有增页，每册 50 页左右，零售价提至 60 文。除了上海中外日报馆代派处外，在苏州、南京、福建、江西、绍兴、上虞、嵊县、宜县、武昌、嘉兴、无锡、湖州、南浔、海宁、新昌、诸暨等地均设，每期发行约七八百份，其中二十多份是求是书院的学生们"集资订阅"，分送给杭州庆春门外附郭的茶场酒肆，免费供茶客们阅读的。②《杭州白话报》的栏目有《论说》《时评》《论著》《杂著》《中外新闻》《小说》《新童谣》等，从第二十四期起（壬寅年正月二十五日出版）刊有广告。创办人项藻馨（兰生），创办初期任主笔的有钟寅、汪嵚、童学崎，担任编撰的有邵章、汪希、袁毓麟、陈叔通、程光甫、韩靖庵等。其中除一两位有朦胧的反满意识外，其他人都没有跳出维新改良的思想圈子。初创时的《杭州白话报》，宗旨是"开民智"和"作民气"，着力提倡发展新式教育，创办通俗报刊，要求男女平

---

① 该报的创刊日期有两说，一是项士元所著《浙江新闻史》（1930 年之江丛书）说，创刊于 1895 年；一是方汉奇在《中国近代报刊史》中提出《杭州白话报》创刊于 1901 年 6 月 20 日之说。据徐运嘉、杨萍萍《清末杭州的三种报纸——经世报、杭报、杭州白话报》及史和等《中国近代报刊名录》考证，后一说较为可靠，故从之。

② 方汉奇：《中国近代报刊史》，山西人民出版社 1981 年版，第 263 页。

等，批判陈旧思想；介绍清廷丧权辱国和海外华人受虐的情况，报道西方诸国自强自立的状态，以使国人"不知不觉，把一股英雄气概，发泄出来；把一副豪杰心肠，感动起来"。这份刊物之所以转变，是因为革命者孙翼中的加入。孙翼中字辐耕，别号江东，浙江钱塘人，年轻时就有反满思想。1902 年去日本留学，参加革命团体青年会，担任《浙江潮》主编，开始他的革命办报活动。1903 年夏回到杭州，在项藻馨的推荐下，接任《杭州白话报》的总编辑，不久加入光复会。该报因之开始倾向革命，随后成为光复会的舆论机关。在孙翼中的主持下，《杭州白话报》1904 年改为周刊，1905 年又改为三日刊，1906 年 5 月 23 日（光绪三十二年闰四月初一）改出日刊，每日出版两大张；栏目有《电传上谕》《选电》《本地新闻》《本省新闻》《国内新闻》等。其言论和新闻用简短的文字、通俗的语言，呼吁救亡，抨击清王朝，启发读者的革命思想。在《北京纪闻》栏中，该报多次揭露慈禧太后宴请外国公使和向帝国主义献媚的丑态，说她"巴结"洋人。这些内容，在读者中引起了强烈的反响。从 1903 年到1906 年，《杭州白话报》报社还成了革命党人秘密活动重要的联络点。1906 年孙翼中离开杭州，《杭州白话报》由胡子安、魏深吾任主编，[①] 脱离光复会之后的《杭州白话报》，对革命仍持同情态度，一直出到 1910 年2 月才停刊，是辛亥革命时期影响较大、发刊时间最长的白话报刊。[②]

《杭州白话报》从改良到革命的转向，颇具代表性。1904 年 4 月，《警钟日报》发表《论白话报馆与中国前途之关系》一文，集中体现了革命派对白话报刊的看重。文章指出，"白话报者，文明普及之本也，白话报推行既广，则中国之进步固可推矣，中国文明愈进步，则白话报前途之发达又可推矣"，认为白话报的迅速发展是"白话之势力与中国文化相随而发达之证"。此后，专以革命宣传为主旨的白话报刊纷纷出现，先是 1903 年《童子世界》《中国白话报》等创刊，继而有爱国学社的《智群白话报》、陈独秀的《安徽俗话报》、王世裕的《绍兴白话报》、杜课园的《扬子江白话报》、钱玄同的《湖州白话报》、刘冠三的《山东白话报》、秋瑾的

---

① 史和等：《中国近代报刊名录》，福建人民出版社 1991 年版，第 207 页。
② 方汉奇：《中国近代报刊史》，山西人民出版社 1981 年版，第 265 页。

《白话杂志》、钱凤翚和张世膺的《江西白话报》、吴樾的《直隶白话报》、王法勤的《河北白话报》等大批站在革命立场的白话报刊面世。这些刊物的主办者，许多是革命运动的倡始者和领导人。他们之创办白话报刊，"表面普及常识，暗中鼓吹革命工作"，因而是晚清革命思想的组成部分。①

在鼓吹革命的白话报刊当中，较早且影响较大的是《中国白话报》。该刊于 1903 年 12 月 19 日由林獬主编，初为半月刊，后改为旬刊，主要栏目有《论说》《新闻》《历史》《地理》《科学》《实业》《小说》《戏曲》《文明绍介》《战时警报》等。作为著名的报刊活动家和出色的白话文宣传家，林獬在戊戌变法时期就参加了报刊活动，并在《杭州白话报》宣传爱国救亡、提倡白话文。1902 年，林獬参加中国教育会，同年留学日本，积极参加拒俄运动。1903 年回国，又参加《俄事警闻》《警钟日报》等报刊的活动，同时还为《民立报》《时报》撰写评论文章，宣传革命。《中国白话报》是林獬独力创办并主编的第一份刊物。在主编这份刊物期间，他用"白话道人"等名字，撰写大量文章，积极鼓吹革命。首先，以大量的篇幅剖析中国面临的民族危机，号召民众起来革命，推翻清政府，建立共和政治："如今当这种族竞争的世界，我们所应该对付的有两种：一是共同一致对着满洲政府，实行攘夷；一是共同一致对着大陆各国，实行自卫。这两事共你们列位国民，都有着生死存亡的关系"，全体民众应该"无分上下，通通合起来，求达以上两个大目的"。② 此外，该刊还宣传"天赋人权""人类平等""言论自由"等观点，主张把中国变成独立共和的国家，显然这些都具有革命意义。尽管《中国白话报》也宣传过大汉族主义、无政府主义，但瑕不掩瑜，它发行一度逾万份，其鲜明的革命立场及广泛影响，远远超过同时期的其他白话报刊。

大量白话报刊的出版，使革命派的宣传跨出了上层社会和知识分子的圈子，部分地扩展到社会底层，这对民族民主革命思想的传播，无疑起了一定作用。不少新军、会党和社会下层人士，正是在接受革命的宣传以

---

① 陈万雄：《五四新文化的源流》，生活·读书·新知三联书店 1997 年版，第 161 页。
② 白话道人：《论合群》，《中国白话报》第十六期，1904 年 7 月 22 日。

后，才在思想上起了变化，转向革命的。吴樾在《暗杀时代》自序中说，他在《中国白话报》的鼓动下，由相信"梁氏之说"、相信"今皇仁圣"，转变到"念念在排满"，就是一个明显的例证。①

　　革命立场的白话报刊，是为了在新军、会党、手工业工人、城市贫民、失学的青少年等识字不多文化程度不高的下层民众当中进行民主革命思想的宣传。在呼吁救亡的同时，还致力于国家民族的改造，致力于推进近代化的进程，一方面介绍、推广近代科学知识，另一方面破除封建迷信，为五四新文化运动奠定了一定的思想基础。因为介绍新知的缘故，晚清白话报刊常常面临着纳入新名词、新术语甚至外来语的问题。对此，一些白话报刊作了多种的有益尝试，并在许多方面奠定了现代学术规范化的基础。直隶高等农业学堂创刊于清光绪三十一年（1905 年）的《北直农话报》在这方面走在了前头。《北直农话报》为半月刊，按农学学科所设的栏目，基于"农佃程度尚低"，本着"从浅近入手""演成白话"，以使"阅者易晓"的原则，对科学术语、外来语等作了通俗化处理，使用了大量口语、俗语或方言，以期达到"野老田夫亦能通晓，实于农业有裨"的

图 6 - 7　辛亥革命

① 方汉奇：《中国近代报刊史》，山西人民出版社 1981 年版，第 271 页。

良好效果。该刊使用的一些一级学科或主干学科名称，大部分已与今天的规范说法无异。在一些科学名词方面，尽管与今天有些差别，但也创造了一些新名词，如将加速度称为"渐加速度"，旋转称为"圆形运动"，椭圆称为"长圆"，地心引力称为"地球求心力"，辐射称为"放散"，光合作用称为"同化作用"，啤酒称为"麦酒"等等。这些名词、术语、译法等，奠定了以后逐渐规范化的基础。因此可以说，以开通民智、启发蒙昧为目标的晚清白话报刊，实是中国近代化及现代化进程的重要助推器之一。因为白话与一般民众天然地具有密切的联系，因此更能担负启蒙重任。随着政治变革步伐的深入，倾向于革命的报刊越来越多地选择与白话结盟，而它们的爱国、反帝的宣传，又在舆论上为辛亥革命清扫了道路。

　　除了革命立场的白话报刊和改良立场的白话报刊之外，还有一股不可忽视的势力，那就是由官方主办或倡办的白话报刊。这些在朝的官方报刊，较之在野的民办报刊，在办刊宗旨、办刊方式乃至传播效果等等方面，都自成系统。官办白话报刊与民办白话报的不同，主要表现在以下几方面：

　　其一，在办报宗旨上，尽管官办白话报刊与民办者一样着意于"开民智"，但后者旨在"把各项浅近的学问用通行的俗话演出来"，使"无钱多读书"的民众"长点见识"；① 而前者则致力于"敬教劝学"，以使风气"画一整齐"，②③ 达到推行新政、沟通官民、缓和当时的社会矛盾的目的。

　　其二，在内容上，尽管官办白话报刊也介绍新闻及新学知识，但其主要落脚点在维护清王朝统治，防止革命。如《河南白话演说报》设专栏，于刊首连载《圣谕广训直解》以警民，刊登《说大清新刑律草案特色》（第一三一至一三二期）、《申说大清刑律草案宗旨》（第一三五期）以告民。

　　其三，在表述上，民办白话报刊力图拉近与下层民众的距离，而官办白话报刊则明显地表现出以上对下的说教色彩。如近代东北第一家县报

---

① 三爱：《开办安徽俗话报的缘故》，《安徽俗话报》第一期。
② 四川总督锡良光绪三十一年奏片，中国第一历史档案馆藏《军机录副奏折》文教类第538号。
③ 《海城白话演说报》创刊号一、二期合刊，复旦大学新闻学院资料室。

《海城白话演说报》刊登的海城县知事（县长）管凤和撰写的《发刊词》说道：

> 咳！你们知道，今日是什么世界？中国是什么时势？满洲东三省是什么地方？你们还是嘻嘻哈哈，混混沌沌，过了两个半天算一天，真是可怕呵可怕！你们必说：今日的世界，却是新鲜，什么轮船铁路，都活了七八十岁的人，没有听人说过的事；朝廷样样变法，保甲改了巡警，考试改了学堂，法子是比从前好，这关系国家的事，自有官府做主，我们不必问他。我们东三省，日俄两国的战是停了，和约是定了，前两年他们打仗的时候，我们吃的苦恼，是已经过去的事，亦不必再说他。咳！你们的话，多么糊涂，比喻说人家拿着六轮手枪，紧对着你的心坎，拿着又光又亮的刀子，切近着你的脖梗儿，你还呼呼的睡着也不醒，半夜里随便说几句梦话，你说可怕不可怕？①

如果说这篇说教从救亡的角度立论，那么《河南白话演说报》的一篇《谕饬速编课本》的新闻则完全出于传播官方政策的需要：

> 京师各中等学堂，以及高等小学堂，所授的课本，向来系用商务印书馆的，内中所用图书局（学部）课本的，十成中，只有两三成。学部的堂宪特为面谕图书局局长，督饬局员赶紧把学堂所授各门科学，由局编辑课本，通行各堂，藉归划一，以符九年宪政的预备呢。②

其四，在发行上，民办白话报刊多通过设立代派处的形式，销往各地；而官办白话报刊则一般以行政命令分派所属各州厅县，对于外省或赠送，或推销。③

其五，在经费来源上，民办白话报刊大致有几种形式。一是个人出资，招聘职员。二是办报人分摊或自认股本，经营与所有合一。如山东的《妇孺易知白话报》即由宁阜县绅士袁书鼎等人"集股开办"。④ 三是由"热心同志捐助"，以及"定报的报资"周转。这种情况比较普遍，如《宁波白话报》《苏州白话报》等。这些形式的经费来源一般都不稳定，大

---

① 《海城白话演说报》创刊号一、二期合刊，复旦大学新闻学院资料室。
② 《各省新闻》，《河南白话演说报》第六十二期。
③ 《教育·各省报界汇志》，《东方杂志》第一年第六期。
④ 《教育·各省报界汇志》，《东方杂志》第二年第四期，1905 年 5 月。

多数民办白话报刊只能"东借西易，硬着头皮支撑下去"。① 而官办报刊，多"由藩库拨银"，"以作经费"。② 由于晚清财政奇绌、经费短缺，加以地方官员私用公款，官办白话报刊也常常面临因无资金而停办的困境。即便如此，官办白话报刊在催款时依然表现出与民办白话报刊的小心翼翼不同的居高临下的姿态，要求所属在交纳报费时"不得诿延"。③

官办白话报刊得到官方的扶持，有遏制民办白话报刊、控制舆论的企图，但因其内容单调、刻板，充满说教色彩，在民众中很难造成影响，因而也往往虎头蛇尾，草草收场。如山西官办的《晋报》停办后又编辑《白话报》，皆"不久遽废"。④

二、白话报刊的地域特色

晚清白话报刊的特点，体现在语言与思想内容两个层面。一方面超越了维新派半文半白的时务体，经历了演文言文为白话的阶段，进入用"俗话""白话""京话"撰写报刊文章的时期。报刊语言的这一转换，反映了知识分子的社会关注点从政治界、知识界，下移到下层民众，反映出知识界对启蒙和下层民众力量的重视。另一方面，读者对象的扩大以及知识界启蒙意识的强化，推动白话报刊的主办者以启蒙开通为己任，呼吁救亡爱国，对社会黑暗和腐败现象予以揭露，主张鼓励保护和发展民族工商业。这些内容，不仅具有宣传爱国理念之功，又满足了当时一般民众的信息需要，对于开通民智、普及新知都作出了贡献。

然而，晚清出现过的两百余种白话报刊，没有一份是大报，而且绝大部分都以所在地区标名，更具有浓厚的地方色彩。⑤ 由于这些报刊处在沿海、内地和北京等不同地域，在政治倾向、启蒙姿态和宣传内容上均有自己鲜明的特色。

---

① 《代派本报诸君鉴》，《宁波白话报》第七期，1904 年 3 月 21 日。
② 《教育·各省报界汇志》，《东方杂志》第二年第四期，1905 年 5 月。
③ 《本馆特别广告》，《河南白话演说报》第一三二期，1908 年 7 月 8 日。
④ 《教育·各省报界汇志》，《东方杂志》第五年第三期，1908 年。
⑤ 王风：《晚清拼音化与白话文催发的国语思潮》，载夏晓虹等主编《文学语言与文章体式——从晚清到五四》，安徽教育出版社 2006 年版，第 26—27 页。

　　上海白话报刊的发展大致经历了几个阶段：1876—1896 年为第一个阶段，在这一阶段，《民报》虽然创办，但为外人所办，存世极短，影响索然，白话报刊的作用还没有获得广泛的认同。1897—1902 年为第二个阶段，上海出现了创办白话报刊的第一次高潮，有《蒙学报》《女学报》《白话报》《觉民报》等数种。但是，这些白话报刊，均未真正造成全国性的影响。1903—1904 年，掀起了又一个办白话报刊的高潮，先是《智群白话报》，继之《中国白话报》，将其影响扩大到全国。此外，如《宁波白话报》《扬子江白话报》《初学白话报》《新白话报》等，接踵而起。究其原因，大致与清廷宣布预备立宪、晚清启蒙运动进入高潮有关。但是其兴也勃，其亡也忽，这些白话报刊大都很快夭亡。1905 年上海没有一家白话报刊，到 1906 年末才有《竞业旬报》和《预备立宪官话报》两种，1908 年以后再次出现白话办报刊之高潮。如此的发展曲线是时代特点和上海地域特点作用的结果。

图 6-8　《宁波白话报》

　　上海白话报刊之领风气之先，还表现在上海白话报刊中出现了中国第一份女报，即中国女学会的《女学报》。该刊原名为《官话女学报》，[1] 表明创办者充分考虑到一般妇女的识字水平。1898 年 7 月 24 日正式定名为《女学报》，旬刊，这是第一份由女性主编、以女性为读者对象的刊物。参加该刊的编辑人员，共二十余人，全部为女性，其中有康有为之女康同薇，梁启超之妻李蕙仙，裘廷梁之侄女、中国第一位女报人裘毓芳等，女界名流齐聚，培养了中国第一批女性报刊工作者。

---

① 《中国女学拟增设报馆告白》，《湘报》第八十七号。

由于上海属于典型的移民社会，"在沪之人多系客居，并无土著"，①所以上海创办的白话报刊的读者面向大致有两种情况：其一，立足上海，面向全国。《国民白话日报》《中国白话报》等即属于此类。一方面，上海为移民城市，具有移民社会的两大特征：一是商人和青年学生是这个移民社会的龙头和骨干；二是移民来源广而杂，遍及二十多个省份，缺乏一个严格意义上的本土下层社会，也没有形成底层文化的纽带，下层社会缺乏共同的关注点和广为认同的表达方式，因此，白话报刊的主办者自然将视界扩展到全国。另一方面，以上海为中心、辐射全国的印刷发行网络，也使得白话报刊有可能争得各地的读者。《中国白话报》盛时在全国设有46个代派处；而《智群白话报》则声称自己在"各省俱有代派处"，的确，从该报刊的代派处来看，多达75处，遍布于十余省的数十个城市，代派的单位有报馆、书局、书庄、学堂、学社、图书馆，也有洋行、钱庄、信局、药房、纸店，甚至还有一些个人，②足证其与社会联系及覆盖地域的广泛。其二，设在上海，面向桑梓。《苏州白话报》《湖州白话报》《宁波白话报》《安徽白话报》等即属于此类。这些报刊大多由寄寓上海的本地人创办，其读者定位，也是本乡人士。他们之所以选择在沪办报，一方面是为了把在上海接触的各种新信息、新知识、新思想传播乡里，开通本地的风气；另一方面则是为了团结本地在沪同乡，为本地的政治经济发展做些联络工作。如由宁波同乡会创办的《宁波白话报》，即声称自己以"开通宁波之民智，联络同乡之感情"为主旨。它的主编陈屺和主要撰稿人钟显邕、虞士勋、洪佛矢、马幼渔等都是宁波人。该刊的论说《奉劝宁波的同胞》《祝赞来年的宁波人》、小说《理想的宁波》、评议《宁波人在上海的势力》、纪事《宁波纪事》等等，都是以宁波同乡为拟想读者而作的。

《湖州白话报》对于在上海创办的面向地方的白话报在开通本地风气方面的作用有着更加深刻的认识：

> 诸君诸君，你看看《杭州白话报》《宁波白话报》《绍兴白话

---

① 《申报》1900年8月10日。
② 《智群白话报》第二期封底，1904年4月10日。

报》，说得何等痛快，办得何等起劲，都是叫他自己地方上弟兄们，好晓得天下的大势。……你看看杭州人管杭州，宁波人管宁波，绍兴人管绍兴，自然觉得容易些，独有我们湖州，地方又偏僻，看各报又不便当，又没有自己开的报馆，外头吵的翻天覆地，我们的湖州人，还在梦里睡觉，岂不可恨啊！……我是湖州人，只好把这个道理，先劝劝我们湖州人了。①

为此，《湖州白话报》在《纪事》栏开辟了《本郡纪事》，专门刊登有关本地的新闻、消息，让同乡"晓得外面的事情"。这些办在上海、面向地方的白话报刊，之所以选择把白话报刊办在上海，一个重要的因素是借重于上海得天独厚的新闻传播氛围和条件。这固然是以上海为依托的地方白话报刊的优势，但由于它们的主办者大多"寄寓上海，于故乡的风土人情及一班新出要闻，均不熟悉"，一定程度上制约了对报刊传播内容的选择，进而影响了在本地的传播效果，这或许是其难以为继的原因之一。

由于上海为移民城市，其民众组成以商人和学生为主干，因此，上海白话报刊在内容的选择上以介绍新知为主，传播内容散发出"学"的气息。《中国白话报》的《论说》《历史》《地理》《传记》《新闻》《时事问答》《科学》《实业》《小说》《戏曲》《歌谣》等栏目，即包括大量的科学技术知识和人文社会常识。而《宁波白话报》在经历了最初的《论说》《评议》《新闻》《专件》《指迷录》《调查录》《小说》《歌谣》等栏目的探索之后，实行了改良，其改良的指向，也是为了扩大新知的分量，即增扩了历史、地理、教育、实业格致等门类。至于编辑形式方面，上海的白话报刊也多有创新，如《中国白话报》则较早地开拓出号外、连续报道、综合报道、集纳新闻、编者按、编后记等多种新闻报道手段。《宁波白话报》等为了配合拒俄运动的宣传，"特出一本临时增刊，叫作俄罗斯虐待华民图说，连图四十余页，订报全年者送阅一本，概不取钱"。②

---

① 《湖州白话报发刊词》，《湖州白话报》第一期，1905 年 5 月 4 日。
② 《本报临时大增刊广告》，《宁波白话报》第四期封二，1904 年 12 月 11 日。

现有研究成果认为,晚清白话报刊的地域分布以上海一地为最。① 然而,笔者根据方汉奇先生《清史报刊表》所做的统计表明,北京地区在晚清出版了 49 种白话报刊,从种类上取代上海,高居全国之首,与之比邻的天津也有 15 种之多。京津地区的白话报刊,在时间上晚于东南沿海地区,却表现出强大的后发优势,后来居上。这是晚清报刊史上颇值得研究的现象。

北京为京畿重地,全国的政治文化中心,本该是精英荟萃之所,但由于清朝廷的直接钳制,在 1901 年之前,风气比较保守。北京最早的白话报出现在庚子事变之后,为创办于 1901 年的《京话报》和 1902 年彭翼仲在北京创办的《启蒙画报》。《启蒙画报》以"开通蒙稚"为宗旨,图文对照,向儿童传播新知,内容包括伦理、舆地、算数、格致、时闻、各国新闻、海国佚事等,由于形式新颖而风行一时。这时期还有其他白话报,如《北京女报》(1905)、《公益报》(1905)等。北京的白话报刊在 1905—1906 年蓬勃而兴,无论是数量还是声势都超过上海。

天津虽然也位于沿海,也辟有租界,但由于拱卫京师,又是北洋大臣和直隶总督的驻地,政治上处于中央政府的严格控制之下,因此,这一地区虽然有《国闻报》《大公报》等面向全国的大报,但是白话报刊之类的小报出现较晚。迟至 1905 年,天津才出现了白话报,即 1905 年 9 月《大公报》附出的《敝帚千金》周刊。该刊随报附送,也单独发行,登载的稿件全用白话写成,通俗易懂。其《凡例》说:"此编以警官邪、开民智、无背真理、普益国民为宗旨"。自此之后,天津报刊采用白话文一时成为风气。继之而起的有旨在"辅教育之不逮,通上下之隔阂"的《竹园白话报》和北洋官报局的《北洋官话报》等。至 1911 年前后,天津出现了创办白话报刊的高潮,影响较大者有《天津白话报》《公民白话报》《晨钟白话报》等。

东南沿海地区创办白话报刊的热潮波及京津地区的时候,正值中国近代第二个办报高潮。因而,京津地区白话报刊较之此前的白话报刊,站在了一个新的起点上,呈现出新的特点。其一,形式更加多样。与上海等文

---

① 陈万雄:《五四新文化的源流》,生活·读书·新知三联书店 1997 年版,第 160 页。

化程度相对较高的移民城市相比，当时的北京除了上海的《中外日报》《新闻报》《申报》《时报》，天津《大公报》《日日新闻报》等外地报纸外，本埠的综合性报纸只有《顺天日报》一家。① 因此，北京的白话报刊在启蒙的同时还要承担传播新闻时事和表达公共舆论的功能。而传播新闻时事和表达公共舆论，就必须密切关注和报道时事，只有创办日报，才堪当此任。晚清北京创办的49种白话报刊中，影响最大、存世最长的均为日报。② 而在天津，自《大公报》附出《敝帚千金》之后，先有北洋官报局附出的《北洋官话报》随《北洋官报》"分发各州县，不另收价，以为宣讲之资"，③ 继有天津警务官报附出的白话报，④ 均为大报之辅助。如此，大报对上层，面向主流知识分子；白话报对下层，面向妇孺及劳动群众，保证了传播的全面覆盖，较之单纯的主流报刊或者单纯的白话报刊，具有显见的优势。其二，政治立场以改良和立宪论者多，办刊的阶段性特征与政治风云息息相关。与上海等地白话报刊政治立场的复杂性相比，京津白话报刊政治立场一边倒的倾向十分明显。由于特殊的政治环境和长期的思想束缚，使得在北京办报，"说话格外难"，还要受京报房的挟制。⑤ 因此，北京白话报刊的政治倾向多以改良和立宪为主，主张激进变革者少。即便是主张社会改良的报刊也常常因政府的高压而夭折。1908年至辛亥革命前，京津地区出现创办白话报刊的又一个高潮，显然是对于清王朝预备立宪的积极回应，反映京津白话报刊与国家政治的密切关系。其三，传播内容更加广泛。与上海等地白话报刊相比，北京白话报刊表现出重时事而轻新知的倾向。⑥ 这些白话报将读者群定位于社会一般民众，内容上虽然也对社会重大事件进行论述、报道，但主要是关注"贩夫走卒"的生活状

---

① 《作京话日报的意思》，《京话日报》第一号"演说"。

② 《京话日报》虽然只存世两年又一个月，但出版期数达753期，影响极为深远。《正宗爱国报》自1906年创刊，一直到民国成立后还在出版；《北京女报》从1905年创刊，现存的最后1期为1909年，出版至少有近四年时间。

③ 《东方杂志》第三年第三期《教育·各省报界汇志》，载《天津北洋官报局于乙巳冬起增编白话报》。

④ 《教育·各省报界汇志》，《东方杂志》第五卷第一期。

⑤ 《看报的同志台鉴》，《京话日报》第二五三号。

⑥ 杨早：《京沪白话报：启蒙的两种路向》，《北京社会科学》2003年第3期。

态，更多地报道社会新闻、市井新闻，更多地论述与民生密切相关的人与事。天津的白话报刊，因为有大报担当报道时事之任，所以在内容选择比之京师更加多样。如《大公报》附出的《敝帚千金》，即从身边小事议起，纵论国家大事，进行宣传教育。该报以"警官邪、开民智"为宗旨，以"倡导移风易俗、灌输科学知识、进行品德教育"为职志。①

如果说上海、北京是晚清创办白话报刊最多的城市，那么江浙就是晚清创办白话报刊最多的地区（见表6－2、表6－3）。

表6－2　晚清浙江地区白话报刊一览表（15种）

刊　名	创办时间	创办地
白话报	光绪二十四年（1898）	浙江
觉民报	光绪二十六年（1900）	杭州
杭州白话报	光绪二十七年五月初五日（1901.6.20）	杭州
绍兴白话报	光绪二十九年闰五月十五日（1903.7.9）	绍兴
南浔通俗报	光绪三十年九月（1904.10）	南浔
白话报	光绪三十二年上半年（1906上半年）	杭州
绍兴公报	光绪三十四年三月十六日（1908.4.16）	绍兴
白话新报 杭州白话新报	宣统元年九月二十五日（1909.11.7）	杭州
浙江白话报	宣统元年（1909）	杭州
白话报画报	宣统元年（1909）	杭州
浙江白话新报	宣统二年正月初二（1910.2.11）	杭州
绍兴白话报	宣统二年二月初五（1910.3.15）	绍兴
暴东杂志	宣统二年八月（1910.9）	嘉定
白话省钟报	宣统三年七月初一日（1911.8.24）	杭州

---

① 马艺：《天津新闻传播史纲要》，新华出版社2005年版，第65页。

表 6 - 3　晚清江苏地区白话报刊一览表（12 种）

刊　名	创办时间	创办地
平湖白话报	光绪二十三年（1897）	平湖
无锡白话报	光绪二十四年闰三月二十一日（1898.5.11）	无锡
中国官音白话报	光绪二十四年五月初一日（1898.6.19）	无锡
苏州白话报	光绪二十七年九月初十日（1901.10.21）	苏州
吴郡白话报	光绪二十九年十二月十五日（1904.1.31）	苏州
江苏白话报	光绪三十年八月初十日（1904.9.19）	常熟
妇孺白话易知报	光绪三十一年（1905）	阜宁
太仓白话报	光绪三十三年（1907）	太仓
锡金教育会白话报	光绪三十四年十月（1908.11）	无锡
扬子江白话丛报	宣统元年十一月十五日（1909.12.27）	镇江
虞阳白话报	约宣统三年五月（1911.6）	常熟
常报	宣统三年（1911）	常州

　　江浙地区创办白话报刊的优势是十分明显的：一方面，由于开放较早，已经培养了有一定基础的固定阅报群体，而新式学堂的推广与普及，使这一群体进一步扩大了；另一方面，由于距离上海比较近，且交通便利，不仅可以充分借鉴上海白话报刊的办刊经验，甚至直接复制它们的办刊模式，而且可以充分利用上海的印刷机构为之印刷报刊，利用上海成熟的发行网络为之推销。此外，江浙地区是晚清革命思潮的发源地，光复会、浙学会等十分重视通过各种途径开展革命宣传。由于以上几个方面的推动，江浙地区之创办白话报刊，也就走在了内地各省的前面。

　　较之上海与京津，江浙地区的白话报刊的特色不十分明显，但也自有其独到之处。一是范围广，触角多。江浙地区的许多白话报刊走进了中小城市，将触角深入到更加基层的地方。如《绍兴白话报》《太仓白话报》《虞阳白话报》《常报》等，面向的都是绍兴、太仓、常熟、常州等地的读者，这种遍地开花的局面，是其他省域没有的。二是读者面向更具有地域性。由于江浙地区白话报刊立足一地一镇，因此更加注重面向本地读者，注重本地新闻。这些白话报刊在新闻的选择上大多在本省、本国、外国之外，增设有本镇或者本地新闻。如《南浔通俗报》的新闻栏目即明确分为

《世界之部》《本国之部》《本镇之部》，并称："本报既为南浔之报，则自应于此部，大大注重"。① 即便是面向全省的《江苏白话报》，在新闻的选择上也特别注意关系地方的消息，② 在内容上始终追随江苏的时代节奏。其第一期《论说》专栏，开宗明义第一篇就是《中国现在的大势同江苏的关系》，剖析江苏与中国救亡的关系。紧接着在以后几期刊载了《论江苏的弊俗》等文章，将地方的发展与中国的前途联系起来。三是各白话报刊之间注重互通声气，互相援引。江浙地区白话报刊的遍地开花之势，为它们之间的彼此借鉴提供了条件。如包天笑创办《苏州白话报》"乃由于杭州有人出一种《杭州白话报》而触发的。③ 而《杭州白话报》对于江浙地区白话报刊的出现，也很有共鸣："这几个月内，却有一件极高兴的事情，便是我们的同志一日多似一日。那《绍兴白话报》已经出了多期。《宁波白话报》，那第一期已经见过，我们真佩服得很。"④ 四是注重于宣传振兴教育、兴办新式学堂、普及文化知识。江浙素称人文渊薮，灌输新知、振兴教育是江浙知识分子的传统。如《锡金教育会白话报》在它的《发刊缘起》中表示："因为我们锡金教育事业占了风气的先，海内外的热心君子，都称赞着我们锡金。……但是我们教育会里的几位办事人想到宣讲员在教育事业上很忙，宣讲的时候，也很有限，所到的地方，也是有数几处。不能够替四乡父老们、伯叔兄弟们时常讲讲。所以急急要印出一种浅显的白话报来，给几个识字的人看看，看罢了，还要费心讲与几位不识字的听听，补充了我们教育会的缺憾。"⑤《杭州白话报》更以造成新学问、新知识自任。在谈及该报的宗旨时说："因为是旧风俗不好，要想造成那一种新风俗；因为是旧学问不好，要想造成那一种新学问；因为是旧知识不好，要想造成那一种新知识，千句话并一句说，因为是旧中国不好，要想造成那一种新中国。"⑥

---

① 《南浔通俗报》第十三、十四期合册。
② 《江苏白话报》第一期《本国记事》。
③ 包天笑：《钏影楼回忆录》，中国大百科全书出版社 2009 年版，第 166 页。
④ 《各处白话报踵起》，《杭州白话报》第二年第二十九期。
⑤ 《锡金教育会白话报》第一期，1908 年 11 月。
⑥ 《论本报第三年开办的意思》，《杭州白话报》第三年第一期，1904 年。

三、白话报刊的编辑特色

在晚清，不管是提倡革命的政治家，还是主张从教育入手的比较温和的改革者，其采用白话撰述，都是把识字无多的大众作为拟想读者。为了真正实现大众化的传播，白话报刊以通俗之言，言世俗之事，力图通过与下层民众的对话，达到"开民智"的办刊宗旨，从而在刊物编辑上办出了独有的特色。

其一，大众化的传播理念。晚清白话报刊致力于直接面向广大民众，无论是要承载救亡启蒙的历史使命，还是要遵循大众媒体发展的一般规律，都决定了其语言选择必然向通俗化方向发展。因为，其语言的浅显与否，直接影响到民众的接受程度。所以，使用符合大众表达习惯的口语化的文体，就成为众多白话报刊一致的选择。从以《无锡白话报》为代表的白话报刊撇开中国传统的书面语言，完全用口语来表达①开始，不断出现的以下层民众为读者面向的晚清白话报刊在语言的选择上无一例外地使用了口语化的官话——当时的普通话。尽管不同地域的白话报刊，在语言风格上千差万别，但大体上还是相近的，除谣讴以外，真正使用当地地道方言的为数不多。即便是曾在创刊伊始即表示"做报的都是安徽人，所说的话大家可以懂得"的《安徽俗话报》，②看其内容，外地人亦可阅读；而《无锡白话报》为了表明并非局限于一隅的视野，郑重将刊名改为《中国官音白话报》。事实上，晚清白话报刊之所以盛极一时，高潮迭现，成为20世纪之初有识之士开启民智、进行文化启蒙的重要手段，一个重要的原因，就在于这些媒体在形式上以话代文，以基本口语化的表述、浅显易懂的文字，使一般稍通文字者皆可阅读。由于把"为浅近人说话"作为自己的定位，白话报刊将适应口说作为语言风格的主要标准。体现在句式上，白话报刊的文本中，具有严密思路的严格书面语性质的工整的句子结构少，而具有随意性的口语化的松散的句子结构多。它们还没有经过严格的书面化提炼，在语句结构上还带有明显的模糊性和游移性。

---

① 李良荣：《中国报纸文体发展概要》，福建人民出版社1985年版，第60页。
② 《开办安徽俗话报的缘故》，《安徽俗话报》第一期。

其二，世俗化的编辑取向。晚清的白话报刊，其读者定位是识字不多或者不识字的妇孺及下层民众。为了真正获得读者的认同，赢得读者的信任，白话报刊的主办者放下了知识精英的架子，体现出对世俗化的追求。一是营造与下层民众对话的语境。从白话报刊言说系统来看，指代词（包括代名词如你我他等）的用法颇能反映办刊者的指向。在白话报刊中，"我做白话的"或者"我做报的人"之类插入话，出现的频率颇高。写作者之所以钟情于此类用法，一个重要的原因，是想表明自己甘愿使用下层民众认同的语言说话。这种对于白话的认同和对于自己的角色定位的张扬，是有深意的。此前，虽然有各种白话文章和白话文学流传下来，但那些作者往往遮遮掩掩不敢表露自己的身份。他们更像是一个记录者，而近代白话报刊的作者往往摆出与读者对话的姿态，以"我""在下""兄弟"自称，插入语"我看""我说"的使用也很普遍。他们常常现身说法，把"我"放在民众中去，以期把民众吸引到"我"的文章中来，这缩短了作者和读者间的距离，减少了隔膜。与此同时，为了调动读者、营造立体的语境，白话报刊的作者还常常用"你""你们""诸位""众位"等提醒拟想读者，引起读者或听众的注意。除了用称呼语"列位"等提醒受话人之外，白话报刊的作者还常常使用各种指向性或期待性的词语和句式，诱导受众，如疑问句、设问句、反问句、感叹句等。这种对话体又会进一步加强文章的口语化程度。二是建立与读者互动的平台，发动民众参与办报。当时的白话报一般采用通信、来稿、答问、征答、征文等形式，让读者发表意见、介绍情况、表述心声。这些栏目，不仅是沟通民心的渠道、表达民声的窗口，也是反映民意的场所，体现了白话报刊的主办者与下层民众交流互动的意图。如《宁波白话报》专门刊登广告，呼吁读者参与办报：

> 这种白话报，是我们几个同乡朋友，各人认几门做出来的，但现在认做的人数很少，而且这几个朋友别项的事体极多，恐怕里面东西做得不好，你们若肯做些来帮帮忙，我必定要将这报来谢谢你，或者将各处地方，新出的要紧事体，写信来通知我们，我们亦必定将这事体登在报上。①

---

① 《本报紧要广告》，《宁波白话报》第二期，1904 年 11 月。

《锡金教育会白话报》也向读者发出"投稿"的邀约："本报撰述，学识肤浅，尤望吾乡同志，出所巨著，以广开通。录登以后，按字数多少由本社酌量酬劳。"① 《福建白话报》也刊登社告："本社极欲周知福建全省各府州县之风俗物产商务学堂及地方上种种之情状，而徐谋其改良，社员寡陋，闻见不周，如有留心桑梓诸君，愿任采访之事者，请按期以访稿寄示。"② 刊登读者来函、来稿，在当时的大报上多有采用。与之不同的是，白话报刊反映的是下层民众的心声，因而格外朴实、真切。

其三，"以事达意"的内容特色。晚清白话报刊从以前的代圣人立言，转变到为"引车卖浆之徒"说话的立场。这一办刊思路的转变，带来了办刊手段的变革，开始在言论和新闻报道中呈现明白如话、通俗易懂的白话文的优越性，通过叙事的手法，以平易的姿态，巧妙地呈现传播中的情感互动，细心地呈现新闻的细节与现场感，而不是概念化的叙述。

考虑到一般民众的接受水平，为了更加平易浅显地表达办刊者的见解，白话报刊在论说文的写作方面，往往不是使用策论式，即以提炼意义、解释内涵为主的论理方式，而是采取一种颇具随意性的言事方式，不刻意进行文意的提炼，不刻意与某一主题观念联系，却将爱国救亡的大道理，将深沉的忧患意识，用符合民众表达习惯的家常话娓娓道来。这种方式，亦称"小表述方式"。③ 考虑到读者的理解水平和接受能力，晚清白话报刊演说的作者还广泛使用比喻的手法，如《智群白话报》的一篇《社会的比仿》说：

> 现在世界上的人，都晓得说那一国强，那一国弱了。列位想想，这个国字，不过是百姓聚拢来的一个名号。（姓张的聚成一村叫张家村，这张家村三字，就是名号。）单是那一个国字，强弱得出什么来呢？譬如有一个极强壮的李四，这李四的强壮，是靠他的身体，不是靠李四两个字的。我们百姓对国家，也就是国家的四肢百脉一样，断没有四肢百脉不强，身体能强健的道理。④

---

① 《试办章程》，《锡金教育会白话报》第一期，1908 年 10 月。
② 《社告第二》，《福建教育会白话报》第一期，1904 年 9 月。
③ 参见彭望苏《清末下层启蒙运动中白话文的面相》，未刊稿。
④ 《国民教育·社会的比仿》，《智群白话报》第二期。

将国民与国家的关系比作身体与四肢百脉的关系，固然十分贴切；将中国与外国列强比作西瓜与吃客，则更显现出救亡的急迫：

中国自从外国人进来之后，目下弄得这样光景，强也强不起来，撑也撑不住了，好像一个西瓜，有许多人要想吃的，只怕东一块，西一块，今日一口，明日一口，连皮带骨，都要吃完了。但是这个缘故，不要全怪别人，我忖起来，都是我们中国人自己不好，为什么呢？中国人没有爱国家的心想。①

中国官最怕俄国，活像老鼠见了猫一般。眼看了他占了奉天，哪敢道半个不字。各国人看中国这样容易欺负，都道中国是一定保不住了，与其把这个肥羊尾子让俄国独得，不如趁早我们也都来分一点吧。因此，各国驻扎北京的钦差，私下里商议起来，打算把我们几千年祖宗相依的好中国，当作切瓜一般，你一块，我一块，大家分分，这名目就叫作"瓜分中国"。②

一方面，以下层民众为主要读者的白话报刊，其内容在一定程度上反映了受众的取向。另一方面，以下层民众的"导师"自居的白话报刊，自然不会仅仅去迎合受众，他们从事白话报刊传播的最终目标，是引导民众。因此，白话报刊在尝试叙事化说理的同时，为了清楚地表明自己的导向，也不能不讲究条理性。如《绍兴白话报》刊登的秋瑾《女子亟宜进学堂》论及女子进学堂的好处，主要梳理了三点：

中国的人口，共有四万万，女子居其一半，不能够生利，不能够自立，所以就要靠着男人。讲到学堂的好处，却有几件……第一件，将来养了儿女，一切的学问与同立身的道理，从小讲给他听，所以小时候受了教育，大起来就可以为国家做点事体，这是造人才的好处。第二件，女子既然有了学问，就晓得体统，再没有婆媳冲突，姑嫂不和，夫妻反目这种丑事，这是家庭的好处。第三件，实业上的学问，女人着实比男人用心，而且善于运用，善于思想，男人万万及不来

---

① 《奉劝宁波的同胞》，《宁波白话报》第一期《论说》。
② 三爱：《瓜分中国》，《安徽俗话报》第一期《论说》。

的，这是开利源的好处。我劝女子赶紧进学堂罢。①

其四，不求盈利的经营理念。晚清白话报刊以下层民众为读者对象，不仅要考虑下层民众对于报刊内容的需求，更要考虑他们的消费水平。低廉的价格，便成了白话报刊取胜的重要手段。《安徽俗话报》在谈及创办意图时说，该报"意在开通风气，与寻常谋利者不同"，其优势"一是门类分得多……二是做报的都是安徽人，所说的话，大家可以懂得；三是价

图6-9 《安徽俗话报》

钱便宜，穷人也可以买得起。"② 由此看来，晚清启蒙知识分子之大力宣扬白话报刊这件利器，不仅看重了白话的易于深入民众，也企图利用报刊廉价易销的特性。因此在开办时多将价廉作为赢得读者的一个重要策略。既然不以营利为目的，总难逃经费困难、半途夭折的厄运。在《安徽俗话报》第七期的《本社紧要告白》中，主编者便很无奈地叹道："计本报发行以来，已届七期，但至今报邮二费不清或分文不缴者，颇不乏人"，考虑到东京所出的《游学译编》《浙江潮》等杂志因为"上海代派诸人不肯缴费，积欠印费过多，因之势将停办"的危机，编者只得"不敢滥寄，以节印费"。晚清许多白话报刊之戛然停办，究其原因，与其不求盈利的经营理念不无关系。

晚清白话报刊起落，呈现出不同于其他报刊的特色：

其一，数量众多，群体庞大。在清理晚清白话报刊的种类时发现，名目不能作为唯一标准，因为名目相同的情形很普遍，还必须有更细微的标准，年代、编者、存在形式、刊期、停刊与复刊等因素，都需要考虑进来；而且，单纯的种数，不足以反映白话报刊整体规模之实情，因为有的刊物，虽称为一种，但持续时间之久暂、累积期数之多寡，往往相差悬

---

① 秋瑾：《女子亟宜进学堂》，《绍兴白话报》1907年5月15日。
② 《开办安徽俗话报的缘故》，《安徽俗话报》第一期。

殊。尽管如此，如果将这一时期212种白话报刊放到1900种的报刊总量考察，也是一个不可忽视的数字。① 虽然没有一份白话报刊造成全国性的影响，但数量的增加，足以反映其所获得广泛认同。

其二，地域性强，曲线发展。晚清白话报刊的办刊人一般为本地人，读者定位也为本地人，如《安徽俗话报》"做报的都是安徽人"，它的"两个主义"，一是"要把各处的事体，说，说给我们安徽人听听，免得大家躲在鼓里"；二是"要把各项浅近的学问，用通行的俗话演出来，好教我们安徽人无钱多读书的，看了这俗话报也可以长点见识"。② 此外，白话报刊的发展、繁荣与近代社会的变革以及中国报刊事业的起落休戚相关，它的曲折发展历程也为中国现代报刊事业研究提供了一条清晰的线索。

其三，内容丰富，包罗广泛。由于晚清白话报刊面向的读者群体不同，内容也各有侧重，但总体而言，涉及面都非常广泛。既有对时弊的针砭，对当局的讥评，也有对爱国运动的宣传、对民族劣根性的反思；既有对时事与时局的报道，也有对近代科学技术的介绍，对学术与科学的探讨；既有对儿童教育的分析，也有对妇女解放的提倡；等等。即便单纯从白话报刊的名称来看，如军事、卫生、蚕业、宪法、警务等等，可谓五花八门。

其四，情况复杂，错综多样。由于晚清政治风云变幻，各白话报刊在创办背景、办刊环境、办刊倾向、办刊宗旨、办刊群体、资金来源、读者层次以及编者水平、办报形式、涵盖内容等方面错综多样。另外，即便是同一种报刊，其政治立场和舆论重点也往往前后不一，中生变化。如前举《杭州白话报》，因编者易人，同一报刊，前后面貌迥异，内容也有分歧。再者，办刊立场不同的报刊，对于同一事件的报道，对于同一论题的言说，对于不同观点的取舍，往往角度各异。况且，革命报刊未必没有偏颇之论，改良报刊亦未尝没有可取之言。由此，晚清白话报刊之包罗丰富可

---

① 根据《中国近代报刊名录》统计，自嘉庆二十年（1815）第一家近代中文报刊《察世俗每月统记传》问世南洋，至宣统三年（1911）辛亥革命，在我国和海外出版的中文近代报刊达1753种，如果加上同期出版的外文报刊136种，则有1889种，见史和等编《中国近代报刊名录前言》，福建人民出版社1991年版。

② 《开办安徽俗话报的缘故》，《安徽俗话报》第一期。

见之，其错综复杂亦可见之。

其五，编排形式多有创新。这一时期的白话报刊在编排上的创新主要有以下几方面：一是从题材方面，紧扣现实，抓热点，议时局，论思潮。二是从形式方面，语言用白话，篇幅则短论与连载并重；文体从单一走向多样，有论说、时评、杂谈、小说、时事问答等。如《北京女报》在它存世的1905年至1909年间，先后开辟了八十余个栏目，除了《演说》《短评》《新闻》《专件》《调查》《小说》《戏曲》《来函》《广告》《告示》等常规栏目外，还登载故事、笑话、语言、译丛、唱歌、普通博物问答等多种形式的作品；1903年上海《俄事警闻》刊登的《时局图》，成为目前已知的最早的报刊漫画。而插图、插花、题花、尾花的应用等等，与当时的大报名刊相比并不逊色。

第七章

图画期刊的发展

中国图画期刊是从画报开始的。所谓画报，是一种以摄影图片、绘画为主，文字为辅的媒介形式。它在晚清中国出现时，作为《申报》创办者的美查，就曾敏锐地看到了画报的媒介功能：

> 且古今来事事物物，形形色色之奇，有宣之于口而不能永者，则必以文传之。有笔之于文而不能罄者，则必以画达之。所以左史右图，古有明训。顾晚近来，中国书籍，汗牛充栋，幽奇俶诡，莫可名言。而图画则绝无而仅有。阅者知其名而不能究其状，此博物之所以难也。泰西之学，务实理而不务虚名，其著述之流传，皆能破其奥窔，启其扃鐍。又恐急索解人不得也，竭渲染勾勒之工，必使风、云、日、月、山、石、宫室、飞潜动植诸物，涌现毫端而后已。阅者循名质实，一望了然。其嘉惠后学之苦心，不甚深哉！若夫日报者，固泰西之美政也。上论国计，下述民生，旁及列国之得失，君相于以知法戒，黎庶予以达隐微。以一发而系千钧，殆与悬诸国门不能增损一字者相埒。①

美查认为，图像与文字结合是极其有效和经济的交流方式，能够弥补传统中国有字无画而造成的媒介传播困境。

与近代中文报刊的诞生相一致，中国图画期刊的出现，也是西学东渐

---

① ［美］尊闻阁主（美查）：《小叙》，《寰瀛画报》1876 年第二卷，转引自葛伯熙《〈寰瀛画报〉考》，《新闻与传播研究》1988 年第 1 期。

的结果：

> 画报盛行泰西，盖取各馆新闻事迹之颖异者，或新出一器，乍见一物，皆为绘图缀说，以征阅者之信，而中国则未之前闻。同治初，上海始有华字新闻纸，厥后《申报》继之，周谘博采，赏奇析疑，其体例乃渐备，而记载事实，必精必详。十余年来，海内知名，日售万纸，犹不暇给，而画独阙如，旁询粤港各报馆亦然。……近以法越构仇，中朝决意用兵，敌忾之忱，薄海同具。其好事者绘为战捷之图，市井购观，恣为谈助，于以知风气使然，不仅新闻，即画报亦从此可类推矣。①

此外，来华传教士试图扩大其传教的人群，也是创办图画期刊的重要推动力，如范约翰指出："仆航海东来，客华已十余载矣。中土人情，颇能领略，华邦文义，尚未精详。然性质虽疏，未尝学问，而裁成有志，愿启童蒙。奈地隔东西，安得四海英才，同为乐育。而教无南朔，庶几环中子弟，共沐熏陶，此《小孩月报》一书所始也。其书颜曰：'月报'，自清和之月，每发一编。报曰'小孩'，知少长之年，易培百行。"② 很显然，他认为儿童处于成长阶段，可塑性较强，《小孩月报》的出版针对这一现状，试图从小培养其信教的信仰基础。

受到西方画刊的影响，外国商人在创办中文画报体裁时看到了商机，而传教士看重的则是它的传播效果。由于这两方面力量的推动，加之石版印刷技术的广泛应用，19 世纪中后期，在中文期刊快速崛起的过程中，又增加一个颇具生命力的新门类——图画期刊。

据不完全统计，在 1872 年到 1910 年间，"中国出版的带有时事画性质的画刊，共有一百六十多种"。③ 初创时期的画刊多为绘画镂版，工序烦琐，成本较高，时效性不强。石印技术兴起以后，工序简化，成本降低，画刊的时效性增强。后期随着摄影技术的采用，出现了照相铜版画刊，时效性进一步增强，图像的印刷质量和视觉效果也大为改观。技术的进步，

---

① ［美］美查：《点石斋画报缘起》，《点石斋画报》第一号，1884 年 5 月 8 日。

② ［美］范约翰：《小孩月报志异记》，转引自韩丛耀等《中国近代图像新闻史（1840—1919）》第 1 册，南京大学出版社 2012 年版，第 69 页。

③ 彭永祥编著：《中国画报画刊（1872—1949）》，中国摄影出版社 2015 年版，第 7 页。

推动这一时期的画刊在新闻性方面取得了长足发展，关注社会热点，记录社会生活以及政治、军事、经济、外交等活动，丰富了近代中文报刊的表现形式和编辑模式。

第一节　早期图画期刊的萌芽

对于何为中国第一份图画期刊，有学者认为是《小孩月报》："中国最早的画报，第一是《小孩月报》，第二是《画图新报》，第三是《寰瀛画报》，第四是《点石斋画报》"。也有学者对此多有异议，如黄天鹏《五十年来画报之变迁》、蒋荫恩《中国画报的检讨》、阿英《中国画报发展之经过》等，大多以《点石斋画报》为起点。如果从这些期刊的内容来说，"不论是以文字为主配有插图的《小孩月报》；还是以图画为主、文字为副的《寰瀛画报》《画图新报》，它们的基本出发点是采用图文并茂的形式，向读者传达知识功能。这种图文画报比单纯的文字载体文献在形式上要生动通俗得多，只是它们还处在雏形之中，尚未成熟。"[1] 由此观之，将《小孩月报》《画图新报》和《寰瀛画报》等统称为图画期刊萌发阶段的成果，也许更恰当些。

一、范约翰与《小孩月报》和《画图新报》

范约翰是美国长老会传教士，1860 年抵达中国，同年创办娄禹华学堂，后该校改名为清心书院。范约翰对于创办宗教期刊有着自身的理解，他在 1890 年第二次在华基督教传教士大会所作的报告《论报刊》中阐明这一点。在他看来，报刊与声音是传播福音的两大途径，报刊具有无限制的复制性和传递性，宗教传布者"不能把报刊视为敌对物，而应该把报刊作为宗教的侍者，作为忠诚于耶稣的善男信女手中的工具。我们应该从异教徒和怀疑基督教的人手中夺回报刊，并把报刊作为攻击他们的武器"。[2]

---

① 朱均宙：《图鉴百年文献：晚清民国年间画报源流特点探究》，（台北）左岸文化事业公司 2012 年版，第 8 页。
② 汪英宾：《中国本土报刊的兴起》，王海等译，暨南大学出版社 2013 年版，第72 页。

"作为基督教徒，尤其是传教士，我们对于报刊的兴趣肯定集中在刊登耶稣圣坛的新闻上面。刊登科学、艺术或者文学的报刊可能在从事一项神圣的事业，而且我们欣喜地看到它们掌握在富有圣灵的人手中。但是，我们已经将身躯献给上帝，我们期望主所拥有和保佑的报刊文学必定泽惠于真诚和祈祷、奉献于灵魂超度。我们的报刊可能适当地刊登了所有种类的有用信息，但是它们必定包含了拯救真理的信息、心向耶稣的言辞和构筑最真诚地信仰耶稣的群体。把宗教报刊作为传教系统工程的组成部分，我们就可以将报刊打造成所设计的模式——使报刊值得信任和支持，提高报纸发行量，使报纸发挥作用并有助于教徒"。[①]

1875 年 5 月 5 日，范约翰在上海创办《小孩月报》。该刊初由上海美华书馆代印，1876 年 10 月起由清心书院自行印发。先后历任该刊编辑的有范约翰、鲍德温、格里费司、斐有文、华尔等人。《小孩月报》采取中英文标注刊名，英文刊名曾五次变动：初为 The Child's Paper，后改为 The Child's Paper Undenominational Monthly；1879 年 10 月改为 The Child's Paper：Moral，Religious，Scientific，Instructive and Amusing；1881 年 5 月后一度改名为 The Sunday School Child's Paper；1914 年 1 月改名为《开风报》时，英文名则为 The Monthly Herald。《小孩月报》第一卷第一至十二期的文字大多艰深，不适合儿童阅读，有读者来信"嘱余以后删去深文，倘能译成官话更嘉，以便小孩记诵"。范约翰接受这方面的意见，很快做出调整，"今后刊印，浅语叙事，不尚文藻，辞达而已"。自第二卷起，《小孩月报》改用官话，即白话。1915 年 12 月停刊。

《小孩月报》最初 12 期的页数五张至七张不等，没有封面和封底。自第十三期（1876 年 4 月）起，内页定为 8 张，共 16 面，开始采用黄色粗纸印装封面和封底。该刊设有一些固定专栏：《教会近闻》《天文易知》《游历笔记》《寓言故事》《忏悔类文章》《乐谱》（根据《圣经》格言谱成的歌曲）、《小孩月历》《论画浅说》《省身指掌》等。这里选录《小孩月报》第十三至十七期的部分篇目，以概其余。第十三期有：《论言》《又是一个善撒马利亚》《游历笔记》《宜早悔改》《永远别撒谎》《天文易知》

---

① 汪英宾：《中国本土报刊的兴起》，王海等译，暨南大学出版社 2013 年版，第74 页。

《马拉船》《求则尔与》《赛跑》《教会近闻》《曲谱诗》《小孩月历》等；第十四期有：《嗜蝇草》《论地球运动》《悔罪论》《狮熊争食》《欺人有损》《一块金钱》《寻获亡羊》等；第十五期有：《遗言慰友》《一言醒迷》《蛙鼠相争》《一块金钱》《火轮车路》《愚笨童女》《贪妇亡身》《问一答五》《兄弟相爱》等；第十六期有：《训子弟俗言》《蚕蛾寓言》《勇士图》《马大加斯加比喻》《耕织图》《欢喜圣书的闺女》等；第十七期有：《猫捕鼠图》《论画浅说》《莫贪心》《灯虫寓言》《孩子恻隐》《论象》《母子信德》《天堂点名》等，其余各期，大致如此。这些专栏文章多配以图画，几乎每篇文章都会配有1—2幅图片，有的图片是彩色铜版插画，有的是手绘图画。

为何要针对小孩创办图画期刊呢？范约翰认为："报之多类也，或关于国家，或关于商贾，或凭街谈巷议为奇闻，或据怪状奇形为创见，或著诗辞为规劝，或借文藻为铺张，而要之皆无补于童年初基也。"而要将中年人作为布道的对象，其难度要远远大于儿童，"凡人达壮年而始悔罪信道者，固未尝不可为笃诚之信徒。然外教之积习既深，一旦而欲扫除纯尽，盖亦难矣"。①《小孩月报》的宗旨是要借由报刊的知识传播，使中国儿童建立起"初基"，由此开启儿童的器识：

> 予以童年初基，首在器识，文艺次之，故以二者兼而行之，颜曰小孩月报志异。俾童子观之，一可渐悟天道，二可推广见闻，三可辟其灵机，四可长其文学，即成童见之，亦非无补。②

为了向儿童传播基督教教义，有关宗教的内容亦往往居于《小孩月报》每期的核心地位。该刊除《教会近闻》等纯粹宗教性质的栏目刊载宗教文章外，其他如《游历》栏目等亦是以介绍宗教遗址、圣城、宗教历史人物的活动等为主，如1880年《小孩月报》连续8期以游记的体裁，详细介绍了分布在巴勒斯坦地区的犹太教和基督教的各处圣地，如耶路撒冷、加沙等地。一些科普文章在故事、童话等文体中也蕴含说教或宗教哲

---

① ［美］范约翰：《上海清心书院滥觞》，载朱有瓛主编《中国近代学制史料》第4辑，华东师范大学出版社1993年版，第276页。

② ［美］范约翰：《小孩月报志异序》，《小孩月报志异》，上海图书馆缩微胶卷 J－0944，第6页。转引自郭舒然等《小孩月报史料考辨及特色探析》，《浙江学刊》2010年第4期。

理，许多故事文章用"救主云"的编者按语方式阐述其宗教哲理。客观来说，《小孩月报》创刊不久，即引起了社会的关注，当时《申报》评价说：

> 沪上有西国范牧师创设《小孩月报》，记古今奇闻轶事，皆以劝善为本，而其文理甚浅，凡稍识之无者皆能入于目而会于心，且其中有字义所不能达之处，则更绘精细各图以明之，尤为小孩所喜悦，诚启蒙之第一报也。①

1880 年 5 月，范约翰在上海创办《花图新报》，其宗旨也以传播基督教义为主：

> 美国范约翰先生，学问淹博，性灵颖敏，来寓中华，将卅载于兹矣。思欲以道义之训，格致之理，裨益中土。况西国图画，悉皆用玻璃镜在日光中印照，故山川房屋，以及人物巨细等形，无不酷肖，较诸用笔勾勒者更加精巧。爰广集绘图，编辑成书，凡道义格致之学，罔不悉备。②

《花图新报》第一年第二卷的《本书院告白》又重申这一点：

> 启者：本馆创设《花图新报》，举凡新闻轶事、天文地理、格致化学等，合于真道者靡勿登之，以公同好。间有辞意不达者，绘图以形之，以期人人同归正道，非牟利也。③

该刊原由清心书院印行，1881 年 5 月（清光绪七年四月）第二年第一卷起改名《画图新报》，上海中国圣教会印行。其设有《图画》《论说》《教会近事》《说教》《科学常识》《各种新闻》《要紧告白》《外国字告白》等栏目。1913 年出至第三十四卷后停刊。1914 年改名《新民报》，上海中国圣教会沪汉联会发行，后仍改由中国圣教会发行，刊期另起，并加注总年期。设有图画门、教论门、时论门、实业门、卫生门、格致博物门、社说门、诗歌门、通信门、杂志门、译著门、时编门、新闻电报门，最后又简缩为时事论说门、教务论说门、五洲杂志门、译著门、时编杂载门。《花图新报》《画图新报》编辑人均为范约翰，改名《新民报》后，

---

① 《阅小孩月报记事》，《申报》1878 年 12 月 17 日。
② 转引自葛伯熙《小孩月报的姐妹刊〈花图新报〉》，《新闻研究资料》1985 年第33 期。
③ 《本书院告白》，《花图新报》第一年第二卷，1880 年 6 月。

改由斐有文编辑，柴莲馥亦曾为该刊编辑。该刊为月刊，"周年十二卷作一本。买一本者价洋半元，五本者价洋二元，十本者价洋三元，二十本者价洋五元，三十本者价洋六元"。①

作为一份图文并茂的期刊，《画图新报》有大量的插图，这些图像既有西洋的铜版画，也有传统的木版画。据《清心两级中学校七十周年纪念册》第 188 页载，这些铜版画"阅者见所未见，莫不称奇赞扬。故书中附有图画，亦本校开其先导"。（按：此种铜图皆由英美教会用过之后送来，取其废物利用。）这些铜版纸图像比例准确，讲求透视，尤以介绍格致或地理知识的配图为多，如《香港》《北京阜成门》《鹿车北晓》《蒸釜爆裂图》《铁甲炮台船》等。木版画则

图 7-1　《画图新报》

多为学生习作，"光绪元年，创《小孩月报》，月印三千五百本。七年，又创《花图新报》，月印三千本。其刻图排字范模刷印装订一切，皆满期之生徒为之，无外人相助也"。② 故而其手法多显稚嫩。《花图新报》还有手绘漫画的出现，如第一年（卷）上的第一张《白鸽票笑谈》连环漫画，共6 个画面，每幅旁配文字解说，这种连续性图画叙事，开创了图画叙事的新格局。到了《花图新报》后期，其文字越来越少，而构成一完整叙事的"连环画"则变得越来越复杂。到了最后，没有文字的帮助，图像也能独立叙事，如《跳蚤扰人图》便是除了标题没有任何说明文字。③

《画图新报》的图像，最大特色"莫过于它配合时事报道所刊载的时

①　《本书院告白》，《花图新报》第一年第二卷，1880 年 6 月。
②　《清心堂图记》，《花图新报》第一年第十二卷，1881 年 4 月。
③　陈平原：《左图右史与西学东渐：晚清画报研究》，三联书店（香港）有限公司 2008 年版，第 37 页。

事（新闻）地图"。① 无论是早期的《花图新报》，还是后来的《画图新报》，都大量地采用了时事新闻地图。这些时事地图尽管有许多讹误，甚至偏见，但对于当时处于封闭状态下的中国人来说，无疑打开了一扇了解国际大事的窗口。

二、《寰瀛画报》：以图画为主期刊的出现

1877 年 6 月（丁丑四月）6 日，美查在上海创办《寰瀛画报》，这是中国第一份严格意义上的"画报"。② 美查为其经理，聘任蔡尔康为编辑。该刊为不定期刊，共出 5 卷，依次为：清光绪丁丑三年四月二十五日（1877 年 6 月 6 日），清光绪丁丑三年十月八日（1877 年 11 月 12 日），清光绪戊寅四年二月六日（1878 年 3 月 9 日），清光绪五年五月二日（1879 年 6 月 21 日），清光绪庚辰六年四月二十六日（1880 年 6 月 3 日）。据蔡尔康介绍，《寰瀛画报》第一卷画页是在英国伦敦编辑印刷，"《寰瀛画报》者，行于泰西，已非朝夕。尊闻阁主（美查）邮致来华，装潢成帙以问世"；③ 美查阐述该刊的创办过程时也说："近年来又有画报之制，流插寰区，其第一卷已传入中华，译其梗概，恢眼界者，诧为得未曾有。今复绘成一册，附轮舶而至申江，外附西字之论数则，皆不惮烦言，悉中窥要。用特潜心翻译，附以考证，俾广见闻。"④ 第二卷亦是如此。这说明，前两卷是被带到中国后，请人翻译成中文，在上海印刷，再和画页配合出版的。1876 年 5 月 25 日的《申报》广告亦证实了这一点。该报广告称，《寰瀛画报》"所绘中外各景致画图"，"俱用顶上洁白外国纸装裱成册，加以蓝色蜡纸盖面，均极工整"，"内中人物、房屋、树木、器械以及一切情景，虽中国工笔界画，无此精致"。自第三卷始，

① 韩丛耀等：《中国近代图像新闻史（1840—1919）》第 1 卷，南京大学出版社 2012 年版，第 119 页。

② ［德］鲁道夫·G. 瓦格纳：《进入全球想象图景：上海的〈点石斋画报〉》，《中国学术》2001 年第 4 期。

③ 铸铁生（蔡尔康）：《小叙》，《寰瀛画报》1876 年第一卷。

④ ［美］尊闻阁主（美查）：《小叙》，《寰瀛画报》1876 年第二卷，转引自葛伯熙《〈寰瀛画报〉考》，《新闻与传播研究》1988 年第 1 期。

印刷装订都是在上海。①

《寰瀛画报》第一卷没有书名页，封里第一页为《寰瀛画报》的《小叙》，第二卷开始有书名页。画报的每一页画都加有"说明"，大体是介绍图画的内容，"说明"文字少则百字、多则千字，"叙"与"说明"都未用标点。画报第一卷图画 8 幅，"叙"和"说明"共 10 页。8 幅图依次为：《英古宫温色加士之图》《英国太子游历火船名哦士办之图》《日本新更冠服之图》《日本女士乘车游览之图》《印度秘加普王古陵之图》《英国时新装束之图》《印度所造不用铁条之火车图》《火车行山洞中之图》。另有《中国天坛大祭祀图》一纸，"篇幅甚阔，不能间订，故只有附章，阅者或将此幅装潢成帙，可作考掌故者之一助也"。第二卷图画 8 幅，"叙"和"说明"共 16 页，图依次为：《英太子游印度》（2 图）、《土耳其夏士镇》《俄罗斯国皇图》《土耳其国王图》《德而大火船》《土耳其肯思但提娜白京都图》《中国钦使郭刘二公图》。第三卷图画 12 幅，"序"和"说明"共 23 页，图依次为：《俄皇亲观攻险要图》《印度饥荒弃孩图》《遇荒牛死垂尽图》《布那城赛舟图》《土赴前敌征军图》《土军攻俄已夺之炮台图》《俄国隆冬客赴赏雪夜宴图》《俄军赴援图》《短兵相接图》《俄君臣聚位图》《乘气球前赴北极图》《俄围险之炮台图》。第四卷图画 12 幅，连"说明"共 22 页，图依次为：《俄国太子与土耳其国用兵时督战图说》《山西饥荒出卖小儿图说》《中国钦使在卡旦地方阅高顿将军图说》《自以士兰地方送俘兵至夏瓦地方图说》《秘那地方战阵图说》《兵艘至马耳大地方纪略》《马打拉子爵那必耳小像》《俄土议立和约图说》《海狗峰图说》《印度国防倍地方士兵图说》《跑船图说》《俄柏拉岛图说》。第五卷图画 13 幅，连"说明"共 22 页，图依次为：《德宫赘婿图》《罗马第十三教皇图》《土军家室望远图》《阿非利加土人与办兵交战图》《俄土军大战于泊拉姆城图》（2 幅）、《法京博物院图》《拉姆江死将图》《败兵葬尸图》《土耳其国回教堂图》《土耳其国新宫图》《土耳其京城西海岛图》《法国病民图》。② 可见，这些内容多是描述海外社会风情，能使"阅之者于列邦

---

① 黄志伟：《我国最早的画报〈寰瀛画报〉》，《图书馆杂志》1986 年第 3 期。
② 上海图书馆：《近代中文第一报〈申报〉》，上海科学技术文献出版社 2013 年版，第 278 页。

之风土人情恍若与接为构，不仅如宗少文之作卧游计也"。

对于《寰瀛画报》的图像，美查认为，图对文来说是其重要补充：

> 且古今来事事物物，形形色色之奇，有宣之于口而不能永者，则
> 必以文传之。有笔之于文而不能罄者，则必以画达之。所以左史右
> 图，古有明训。顾晚近来，中国书籍，汗牛充栋，幽奇傲诡，莫可名
> 言。而图画则绝无而仅有。阅者知其名而不能究其状，此博物之所以
> 难也。①

作为该刊编辑的蔡尔康，从中国书画传统出发，论述了文画结合的价值："昔人传郑虔三绝，曰诗、书、画，图画固与诗、书并垂不朽者也。西国好学之士，橐笔游四方，其创见创闻之事，辄笔之于简，有笔所不能达者，又传之于画。铸鼎象物，夏禹不以为诞，西土犹行古之道欤？……厥后荆关辈出，类能模山范水，以写其性灵。"蔡尔康进一步指出，由于晚近以来，中国书画合一传统中断，西方画报的出现可再续传统："西土更即其法而双通之，勾勒分明，渲染工细，虽李龙眠之白描高手，殆不是过。是册首绘英国故宫，规模宏壮，已非手所能及。其他如古陵、车路、轮舟，幽深杳渺，笔足以达难显之情。至图士女之丰昌，状衣冠之变易，毫添颊上，竹具胸中，于是叹观止焉。"②确切地说，《寰瀛画报》的图像质量，在蔡尔康等人看来，亦属当时中国居于上乘之作：

> 《寰瀛画报》一卷：是图为英国名画师所绘，而缕馨仙史志之。
> 计共九幅，一为英古宫温色加士之图，规模壮丽，墓址崇闳，恍亲其
> 境；二为英国太子游历火船名哦士办之图，画舫掠波，锦帆耀目，如
> 在目前；三为日本新更冠服之图；四为日本女士乘车游览之图，人物
> 丰昌，神情逼肖，仿佛李龙眠之白描高手也；五为印度秘加普王古陵
> 之图，与第一幅同为考古之助；六为英国时新装束之图，钏环襟袖，
> 簇簇生新；七为印度所造不用铁条之火车图；八为火车行山洞中之
> 图，巧夺天工，神游地轴；另为中国天坛大祭祀图，衣冠肃穆，典丽

---

① ［美］尊闻阁主（美查）：《小叙》，《寰瀛画报》1876 年第二卷，转引自葛伯熙《〈寰瀛画报〉考》，《新闻与传播研究》1988 年第 1 期。

② 铸铁生（蔡尔康）：《小叙》，《寰瀛画报》1876 年第一卷。

乔皇，此纸篇幅较大，不能订入，故附售焉。①

因《寰瀛画报》图像精美，通俗易懂，第一卷的销量似乎还不错，第二卷的代售告白中提到第一卷共销一万余部："现已售出无数，甚蒙购者嘉许，兹本报馆又续绘画八幅，仍托申报馆发卖。"② 第二卷以 2 角钱一份的价格卖了 2500 份。按上海《华洋通闻》的说法，"这无疑是一次成功，因为 2 角钱对一个中国人来说并非一个小数目。而现在正打广告的下一期中图画要少一些，但预告只售 1 角。价格的下降无疑会使销量上升"③ 第三卷售价降至 1 角钱。尽管如此，《寰瀛画报》还是至第五卷停刊。其停刊原因，有学者认为是由于图像来源及中外人士对图像兴趣倾向的差异：

> 五年中出五卷，这并不能算是很大的长期性的成功。伦敦的画报可能没有足够多的有关中国的材料来支撑这份刊物，但最重要的也许是看西方人如何描绘事物的全部震撼，以及细致、真实的画风的全部魅力，并不能长期消除对于由中国所创作的新闻画的需求。真正中国的画报还必须等待自己的时机。④

第二节　《点石斋画报》与图画期刊的发展

一、《点石斋画报》与时事图画期刊

1884 年 5 月 8 日，《点石斋画报》在上海创刊。经理为美查，延聘吴友如为主笔。吴友如曾回忆说："画报昉自泰西，领异标新，足以广见闻，资惩劝。余见而善之，每拟仿印行世，志焉未逮。适点石斋首先创印，倩余图绘。赏鉴家佥以余所绘诸图为不谬，而又惜夫余所绘者每册中不过十之二三也。"⑤ 此后又有金桂（蟾香）、张志瀛、田英（子琳）、贾醒卿、

---

① 蔡尔康：《申报馆书目》，上海申报馆印，光绪三年夏五月（1877 年 5 月）。

② 《〈寰瀛画报〉第二次来华发卖》，《申报》1877 年 11 月 3 日。

③ 《中国的报纸》，《华洋通闻》1877 年 6 月 9 日。

④ ［德］鲁道夫·G. 瓦格纳：《进入全球想象图景：上海的〈点石斋画报〉》，《中国学术》2001 年第 4 期。

⑤ ［美］美查：《点石斋画报缘起》，《点石斋画报》第一号，1884 年 5 月 8 日。

何元俊（明甫）、马子明、符节（艮心）、朱儒贤、周慕桥、顾月洲、吴贵（子美）、沈梅坡等一批画师参与《点石斋画报》的工作。不过这些画师大多与报馆没有雇佣关系，只是投稿取酬，"如果维妙维肖，足以列入画报者，每幅酬笔资两元"。①《点石斋画报》每月出3号，每号含8张双页的配文图画。用天干、地支、八音（"金石丝竹匏土革木"）、六艺（"礼乐射御书数"）、四德（"文行忠信"）、周易（"元亨利贞"）等顺序编目。至1898年8月停刊，出版有6集四十四卷，528期，共刊行图画四千六百余幅，另有增刊两千余幅图画。

图7-2 《点石斋画报》

《点石斋画报》主体图画内容大致分为五类：一是国内外重大新闻事件。这主要是战争形势的介绍，包括战争实况报道和军事形势介绍两种。前者如《力攻北宁》《法犯马江》《甬江战事》；后者如《吴淞形势》《沪尾形势》《水勇陆操》等。二是国内社会新闻，包括各地奇人异事、官吏腐败、反抗斗争，也有一些鬼神迷信、灵异之事，这其中如介绍朝廷盛典、官场丑事，如《万寿盛典》《普天同庆》《侯相出京》《使节临沪》等；报道灾情，如《洪水为灾》《悉力捕蝗》《当妻谈新》等。三是介绍著名人物的生平事迹，如《格兰脱像》《饶孺人传》和《岳襄勤公遗事》等。四是介绍轮船、火车、热气球、飞机以及内科手术等技术发明，如《水底行船》《新样气球》《灭火药水》等。五是报道异域风情，诸如西式婚礼、运动会、赛马会、中国官员出使外国等等之类，如《赛马志盛》《西例成婚》《民歌大有》等。至于增刊图画，则有：一是人物、花卉、翎毛、山水等画谱册页；二是《淞隐漫录》《淞隐续录》《漫游随

① 《找请各处名手画新闻》，《申报》1884年6月，转引自徐载平等《清末四十年申报史料》，新华出版社1988年版，第337页。

录》《风筝误绘图传奇》《闺媛丛录》《乘龙佳话传奇》《点石斋丛钞》《豆
棚消夏录》《虞初新志》等古今文学图说；三是节庆装饰画；四是题名全
录、水灾图、治癫良方、救急文等与时局、救灾、慈善相关的材料；五是
地图；六是书籍、医药、产品等广告。

概括起来，《点石斋画报》对于图画期刊的推动，主要体现在以下几
个方面：

首先，《点石斋画报》打破了"左图右史"的文化传统，改为以图为
主、以文相辅，即图画在画报中占据主导地位。这种美术图画，很大程度
上继承了中国绘画据实而作的传统画法。譬如在很多图画的整体布局上，
其构图具有"满""密""杂""聚""繁"等突出特色，这些特色与中国
古代版画、院体画、界画或年画的构图程式有着某些传承关系；在表现手
法上，大量运用中国传统绘画常用的线描手法，尤其是对人物形象的刻
画，画家用毛笔表现线条的方圆、曲直、虚实、转折、疏密、韵律等特性
更是得心应手；在具体场景的写实上，保留了传统版图的技艺，如在建筑
物表现上，《点石斋画报》有时仍使用中国古代版画、界画所采用的平行
透视法，而在表现环境或其他景物上亦掺杂高远、深远或平远的传统透视
法。① 在大量继承运用中国绘画传统的同时，《点石斋画报》对西方写实绘
画表现技法的吸收也十分突出。关于西方画法写实技法，美查曾表示说：

> 大抵泰西之画，不与中国同。盖西法娴绘事者，务使逼肖，且十
> 九以药水照成，毫发之细，层叠之多，不少缺漏。以镜显微，能得远
> 近深浅之致，其傅色之妙，虽云影水痕，烛光月魄，晴雨昼夜之殊，
> 无不显豁呈露。故平视则模糊不可辨，窥以仪器，如身入其境中。而
> 人物之生动，犹觉栩栩叫欲活。中国画家拘于成法，有一定之格局，
> 先事布置，然后穿插以取势，而结构之疏密，气韵之厚薄，则视其人
> 学力之高下，与胸次之宽狭，以判等差。要之，西画以能肖为上，中
> 画以能工为贵，肖者真，工者不必真也，既不皆真，则记其事又胡取
> 其有形乎哉？②

① 郑星球：《略谈〈点石斋画报〉图像的新体式》，《美术观察》2010 年第 4 期。
② ［美］美查：《点石斋画报缘起》，《点石斋画报》第一号，1884 年 5 月 8 日。

这种中西模式的融合，使得《点石斋画报》形成了一种全新的新闻写实形式：改变西画以光影、块面表现形体的手法，发挥毛笔的特性，突出线描的作用，使画报的整体面貌倾向于线条清晰、笔姿细致、构图繁复、刻画入微，既有西画的真实感，又不失中国画白描的神韵。[1] 这种图像模式被美查视为其独特价值所在：

> 本馆新创画报，特请善画名手，选择新闻中可惊可喜之事，绘成图并附事略，由点石斋刷印。每月定期数次，每次八图，由送报者随报出售，每本收回工料洋五分。其摹绘之精，笔法之细，补景之工，谅购阅诸君自能有目共赏，无俟赘述。[2]

有人将《点石斋画报》与之前的《寰瀛画报》的图画作比较，认为画工精美是《点石斋画报》畅销的重要条件之一：

> 画报之行，欧洲各国皆有之。曩年尊闻阁曾取而译之，印售于人。其卷中有纪英太子游历印度诸事，与五印度各部风尚礼制之异同，极详且备。乃印不数卷，而问者寥寥，方慨人情之迂拘，将终古而不能化。而孰意今之画报出，尽旬日之期，而购阅者无虑数千万卷也。噫，是殆风气之转移，其权固不自人操之，抑前之仿印者为西国画法，而今之画则不越乎中国古名家之遗，见所习见与见所未见，固有不同焉者欤？[3]

在《点石斋画报》书画内容中，美查关于画报的整体构想隐含其中："书画，韵事也；果报，天理也；劝惩，人力也。本馆印行画报，非徒以笔墨供人玩好，盖寓果报于书画，借书画为劝惩。其事信而有征，其文浅而易晓，故士夫可读也，下而贩夫牧竖，亦可助科头跣足之倾谈。男子可观也，内而蟀首蛾眉，自必添妆罢针余之雅谑。可以陶情淑性，可以触目惊心，事必新奇，意归忠厚。而且外洋新出一器，乍创一物，凡有利于国计民生者，立即绘图译说，以备官商采用。既扩见闻，亦资利益。"[4] 这首先是美查对于《点石斋画报》功能的设计，即"供人玩好"与寓"劝惩"

---

① 郑星球：《略谈〈点石斋画报〉图像的新体式》，《美术观察》2010 年第 4 期。
② 申报馆主：《第二号画报出售》，《申报》1884 年 5 月 8 日。
③ 见所见斋：《阅画报书后》，《申报》1884 年 6 月 19 日。
④ 申报馆主：《第六号画报出售》，《申报》1884 年 6 月 26 日。

之意于其中。然而事实上，在创刊之初，美查仅提到玩赏之意，"爰倩精于绘事者，择新奇可喜之事，摹而为图，月出三次，次凡八帧，俾乐观新闻者有以考证其事。而茗余酒后，展卷玩赏，亦足以增色舞眉飞之乐"。① 到该刊第二号时，增加了道德教诲的成分，"乱臣贼子，人人得而诛之，《春秋》之律也。画报虽小道，而凡事之可喜可惊，足以备遗闻而昭法戒者，无不随时采入。……绘图演说，惩首恶也，虽不必据以为实录，而大略具备于是。阅者会其意，而勿泥其词也可"。② 而到第六号才完整地表达了这双重目的，"大义凛然"与"色舞眉飞"合二为一，构成了《点石斋画报》的办刊宗旨，"这也可以理解为，没有'惩恶扬善'的旗帜，不可能得到传统士大夫的认同；而没有'展卷玩赏'的乐趣，又不可能吸引广大读者"。③

其次，作为一份兼顾"新闻"与"美术"的画报，《点石斋画报》对新闻性、时效性的要求很高。客观来说，这也是其得以创办的重要原因："近以法越构衅，中朝决意用兵，敌忾之忱，薄海同具。其好事者绘为战捷之图，市井购观，恣为谈助，于以知风气使然，不仅新闻，即画报亦从此可类推矣。"④ 换言之，《点石斋画报》为了满足民众了解战事的兴趣而创办，故而对于时事的关注成为其特色之一。譬如对当时正在进行中的中法战争的要闻报道，多达 21 余处：1. 越南战场（北宁之役），2. 台澎战役，3. 马江之役，4. 法舰侵扰浙宁及地方防守，5. 法舰封锁沿海及抢掠粮船，6. 基隆战役，7. 沪尾战役及防御图，8. 曾纪泽在中法交涉中之表现，9. 李鸿章与福禄诺之天津谈判，10. 曾国荃与巴德纳之上海谈判，11. 越战名将刘永福，12. 台海名将刘铭传、孙开华，13. 浙宁名将吴杰、欧阳利见，14. 镇南关之役，15. 谅山大捷，16. 中法议和，17. 法国名将孤拔，18. 中法换约，19. 中法大员勘界，20. 战后法国政情，21. 法国对越之压迫。此外，对王之春使俄、李鸿章使俄及游历欧美、英王储等中外

---

① ［美］美查：《点石斋画报缘起》，《点石斋画报》第一号，1884 年 5 月 8 日。
② 尊闻阁主人：《〈朝鲜乱略〉跋》，《点石斋画报》第三十一号，1885 年 2 月 28 日。
③ 陈平原：《左图右史与西学东渐：晚清画报研究》，三联书店（香港）有限公司 2008 年版，第 68 页。
④ ［美］美查：《点石斋画报缘起》，《点石斋画报》第一号，1884 年 5 月 8 日。

名人过访上海、法租界扩展强并四明公所案等次要时事新闻亦有涉及。

再次，《点石斋画报》对"新知"和"奇闻"也表现出较强的关注度。该刊介绍新知奇闻，门类繁多，性质广泛，随时传布，不具有系统性，有些琐碎芜杂，甚至个别亦有错误猜想之报道。但总的来看，这些内容大致可以分为三个层次：一是上海地区可以亲见亲知之新事物；二是包括上海在内，全国性之新事物；三是海外新知奇闻。①《点石斋画报》经常以图画展现轮船、铁甲船、潜水船、火车、热气球、望远镜、西医术、消防、照相、海上救生等最新发明的器具和最新应用的技术，如《水底行船》一文评价潜水艇说：

> 地球外围皆是水，东西则通，南北则窒，以日光不到水结层冰故也。西人每于人力告穷之处思有以通之，美国李哲礼者，精格致之学，新创一船，能行水底，盖知冰山之下仍有水也。船长二百尺，以铜为质，形如卵，中藏机器，设电灯，上下前后左右俱有孔镶嵌玻璃以通外视，外附两轮，一在船底一在船尾，鼓气入其中，便可浮沉随意。而其浮沉之所以随意者，以螺丝旋为枢纽也。至于驶行之法，则不用煤而用油，燃火于油，机轮环动，以此天地之秘俱可昭宣，而风浪有所不惊，山礁知所预避，行海者如履平地，虽古所称地行仙当亦无多让也。②

《点石斋画报》这种传播新知的用意，受到时人高度赞赏：

> 方今欧洲诸国，共敦辑睦，中国有志富强，师其所长。凡夫制度之新奇与器械之精利者，莫不推诚相示，资我效法，每出一器，悉绘为图。顾当事者得见之，而民间则未之知也，今此报既行，俾天下皆恍然于国家之取法西人者，固自有急其当务者在也。如第一卷美国潜行冰洋之船，与夫法人在越南所用气球，其他又若水电激力之高，巨炮攻城之利，岂非民间未有之观，乍见之而可惊可喜哉！则又不徒以劝戒为事，而欲扩天下人之识见，将遍乎穷乡僻壤而无乎不知也。然

---

① 王尔敏：《中国近代知识普及化传播至图说形式》，载《中国近代文运之升降》，中华书局 2011 年版，第 146 页。

② 《水底行船》，《点石斋画报》第一号，1884 年 5 月 8 日。

则是书（按：即《点石斋画报》）之用意，不更深且远耶![^1]

这里仅以创刊号的《点石斋画报》为例，就充分反映了该刊在传播新知方面发挥的积极作用。

《点石斋画报》借助于《申报》的发行渠道，随《申报》分送，并亦单独发售。其《点石斋各省分庄售书告白》（1889 年 8 月第一九五号）表明，在北京琉璃厂点石、金陵东牌楼点石、苏州元妙观点石、杭州青云街点石均设有销售点，但是其销售网点更多的是利用点石斋石印局在湖北汉口、湖南、河南、福建、广东、重庆、成都、江西、山东、山西、贵州、陕西、云南、广西、甘肃等省市所设的售书分庄。至于具体销售数量，在《点石斋画报》创办初期，大概日售一万份左右。因为《申报》销售高峰俱在前半期，光绪二十六年（1900 年）以后，由于竞争者众，逐渐走下坡路。大致在高峰时每日售出两万份，后期降至六七千份。《点石斋画报》与之配合，销售估计当略高于此数，应多保持 1 万—2 万份之间。[^2] 如此大的销售量，成为当时国人获取新知的重要媒介。鲁迅在《上海文艺之一瞥》中说：

> 在这之前，早已出现了一种画报，名目就叫《点石斋》，是吴友如主笔的，神仙人物，内外新闻，无所不画……这画报的势力，当时是很大的，流行各省，算是要知道"时务"——这名称在那时就如现在之所谓"新学"——人们的耳目。[^3]

二、"飞影阁"系列图画期刊

《点石斋画报》出版后，陆续有类似的图画期刊创刊发行：一是《词林书画报》。1888 年（光绪十四年）3 月 14 日创刊，每周一册，每册"图说十三页"，上海沪报馆经售。创刊号第一部分为《词林谭助》，内容为词林新闻画。继而《姚梅伯选杂剧》，称"复庄评本"，题为《玉邃楼选曲》，刊"元杂剧"《东堂老》，每册一折，插图一面。评殊简略，如第一折，只有"唤醒一切""三排句极流利生动""惊绝"数注。又有《复道

[^1]: 见所见斋：《阅画报书后》，《申报》1884 年 6 月 19 日。
[^2]: 王尔敏：《中国近代知识普及化传播至图说形式》，载《中国近代文运之升降》，中华书局 2011 年版，第 170 页。
[^3]: 鲁迅：《上海文艺之一瞥》，《鲁迅全集》第 4 卷，人民文学出版社 2005 年版，第 299 页。

人苦海航沁园春词》108 阕。此外，每期还重排《水浒传》楔子二页，增图，"春江花影"《胡宝玉传》一页。

二是《飞云馆画报》。1895 年（光绪二十一年）4 月在上海创刊，每 20 日一册，每册刊对页画 8 幅。朱筱骦绘，新闻馆经售。根据三、四、五等期内容，可知该刊以新闻画为主，其《刘军连捷》（2 幅）、《巾帼从戎》、《台捷迭闻》等画，介绍台湾人民在甲午战争后抗拒清廷割台、继续抗日的事迹，其余 17 幅新闻画为社会琐事，另外还有仕女画两幅。随报附赠画有着色《广寒图》立轴、《吴王西施采莲》中堂、《牛郎织女》中堂等。

三是《舞墨楼古今画报》。1895 年（光绪二十一年）6 月 5 日创刊，每十日出一册，长条折本，对页图 9 幅，其中"前六幅采近时新闻，后三幅按取《通鉴》可惊可愕之事，逐绘成图"。上海新闻报馆经售。其第一至四期，新闻画 24 幅，除《万国朝天》一幅外，其余所绘皆为清廷甲午割让台湾后台湾人民继续抗日的事迹。古事画 12 幅，所绘为盘古、黄帝阪泉之战、涿鹿之战、龙马负图、尧践天子位于平阳、尧逊位于舜、大禹治水、会诸侯于涂山、少康中兴、夏桀、商汤践位于亳。[①]

这些图画期刊画风多类似《点石斋画报》，如词林主人在《词林书画报》"小引"中指出："近年中华得亚西蜕影之奇，点石主人爰创为画报。所谓春成著手，胜空谷之声传；颊上添毫，真生香之欲活。虽觉踌躇满志，何愧雕刻众形；倘非栽成竹于胸中，焉能舒雅情于纸上？宜其不胫而走，不翼而飞矣。"[②]

作为《点石斋画报》的主要画师，吴友如后来离开，于 1890 年 10 月（农历九月初三）在上海创办《飞影阁画报》。该刊为旬刊，"每月三期，每册十页，仿折叠式装成，准于庚寅九月初三日为第一期，逢三出报，并附册页三种，曰百兽图说，闺艳汇编、沪装仕女。它日或更换人物山水翎毛等册，必使成帙，断无中止。至于工料精良，犹其余事。……特托鸿宝斋精工石印，庶墨色鲜明，丝毫毕肖，无复贻憾矣。装成，每册计价洋五

---

① 阿英：《晚清画报志》，载《阿英全集》第八卷，安徽教育出版社 2003 年版，第 721—722 页。

② 《小引》，《词林书画报》，1888 年（光绪十四年）3 月 14 日。

分，售处托申报馆以及各外埠售申报处均有发兑，赐顾者请就近购阅为盼"。① 可见，从版式、刊期、画法、题记文末加盖闲章的形式，以及封面用彩色纸，连史纸石印，发行的渠道，《飞影阁画报》都继承了《点石斋画报》。不仅如此，吴友如等人还在每幅画旁，加上一段笔记体的题记文字，夹叙夹议，将画面时间、地点、人物情节都交代清楚。这种图文并茂的做法亦与《点石斋画报》无异。

对于为何创办《飞影阁画报》，吴友如在每号《谨白》中曾有过表述，尽管当中不同卷数之间的《谨白》有个别词语变化，但大体意思基本一致。其第二十二号《谨白》称：

> 画报昉自泰西，领异标新，足以广见闻，资惩劝。余见而善之，每拟仿印行世，志焉未逮。适点石斋首先创印，倩余图绘。赏鉴家佥以余所绘诸图为不谬，而又惜夫余所绘者每册中不过十之二三也。旋应曾太宫保之召，绘平定粤匪功臣战绩等图，图成进呈御览，幸邀称赏。回寓沪，海内诸君子争以缣素相属，几于日不暇给，爰拟另创《飞影阁画报》以酬知己。②

言外之意，吴友如对于画报素有情结，并很早就有创办画报的想法，只是由于主客观的原因，夙愿一直没有实现。直到参与《点石斋画报》的编辑工作，吴友如为之作图，特别是因给曾国藩平定太平天国所作的图得到光绪皇帝称赏，声望日盛，自己感觉时机已成熟，故而创办《飞影阁画报》。《飞影阁画报》出至 1893 年 1 月第九十号，吴友如将其转让给周权（慕桥）。周权接手《飞影阁画报》以后，将其改为《飞影阁士记画册》，自第一〇〇号起，周权取消了原报中"百兽图"和"闺艳汇编"两种附刊，另外推出"续无双谱"和戏曲图二种。"续无双谱"相当于图画式辞典性质，每期画一名人像，旁撰小史或其他文字说明。戏曲图特为戏曲作品《金盒记》而绘，每期刊登一出，配以一帧图画。自第一二八号起，又取消原仕女图，改《稗史集锦》专题栏，画中题材取自于野史中的各类趣

---

① 吴友如：《谨白》，《飞影阁画报》第二十二号，转引自陈平原《图像晚清：〈点石斋画报〉之外》，东方出版社 2014 年版，第 3 页。

② 吴友如：《谨白》，《飞影阁画报》第二十二号，转引自陈平原《图像晚清：〈点石斋画报〉之外》，东方出版社 2014 年版，第 3 页。

闻。1894 年 5 月停刊。

《飞影阁画报》每期首页的沪装仕女，多是女子梳妆、下棋、赏花、养蚕、玩骨牌等日常生活的写照，如第三十七号题为"金井秋阑"，画面是四个女子携三个童子，为斗蟋蟀忙得不亦乐乎，童子的顽皮与女子们的专注惟妙惟肖；从一百一十三号到一百二十七号，以"太平欢乐图"命名，描绘了一组仕女孩童在室外嬉戏玩乐的景象。中间第二至第八幅为时事新闻和社会风俗画，图画丰富多彩、包罗万象，内容多是当时市民阶层茶余饭后、街头巷尾所津津乐道者，其劝人乐善，推崇廉洁奉公，奖励勤俭节约，提倡赈贫救灾，甚至通过画面传授医药良方以治癫犬等；也有少数图画显得怪诞离谱，如第一号里的妖巫杀人、第五号的羊城水怪、第十三号里的人头飞坠。在《飞影阁画报》的社会新闻画中，颇有价值的是西方新的科技发明的介绍。"除'謦欬常存'外，'电报变格'画了西方电报居然可使'数万里程途，瞬息可达降'之神奇；'车行树腹'形象地绘出了美国旧金山蒸汽火车穿过大树行驶的趣闻；'履险如夷'画面使读者如实地看到，欧洲人制造的热气球飞行在荷兰上空化险为夷的情景。无疑，这些新闻图画为闭塞的中国读者带来了一些最新发明、科技珍闻之类的信息，使生活在封闭社会中的中国人大开眼界。如彼时电话始通，自英至法，于话筒中可闻透过英伦海峡之歌声，画中谓之'德律风'。美术设馆，任人欣赏，而不藏之名山，珍诸箧笥。如第四号里的修街机器、第十七号里的西国丹青、第二十一号里的大自鸣钟、第二十四号里的西人走冰、第五十三号里的美国女、第六十一号里的河有新星、第六十六号里的师旷失聪、第六十七号里的铜锣飞栈、第九十一号里的活招牌、第九十五号里的电器妙用、第九十九号里的新式巨炮。"[1] 至于百兽图，则搜罗天下奇兽，如狮、虎、象、犀、银熊之属，每期介绍一种，大多数形神皆可，但少数形象失真，不看文字常会误解。末尾的"闺艳汇编"选取的是西施、王昭君、卫夫人等历代传说的名流艳女。

吴友如在转让《飞影阁画报》之后，于 1893 年 8 月创办《飞影阁画册》。1894 年 1 月因吴友如辞世，《飞影阁画册》宣告停刊，共出

---

① 董慧宁：《飞影阁画报研究》，《南京艺术学院学报》2011 年第 1 期。

10 册。对于为何要放弃《飞影阁画报》，改办《飞影阁画册》，吴友如曾陈述自己的想法：

> 蒙阅报诸君惠函，以谓画新闻，如应试诗文，虽极端揣摩，终嫌时尚，似难流传。如绘册页，如名家著作，别开生面，独运精思，可资启迪。何不改弦易辙，弃短用长，以副同人之企望耶！①

图 7 - 3 《飞影阁画册》

吴友如所谓的改弦易辙，就是与新闻脱钩，将画报变成画册。之所以改弦易辙，是因为吴友如认为画册更能展现其绘画才华。《飞影阁画册》为半月刊，"每逢朔望，月出两册，每册 12 页，其中如人物、仕女、仙佛、神鬼、鸟兽、鳞介、花卉、草虫、山水、名胜、考古、纪游、探奇、志异等，分类成册，皆余一手所绘，仍以石印监制，气韵如生，毫发无憾，至于纸料之佳，装潢之雅，犹属余事耳。"从已出版的 10 期内容来看，其主题依次为："人物花神"（取材于民间传记人物），"仕女红楼金钗"（取材于《红楼梦》金陵十二钗），"饮中八仙"（取材于唐诗），"人物古文"（取材于古文诗句），"地友人物"（取材于高祖、伯乐、苏东坡等故事），"人物孩童"（取材于民间儿童游戏），"人物十二爱"（取材于王羲之、陶渊明等故事），"十八学士"（取材于历史名士）。由此可见，从《飞影阁画报》到《飞影阁画册》，完成了吴友如所创期刊内容的重大转变，其中隐含的是吴友如将图画重点从兼顾新闻性与艺术性，到以艺术性为重点的办刊理念的转变，体现了他对艺术品位的执着追求。由于时代的原因，这种艺术品格又与旧知和新识的融合传播相结合。"清末画报，往

---

① 吴友如：《小启》，《飞影阁画册》第一册，转引自俞月亭《七〇辑零》，（香港）新风出版社 2003 年版，第 64 页。

往往立足于传播新知识、新信息以及评说当时社会的变化，对于所谓的旧知是不力推的。而到了《飞影阁画册》时期，则首次出现了传播传统文化和传授生活知识这类旧知的图画集合。夸张地说，这一特色是前无古人后无来者的。不仅是之前的画报没有提倡，而且之后的画报之中也没有这样推广。"①

在《飞影阁画报》停刊后，创办的与之类似的图画期刊有：一是《飞影阁士记画册》。1894 年 6 月，周权创办，共出 35 期。该刊内容类别既有同于《飞影阁画册》，如前 20 期采取分类编排，每期一个主题，其内容抛弃新闻时事画，专画古人古事，而后 15 期又有区别，即回归画报轨道，重新重视时事社会新闻画。每期 12 幅图画，6 幅为新闻时事画，6 幅为一小专题。出至第三十四期，刊名改为《飞影阁玉记画册》。在内容上，《飞影阁士记画册》有取材于典故成语，有取材于民俗风情，有取材于古乐府诗句。如第十三期至第十五期，以"三十六行"为题，描绘了清末各种手工业者和摊贩，如：铜匠担、江湖郎中、杂耍人、捕鱼人、竹匠、拙脚匠。二是《飞云馆画册》。1895 年 4 月创刊。月刊。长条折页，每册十二对幅，"四页为时装，四页为古装人物，二页《红楼》仕女，二页百美女史，均皆征之史册典故。"绘画者为朱筱骢，上海新闻报馆经售。其第二册有时妆仕女 4 幅、《红楼十二裙钗图》1 幅（实绘八人）、《憨湘云醉眠芍药图》1 幅、洛神和卓文君各一幅、伍子胥故事画 4 幅；第六册所收，《贵妃醉酒》《红线盗盒》《谢家三妹》《宥娘舞莲》《翠袖倚竹》《西施浣纱》《临春楼阁》《黛玉观鱼》《散花献瑞》《落花登楼》，故事画 2 幅。亦有附赠，为着色《杨妃立轴》和《仕女挂屏》。②

1884 年《申报画报》创刊，开日报增刊之先河。③ 该刊为十日刊，上海申报馆编印，每期八图，多为时事图，每期售价八文，此一时期，与之类似的图画期刊还有：（1）《中西画报》，1892 年在上海创办，随《上海时报》发行；（2）《海上日报画报》，1899 年在上海创刊，随《海上日报》

① 韩丛耀等：《中国近代图像新闻史（1840—1919）》第 1 卷，南京大学出版社 2012 年版，第 414 页。

② 阿英：《晚清画报志》，载《阿英全集》第八卷，安徽教育出版社 2003 年版，第 720—721 页。

③ 彭永祥：《旧中国画报闻见录》，《新闻与传播研究》1980 年第 3 期。

附送。另外，还有一些图画期刊，其具体内容不详，如：（1）《大雅楼画宝》，为周慕桥画谱，似为其个人作品集，碧梧山庄影印，上海求古斋发行，出过元、亨、利、贞四集；（2）《厦门画报》，1889 年在厦门创刊，出版后不久即停刊；（3）《成童画报》，1889 年创办于上海，月刊，广学会创办，1889 年 1 月已出至第二卷，1890 年改名为《日新画报》；（4）《新闻报馆画册》，1894 年创办，由上海新闻报馆出版；（5）《沪江报画报》，1897 年 8 月在上海创刊；（6）《书画报》，1897 年 9 月至 12 月刊行。

第三节　早期图画期刊的繁荣

1898 年戊戌政变后，包括图画期刊在内的中文报刊陷入短暂的停滞阶段。1900 年八国联军发动侵华战争，1901 年清政府与之签订丧权辱国的《辛丑条约》，国人大受刺激，为了开启民智，救亡图存，中国国内各种新兴势力创办图画期刊，从而进入清末石印图画期刊发展的高潮期。据叶再生《中国近代现代出版通史》统计，1898 年 9 月至 1911 年 12 月，一共出版画报类报刊有 51 种之多，其中属于期刊的则有 36 种。[①] 这些刊物，从刊期上看，有周刊、旬刊、半月刊、月刊和双月刊等；从分布区域来看，突破了上海一地，而是遍布中国各大城市，如北京、广州、天津、杭州、汕头、成都和哈尔滨等。当然，这一时期的图画期刊仍以上海最多，北京居次。具体来说，在上海地区的有：《双管图画报》（1900）、《图画演说报》（1901）、《画报》（1901）、《求是斋画报》（1901）、《集益书画报》（1903）、《风云画报》（1904）、《恒亨馆画报》（1905）、《图画新闻》（1908）、《蒙学画报》（1908）、《社镜画报》（1908）、《神州国光集》（1908）、《图画旬刊》（1909）、《新世界画册》（1909）、《戊申全年画报》（1909）和《近时画报》（1911）等，而北京地区的则有：《启蒙画报》（1902）、《普通画报》（1906）、《北京画报》（1906）、《京师新铭画报》（1906）、《星期画报》（1906）、《开通画报》（1906）、《北京时事画报》（1907）等。

---

① 叶再生：《中国近代现代出版通史》第 1 卷，华文出版社 2002 年版，第 937—940 页。

　　由于民族危机日益加重，这一时期创办的图画期刊多在娱乐消遣之外，带有鲜明的思想启蒙色彩。如《人镜画报》称："本报以改良社会、沟通风气为宗旨，凡有关人心风俗、足资劝惩者，或绘入图画，或编列新闻，惟必用浅近文义，以期妇孺都解。咬文嚼字无当也。"① 《星期画报》表示："本馆同人创办此报，志在开通风气，择紧要新闻排印在前，掌故、历史、科学、说部，检有庇时局者，挨次附列于后，加注浅说，即妇女小儿，听人讲解，自能明悉。"②《启蒙画报》"将欲合我中国千五百州县后进英才之群力，辟世界新机。特于蒙学为起点，而发其凡。""今人开智宜阅报，臧否人物且勿谈，是非朝政且勿告，我愿小英雄，览画报启颛蒙，从兹世界开大同。京师首善，民智未开。本馆创设画报，足以启迪蒙稚。"③ 创刊于广东的《赏奇画报》强调："以合于普通社会为主，图说互用，务令同群一律领解，灌输新理，开辟灵性，非说不达，舍图弗明，曲喻旁通，语奇义正，允殴睡魔，兼资谈柄，奇述第一。本报专纪旬日内时事，每月三册，仍兼采各报精腴，令阅者手一报，而得各报之益，汇报第二。本报注重实业，如有新艺新学，实行发明，必为登录，以饷观者。文人清谈，祖尚元虚，无裨精义，徒益嗟吁，为学愈遇，力求实际，声光电化，增益智慧，实际第三。本报审慎立言，凡干涉闺阃政界，不轻阑一，名士结习，视无为有，笔端轻薄，已仿忠厚，大言炎炎，贻厥咎愆，所以君子，致戒谨言，修辞第四。"④ 创刊于天津的《醒俗画报》在第二期开宗明义指出："本馆同仁以唤醒国民，校正陋俗为宗旨。录事概用图说，以期人人易知易解。"

　　对于启蒙的对象，它们主要定位于三类人群：一是妇女，二是儿童，三是不识字的普通男性。为何会选择这三类人群，创办于北京的《开通画报》在《说本报宗旨》中讲得非常清楚：

　　　　哈哈，妙呀，今天是我们这《开通画报》，可是出了报了。什么

---

　　① 《人镜画报凡例》，《人镜画报》第一期，1907 年 7 月。

　　② 《本馆附启》，《星期画报》第三期，转引自陈平原《图像晚清：〈点石斋画报〉之外》，东方出版社 2014 年版，第 102 页。

　　③ 《启蒙画报缘起》，《启蒙画报》第一期，1902 年 6 月。

　　④ 《创刊释例》，《赏奇画报》丙午年第一期，1906 年 5 月。

叫《开通画报》呢？就是要把像我们这类的人，愿意给开化的明白明白。今天既是出报日期，把这报宗旨说明。……就如京中各种白话报纸，不是顶好的吗？可又比不上画报。怎么呢？要讲不好开通的，就是家中妇人。女子为国民之母。这女子要是心里不开通，一肚肠子迷信，还能够栽培出好国民吗？所以我们想到此处，除非报上画了图样，再添白话注解不可。想到这里，既要开通民智，非先开通国民之母不可。（指着好人家小姑娘说）既要开通无数人们，非开通那青年的小孩子不可，再者就是下等朋友们。前天不是竟闹谣言吗？那不是没受过教育凭据吗？一个个听见风就是雨，胡乱拉扯，就成众人。诸位呀，要是有子弟的，总要识字、合群、爱国、爱种，将来都成了有用大才。再说，报名就叫《开通画报》，抱定了开民智、正人心的宗旨。①

此时，图画期刊内容已发生重大转变，更为关注身边发生的故事以及百姓的日常生活。譬如《赏奇画报》在广州创刊，旬刊，其内容注重实业，文字追求通俗。编辑季毓在《赏奇画报缘起》一文中表示："爰乃搜罗轶事，縢以绘图，东坡说鬼，无伤大雅之林，方朔主文，别抱寓言之隐。义近取乎通俗，何必诡激以鸣高，学切求乎实业，何必蹈虚而立说，赏识本自有真，奇而不诡于正，茫茫大陆，莽莽神州，嗟我兄弟，邦人诸友，合大群，宏大愿，有以觉世牖俗为心者乎，则兹编其前导之嚆矢矣。"②《赏奇画报》的内容，计分八类：社说、实学（包括格致浅说、牙科药方、译本等）、杂俎、文苑、诗界、谐谈、说部、汇报（包括上谕、本省近事、各省近事、各国近事、各行告白）。列举其主题，如奖励实业一项，不仅介绍当时的商业盛事，如第七期的《光绪丙午五月初七日粤汉铁路粤局开幕之图》，又有表彰广东官员如何注重商战，热心实业的内容，如第七期的《留心路事》、第二十二期的《周督留意商务》等。此外，还有暴露商业活动内幕的，如《可称怪剧》讲述广州银行会馆关于铁路事权的争执，《矿山滋讼》描述开矿过程中各方的利益冲突，等等。

①《说本报的宗旨》，《开通画报》第一期，1906年。
② 季毓：《赏奇画报缘起》，《赏奇画报》丙午年第一期，1906年5月。

　　《星期画报》创办于 1906 年 8 月，报馆总发行处位于北京琉璃厂东北园口内，或周刊，或旬刊，前几期署鹏秋或杨寿龄，后多为杨采三演说，顾月洲、孙月樵绘画。画报的主体部分是以图文并茂的方式介绍当时发生在京城的各种故事，并配以评论，如《起花惹祸》，讲述的正月二十三日晚因燃放爆竹而发生的一场火灾，作者感叹说："巡警出过告示，严禁双响爆竹，起花等类，怎么还有偷放起花的呢？中国的官事，往往如此，这个病源，总因在上的不认真，在下的不开化，才闹成这样子呢！"①《冒雨参观》则讲的是德国武官冒雨到京城陆军贵胄学堂参观事情，并评价说："毛鲁克恩的官职，不过像中国排长似的，能通四五国语言文字，中文更好，曾读中国武学新编，学问在中国标统以上，人家武备怎么会不强呢？请看冒雨参观，不辞泥泞，比中国人的好学何如哇！中国人也要这等努力才能自强。"该刊对于当时刚刚出现的女学堂及女学生，均持嘉奖态度，如《女学传习所开学》《女教起点》《慧仙女士遗像》《女士走马》等文。针对时人的批评之声，公开辩解道："咳，说这话的，就算顽固到家了。古人教女子办家里的事，是他的天职；没说过教女子不懂外边的事。现今盼望中国自强，女子会骑马，正是自强的苗头儿。请问当年那花木兰替父从军，谯国夫人领兵打仗，她们都不会骑马吗？"②

　　《图画新闻》创办于 1907 年，是上海时事报馆发行的新闻画刊，其初名为《时事报图画旬刊》，每月出三册，随时事报馆发行的《时事报》赠送订阅者，并同时零售。《图画新闻》刊登的内容五花八门，无所不包，总体上分为国内及国外两部分。其中，国外部分有《海外奇谈》栏目来刊登一些国外先进的技术和社会奇谈。譬如，《价值百五十万镑之汽车》介绍德国皇帝御用汽车；《西妇离婚之奇闻》报道西方一女性通过设计陷害丈夫，获得偷奸证据以达到离婚的八卦消息；而国内部分则记录了晚清期间工、农、商、兵、学各界的要闻奇趣，上至朝廷、下至百姓，堪称一幅真实的清末社会风俗长卷。从绘画类型上讲，有讽刺画、景物画和人物画

　　① 《起花惹祸》，《星期画报》第二十期，转引自陈平原《图像晚清：〈点石斋画报〉之外》，东方出版社 2014 年版，第 114 页。
　　② 《女士走马》，转引自陈平原《图像晚清：〈点石斋画报〉之外》，东方出版社 2014 年版，第 119 页。

等，如《警界照妖镜怪象一（花柳）》《怪象二（赌博）》《怪象三（舞弊）》和《怪象四（懒惰）》等四幅图画揭露警界寻花问柳、聚众赌博、徇私舞弊和警员懒惰的现象；对于人物画，尤其是贞女烈妇画，《图画新闻》则专辟《彤管清芬录》栏目，褒扬女性符合传统礼教的三从四德行为，如《孙节妇苦心白首》描述渭南刘氏年方二十岁丧夫，遗孤三子，"勤纺绩以养诸孤，衣裙褴褛，糠麧充饥，十指破裂，哭眼朦胧，三十年如一日"的事迹。由于《图画新闻》的新闻图像内容占到其全部图像的80％以上，且所作的图绘，基本是同时期客观现实的真实反映，因此被认为是一份开创了以图说新闻先河的画报，它具有相对较强的时事新闻性，是一份以读者为重的画报，在晚清中国社会中有着重要的影响。①

《人镜画报》，周刊，由陆辛农、温世霖等人在天津创办，1907 年 12 月 29 日因迁移报馆而停刊，共出 24 册。该刊图文并茂，"内容自谓丰富，虽题曰画报，实含有字报之性质、绣像丛报此殆庶几自言论谈丛及各种新闻外，益之以新发明，种种科学之原理，并最有兴味之小说，或撰自理想，或译自理想，或译自瀛海，以形完备而扩见闻"。② 先后设有《图》《讽画》《谈丛》《俳优小说》《汇报》《科学丛录》《广告》《社说》《新译小说》《内部新闻》《外部之新闻》《谕旨》《杂俎》《格言笺释》《俳谐》《闲评》《演说》《滑稽画》《译丛》《来函》《专件》《时评》等栏目。《人镜画报》带有很强的"以人为鉴"色彩，"《书》曰：人无于水鉴，当于民鉴。《国语》曰：鉴于人，无鉴于水。（注云：以人为镜鉴成败，以水为镜见形而已），皆吾画报之宗旨也。"③ 故而该刊内容多对社会、时政带有批判色彩，如《花丛武士》绘制的是一水兵和三个小脚妇人，水兵半倚床上，表情、状态泰然处之，似乎妄想逍遥，而略居三位中间的一女性全身衣着象征带来死亡的黑色，其配文说："驻烟台之飞鹰兵船规律颇宽，每逢礼拜放假等日，该船兵勇多沿河游闹。日前，有该船之号军名岳连成者于某礼拜日下船数日不归，后竟病死于一土妓之家，于此可见该水师之腐

---

① 韩丛耀等：《中国近代图像新闻史（1840—1919）》第 2 卷，南京大学出版社 2012 年版，第 719 页。

② 《人镜画报凡例》，《人镜画报》第一期，1907 年 7 月 22 日。

③ 《人镜画报发刊词》，《人镜画报》第一期，1907 年 7 月 22 日。

败矣。当湖外史氏曰：既置身于水师，宜其有流水落花之结果也，惟我国财政艰难而以兵饷养此军人，可为一苦。"[1] 在这幅画中，论者借题发挥，指出水兵虽然入妓院丢掉性命，但更严重的是其身份、行为使得国家安全面临着巨大的威胁。

在这些以思想启蒙为宗旨的图画期刊中，以《启蒙画报》的社会影响最为深远，如梁漱溟认为："我从那里面（指《启蒙画报》）不但得了许多常识，并且启发我胸中很多道理，一直影响我到后来。"[2] 郭沫若回忆说："这部《启蒙画报》的编述，我到现在还深深地记念着它。"[3] 该刊以彭翼仲、彭谷生为主编，刘炳堂绘画，在北京创办。初为日刊（1902 年 6月 23 日至 1903 年 2 月 18 日），随后停刊。1903 年 3 月改良后继出，为月刊，至 1903 年 7 月第十二期出完停刊。1903 年 9 月第二次改良后再出，为半月刊，1904 年出完第十期停刊。其月刊阶段，除个别变动外，栏目基本稳定，有《伦理学》《舆地》《浅算学》《物理格致学》《动物学》《加附小说》等栏目。半月刊阶段，栏目名称变动较多，但主要内容没有太多变化，其中出现频率处于前 7 位的是普通动植物学、各国新闻和时闻、物理、掌故、格致、妖怪谈和海国轶事、格致和算术。综合这两阶段的栏目来看，《伦理》《掌故》《格致》《地舆》《算术》《动植物》几类栏目是《启蒙画报》的核心栏目，现代数学、物理学、地理学、生物学（动物、植物、医学）是画报文本涉及的主要学科，行文时讲究每门学科的系统性和循序渐进，对数学、物理、化学知识的讲解从最基本的概念、现象、元素开始，由简到繁、由低到高逐渐进入其知识体系。算律和算术沿着点线面圆周率勾股定律、角度、比率、度量衡、三角、平方、立方等知识点逐次介绍现代数学基本知识；初级物理、新物理、化理初阶从水、气的性质，到斜面、动力和运动、声音、磁、电、空气等自然现象，再到酸素、窒素、碳素、硫酸、盐酸、磷、有机物、油、糖、酒精等基本化学成分和

---

① 《花丛武士》，《人镜画报》第二十期，1907 年 12 月 1 日。
② 梁漱溟：《我的自学小史》，载《梁漱溟全集》第二卷，山东人民出版社 2005 年版，第 670 页。
③ 郭沫若：《我的童年》，载《郭沫若全集》文学编第十一卷，人民文学出版社 1992 年版，第 45 页。

常见物质，逐层展现物质世界的基本知识。

《启蒙画报》的语言风格是采取白话，如阐述太阳系概念，用生活常识类似的方式指出："比如一个鸡子儿，外面是壳，壳就比天。里面是蛋白，那就比各行星。中心蛋黄，那就比日球。鸡子儿生的那蛋黄是稀汁，煮熟后，方成坚实。……由软成坚，由温成热，热极生光，所以就成了一个热球。"① 而其配图则富有浓厚的写实风格和素淡的艺术气息，譬如《疑释天论》用米仓中的米粒比喻天地之间的人，说明宇宙空间的无限性，对应的画面也由一个教师和一个学生组成，构图很特别：教师坐在宽大的藤椅上背向（向右微侧）读者，向学生挥手讲解，神态怡然，学生聚精会神，头微倾向前方，教师只有背面形象，画面的重点是大藤椅。藤椅的纹路网络和形态描绘极为工细逼真，与教师表情的未知空白形成较强的心理反差，在虚实之间留给人想象的空间。故而，"因有写实性图画和口语体的白话文作为表达载体，《启蒙画报》的文字风格既非教科书的枯燥刻板，又与一般杂志传达知识时的零碎性不同，对学院知识的阐述最大限度地被生活化和游戏化了"。②

1905 年 9 月创刊于广州的《时事画报》，与上述众多图画期刊有所差异，它不仅仅是思想启蒙，还更多地表现出政治色彩，即旗帜鲜明地鼓吹革命："抑吾以为中国生死存亡问题，决于今日而已。同人之创办斯报也，本善善恶恶之旨，以缮警醒图为目的，以深入人心为最后希望，有造福于社会者，则绘以为纪念。""有败坏公益，与夫国家耻辱，则图之以为水鉴"。③ 在《时事画报出世感言》中，作者呼吁："黄种何辜，已沦黑劫，白权交迫，难吁苍穹，血并朱研，泪和墨泼，料到蚕食鲸吞之际，忍描瓜分豆剖之图。"④ 该刊由何剑士、高剑父、陈垣、潘达微等人编辑，旬刊。1908 年 1 月出版第三十三期后停刊，1909 年迁至香港出版，1912 年与

① 《论圆理七》，《启蒙画报》第十一册，见李治堂主编《出版教育与研究：融合与发展》（北京印刷学院出版传播与管理学院教学科研论文集，2009 年），印刷工业出版社 2009 年版，第 220 页。
② 范继忠：《中国早期科普画报——〈启蒙画报〉编辑个案研究》，见李治堂主编《出版教育与研究：融合与发展》（北京印刷学院出版传播与管理学院教学科研论文集，2009 年），印刷工业出版社 2009 年版，第 219 页。
③ 《时事画报缘起》，《时事画报》创刊号，1905 年 9 月。
④ 《时事画报出世感言》，《时事画报》创刊号，1905 年 9 月。

《平民画报》合并，命名为《广州时事画报》。《时事画报》"仿东西洋各画报规则办法，考物及记事俱用图画，以开通群智，振发精神为宗旨"，内容共分"图画、纪事"两大部分，"为首论言，次之论事，中先谐后庄，谐部杂文、谈丛、小说、讴歌、杂剧等，附之庄部，论说、短评、本省、各省要闻附之"。① 到 1906 年 5 月第十七期，栏目有所变化，改设《谐部》（寓言、时谐漫画为主），《庄部》（内又分为以图为主的专件大事记图、要事合图和琐事集锦栏目，以及以文字为主的杂文、谈屑、剧本、南音、讴歌、词苑栏目），《论说》，《时评》四大栏目。该刊每期大约五十页，其中图画约占一半，大多采用粤语方言阐释。

《时事画报》刚开始围绕着"反美拒约"做文章，刊载了《华人受虐原因图说》《木屋图》《大放光明图》《中秋月饼图》等，揭露美帝国主义虐待华工的暴行，讴歌各阶层人民的反美斗争。随着革命党人在各地举行起义，该刊立场鲜明地站到清政府的对立面，或直接揭露朝廷的丑态，发表了《广东拒约公所图》《欢迎马、潘、夏出狱图》以及连载四十回小说《廿载繁华梦》，尤其是后者，通过周庸祐一生荣辱盛衰的描写，揭露晚清官场的黑暗和腐朽，被誉为"在清季出版之社会小说名著中，此书实为巨擘"；或是发表反映革命党人起义的时事画，如《钦廉起义图》《黄冈起义图》《野火烧不尽，春风吹又生图》等，并配文说，"四月十一夜，潮州饶平县黄冈地方土人与厘局吵闹，声势汹汹，声言专与官为难。大宪闻警，派李军门率队往剿，至则匪党已散，不足为患矣。水旱频年，饥馑洊臻，民无以为食。识者早虑乱机之隐伏，况官又从而激之变耶！革命党派虽多空谈，但恐有实力运动者，乘机煽动，其药线固可随地而发也"；② 或是直接表彰革命党人，如对秋瑾遇害及其身后事的报道，就有《徐案株连》《草木皆兵》《何革命党之多也》《范滂·聂政姊》《李县令身殉秋瑾案》《公祭秋瑾》《秋瑾女士之历史》等，这些文章不无壮怀激烈，如《范滂传·聂政姊》一文借聂政姊抒发幽古之感伤："腐迁编刺客列传以表彰聂政诸人，卓哉腐迁之识也。近世日化之子，动曰'大和魂'、'武士道'，

---

① 《本报约章》，《时事画报》创刊号，1905 年 9 月。
② 《黄冈乱事》，《时事画报》丁未年第十一期，1907 年 6 月。

而反于祖国二千年之侠士忘之也，更何论侠士之侠姊乎！吾谓东汉范滂有母而滂之名以成，战国聂政有姊则政之名以著，皆祖国女界之伟谭也。"[1]

相对于以上的石印图画期刊，《世界画报》是最早采用照相制版的铜锌版技术的中文期刊，是中国近代画报走入新时期的先声。该刊于1907年秋在法国巴黎创刊。季刊，八开本，用重磅道林纸彩印，间以三色版，彩色石印封面。广告称《世界画报》"为东方第一次美术画大杂志……有彩墨全景之画，在东半球印刷品中实为从来所未有，而售价仅索1元6角，其价值之低廉亦于东半球印刷品中为从来所未有"。[2]《世界画报》在巴黎印制后，运回上海发行。该刊的筹款事宜由张静江负责，其夫人姚蕙女士担任总编辑，褚民谊担任经理刊行，吴稚晖、李石曾担任印刷和选注译述。《世界画报》第一期内容包括"世界各殊之景物""世界真理之科学""世界最近之现象""世界纪念之历史"和"世界进化之略迹"五大板块。画报在各个板块都集中介绍能代表西方民主和科学的一些事物，如"景物"板块介绍美国、英国和法国的议会政治；"科学"板块介绍达尔文、赫智尔的进化学说；"现象"板块介绍欧陆社会风潮、法国政教分离；"历史"板块突出君民权利的消长，介绍华盛顿、拿破仑、路易十六等世界历史人物；"略迹"板块比较世界各国的交通情况。此外，与中国有关的新闻在画报中也有一定报道，如反映中国宪政改革的《出洋调查专使团》、反映租界斗争的《上海权利之竞争》、反映妇女解放的《上海妇女天足会大会》等。1908年1月《世界画报》第二期分为四个板块，比第一期减少了"历史"部分。"景物"介绍法国、英国、德国的大学和欧洲的山水、古迹；"科学"部分介绍巴斯德的微生物学、X射线、照相和电话技术等；"现象"部分介绍美洲地震、肺病研究会、海牙和平大会，以及中国的鸦片问题和淮北饥荒等；"略迹"部分则介绍教育、体育和戏剧等。

《世界画报》宣称以促进中外文化交流为己任，"欲以西方之政俗、科学、美术、哲理，介绍于支那，吾知其目的必可以达……吾辈笃好进化之学理者，倾其心以欢爱我黄种之同胞，吾愿我黄种之同胞，亦速来与吾辈

---

① 《范滂传·聂政姊》，《时事画报》丁未年第十七期，1907年8月。
② 汤绂译：《旅顺双杰传》，上海世界书局1909年版。

握手，此即世界大同之始兆，而博爱平等之基础，确然而定也"。① 该刊的
图片和印刷都很精美，施蛰存在 20 世纪 30 年代曾撰文评价说："要找一种
像英国的《伦敦画报》、法国的《所见周报》和《画刊》这等刊物，实在
也很少。就是以最有成绩的《良友》和《时代》这两种画报来看，我个人
仍觉得每期中有新闻性的资料还嫌太少一些，至于彩色版之多、编制之整
齐、印刷之精，这诸点，现在的画报似乎还赶不上 30 年前的《世界画
报》。'东方文明开辟五千年以来第一种体式闳壮图绘富艳之印刷物。西方
文明灌输数千年以来第一种理趣完备组织精当之绍介品。'这个评语，即
使到现在，似乎还应该让《世界画报》居之无愧。"② 而画家张光宇曾回忆
童年对《世界画报》的印象：

> 《世界画报》第一期出版，是在光绪三十四年（1908 年）。在上
> 海四马路望平街（即今天的福州路山东路口，时代图书公司的附近）
> 有一家挂着世界社牌号的书店，看见过一张 8 开大本，格式精善，印
> 刷美丽的画报，里面有几张人胎、鸡胎、龟胎的照片，和两张彩色精
> 印的英王查尔斯第一及法王鲁伊十六（路易十六）上断头机的图画，
> 都给我以极深刻的印象。当时我即爱不忍释。不过因为定价须售大洋
> 二元，我是一个小学生，虽则那时候天性已极爱好美术，但是我终于
> 无力购买。……《世界画报》初次发行的时候，不用说在中国是属于
> 空前的创举。即使在印刷界进步甚速的日本，也没有那样精美和豪华
> 的类似性质的画报出现。《世界画报》真可以骄傲地占东亚印刷界的
> 第一把椅子，是东亚画报中的鼻祖。③

① 《发刊词》，《世界》第一期，1907 年秋。
② 施蛰存：《绕室旅行记》，转引自《施蛰存七十年文选》，上海文艺出版社 1996 年版。
③ 《吴稚晖先生谈世界画报》，载《张光宇文集》，山东美术出版社 2011 年版，第 169—170 页。

第八章

外文及民族文字期刊

19 世纪初叶，西方传教士在面向中国读者、创办中文报刊的同时，还在中国沿海一带的通商口岸，创办了一批以侨居中国的外国商人、传教士、外交官和本国的政府官员为对象的外文报刊。从 19 世纪 40 年代到 20 世纪初叶，这一类报刊的总数在 120 种以上。以英商、美商、日商的居多，德商、法商、俄商的也有一些。由于这些报刊刊载了许多西方国家的消息和外侨对于当前时局的评论，因而受到了中国官方和关注时局的有识之士的高度重视。与此同时，在清末严重社会危机和民主革命思潮蓬勃发展的背景下，产生了我国最早的一批少数民族文字刊物，极大地丰富了中国近代报刊史的内容。

第一节　早期在华外文期刊

由外国人创办的外文报刊，起源于 19 世纪二三十年代，最早诞生于澳门、广州、香港、上海、福州、厦门这些近代第一批开放的地区和城市。

鸦片战争前在华创办的外文期刊，始于澳门境内的《澳门周报》（Gazeta de Macau）。这是一份周刊，创办于 1824 年 1 月，停刊于 1826 年 12 月。1833 年 10 月，《澳门杂论》（Chronica de Macao）创刊，初为周刊，后改为双周刊，刊登各类新闻和政治稿件。1834 年 8 月，《恒定报》（O Invariavel）创办，为葡文月刊，从第三期起改为半月刊。1838 年 10 月，《澳门土生邮报》（O Correio Macaense）创刊，1839 年 3 月停刊，共出 6

期，为葡文政治文学月刊。1839 年 9 月，《葡萄牙人在中国》创刊，1843 年停刊，这是一份新闻政治性期刊。1844 年 3 月，《澳门土生代言者报》（O Procurador dos macaiatas）创刊，这是一份文学政治周刊，最迟在 1845 年 9 月停刊。1844 年，《中国孤独者》（O Solitario na China）创刊。该刊为周刊，同年停刊。[1] 上述葡文期刊影响并不大，担当在华外文期刊主角的是英文期刊。

鸦片战争之前，外国人在中国境内出版的外文报刊有 17 种，出版地点局限于澳门和广州两地，其中影响较大的是英、美等国人士在广州出版的英文报刊，而广州也被认为是中国大陆英文报刊出版的发祥地。鸦片战争后，香港成为外国人在华办报的重要基地。1841 年至 1860 年间，全国先后出版英文报刊 24 种，香港占了 17 种。19 世纪 50 年代后，随着中外贸易的北移，上海逐渐成为全国英文报刊的出版中心，其中《字林西报》（North China Daily News）在其一百余年的历程中赢得了广大西人、华人读者，堪称近现代在华英文报刊的典型。在 1861—1895 年间，上海新出版的英文报刊为 31 种，占全国的 55% 强。1886 年创办于天津的《天津时报》（The Chinese Times）标志着英文报刊在北方活动的开端。由于当时作为帝都的特殊地位，北京直至 1901 年才有第一份英文报刊《意开西报》（China Times），其后发展也相当缓慢。而在中国沿海的福州、厦门、宁波、烟台和长江沿岸的汉口等通商口岸，也曾出现了十余种英文报刊，但总的说来它们历史较短，发行不广。

据统计，从 1842 年到戊戌变法前后，由外人在华创办的外文报刊有英、日、葡、法、德、俄等文种，总数达 120 种以上，主要有英国人办的《字林西报》，美国人办的《密勒氏评论报》（Weekly Review of the Far Est），德国人办的《德文新报》（Der Ostasiatische Lloed），法国人办的《中法汇报》（L' cho de China），日本人办的《上海新报》等。这些在华外文报刊，在代表各国侵华权益方面，比外人在华创办的中文报刊表现得更为露骨，很多都成为本国资产阶级在华的代言人。这些外文报刊均由外国传教士或商人创办，主要是发布物价行情，但中国新闻和关于中国的文字及

---

① 李长森：《近代澳门外报史稿》，广东人民出版社 2010 年版，第 79—94 页。

风土人情等的介绍占有相当的篇幅。其办报目的很明确：主要供给本国侨
民阅读，作为来华商人和传教士的向导。然而，事实上这些外文报刊的社
会角色远不只这么简单。有学者称，"外报的畸形繁荣，是外国资本输入
的一种表现。帝国主义的经济侵略旨在攫取巨大利润，并往往与西方文化
渗透并进而互为表里"。①

从在华外报的政治倾向来看，鸦片战争之前，大多数外报，特别是英
文报刊，都积极为英国倾销鸦片政策辩护，鼓吹对中国实施武装侵略。鸦
片战争以后，又为新的侵略扩张行为制造舆论。许多在华外文报刊的主持
人，更是直接投入到侵华活动中。同样是外国人办的报刊，英文报刊要比
中文报刊的侵略性更强、反华的叫嚣更露骨。例如，在大陆出版的历史最
长的外文报刊《字林西报》得到英领事的支持，读者对象为在华外人和买
办知识分子，明目张胆地煽动英政府加紧侵略掠夺，因而有"英国官报"
之称。当然，即使同是外国人办的外文报刊，也有的对中国持友好态度，
但这样的外文报刊实属凤毛麟角。

一、在华英文期刊的早期发展

1817 年，马礼逊、米怜在马六甲创办《印支搜闻》，② 英文名为"In-
do-Chinese Gleaner"，由马六甲英华书院印刷所负责出版，1822 年因米怜
逝世而停刊，共发行 3 卷 20 期。关于其缘起，米怜曾在 1815 年"恒河外
方传教计划"中提到要创办英文期刊的计划，"非常期望出版一种英文期
刊，旨在增进伦敦传教会在印度不同地区传道团之间的联系与合作，并增
进普遍友爱和基督徒美德的善行。希望能在马六甲迅速着手开展此项工
作，并恳请福音的同工们协助我们"。③《印支搜闻》刊登的内容，一是传
教动态，涉及传教士的报告和信件摘编；二是一般性报道，主要是世界各
地基督教状况的简要说明；三是各种杂录，具体包括传教士所在国家的文

---

① 胡太春：《中国报业经营管理史》，山西教育出版社 1998 年版，第 6 页。
② 《印支搜闻》有不同译名，有《印支搜闻》《印中搜闻》等译名，今采取《印支搜闻》
一说。
③ ［英］米怜：《新教在华传教前十年回顾》，大象出版社 2008 年版，第 66 页。

学、哲学、历史等等的评述,以及各国著述的译作。① 然而就其登载的实
际内容而言,诚如其首期封面所概括的:"《印支搜闻》内容包括传道会在
东方的传教士通讯的摘要,以及关于印度—中国地区各国文学、历史、哲
学和神话的综合性介绍,主要来源是各种当地语言著述。"米怜后来又将
其内容概括为:"来自中国和其邻近国家的各种消息;与印度、中国等国
家相关的历史、哲学和文学等方面的杂文逸事;译自汉语、马来语等语言
的翻译作品;关于宗教的文章;关于在印度基督教差会的工作进展;以及
基督教世界的普遍状况。"② 至于其具体栏目,《印支搜闻》先后辟有《各
传道团报道》《一般新闻》《论说》《传教短简》《印中文化》《印中新闻》
《印中杂录》(以"大事记""译文"为主)等栏目。

作为介绍"更为普通知识"的英文期刊,《印支搜闻》发行的对象是
旅居东南亚地区的洋人及外在欧洲的洋人,该刊"注重内容的实用性更甚
于文章的高质量。对那些希望从此刊核心主题获得可靠资料的人,此刊不
会让他们失望。那些想要或有资格指责与批评的人,将会找到极大的发挥
空间。相对而言,人们对此刊大多数文章的主题知之甚少。此刊尽可能选
择哲学家、历史学家,尤其是传教士感兴趣的资料。尽管并没有忽视启迪
开导普通的基督徒,但这并不十分适合此刊的目标,其他刊物会胜任这方
面的工作。比起传播欧洲信息,此刊更关注于向没有机会了解印度、中国
的人展现其真实的情况"。③ 由于各种原因,《印支搜闻》的发行并不十分
顺利,有传教士认为造成这种局面的原因是运费太高,"我们希望该刊物
能产生影响,这里一位纳士比先生已经收到你寄给他的一批刊物,他的销
售价是每份 2 先令 6 便士,但我们认为,对这里许多人来说,收费是过高
了"。④ 米怜亦承认:"在印度以东的英语读者为数甚少,而将刊物送往其
他地区,尤其是欧洲,需要支付一定的费用,而且寄送的状况也不稳定。"
尽管无法收支相抵,米怜对于这份刊物的作用依然十分乐观:"此刊的继

---

① "Introduction", The Indo – Chinese Gleaner, Vol. 3, vii.
② [英] 米怜:《新教在华传教前十年回顾》,大象出版社 2008 年版,第 88—89 页。
③ [英] 米怜:《新教在华传教前十年回顾》,大象出版社 2008 年版,第 89 页。
④ [英] 马礼逊夫人编:《马礼逊回忆录》,顾长声译,广西师范大学出版社 2004 年版,第
148 页。

续出版对传教士和传播普通知识的事业依然有所帮助；也可以讨论一些重要问题，并时常刊登实用性的文章。对于那些没有途径与海外进行交流的人，这些关于亚洲和欧洲的信息既生动又十分有益。对一个目标一致朝向真理和在人类中宣扬真理的群体而言，总希望共同拥有一个面向公众的媒介。我们与欧洲之间遥远的距离，让两地之间缺乏频繁稳定的交流。出版期刊就是为了激起心灵进行有益的思索。"①

鸦片战争前，在华创办的英文期刊主要有（1）《广州杂文报》（The Canton Miscellany），1831 年创办于澳门，1832 年停刊。这是一份文学月刊。（2）《中国差报与广州钞报》（Chinese Courier and Canton Gazette），1831 年 7 月由伍德创办，1832 年 4 月改名为《中国差报》（The Chinese Courier）。这是一份以评论中外贸易、介绍中国状况、叫嚣武力侵华、刊登中外新闻为主要内容的英文周报。（3）《中国丛报》。（4）《澳门杂文编》（The Evangelist and Miscellanea Sinica），1833 年 5 月由马礼逊创办，8 月被迫停刊，共出 6 期，半月刊。这些英文期刊中，《中国丛报》无论是发行量还是社会影响力都是最大的。

《中国丛报》② 于 1832 年 5 月，由美国传教士裨治文在马礼逊协助下在广州创办的，英文名为"The Chinese Repository"，由设在广州的美国海外传教委员会出版社出版。该刊试图通过传播西方文明和基督福音，改造中国人的灵魂。在《中国丛报》创刊当天，裨治文的日记记载："今天开始编辑《中国丛报》，愿它从开始时起以及在前进的过程中，全部地成为上帝的工作；愿它所有的印页都充满真理，将能促进上帝的荣耀，和他所造人类的幸福。"③ 1845 年，《中国丛报》再次重申了办刊宗旨："在众多有能力的通讯员的支持下，我们确信我们的刊物值得所有对占人类三分之一人口的中华帝国感兴趣的人的关注。激起这种兴趣和改进中国的直接努

---

① ［英］米怜：《新教在华传教前十年回顾》，大象出版社 2008 年版，第 89 页。

② 《中国丛报》在不同的研究著作中有多种翻译，有译为《中国文库》《中华见闻录》《中国的仓库》《支那丛报》《西儒耳目资》《华事汇报》《中华丛报》《中华丛刊》《中国文库报》，本书采取《中国丛报》一说。

③ Eliza Bridgman edited, The Life and Labors of Elijah Coleman Bridgman, p. 74. 转引自顾长声《从马礼逊到司徒雷登——来华新教传教士评传》，上海人民出版社 1985 年版，第 27 页。

力，过去是，现在是，将来都是《中国丛报》的首要宗旨。"① 综合其出资方、主办者裨治文的办刊目标及《中国丛报》的实际内容，其宗旨大致包括三个层次：一是传播基督教教义，二是向西方介绍中国的情况，"认识中国、了解中国、向海外报道中国各方面的情况以及她所发生的变化和带给中国的影响"。② 1834 年以前《中国丛报》各期的体例基本固定，主要由以下六个栏目组成：一是《书评》（Review），是对西方有关中国的新旧出版物的内容节选及其评论，其内容通常以游记和日记为主；二是《杂记》（Miscellanies），篇幅较短、带有知识性的各类文章以及读者来信；三是《宗教消息》（Religious Intelligence），关于各地传教活动和宗教事务的报道；四是《文艺通告》（Literary Notices），各地有关教育、文艺和出版等的近况；五是《时事日志》（Journal of Occurrences），相当于新闻报道，一般篇幅短小，仅有个别的比较详尽，信息源主要是清政府官方的《京报》；六是《附记》（Postscript），一般是出版前摘录《京报》对时事情况的补充，或是天气情况的报道。1834 年后，《中国丛报》栏目设置有所变化，《书评》和《文艺通告》两栏目出现频率大为减少，时有时无；《杂记》和《附记》两栏目完全取消；《宗教消息》栏目逐渐消失，而唯一不变的是《时事日志》。

从《中国丛报》创刊至第二卷第六期，即从 1832 年 5 月到 1833 年 10 月，裨治文不仅作为该刊的主编，还要负责其印刷与发行事务。从 1833 年 10 月直到次年 10 月，卫三畏接管《中国丛报》全部印刷与发行事务，不久又参与该刊的编辑工作，与裨治文共同担任《中国丛报》主编。此后裨治文又负全责，直至 1847 年 6 月，改由裨雅各任主编。1848 年 9 月，《中国丛报》又改由卫三畏主编，直至该刊停刊。《中国丛报》的内容，涉及自然历史、商业、社会关系、宗教等四方面，分门别类来介绍中国情况："关于自然历史，要求适当和有力地介绍以下内容：气候、天气、风雨的变化对健康的影响；土地，包括矿藏、植物、动物、肥沃和耕作的状况；

---

① Chinese Repository, Vol. 14, No. 7, p. 352.
② "Present Condition of the Chinese Empire", The Chinese Repository, Vol. 12, No. 1, January. 1843, p. 1.

以及河、湖、海的出产。关于商业，特别有兴趣地关注过去到现在的进展，并观察目前现状的利弊。关于社会关系方面，要求细致地调查社会的构成以及相连的道德性格，要求密切地不间断地观察他们相互的行为，君臣、夫妻、父母子女等等，这要求会得到许多帮助，通过文艺性格的培养，他们的书和教育系统值得检验，他们不断强有力地影响所有的主要关系和社区至关重要的利益。我们愿积极地关注人们的宗教特征。"1836 年，《中国丛报》在介绍恒河外印度地区的欧洲杂志时，对该刊的编辑内容又有进一步的补充和深化：

> 迄今为止，出版《丛报》是我们的责任，我们将逐月地竭尽全力地为读者提供我们能够搜集到的最有价值的信息。在我们的工作过程中，我们已经注意到各种各样重大的，还没有涉及的主题，同时它们的重要性也没有完全被认识。特别在目前基督教国家正在开始考虑他们和中华帝国的关系的时候，更加迫切需要大量的、更加确定的、准确无误的、重要的信息。我们希望《丛报》在适当的时期，将展现所有最重要的、值得记载的故事和事实。它们包括：中国的典制、教育制度、风俗习惯、社会交往、社会礼仪、宗教迷信、历史、艺术等等。①

《中国丛报》的发行地域，不限于东南亚和中国，还传播到欧洲、美国。该刊对四年情况总结说："第一卷和第二卷的每册价格是六美元不等。随后每册价格仅为原来的一半。第一卷早已脱销；第二卷尚存13 册；第三卷还有219 册；第四卷尚余500 册。目前在世界各地发行情况如下：中国（200 册），马尼拉（15 册），夏威夷群岛（13 册），新加坡（18 册），马六甲（6 册），槟榔屿（6 册），巴达维亚（21 册），泰国（4 册），悉尼、新南威尔士（6 册），孟加拉（7 册），锡兰（2 册），孟买（11 册），好望角（4 册），汉堡（5 册），英国（40 册），美国（154 册）。当月发行共计515 册，但是其中有五分之一是向公众机构及其他期刊免费赠送。……从发行以来，我们不断收到读者新的订单，他们不仅要求购过刊，也索买新刊，由于这些需求的增加，将会使我们每月发行量超过800 册。"另据

---

① "European Periodicals beyond the Ganges," Chinese Repository, Vol. 5, pp. 159 – 160.

《卫三畏生平及书信》统计，《中国丛报》出版总数为21000册，即每年合订本约一千卷，每期（月）平均发行八百余册。可见，该刊以中国、美国为主，波及世界五大洲16个国家，月发行量达800册，这已经是相当不错的业绩。在中国近代报刊中，中文报刊面对人口众多的中文读者，大多只有几百册的发行量，而英文报刊的读者就更少了。[①]《东西洋考每月统记传》创刊号初印600册，尽管不久加印300册，但在广州订阅的中国读者数量却是极少的。《中国丛报》在华订阅量能够达到200册，这在1837年在华外侨人数中比例是高的。

鸦片战争后，英文期刊数量大为增加：一是《皇家亚洲文会北中国支会会报》（The Journal of the North China Branch of the Royal Asiatic Society）。1859年由皇家亚洲文会北中国支会在上海创办。皇家亚洲文会北中国支会前身为"上海文学和科学协会"，成立于1857年，后于1858年改为此名，第一任主席为布里奇曼牧师，总干事为艾约瑟牧师。二是《中国医学传教杂志》（The China Medical Missionary Journal）。1887年3月创办，为英文季刊，由中国医学传教协会（The Medical Missionary Association）编辑。三是《教务杂志》（The Chinese Recorder）。1867年1月，裴来尔（Lucian Nathan Wheeler）在福州创办《传教士记录》（Missionary Recorder），同年12月停刊。1868年5月复刊，刊名改为《中国记录和传教士杂志》（The Chinese Recorder and Missionary Journal）。1868年5月，因裴来尔赴京传教，由鲍尔温（S. L. Baldwin）接任主编。1870年，鲍尔温回美国度假，改由杜利特尔（J. Doolittle）任主编。1872年，该刊停刊。1874年1月，伟烈亚力在上海复刊，并任主编，1880年改由哈珀（A. P. Happer）和克利克（Gulick）主编。《教务杂志》刊登的文章多围绕以下内容选发：（1）各布道站的发展状况；（2）传教士著述的推介和评价；（3）宗教信仰和思想；（4）中国社会生活；（5）中国历史文化；（6）传教士个人信息，比如讣告及人事变动通告。由此可见，该刊是一份宗教色彩较浓的英文刊物。四是《中国评论》。其前身为《中日释疑》（Notes and Queries on Chi-

---

① 邓绍根：《美国在华早期新闻传播史（1827—1872）》，世界知识出版社2013年版，第117页。

na and Japan）。1867 年，伟烈亚力在上海创办，为英文季刊。1872 年易名
为《中国评论》（China Review）。主编为丹尼斯和艾德。该刊由专文、学
界信息（Notes of New Books and Literary Intelligence）、目录选录（Collecta-
nea Bibliographica）、释疑（Notes and Queries）和 "Books Wanted，Exchan-
ges" 等组成。这其中，专文包括《论文》《书评》《翻译》《学界信息》
栏目，报道汉学界主要学术活动和新近出版的论著、发表的文章；《目录
选录》收录欧洲本土的英法德等国家和美国、印度等出版的报刊和书籍中
与中国研究相关的内容目录，这种目录选录只是包括名称、作者、出版
地、出版单位和出版时间。《中国评论》的发行范围，"包括中国沿海的港
口城市、东南亚地区、欧洲和新兴的英语世界——美国和澳大利亚"。① 根
据其每期 "To Contributors" 表明，其编辑内容涉及中国及其相关领域的主
题如下："1. 建筑（古代和近代）；2. 土著民族；3. 农工商业；4. 考古；
5. 艺术和科学；6. 传记；7. 研究书目；8. 中亚民族、地理和历史；9. 年
代学；10. 朝鲜的历史、语言、文学和政治；11. 工程著作；12. 人种学；
13. 动植物；14. 地理、自然和政治；15. 地质；16. 行业和商会；17. 历
史（通论和区域史）；18. 碑刻；19. 中外关系；20. 中国和日本在文学、
宗教、哲学和文明方面的影响；21. 法律；22. 文学（古代和近代）；23.
风俗礼节和体育休闲；24. 神话；25. 医学；26. 冶金和矿物；27. 钱币；
28. 政治机构及其治理；29. 宗教信仰和礼仪；30. 对有关东方著作的评
论；31. 秘密会社；32. 商道；33. 原住民族的著作，小说和戏剧等等。"②
换言之，其刊登内容意图包括 "中国、日本、蒙古、东方列岛和一般意义
上的远东地区的科艺、人种、神话、地理、历史、文学、自然史、宗教等
方面"，③ 是一份较为纯粹的汉学期刊。

二、在华法文与俄文刊物的创办

19 世纪下半叶，随着法国在华租界的建立，法国侨民的数量逐渐增

---

① 王国强：《中国评论（1872—1901）与西方汉学》，上海书店出版社 2010 年版，第 50 页。
② 转引自王国强《中国评论（1872—1901）与西方汉学》，上海书店出版社 2010 年版，第
39 页。
③ Introductory. see CRNQ, Vol. 1, 1872, p. 1.

多,法国在华势力逐步崛起,为了维护他们的在华利益,1870 年 12 月,在上海法租界当局的支持下,《上海新闻》创刊,这是第一份在华法文期刊。该刊为周刊,创办人为法国商人比尔。自此至 1949 年的 70 年间,总共有 23 种不同类型的法文期刊,这些刊物主要集中在上海、北京和天津等三个城市。[1] 一些刊物由于经营策略的问题,存续时间较短,其影响也不大;一些刊物如《中法新汇报》等出版时间较长的刊物,承担着向在华法国侨民传播资讯和维护法国在华利益的责任。

19 世纪末,俄国加入到侵华行列,通过一系列不平等条约,占领我国西北和东北大片领土。1898 年中东铁路开工,大批俄国人来到中国。俄国军方和民间创办的俄文报刊随之相继涌现。这些刊物的主要目的在于满足俄国受众信息需求,可视为俄国本土报刊随着其侵略触角而在境外的衍生。据有学者统计,1901 年至 1911 年 10 年间创办的在华俄文期刊共有 20 种。[2]

军方创办的俄文刊物,主要有三种。其一,1898 年年底创刊的《哈尔滨》,主要反映哈尔滨第一批俄国居民的生活情况。创办人是中东铁路护路队军官奇科夫,尽管刊物规模不大,它却是在中国出版的第一本俄文刊物。其二,1905 年 1 月,《外阿穆尔人消闲》创刊,该刊为画刊,每周一期,由俄国边防部队外阿穆尔独立军区司令部主办,读者群体主要是普通军官和士兵。1912 年 4 月停刊。其三,1908 年 10 月,中东铁路管理局局长霍尔瓦特中将创办《哈尔滨市公议会公报》。该刊为不定期刊物,有时每月一期,有时两月甚至三四个月出一期,至 1922 年停刊。

民办的俄文刊物,一是 1908 年 12 月由乌索夫创办的《远东铁路生活》周刊。乌索夫原为后贝加尔斯克铁路交通局二处的处长,1906 年因参与革命活动被遣往中国东北,在哈尔滨享有自由主义者和民主人士的声名。《远东铁路生活》第一期副标题为《无党派周刊》,至第二期取消了这个副标题,但从其内容和观点来看,依然十分谨慎,没有明显的党派倾

---

① 孙建庚:《近代在华法文报刊综览》,见廖声武主编《新闻春秋》第 15 辑,世界图书出版公司 2015 年版,第 59—63 页。

② 赵永华:《在华俄文新闻传播活动史》,中国人民大学出版社 2006 年版,第 69 页。

向，主要讨论经济问题、铁路客货运输以及世界各国与铁路行业相关的问题，并设有专栏报道哈尔滨当地的生活和事件，也刊载一些历史题材的文章、小品文、幽默故事以及有关文学问题的文章，刊登各个图书馆的藏书情况和有关铁路工人阅读兴趣的调查。该刊出版时间较长，至1917年停刊。二是1909年由俄国东方学家协会出版的会刊《亚细亚时报》（又译作《亚洲通报》）。1908年6月，由侨居哈尔滨的俄国中国学家发起成立哈尔滨俄国东方学家协会，当时有会员66人，他们大多毕业于彼得堡大学和海参崴东方学院，《亚细亚时报》的主编多布罗洛夫斯基即在海参崴东方学院学习汉语和满语，并于日俄战争时期充当俄军翻译，后到哈尔滨，与史弼臣一起从事在华中文报刊的出版工作，曾任《远东报》副主编。1909年7月，《亚细亚时报》第一期出版，为不定期刊物，初刊印500份，自第六期起增至800份，主要用于赠阅、交换和零售。因出版经费不足，该刊曾多次推迟出版，至1926年共出53期，每期页数从39页至474页不等，共刊载文章280篇，其中关于中国的文章150篇。1928年停刊。《亚细亚时报》具有科学杂志的性质，大量刊载有关中国的文章，内容涉及政治、经济、历史、文化各个方面，被认为是当时"很珍贵的专业性刊物"。三是1904年3月在华俄国东正教会创办的《在华东正教协会消息》（又译作《中国东正教教会公报》）。1904年至1905年日俄战争期间，俄国传教士团成立了"在华东正教协会"，并于1904年3月开始出版机关刊物《在华东正教协会消息》，该刊一至三期由哈尔滨第一私人印刷所印刷，此后迁至北京出版，由北京传教士团印刷厂印刷。1907年起改名《中国福音》，双月刊，仍然作为俄国东正教驻北京传教士团的机关刊物。该刊除了发表传教士团成员的文章以及教会消息外，还把一些中国报刊的文章翻译成俄文予以转载，至1939年还在出版，是在华出版时间最长的俄文刊物。①

三、在华外文期刊与中外文化交流

早期在华外文期刊，无须如传教士中文期刊那样考虑到语言的障碍、

---

① 赵永华：《在华俄文新闻传播活动史》，中国人民大学出版社2006年版，第58—69页。

读者的承受能力和阅读习惯，以及清政府的新闻管制，同时又有本国现成的办报经验可以借鉴，办报方式不受限制，文字更可运用自如，故而在期刊内容的选择方面更为灵活，同时措辞更为尖锐，大胆地披露中国社会黑暗落后，中国官吏昏庸腐败，中国人愚昧自大、野蛮残忍，向西方传递中国情报，窥测形势，研究对华策略。如《中国差报与广州钞报》明确表示："在广州这么小的社区里再另办一种报纸可能是多余的工作，想得到社区的支持也是不合理的和不实际的想法。但是我们深信，我们非常需要传播媒介，以传达别人无意谈论的意见和政策。"① 这种意见实则批判当时的英国东印度公司的政策，丑化中国形象，叫嚣武力侵华，其《特选委员会》一文声称："支持发动一场战争的财政支出必定是高昂的。……检验与中国政府冲突的结果，我们不仅必须看到经济利益的损害，而且要看到这个国家傲慢和无知的国民性被伤害。前景远不容乐观，以往坚决避免的后果，现在只能用武力来检验。"② 又如《中国丛报》在"停刊通告"中宣称："如同在本刊首卷的《导言》中所阐明的那样，《中国丛报》的原则和目标始终遵循不渝，且可肯定，从未有重大的背离。本刊主要宗旨是为公众收集和提供有关中国以及毗邻国家的最有权威和最有价值的消息，藉以引导读者对与他们利益相关的问题产生一种消息灵通和日益增长的兴趣。"③ 然而，由于这些外文期刊保留了大量研究中国情况的资料，其中也不乏一些高质量的论文，故而在客观上对中外文化交流起到了一定的推动作用。

其一，关于中国社会、政治、经济、军事、文化等各方面动态的报道。由于各种原因，当时西方人对中国了解得太少。"我们听过许多关于三万万中国人的事情，但我们也知道，在英国，对基督教怀有热诚的人们当中，没有人努力研究关于中国的知识。无论是政府，国立学院，还是私立机构，都没有学习中文的人。如果有人讲述关于中国的有趣故事，人们会听，但既没有赞助人，也没有学生，会制订什么计划，采取任何行动。

---

① Chinese Courier and Canton Gazette, No. 1, July 28, 1831.

② "The Select Committee", Chinese Courier and Canton Gazette, No. 3, August 11, 1831.

③ "Editorial Notice", The Chinese Repository, Vol. 20.

而这恰恰是了解人类这个非常庞大部分之情形的先导。"① 为此，《印支搜闻》报道所涉及的内容是多方面的，包括清朝朝廷与地方政府的动态、官员的任免、财政状况、军事动态、司法制度、社会治安、叛乱与镇压、中国边疆动态、自然灾害、科举考试、中国社会的风俗习惯、社会道德状况、生活水平、宗教信仰，以及广州的对外交往，等等，有时译载相关的上谕、奏折、文牍、告示等文献。② 又如《中国丛报》介绍的中国国情与地理、中国政府与政治、岁赋、军队、海防、中国人民、中国历史、自然历史、艺术、科学、科学与工艺、游记、语言、文学等方面，共 424 篇文章，其材料来源可分为下列四个方面："一、已出版的有关中国之西文书籍，《中华丛报》摘要转载，或为文评论，共达一百三十种之多；二、个人游历所见所闻；三、华人口述，《中华丛报》据以报道；四、中文书籍，此为材料最大的来源，《中华丛报》将之译为英文，提要介绍，共达八十八种之多。"③ 这些关于中国的报道，其中不少所反映的具体细节，也许现今在中文资料里难以找到。这不仅可以使西方读者对中国的状况及时地了解，也为研究这一时期中国社会史的学者提供了一些素材。

在华外文期刊不仅仅介绍情况，更值得注意的是它们所发表的评论以及所要表达的观点。如《印支搜闻》第一期刊登的《中国罪犯的处决》一文，先是简短地报道说："本月 2 日，有 24 名男犯在本城西门外的刑场被斩首处决。6 日，又有 18 名犯人遭到同样的死刑惩处。"④ 接着作者借题发挥，对中国司法制度进行评论：数量如此之多的处决，在本地经常发生，很少引起关注。政府并不公开对如此之多的坏人执行死刑的原因，《辕门钞》只是冷漠地提到他们已被砍头，处决之执行已经上报总督大人。没有忏悔，没有临刑演说，在最后可怕的场景中，没有对犯法的不幸牺牲品行为的叙述，没有宗教神职人员在场，促使他们悔改，使他们得到上天的宽

---

① Amicus，"Philosophy and Paganism"，The Indo-Chinese Gleaner Vol. 2，No. 8，p. 81.

② 吴义雄：《印中搜闻与 19 世纪前期的中西文化交流》，《中山大学学报》（社会科学版）2010 年第 2 期。

③ 王树槐：《卫三畏与〈中华丛刊〉》，载《近代中国与基督教论文集》，（台北）宇宙光出版社 1990 年版，第 180 页。

④ Amicus，"Execution of Criminals in China"，The Indo-Chinese Gleaner，Vol. 1，No. 1，pp. 18—19.

恕，尽管无法得到人间法律的宽宥。① 最后发出感叹说："在任何自由的基督教国家里，由在中国受到刺激的人士叙述这样可怖的场景，将会引起多么不同的情感！异教主义无论如何精致，在本质上都无法适应并珍爱人类心灵的高贵情感。对罪行受害者的真正怜悯，对冤枉的惩罚真诚的宽恕，是基督教的产物，而且只能是基督教的产物。"② 又如《中国丛报》1851年7月号对太平天国的报道，不仅译载了乌兰泰、周天爵等清朝官员的奏折，而且叙述了当时的一些传言，之后又加了"编者按"，指出："我们曾多方打听这次叛乱可能的起源，以及骚乱的主要力量所在，但未得到满意的答案。有些中国人告诉我们，那些叛众是由两广的流氓组成的，并得到交趾支那和老挝边境心怀不满之徒的帮助；另一些人则说，这些人是由白莲教那样的组织聚拢在一起的。"③

其二，翻译介绍了大量中国经典著作。早期在华外文期刊认为，中西语言文字的差异造成了文化交流的障碍，译介是打破这一格局的有力手段。"在基督教国家和东亚国家长期的交往中，相互间的知识和道德交流却少得可怜。思想的媒介一直被视为违禁品，严厉地禁止交流的法令阻止一切可能的口头交流。每一个到访广州的人必定，更不必说混淆本地人和外国人互相交流中说出的奇怪行话。这已经成为一个最容易产生误解的根源。很多情况下，它为不正确的描述、争吵、拘留、烦恼等等类似的罪恶铺平了道路。"④ 为此，这些外文期刊积极翻译、绍介中国文献资料。譬如《印支搜闻》，一是译载了大量中文文献，其中有：（1）《中国神话作者关于基督的记述》，（2）《佛教与儒教体系之比较》，（3）《佛教之天堂》，（4）《一位节妇》，（5）《中国人关于琉球的记述》，（6）《1818年9月广东乡试卷》，（7）《总督入城仪仗》，（8）《总督衙门规条》，（9）《阮元诗》（内容为五言古诗四十咏怀），（10）《阮元诗》（内容为五言古诗起早歌），（11）《中国遣使日本》，（12）《广东通志》，（13）《香山县志》（内容为早期葡萄牙人在澳门居留史译文，出自乾隆《香山县志》），（14）《圣庙志》

---

① Amicus, "Execution of Criminals in China", The Indo-Chinese Gleaner, Vol. 1, No. 1, p. 18.
② Amicus, "Execution of Criminals in China", The Indo-Chinese Gleaner, Vol. 1, No. 1, p. 19.
③ "The Disturbance in Kwangsi", The Chinese Repository, Vol. 21, p. 497.
④ "Introduction", The Chinese Repository, Vol. 1, No. 1, p. 1.

（内容为关于祭孔礼仪译文，版本未详），（15）《佛骨》，（16）《中国人的离婚》，（17）《百不箴言》，（18）《中国的道德箴言》，（19）《关于廓尔喀的记述》，（20）《立命箴言》，（21）《中国人"脉"的理论》，（22）《论中国人之地狱观》。二是通过《中国书目》（Bibliotheca Sinica）栏目介绍中国相关的书籍，这种介绍并非简单地罗列一堆书目，而是详尽介绍这些作品的相关信息，如书名、作者、刊行时间、书的类别、书籍相关信息（开本大小、卷数、页数、价格等）、内容（目录）、著述风格、内容要点摘录或介绍，甚至有的还有简短的评论；涉及的中国书籍包括：《明心宝鉴》《西方公据》《圣谕广训》《三字经》《御制律历渊源》《三才图会》《高厚蒙求》《佩文韵府》《中庸》《大学》《孟子》《功过格》《天然和尚同住训格》《论语》（列举 49 种注释本）。①

　　到《中国评论》时，翻译的中国文献大为增加，范围亦远非《印支搜闻》所能比拟，具体来说：一是中国文学，但凡小说、戏剧、唐诗、汉赋等均有数量不等的翻译作品，譬如小说方面，涉及的书籍有《水浒传》《聊斋志异》《三国演义》《东周列国志》《今古奇观》《荡寇志》和《品花宝鉴》；二是关于中国"宗教"文献的翻译，即儒教、道教和佛教的文献，主要涉及的书籍有《诗经》《易经》《阴符经》和《道德经》；三是中国史地方面的典籍，正史方面包括《史记》《汉书》《三国志》《周书》《北史》《隋书》《旧唐书》《新唐书》《元史》和《明史》等 10 部，与地理相关的文献则有《禹贡》《山海经》《穆天子传》《大明一统志》和《西洋朝贡典录》；四是中国法律文献的翻译，有《大清律例》《洗冤录》《刑案汇览》和一些涉及中国的商业、刑事和家庭等方面的法律文书。② 不仅如此，一些优秀的翻译作品还得到了广泛的认可，如《北华捷报》在提及哲美森所译的《刑案汇览》时说："这个译本很有价值，它描绘了中国现实生活的某些片段，并有助于我们了解处于中国法律之下的普通中国人的

---

① 吴义雄：《印中搜闻与 19 世纪前期的中西文化交流》，《中山大学学报》（社会科学版）2010 年第 2 期。

② 王国强：《中国评论（1872—1901）与西方汉学》，上海书店出版社 2010 年版，第 99—103 页。

生活状态"。① 《中国评论》刊载的一些译著，还被转译成其他语种或集成专著出版。如："1872—1873 年在英国出现了 H. S. 编译的关于《水浒传》里的花和尚鲁智深的故事，书名叫《中国巨人历险记》。这部书在 20 世纪初又由德国人马克斯·克恩转译成德文并改名为《鲁达造反》。"②

其三，关于中国历史文化等的学术研究。在这方面，众多在华外文期刊都曾不同程度地有所介绍，以《中国评论》较为突出。《字林西报》这样描述当时的这些期刊：

> 《中国丛报》停刊后，继而有数种期刊专注于对中国和远东研究。《中日释疑》出版于香港、《教务杂志》在福州创刊、《凤凰》以伦敦为基地，均致力于庚继裨治文和卫三畏的未竟之业——网罗关于中外交往的各种知识。但这些努力都没有获得成功。丹尼斯再次奋起，向关注中国问题的老朋友们推出了新版的《中日释疑》，这份刊物可谓是《中日释疑》的扩大版，并且更为严肃。中国需要一份完全关注于其自身的评论刊物。③

举例而言，该刊刊载的梅辉立（W. F. Mayers）《十五世纪中国人在印度洋的探险》一文，对郑和史实考证翔实，成为西方郑和研究的开始：

> 开启之功：梅辉立之前，中国人关于郑和的著述，是清初乾隆四年（1739 年）完成的《明史·郑和传》，辑合各种未加考证的资料。欧美汉学家开风气之先，以现代学术方法探讨郑和，为过去有关郑和著述所未见。梅辉立的郑和研究为汉学第一人，也是以现代学术方法研究郑和的第一人。④

又如西方关于《道德经》真伪的论战，亦始于 1886 年《中国评论》第十四卷第五期的《老子的遗产：重译》。该文的作者为翟理斯，他坚称《道德经》乃一部伪书，而后艾约瑟、驻延龄、理雅各等参与争论，这些

① North China Herald, 1882 – 08 – 04, p. 118.
② 郑公盾：《水浒传在国外的传播》，《中国比较文学》1985 年第 1 期，第 238 页。
③ "Review, The China Reviews, or Notes and Queries on the Far East", Edited by N. B. Dennys. July and August 1872, No. 1. see The North – China Daily News, 1872 – 09 – 03, p. 223.
④ 陈信雄：《欧美郑和研究的历史和特色》，见江苏省纪念郑和下西洋 600 周年活动筹备领导小组编《传承文明走向世界和平发展——纪念郑和下西洋 600 周年国际学术论坛论文集》，社会科学文献出版社 2005 年版，第 929 页。

论战大大推动了西方汉学的发展，参与讨论的汉学家"逐步深入地解读了老子和《道德经》的诸多问题，他们不仅对《道德经》的内容进行了诸多考证，所利用的文献资料也大大超出了《庄子》《韩非子》和《淮南子》等子书，进一步扩大到包括《史记》《汉书》《隋书》等在内的历史著作"。在解读文献和考证史实的过程中，汉学家们"不仅注意了解《道德经》的成书过程和老子的相关事迹，还能够进一步探索与《道德经》相关的书籍，如《韩非子》《淮南子》等文献资料的时代背景和写作体例，也是非常值得注意的"。①

此外，《中国评论》还对西方汉学研究现状及成果进行分析、评判，譬如艾德在评论理雅各《中国经典·诗经》英译本时，从汉学研究视野来看待理雅各的地位和贡献，指出他是中国上古史研究的三个派别之一，此派"在汉语、希伯来语、突厥语之间讨价还价，大胆地致力于恢复和重建不为人所知的突厥人和雅利安人的母语。除非有一天他们写出了一本名为《原初词汇和语法大全》或《亚当原始语》的书来，否则他们就不会安生"。② 而至于其贡献，"任何对中国事务感兴趣的人，任何急于明了中西之间的交往和理解的人，都应该对理雅各博士致以深切而持久的敬意，因为他翻译、注解并出版了一个优秀的《诗经》译本"。③ 在论及德国汉学家花之安新著《儒学汇纂》一文时，《中国评论》批评了当时西方汉学界的"业余汉学"的现象，指出："为了逃出业余汉学家的掌控，我们在接触中国文献时应该有一个明确的观念，就是我们的未知领域还很广泛，任何个人都不可能凭一己之力掌握全部内容。因此我们每个人都应该选取一个最适合于我们的爱好和学养的分支，进行专门的研究。并且还要避免任何对我们研究对象的先入之见，而应该通过研究调查来探求其中的真理。"该刊还更进一步倡导"以原始材料为基础，当然也包括诸如注疏、传记和百

---

① 王国强：《中国评论（1872—1901）与西方汉学》，上海书店出版社 2010 年版，第 170—171 页。

② E. J. Eitel, "The Shih-King-a Review of the 4th volume of Dr Legge's 'Chinese classics'", see CRNQ, Vol. 1, No. 1 (1872), p. 7.

③ E. J. Eitel, "The Shih-King-a Review of the 4th volume of Dr Legge's 'Chinese classics'", see CRNQ, Vol. 1, No. 1 (1872), p. 8.

科全书这样的二手材料,并利用哲学的精确性历史地、思辨地检验和批评这些材料。不对任何东西想当然,也不依赖于潮流和传统的力量,而是严格地检验那些被称为确凿和古典的事物的真实性,公正地就事论事,就像我们坐在检验法庭的凳子上一样"。①

第二节　早期少数民族文字期刊

晚清内地创办报刊的强大声势,影响所及,以少数民族文字刊行的报刊也应运而生。少数民族地方的报刊,出现在 1906 年至 1907 年间。创办于内蒙古昭乌达盟喀喇沁右旗的《婴报》,被认为是我国历史上最早的少数民族文字报刊;②《西藏白话报》是我国最早的藏文报刊,《伊犁白话报》则是辛亥革命时期唯一的少数民族文字革命报刊。中华民国成立后,少数民族地区的白话报刊日渐增多,基本上取代了文言文报刊。

按照民族新闻史学者的观点,少数民族报刊分四类:（一）少数民族在非民族地区创办的汉文报刊,（二）少数民族在民族地区创办的汉文报刊,（三）少数民族在民族地区创办的少数民族文字报刊,（四）汉族知识分子在民族地区创办的少数民族文字报刊。本节所涉及的少数民族文字报刊,主要是后两类。近代少数民族知识分子的办报实践,始于 1902 年满族人英敛之在天津创办《大公报》。1907 年白族学者、诗人赵式铭在丽江创办了《丽江白话报》,后又办了《永昌白话报》。大约同时,我国早期的少数民族文字报刊也陆续问世。1905 年,内蒙古地区历史上第一份蒙古文报刊《婴报》出版,这也是我国历史上最早的少数民族文字报刊。1907 年4、5 月间,我国最早的藏文报刊《西藏白话报》在拉萨出版,该报每期发行三四百份,每十天一期,用汉、藏两种文字出版,创办人为清廷最后一位驻藏大臣联豫和帮办大臣张荫棠。1908 年 4 月,由吉林省政治调查局和蒙务处编译官书印刷局承印,蒙汉文对照的石印《蒙话报》问世。1909 年,延吉"垦民教育会"创办《月报》,旨在向朝鲜族人民群众进行反日

---

① E. J. Eitel, "Amateur Sinology", see CRNQ, Vol. 2, No. 1 (1873), pp. 4 – 5.

② 白润生主编:《中国少数民族新闻传播史》,民族出版社 2008 年版,第 34 页。

启蒙教育，是我国最早的朝鲜文报刊。① "垦民教育会"除创办《月报》外，还于 1910 年 7 月创办了《大成团报》。1910 年 3 月，在新疆出版了辛亥革命时期唯一的少数民族文字的革命报刊——《伊犁白话报》，该报用汉、维吾尔、蒙古、满四种文字出版，除宣传同盟会纲领外，还向少数民族同胞进行民族民主革命教育。

一、少数民族文字期刊的产生

作为我国第一批少数民族文字的报刊，《西藏白话报》《蒙话报》《伊犁白话报》的出现不是偶然的。

其一，它们的产生是时代形势发展的需要。19 世纪末 20 世纪初，帝国主义掀起了瓜分中国的狂潮，侵略势力在边疆民族地区尤其猖獗，加以封建势力的剥削和压迫，边疆民族地区民不聊生。为挽救岌岌可危的统治，清政府在西藏、新疆等地采取一些改革措施，实行了一系列新政，一方面鼓励兴办实业，另一方面又积极开办各类学堂、创办报刊，以开启民智。这不仅为资产阶级思想的传播提供了一定的物质基础和思想准备，而且直接催生了少数民族文字白话报刊。

其二，它们是少数民族历史文化发展的必然产物。藏族、维吾尔族、蒙古族都是历史悠久、文化灿烂的民族，藏族有文字记载的历史从 6 世纪算起已有一千四百多年之久。据史书记载，藏文创制于公元 7 世纪松赞干布做赞普的年代，藏文创制后，就有了本民族文字的著作和译述，对于古代藏族的新闻传播有重要意义。维吾尔族的先民回鹘人在公元 8 世纪创制了拼音文字——回鹘文，9 世纪在高昌广泛使用。13 至 15 世纪曾是金帐汗国、帖木儿帝国、察合台汗国的官方文字，先后在新疆地区使用了八百多年。维吾尔族的书面文学从 11 世纪以来就有广为流传的巨著，如玉素甫·哈斯·哈吉甫的叙事长诗《福乐智慧》、穆罕默德·喀什噶尔的《突厥语词典》，都是研究古代维吾尔族历史文化语言的重要著作。少数民族文字的创制与成熟，成为少数民族文字报刊产生的必备条件。

其三，它们的产生是近代中国报刊出版事业发展的必然结果。1901 年

---

① 白润生主编：《中国少数民族新闻传播史》，民族出版社 2008 年版，第 38 页。

以后，随着国内资本主义的发展、交通的便利、电报的出现以及民族危机的加重，出现了第二次办报高潮，报刊数量猛增，有识之士对报刊的作用有了更加深刻的认识。他们以极大的热情投身于近代报刊的创办与经营，将近代报刊在民族救亡运动中肩负的历史使命由理念变为实践。"开民智"三个字也一下子变成晚清几十年间最流行的口头禅，其普遍程度绝不下于五四时代的"德先生"与"赛先生"。[①] 早期少数民族文字报刊"爱国尚武，开通民智""启迪蒙民"的追求，即是这一思潮的折射。特别是《西藏白话报》《蒙话报》《伊犁白话报》等三种少数民族文字白话报刊，更是晚清白话报刊运动的重要组成部分。

19 世纪以来，特别是 1901 年以后，我国白话报刊有了很大发展。这一时期国内及海外陆续出版的各种不同政治倾向的白话报刊有二百余种。在创办白话报刊方面进行了许多积极而有益的探索，为少数民族文字报刊的创办提供了重要的借鉴。而《西藏白话报》和《伊犁白话报》等刊物的创办，又推动了中国少数民族文字报刊之发展。以《西藏白话报》为例，该刊为旬刊，每期发行三四百份，当时汉人之能识藏文者甚少，藏人之能识汉字者也很少，所以该刊以汉、藏两种文字印刷出版，深受广大藏族民众的欢迎，据说还有很多读者"自来购阅"。创办人联豫和张荫棠都曾出使过欧美，通晓洋务，并具有一定的爱国主义思想。驻藏期间，他们的主要功绩是收回了中央在西藏的主权，据吴丰培主编的《联豫驻藏奏稿》中所记，他们在推进西藏社会改革过程中认识到，"与其开导以唇舌，实难家喻而户晓，不如启发以俗话，自可默化于无形"，[②] 乃以"爱国尚武，开通民智"为宗旨，参照四川旬报及各省官报的办法，创办了我国最早的藏文报刊《西藏白话报》。这既是西藏地区第一份近代报刊，也是我国近代第一份少数民族文字的白话报刊。该刊第一期是张荫棠由内地带去的一部石印机印刷出版的。为了长期印刷出版这份刊物，联豫等派专人到加尔各答购买机器，以便把它办得更好。从现存于西藏自治区文管会的一本宣统

---

① 李孝悌：《清末的下层社会启蒙运动》，河北教育出版社 2001 年版，第 15 页。
② 吴丰培主编：《联豫驻藏奏稿·开设白话报及汉文藏文传习所片》。该节以下引文均出自此片。

二年（1910年）八月下旬印刷的《西藏白话报》（第二十期）看，这份刊物用进口白色优质机制纸装订而成，长方形，共7页，首页为封面，红蓝双色套印，上部自左至右印有蓝色的汉藏两种文字的"西藏白话报"几个字，下部正中印有红色团龙一条，四角饰云纹。最后一页是汉藏两文的说明："本报系每十日出版一本，每本收藏圆一枚，每月三本，每年三十本。若定阅一年及半年者，每本减二分。"中间5页为正文，全部为藏文行书。其内容是西藏新闻、内地新闻、国外新闻以及科技报道等15篇。主要内容有：一是开办警察学校。由于江孜已辟为商埠，故而钦差大臣命令，拟从驻拉萨第一陆军中挑选百名识字的军人到警察学校学习一个月，然后充当江孜的警察。该校定于8月20日开学。二是黑龙江、江西两省的局部地区发生水灾和虫灾，清政府拨2万两白银赈济灾民。三是据四川总督赵尔丰报告，四川某县有一位热心教育事业的陈老师，于去冬逝世。生前个人出资一千多两银子，创办了女子师范学堂和两所小学。为表彰其办学功绩，赵请求政府在其家乡建立牌坊。四是广东铁路局任命龙建章为调查委员，审查修建粤汉铁路的经费预算。五是有关当局贴告示，北京将开办一所公安学校，中学生即可报名。此外，还介绍了开垦荒地、开辟商埠和中国手工业品参加南洋博览会，以及怎样饲养牲畜、如何发展农业生产等消息和科学常识。[①] 1911年革命烽火燃遍神州，《西藏白话报》也因驻藏大臣联豫的离开而停刊。作为我国第一份藏文报刊，《西藏白话报》的出版与当时的白话报刊创办热潮相呼应，有助于西藏民众的思想启蒙，为清末新政在西藏的推行打下了一定思想基础，并在客观上推动了西藏出版印刷事业的发展。

二、少数民族文字期刊出版的特点

《婴报》《西藏白话报》《蒙话报》《伊犁白话报》等少数民族文字期刊的创办，是在晚清严重社会危机和民主革命思潮蓬勃发展的背景下出现的，带有鲜明的时代特点和民族特色，显示了我国少数民族文字报刊发展

---

① 《西藏日报》1985年10月19日，转引自白润生《我国最早的藏文报纸——西藏白话报》，《新闻与传播研究》1989年第2期。

的后发优势，已经初步具备了以新闻、评论、副刊和广告四大要素构成的现代报刊的规模。

其一，政治性强，重视刊载时事新闻。从内容来看，少数民族文字报刊的内容都是对当时少数民族地区和少数民族人民现实生活的反映；这些报刊的创办者，都是一定社会政治集团的代言人，有明显的政治倾向性。《西藏白话报》的创办人为清廷最后一位驻藏大臣联豫和帮办大臣张荫棠，创办该刊是其革新措施之重要一项。联豫在给光绪皇帝的奏折《开设白话报及汉文藏文传习所片》中，详细阐述了办刊初衷及开办汉文藏文传习所的重要意义。该刊除了摘抄和翻译清中央政府、川藏与其他各省的公牍官报外，还刊载政论文章和中外新闻。针对当时英国对西藏、锡金等地区和国家的侵略行径，该刊进行了大胆的揭露，用事实向读者传达了民族和国家面临着的危机，呼吁民众团结起来抗击外敌。《伊犁白话报》的主持人冯特民是同盟会会员，伊犁革命党的领导人。参加《伊犁白话报》编辑撰稿工作的郑方鲁、冯大树、李辅黄、郝可权等，也都是同盟会会员，是同盟会在新疆进行革命活动的骨干。《蒙话报》也是第一份由蒙古地方政府主办的政治性很强的综合性期刊。《大成团报》明确自己的办刊宗旨是："为华韩舆论之代表，作社会教育之源泉，为劝善惩恶之机关，作忠言善导之神圣，为政客之顾问，作社会之师表，为良民之福音泼吏之阎王，有害我同胞者以正义公道诛之斥之，有警我同胞者以暮鼓晨钟鸣之醒之，有政策之失轨者面诘廷争誓死不屈，有社会之腐败者必显净微讽迁善，乃以海外之政策随时电闻，地方之民情无漏日载。"①

由于这些少数民族文字报刊大都是政治家办报，因此，虽然存在出版周期较长、时效性差的不足，但很重视新闻报道，时事新闻性比较强。这从它们开设的栏目可以体现出来，如《伊犁白话报》除了《宫门钞》《上谕》外，还设有《内部新闻》《闲评》《来函摘登》《专件》等时事新闻栏目；《蒙话报》也设有《奏牍》《时事要闻》《吉林省城本月内银粮市价一览表》等新闻信息栏目。

其二，语言构成方式具有特色。早期少数民族文字报刊大都是汉文和

---

① 转引自白润生主编《中国少数民族新闻传播史》，民族出版社 2008 年版，第 38—39 页。

少数民族文字同时对照使用，既用汉文，也用少数民族文字，或者少数民族文字版的内容与汉文版完全相同。《西藏白话报》《蒙话报》即属于前一种情况，藏汉、蒙汉合璧；《伊犁白话报》则属于后者，采用汉、满、蒙古、维吾尔四种文字出版发行，汉文报是四开小报。这种合璧或者多版本的方式，发挥了独特的民族语言表现力，在以民族语言为母语的少数民族聚居区，扩大了报刊的影响力。

其三，表现形式通俗易懂。为适合广大少数民族读者的需要，这一时期的少数民族文字报刊对当时藏文、蒙古文、维吾尔文等少数民族文字都进行了口语化，在翻译各种新名词，引进新思想、新文化、新技术等方面，起到了有力的推动作用。如《蒙话报》多采用内地白话报刊常用的表现形式——比喻。该刊"报内的比喻，都是从各国的教科书上抄下来的，于民智发达极有关系，近来内地学堂的课本里也都有的"。① 正是因为语言的通俗，这些报刊在民族地区才确实起到了"启发以俗话""默化于无形"② 的传播效果。

其四，发行方式以赠阅和免费发送为主。如《蒙话报》每期印 500—600 份，在哲里木盟各盟旗（县）向读者分送，不收报费。《西藏白话报》每期发行三四百份，虽说有很多读者"自来购阅"，但也主要通过赠送发行。相比较而言，《伊犁白话报》更具有现代报刊的特征，该报在新疆宁远官盐局、绥定文丰泰、霍尔果斯、新疆官办局、塔城、北京爱国报馆、天津大公报馆、上海时报馆、汉口中西报馆等地均设有代派处。

三、少数民族文字报刊的传播效果

晚清少数民族文字报刊史，作为民族报刊以至中国报刊史中不容忽视的一部分，其历史意义和作用不容低估。

其一，晚清少数民族文字报刊，开少数民族文字报刊之端绪，为少数民族文字报刊的发展奠定了基础。《婴报》是第一份蒙古文报刊，《西藏白

① 忒莫勒：《蒙话报研究》，《蒙古学信息》2001 年第 3 期。
② 吴丰培主编：《联豫驻藏奏稿·开设白话报及汉文藏文传习所片》，该节以下引文均出自于此。

话报》是第一份藏文报刊，《月报》是第一份朝鲜文报刊，《伊犁白话报》则是第一份多民族文字报刊，均具有开创意义。此后，少数民族文字报刊继续发展。中华民国成立后，废除了清政府的理藩部，于1912年在北京设立蒙藏事务处，掌理蒙古、西藏、新疆等边疆诸少数民族及宗教事务。同年7月改为蒙藏事务局，隶内务部，并在该局秘书科设立办报处，由该处全权负责蒙藏院的《藏文白话报》《蒙文白话报》等报刊的编辑出版工作。1913年1月由蒙藏事务局创办了汉文和蒙、回、藏三种文字合璧的白话报刊。作为中华民国中央政府机关的刊物，这几种报刊印数较大，发行范围较广，而且免费寄赠，在灌输共和理念、笼络和威慑少数民族上层、增加其向心力、巩固中华民国的统治等方面起了相当的作用。

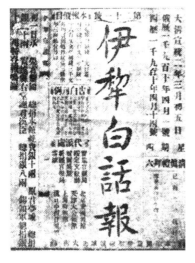

图8-1　《伊犁白话报》

其二，晚清少数民族文字报刊的兴起，对于少数民族民众发挥了一定的启蒙作用。如《蒙话报》的《历史》栏连载有《万国近世史》，《浅近学说》栏目连载《农学》，《附录》栏连载《欧美公德美谈》等，向蒙古族同胞介绍环球大势、农业知识和欧美国家的民主观念、节约时间、遵守秩序、饮食有度、礼貌待人等现代意识。《伊犁白话报》向少数民族同胞进行民族民主革命教育，号召他们与全国人民一起反对清朝统治。该报1910年4月14日第二十一期由许湛恩撰写的一篇题为《勤学厄言》的"演说"："伊犁是新疆的一个犄角儿，紧接着强大的俄国为邻……国家的时势到了什么地步？若是一味的罔闻无见，混乱的得过且过，得乐且乐，到了那时再说那时，那可就糟糕啦。怎么呢？若是人人都像这个思想，都像这个样儿，不用人家亡我们这块土地，自己就沉没了……"当时人们评论该报"关于国计民弊，公益公害之事，语言痛切。实足以振聩起聋，开通民智"。在《伊犁白话报》的宣传鼓动下，伊犁新军中不少人加入了同盟会，少数民族中的先进分子也转而积极支持革命。可以说，《伊犁白话报》对当时及以后新疆地区民族民主革命运动的发展所产生的影响是深远的。①

　　作为中国报刊史的重要组成部分，少数民族文字报刊的发展与近代中国报刊史是同步的。《伊犁白话报》主笔冯特民当过《申报》记者，并在武汉主办过《楚报》，有着丰富的办报经验，《伊犁白话报》因之内容新颖、语言通俗易懂、形式活泼，深受各族人民的喜爱。《蒙话报》汉文编辑安铭，曾任《吉林白话报》主编，他坚持用白话文和插图吸引读者，官署曾派人在盟旗各屯设立讲演所，将该报作为宣讲材料，使该报为老百姓所欢迎。② 晚清少数民族文字白话报刊主办者的身份与经历，印证了这一时期白话报刊热潮对少数民族文字报刊的影响。而少数民族文字报刊的风行，也极大地丰富了中国近代报刊史的内容，推动了晚清报刊出版事业的发展。

---

　　① 魏长洪：《伊犁辛亥革命时期几种文献简介》，见《新疆文史资料选辑》1981 年第七辑；王王堂：《新疆解放前报刊要目一瞥》，见《乌鲁木齐文史资料》1984 年第七辑。
　　② 参见黑龙江日报社新闻志编辑室编《东北新闻史》，黑龙江人民出版社 2001 年版，第 52 页。

第九章

晚清的期刊编辑思想

自 19 世纪中期开始，中文期刊逐渐在中国士大夫及普通读书人中间流传开来。在日益严重的社会危机及民族危机中，一批有识之士或积极从事报刊实践，或进行报刊理论探索，形成了打上时代烙印的期刊编辑思想。

第一节　早期维新人士的办刊实践及理论探索

王韬是我国近代著文专门表达办刊思想的第一人。[①]他早年在墨海书馆从事西学书籍翻译期间，曾经负责《六合丛谈》的文字校对工作，后从事多家报刊的编辑工作：1864 年兼任《孖刺西报》的中文附录《近事编录》编辑；1872 年担任香港《华字日报》"主笔"，撰写发表了大量时事文章；1874 年，与留美归国学生黄胜合作在香港创办《循环日报》，自任主编，并为该报撰写政论文章，提倡洋务，鼓吹变法。王韬有关报刊的专论文章有三篇：载于《弢园文录外编》的《论日报渐行于中土》；1878 年2 月 19 日《申报》第四页转载《循环日报》的《论各省会城宜设新报馆》《论中国自设西文日报之利》。此外还有些散见于其他政论文章和书札之中。受西方报刊理论的熏陶，加之长期的办报实践，王韬逐步形成了自己的报刊思想。

首先，提出了办报立言的观点，开创政论性报刊的先河。19 世纪中后

---

① 陈祖发：《王韬报刊活动的几点考证》，《新闻研究资料》1981 年第 4 期。

期，王韬为宣传洋务派的自强"新政"，借助于办报立言，直陈时事。他曾在《上潘伟如中丞》一信中对于创办《循环日报》的动机做了剖白："韬虽在南天，而心乎北阙，每思熟刺外事，宣扬国威。日报立言，义切尊王，纪事载笔，情殷敌忾，强中以攘外，诹远以师长，区区素志，如是而已。"①

其次，揭示了报刊开通民智的社会功能，即所谓的"通内外""通上下"和"广见闻"。王韬认为，中国自古以来就是"堂廉高深，舆情隔阂"，直接后果便是政治腐败、民心涣散。报刊的出现是弥补这种弊端的有效手段，"原夫日报之设创自泰西各国，固所以广见闻、通上下、俾利弊灼然无或壅蔽，实有裨于国计民生者也"。② 故要各省广设报馆，从而使"民隐得以上达，君惠得以下逮"，③ "上下之交既无隔阂，则君民之情相浃洽"。④

再次，对报刊从业者的素养提出一定的要求。在王韬看来，报刊从业人员首先要有广博的知识，主张报刊由"博古通今之士以操其简"。所谓的博古通今，就是要"通经术谙史事"，"明经济娴掌故，凡舆图算术胥统于此"。⑤ 同时，王韬还对报刊从业者提出了职业道德方面的要求："其立论一秉公平，其居心务期诚正"，"至其挟私讦人，自快其忿，则品斯下矣，士君子当摈之而不齿"。⑥

最后，在近代报刊史上较早地评述中外报刊发展的历程。他的《论日报渐行于中土》一文，对于近代报刊在西方的兴起和发展做了概括性的回顾，指出"泰西日报，约昉于国朝康熙时。日耳曼刊录最先，而行之日盛"。同时，该文还考察了近代中文报刊的起源和发展，明确近代中文报刊始于马礼逊："华地之行日报而出之以华字者，则自西儒马礼逊始，所

---

① 王韬：《上潘伟如中丞》，载《弢园尺牍》，中华书局 1959 年版，第 206 页。
② 王韬：《倡设日报小引》，《循环日报》1873 年 12 月 26 日。
③ 王韬：《弢园文录外编·重民说下》，中华书局 1959 年版，第 24 页。
④ 王韬：《弢园文录外编·重民说上》，中华书局 1959 年版，第 20 页。
⑤ 王韬：《论各省会城宜设新报馆》，转引自张之华主编《中国新闻事业史文选》，中国人民大学出版社 1999 年版，第 15 页。
⑥ 王韬：《论日报渐行于中土》，转引自张之华主编《中国新闻事业史文选》，中国人民大学出版社 1999 年版，第 7 页。

刻《东西洋考每月统记传》是也。"这篇文章还——介绍了麦都思的《特选撮要》，理雅各的《遐迩贯珍》，伟烈亚力的《六合丛谈》，玛高温的《中外新报》《教会新报》，林乐知的《万国公报》，艾约瑟的《中西闻见录》等期刊，并对部分期刊加以评论，如《中西闻见录》，"刊于京师，艾君约瑟、丁君韪良主其事。顾此皆每月一编著，兼讲格致杂学，器艺新法，尚于时事简略"。①

戊戌维新前期，对于近代报刊的探索逐渐多了起来，其中较具代表性的是何启、胡礼垣的报刊主张。何启、胡礼垣曾合作完成《新政议论》一书，集中表达了他们对于报刊的思考："予方有所欲言，而何君启乃条列新政要略，出以英文，邮寄与予。予喜其意之与予合也，重感于怀，不能自已，遂增以己意，复为此篇。议之而复论，论之而复议，反复推详，以见中国此时改革之为，实有不容再缓者。"② 在这本书中，何启、胡礼垣呼吁"宏日报以广言路"，认为报刊最大优势是"长人之见闻"，"生人之思虑"，"人之才识得诸见闻，若闭其见闻，则与塞其灵明无以异。盖见闻不广，则思虑不长，则谋猷必碍。以无思虑之人而与有思虑之人较，则有思虑者胜矣；以思虑短之人而与思虑长之人较，则思虑长者胜矣。而思虑俱从见闻而生，见闻多由日报而出。夫古典虽多，不合当今之务，旧闻莫罄，难为世用之资。则欲长人之见闻，以生人之思虑，而使事则善益加善、物则精益求精者，莫如宏开日报也"。③ 同时，他们认为，报刊内容包罗万象，"若夫官家之颦笑，京国之传闻，各国之约章，战守之时务，物价之行情，市道之旺弱，股份之价值，店铺之张歇，田宅之买卖，创举之节略，生意之授受，学校之抡才，船艘之往来，铁路之接续，邮寄之便捷，百工之处所，行客之姓名，官员之迁调，货物之出入，关税之征收，都邑之公项，司事之人员，医道之善法，药物之灵异，矿务之奇赢，格致之日进，植物之丰歉，杂技之优劣，人才之选举，陪员之轮值，地方之灾

---

① 王韬：《论日报渐行于中土》，转引自张之华主编《中国新闻事业史文选》，中国人民大学出版社 1999 年版，第 7 页。

② 胡礼垣：《胡翼南先生全集·新政议论自序》，（台北）文海出版社 1976 年版，第 320 页。

③ 胡礼垣：《胡翼南先生全集·新政议论自序》，（台北）文海出版社 1976 年版，第 413—414 页。

祥，生死之报章，婚姻之纪事，案牍之消长，军政之筹划，公务之兴作，工作之需人，外国之时事，异邦之习尚，海外之奇谈，天气之寒暑，风时之休咎，善士之品题，奇人之传记，书说之新出，凡有益于民生、日用、性命、身心者，闻则无不录，录则无不详"。①

　　针对当时中国报刊出版存在的问题，何启、胡礼垣提出了自己的看法。他们认为，当时中国报业萎靡不振、报人不敢直言的原因在于政府官员的逼迫："今有于官司之不讳而偶一及之者，则其报馆必至查封，其主笔必至拘系，不问其事之真伪也。今有于官门之受赃而涉笔言之者，其主稿者祸不旋踵，司报者灾必及身，不问其情之虚与实也。是故，不知忌讳者，不可以为日报，不识情面者，不可以为日报，知忌讳识情面而不肯阿谀奉承地方有司者，仍不可以为日报。于是，华人之为日报馆者，不敢自标其名，反借洋人之名，以求保护。其受制也若此，尚能望其有益于实事哉！"② 对报业唯诺由人、浮沉从俗的风气，何启、胡礼垣进行了有力批判，倡导直言精神：

　　　　日报之设，为利无穷，然必其主笔者、采访者有放言之权、得直书己见，方于军国、政事、风俗、人心有所裨益。若唯诺由人，浮沉从俗，遇官府旷职则隐而不言，曰：彼虽旷职，仍是官府也，以下讪上，不可也。持此一念，势必至逢君恶，遇小民含冤，则忍而不发，曰：彼虽含冤，不过小民耳。贫不敌富，理岂不然。持此一念，势必至失人心。曾亦思《春秋》之笔褒贬从心，南董之风斧钺不惧乎？……盖言必能直于日报，方为称职，言而不直于日报，则为失职也。中国日报之设，盖亦有年，而不能得其利益者，由秉笔之人不敢直言故也。③

　　受到何启、胡礼垣《新政议论》一书相关内容的影响，郑观应对于近

---

①　胡礼垣：《胡翼南先生全集·新政议论自序》，（台北）文海出版社 1976 年版，第 415—416 页。

②　胡礼垣：《胡翼南先生全集·新政议论自序》，（台北）文海出版社 1976 年版，第 478—479 页。

③　胡礼垣：《胡翼南先生全集·新政议论自序》，（台北）文海出版社 1976 年版，第 478—479 页。

代报刊也表达了具有代表性的观点。作为近代实业的开拓者，郑观应在长期与外国人交往的过程中，更加真切地认识到报刊在国家社会生活中起着巨大作用，逐渐形成了自己的报刊思想，集中体现在他的《盛世危言》之《日报》上下篇中。

其一，报刊的基本功能为"通民隐""达民情"。郑观应认为，"大报馆为国家耳目，探访事情，每值他邦有事，与本国有关系者，即专聘博雅宏通之士，亲往远方探访消息，官书未达，反藉日报得其先声。"他分析说，尽管古代素有规谏传统，但在历史上屡遭破坏，即使有明君贤臣，"然以云隐悉通，民情悉达，则犹未也。"郑观应指出，报刊可以避免这种弊端，"欲通之达之，则莫如广设日报矣"。[①] 接着他列举了报刊的诸多功能，如"有功于救荒""有助于除暴""有功于学业"，"其余有益于国计、民情、边防、商务者，更仆数之未易终也"。[②]

其二，主张民间自由办刊，提倡报权在我的理念。郑观应指出，外人在华办报是"怀觊觎之志""操笔削之权"，起着配合列强侵略的作用，"每遇中外交涉，间有诋毁当轴，蛊惑民心。"华人主笔的报刊，则往往"议论持平"，因此，他建议政府应准许民间办报，华人主笔，"而西人报馆止准用西字报章"。只有这样，才可以控制报纸的自主权，办自己的报，说自己的话，代表自己的利益。如遇到中外交涉之际，华人报刊可"据理与争""与之辩诘"，中国政府亦可通过立法稽查华人报馆，"于本国之兵机，不意轻泄，于敌人之虚实，不厌详明，则常变经权，操纵在我"。[③]

其三，对报刊的类型进行一定的区分及说明。郑观应从出版周期、编辑体例、内容设置等方面，对于报刊进行了类型分析。他认为，报刊或是"一季一出，一年一出，迟速不同"，因此在名目上有日报、月报、七日报和半月报之分；在体裁上有"新政异闻、近事告白之分"；在种类上，"律家有律报，医家有医报，士农工商亦各有报。官绅士庶、军士工役之流，莫不家置一编，以广见闻而资考证，甚至小儿，亦有报纸"。[④]

---

① 郑观应著，夏东元编：《郑观应集》上册，上海人民出版社1982年版，第345页。
② 郑观应著，夏东元编：《郑观应集》上册，上海人民出版社1982年版，第347—348页。
③ 郑观应著，夏东元编：《郑观应集》上册，上海人民出版社1982年版，第347页。
④ 郑观应著，夏东元编：《郑观应集》上册，上海人民出版社1982年版，第345页。

其四，对主笔和访事等报刊从业者提出新的要求。在这方面，尽管有些观点在王韬那里已有过类似论述，但郑观应提出的见解更为全面。在他看来，"执笔者尤须毫无私曲，暗托者则婉谢之，纳贿者则峻拒之。胸中不染一尘，惟澄观天下之得失是非，自抒伟论"；[1]"秉笔者有主持清议之权，据事直书，实事求是，而曲直自分，是非自见，必无妄言谰语、子虚乌有之谈，以参错其间，然后民信不疑"；"主笔者、采访者，各得尽言无隐，则其利国利民实无以尚之也"；"凡为主笔，必须明外国之事，达公法之情"。[2]

其五，较早地提出了报刊立法的观点。郑观应认为，当下"中国现无报律""报馆主笔良莠不一"，造成"外国报颠倒是非，任意毁谤，华人竟无华报与其争辩也。"为此，他呼吁报刊立法，"我各省当道亦宜妥订章程，设法保护，札饬有体面之绅士，倡办以开风气。"具体来说，这种立法应包括以下内容：一是政府应给予报馆相关的权利，如报刊有记录、评论朝野上下事务的权限，"日报者，即古乡校之遗意，今西国议院之滥觞，为公是公非之所系，众好众恶之所彰，故西国日报之设，上则裨于军国，下则益于编氓。如一乡一邑，凡公约、条议各节，会议时诸员之言词举动，皆列于报章，详其得失，而民隐无不通，民情无不达也。一案一讼，凡两造律师所办之事，以及判断时陪员之可否如何，皆登诸报纸，记其精详，而民心无不惬，民志无不伸也。"[3]二是规定政府应尽到的相关责任，如保护报馆不受官吏的威胁，"不准地方官恃势恫喝，闭塞言路，偶摘细故，无端封禁。"对于客观、公正的报馆给予褒奖。"至各省及都会之地，其日报馆每日所出新闻，必以一纸邮寄京师，上呈御览。其有志切民生，不惮指陈，持论公平，言可施行者，天子则赐以匾额，以放直言。"有报馆需要政府经济援助的话，可参考西方经验，"一、免纸税，二、助送报，三、出本以资之。"[4]若是报刊主笔借此勒索，无故诋毁伤人名节者，政府应对此予以处罚，"不论大小官绅，当控诸地方官审办，并准两造公举中、

① 郑观应著，夏东元编：《郑观应集》上册，上海人民出版社1982年版，第347页。
② 郑观应著，夏东元编：《郑观应集》上册，上海人民出版社1982年版，第350页。
③ 郑观应著，夏东元编：《郑观应集》上册，上海人民出版社1982年版，第350页。
④ 郑观应著，夏东元编：《郑观应集》上册，上海人民出版社1982年版，第346页。

外陪员听讯。如果属实，则照西律，分别轻重，治以禁锢之罪，重则在禁作苦工而已。"①

在早期维新人士中，陈炽、陈衍等对于报刊思想亦有所贡献。陈炽主张，政府应鼓励华人自办中文刊物，"似宜晓谕民间，准其自设资本，不足官助其成，偶值开衅之时，必派专员稽察。主笔者公明谅直，三年无过，地方官吏据实推荐，予以出身，其或颠倒是非，不知自爱，亦宜檄令易人。一切均仿泰西报馆章程办理。"与此同时，应禁止洋人出版中文报刊，"至西人报馆，宜与各使妥议，毋须再出华字报章。否则按月微捐，仍须派人查阅，此事不载通商之约，本属中国自主之权，各国当亦无词以拒也。"② 陈衍则强调要创办外文报馆"以张国势""以服强邻之心"：

> 今若开设洋文报馆，延访中国通人，贯通中外时务者数人，为中文主笔，举所谓务材、训农、通商、兴工、敬教、劝学、使贤、任能各要务，备筹所以整顿之法，皆实在可言可行者，广为论说。又举西人向来之欺我中国者，某事出于要挟，于理既不顺；某事出于恫喝，于施不足畏；某事为倒持太阿，中国可收回权利；某事为隐设机械，中国勿误坠术中，皆翻译洋文，刊之报纸。更向西国大报馆，聘西国名人，为洋文主笔，所有持论，专为中国自强起见，以中国人之精详文附之。其议论之不持平者，指出商改。此等报纸，散布五大洲，令西人见之，知中国实有自强之策。我以何着往，彼可以何着应，必将咋舌色变，不敢谓秦无人朝无人矣。③

第二节 梁启超的期刊编辑思想

20世纪初，梁启超将报刊分为四种："一人之报""一党之报""一国之报"和"世界之报"。这其中，"一人之报"是以一人或一公司利益为目的，"一党之报"是以"一党之利益"为目的，"一国之报"是以国民

---

① 郑观应著，夏东元编：《郑观应集》上册，上海人民出版社1982年版，第350页。
② 赵树贵等编：《陈炽集》，中华书局1997年版，第106页。
③ 陈衍：《论中国宜设洋文报馆》，《求是报》第九册，1897年12月16日。

利益为目的，"世界之报"则是"以全世界人类之利益为目的"。在回顾创办期刊历程时，梁启超认为，《时务报》与《知新报》属于"一党之报"，《清议报》介于"一党之报"与"一国之报"。这其中所谓的"报"实则是报与刊不分，譬如梁启超指出："有一学即有一报，其某学得一新义，即某报多一新闻，体繁者证以图，事赜者列为表，朝登一纸，夕布万邦。""其出报也，或季报，或月报，或半月报，或旬报，或七日报，或五日报，或三日报，或两日报，或每日报，或半日报。"①

一、确立"一党之报"：早期期刊思想的形成

梁启超参与期刊的编辑及撰述工作，始于康有为创办的《中外纪闻》。他曾说："《中外公报》只有论说一篇，别无记事，鄙人则日日执笔为一数百字之短文，其言之肤浅无用，由今思之，只有汗颜，当时安敢望有人购阅者。"② 这里的《中外公报》，指的就是《中外纪闻》。对于这一段工作经历，梁启超本人并不满意，他在回顾自己的报刊生涯时，把起点定为《时务报》时期："七月（即 1896 年 8 月），《时务报》开，余专任撰述之役，报馆生涯自兹始。"③ 对于《时务报》，梁启超在担任主笔期间，倾注了极大的心力：

> 每期报中论说四千余言，归其撰述；东西文各版二万余言，归其润色；一切奏牍告白等项，归其编排；全本报章，归其复校。十日一册，每册三万字，经启超自撰及删改者几万字，其余亦字字经目经心。六月酷暑，洋蜡皆变流质，独居一小楼上，挥汗执笔，日不遑食，夜不遑息，记当时一人所任之事，自去年以来，分七八人始乃任之。④

据统计，梁启超在前 55 期《时务报》中，共发表了 60 篇言论，几乎每期都有一至两篇，有时多至三篇，其中影响较大的著述有《变法通议》《论报馆有益于国事》《西学书目表序例》等。此外，梁启超还积极参与其

① 梁启超：《论报馆有益于国事》，《时务报》第一册，1896 年 8 月 9 日。
② 梁启超：《鄙人对于言论界之过去及将来》，《庸言》第一卷第一号，1912 年 12 月。
③ 梁启超：《三十自述》，载《饮冰室合集》文集之十一，中华书局 1989 年版，第 17 页。
④ 梁启超：《创办时务报原委》，《知新报》第六十六册，1898 年 8 月 11 日。

他维新派报刊的策划和组织工作，并为其撰稿。如他曾亲赴澳门，协助康有为等创办澳门《知新报》，并答应"遥领报馆诸事"，先后为该刊撰发18 篇文章。他同时还参与筹划和支持《农学会报》《蒙学报》《演义白话报》《萃报》和《湘报》的创办，为其撰写序言和稿件。在参与这一系列报刊的创办和编辑过程中，梁启超逐渐形成了代表维新派的期刊思想。具体来说，就是集中体现了"一党之报"的期刊理论，有以下几方面的内容：

其一，将报刊宗旨归纳为"去塞求通"。在梁启超看来，报刊作为言论"喉舌"，具有"去塞求通"的功能，"去塞求通，厥道非一，而报馆其导端也"。所谓塞是指"上下不通"和"内外不通"，"上下不通"使君民隔膜，"故无宣德达情之效，而舞文之吏因缘为奸"；"内外不通"使中外阻塞，"故无知己知彼之能"。报刊则起到喉舌之用，"其有助耳目喉舌之用，而起天下之废疾者，则报馆之为也"。[1] 这其中，报刊对君臣而言效果显著，"人主可坐一室而知四海，士夫可诵三百而知国政"，对普通民众亦是如此，"任事者无阂隔蒙昧之忧，言学者得观善濯墨之益，犹恐文义太赜不能尽人而解，故有妇女报，有孩孺报"。[2] 戊戌维新时期梁启超的这种认识，大致脱胎于康有为。19 世纪末，康有为在《上清帝第一书》《上清帝第二书》《上清帝第四书》等文中提出："今上下否塞极矣。譬患咽喉，饮食不下导，气血不上达，则生命可危，知其害而反之，在通之而已。"[3] 康有为强调学习西方报馆良法，"设报达聪"，"《周官》训方诵方掌诵方慝方志，庶周知天下，意美法良，宜令直省要郡各开报馆，州县乡镇亦令续开，日月进呈。并备数十副本发各衙门公览，虽乡校或非宵旰寡暇，而民隐咸达，官慝皆知。中国百弊，皆由蔽隔，解蔽之方，莫良于是"。[4]

---

① 梁启超：《论报馆有益于国事》，《时务报》第一册，1896 年 8 月。
② 梁启超：《论报馆有益于国事》，《时务报》第一册，1896 年 8 月。
③ 康有为撰，姜义华等编校：《康有为全集》第 2 集，中国人民大学出版社 2007 年版，第 183 页。
④ 康有为撰，姜义华等编校：《康有为全集》第 2 集，中国人民大学出版社 2007 年版，第 86 页。

其二，对期刊类型及体例作了明确区分。首先是将报刊分为大报与分报：

> 西人之大报也，议会之言论纪焉，国用之会计纪焉，人数之生死纪焉，地理之险要纪焉，民业之盈细纪焉，学会之程课纪焉，物产之品目纪焉，邻国之举动纪焉，兵力之增减纪焉，律法之改变纪焉，格致之新理纪焉，器艺之新制纪焉。其分报也，言政务者，可阅官报；言地理者，可阅地学报；言兵学者，可阅水陆军报；言农务者，可阅农学报；言商政者，可阅商会报；言医学者，可阅医报；言工务者，可阅工程报；言格致者，可阅各种天算声光化电专门各家之报。①

这里的大报即类似于综合性期刊，而分报则相当于专业性期刊。梁启超对于西方报刊的门类众多颇为称赞，认为这有助于不同人士通过不同期刊获得相应的知识，"有一学即有一报，其某学得一新义，即某报得一新闻"。对于妇女、儿童亦有相应的报刊，譬如针对幼儿的蒙学报，"思为学校报，通中西两学，按日而定功课，使成童以上之学童诵焉"。② 鉴于报刊种类之众多，读者选择起来有困难，梁启超还提出了"萃报"即文摘期刊的观点。在他看来，报馆既多，"作者既盛，而一人之才力，势不能尽群报而阅之，乃不得不为披沙拣金和花成蜜之举"。为此要"尽集群报，撷其精英，汰其糟粕，以饷天下"。③

对综合性报刊的栏目设置，梁启超也作了探讨：

> 广译五洲近事，则阅者知全地大局，与其强盛弱亡之故，而不至夜郎自大，坐智井以议天地矣。详录各省新政，则阅者知新法之实有利益，及任事人之艰难经画，与其宗旨所在，而阻挠者或希矣。博搜交涉要案，则阅者知国体不立，受人谩辱，律法不讲，为人愚弄，可以奋厉新学，思洗前耻矣。旁载政治学艺要书，则阅者知一切实学源流门径，与其日新月异之迹，而不至抱八股八韵考据词章之学，枵然而自大矣。④

---

① 梁启超：《论报馆有益于国事》，《时务报》第一册，1896 年 8 月。
② 梁启超：《蒙学报演义报合叙》，《时务报》第四十四册，1897 年 10 月。
③ 梁启超：《萃报叙》，《时务报》第三十三册，1897 年 7 月。
④ 梁启超：《论报馆有益于国事》，《时务报》第一册，1896 年 8 月。

其三，针对报刊从业者素质提出"五弊说"。按照梁启超的观察和分析，要成为一个称职的报刊从业人员，必须克服五大弊端：一是闭门造车，主观臆测，"记载琐故，采访异闻，非齐东之野语，即秘辛之杂事，闭门而造，信口以谈，无补时艰，徒伤风化"；二是胡乱编造，骇人听闻，"军事敌情，记载不实，仅凭市虎之口，周惩夕鸡之嫌，甚乃揣摩众情，臆造诡说，海外已成劫尽，纸上犹登捷书，荧惑听闻，贻误大局"；三是恣意褒贬，随心所欲，"臧否人物，论列近事，毁誉凭其恩怨，笔舌甚于刀兵，或思颂权贵，为曳据之阶梯，或指斥富豪，作苞苴之左券，行同无赖，义乖祥言"；四是蹈袭陈言，毫无新意，"操视发论，匪有本原，蹈袭陈言，剿撮涂说，或乃才尽为忧，敷衍塞责，讨论轶闻，纪述游览，义无足取，言之无文"；五是断章取义，不伦不类，"或有译录稍广，言论足观，删汰秽芜，颇知体要，而借阐宗风，不出郑志，虽有断章取义之益，未免歌诗不类之憾"。梁启超认为，由于报刊从业人员所居地位的重要性，如果任由这五种弊端发展下去，很容易误导读者、贻害社会，造成报刊自身不受到世人的重视。"具此诸端，斯义遂梏，遂使海内一二自好之士，反视报馆为蟊贼，目报章为妖言，古义不行，良法致蔽。呜呼，不其恫欤！"①

其四，在报刊文体上，梁启超创造了"时务"文体。在《时务报》创办前，众多中文报刊多是桐城派章法及阳湖派之绳尺，但梁启超强调报刊言论在内容上要切中时弊，有感而发；在形式上有较大的自由，通俗易懂；语言上杂采外来新名词及民间口语入文。根据梁启超自己的回顾，他因"夙不喜桐城派古文，幼年为文，学晚汉魏晋，颇尚矜炼。至是自能放，务为平易畅达，时杂以俚语、韵语及外国语法，纵笔所至，不为检束"。② 这种"时务"文体风格，在《变法通议》和《少年中国说》等文中体现得最为突出。如《变法通议》一文在论证变法时，语言平畅通达，议论精辟，气势磅礴，感情充沛："大地既通，万国蒸蒸，日趋于上，大

① 梁启超：《论报馆有益于国事》，《时务报》第一册，1896 年 8 月。
② 梁启超：《清代学术概论》，《饮冰室合集》专集之三十四，中华书局 1989 年版，第 62 页。

势相迫，非可于制，变亦变，不变亦变。变而变者，变之权操诸己，可以保国，可以保种，可以保教。不变而变者，变之权让诸人，束缚之，驰骤之"。① 时务文体的出现，为各类报刊所效仿，客观上推动了报刊文风从桐城派向"时务"体的转变。这一重大转变，在中国近代报刊史上产生了深远影响。正如 20 世纪 40 年代有学者所指出的：

> 满清末年，科举新废，八股文的命运，是寿终了。威重一时的桐城派，又因只重法度重形式，而忽略内容与意义，也走上了末路。就在这时候，出了梁启超先生，他的文章，"恣肆开阖，力求渐进，以立意为宗，不讲任何格式"，于是"一般士子，竞相揣摩"，驯至演变成了现在的报章体。②

二、追求"一国之报"：流亡日本期间期刊思想的转向

戊戌政变发生后，梁启超于 1898 年 10 月流亡日本，仅用了不到三个月的时间，就在横滨创办了《清议报》，1901 年年底《清议报》报馆遭火灾被迫停刊，一个多月之后，又创办了《新民丛报》。梁启超总结以前办报的经验，对《新民丛报》的办刊方向做出了新的规划：

> 中国报馆之兴久矣，虽然求一完全无缺，具报章之资格，足与各报相颉颃者，殆无闻焉。非剿说陈言，则翻译外论，其记事繁简失宜，其编辑混杂无序，殆幼稚时代势固有不得不然者耶，本社同人有慨于是，不揣梼昧，创为此册。其果能有助于中国之进步与否，虽不敢自信，要亦中国报界中前此所未有矣。③

1902 年 11 月，为发表《新中国未来记》，梁启超还创办了《新小说》：

> 余欲著此书，五年于兹矣，顾卒不能成一字。况年来身兼数役，日无寸暇，更安能以余力及此？顾确信此类之书，于中国前途，大有裨助，夙夜志此不衰。既念欲俟全书卒业，始公诸世，恐更阅数年，杀青无日，不如限以报章，用自鞭策，得寸得尺，聊胜于无。《新小

---

① 梁启超：《变法通议》，载《饮冰室合集》文集之一，中华书局 1989 年版，第 8 页。
② 张学远：《新闻记者的梁启超》，见中央政治学校新闻学研究会主编《新闻学季刊》1942 年第二卷第二期。
③ 丁文江等编：《梁启超年谱长编》，上海人民出版社 2009 年版，第 179 页。

说》之出，其发愿专为此编也！①

这一时期，梁启超在创办上述刊物的过程中，无论是在报刊经营的具体实践上，还是对期刊业务的理论认识上，都达到了一个新的高度。

其一，对于期刊功能的定位，实现了从"益于国事"到"开发民智"的转变。在《清议报》第一卷《叙例》中，梁启超提出要把这份刊物作为"国民之耳目，作维新之喉舌"，其宗旨定为"维持支那之清议，激发国民之正气"，"增长支那人之学识"，"交通支那日本两国之声气"，"发明东亚学术以保存亚粹"等四项。② 这里，梁启超不仅突破了"报馆有益于国事"的认识，强调报刊有益于国家和国民，同时不再局限于报刊的"宣上德通下情"的舆论功能，强调它还能发挥激发国民正气、增长学识和交通中日两国声气的教育与传播功能。到第十一册，《本报改定章程告白》又将《清议报》宗旨概括为："本报宗旨专以主持清议、开发民智为主义"。对此，1901 年 12 月《清议报》出至一百册时，梁启超进一步凝练为"广民智，振民气"六个字。③ 1902 年，梁启超创办《新民丛报》，从"新民"的高度赋予报刊以新的社会职责：

> 本报取《大学》新民之义，以为欲维新吾国，当先维新吾民。中国所以不振，由于国民公德缺乏，智慧不开，故本报专对此病而药治之，务采合中西道德以为德育之方针，广罗政学理论，以为智育之原本。

为贯彻这一宗旨，《新民丛报》主张部分删减政治评论，"本报以教育为主脑，以政论为附从，但今日世界所超重在国家主义之教育，故与政治亦不得不详。惟所论务在养吾人国家思想，故于目前政府一二事之得失，不暇沾沾词费也。"④

其二，对办刊立场的定位，实现了从"一党之报"向"一国之报"的

---

① 梁启超：《新中国未来记》，载《饮冰室合集》专集之八十九，中华书局 1989 年版，第 1 页。

② 《叙例》，《清议报》第一卷第一册，1898 年 12 月。

③ 梁启超：《本馆第一百册祝辞并论报馆之责任及本馆之经历》，《清议报》第一百册，1901 年 12 月。

④ 《本报告白》，《新民丛报》第一号，1902 年 2 月。

转变。1901 年 12 月，梁启超重新诠释报刊"喉舌"论：

> 西谚云：报馆者，国家之耳目也、喉舌也，人群之镜也，文坛之王也，将来之灯也，现在之粮也。伟哉，报馆之势力！重哉，报馆之责任！欧美各国之大报馆，其一言一论，动为全世界人之所注视、所耸听。何以故？彼政府采其议以为政策焉，彼国民奉其言以为精神焉。①

这里，梁启超关于"喉舌"论的解读，明显不同于《时务报》时期。他力图超越一党利益，主张报刊为国家、民众代言。《新民丛报》的创办，从实践层面完成了向"一国之报"的跨越。梁启超在《本报告白》中指出：

> 本报为吾国前途起见，一以国民公利公益为目的。持论务极公平，不偏于一党派，不为灌夫骂坐之语，以败坏中国者，咎非专在一人也。不为危险激烈之言，以导中国进步当以渐也。②

在此后的《敬告我同业诸君》一文中，梁启超进一步将"一国之报"的职能加以具体化，提出："某以为报馆有两大天职：一曰，对于政府而为其监督者；二曰，对于国民而为其向导者是也"。所谓"监督政府"，按照梁启超的解释，就是报刊监督不同于法律、宗教和名誉等方面的监督，是一种舆论监督，"舆论无形，而发挥之代表之者，莫若报馆，虽谓报馆为人道之总监督可也"。其监督方式主要是"某以为我同业者，当纠政府之全局部，而不可挑得失于小吏一二人，当监政府之大方针，而不可摭献替于小节一二事"。所谓"向导国民"，是对之前提出的"开发民智"的引申，并在此基础上明确了报刊不同于学校的独特作用："报馆之所以响导国民也，与学校异，与著书亦异，学校者筑智识之基础，养具体之人物者也；报馆者作世界之动力，养普通之人物者也；著书者规久远明全义者也，报馆者救一时明一义者也。"③

其三，对报刊职业的认知逐渐系统化理论化。梁启超回顾晚清以来的

---

① 梁启超：《本馆第一百册祝辞并论报馆之责任及本馆之经历》，《清议报》第一百册，1901年 12 月。

② 《本报告白》，《新民丛报》第一号，1902 年 2 月。

③ 梁启超：《敬告我同业诸君》，《新民丛报》第十七号，1902 年 10 月。

中国报刊史，认为作为"第四种族"的报刊业，之所以"其发达之迟缓无力"，其原因有四：

> 一、由于创设报馆者，不预筹相当之经费，故无力扩充，或小试辄蹶；二、由于主笔时事等员之位置，不为世所重，高才之辈莫肯俯就；三、由于风气不开，阅报人少，道路未通，传布为难；四、由于从事斯业之人，思想浅陋，学识迂愚，才力薄弱，无思易天下之心，无自张其军之力。①

这四者之中，第四项为"病根之根"。基于这种认识，梁启超提出评价一份报刊优劣的四项标准："一曰宗旨定而高，二曰思想新而正，三曰材料富而当，四曰报事确而速。若是者良，反是者劣。"具体来说，一是要"宗旨定而高"，即办报宗旨必须明确而高远，"凡行一事，著一书，皆不可无宗旨，惟报亦然"。"为报馆者，不可不以热诚慧眼，注定一最高之宗旨而守之"。这个最高宗旨，不应该定位为牟利、媚权和媚俗，而是"能以国民最多数之公益为目的"。二是要"思想新而正"，即报刊宣传思想要新颖正确。"新"是指报刊宣传内容要有新东西、新思想，"交换智识，实惟人生第一要件；而报馆之天职，则取万国之新思想以贡于其同胞者也"；"正"则是新思想是否对国家对人民"有利而无病"，"当校本国之历史，察国民之原质，审今后之时势，而知以何种思想为最有利而无病，而后以全力鼓吹之"。三是要"材料富而当"，即报刊发表的文章必须全面丰富并经过严格选择。这主要是针对期刊而言的，"其目的在使阅者省无谓之目力，阅一字则得一字之益，而又不使有所罣漏有所缺陷"。四是要"报事确而速"，即新闻报道必须准确无误，迅速及时。②

其四，对综合性期刊的栏目进行全盘考量与设计，为此后的期刊编辑提供了范本。在《清议报》阶段，梁启超对于该刊栏目的设计，体现了他对报纸与期刊的功能区分。《清议报》设有《论说》《支那近事》《外国近事及外议》《支那哲学》《政治小说》《诗文辞随录》等；自第二十四册

---

① 梁启超：《本馆第一百册祝辞并论报馆之责任及本馆之经历》，《清议报》第一百册，1901年12月。

② 梁启超：《本馆第一百册祝辞并论报馆之责任及本馆之经历》，《清议报》第一百册，1901年12月。

起，时事报道的部分逐渐减少，增加了《亡羊录》《猛省录》《闻戒录》等评论性质的栏目；到第一百册，设置《历史》《地理》《宗教》《教育》《人物》《哲学》等栏目，新闻占的分量更少，只是保留《国闻短评》《时论译录》等个别栏目。到创办《新民丛报》时，梁启超在其创刊号中称，该刊栏目门类仿外国大丛报之例而设，分为 25 种：一、《图画》，二、《论说》，三、《学说》，四、《时局》，五、《政治》，六、《史传》，七、《地理》，八、《教育》，九、《宗教》，十、《学术》，十一、《农工商》，十二、《兵事》，十三、《财政》，十四、《法律》，十五、《国闻短评》，十六、《名家谈丛》，十七、《舆论一斑》，十八、《杂俎》，十九、《问答》，二十、《小说》，二十一、《文苑》，二十二、《绍介新著》，二十三、《中国近事》，二十四、《海外汇报》，二十五、《余录》。就其栏目分类的全面和细致而言，在当时的中国报刊中是不多见的。它与《时务报》《清议报》不同之处，就是"在名称上多了一个'丛'字，要突破逐渐趋于定型的政论报刊的格局，强调'以政论为附从'，办成一个并不局限于政治层面和派别见解的综合性报刊。《新民丛报》所呈现的面貌，是《时务报》和《清议报》继续发展及不断蜕变的结果，但已脱离了前二者'报'的形态，而以杂志的形式出现"。① 《新民丛报》创始的这种中文期刊的形式，受到读者的广泛欢迎，因而成为众多办刊者模仿的对象。1903 年，与之"同一之体例、同一之格式发行之丛报，殆近十家。上海《新世界学报》最早，《大陆报》次之，东京湖南学生所出之《游学译编》次之，而《译书汇编》亦以第二年第九期以后改译为撰"。②

三、回归"一党之报"：清末立宪时期期刊思想的深化

随着国内外形势的变化和梁启超思想的转向，《新民丛报》后期逐渐服务于立宪宣传，"对于国体主维持现状，对于政体则悬一理想以求必达之"。《新民丛报》停刊后，梁启超于 1907 年 10 月创办《政论》月刊，该

---

① 周佳荣：《言论界之骄子：梁启超与新民丛报》，中华书局（香港）有限公司 2005 年版，第 23 页。
② 梁启超：《丛报之进步》，《新民丛报》第二十六号"学界时评"，1903 年 2 月。

刊在日本东京创刊，自第二期起迁到上海租界内发行。尽管该刊编辑兼发行者署名为蒋智由，但正如梁启超所说："及丁未夏秋间，与同人发起政闻社，其机关杂志名曰《政论》，鄙人实为主任"。①《政论》明确宣布以"实行国会制度，建设责任政府"为奋斗目标，内容分为《演讲》《论著》《记载》《社说》《批评》等栏。1908 年 3 月，清廷以"纠结党羽，化名研究时务，阴图煽乱，扰乱治安"的罪名查禁了政闻社，《政论》也随之停刊。1910 年 2 月，适应全国国会请愿运动高涨的新形势，梁启超在上海创办旬刊《国风报》，自任主编和总撰稿人。该刊"以忠告政府，指导国民，灌输世界之知识，造成健全之舆论为宗旨"，内容分为《论说》《时评》《著译》《调查》《纪事》等栏，所有稿件由梁启超在日本编排好后，寄上海出版发行，其中约有一半文章为其亲撰。对于《国风报》的政治立场，梁启超明确指出这是属于立宪派的言论阵地："最近，乃复营《国风报》，专从各种政治问题，为具体之研究讨论，思灌输国民以政治常识。初志亦求温和，不事激烈，而晚清政令日非，若惟恐国之不亡而速之，刿心怵目，不复忍受，自前年十月以后至去年一年之《国风报》，殆无日不与政府宣战，视《清议报》时代，殆有过之矣"。② 此外，梁启超还参与了《时报》和《国民公报》的创办，用他参与《中外纪闻》以来十多年的报刊生涯，见证、参与并记录了晚清社会发生的剧烈变化，从此"专言政治革命，不复言种族革命"。他的报刊编辑思想在服务于立宪宣传的同时，也扬弃了部分内容，并在以下方面有了深化的迹象。

其一，对于报刊从业者的职业素养，提出了"五本"说。梁启超指出，要使报馆成为制造舆论的最有力机关，报刊编辑人员应该注重其行为规范，谨遵"五本"。所谓"五本"，即"常识""真诚""直道""公心""节制"。"常识"即对报刊编辑的知识要求。梁启超认为，编辑必须懂得自然界和人类社会的各种现象、规律、原理及国内外重大历史史实与当前重大事件。不然，他人以"共信之学理"和"反对之事例"予以反驳，"斯顷刻成齑粉矣"。"真诚"即"以国家利益为鹄，而不以私人利害为鹄

---

① 梁启超：《鄙人对于言论界之过去及将来》，《庸言》第一卷第一号，1912 年 12 月。
② 梁启超：《鄙人对于言论界之过去及将来》，《庸言》第一卷第一号，1912 年 12 月。

是已"，要求编辑出于公心，不为少数人谋私利，否则难以立足或持久。"直道"是有"柔而不茹、刚而不吐，不侮鳏寡、不畏强御之精神"，要求编辑人员既不能"一遇威怵，则噤若寒蝉"，更不能是"依附草木，变其主张而迎合之"。"公心"即编辑不能以自己的好恶来判断是非，"虽甚美，其中必有恶者存；虽甚恶，其中必有美者存，故必无辟于其所好恶，然后天下之真是非乃可见。""节制"即要编辑"导之以真理"，不能"拨之以感情"，更不能"迎合佻浅之性，故作偏执之论。"这"五本"相辅相成，构成了一个关于编辑素养的理论体系，"常识"、"真诚"、"直道"前三者为成全之要素，而后二者即"公心"、"节制"为保健之要务。若缺前三者，"则无所恃以为结合意思之具，即稍有所结合，而断不能统一，不能有力，其究也等于无有。如是其舆论则永不能发生"；而若是缺后者，"则舆论未始不可以发生也，非惟可以发生，或且一时极盛大焉，然用偏心与恃客气，为道皆不可以持久，故其性质不能继续，不转瞬而灰飞烟灭，而当其盛大之时，则往往破坏秩序，横生枝节，以贻目前或他日之忧"。①

其二，对于报刊从业者所肩负的社会职责，提出"八德"说。"八德"，即"忠告""向导""浸润""强聒""见大""主一""旁通""下逮"。"忠告"指对政府或国民"苟其举动有不轨于正道"、不适于时势者，既不能"袒庇""容默"，也不可有"嬉笑怒骂之言""皆当竭吾才以规正之"。"向导""为报馆诸职之干"，即引导政府、国民积极进取，"政府、国民虽涂饰敷衍者居大多数，然谓其绝无一毫向上欲善之心，亦太刻论也。顾虽曰有之，而不识何途之从，披而进之，先觉之责也，斯所谓向导也"。"浸润""强聒"是说教的方式，前者强调细雨润无声，以使读者耳濡目染，潜移默化；后者是反复劝谏，"若孝子之事父母，再三以渎，若良师之诱童蒙，久之而熟于其耳，又久之而餍于其心矣"。"见大"是对社会上比比皆是的政治弊端，要"务其大者、远者"，方能做到纲举目张，先后主从有别。"主一"是要自始至终坚持自己一贯的编辑宗旨，"择术至慎，持义至坚，一以贯之，彻于终始，凡所论述，百变而不离其宗，然后入人者深，而相孚者笃也"。"旁通"要求"集种种资料以馈之粮，使人人

---

① 梁启超：《国风报叙例》，《国风报》第一号，1910 年 2 月。

得所凭借以广其益而眇其思，则进可以获攻错，而退可以助张目"。"下逮"则要求将报刊编得能适合读者知识水平，并能为读者所喜闻乐见，如果是"侈谈学理，广列异闻，自炫其博，而不顾读者之惟恐卧，此则操术最拙者也"。[①]

其三，对报刊的编辑业务提出具体要求。为了匡正中国近代报刊编辑质量低劣之风，梁启超就不同报刊栏目内容，提出相应的编辑原则，即论说四条、纪事五条。对于《论说》栏目的文章，梁启超认为，编辑在选择把关时要把握四项标准：一是"公"，即以社会利益为重，不附于一党之偏见；二是"要"，凡所讨论必为"一国一群之大问题"，而不能尽找一些小事来误导读者；三是"周"，就是要分清主次，以达到着重强调之作用，"凡每日所出事实，其关于一国一群之大问题，为国民所当厝意者，必次论之"；四是"适"，就是所论说的理论一定要适合中国的国情，"虽有高尚之学理，恢奇之言论，苟其不适于中国今日社会之程度，则其言必无力而反以滋病，故同人相勖，必度可行者乃言之"。对于《纪事》栏目的文章，梁启超提出了五条编辑细则：一是"博"，就是要内容广博，使读者不出户而知天下事；二是"速"，采访的要闻电讯应迅速见报，以便读者先睹为快；三是"确"，强调事实清楚，不搞风闻新闻，若有一时失实者，必更正之；四是"直"，凡事关大局者，以忠实报道，无所隐讳；五是"正"，"凡攻讦他人阴私，或轻薄排挤，借端报复之言，概严屏绝，以全报馆之德义"。这些编辑原则与当今编辑学的相关论述并无二致，揭示了报刊编辑工作的基本要求。此外，梁启超对于栏目版式编排，亦提出了自己的见解。一是版式编排要注重"秩序"，"如论说、谕旨、电报及紧要新闻，皆有一定之位置，使读者开卷即见"，即是在同一栏目，内部亦有所区分，"其记载本国新闻，以地别之；外国新闻，以国别之"；二是文字编排"务求显醒"，可以通过运用字体大小及相关符号，以区分内容之重要性："一号、二号、三号、四号、五号、六号字模及各种圈点符号，俱行置备。其最紧要之事则用大字，次者中字，寻常新闻用小字。用大字者，所以醒目也；用小字者，求内容之丰富也。论说批评中之主眼，新闻中之

---

① 梁启超：《国风报叙例》，《国风报》第一号，1910 年 2 月。

标题，皆加圈点以为识别。凡以省读者之目力而已"。①

第三节　出版企业职业期刊人的编辑思想

19 世纪末 20 世纪初，近代印刷技术的输入和广泛应用，资本主义生产方式的初步发展，国人对新文化和科学知识的需求日渐增加，催生了一批初具近代企业性质的出版机构。当中的部分出版机构，还将报刊的出版发行作为其重要业务，或由自己编印，或代他人发行。1897 年创立于上海的商务印书馆，作为中国近现代史上最大的新式出版业，在晚清民国时期或编辑或发行的杂志种类前后多达八十余种，涵盖教育、文化、历史、文学、科学、经济、时政、妇女、儿童等多个学科领域。其中《东方杂志》《教育杂志》《小说月报》《妇女杂志》《儿童世界》都堪称同期全国同类刊物的翘楚，刊印时间既长，历史影响亦大。1902 年创办于上海的广益书局，创办人为冯镜如，出版的期刊有《清议报》《新民丛报》；1902 年创办于上海的开明书局，创办人和主持人为夏清贻、王培孙、龚子英等，总代理《译书汇编》《政法学报》在国内的发行工作；1904 年创办于上海的有正书局，创办人、经理为狄楚青，出版的期刊有《小说时报》《妇女时报》，发行《国粹学报》；1905 年前创办于上海的文明书局，创办人为俞仲还，总经售或代理发行《江苏》《法政杂志》；等等。这些书局的部分创办人及主持者，不仅是优秀的出版经营者，他们在期刊编辑方面也有着独到的见解，并培养了一支报刊职业编辑队伍，为我们留下了值得深入研究的思想遗产。

一、狄楚青与时报系同人的期刊编辑思想

狄楚青（1873—1921），名葆贤，字楚青（楚卿），号平子，别署平等阁主、平情居士、平权阁主人等。早年曾应试中举。戊戌维新时期拥护康梁变法，1900 年参加唐才常等人的自立军勤王活动，事败后避居日本。

---

① 梁启超：《时报发刊例》，《时报》1904 年 6 月 12 日。

1904 年春回上海，筹办并主持《时报》及有正书局工作。《时报》虽是狄楚青奉康有为之命创办，但由于对康、梁保皇党"种种不肯尽力"，事实上貌合神离。梁启超在 1908 年 1 月说："楚卿（即楚青）入世太深，趋避太熟，持盈保泰之心太多，恐本党累及《时报》，此则诚有之。吾党费十余万金以办此报，今欲扩张党势于内地，而此报至不能为我机关，则要来何用？"①

不过，狄楚青对于有正书局"倒是以全力经营的"。② 有正书局设有印刷所、"民影"照相馆等机构，狄楚青对此颇费心思。他引进新技术，招聘专家来馆工作，"雇用了日本两个技师，订了两年合同，专管印刷古画的书，又令他的厂中艺徒加以学习，所以不到日本技师两年合同期满，他们都已学会了"。③ 由于狄楚青经营有方，有正书局的照相、排版、印刷、销售等业务别具特色，在当时上海出版界具有相当的竞争力。此后，狄楚青以时报馆、有正书局为依托，创办了《小说时报》《妇女时报》等时报系杂志。之所以称它们为时报系杂志，一是其名称沿用了"时报"二字，体现了狄楚青的办刊理念，即创立中国的泰晤士报团；二是这些刊物借助于《时报》、有正书局和民影照相馆之力，在编辑人才的培养使用以及印刷、发行、图片来源、广告推广等业务开展方面占据优势；三是期刊发起活动与狄楚青密切相关，"原来狄平子是心醉于小说的，《时报》上就每天有长篇连载，自我（即包天笑——引者）来后，便急须办《小说时报》了。他本有一个有正书局的出版所，又有一个很好的印刷所，铅印石印齐备，办一个杂志，也较为方便。又有《时报》上不花钱可以登广告"。④

作为《小说时报》和《妇女时报》的主办者，狄楚青强调，"我的办报并不是要革新舆论，乃是想要革新代表舆论的报界"。他在《时报》设置《小说》栏目，"每张附印小说两种，或自撰，或翻译，或章回，或短篇，以助兴味而资多闻。惟小说非有益于社会者不录"。⑤ 他创办的《小说

---

① 丁文江等编：《梁启超年谱长编》，上海人民出版社 2009 年版，第 282 页。
② 包天笑：《钏影楼回忆录》，中国大百科全书出版社 2009 年版，第 412 页。
③ 包天笑：《钏影楼回忆录》，中国大百科全书出版社 2009 年版，第 412 页。
④ 包天笑：《钏影楼回忆录》，中国大百科全书出版社 2009 年版，第 356 页。
⑤ 《时报发刊词》，《时报》1904 年 6 月 12 日。

时报》，也延续了这种风格，"自经营以
来图画之精美，小说之新奇，笔记之雅
洁，久为社会所欣赏，故每期销数恒达
七八千册，当本报发轫之始，中国虽间
有小说杂志，而封面之美丽，图画之精
彩，皆未之前有是。本报堪为中国新小
说杂志之一大革新家"。① 狄楚青在这里
将《小说时报》标榜为"新小说杂志之
一大革新家"，或许有夸大之处，但该刊
在形式的创新、思想的追求上，确实达
到了相当的水平。《妇女时报》也是如
此，它标榜要绍介各种知识，推动女学
进步，开通女界风气，"近世以来，欧风
墨雨，震荡吾神皋，吾女界诸姊妹，亦

图 9 - 1 《小说时报》

怵于国事之日蹙，世道之日微，思有以扶持之。虽女学光明，仅于此沉霾
黑暗中开一线原，亦雅不泛明敏。通达之闺彦，与夫忧时爱国之女士，时
锡伟论，靳以唤醒同胞之迷梦。同人等于是谋为月刊，不敢谓于吾女界中
发起光芒，亦绍介所得，以贡献于国民，则本志应尽之职务也"。② 此外，
对于报刊的编辑风格，狄楚青亦非常注重插图的作用，譬如《小说时报》
出现的刊头照，有人物、有风景，人物占主要位置，其中又以妓女为多：
"《小说时报》除了在小说中偶有插图外，每期前幅，还有许多页铜版画
图。这些铜版图，有的是各地风景，有的是名人书画。但狄平子以为这不
足引人兴趣，于是别开生面，要用那时装美人的照片。这种时装美人的照
片，将向何处去搜求呢，当时的闺阁中人，风气未开，不肯以色相示人，
于是只好向北里中人去征求了"。③

　　《小说时报》虽由狄楚青创办，实由陈景韩、包天笑两人负责笔政事

---

① 《〈小说时报〉大刷新布告》，《妇女时报》第十八期，1916 年 6 月。
② 《妇女时报发刊词》，《妇女时报》第一期，1911 年 6 月。
③ 包天笑：《钏影楼回忆录》，中国大百科全书出版社 2009 年版，第 358 页。

务。包天笑在回忆这一段经历的时候说："编辑《小说时报》，是我与冷血二人轮流合作的，不过我们每期都要担任些短篇和长篇，此外便是选登若干外来的短长篇了"。①《小说时报》一改以前小说杂志刊登小说时断时续的连载方式，而注重刊登小说的结构完整性："《小说时报》是个月刊，编辑并不难，就是每期要担任若干稿子，也是够忙的了。对于长篇小说，其他杂志，都是分期刊出，每期不过登出四五千字，如果稿是四五万字的，要十期方始登完，使人闷损，但在《小说时报》上，倘然是个中篇，必一次登完，长篇而字数较多的，则分为两期，最多是三期，也一定登完"。②同时，《小说时报》在目录中将小说直接分为短篇、长篇、杂记随笔，并首次将"短篇小说"置放入各栏目之首。而短篇小说"在五四文学时期不仅仅是一种文体，而是一种新文学的标志"。③

陈景韩与包天笑在《小说时报》编辑创新方面均有贡献，但在具体细节上又各有特色。陈景韩（1877—1965），又名景寒，别署冷血、冷、华生、景、不冷、新中国之废物等等。早年留学日本，1904 年受聘《时报》任主笔，首创《时评》专栏，配合时事，抒发议论，短小精悍，令人耳目一新。作为《小说时报》的主笔之一，陈景韩的着力点主要在文章翻译、创作上。他在《小说时报》上刊载了《催醒术》，并将其置于第一篇。该小说在继续探索国民性"病态""劣根"问题的基础上，增加了手持像笔管一样的"竹稍"者一角，通过一名"觉醒者"的眼睛来看中国，"众人皆醉我独醒，举世皆浊我独清"。由于《小说时报》没有《发刊词》，陈景韩想通过此文宣告《小说时报》的宗旨是"催醒"。④ 这亦成为陈景韩在《小说时报》上的翻译、创作作品的主要风格。尽管陈景韩的作品表现方式多样，既有《催醒术》这样的严肃创作，也有《黑手党》《伯爵虎化记》《俄国之侦探术》这样的域外奇闻，还有像《拿破仑》《祖国》这样的涉及爱情、政治的新剧剧本，但总有一条主线贯穿其中，就是无论小说

---

① 包天笑：《钏影楼回忆录》，中国大百科全书出版社 2009 年版，第 357 页。
② 包天笑：《钏影楼回忆录》，中国大百科全书出版社 2009 年版，第 357 页。
③ 范伯群主编：《中国近现代通俗文学史》下卷，江苏教育出版社 2000 年版，第 590 页。
④ 范伯群：《〈催醒术〉：1909 年发表的"狂人日记"》，《江苏大学学报》（社会科学版）2004 年第 5 期。

如何开始，作者在最后总是能够将之拉回现实，或是以小说结局的形式呈现，或是以"批解"的形式出现，从而发挥开风气、改良社会的作用。换言之，陈景韩作为《小说时报》的主笔，"表现出来的是一种冷峻多变的文士气，少油嘴滑舌的游戏文，是身在鸳鸯蝴蝶之外的主笔；他也为刊物的精神追求提供了一个严肃关照社会人生的路径"。①

包天笑，原名清柱，又名公毅，字朗孙，江苏吴县人。常用笔名有天笑、天笑生、笑、钏影楼主等，与陈景韩合著之文署名冷笑。他是较早尝试办报纸杂志的人，早年曾在苏州出版《励学译编》。1900年到上海，入金粟斋译书处、启秀编译局、广智书局编译所及珠树园译书处，担任过校对、编译员等职。1901年10月间，与同人创《苏州白话报》。1906年再次到上海，受狄楚青、陈景韩聘，入《时报》馆，主外埠新闻，编副刊《余兴》。对于《小说时报》，包天笑负有审稿编发之责，绝大多数的投稿都是经包氏之手处理的，"有些小说稿，都要选择过，检定过的，倒也很费功夫。冷血不耐看那些征求来的小说，那末阅读小说便是我的工作了。本来看小说是有兴味的事，有了名小说，我们还要急急去购求，但是强迫着每日要看若干万字的平庸小说，便觉兴趣索然了。好的小说，固然越看越有劲，坏的小说，却是如吃苦果了。不过也有文词生硬而意思还好；也有没有什么旨趣，而用笔也很技巧，便不能不看下去"。② 由于包天笑在编辑方面的把关和引导，《小说时报》成了一份培养"苏派"后进文人的刊物，如周瘦鹃的成名，即得益于《小说时报》为他提供的舞台。而在译创上，包氏或与人合译、合作，或独自译创，在《小说时报》上发表了大量文字。这里，不管是编辑，还是译创，包天笑都是自有特点，以诙谐幽默之风令刊物有了一种通俗气，这意味着"杂志的主编们正在改变以前期刊的启蒙意识，而是注重以小说为本体，以读者的需求为根本了，杂志主编们的趋众意识开始加强"。③

《妇女时报》创刊以后，由陈景韩为首任主编，具体负责编辑的是包

① 鲁卫鹏：《小说时报研究》，华东师范大学2008年硕士学位论文，第14页。
② 包天笑：《钏影楼回忆录》，中国大百科全书出版社2009年版，第357页。
③ 范伯群主编：《中国近现代通俗文学史》下卷，江苏教育出版社2000年版，第561页。

天笑。据他回忆，"本来《小说时报》几个月都是我（包天笑——引者）编的了，因为冷血常常出外旅行。过了一年多，楚青又想出一种《妇女时报》来了。于是《小说时报》重归冷血编，而我又专门编《妇女时报》了。"对于《妇女时报》，包天笑认为，该刊的定位应该"是综合性的，不能专谈文艺，而且里面的作品，最好出之于妇女的本身"。① 按照这一编辑思路，《妇女时报》为了体现出内容的广泛性，开设有《图画》《时论》《知识介绍》《传记》《游记》《中外妇女风俗》《读者俱乐部》《编辑室》《文学》（包括诗词、小说等）等栏目，"凡是可以牵涉到妇女界的，都可以写上去，还有关于儿童、家庭等等，都拉进《妇女时报》里去了"。② 考虑到当时的妇女知识水准不高，大多数不能握笔作文，《妇女时报》积极鼓励女性读者投稿："本报除聘请通人名媛分司编辑撰述之外，更募集四方闺彦才媛之心得，以贡献于世界邦人士女，其亦乐为之助欤。"同时公布正文规格："实验谈、日记文、文苑（小品文、歌曲、诗词等）。"对于被选中的征文，包天笑还给以丰厚的稿酬，"酬赠一千字以上一等每千字三元，二等每千字二元，三等每千字一元，短文一等一元，二等七角，三等四角"。悬赏文则采取以书券代稿酬的方式："当选者一等一人赠有正书局出版物计值五圆，二等二人赠有正书局出版物计值三圆，三等不拘赠有正书局出版物计值一圆，以上出版物均有自由选择。"③ 同时还积极引导读者就当前热点问题展开讨论，如先后颁布了《我乡婚嫁之风俗》（第一期）、《各地妇女之职业》（第三期）、《说女子参政之理由》（第六期）等"悬赏文"。

　　综上所述，《小说时报》与《妇女时报》依托于有正书局和《时报》，一方面杂志可以连载小说，受欢迎的小说可以在有正书局出版单行本，发行时再在《时报》上刊登广告；另一方面杂志鼓励读者投稿，并以有正书局出版物相赠送。这种书、报、刊三种媒体联动的出版模式，极大地增强了传播效果，在出版物营销方面取得了极大的成功，对于近代期刊业的市

---

① 包天笑：《钏影楼回忆录》，中国大百科全书出版社 2009 年版，第 360 页。
② 包天笑：《钏影楼回忆录》，中国大百科全书出版社 2009 年版，第 360 页。
③ 《本刊征文例》，《妇女时报》第一期，1911 年 6 月。

场化运作进行了可资借鉴的有益探索。

二、商务印书馆同人的期刊编辑思想

商务印书馆创始人最初为夏瑞芳等人，1901 年邀请张元济入股商务印书馆。张元济，字菊生，浙江海盐人。他素来重视报刊传播知识、开启民智、引导舆论等方面的作用，曾创办并主编《外交报》，主张"志在裨益时局，启发民智，非为牟利"。[1] 张元济之所以加入商务印书馆，亦带有通过书报出版教育国民的目的。据他回忆："夏（瑞芳）君招余入馆任编译，余与约，吾辈当以扶助教育为己任。"[2] 1902 年，商务印书馆正式设立三个所：编译所、印刷所和发行所，分治出版、印刷和发行事务。印刷、发行所所长分别为鲍咸昌和夏瑞芳，编译所第一任所长为蔡元培，后因 1903 年"《苏报》案"，改由张元济任所长，出版《绣像小说》《东方杂志》《教育杂志》《小说月报》及《少年杂志》等刊物，从不同侧面体现了张元济的期刊服务国民教育的理念，形成了商务印书馆同人们独具特色的编辑思想。

图 9 - 2　张元济

据郑逸梅所述，1903 年创办的《绣像小说》，即是张元济努力的结果：

张元济于光绪二十九年（1903）任商务印书馆编译所所长之后，看到广智书局刊行的《新小说》杂志，刊载了梁启超、吴趼人写的《侠情记传奇》《二十年目睹之怪现状》等作品，把老学究们严禁弟子

---

[1]　张元济：《外交报试办章程五条》，载《张元济全集》第五卷《诗文》，商务印书馆 2008 年版，第 20 页。

[2]　张元济：《东方图书馆概况缘起》，载《张元济全集》第四卷《诗文》，商务印书馆 2008 年版，第 392 页。

阅读的所谓不正经的小说的地位大大提高了，他对此非常赞同。恰巧这时那位南亭亭长李伯元寓居沪上，他办过许多小型报纸……很受广大读者的欢迎，因此他的声望很高，张元济便聘他编辑一种小说杂志，双方同意，取名《绣像小说》。①

《绣像小说》主编为李伯元，他在《缘起》一文中指出，《绣像小说》的创刊在于借小说针砭朝政之积弊，为国家危险立鉴，以此唤醒民众，"夫今乐忘倦，人情皆同。说书唱歌，感化尤易。本馆有鉴于此，于是纠合同志，首辑此编。远摭泰西之良规，近挹海东之余韵，或手著，或译本，随时甄录，月出两期，藉思开化夫下愚，遑计贻讥于大雅。呜呼！庚子一役，近事堪稽，爱国君子，倘或引为同调，畅此宗风，则请以此编为嚆矢。著者虽为执鞭，亦忻慕焉"。② 在该刊出版的三年里，李伯元基本上贯彻了其办刊宗旨。"在这几种杂志中，虽各有所长，其最纯正的莫如《绣像小说》。《绣像小说》在侦探小说风靡一世时，能独持异议，不刊此类作品，实为难能。而所刊者以能开导社会为原则，除社会小说外，极少身边琐事、闺阁闲情之著作。若《文明小史》《活地狱》《老残游记》《邻女语》《负曝闲谈》《扫迷帚》等，均足以说明一时代之变革"。③

商务印书馆1904年创办的《东方杂志》，则是夏瑞芳、张元济等人协力推动的结果。早在1903年，夏瑞芳就提议创办一种期刊，以与社会各界通气联系，名称定为《东亚杂志》。张元济对此表示支持。此后发现德国驻沪领事馆已出有德文《东亚杂志》，为避免同名起见，改称《东方杂志》。《东方杂志》首任主编为徐珂，第二任主编为孟森。他们二人主持的时期为1904年至1910年。这一阶段的《东方杂志》以"启导国民，联络东亚"作为办刊宗旨。在编辑原则上，主要是仿效日本《太阳报》和英美等国文摘报的做法，除了本社撰译的《社说》《广辑新闻》外，同时还选录各种官民的双日报、七日报、旬报、月报、每日报名论要件中的文章，

---

① 郑逸梅：《晚清小说的宝库——〈绣像小说〉》，载《书报话旧》，中华书局2005年版，第160页。

② 《本馆编印绣像小说缘起》，《绣像小说》第一期，1903年5月。

③ 阿英：《清末小说杂志略》，载张静庐辑注《中国近代出版史料初编》，上海书店出版社2003年版，第109页。

并将搜罗宏富、选择精审的稿件分门别类归入《谕旨》《内务》《军事》《外交》《教育》《财政》《实业》《交通》《商务》《宗教》《杂俎》《小说》《业谈》《新书介绍》《社说》（选论来稿附）等 15 个栏目，使得"有志之士欲检查时事者得此可免抄录之繁"，亦可使"内地人士无力遍阅各报者得此亦足周知中外近事"。① 由于当时情况相对特殊，刊物编辑实际是由"本社同人"共同进行的："根据其各自职责的不同，可以分为三个层次。核心层是商务编译所的领导者张元济、高梦旦，由他们在总体上把握《东方杂志》的创刊思路和整体定位，并对具体编务进行监督和审定。这一层中还应当包括与张元济关系密切、对其思想有很大影响，并与商务编译所关系密切的蔡元培。中间层是主编徐珂，由他负责《东方杂志》的具体编辑工作：包括从众多报刊中选择可供《东方杂志》各栏目转载的论说，将核心层的意愿具体贯彻融合到刊物面貌中去。基层则包括了编译所内的众多成员，如蒋维乔、夏曾佑、长尾雨山等人，他们不固定地担任一些《东方杂志》的编辑工作，并撰写了一些'本社撰稿'。除此之外，还有一些身处馆外、不负责刊物编辑，只是受邀参与'本社撰稿'写作的一些人，如以汪允宗为代表的馆外人士。"②

在《东方杂志》的早期，对于该刊的发展作出重要贡献的是杜亚泉。如前所述，杜亚泉早年曾创办《亚泉杂志》（后改名为《普通学报》），1904 年秋应商务印书馆创始人夏瑞芳、张元济的邀请，正式加盟商务印书馆。1909 年兼任《东方杂志》编辑，1911 年春正式被聘为主编。杜亚泉在接任《东方杂志》主编后，立即宣布进行"大改良"：

> 国家实行宪政之期日益迫，社会上一切事务皆有亟亟改进之观，我《东方杂志》刊行以来，已阅寒暑，议论之正确，记载之翔实，既蒙当世阅者所许可，顾国民读书之欲望，随世运而俱进，敝社同人不得不益竭绵力以谋改良。兹于今春扩充篇幅，增加图版，广征名家之撰述，博采东西之论著，萃世界政学文艺之精华，为国民研究讨论之

资料，藉以鼓吹东亚大陆之文明。①

根据杜亚泉拟定的改良条例，一是改革文章内容，各栏目揭载政治、法律、宗教、哲学、伦理、心理、文学、美术、历史、地志、理化、博物、农工商业诸科学最新之论著，旁及诗歌、小说、杂俎、游记之类，或翻译东西杂志，或延请名家著作，"以启人知识、助人兴趣为主"；"记载时事，务其大者，近自吾国，广及世界，凡政治上之变动，社会上之潮流，国际上之关系，必求其源委，详其颠末，法令公文亦择要附录焉"。二是改革了期刊形式，包括：把开本由原来的 32 开变为 16 开，大大增加了篇幅和版面；大量增加插图，每期卷首铜版图十余幅，各栏内插入关系密切之图画，

图 9-3 杜亚泉

以使杂志图文并茂，吸引读者。经过杜亚泉的改革，《东方杂志》具有了现代杂志的雏形，代表了现代杂志的新理念，成为当时最具影响的大型综合性期刊。对此，胡愈之评述说：

> 杜亚泉先生主编《东方》……先后共历九年。当时中国杂志界还是十分幼稚，普通刊物都以论述政治法令，兼载文艺诗词为限。先生主编《东方》后，改为大本，增加插图。并从东西文杂志报章，撷取材料。凡世界最新政治经济社会变象，学术思想潮流，无不在《东方》译述介绍。而对于国际时事，论述更力求详备。……为当时任何定期刊物所不及。②

① 《辛亥年东方杂志之大改良》，《东方杂志》第七卷第十二期，1911 年 1 月。

② 胡愈之：《追悼杜亚泉先生》，载《商务印书馆九十五年——我和商务印书馆：1897—1992》，商务印书馆 1992 年版，第 65 页。

1908 年秋，陆费逵被重金聘到商务印书馆。其时，高梦旦常代表商务印书馆出席书业商会，"屡与文明书局陆费伯鸿见面，谈论之下，大奇其才。盖经营书业者，有出版、印刷、编辑三大部分，互相联系，然能发行者未必知印刷，能印刷者未必知发行，能编辑者更不知发行与印刷。唯陆氏既能操笔编书，又于发行、印刷头头是道，故梦旦佩服之，归言于菊生，以为如此人才，文明竟不能识，屈居普通职员，商务应罗致之。于是以重金聘为出版部主任"。① 陆费逵，名逵，字伯鸿，号少沧，笔名有飞、冥飞、白等。他早年曾主编过《图书月报》（1906 年创刊），进入商务印书馆后，他积极筹划《教育杂志》的创办。对于教育类杂志的体例，陆费逵不仅明确"以研究教育、改良学务为宗旨"，同时还对栏目设置做了规划，设立了《图画》《社说》《学术》《教授管理》《教授资料》《史传》《教育人物》《教育法令》《章程文牍》《纪事》《调查》《评论》《文艺》《谈话》《杂纂》《质疑答问》《名家著述》《附录》等栏目。此外，陆费逵还出于"研究教法，交换智识起见"，积极悬赏征集教授案，其相关简章指出，每月征集一次，于修身、读本、作文、算术、历史、地理、理科等中选择一命题。

陆费逵对于教育期刊的创办，有着强烈的教育救国的理念，曾多次强调教育与国势的关系，"教育得道，则其国昌盛；教育不得道，则其国衰弱而灭亡，此一定之理也"。② 同时陆费逵还着眼于商业出版盈利的需要，把刊物作为与教育界联系的一个平台，借此积极拓展商务印书馆教科书出版的市场空间。正如后来的学者回忆并指出的："《教育杂志》的创意人是陆费逵，创意被采纳后，商务委托他筹备并任主编。商务当时以《教育杂志》来加强与全国各地学校的联系"。③ "《教育》（即《教育杂志》——引者注）原由陆费伯鸿创办主编，以讨论教育学术为名，实际的目的是把它作为推广教科书的工具，通过杂志与各学校取得联系。杂志上附印一张学

---

① 蒋维乔：《创办初期之商务印书馆与中华书局》，载汪家熔辑注《中国出版史料（近代部分）》第 3 卷，湖北教育出版社 2004 年版，第 194 页。

② 陆费逵：《论今日学堂之通弊》，载《陆费逵教育论著选》，人民教育出版社 2000 年版，第 46 页。

③ 汪家熔：《近代出版人的文化追求》，广西教育出版社 2003 年版，第 175 页。

校调查表，各学校把表上所载学校名称、校长教职员姓名、全校班次、学生人数和所用教科书等项填明寄去，可赠送杂志一年。"①

　　1910 年 7 月，商务印书馆又出版了一份新的文学刊物《小说月报》，王蕴章为首任主编。王蕴章，字莼农，别号西神残客，担任首任主编的时间是 1910 年 7 月到 1911 年 12 月，共编辑杂志 19 期。王蕴章指出，《小说月报》是承继《绣像小说》而办，"本馆旧有绣像小说之刊，欢迎一时，

图 9-4　《小说月报》

嗣响遽寂，用广前例，辑成是报。匪曰丹稗黄说，滥觞虞初，庶几撮壤涓流，贡诸社会"。② 但在办刊实践中，二者的宗旨是有区别的，《小说月报》是在娱乐中教化民众，而非《绣像小说》的匡救时势："本报以迻译名作、缀述旧闻、灌输新理、增进常识为宗旨"。此后，王蕴章多次强调小说的娱乐消遣作用，并在该刊的"征文通告"中指出，"现——身，说——法，幻云烟于笔端，涌华严于弹指，小说之功伟矣"。③ 另一则广告则说："唯一无二之消夏品，夏日如年，闲无事求，所以愉悦性情，增长闻见，莫如小说。"④对于小说期刊的栏目，王蕴章亦有自己的规划：

　　本报各种小说皆敦请名人分门担任，材料丰富，趣味浓深，其体裁则长篇、短篇、文言、白话、著作、翻译，无美不搜；其内容则侦探、言情、政治、历史、科学、社会，各种皆备。末更附以译丛、杂

　　① 锡琛：《漫谈商务印书馆》，载汪家熔辑注《中国出版史料（近代部分）》第 3 卷，湖北教育出版社 2004 年版，第 87—88 页。

　　② 《编辑大意》，《小说月报》第一期，1910 年 7 月。

　　③ 《征文通告》，《小说月报》第一期，1910 年 7 月。

　　④ 《小说月报》（第二年闰月增刊），1911 年。

纂、笔记、文苑新知识、传奇、改良新戏诸门类，广说部之范围，助
报余之采撷。每期限于篇幅，虽不能一一登载，至少必在八种以上。
本报卷首插图数页，选择綦严，不尚俗艳，专取名人书画以及风景古
迹足以唤起特别之观念者。①

《小说月报》的这种栏目设置，与晚清其他小说期刊相比，更加凸显
了小说文体的特征，对于小说的分类方法更为科学合理，其中的部分栏
目，如《白话》和《改良新戏》等，尤其具有文学革新的气象，为我国现
代话剧的诞生做了较好的准备，同时也显示了王蕴章在小说期刊编辑方面
的创新意识。

　　商务印书馆在清王朝灭亡之前创办
的最后一份刊物是《少年》杂志。该刊
创办于1911年3月，首任主编为孙毓
修，其主持该刊前三卷的编务，前后长
达三年多。孙毓修，于1908年开始主编
《童话丛书》，后将丛书改为杂志，但其
宗旨不变，强调教育济世，"本馆旧编
《童话》，以稗官之谈，寓牖世之意，颇
承阅者许可，风行一时。今本斯旨，更
为杂志，月刊一册，颜曰《少年》"。
《少年》杂志的内容，大致分为修身、
文学、历史、地理、算学、格致、卫
生、动物、植物、矿物、实业、手工、

图9-5　《少年》

习字、图画、体操、音乐、歌谣、游戏、中国时事、外国时事等20类，
"皆择其切近易知、饶有兴趣者，随时编次，互见各册。兼采古今中外之
新奇故事，讽世寓言，以供谈助。插画丰富，行文浅显，凡入学三四年之
生徒，以及粗解文义之人，皆能领会。庶可为教育之补助，而使社会中
人，皆晓然知德育、智育、体育三者之急焉"。② 从其栏目设置的旨趣中不

---

　　① 《编辑大意》，《小说月报》第一期，1910年7月。
　　② 《缘起》，《少年》杂志第一卷第一册，1911年3月。

难看出孙毓修的编辑思想。一是认为儿童杂志应该具备开智识、广见闻的功能。二是主张儿童杂志要文简而有味，浅显易懂。三是强调刊物与读者互动的重要性。《少年》杂志创刊号即有《少年杂志临摹书画悬赏规则》鼓励读者进行临摹，"优等者送书券，甲等十元，乙等五元"，获奖作品还可以印入杂志；同时还经常进行征文活动，先后以"少年爱读之书""暑假中之学生""历史中崇拜之人物""共和国之少年"等贴近儿童生活的题目进行征文。

晚清时期，传统文人逐渐脱离科举仕进的道路，开始参与报刊编辑、书籍出版等活动，但是由于他们办刊办出版的初衷，往往不是以谋求利润为目的，而是为了发表言论、参与社会，没有出版和发行机构为依托，经济基础薄弱，加上不懂经营，缺乏市场眼光，仅凭一腔热情，使得这一时期的许多刊物都难以维持长久。商务印书馆和有正书局等新式出版企业对于创办新式报刊的投入，推动近代报刊走上了市场化企业化运作的道路，培养造就了一批职业报刊编辑，他们在报刊编辑出版活动中积累了丰富的办刊经验，形成了自己独立的编刊思想，为近代报刊出版注入了生机和活力。

第十章

晚清的期刊出版行业

第一节　期刊出版市场的形成

一、期刊印刷技术的输入与改进

19 世纪中晚期，经过改造后的活字印刷术重返国内，然而由于雕版印刷成熟的技术和已经形成惯性的原料供应渠道，传统的生产工艺和生产流程，其造价相对于不成熟的活字铅印而言很有优势。傅兰雅 1880 年撰写的《江南制造总局翻译西书事略》对此有很详细的记载：

> 若照西法以活板印书，则一次必多印之，始可拆板；设所印者年深变旧，或文字错讹，则成废纸而归无用。惟中国法则不然，不须巨资多印存储；若板有差字，亦易更改；而西法已印成书，则无法能更改也。有云："最能印书者，一日可印五千页，不用印架，不需机器，俱以手工手器印之，而工价亦廉，每四工约得洋一圆。"印书之纸为上等连史纸，另一种次者为赛连纸，较连史纸价扣八折。书用白丝线装订，较平常书籍格外精致，甚合于学士文人之用。①

从傅兰雅的记述可见，作为一种新技术的金属活字虽被采用，但由于各种原因，出版业内依然选择雕版印刷作为主要技术手段。在铅印与雕版

---

① ［英］傅兰雅：《江南制造总局翻译西书事略》，《格致汇编》第三年第三卷，1880 年6 月。

图 10－1 傅兰雅

印刷胶着的时期，石印技术的引进彻底打破了这种僵局，加速了雕版印刷退出中国期刊出版的步伐。石印是捷克人施耐飞尔德于 1798 年发明的。其方法是以天然多微孔的石印石作为版材，利用水油相拒的原理，用脂肪性的转写墨将图纹描绘在石面上，通过转写纸转印于石面上，经过处理，即成为印版。19世纪 30 年代，石印技术逐渐传入中国。英国传教士麦都思曾于 1830—1831 年间在巴达维亚（今印度尼西亚雅加达）使用石印术印刷中文书籍。随后不久，在澳门设立了一个印刷所。1832 年年底，在广州也设立了石印所。麦都思于 1838 年创办的《各国消息》，即采用了石印术，是"为中国最早使用石印技术的报刊"。[1]

1843 年，麦都思来到上海，开设"墨海书馆"，并采用石印技术出版了《耶稣降世传》《马太福音注》等书籍，为上海石版印刷之先驱。1876 年，上海徐家汇土山湾印书馆购进石印设备，印刷唱经和宗教宣传品。石印技术引起出版界广泛关注和采用，是从申报馆创办《点石斋画报》开始的。1877 年，申报馆创办点石斋石印书局。次年底，该局装备了进口石印机器；同年 12 月 30 日的《申报》刊出告白，公开出售该局出版的石印书报字画。1884 年，《点石斋画报》一经面世，第一号"三五日间全行售罄，可见价廉物美，购阅者必多矣"。这一时期的石印技术，较之雕版印刷和铅印而言，不仅快速，而且

---

[1] 叶再生：《中国近代现代出版通史》第 1 卷，华文出版社 2002 年版，第 155 页。

笔画清楚，印出来的作品纤毫毕现，获得时人的众多美誉。黄式权《淞南梦影录》记载："石印书籍，用西国石板，磨平如镜，以电镜映像之法，摄字迹于石上，然后傅以胶水，刷以油墨，千百万页之书不难竟日而就，细若牛毛，明如犀角。"① 石印技术简便易行、成本较低，适于科举应试者的需要。陆费逵在 1932 年总结说：

> 萌芽时期的铅印业……殊不足道。所印的书既寥寥，每年营业也不过数十万元。同时石印业印书多而营业盛。因为科学时代携带便利的缘故，各种经书及《大题文府》《小题十万选》一类的书，都缩成极小的版本。后来科举改革，要考史鉴策论，于是《二十四史》《九通》《纲鉴》以及各种论说，又复盛行一时。②

或许正因如此，石印技术很快为 19 世纪末出版机构所追捧，形成清末出版界的"石印热"。据 1887 年《申报》报道：

> 石印书籍肇自泰西。自英商美查在沪上开点石斋，见者悉惊奇赞叹。既而宁、粤各商仿效其法，争相开设。而新印各书无不勾心斗角，各炫所长，大都字迹虽细若蚕丝，无不明同犀理。其装潢之古雅，校对之精良，更不待言。诚书城之奇观，文林之盛事也。③

当时，除上海、广州等通商口岸外，内地各省的石印业也迅速发展，像北京、天津、广州、宁波等地在 19 世纪末至 20 世纪初都开设了石印书局。1881 年，广东商人徐润及其堂兄弟等创办了同文书局。1887 年，江西人李盛铎在上海开了蜚英馆石印书局。上海传统刻书名坊扫叶山房也开始石印书籍。此外，在上海出现的石印书局还有鸿宝斋、竹简斋、史学斋、立矣实斋、五洲同文书局、积山书局、鸿文书局、会文堂、文瑞楼等等。申报馆、商务印书馆也曾使用石印技术印刷图书。据统计，当时上海采用石印技术的出版机构有 56 家，比铅印的多一倍有余。其中"英人所设点石斋，独擅其利者已四五年，近则宁人拜石山房，粤人之同文书局与之鼎

① 张秀民：《中国印刷史》，上海人民出版社 1989 年版，第 579 页。
② 陆费逵：《六十年来中国之出版业与印刷业》，载张静庐辑注《中国近代出版史料补编》，上海书店出版社 2003 年版，第 275 页。
③ 《记蜚英馆》，《申报》1887 年 2 月 5 日。

立而三，甚矣，利之所在，人争趋之。"① 1889 年 5 月 25 日的上海《北华捷报》刊载的《上海石印书业之发展》一文中称：

> 上海石印中国书籍正在很快地发展成为一种重要的企业。石印中使用蒸汽机，已能使四五部印刷机同时开印，并且每部机器能够印出更多的页数。因为中国资本家咸能投资于此种企业，赢利颇丰。印书如此便利，对于一个大家喜欢读书的国家来说，是一件幸事。②

19 世纪末，海外留学运动为近代印刷的发展注入了新的元素。许多留学生引进设备，组建印刷机构，出版刊物，从事书刊译、著、编工作，为期刊出版流通提供了人力资源和技术保障。1895 年，浙江瑞安的李翰西、李墨西兄弟从日本游学回国时购买三号石印机一台，用于印刷罐头商标和招贴。1900 年至 1910 年间，温州十中地理教师李贤伦，将李翰西的一台小石印机迁到永嘉（今温州）开设务本印刷局，后又增加两台二号石印机，一台对开大石印机，业务逐渐拓展，承接了《瓯海民报》《新瓯潮报》等报刊的印刷工作。1905 年，山东工艺局总办沈景臣与吴璧臣从日本购进石印机一台，在济南开设大公石印馆，并从上海聘来技师，以印刷《简报》为主要任务。1908 年，云南腾冲侨乡和顺公司派李启善、寸绍文留学日本，专攻造纸、印刷工艺，回国时买回石印机两台，建立印刷所。同时，珂罗版印刷也在这一时期得到发展。追究其传入中国的时间，大致在 19 世纪 70 年代。据贺圣鼐介绍，光绪初年似已有珂罗版印刷，当时徐家汇土山湾印刷所安相公以之印刷《圣母》等教会图画，同时英商别发洋行亦举办珂罗印刷。1880 年，北京有延光室用珂罗版印刷书画。1902 年，无锡人廉泉、俞复等从日本购进石印和珂罗版印刷等设备，在上海创办文明书局，积极探索珂罗版印刷技术。尤其值得一提的是赵鸿雪，他被誉为"我国第一个探索珂罗版印刷技术成功者"。赵鸿雪"本工书画，解机械——能修打簧表——精照相，往日本欲习照相制版，日人不肯真实教

---

① 张秀民:《中国印刷史》，上海人民出版社 1989 年版，第 591 页。
② 《上海石印书业之发展》，载张静庐辑注《中国近代出版史料补编》，上海书店出版社 2003 年版，第 88 页。

授。赵君遂自己研究，居然成功"。① 1904 年，文明书局"始办彩色石印，雇用日本技师，教授学生，始有浓淡色版。其印刷图书，色彩能分明暗，深淡各如其度，殆与实物仿佛"。② 同年，上海有正书局狄楚青用珂罗版影印书画碑帖手册三百多种。1907 年商务印书馆始有珂罗版，后又采用彩色珂罗版印刷新技术。1908 年，邓实与黄宾虹等创办神州国光社，以珂罗版影印历代书画碑帖金石印谱等二百多种，辑为《神州国光集》《神州大观》等。

在海外留学运动中获益最多、对后世中国影响最大的印刷技术革新，是铅印技术的发展。1898 年，上海从日本购进一批仿制的欧式回转印刷机，1906 年又从英国购进以电气马达为动力的华府台单滚筒印刷机，印速达到每小时 1000 张。英国华府台单滚筒印刷机系英国华府台之道生（William Dawson）和何脱莱二人发明于 1860 年，即通常大家所习称的"大英机"。因二者价格较之欧制印刷机低廉，故国人多用之。商务印书馆在这一印刷技术方面的探索和应用颇具典型性。该馆 1900 年收购日商上海修文印刷所，开始用纸型铸铅版印刷；1904 年聘请日本技师前田乙吉和大野茂雄来华指导，改进照相铜锌版技术；1908 年引进铝版印刷机，聘用日本木村今朝男为技师，每小时能印 1500 张；1909 年聘请文字学家将姜别利设计的字架按书报要求进行改革，同时聘请徐锡祥刻制二号楷体字模，后又刻制方头体和隶书体字模。1909 年至 1911 年，聘请美国技师施塔富试制三色版成功。不仅如此，商务印书馆还以自身作为中介，将石印机、铅印机和铸字机等多种印刷机械转售给其他印刷企业。1906 年，商务印书馆在《东方杂志》上刊登"专售各种印书机器"的广告称：

> 敝馆建设十年，知中国教育前途日益发达，所有赖于印刷术者甚亟，因向外洋运入各种纸墨及印书机器等件，以应全国之需。所运各种纸张，结实精美，花色全备，无论刷印书籍图画，大小单件及装面等皆可。各色洋墨光亮鲜美，耐久经用。无论石印、铅印，纯黑五彩

---

① 陆费逵：《六十年来中国之出版业与印刷业》，载张静庐辑注《中国近代出版史料初编》，上海书店出版社 2003 年版，第 277 页。
② 贺圣鼐：《三十五年来中国之印刷术》，载张静庐辑注《中国近代出版史料初编》，上海书店出版社 2003 年版，第 271 页。

皆全。机器有英、德、美各厂所制之不同，或铅印或石印，各随所宜。大号摇架，可印如《申报》者，每日万张。二号摇架，可印如中外日报者，每日万张。自来墨架，可印连史纸半张。又有打样架等。至电镀照相铜版，大小铜模铅字，选料精制，无不物美价廉。①

由于石印术和铅印的机械化，出版机构很快将其从书籍翻印领域拓展到画报印刷和报刊出版。从光绪中叶到辛亥革命这一时期，上海等地出版的石印画报有二三十种，其中著名的有《点石斋画报》《飞影阁画报》《图画日报》《寰瀛画报》等。这些石印画报图文并重，版式灵活多样，承载着晚清通俗文学消费性、现代性的各种文化产品。同时，其他一些报刊也积极采用石印方法来印刷，如《实学报》《普通学报》《经世报》《蒙学报》《格致新闻》等便借助于石印的印速快、印刷量大等特点，很快在市场上站稳脚跟。相比之下，传统的雕版印刷因成本极不划算而又不能大量印刷，逐渐退出期刊印刷市场。例如，1901年，包天笑在苏州创办杂志《励学译编》，因为当时苏州没有铅字印刷所，又不便送到上海去，于是只好采用传统的木刻方法印刷。"我们异想天开，提倡用木刻的方法，来出版一种杂志。用最笨拙的木刻方法来出杂志，只怕是世界各国所未有，而我们这次在苏州，可称是破天荒了。"② 该杂志虽然每期30页，但大都耗时一个月才能刻完，因此尽管《励学译编》出版后曾在当地引起很大反响，但由于印刷成本高、销量小，出满12期后就被迫停刊了。后来包天笑还创办过《苏州白话报》，因采用木刻方法印刷严重亏本，两年后也停刊了。《励学译编》和《苏州白话报》的那些木版，被堆在东来书庄楼上一个房间，"及至东来书庄关店，这些木版又无送处，有人说：'劈了当柴烧。'有人还觉得可惜，结果，暂时寄存在毛上珍那里，后来不知所终"。③

二、期刊出版中心的形成及迁移

19世纪初，英国伦敦会传教士来华传教，在马六甲、新加坡、巴达维

---

① 转引自宋原放等《中国出版史》，中国书籍出版社1991年版，第180页。
② 包天笑：《钏影楼回忆录》，中国大百科全书出版社2009年版，第166页。
③ 包天笑：《钏影楼回忆录》，中国大百科全书出版社2009年版，第170页。

亚、槟榔屿等南洋一带开设印刷所，编辑出版中文书刊，其中规模较大的是马六甲和巴达维亚。1815 年，马礼逊在马六甲建立布道站，并附设印刷所"英华书院"。根据米怜的分析，之所以把地点选在马六甲，主要原因在于马六甲的中国居民不是很多，但这里距离中国路途较近。尽管马六甲的中国人比爪哇的少得多，但在具有地理位置优势的马六甲建立布道站，会比爪哇拥有更广泛与外界交往的机会。而且，比起巴达维亚，"马六甲被认为更有利于人们的身心健康，因而更适合建立一个将来可能发展壮大成为包含若干国家的传道团的核心布道站；最终它会成为学习汉语、马来语和其他恒河以东各种语言的一所学校的据点。"①

英华书院是以木刻为主的印刷所，印刷工人多是受马礼逊雇用、偷渡出洋前往马六甲为其工作的。而《察世俗每月统记传》即由该印刷所负责刊印。1822 年，麦都思抵达巴达维亚。由于米怜在同年 6 月过世，连同其编印的《察世俗每月统记传》等被迫停刊，麦都思认为这样的中断非常可惜，于是"决定在巴达维亚接续米怜未竟的印刷出版事业，并征得马礼逊同意在中国代办印刷材料和雇用工匠。"② 遂申请建立一个专限于印刷中文传教小册的印刷所，于次年 8 月得到批准后建立。也在这时，麦都思在巴达维亚印刷所用木刻技术出版了《特选撮要每月纪传》，这是该机构最初三年最重要的产品。

与此同时，部分西方传教士开始在广州、澳门等地设立印刷所，刊印期刊。这其中，一是英国东印度公司的澳门印刷所。1814 年 9 月，汤姆斯抵达澳门，设立印刷所。1823 年东印度公司董事会给广州商馆的指示表明，该所的性质和命运是由广州商馆自行决定的："澳门印刷所专为马礼逊博士所编中文字典的印刷而设，如果你们不觉得这机构还有其他用处的话，我们希望字典印刷一旦完毕，印刷所立即中止，印工汤姆斯结束雇用，印刷所也不要再有新增的费用。但是，如果你们觉得澳门印刷所还有其用处，则可以保留这项'特殊利益'，我们不反对继续维持印刷所。"③

---

① ［英］米怜：《新教在华传教前十年回顾》（中文版），大象出版社 2008 年版，第 64—65 页。

② 苏精：《铸以代刻——传教士与中文印刷变局》，台大出版中心 2014 年版，第 80 页。

③ 苏精：《铸以代刻——传教士与中文印刷变局》，台大出版中心 2014 年版，第 37 页。

由于各种变故，该所曾于 1825 年后停顿工作，1831 年和 1832 年间又焕发生机，出版了英文月刊《广东杂记》（The Canton Miscellany）。二是马家印刷所。1826 年，马礼逊来华时携带一台石印机器，并在澳门进行试印，后一度搁置，在 1831 年重新启动。这一年，马礼逊向伦敦订购一台英式活字印刷机，该机于次年运到，马礼逊遂以此为基础，在澳门成立了马家英式印刷所。该印刷所于 1834 年 1 月搬迁到广州，由其子马儒翰照料经营。马家印刷所刊印了裨治文主编的英文月刊《中国丛报》（The Chinese Repository）和郭实腊的中文月刊《东西洋考每月统记传》。

鸦片战争后，伦敦传教会决定在中国大陆建立三个印刷所：一、原在槟榔屿布道站的印刷所迁到香港；二、原在马六甲但已移到新加坡的印刷所迁往福州；三、原在巴达维亚的印刷所迁往上海或宁波。这其中，迁往上海的计划进展顺利。1843 年，麦都思抵达上海，年底开始组建墨海书馆。但由于各种原因，进展相对缓慢。根据 1844 年 5 月麦都思的报道说："经过三个月不断地努力，印刷所终于大致整理就绪，我们即将开始印刷，只要各样东西就位了，两名年轻人即可开工，不会有什么问题，我也可以照料其他更重要的事情"。[1] 1847 年 8 月，伟烈亚力抵达上海，并带来了滚筒印刷机，这意味着中文印刷出版进入了机器生产时代。1857 年，墨海书馆运用铅活字排版机械化印刷刊印了《六合丛谈》。相比之下，由于各种原因，迁往福州的计划取消，而香港一地虽建立印刷所，但其主要设备，如印刷机、铸字机和铅字等多来自于新加坡。1846 年，施敦力抵达香港，成立香港英华书院。1851 年，伦敦布道会香港与广州两地传教士举行联席会议，讨论创办中文刊物，"向中国人传达教会史、一般历史、科学、地理等各类讯息，并夹杂基督教的知识，或其他能引起中国人兴趣的各样内容"。[2] 后来，马礼逊教育会承担了出版《遐迩贯珍》的任务，并委托香港英华书院代为印刷。

随后，大量来华传教士在上海创办了印刷机构，1861 年，范约翰创办了清心书馆；1876 年，傅兰雅创办了格致汇编社；1877 年，韦廉臣创办了

---

[1] 苏精：《铸以代刻——传教士与中文印刷变局》，台大出版中心 2014 年版，第 175 页。

[2] 苏精：《铸以代刻——传教士与中文印刷变局》，台大出版中心 2014 年版，第 277 页。

益智书会；1887 年，韦廉臣、李提摩太等人创办了同文书会。这些机构大多承印期刊的出版业务。譬如清心书馆，1871 年出版《圣书新报》，1880 年出版《花园新报》。1878 年，上海天主教会创办《益闻报》，后与《格致新闻》合并，易名为《格致益闻汇报》，1911 年又易名为《圣教杂志》。1867 年，伟烈亚力在上海创办《远东释疑》（Notes and Queries On Far East），这是一份英文季刊，后于 1872 年易名为《China Review》。1868 年，美国监理会传教士林乐知在上海创办《教会新报》。不仅如此，很多期刊虽创办于异地，后来搬迁

图 10-2　《格致汇编》

至上海。1875 年，范约翰于福州接手《小孩月报》，并迁往上海。《中西闻见录》原在北京创办，后移至上海，由傅兰雅主持的格致书院发行，并改刊名为《格致汇编》。此外，在全国各地，来华传教士纷纷设立印刷所，如在福州，卫理公会于 1862 年成立了罗扎里奥·马卡尔出版公司，该社采用活字排版，机械化印刷。由于不断添置设备，至 1895 年前后，已拥有大小 9 台印刷机、1 台铸字机、6 副中文活字、7 副英文活字，出版了《中华录和传教士录杂志》（The Recorder and Missionary Journal）、《卫理会月刊》和《教务杂志》等。不过，这些印刷所后来或是转让，或是消失，或是零星地存在，没有形成规模。

由于上海特殊的政治和文化环境以及传教士在上海的文字传教活动，以上海为中心、各地众星拱月的中文期刊出版格局初步形成。如包天笑回忆说："（不过）倘要印书，现在全国只有上海较为便利，并且出版以后，就要求销路，求销路必须到上海，上海四通八达，各处的购书者，都到上海来选取，各处的书商，都到上海来批发"。[①] 这种状况到中日甲午战争后有了很大变化，即中文期刊在上海某街道集聚的现象逐渐出现。1896 年，

---

① 包天笑：《钏影楼回忆录》，中国大百科全书出版社 2009 年版，第 220 页。

梁启超、汪康年在上海创办《时务报》，其印刷采用了石刻技术。该刊出版后，得到不少赞誉之词。湖南邹代钧来信说："此报名贵已极，读书人无不喜阅"，"阅之令人狂喜，谓识文兼具，而采择之精，雕印之雅，犹为余事，足洗吾华历来各报馆之陋习"。① 由于《时务报》的巨大成功，上海创办的很多维新期刊纷纷选择《时务报》所在街道或附近街道作为社址。如《集成报》原在英大马路西逢吉里一街，后迁至新马路南福海里；《富强报》设在福州路；《农学报》设在新马路梅福里；《新学报》设在白大桥北四川路仁智里；《萃报》设在泥城桥新马路；《实学报》设在英大马路泥城桥东；《求是报》设在格致书院；《译书会公报》设在泥城桥西首新马路昌寿里；《演义白话报》设在四马路惠福里；《蒙学报》先附于《时务日报》，后迁入沪报馆；《算学报》设在新马路梅福里；《医学报》设在新马路昌寿里；《格致新报》设在新北门外天主堂街。这其中，有七家直接择址或迁至新马路，两家比邻《时务报》，一家办在时务日报馆，其余四家大多距离《时务报》的新老馆址不远。而其他各地虽有维新期刊的创办，其技术或是采用雕刻，如《湘学新报》；或是采取新式技术，而这与上海有非常密切的联系，譬如《湘报》是铅印，其设备及印工主要来自于上海，熊希龄在该刊出版前，曾托付汪康年在上海代购机器铅字，并物色"经理机器者""排字者"，"议定薪水，随同机器到湘"。

戊戌变法失败后，维新人士流亡海外，大量青年学子出洋留学。在日本，中日文化的联系使中国留日学生更为便利学习、模仿、翻译日本学人著述。对于这个问题，流亡日本的梁启超感触颇为深刻："既旅日本数月，肆日本之文，读日本之书，畴昔所未见之籍，纷触于目；畴昔所未穷之理，腾跃于脑。如幽室见日，枯腹得酒，沾沾自喜，而不敢自私，乃大声疾呼，以告同志曰：'我国人之有志新学者，盍亦学日本文哉！'"他认为，"夫日本于最新最精之学，虽无不欠缺，然其大端固已粗具矣。中国人而得此，则其智慧固可以骤增，而人才固可以骤出，如久厌糟糠之人，享以鸡豚，亦已足果腹矣"。② 日本同时拥有印刷技术的便利和对华报刊运输的

---

① 上海图书馆编：《汪康年师友书札》（三），上海古籍出版社 1986 年版，第 2659 页。
② 梁启超：《论学日本文之益》，《清议报》第十期，1899 年 4 月。

低廉，于是，借助于在日本的诸多便利，在日本出版中文期刊成为一时热潮，东京成为中文期刊印刷出版的中心，《译书汇编》《国民报》《湖北学生界》《游学译编》《浙江潮》《江苏》《直说》《二十世纪之支那》《醒狮》《鹃声》等大多数留日学生期刊均在此地创办。至于梁启超创办的《清议报》《新小说》《新民丛报》，其社址则选在日本横滨。

在海外中文期刊出版风起云涌的同时，上海作为中文期刊出版中心的地位并未动摇，相反出现了一些新的变化。一是由于日本印刷技术开始流入国内，直接推动了出版能力进一步提高。如1903年商务印书馆与日本人山本条太郎等人合作，使得该馆的印刷技术突飞猛进。该馆把和日人的合资作为一种权宜之计，"一方面想利用外人学术传授印刷技艺，一方面藉外股以充实资本，为独立经营的基础"，"几年之中，果然印刷技术进步得很多，事业发展极速"。① 二是期刊出版机构开始在租界部分区域集中，出现了四马路惠福里等中心。四马路惠福里出现报馆，始于1897年的《苏海汇报》。在戊戌政变之后，该区域一度处于萧条状态，1901年，这里相继开设了《选报》《新世界学报》《大陆》《同文沪报》，之后日益繁荣，《时报》《政艺通报》《国粹学报》等均在惠福里创办。同时，以商务印书馆为中心的期刊出版中心亦初现端倪。1897年，商务印书馆在上海江西路北京路南首德昌里创办。1902年，设立了印刷所、编译所和发行所，印刷所设在北福建路，发行所设在河南路。1904年，设印刷所于宝山路，相继出版了《绣像小说》《东方杂志》《教育杂志》和《小说月报》等。

三、新书刊读者市场的形成与分化

鸦片战争之前，处在闭关政策之下的中国人，对于西方文明异常陌生，对于基督教天然地保有疑惧态度。由于这一时期中文期刊早期读者的定位是南洋一带的华侨以及中国本土的中国人，所以多采用免费赠送的办法建立自己的读者群体。据《察世俗每月统记传》"告帖"声称："凡属

① 高凤池：《本馆创业史》，载汪家熔辑注《中国出版史料（近代部分）》第3卷，湖北教育出版社2004年版，第55页。

于呷地各方之唐人，愿读察世俗之书者，请每月初一、二、三等日，打发人来到弟之寓所受之。若在葫芦、槟榔、暹罗、安南、咖留吧、廖里、龙牙、丁几宜、单丹、万丹等处，所属各地方之唐人，有愿看此书者，请于船到呷地之时，或寄信与弟知道，或请船上的朋友来弟寓所自取，弟即均为奉送可也"。① 事实上，该刊亦如其所推荐的渠道向四处传播，"通过朋友、通信来往者、旅行者、船只等带到东印度群岛的中国人聚居地，以及暹罗、交趾支那和中国的部分地区分发"。② 就《察世俗每月统记传》的实际读者来讲，这一群体主要是那些信奉基督教的华侨及中国内地居民。米怜在了解《察世俗每月统记传》第一期的发行情况之后，得出的结论是："第一期样刊在内容编写和印刷上都有待改进；但还能被喜爱阅读的人所理解"。③

自郭实腊的《东西洋考每月统记传》起，传教士创办的中文期刊多在中国大陆刊印发行。在这些期刊编辑者看来，其面对的读者是有所指向的，即主要面对中国的知识分子群体、官绅等。当时，中国知识分子确实对西方传教士所介绍的科学知识感兴趣。韦廉臣在一封信中向他的同道介绍说："他们是读书的民族，具有质疑问难的精神。该国各地的文人，没有一个因为接受我们的知识而放弃他们长期具有，并且已经宗教化了的观点。从各省来的人每个礼拜都到我们这里来追求真理，尤其是科学真理"。为此，传教士期刊也以此作为自身的读者定位。据伟烈亚力分析，"过去，类似的杂志已经几度出版过，并且起到了在该国出版一种与学问相关的期刊的准备作用。我们现在具有比我们的先行者更充分的条件以进行这项工作。这项工作应该放在上海进行的愿望已经被提出，经费也有保证。为了与上海最有经验并且受到尊敬的传教士的建议相一致，我认为应该将这项工作与我传教的业余爱好协调起来。其他城市的兄弟也表示了他们的认

---

① 《告帖》，《察世俗每月统记传》第一期，转引自卓南生《中国近代报业发展史》，中国社会科学出版社 2002 年版，第 31 页。

② ［英］米怜：《新教在华传教前十年回顾》（中文版），大象出版社 2008 年版，第 73 页。

③ ［英］米怜：《新教在华传教前十年回顾》（中文版），大象出版社 2008 年版，第 72 页。

可。这样我们就能争取到一批读者，一批我们其他工作所未能及的读者"。① 事实上，众多中国士人接受西方的学问而摒弃了基督教教义。《遐迩贯珍》《六合丛谈》等期刊向中国知识分子传播了西学，但传教的结果却收效甚微。

19 世纪 60 年代以后，传教士期刊逐渐分化，其读者市场也分为两类：一是教会信徒。正如《中国教会新报》所说："在中国之传教外国牧师先生，久有十八省之外国字新闻纸，月月流通，年年不断，多得裨益。何独中国牧师讲师先生未得举行此事？兹特欲创其事，俾中国十八省教会中人，同气连枝，共同亲爱，每礼拜发给新闻一次，使共见共识，虽隔万里之远，如在咫尺之间。亦可传到外国有中国人之处"，"况外教人亦可看此新报，见其真据，必肯相信进教"。② 从该刊所登载的读者函信来看，其读者确以教会信徒为主。二是以中国知识分子群体为主，旁顾其他。如《格致汇编》《万国公报》等便是此类，只不过后者的读者群更为细化，涉及五个层次③：一是清朝皇帝和政府官员，如《万国公报》告白称其"购阅者大都达官贵介、名士商绅，故京师及各直省阀阅高门，清华别业，案头多置此一编"；④ 仁济医院在《代售〈万国公报〉启》中说，"本医院每一礼拜承上海林乐知牧师寄来《万国公报》发售"，"每年售出不下万本也。买观者除教会牧师、教士、教友先生外，上至督抚大人，下至别驾士商，无不争睹为快"。⑤ 光绪皇帝曾经订阅 89 种广学会出版物，八国联军占领北京时，有传教士在皇宫里看到光绪皇帝所存放的全套《万国公报》。⑥ 二是清朝驻外使馆人员。三是书院及学堂的学生。厦门博闻书院曾在《申

---

① 周振鹤：《六合丛谈的编纂及其词汇》，载沈国威编著《〈六合丛谈〉（附解题·索引）》，上海辞书出版社 2006 年版，第 161 页。

② ［美］林乐知：《教会新报发刊词》，《教会新报》合订本第一册，（台北）华文书局 1968 年版，第 8 页。

③ 杨代春：《万国公报与晚清中西文化交流》，湖南人民出版社 2002 年版，第 81—89 页。

④ 《请登告白》，《万国公报》第九十二册，（台北）华文书局 1968 年版，第 6342 页。

⑤ 《代售〈万国公报〉》，《万国公报》第三九六卷，（台北）华文书局 1968 年版，第 2662 页。

⑥ 江文汉：《广学会是怎样一个机构》，载《文史资料选辑》第 15 册（合订本），中国文史出版社 1986 年版，第 12 页。

报》上刊登告白说："院内购备《万国公报》"及"各处新报"；① 烟台敬业书院刊登启事说："院内购备天文、地舆、格致、算学等书，以及《万国公报》"及"各处新报"。② 四是中国的信徒。在 1877 年 5 月召开的基督教新教传教士大会上，一名来自杭州的传教士说："林乐知先生的报刊，据我所知，几乎都是由教徒购买的"。③ 五是中国的士绅和普通民众。据广学会年报称，浙江一个城市的几个士绅"每月订购《万国公报》六七份，轮流在这个城市的一些官员和士人中传阅"。在重庆的传教士利特尔说，他和中国知识分子交谈时，几乎没有一个人不向他要有关外事、科学和教学方面的书籍的，"他们好像都知道《万国公报》"。④

戊戌维新时期，随着国人自办报刊的兴起，期刊发行逐渐由以原先的赠阅为主、部分人士订阅的模式，转向了中国知识分子自行订阅为主的模式，这意味着真正意义上的期刊读者市场开始形成。梁启超在谈及《时务报》的销售情形时说："甲午挫后，时务报起，一时风靡海内，数月之间，销行至数万余份，为中国有报以来所未有，举国趋之，如饮狂泉"。⑤ 此时的读者主要集中在官绅和书院、学堂的学生中间。就普通官绅而言，他们不仅自行订阅，而且相互举荐推广，如陶在宽在杭州、绍兴"每遇亲好，力劝其看《时务报》，以广见识，它日盛行可坐而定"；⑥ 黄绍箕函告其弟"明日发信与台州友人，托其劝人看报"；⑦ 湖南时务学堂把"《时务》《知新》《湘学》各报"作为学堂学生的"专精之书"。在四川泸州师范学堂、浙东中西学堂、江苏校经书院，甚至西方传教士创办的学堂书院，传阅《时务报》的现象也相当普遍。不仅如此，地方官员还积极支持书院订购

① 《录〈申报〉厦门设立博闻书院》，《万国公报》第三五一卷，（台北）华文书局 1968 年版，第 1387 页。

② 《烟台设立敬业书院二启》，《万国公报》第五五五卷，（台北）华文书局 1968 年版，第 6653 页。

③ Records of the General conference of the Protestant Missionaries of China held at Shanghai，1877，p. 474.

④ 《广学会年报》第十次（1897），《出版史料》1991 年第 2 期。

⑤ 梁启超：《本馆第一百册祝辞并论报馆之责任及本馆之经历》，《清议报》第一百册，1901 年 12 月。

⑥ 上海图书馆编：《汪康年师友书札》（二），上海古籍出版社 1986 年版，第 2092 页。

⑦ 上海图书馆编：《汪康年师友书札》（三），上海古籍出版社 1986 年版，第 2306 页。

《时务报》等维新报刊，如湖南巡抚陈宝箴、江苏学政龙宗师、山西清源局、江宁刘嘉澎、江西布政使翁方伯、安徽巡抚邓华熙以及贵州等地官员，均严饬各州府、属县、支应局，各学教官购阅《时务报》分给各书院。到了后期，《时务报》的读者群还扩展至大城市中的商人群体。据吴樵所述："报馆兴旺异常，尚未全读。此间生意人看者颇有，惟讥文字多不可解耳。一云渐看渐可解。每思之狂喜不寐。"① 至于具体的读者身份比例，裘廷梁曾以无锡为例，作了大概的估算说："他郡县吾不知，以无锡言之，能阅《时务报》者，士约二百分之九，商约四五千之一，农、工绝焉。推之沿海各行省，度不甚相远。其力足以购报，才足以阅报者，罔不购阅之矣。"②

戊戌维新失败后，国内外出版的国人自办期刊，其读者定位开始从中上层知识分子拓展至普通民众。梁启超在流亡日本期间创办的《清议报》，将广民智和振民气提升到更高的政治高度，将对象拓展到每一个中国民众："一、维持支那之清议，激发国民之正气；二、增长支那人之学识；三、交通支那日本两国之声气，联其情谊；四、发明东亚学术，以保存亚粹。"③ 该刊第十一册《本报改定章程告白》又把上面四项概括为倡民权、衍哲理、明朝局、厉国耻，并称："此四者，实惟我清议报之脉络之神髓。一言以蔽之，曰广民智、振民气而已。"④ 其后，梁启超创办《新民丛报》，更加直接地提出"维新吾民"的办刊宗旨，即"本报取《大学》新民之义，以为欲维新吾国，当先维新吾民。中国所以不振，由于国民公德缺乏，智慧不开，故本报专对此病而药治之，务采合中西道德以为德育之方针，广罗政学理论，以为智育之原本"。⑤

与此同时，众多海外留学生创办的中文期刊，也特别关注底层民众。因其多为区域性团体所办的刊物，其侧重点多以唤起本省民众民智为己任。例如，《豫报》旨在"开通民智""唤醒桑梓"；《四川》"在输入世界

---

① 上海图书馆编：《汪康年师友书札》（一），上海古籍出版社1986年版，第504页。
② 上海图书馆编：《汪康年师友书札》（三），上海古籍出版社1986年版，第2625页。
③ 《清议报叙例》，《清议报》1898年第一册，1898年12月。
④ 梁启超：《本报改定章程告白》，《清议报》第十一册，1899年4月。
⑤ 《新民丛报章程》，《新民丛报》第一号，1902年月2月。

文明,研究地方自治,经营藏卫领土,开拓路矿利源。就此等问题,切实发挥,和平鼓吹,使我蜀国同胞起作神州砥柱"。此外,在清末兴起的白话报刊创办热潮中,大多数白话报刊的受众也主要是"中下等社会"。《安徽俗话报》声称:"这报的主义,是要用顶浅俗的话说告诉我们安徽人,教大家好通达学问,明白时事";《中国白话报》"要使种田做手艺的、做买卖的、当兵的以及孩子们、妇女们个个明白,个个增加学问,增加识见";《苏州白话报》立足于"开通人家的智识","也教人容易懂";《启蒙通俗报》以"本报为中下等人说法"相标榜;《竞业旬报》"期于通行下等社会";《镇江白话报》"辞意极其浅显,专为开通下流社会智识";《两湖通俗报》"专为中、下两等社会说法";等等。客观来说,这些刊物得到广大读者的欢迎,仅从创办的白话报刊和留学生刊物数量的增加,即可说明其读者市场的扩大。

第二节　办刊主体的多元化

一、中文期刊办刊主体的变迁

19世纪早期,伦敦传教会派传教士到中国传播基督教,马礼逊、米怜先后受命来华,他们向伦敦传教会提出了《恒河外方传教计划》,其中包括出版报刊的建议:"在马六甲出版一种旨在传播普通知识和基督教知识的中文杂志,以月刊或其他适当的期刊形式出版。"[1] 这份杂志即是后来的《察世俗每月统记传》。后来因米怜的离世,该刊被迫停刊。作为伦敦传教会来华传教士的一名成员,麦都思认为:"他编印的《察世俗每月统记传》等书刊,如果就此中断非常可惜,因此决定在巴达维亚接续米怜未竟的印刷出版事业,并征得马礼逊同意在中国代办印刷材料和雇用工匠。"[2] 其编辑的《特选撮要每月纪传》继承《察世俗每月统记传》,"继修其功,而作

---

① ［英］米怜:《新教在华传教前十年回顾》(中文版),大象出版社2008年版,第65页。
② 苏精:《铸以代刻——传教士与中文印刷变局》,台大出版中心2014年版,第80页。

文印书，亦欲利及后世也。又欲使人有所感发起善心，而遏去其欲也"。① 后来，麦都思又与英国商人奚礼尔创办《各国消息》。至于《天下新闻》，亦是由伦敦传教会传教士吉德创办。《东西洋考每月统记传》的创办者为德国传教士郭实腊，后转让给广州在华各国官员、商人和传教士代表组成的"在华实用知识传播会"。然而就该刊的实际运营而言，郭实腊是"在华实用知识传播会"的中文秘书，马儒翰是英文秘书，二人负责该刊的编辑工作。由此可见，无论是《察世俗每月统记传》等，还是《东西洋考每月统记传》，其创办者和编辑者多为西方传教士。当然，亦有部分中国人士协助他们，不过这些人多为基督教的中国信徒，且只是参与生产制作方面的版刻刷印之事务，如梁发便是。②

鸦片战争后，马礼逊教育协会创办了《遐迩贯珍》。该会成立于 1836 年，是以学校或其他方法促进和改善在中国之教育为目的。1853 年，马礼逊教育协会委托香港英华书院出版《遐迩贯珍》。"尽管没有印在该刊上，全权钦差大臣的中文秘书麦华陀先生和他的妹夫、警务署长、立法局成员奚礼尔先生是现任的主编，由一些华人学者协助。"③ 1855 年，传教士理雅各成为其主编兼编辑，直到 1856 年停刊为止。作为协助《遐迩贯珍》的华人，"最重要的人物是黄亚胜和王韬。黄亚胜又名黄胜，1840 年 1 月 1 日进入马礼逊学院学习，1847 年随传教士

图 10－3　《遐迩贯珍》

布朗（S. R. Brown）作为首批留学生赴美，一年后因病中断学习回国。布朗带到美国去的 3 名留学生中，黄亚胜是在国外学习时间最短的一个人。也许正因为如此，他的汉语能力较好，实际上承担了《遐迩贯珍》的报

① 《特选撮要序》，转引自张之华主编《中国新闻事业史文选》，中国人民大学出版社 1999 年版，第 79 页。
② 苏精：《马礼逊与中文印刷出版》，（台北）学生书局 2000 年版，第 169 页。
③ 苏精：《铸以代刻——传教士与中文印刷变局》，台大出版中心 2014 年版，第 283 页。

图 10-4　《六合丛谈》

道、英文翻译、印刷业务"。至于王韬，"来自上海的稿件，毫无例外都经过了他的润色。这应该是没有疑问的"；"另外，如理雅各的学生、撰写了《新旧约书为天示论》的何进善，也以某种形式参与了杂志的编辑工作"。① 至于《六合丛谈》，则是伦敦会传教士伟烈亚力创办的，不过亦有中国士人协助，他们大致分为三层："第一层是直接撰稿人和合作译者，如王韬、蒋敦复与韩应陛；第二层是墨海书馆所雇翻译西书的士人，与《六合丛谈》主笔及西洋撰稿人关系密切，如李善兰、管

小异；第三层虽非墨海书馆雇员，但与《六合丛谈》主要撰稿人（包括华人与洋人）关系密切，如张文虎、顾观光"。② 此外，英国圣公会传教士傅兰雅创办《格致汇编》，由其担任主编和主要撰稿人，我国化学家徐寿具体负责集稿和编辑工作。

与此同时，美国基督教传教士亦开始在华创办中文期刊，如《中外新报》为美国浸礼会传教士玛高温创办。③ 到 1858 年 12 月，主编改由应思理担任。《中西闻见录》为在京英美传教士成立的"在华实用知识传播会"创办，其目的："第一，通过介绍近代科学和自由思想来努力推翻构成物质与社会进步道路上最难以逾越障碍的古代迷信；第二，通过使大众的心灵熟悉这类变化的观念，引导中国人情愿承认而非反感它们，来为不可避免的革新做准备"。④ 美国长老会传教士丁韪良被委为该刊主编一职。《万

① 沈国威：《遐迩贯珍解题》，载松浦章等编著《遐迩贯珍（附解题·索引）》，上海辞书出版社 2005 年版，第 95 页。

② 周振鹤：《六合丛谈的编纂及其词汇》，载沈国威编著《〈六合丛谈〉（附解题·索引）》，上海辞书出版社 2006 年版，第 166 页。

③ 《中外新报》第二卷第二号，转引自卓南生《中外新报（1854—1861）及其日本版之考究》，载《北大新闻与传播评论》第三辑，北京大学出版社 2007 年版，第 285 页。

④ 转引自王文兵《丁韪良与〈中西闻见录〉》，载《汉学研究》第八集，中华书局 2004 年版，第 506 页。

国公报》是由美国监理会传教士林乐知创办，其前身是《中国教会新报》。该刊于 1883 年停刊，后又复刊，成为广学会的机关刊物。广学会是由当时西方国家（主要英美两国）传教士、商人、政治（外交）人员组成的出版机构，其中主体为在华各西方传教组织，即：伦敦传教会、英国浸礼会、英国圣公会、美国监理会、美国长老会、加拿大卫理公会、英格兰卫理公会、德国基督教会等。在《万国公报》出版发行期间，林乐知始终是刊物的核心人物，集创办者、主编、编辑于一身，不过在其因回国探亲或因教务回美期间，则由陆佩、慕维廉、李提摩太、季理斐等人暂时出任主编。至于美国来华传教士创办的中文期刊，亦得到中国部分士人的支持，如《中西闻见录》撰稿者有中国数学家李善兰，而《万国公报》则得到了沈毓桂、蔡尔康、任廷旭、范祎等人的支持，"他们都有旧学功底，了解西方概况，有的还曾留学美国，因此他们与林乐知等共同主持编译雠校，并直接分题作文，便极大地有助于刊物成为沟通中西的桥梁"。① 此外，天主教会传教士创办的中文期刊，数量则相对少。隶属天主教会的中文期刊多由国人创办，如《益闻录》由上海天主教会创办，华人天主教徒李杕主持，随后创办的《圣心报》亦由李杕负责。

戊戌维新时期，尽管西方来华传教士创办期刊的活动仍在继续，但由于中国人自办期刊高潮的到来，中文期刊出版格局发生了根本性变化。以维新人士为主创办的新式期刊，无论在数量上还是在影响上，都远非绝大多数的传教士创办期刊所能比拟。《时务报》的创办，是黄遵宪"愤学会之停散，谋再振之，欲以报馆为倡"，② 乃与汪康年、梁启超反复商议，邀请邹凌瀚、吴德潇等五人联名创办的。该刊由汪康年任总理，梁启超任主笔；《知新报》由何廷光、康广仁任总理，何树龄、韩文举、梁启超、徐勤、吴恒炜等任撰述，这些人多为康有为门下弟子，其用意旨在"依附《时务报》"，"为《时务报》所不敢言者"；③《广仁报》为两粤广仁善堂圣学会创办，康有为门生赵廷飏、曹硕、况仕任等任主笔；《岭学报》由

① 朱维铮：《导言》，《万国公报文选》，生活·读书·新知三联书店 1998 年版，第 15—16 页。
② 汤志钧：《戊戌变法史》，人民出版社 1984 年版，第 169 页。
③ 丁文江等：《梁启超年谱长编》第 1 册，上海人民出版社 1984 年版，第 68 页。

黎国廉任总理，朱淇任撰述，该刊"翻译艺学新报"，"不议官常，不议朝政，讲求实学，为国培才为主"；① 《蜀学报》为自重庆调任尊经书院院长的宋育仁所创办并任总理，杨道南任协理，吴之英任主笔，廖平任总纂，旨在"昌明蜀学，开通邻省"；② 《新学报》由叶耀元创办，以传播自然科学知识为主；《实学报》由王仁俊任总理，章炳麟任总撰述，旨在"讲求学问，考核名实为主义，博采通论，广译各报，内以上承三圣之绪，外以周知四海之为"；③ 《农学报》由罗振玉、朱祖荣、蒋黼等发起的上海农学会创办，旨在"开广风气，维新耳目"；④ 《经世报》由宋恕、章炳麟、陈虬任撰述。

20 世纪初，知识界急剧分化，其原因，不仅有传统士大夫阶层向现代知识分子的艰难转型，亦有全新的海外留学群体的形成与壮大；不仅知识分子与政治结合得日益紧密，即各种政治力量参与到现代知识分子群体的争夺中，亦有知识分子的社会责任感与思想独立性的自觉。但就期刊而言，此时的知识界和思想界，包括当时的政府要员，对期刊的作用越发加以重视，将其作为表达思想、言论的重要媒介，履行社会职责、体现社会身份的重要平台。至于参与期刊创办的主体，大致可以包括以下几部分：

一是留日学生群体。20 世纪初，随着留日学潮的出现，留学生作为新兴知识群体，逐渐团体化，成立了各种与出版印刷相关的组织。如《译书汇编》，是由励志会会员戢翼翚、雷奋、杨荫杭等人创办，据《新民丛报》介绍说，"主持其事者，皆久留学于日本，专研政治诸学，学问具有根柢，出其所得，以贡献于国民"；⑤ 《游学译编》是由杨度、周家树、曾鲲化、杨毓麟等留日湖南籍学生的游学译编社编辑。同时，各种留日同乡会亦出版期刊，譬如《浙江潮》由东京浙江同乡会出版，编辑者皆为浙江籍留日学生，如孙翼中、蒋智由、蒋方震、王嘉伟、许寿裳、马君武等；《江苏》由江苏留日同乡会出版，总编辑为秦毓鎏，参加编辑工作的还有黄宗仰、张肇桐、汪荣宝、陈去病、丁文江等人；《豫报》由河南籍旅日留学生创

---

① 《岭学报略例》，《岭学报》第一册，1898 年 1 月。
② 《蜀学报章程》，《蜀学报》第一期，1898 年 5 月。
③ 王仁俊：《实学报启》，《实学报》第一册，1897 年 8 月。
④ 梁启超：《农学报序》，《农学报》第一册，1897 年 5 月。
⑤ 《绍介新著》，《新民丛报》第三十号，1903 年 4 月。

办，指出："在东同人，痛时局沦胥、民智未迪，久拟苦口哀诉，警觉桑梓，奈云海相隔，声息难通，即鱼雁往来频仍，究属不能普及，因组织杂志，月出一册，以为输入文明导线"。① 此外还有各种留日学生组成的专业团体，如《新译界》系湖北范熙壬等一部分留日学生组成的新译界杂志社创办，范熙壬担任主编兼发行人，谷钟秀、刘赓藻、席聘臣、范绍洛、周钟岳、刘冕执、汪翔、汤化龙等八人先后任编辑。

二是清政府部分封疆大吏。1901 年，时任直隶总督的袁世凯设立官报局，委任张巽之为官报局总办，在天津出版刊印《北洋官报》。袁世凯还亲自过问《北洋官报》的编辑和发行。譬如对官报的体例，如北洋官报局曾呈报增设《论说》一栏，袁世凯批复说："据禀拟将官报改良增添论说，并增改办法四条，尚属妥协。仰即随时督饬编纂各员，实力经理，以期开通民智，宣扬治化，是为至要"。② 《湖北官报》由时任湖广总督的张之洞创办，他委任梁嵩生为总办，任承纪为总纂述。张之洞还亲自撰写《宗旨》及《凡例》，这在清末官报中亦属唯此一家。并且，张之洞"于官报文字，必取雅驯。幕僚拟稿，偶不惬意，辄令重改，再三不厌"。③ 其他如《四川官报》由四川总督锡良命四川官报书局负责出版，委任陆钟岱为总办；《南洋官报》由南洋通商大臣和两江总督主办，陈作霖任总纂；《河南官报》由河南巡抚陈夔龙主办，专为抚署传达公文法令而设；《山东官报》由山东巡抚杨士骧、袁树勋、孙宝琦创办，为山东抚署机关刊物；《浙江官报》由浙江巡抚增韫创办，"为全省政事发表机关而设"。

三是国内开明士绅及新式知识分子，其中：《亚泉杂志》由杜亚泉创办，并任主编；《译林》由林纾和日本人伊藤贤道担任监译一职；《教育世界》由罗振玉发起，王国维担任主编；《小说时报》由狄葆贤创办，陈冷血、包天笑轮流担任主编；《月月小说》"集语怪之家，文写花管；怀奇之客，语穿明珠，亦注意于改良社会开通民智而已"，④ 其第一期至第四期，编辑兼发行者署庆祺、印刷者署汪惟父，第五期至第八期，编辑者署吴趼

---

① 《豫报公启并简章》，《豫报》第一期，1903 年 1 月。
② 《批北洋官报局禀官报增添论说送呈样本请批示由》，《北洋官报》1906 年 12 月 9 日。
③ 戈公振：《中国报学史》，生活·读书·新知三联书店 2011 年版，第 48 页。
④ 陆绍明：《发刊词》，《月月小说》第三号，1906 年 12 月。

人、印刷兼发行者署汪惟父，从第九期起，编辑者署许伏民、印刷兼发行者沈济宣；《竞立社小说月报》由竞立小说月报社出版发行，主编为彭俞；《翻译世界》由上海支那翻译会社出版，马君武主编，"以养成人民世界的知识为公责，研究一切学而沟通之，翻译地球各国国文之书。凡关于学理与政术有影响于社会人智之发达进步者，皆在其范围内"。[①]《竞业旬报》为竞业学会的机关刊物，该会旨在"对于社会竞与改良，对于个人争自濯磨"，[②] 相继担任该报编辑的主要有傅君剑、张丹斧和胡适三人，吴铁秋也曾参与过编辑。

四是各种新式政治派别，如《新小说》是由梁启超创办，其编辑兼发行人署名赵毓林；《新民丛报》虽署名冯紫珊，但实际是梁启超负责主编，在梁启超赴美游历期间，暂由蒋智由主持编辑。至于留日革命党人创办的期刊：《二十世纪之支那》是由湖南留日学生即华兴会主要成员宋教仁、黄兴、陈天华等人创办；《民报》则作为同盟会的机关报，最初主编为张继，实际上是胡汉民，第六期主编为章炳麟，后来几期因章生病，由张继、陶成章主编；《洞庭波》是湖南籍留日学生陈家鼎（同盟会评议部评议员）、杨守仁、仇式匡、宁调元（以上三人皆华兴会成员）等创办；《南报》为同盟会广西支部的机关报，编辑兼发行人署名为赵正平的化名侯声。此外，《天义报》为"女子复权会"的机关刊物，主张"以破坏固有之社会，实行人类之平等为宗旨，于提倡女界革命外，兼提倡种族、政治、经济诸革命，故曰天义"，是为近代中国最早的无政府主义期刊。

二、期刊从业人员的身份认同与建构

自马礼逊、米怜等人创办近代中文期刊以来，大量的西方传教士和中国信徒将创办报刊作为传播上帝福音的重要手段，此时的他们根本没有作为报人的职业意识和职业觉悟。即使为之服务的中国信徒，也大多抱着这样的心态，如印刷工梁发便是如此。[③] 鸦片战争后，王韬等曾在通商口岸

---

① 《支那翻译会社设立之趣意》，《翻译世界》第一期，1902 年 12 月。
② 胡适：《四十自述》，载《胡适全集》卷十八，安徽教育出版社 2003 年版，第 69 页。
③ ［新西兰］麦沾恩：《梁发：中国最早的宣教师》，朱心然译，台北基督教文艺出版社 1998 年版，第 48—50 页。

谋职的中国文人，开始投身于外人主办的期刊业。尽管他们在表面上对西人及其所办的刊物表现出了极大的兴趣，但这只是为了生计，即把这项工作作为一种可以运用知识谋求衣食之资的社会行当。譬如王韬在 1858 年 9 月写给友人应雨耕的信函中，详细地介绍了自己当时谋食于西人出版机构的原因：“丁巳四月，养疴返里，不遇折肱之良枝，将为凿齿之半人。自分槁饿穷乡，沦落朽壤，九死余生，无所冀望”。“况复米珠薪桂，家食殊艰，不得已重来沪上，做旧生活。幸而西人犹思往谊，加意体恤”。又如管嗣复不愿翻译《旧约》时，王韬劝解说：“教授西馆，已非自守之道，譬如赁春负贩，只为衣食计，但求心之所安，勿问其所操何业。译书者彼主其意，我徒涂饰词句耳，其悖与否，固于我无涉也。且文人之为彼用者，何尝肯尽其心力，不过信手涂抹，其理之顺逆，词之鄙晦，皆不任咎也。由是观之，虽译之，庸何伤”。① 对于自己的这一身份，他们也是讳莫如深。有人还对报刊出版业提出质疑：“笔墨生涯原是文人学士之本分，既不能立朝赓歌扬言，又不能在家著书立说，至降而为新报，已属文人下等艺业，此亦不得已而为之耳”。② 王韬亦感叹道：“韬逐臭海滨，为西人佣书，计非得已，然舍此无可适者。欲为禄仕以谋升斗，而疆场有事，不得不供驱策；男儿以马革裹尸，诚为仕事，但有老母在，不敢以身许国。壮志渐消，分阴可惜，抚髀自叹，安能郁郁久居此哉。”③ 姚公鹤曾回忆说：“吾乡沈任诠君，光绪初年即就沪上某报之聘，转辗蝉联，至光绪末年而止，然对人则嗫嚅不敢出口也”。④

早期投身于报刊出版业的文人自身对于职业认同感较差，社会对他们的评价亦是不高。《申报》老报人雷瑨回忆说：“彼时朝野清平，海隅无事，政界中人，咸雍容揄扬，润色鸿业，为博取富贵功名之计，对于报纸既不尊崇，也不甚嫉妒。而全国社会优秀分子，大都醉心科举，无人肯从事于新闻事业，惟落拓文人，疏狂分子，或借报纸以发抒其抑郁无聊之意

① 王韬：《王韬日记》，中华书局 1987 年版，第 15 页。
② 《论新报体裁》，《申报》1875 年 10 月 8 日。
③ 王韬：《弢园老民自传》，江苏人民出版社 1999 年版，第 30 页。
④ 姚公鹤：《上海闲话》，商务印书馆 1917 年版，第 113 页。

兴。各埠访员，人格犹鲜高贵"。① 包天笑也回忆说，自己初进报馆时亲人极力反对此事："当我就职报馆的时候，我的家乡许多长亲，都不大赞成。他们说当报馆主笔的人，最伤阴骘，你笔下一不留神，人家的名誉，甚至生命，也许便被你断送。我的妇翁陈挹之先生，便以此告诫我，他是一位好善的长者。我想，如果我的祖母在世，也许不许我就此职业。"② 根据姚公鹤的看法，在当时传统世人心目中，"认报馆为朝报之变相，发行报纸为卖朝报之一类。（卖朝报为塘驿杂役之专业，就邸抄另印以出售于人，售时必以锣随行，其举动颇猥鄙，而所传信息，亦不尽可信，故社会轻之，今乡僻尚有此等人)"。"每一报社之主笔、访员均为不名誉之职业，不仅官场仇视之，即社会亦以搬弄是非轻薄之"。③

到戊戌维新时期，梁启超等维新派自觉地把报刊作为政治斗争的利器。在现实的政治斗争中，他们也经常把办报放在首位，即首先用报刊打开局面，造成声势，扩大影响，然后再逐步地建立政治团体，展开宣传组织活动。《时务报》如此，维新派创办的其他报刊亦是如此。譬如严复在《国闻报缘起》中指出自己办报的目的在于：

> 阅兹报者，观于一国之事，则足以通上下之情；观于各国之事，则足以通中外之情。上下之情通，而后人不自私其利；中外之情通，而后国不自私其治。人不自私其利，则积一人之智力，以为一群之智力，而吾之群强；国不自私其治，则取各国之政教，以为一国之政教，而吾之国强。此则本馆设报区区之心所默为祷祝者也。④

维新派办的这些报刊在社会上引起了极大的反响，据梁启超回忆："甲午挫后，时务报起，一时风靡海内，数月之间，销行至数万余份，为中国有报以来所未有，举国趋之，如饮狂泉"。"时务报后，澳门知新报继之，尔后一年间，沿海各都会，继轨而作者风起云涌，骤十余家，大率面

① 雷瑨：《申报馆之过去状况》，载《最近之五十年：五十年来之新闻学》第三编，申报馆1923年版，第27页。
② 包天笑：《钏影楼回忆录》，中国大百科全书出版社2009年版，第321页。
③ 姚公鹤：《上海闲话》，商务印书馆1917年版，第109页。
④ 严复：《国闻报缘起》，载王栻主编《严复集》，中华书局1986年版，第454页。

目体裁，悉仿时务，若惟恐不肖者然。"① 这客观地使得当时民众对期刊从业者的印象有所改观。姚公鹤曾描述说："至戊戌维新，乃为上海报界放一异彩。其时康南海、梁新会以时务报提倡社会；社会之风尚既转，而日报亦因之生色。加以添设之日报加多。政见上虽无争执，而营业上颇有比较。暨乎新党当国，前此贱见新闻业而设种种限制之习惯复悉数革除"。② 然而，此时的办刊者除梁启超、汪康年、严复等维新派外，总体上来说，仍如梁启超在 1901 年所说："主笔、时事等员之位置，不为世所重，高才之辈，莫肯俯就"，"从事斯业之人，思想浅陋，学识迂愚，才力薄弱，无思易天下之心，无自张其军之力"。③

戊戌维新失败后，大量青年学子出国留学，并在日本等地创办中文期刊。他们不仅视期刊出版为启发民智的工具，还以报刊提供知识资源，作为参与政事者学理上的借鉴与参考。例如，《译书汇编》在论及办刊缘起时说："同人等负笈他邦，输入文明，义不容辞，课程余阴，勉力从事，爰将欧美日本学理最新之书，有关于行政、理财者，汇集成编，饷遗海内。夫中央行政者，阁臣之所有地方事，地方行政者，督抚司道州县之所分任，市町村行政者，绅耆故老之所当考求也。然则此编，岂仅为书生家、报馆家、政治家参观之伴侣，议论之材料而已耶，抑聊以为当道巨工绅耆故老之顾问也乎"。④ 秋瑾为《中国女报》所作的发刊词也表示："吾今欲结二万万大团体于一致，通全国女界声息于朝夕，为女界之总机关，使我女子生机活泼，精神奋飞，绝尘而奔，以更进于大光明。为醒狮之前驱，为文明之先导，为迷津筏，为暗室灯，使我中国女界中放一大光明灿烂之异彩，使全球人种，惊心夺目，拍手而欢呼。无量愿力，请以此报创！"⑤《开智录》则称："仆等久怀慨愤，故于瀛海一隅，合众志士，兴起倡论，以争自由发言之权，及输进新思想以鼓盈国民独立之精神为第一

① 梁启超：《本馆第一百册祝辞并论报馆之责任及本馆之经历》，《清议报》第一百册，1901年 12 月。
② 姚公鹤：《上海闲话》，商务印书馆 1917 年版，第 115 页。
③ 梁启超：《本馆第一百册祝辞并论报馆之责任及本馆之经历》，《清议报》第一百册，1901年 12 月。
④ 《译书汇编发行之趣意》，《译书汇编》第二年第一期，1902 年 4 月。
⑤ 郓长海、郓君兮辑注：《秋瑾全集笺注》，吉林文史出版社 2003 年版，第 373—374 页。

主义。虽或声低颈短。不能高鸣天外，但苟有志士，能应声起和，则亦其庶几乎！是所幸望"。①

在国内，许多办刊人士与留日学生声气相应。如李伯元受商务印书馆之聘，创办《绣像小说》，其初衷始于"远摭泰西之良规，近挹海东之余韵"，"藉思开化夫下愚，遑计贻讥于大雅"。② 陈黻宸在《新世界学报叙例》中指出："夫慧业无量，若天境然，白种多材，但绝一球，是小行星在大空中，较彼觉知，视智全体，海蛤河沙，殆非比例。况我同胞智不及彼，大地如尘，群生如睡，学报之设，庶亦于世界有济欤？我又未知其济与不济也。然以求补救十于千万者，今或有赖于是举也欤？今或有赖于是举也欤！"③

由此可见，晚清时期国人对于期刊出版的社会功能的认识有一个过程。这种认识的不断加深，一方面推动形成了国人自办报刊的两次高潮，另一方面也使得期刊从业者对于自身所从事职业的认同感和使命感逐渐增强，从业队伍的整体水平也因而逐步得到提高。

第三节　期刊发行传播网络的构建

晚清时期，中文期刊作为不同于传统邸报的新式传播媒体，其创办者、撰稿者多为西方传教士和在野的知识分子，其文本内容相对精英化，创办初期仅在部分人群中发行传播。随着时间的推移，形势的变迁，中文期刊逐渐成为社会舆论的场域，而这其中，发行传播网络的构建是关键。

一、外国人订购与国人赠阅：传教士中文期刊的发行模式

鸦片战争前，马礼逊等人创办的中文期刊，旨在传播基督教教义，但受到清政府的管制和查禁，无法在中国国内正式出版发行。这一时期，"中国的现状使得印刷出版和在华传教其他几项工作困难重重，甚至连传

---

① 《开智会录缘起》，《开智录》第一期，1900 年 12 月 21 日。
② 《本馆编印绣像小说缘启》，《绣像小说》第一期，1903 年 5 月。
③ 陈黻宸：《新世界学报叙例》，《陈黻宸集》上册，中华书局 1995 年版，第 528 页。

教士的居留都无法确保"。① 为此，传教士采取的传播策略，是将中文期刊作为非卖品，向广大的中国民众免费寄送。譬如《察世俗每月统记传》刊行于马六甲，通过"朋友、通讯员、旅行者及船运等"的方式免费散发给东南亚当地的华侨和中国沿海的普通民众，其第一期《告帖》登载了米怜撰写的分送方式："凡属于呷地各方之唐人，愿读察世俗之书者，请予每月初一、二、三等日，打发来人到弟之寓所受之。若在葫芦、槟榔、暹罗、安南、咖留吧、寥里、龙牙、丁几宜、单丹、万丹等处，所属各地方之唐人，有愿看此书者，请于船到呷地之时，或寄信与弟知道，或请船上的朋友来弟寓所自取，弟即均为奉送可也。"② 由于是免费发行，《察世俗每月统记传》的发行量剧增：1815 年 3000 份，1816 年 6000 份，1817 年 6060 份，1818 年 10800 份，1819 年 12000 份，③ 流行于当时中国通商口岸，如澳门、广州、香港、厦门、宁波、上海、天津与汉口等处。④

　　不同于《察世俗每月统记传》的赠阅模式，创办于广州的《东西洋考每月统记传》采取了差异性的原则。针对旅华洋人，它强调"由于此间外国社会的全体成员在此工作顺利进行方面具有共同利益，编纂者希望在他们中间发现足够订购数以支付费用"，注重以旅华外国人订购的方式维持其发行成本，"本月刊现由广州与澳门的外国社会提供赞助"，"订阅将限于六个月，每月至少一期，总共投送七期"；⑤ 而对大广东地区的中国人来说，则是免费赠送的，当然也不排除个别中国人订阅该刊物。从其发行的最终去向来看，尽管有旅华外国人的订阅，但更多的刊物还是落到中国人手中，若干刊物还寄到北京、南京和其他城市。因此，《东西洋考每月统记传》"确实赢得了一些中国读者。它能够持续出版这么多期本身就是一

---

　　① ［英］米怜：《新教在华传教前十年回顾》（中文版），大象出版社 2008 年版，第 65 页。

　　② 《告帖》，《察世俗每月统记传》第一期，转引自卓南生《中国近代报业发展史》，中国社会科学出版社 2002 年版，第 31 页。

　　③ 卓南生：《中国近代报业发展史》，中国社会科学出版社 2002 年版，第 29 页。

　　④ 戈公振：《中国报纸进化之概观》，见张静庐辑注《中国近现代出版史料·现代丁编》（上），上海书店出版社 2003 年版，第 11 页。

　　⑤ 黄时鉴：《东西洋考每月统记传影印本导言》，载爱汉者等编，黄时鉴整理《东西洋考每月统记传》，中华书局 1997 年影印本，第 12 页。

个证据；各期出版以后又可再印合订本一千份之多，更是一个有力的证据"。[①] 然而，需要指出的是，《东西洋考每月统记传》的发行方式，主要是在郭实腊与广州地方当局处好关系，"赢得他们的友谊"下进行的，即通过贿赂方式使地方政府默许，而这种行为并没有得到清政府认可。

鸦片战争后，随着香港的割让及上海等五处通商口岸的开辟，西方传教士在这些地区创办了出版印刷机构和书院。于是，他们创办的期刊发行方式悄然地发生转变。一是主动向国人提出订阅的要求。《遐迩贯珍》在开创之初，除获旅华外国人及教会的赞助外，对国人以赠阅为主，"兹将贯珍第一号由本馆着人分派致送"。[②] 此后由于销量的日益扩大，期刊发行碰到了经费吃紧的难题，该刊不得不呼吁国人订阅，而不是免费领取，但是收效甚微，"盖华民购阅是书，固甚吝惜，即不吝惜，而所得终属无多"。[③] 而后创办的《六合丛谈》，其发行方式与《遐迩贯珍》相似。据该刊编者介绍，"当地的中国商人对之很感兴趣，他们已经预定了每月八百多份的全年份额"，"外侨社区也为他们的佣人预定了将近九百份，所以我们光在上海每月就能售出一千七百份。已经出版的三期很受中国人欢迎，我们对未来充满希望。由于同胞们和其他人的慷慨解囊，已经有一笔基金入账，使得我们能够向附近城市和其他港口免费赠送本刊三千五百份"。[④] 到《六合丛谈》停刊时，其订阅费的收入，包括上海的外国人的购读费791352 文；上海的中国人的购读费75834 文。可见，国人对中文期刊的接受度在提高，并主动订购，使得与旅华洋人的差距已非《遐迩贯珍》时那样悬殊，二者正日趋持平。

二是利用教会分派机关，或是教会信徒及支持者，开设代派处和领取处。早在《察世俗每月统记传》时，期刊发行的中心就是米怜的个人寓所。随着形势的变化，原有的模式难以持续，教会分派机关纷纷成为次中

---

① 黄时鉴：《东西洋考每月统记传影印本导言》，载爱汉者等编，黄时鉴整理《东西洋考每月统记传》，中华书局 1997 年影印本，第 3 页。

② 松浦章等编著：《遐迩贯珍（附解题·索引）》，上海辞书出版社 2005 年版，第 716 页。

③ 《遐迩贯珍告止序》，《遐迩贯珍》第五号，1856 年，载松浦章等编著《遐迩贯珍（附解题·索引）》，上海辞书出版社 2005 年版，第 407 页。

④ 《传教杂志》，1857 年 7 月号，转引自周振鹤《六合丛谈的编纂及其词汇》，载沈国威编著《〈六合丛谈〉（附解题·索引）》，上海辞书出版社 2006 年版，第 177 页。

心。如《遐迩贯珍》宣称："以后每月各号现拟凡欲取阅者，在港英华书院、广东省金利华合信医生、上海墨海书馆处，请自到检取，较为简便，且省分送跋涉之烦"。① 这里提及的三处检取刊物处，分别是当时伦敦传道会在香港、中国内地（上海）以及华南地区（广州）的宣教站，其负责人依次为理雅各、麦都思及合信。到《万国公报》出现时，期刊发行在某种意义上说又有所改变。该刊虽然也采取赠阅和订阅并行的发行方式，但在具体的操作层面又做了读者群体的区分。其赠阅群体主要是士人和官吏，但在赠送方式上是不同的。一般来说，对于封疆大吏和京师开明派官员等高级官吏，主要通过私人关系直接赠送，翁同龢、文廷式、孙家鼐等皆在赠送之列；而对于一般的士人，则在每逢科举考试时集中赠送。1898 年，广学会将 1200 份《万国公报》分送给在杭州、南京、北京和济南参加科举考试的士人。《万国公报》在订阅发行方面，主要利用其信徒、支持者等，"在上海设立一个发行中心，并在十八省省会和主要城市，以及其他商业中心，如香港、横滨、新加坡、槟榔屿、巴达维亚等地，尽量设立一些代销机构"。② 经过一段时间努力，至 1898 年，《万国公报》在全国及海外共设有代销处 31 个，第二年增加到 35 个。其中，重庆有三个代销处，北京、南京、镇江和福州各两处，其他如辽阳、沈阳、牛庄、天津、济南、青州、平度（山东）、兴安（陕西）、成都、汉阳、汉口、庐州、扬州、常熟、苏州、江阴、衢州、厦门、广州、太原、梧州、湖南某地和朝鲜各一处。

三是日益注重销售策略，推广其中文期刊品牌。作为传教士创办的中文期刊，最初不为学者所重视，即使后来发行量扩大，其传教的特征仍是国人挥之不去的块垒。在这种情况下，个别传教士中文期刊为促进代销，以期刊代销数量的增多作为奖励依据。如《教会新报》称："今报二百卷已满四年，此次二百零一卷即是第五载之首卷也。现商定新法，凡我良朋有能代为新报销售，本院主理应酬劳，代售多寡分作三等，以销二十卷为界，以第五载分首卷日期为始，历两月为限，在限中有能代销去新报二十

---

① 松浦章等编著：《遐迩贯珍（附解题·索引）》，上海辞书出版社 2005 年版，第 716 页。

② 《同文书会章程》，《出版史料》1988 年第 2 期。

卷以上或三十卷或五十卷或七十卷，有此三等均应致信于本院主，届收报值时本院主当酬，上等者十元，中等者五元，下等者三元，即在报值银内照数扣去。"①

二、士绅推广与派点林立：戊戌维新期刊的发行模式

戊戌维新时期，维新人士创办了大量的中文期刊，这些期刊目标人群多是中国社会精英人士，如早期的《中外纪闻》，认为王公大臣是维新变法的核心，"以士大夫不通外国政事风俗，而京师无人敢创报以开知识，变法本原，非自京师始，非自王公大臣始不可"。② 后来的《时务报》《知新报》等，尽管读者对象有所扩大，但其着重点仍是一般士人，而非普通民众。这些士人大多对维新派报刊有较强的戒备之心，譬如对《中外纪闻》，"当时安敢望有人购阅者，乃托售《京报》人随宫门钞分送诸官宅，酬以薪金，乃肯代送，办理月余，居然每日发出三千张内外。然谣诼已蜂起，送至各家门者，辄怒以目，驯至送报人惧祸，及悬重赏亦不肯代送矣"。③ 即使在后期，由于维新人士创办的中文期刊的政治倾向性，很多官吏对此有抵触，甚至是公开反对。当时的御史文悌就声称："如近来《时务》《知新》等报所论，尊侠力，伸民权，兴党会，改制度，甚则欲去跪拜之礼仪，废满汉之文字，平君臣之尊卑，改男女之外内，直似只须中国一变而为外洋政教风俗，即可立致富强。而不知其势小则群起斗争，召乱无已；大则各便私利，卖国何难。"④ 这客观上造成了维新派创办的期刊发行模式有别于早期的传教士中文期刊。

具体来说，有以下几方面的内容：

其一，利用宦绅的举荐和订购，扩大期刊的影响力和订阅量。维新时期出现的中文期刊，多为中国绅宦所创办，这些维新派报人"与签约港市的报人不同，他们当中有很多人本身就属于士绅知识阶级。由于本身具有

---

① 《林华书院主人告白》，《教会新报》合订本第五册，（台北）华文书局 1968 年影印本，第 1973 页。

② 康有为：《康南海自编年谱》，载《戊戌变法》，神州国光社 1953 年版，第 132 页。

③ 梁启超：《鄙人对于言论界之过去及将来》，《庸言》第一卷第一号，1912 年 12 月。

④ 朱寿朋编：《光绪朝东华录》，中华书局 1958 年版，第 4118 页。

精英分子的背景，这些新起的报纸与签约港市的报纸相比，不仅在一般教育阶层拥有较高威望，并且在士绅知识阶级间尤其拥有较重的分量"。① 譬如《时务报》的发行，在很大程度上得益于众多封疆大吏、普通官吏利用自己所掌握的资源，饬札下辖各机构以公费或摊派的方式购买。1896 年 9 月，汪康年向张之洞祝贺六十大寿，9 月中旬返回后不久即在《时务报》上刊登《鄂督张饬全省官销〈时务报〉札》，这份由湖广总督张之洞签发的饬令中说："本部堂披阅之下，具见该报识见正大，议论切要，足以增广见闻，激发志气"，"所有湖北全省文武大小各衙门，文职至各州县各学止，武职至实缺都司止，每衙门俱行按期寄送一本"。此外，汪康年和邹代钧还托陈三立向其父湖南巡抚陈宝箴说项，请求仿照湖北行事。陈宝箴阅读《时务报》后认为该报"议论极为明通，所译西报关系，其激发志意有益于诸生，诚非浅鲜"，决定以部院公款预定《时务报》，分发全省各书院，以供诸生"次第传观，悉心推究"。② 这种支持《时务报》的做法，使之跨出了地域，发行到全国各级下层官僚和士绅学士中去，"这是之前所有报刊，包括传教士的报刊以及商务报刊所办不到的。传教士期刊主要流传于有外国传教聚落的地方，而《申报》之类的报刊只能达到商业发达的通商口岸，然而政治化的《时务报》可以利用既有管道，深入风气未开、交通阻隔的中国内地"。③

其二，创新期刊代售和代派方式，出现了派点林立的销售网络。戊戌维新时期的期刊延续了原有的通过熟人关系进行代售和代派的方式，如汪康年在 1897 年嘱托屠寄代卖《时务报》于黑龙江，屠寄自十一月初四返抵黑龙江，发函告知结果时（此函二月十八日到），不但已将 10 份都卖出了，还说"此间共须二十份"，"应补寄十份"，"以后每月陆续寄二十份"。④《新学报》借助于维新人士，自上海远销至苏州、杭州、天津、烟台、陕西、南京、广东、福州、厦门、宁波等地，"远近各处之函订本报者，络绎不绝，日益众多，如瓯郡陈式卿明经函订三十份，湘省督销局刘

①　张灏：《张灏自选集》，上海教育出版社 2002 年版，第 187 页。
②　《湘抚订购时务报发全省各书院札》，《时务报》第二十五册，1897 年 5 月。
③　李仁渊：《晚清的新式传播媒体与知识份子》，（台北）稻香出版社 2005 年版，第 127 页。
④　上海图书馆编：《汪康年师友书札》（三），上海古籍出版社 1986 年版，第 2189 页。

君淞美函订至百份之多，他如天津袁公馆扬州丁公馆以及京师、绍兴、苏、杭、粤东西各处，均各函订数百十份不等"。① 在这种通过熟人关系代售的基础上，也有所突破和创新，即以熟人为基础的人脉关系网，逐渐转变为以商业盈利与私人关系交织的代售网。这种私人关系不仅仅是彼此学问、人格方面的认可而已，更以此为基础扩展为政治认同。如陈虬主办的《利济学堂报》曾发出感慨说："近日报馆林立，均蒙当道各宪翼助广销，力开风气。本报虽宗旨有在，其于学术、时务实不无小补，谅有心世道者所乐共为提倡也。"② 其具体表现的方式则是期刊之间的相互代派，如《时务报》代售众多中文期刊，其第三十三册"本馆代售各报价目"列出的期刊包括《知新报》《农学报》《算学报》《湘学报》等；第五十二册"本馆代售各报价目"涉及的期刊则有天津《国闻汇编》、重庆《渝报》、湖南《湘学报》、温州《利济学堂报》，这些代售的期刊往往在《时务报》上刊登告白，指出由它来代售；第二十七册"新出《湘学报》告白"称："湖南新设湘学旬报，约分史学、掌故、舆地、算学、商学、交涉六门，深通中外之故，议论明达，体例精善，广开风气，实倡中国学报之先。爰缀数言，以告天下之讲求实学者，计每本一角二分，由本馆代售。"这些代售的期刊，亦成为《时务报》的代派处，如《利济学堂报》代售《时务报》，陈虬写信给汪康年报告说："贵报二十六册共七十册已收到"。③ 宋育仁与廖平拟在成都创办蜀学会与《蜀学报》之前，也写信给时务报馆，希望可以代售四川地区的《时务报》，"在省寄省，则人皆一取两得"，其目的在于借由《时务报》的名气，为自己的新报做宣传，而《时务报》亦可由此获得稳定的代售点。④

与此同时，以私人关系为基础，还拓展为商业利益的合作。这主要表现在此时出现了大量的商业营利机构，譬如书局的出现，它们在出版、出售书籍的同时又从事报刊的代售和代派业务，如《时务报》的代派处中就有天津文美斋书坊，兰州聚贤斋书坊，西安聚贤斋书坊，成都的志古堂书

---

① 《本报谨启》，《新学报》第六期，1897 年 7 月。
② 《利济学堂报例》，《利济学堂报》第一册，1897 年 1 月。
③ 上海图书馆编：《汪康年师友书札》（二），上海古籍出版社 1986 年版，第 1999 页。
④ 上海图书馆编：《汪康年师友书札》（一），上海古籍出版社 1986 年版，第 543 页。

坊、步月山房书坊，重庆的志古堂书坊、步月山房书坊，上海的格致书屋、六先书局、六堂书坊、千顷堂书坊、文富楼书坊、纬文阁书坊等，寿州文德堂书坊，安庆藩经厅署内吴书斋，苏州墨林堂书坊，常熟景占阁书坊，温州时务书局，广州的圣教书楼、时务书局、知新书局、全经堂书坊、义一斋书坊等；《知新报》的代派处有广州的龙藏北约九经阁书坊、双门底圣教书楼等。其中缘由，张元济曾给汪康年信中说，书局代售图书和报刊能增加二者的销量：

> 叔峤又言制造局长蒋少穆愿于京都广售新学各书，并欲减价畅销。最好亦归并一处，则力量较厚，可以持久。京中此等书近来畅销，惟苦无处可购耳。售报事颇有关系，吾兄苦心经营，而弟等愈不敢不郑重将之，若听其涣散，将来必致日销日减。①

三、邮发业务与书坊代售：清末新政时期的期刊发行

1900 年八国联军侵华战争爆发，次年强迫清政府与之签订《辛丑条约》。使清廷不得不宣布实行"新政"，改革政治，开放"报禁""言禁"。随后，一批官绅士民自办的报刊纷纷出现。此时官绅创办的期刊，诸如官报仍是沿袭了以往的发行销售模式，即利用私人关系或手中权力饬令下属摊派，如 1902 年山西官报《晋报》初办时采取集股方式筹款，后由藩库先借垫，年底各州县衙门上缴报费时再还藩库，其销售是通过官方力量往州县派销。② 其他与官员关系密切的期刊，如《译林》，不仅得到浙江按察使和上元县知县的捐助，浙江按察使还特别发出《饬通省购阅译林札》，"《译林》一书所列政学、史学、商学、法律等，俱深得东西各国富强之旨，可以大开民智、广导利源，洵非近日所行各报可比"，"若于公余之暇，悉心参考，或送交书院、义塾，使肄业诸生寻究，皆足以广见闻而增知识。合将《译林》首期、二期各册札发到该府，立即分发所属各州、县，或存衙署，或送交书院、义塾，互相参考"。③

---

① 上海图书馆编：《汪康年师友书札》（二），上海古籍出版社 1986 年版，第 1721 页。
② 《山西期刊史》编纂委员会：《山西期刊史》，山西人民出版社 2010 年版，第 19 页。
③ 转引自丁守和主编《辛亥革命时期期刊介绍》第一集，人民出版社 1982 年版，第 97 页。

然而，这些官绅民办的期刊在传递方式上，却不同于以往，即在驿站、民信局或私人夹带之外，还利用大清邮政局的邮递，并且后者的作用日益凸显。1896 年，光绪帝颁布上谕，"饬即成立全国邮政，委由赫德主持"。① 经过近一年的筹备，1897 年 2 月，大清邮政局正式营业，这意味着官办官用的邮政时代结束和官办邮局向社会开放时代的开始。官邮在刚开办时，业务种类为信函、新闻纸和小包。1897 年增设邮资明信片、邮政汇兑、双挂号信函，1898 年增加包裹保险和代收货价。1899 年，清政府第一次颁布《大清邮政章程》，规定办理信函、明信片、新闻纸类、印刷类、货样、挂号邮件、快递邮件、保价信函、保价箱匣、包裹等十三项邮政业务。创刊于 1900 年的《亚泉杂志》就是通过大清邮政局寄送的，由于1901 年接到邮政司通知，规定杂志照印刷物投送，需增加邮费，被迫停刊："本馆发行杂志，定价既廉，工料之外，所赚无几，加以馆用有绌无盈，况销行甚滞，所耗殊多，今又以三分定价之一作邮费，则是并工料而不敷矣。"②

国内期刊由报社委托邮政局办理寄送业务，始于《北洋官报》。1903年 7 月，《北洋官报》与天津邮政总局达成协议，初期签订合同如下：一、邮政局情愿承寄官报局各报分送各处邮局转发，并不取资；二、邮政局令各处邮局经理人代售官报，所收报资并不受应得几成之费；三、各处邮局代售官报所收报资，全数汇至天津邮政总局转交官报局查收，毫无使费；四、嗣后，邮政局如在官报内登各项告白、示谕以备各处咸知邮政一切定章，官报局亦不收费。此后，《南洋官报》《商务官报》《内阁官报》等官报相继援此例办理邮寄发行业务。譬如《内阁官报》规定：各省应解报费，仍照从前《政治官报》派定之数，由该布政司或度支司预将半年报费先期垫汇，以重官本；各该司仍自行向本省阅报各官厅按数分收，归缴司库。《内阁官报》为代达公文之用，凡逐日寄送各省官署之官报，应于封面盖用印铸局印信，交大清邮政局递寄，准免邮费。由于业务量的激增及

---

① ［美］马士：《中华帝国对外关系史》第二卷，张汇文等译，上海书店出版社 2000 年版，第 69—70 页。

② 《本馆广告》，《亚泉杂志》第十期，1901 年 6 月。

其自身发展的需要，大清邮政局于 1905 年开办新闻纸挂号及立券业务，经邮局办理的报刊，均需注册后按立券业务及一、二、三类新闻纸业务办理。

由于晚清时期政治风云激荡，上述发行模式对于当时大多数没有官府背景或是由与官员有交往的报人创办，甚者在政治立场上倾向于革命的报刊，并不完全适用。这些期刊为躲避清政府的干扰，往往将其发行销售所设在上海租界。当时，上海租界内存在治外法权，清政府的势力不能到达这里。资产阶级革命派的图书出版和中文期刊的出版因此获得了较为宽松的社会环境。《新世界学报》《政艺通报》《国粹学报》等一批中文期刊发行所，均聚集在上海租界内。对此，蒋国珍分析说："国内政变起时，反对方面的政治家，和像外国亡命一样，预先把反对言论的机关，迁移到租界，向外国领事署注册。这是清末以来，攻击专制武断政府而避免其压迫的长套手段。"①

这些在上海租界创办的中文期刊，其在向内地发行寄送时，不仅借助了大清邮政局的优势，同时又兼顾了民信局的便利。譬如 1904 年商务印书馆创办的《东方杂志》，"邮局已通之处，如购一册，加邮费五分，信局寄费，由阅报者自给"。② 这种混合邮寄行为，在某种程度上刺激了书坊、书局代售期刊模式的发展。所谓书局代售期刊模式，即是利用邮政局和民信局的货物传递渠道，通过设立总局与分馆、各书局相互合作的方式，达到快速销售图书报刊的目的。以商务印书馆为例，1903 年，商务印书馆在汉口和广州设立外埠分馆，分馆的主要任务是发行。1906 年农历正月，又在北京、天津设分馆。其馆办的杂志如《东方杂志》，在创办之初就由商务印书馆及各书坊为总发行，外埠除了商务印书馆汉口分馆外，还涉及了官书局、广智书局、明达书庄等 12 个地区的 20 个代售处。又如，文明书局在上海设有总部，还在其他地方设立分派处，1902 年在北京设立分局，"转运新书，平价出售，以便北方学者。已派人到沪采办该局所有书籍、

① 蒋国珍：《中国新闻发达史》，上海联合书店 1930 年版，第 5 页。
② 《新出东方杂志简要简章》，《东方杂志》第一卷第一期，1904 年 3 月。

舆图，头批数十箱已于某日起程，由沪局会计员王君子和押送来京云"。①
这种书局代售期刊模式，适应了当时邮政局和民信局的价格、地理分布等
存在众多差异这一现实，从而打破原先的私人友谊和官方背景的束缚，加
快了中文期刊发行的速度，同时亦使得商家出于商业利润的考量，私下出
售部分激进的中文期刊，从而打破了清政府的阻挠和禁令。

随着留日学生期刊的兴起，书局代售期刊模式更为丰富和完善。当时
留日学生期刊除自身地籍外，亦常在上海设总分派处。如《游学译编》在
日本东京编辑、印刷，其总发行处一分为二：一为日本东京湖南编译社编
辑部，二为国内湖南长沙矿物总局总发行，而总代派处则设在上海广智书
局，后改为上海的苏报馆，"定阅本编在东京者可函向本社挂号，每期当
按址寄送，在内地者可就近向各代派处购取"。②《浙江潮》除在日本东京
留学生会馆设总派处外，在国内设立浙江和上海总派处，分别为杭州白话
报馆和上海中外日报馆。东京《新白话报》社编辑的《新白话报》由上海
普益书局总发行，在南昌设有总派报处。《宁波白话报》的总发行所除了
上海的启文社、新学会社之外，还有宁波的文明学社、新学会社。而这些
上海总代派处多设在租界内，譬如广智书局局址为英租界南京路同乐里，
文明书局局址为南京路495号。同时，留日学生期刊发行又以书坊、书局
代售为主要渠道，如《游学译编》在第十二册"本编代派所"中所列的
38个代派所中，有一半是上海、南京、苏州、杭州等地的书局或书坊，其
中有广智书局、南京启新书局、明达书庄、知新书局、开智书局、开明书
局、华洋书局、算学书局、史学斋书坊、广业书局、二酉书房等。而《江
苏》以上海文明书局为总经销处，其分售处有苏报馆、上海启文社、东来
书庄、启新书局、合众译局、中东书社，以及北京北半截胡同和天津督署
对门傅公馆的文明分局、广益书局。

至于那些更为激进的革命期刊，其发行方式则相对比较复杂。它们或
在国内或租界印制，而以走私的方式运回国内。譬如，尽管清廷一再加以
防范，但《民报》还是被许多留日学生在行李中夹带，私运回国。曾有人

---

① 《大公报》1902年11月30日。
② 《购阅略则》，《游学译编》第十册，1903年9月。

将《民报》装在箱内，假称系带给友人之《法政丛编》，托满洲学生带回，由于中国海关人员对满籍学生检查较松；亦有人撕去《民报》封面，换以《心理学讲义》，邮寄回国。或是被书坊、书庄翻印，如《清议报》等曾被南京明达书庄翻印，引发时任两江总督张之洞的震惊，并为此特札饬各属，"本部堂访闻上江两县学宫旁设有明达书庄，蓄心煽乱，其意必欲胥各省士民尽行其邪说，附其逆党，大乱蜂起，中国沦胥而后已"。① 通过朋友之间的邮递流传，这些书籍报刊流散于全国各地，如时在安徽祁门当知县的夏曾佑便托汪康年寄送《清议报》："二十二、二十七两期《清议》，以后从卅四寄起，至要"，"《清议报》尚出否？若出，望源源寄来，然须缜密"。②

------

① 中国社会科学院新闻研究所编：《新闻研究资料》（第15辑），展望出版社1982年版，第220—221页。

② 上海图书馆编：《汪康年师友书札》（二），上海古籍出版社1986年版，第1356、1359页。

第十一章

晚清的期刊管制

清朝前中期，中央政府没有设置专职的出版管制机构，也没有关于报刊出版管制的专门法律。一方面对出版业没有保护性的法律条文，另一方面对有悖于统治阶级利益的出版行为常常以皇帝上谕形式严厉处罚。晚清以降，随着西方出版观念的传入、新式出版业的发展和近代报刊业的兴起，清政府不得不顺应时势，对于报刊出版活动从严厉查禁到正面推动，在压制革命派报刊活动的同时，以官方参与的方式大规模推广官报，以控制舆论导向和开通民智，对报刊出版行为也开始以国家专门法律的形式进行管理。

第一节　各级官报的创办

一、政府对报刊活动的正面推动

清王朝入关之后，废除了前明的邸报制度，民间了解枢府意向，只能通过"与内阁衙门无涉"的民间报房。[①] 咸丰元年（1851 年），江西学政张芾以"京报内容简略，寄递迟延，价贵难得"为由，奏请刊刻官报，被朝廷严斥为"识见错谬，不知政体，可笑之至"，"所有刊发钞报，乃民间

[①] 这些报房业务相对独立，但并非真正的民间机构，而是"具有半官方的性质，属于半官方的机构"，见方汉奇主编《中国新闻事业通史》第 1 卷，中国人民大学出版社 1992 年版，第 197 页。

私设报房，转相递送，与内阁衙门无涉"。若创办官报，"不但无此体例，且恐别滋弊端"，拒不进行改革。① 清廷之所以忽视官报系统的建立，大概因其"因循畏事，故不问其事之可行与否，及有益与否，即严词而深拒之也"。② 洋务运动兴起后，郑观应、王韬等力图改变清政府在办报一事上"于己之民则禁之，于他国则听之"的态度，提出"我各省当道亦宜妥订章程，设法保护，札饬有体面之绅士，倡办以开风气"，③ "今圣朝崇奖直谏，察纳雅言，台司诸臣得以风闻言事，又置各道监察御史以达民情，诚使添设新报馆，则以其地之人言其地之事，所闻尤近，即间有不实，亦以风闻置之，要无害于兼听则明也"。④ 然而清政府对此不予理睬。

图 11-1　洋务运动

维新运动兴起后，各方势力出于各自目的，积极推动报刊出版事业。康有为多次上书光绪皇帝，建议放开对民间办报的限制："近开报馆，名曰新闻，政俗备存，文学兼述。"并向光绪帝建议："外国农业、商学、天文、地质、教会、政律、格致、武备，各有专门，以为新报，尤足以开拓

① 转引自徐培汀等《中国新闻传播学说史》，重庆出版社 1994 年版，第 202 页。
② 戈公振：《中国报学史》，生活·读书·新知三联书店 2011 年版，第 41 页。
③ 郑观应著，夏东元编：《郑观应集》上册，上海人民出版社 1982 年版，第 346 页。
④ 王韬：《论各省会城宜设新报馆》，载张之华主编《中国新闻事业史文选（724—1995年）》，中国人民大学出版社 1999 年版，第 15 页。

心思，发越聪明，与铁路开通，实相表里，宜纵民开设，并加奖劝，庶裨政教。"① 在代宋伯鲁《拟奏改时务报为官报折》中，康有为归纳总结了开办报馆的四大作用："首列论说，指陈时事，常足以匡政府所不逮，备朝廷之采择，其善一也；胪陈各省利弊，民隐得以上达，其善二也；翻译万国近事，藉鉴敌情，其善三也；或每日一出，或间日一出，或旬日一出，所载皆新政之事，其善四也。"② 他提出将《时务报》改为官报，由梁启超"总持其事"，"至各省民间设立之报馆，言论或有可观，体律有未尽善，且间有议论悖谬，记载不实者，皆先送官报局，责令梁启超悉心稽核，撮其精善进呈，以备圣览。其有悖谬不实，并令纠禁"。③ 在维新派大力推动报刊出版的同时，一批政府官员对于报刊舆论重要性也有了切身的认识。张之洞在《劝学篇》中指出："李翰称《通典》之善曰：'不出户，知天下；罕更事，知世变；未从政，达民情。'斯言也，殆为今日中西各报言之也。吾更益以二语曰：'寡交游，得切磋'。"④

受到来自不同方面力量的影响，光绪帝逐渐认识到报刊的价值，指出"报馆之设，所以宣国是而达民情，必应官为倡办"，并允许开办官报。戊戌变法期间，光绪帝又颁布了一系列有关报刊的"上谕"。如 6 月 19 日诏曰："所有官书局译印各报，著自五月初一日（即 6 月 19 日）起，每五日汇订一册，即按逢五逢十期封送军机处呈递。"⑤ 7 月 26 日诏曰："其天津、上海、湖北、广东等报馆，凡有报单，均著该督抚资送都察院及大学堂各一份，择其有关时事者，由大学堂一律呈览。""至各报体例自应以胪陈利弊广开见闻为主，中外时事均许据实昌言，不必意存忌讳"。⑥ 8 月 21日明诏奖励刊刻农报。8 月 26 日诏准梁启超设立编译学堂于上海，规定所

---

① 康有为撰，姜义华等编校：《康有为全集》第 2 集，中国人民大学出版社 2007 年版，第 42—43 页。

② 康有为撰，姜义华等编校：《康有为全集》第 4 集，中国人民大学出版社 2007 年版，第 331 页。

③ 康有为撰，姜义华等编校：《康有为全集》第 2 集，中国人民大学出版社 2007 年版，第 332 页。

④ 张之洞：《劝学篇》，载《张之洞全集》第 12 册"书札"，武汉出版社 2008 年版，第 178 页。

⑤ 林树惠辑：《上谕三一六条》，载《戊戌变法》（二），神州国光社 1953 年版，第 23 页。

⑥ 林树惠辑：《上谕三一六条》，载《戊戌变法》（二），神州国光社 1953 年版，第 44 页。

编译之书籍报纸"一律免税"。9 月 12 日诏曰："（侍读学士）瑞洵奏请遍设报馆实力劝办一折……即著瑞洵创办，以为之倡。此外官绅士民并著顺天府尹五城御史切实劝办，以期一律举行。"① 至此，清政府由"不准议论时政"到"开除禁忌"、准予议政，反映了在报刊管制方面的重大变化。

　　庚子事变后，为掩国人耳目，安抚人心，清廷于 1901 年 1 月提出"变法"，到 9 月间连下多道谕旨，开始推行"新政"。为应对随之而来的社会舆论，众多官员上疏中央，呼吁把兴办官报作为切实可行、并且必要的手段。1901 年，管学大臣张百熙上疏，认为："报纸所以寄耳目，东西洋于开化变法之始，无不以此为要图。官吏不知民情，与草野不识时局，致上下不喻意，中外不同情，皆报纸不能流通之故也。中国通商各埠，由民间自行办理者不下数十种，然成本少而宗旨乱，除略佳之数种外，多不免乱是非而淆视听。又多居租界，挂洋旗，彼挟清议以訾时局，入人深而藏力固，听之不能，阻之不可"。既然民间报刊存在诸多问题，那么，"惟有由公家自设官报，诚能持论通而记事确，自足以收开通之效而广闻见之途"。② 之后创办的《北洋官报》《南洋官报》等官报，也以此宣传新政，与民间报刊争夺舆论主导权。如《北洋官报》称：

　　　　夫私家之报，识议宏通足以觉悟愚蒙者，诚亦不少。独其间不无诡激失中之论，及或陷惑愚民，使之莫知所守。然则求其所以交通上下之志，使人人知新政新学为今日立国必不可缓之务，而勿以狃习旧故之见，疑阻上法，固不能无赖于官报也。③

　　对于官报登载的内容，许多政府官员也主张加以明确，以示区别于民间报刊。《北洋官报》曾标榜其"不取空言危论，首载圣谕广训直解，次上谕，次本省政治，次本省学务，次本省兵事，次近今时务，次农学，次工学，次商学，次兵学，次教案，次交涉，次外省新闻，次各国新闻。事必其切实可行，文必其明显易晓。凡百有位，与我士民，当其详观而审察

　　① 林树惠辑：《上谕三一六条》，载《戊戌变法》（二），神州国光社 1953 年版，第 87—88 页。
　　② 朱寿朋：《东华续录》卷一六九，中华书局 1958 年版，转引自方汉奇主编《中国新闻事业编年史》（上），福建人民出版社 2000 年版，第 195 页。
　　③ 戈公振：《中国报学史》，生活·读书·新知三联书店 2011 年版，第 54 页。

之哉。"① 后来，张之洞立下《湖北官报凡例十则》，对官报体例加以完善，其内容"必有关于政法、学说、兵事、财用及农工商渔各实业，暨交涉要端，俾究心时务者得以周知时局，扩启见闻，可为励学之资，应事之助，其不在此六项者不录"。其栏目略有十二项：1.《列朝圣谟》，"凡列朝圣训、列朝御制诗文集、列朝德政，本年以前谕旨、本朝典章（如皇朝三通、大清会典、大清律例、国朝各种掌故、传记刊行成案之类），凡关乎政法、学校、兵事、财用、实业，交涉与今日时势情形有合者，不拘时代先后，随时敬谨纂录，冠诸报首，并引中外古今史籍，以资证佐阐明"。2.《近日邸抄》，"每日阁抄上谕，除已由《汉口日报》按日敬登外，择其于目前时势尤关重要者，仍行恭录，以广传布，而资遵守，其发抄之奏折亦同"。3.《重要电音》，"凡各处探报及外国事关重要之电报，择其可宣布者酌刊"。4.《本省公牍》，"凡本省奏议、文檄、批判，有关政法、学校、兵事、财用、农工、商渔、实业及交涉要端者，酌量刊布"。5.《京外公牍》。6.《各省报章》。7.《各国报章》。8.《前人论说》。9.《时人论说》。10.《往事鉴戒》，"前事得失，后者之师，择往籍所载，古事近事之措施失宜，足为今日鉴戒者，择要选录"。11.《各省记事》。12.《辩正谬误》。②

《北洋官报》和《湖北官报》所设立的栏目，大致代表着两种不同办刊宗旨。《北洋官报》体现了北洋型，主要侧重于发布本辖区的政治、经济、军事、教育等方面的情况，道德教化的色彩不太明显。由于创办的时间较早，多为后来各省行政官报效仿。江西巡抚柯逢时创办《江西官报》，即"参照《北洋官报》成法，拟定条例"。陕西巡抚升允派员创办《秦中官报》，"所有报纸体裁，悉仿《北洋官报》办理"。③ 黑龙江署理将军程德全"以黑省风气未开，特在齐齐哈尔创设官报局，略仿《北洋官报》办法"。④ 而《湖北官报》除了登载与"北洋型"官报基本相同的内容外，

① 戈公振：《中国报学史》，生活·读书·新知三联书店 2011 年版，第 54 页。
② 刘望龄：《黑血·金鼓：辛亥前后湖北报刊史事长编》，湖北教育出版社 1991 年版，第 90—91 页。
③ 《教育·各省报界汇志》，《东方杂志》第一卷第十期，1904 年 12 月。
④ 《教育·各省报界汇志》，《东方杂志》第四卷第七期，1907 年 9 月。

还增加了"卫道"与"辨邪正"等价值引导方面的内容，① 如浙江巡抚增韫创办的《浙江官报》，效仿《湖北官报》之意，除了录圣谕、要电、要闻、科学等内容外，还登载"硕彦名儒之论著"，并以"务取其纯正"② 为宗旨。

为了争夺舆论，这一时期创办的官报还自我标榜公正性、客观性。袁世凯在《北洋官报》中声称，"记载各条必其事实有根据，其或偶涉讹误者，应随时声明更正"，至于"所有离经害俗委谈隐事，无关官报宗旨者"，则一概摒不登录；其他"不准妄参毁誉，致乱听闻"。③ 张之洞认为，"查官报与民间开设之报馆不同，务须宗旨纯正，体裁谨严，凡所录必裨实用，凡有记载力戒虚枉，庶足以正人心而开民智，息邪诐而助政教"。其创办的《湖北官报》自称"一曰崇正黜邪，二曰益智愈愚，三曰征实辩诬"。④ 并对登载的内容作了规定：1."本报所录，无论古书今事，皆取核实，凡访事捏造虚妄不根者，概屏不登。"2."本报所载，意在博观取约，但期阅报者有益，无取繁冗，虽不能蒐尽一时新事异闻，而所载要必有信，要必有用。"3."本报一秉虚（至）公，凡诬罔报复，饰词欺世，要挟恫喝以取利，种种市侩恶习，一概禁绝。"4."凡有品端学裕、究心时务之士，如有雅言要论，有益于人心学术者，准其送至该报馆，听候酌量选录，其识解纰缪者，断断不准收入。"⑤

为确立官报的价值引领地位，一些地方督抚往往利用公权力资源扩大其销售量。譬如《北洋官报》以派销为主，即利用行政渠道，自上而下按行政区划层层分摊。最初，该官报局采取赠送方式进行试发："本省以一个月为限，外省以十日为限，概由本局捐送，不收报费"。⑥ 双日刊时，《北洋官报》的额派数量不多，"大缺州县派发 10 份，中缺州县派发 8 份，

---

① 张小莉：《清末"新政"时期的地方官报》，《福建论坛》（人文社科版）2005 年第 11 期。
② 《抚部院增奏办理〈浙江官报〉折》，载浙江省社会科学院历史研究所等编《辛亥革命浙江史料续辑》，浙江人民出版社 1987 年版，第 82 页。
③ 戈公振：《中国报学史》，生活·读书·新知三联书店 2011 年版，第 55 页。
④ 《张之洞全集》第 6 册"公牍·咨札"，武汉出版社 2008 年版，第 402 页。
⑤ 刘望龄：《黑血·金鼓：辛亥前后湖北报刊史事长编 1866—1911》，湖北教育出版社 1991 年版，第 91—92 页。
⑥ 戈公振：《中国报学史》，生活·读书·新知三联书店 2011 年版，第 54 页。

瘠缺州县派 6 份"。随着成功试办,官报局增加额派的数量,也被称为"加派",大、中、瘠缺州县分别加派至 30、20、10 份。然而,由于官报内容僵化,不符合读者的阅读需求,很多地方政府对待官报派发工作比较懈怠,甚至不执行订购计划。对此,省级乃至中央政府往往采取较为严厉的处罚措施。如山西《晋报》订者寥寥,每县派订 20 份的指标也难以达到。有些县不足 10 份,"甚至仅留一二份自阅,余均退还者"。于是,山西巡抚采用惩奖办法来进行干预,规定:"嗣后应以分销多寡核记功过。如加销至十份以上者记功一次,绌销至十份者记过一次。"州县官员如再失职不积极推销官报,"定即分别记大过撤任示儆"①。又据《时报》报道说:

> 湖北某县,接《湖北官报》后,即寄还之,以为本县不愿阅,毋庸强与也。官报局总办某道则不以为然,以为他县均不寄还,而彼独寄还,是违例也。则又送之。县官又接报,以为阅报自由,上官勿能强迫也,则又寄还之。官报局总办于是大怒,曰:是蔑视官报也。立刻上白督臣。督臣亦谓,此风苟长,官报前途何堪设想?于是记某县官过二次,并追缴报费云。②

二、官报系统的建立

维新运动兴起后,官报的创办开始提上日程,强学书局及其发行的《中外纪闻》的停办是其重要的契机。1895 年 7 月,康有为、黄遵宪等人发起强学会,设立强学书局,并在 5 月于北京发行《中外纪闻》,9 月于上海发行《强学报》。由于《中外纪闻》"昌言变法,久为守旧者所媢嫉,谤言纷纭,谣诼蜂起",御史杨崇伊上奏弹劾,要求清政府查禁该刊。1896 年 1 月,光绪帝发布了查封强学书局的上谕。强学书局遭封禁一事,涉及帝党、后党及帝党内部的权力之争,尽管封禁事件以后党得胜而告终,但帝党中人"多有上疏争之",御史胡孚宸上《书局有益人才请饬筹议以裨时局折》,称:"请旨饬下总署及礼部各衙门悉心筹议,官立书局选

---

① 《晋抚赵通饬各属分销报纸公文》,《中外日报》1903 年 1 月 2 日。
② 冷:《官报与民报》,《时报》1908 年 11 月 27 日。

刻中西各种图籍，任人纵观，随时购买，并将总署所购洋报选译印行以扩闻见"。① 总理衙门经商议后，复奏请拟照八旗官学之例，建立官书局。1898 年正月，清廷派孙家鼐为管理官书局大臣，负责该局开办事宜。官书局成立后，除译刻各国关于律例、公法、商务、农务、制造、测算之学，以及武备、工程之书籍外，还出版《官书局报》及《官书局汇报》两种。两报均以黄纸为封面，做成书册状，形式与《京报》相似，每日一本，内容除奏折上谕外，还有《路透电新闻》《西国近事》《本国新闻》《各国外国新闻》《先儒格言论说》及有关新事新艺的译文。"各路电报只选择有用者，照录原文，不加议论。凡有关涉时政，臧否人物者，概不登载"。②

　　鉴于清政府对于推广官报的积极态度，各省闻令而行，纷纷上折，奏请开办行政官报。1896 年，陕西礼泉宋伯鲁在西安创办《秦中官报》（原名《官报》）；1897 年 11 月，陕西布政使李有棻在西安创办《秦中书局汇报》。1897 年，湖南学政江标用公款创办了《湘学报》，被认为是最早的"省级学报""教育官报"。

　　"官报"作为固定报名，可追溯至戊戌政变期间夭折的《时务官报》。1896 年 8 月，梁启超、汪康年等人为推动维新变法共同创办了《时务报》。由于维新人士的共同努力，《时务报》很快成为影响力最大的报刊，为变法运动的发展作出重要贡献。不及一年，汪、梁围绕《时务报》的领导权展开了斗争，且日趋激烈，终至不可收拾。为助梁启超夺取《时务报》，1898 年 5 月 29 日，康有为批评《官书局汇报》的做法："中国前此一统，闭关不讲外事，故只有邸钞，奉扬纶音，记载奏牍，而其他未之及。乙未以后，始有《官书局汇报》，然未能悉用西国体例，多所忌讳，无有论说。所译西报，率多删节，平淡无奇，似不足以启沃圣听，发扬耳目。且视各国官报，规模相去远甚，非所以崇国体、广民智也"。③ 康有为主张将《时务报》改为官报，"拟请明降谕旨，将上海《时务报》改为《时务官报》，责成该举人督同向来主笔人等实力办理，无得诿卸苟且塞责。其中论说翻

---

　　① 胡孚宸：《都城官书局开设缘由》，《时务报》第一册，1896 年 8 月。
　　② 戈公振：《中国报学史》，生活·读书·新知三联书店 2011 年版，第 43—44 页。
　　③ 康有为撰、姜义华等编校：《康有为全集》第 4 集，中国人民大学出版社 2007 年版，第 331 页。

译各件，仍照旧核实，无得瞻顾忌讳。每出报一本，皆先进呈御览，然后印行，仍请旨饬各省督抚通札各属文武实缺候补各员一律购阅。"① 对此，光绪帝颁布上谕称："御史宋伯鲁奏请将上海时务报改为官报一折，著总理大学堂大臣孙家鼐酌核妥议，奏明办理。"②

1898 年 6 月，孙家鼐奏请光绪帝，认为康有为提议的改《时务报》为官报事宜可行："今之论治者，皆以贫弱为患矣。臣窃为贫弱之患犹小，壅塞之患最深。该御史请将时务报改为官报，进呈御览，拟请准如所奏。该御史请以梁启超督同向来主笔人等，实力办理。查梁启超奉旨办理译书事务，现在学堂既开，急待译书以供士子讲习，尚恐分译书功课。可否以康有为督办官报之处，恭请圣裁。"并且，他还对官报开办提出了三条具体的章程：一、对于《时务报》登载内容应有所取舍，"时务报虽有可取，而庞杂猥琐之谈，夸诞虚诬之语，实所不免。今既改为官报，宜令主笔者慎加选择。如有颠倒是非，混淆黑白，挟嫌妄议，淆乱视听者，一经查出，主笔者不得辞其咎"。二、对官书局汇报等官报内容应有所调整，"官书局虽有汇报，系遵总理衙门奏定章程，不准议论政事，不准臧否人物，专译外国之事，俾阅者略知各国情形。今新开官报，既得随时进呈，胪陈利弊，将官书局报亦请开除禁忌，仿陈诗之观风，准乡校之议政。惟各处报纸送到，臣仍督饬书局办事人员，详慎选择，不得滥为印送"。三、"原奏官报纸经费一节，臣查官书局印报例，令阅报者出价。惟所售无多，故每月经费不足，由书局贴补。兹新设报馆，阅报者自应一体出价"。在各方力量推动下，光绪帝接受康有为和孙家鼐等人的建议，同意开办官报，并表示："报馆之设，所以宣国是而达民情，须亟为倡办。"在孙家鼐改《时务报》为官报的奏折上，光绪帝批示道："该大臣所拟章程三条，均尚周妥。所请将时务报改为官报，派康有为督办其事。所出之报，随时呈进。"③

在帝党、后党及其他势力的博弈之下，《时务报》主编汪康年以报馆

---

① 康有为撰，姜义华等编校：《康有为全集》第 4 集，中国人民大学出版社 2007 年版，第 332 页。
② 戈公振：《中国报学史》，生活·读书·新知三联书店 2011 年版，第 44 页。
③ 戈公振：《中国报学史》，生活·读书·新知三联书店 2011 年版，第 44—45 页。

为民报之名，只交出《时务报》一纸空名，而资金、设备等等一概不交，并据此另办一份新刊《昌言报》。康有为对此非常愤怒，称汪康年将《时务报》"私改为昌言报，抗旨不交"，电请各省禁发《昌言报》。张之洞则致电孙家鼐："查时务报乃汪康年募捐集资所创开，未领官款，天下皆知，事同商办。兹奉旨交黄遵宪朝明核议，自应听候黄议，康主事辄电致两江湖广各省请禁发昌言报，殊甚诧异。康自办官报，汪自办商报，自应另立名目，何得诬为抗旨。官报有开办经费，有常年经费，皆系巨款，岂有夺商报之款以办官报之理。况时务报馆并无存款，且近日谕旨令天津上海湖北广东各报俱送多处进呈，是朝廷正欲士民多设报馆以副明目达聪之圣谕，岂有转行禁止之理，康主事所请禁发昌言报一节，碍难照办。"[1] 孙家鼐在回电中称："公所言者公理，康所电者私心，弟所见正与公同，并无禁发昌言之意，皆康自为之，公能主持公道，极钦佩。"[2] 不久，戊戌政变发生，慈禧太后发布上谕，宣布停办《时务官报》："开办《时务官报》及准令士民上书，原以寓明目达聪之用。惟现在朝廷广开言路，内外臣工条陈时政者，言苟可采，无不立见施行。而疏章竞进，辄多撝饰浮词，雷同附和，甚至语涉荒诞，殊多庞杂。嗣后凡有言责之员，自当各抒谠论，以达民隐而宣国是；其余不应奏事人员，概不准擅递封章，以符定制。《时务官报》无裨治体，徒惑人心，并著即行裁撤。"[3] 1898 年 10 月 9 日，慈禧再发上谕查禁报馆、严拿报馆主笔。谕称："莠言乱政，最为生民之害。前经降旨，将官报局《时务报》一律停止。近闻天津、上海、汉口各处仍复报馆林立，肆口逞说，妄造谣言，惑世诬民，罔知顾忌，亟应设法禁止，著各该督抚饬属认真查禁。"[4] 这道谕旨一出，全国各地报刊纷纷闭歇。

经过这场政变和《时务报》收归官报的事件，官方对报刊舆论功能的认识不断深化。庚子事变后，各地督抚纷纷创办官报以宣传新政。1902 年 12 月 25 日，在袁世凯的推动下，北洋督署的《北洋官报》在天津问世。

① 《张之洞全集》第 9 册《电牍》，武汉出版社 2008 年版，第 339 页。
② 《张之洞全集》第 9 册《电牍》，武汉出版社 2008 年版，第 339—340 页。
③ 林树惠辑：《上谕三一六条》，载《戊戌变法》（2），神州国光社 1953 年版，第 44 页。
④ 戈公振：《中国报学史》，生活·读书·新知三联书店 2011 年版，第 125 页。

这是清末创办最早、最有影响的一份地方政府官报。据该刊《发刊词》称，《北洋官报》"以讲求政治学理，破锢习，浚智识，期于上下通志，渐致富强为宗旨"，[①] 间日一出，类杂志型，装订成册，每册由 8 页至 10 余页不等，其内容除圣谕广训和谕旨外，地方的政治、学务、时务、各学新理、农工商近效、教务洋务交涉、各国各省新闻，"凡足以惊动国人之心目者，靡不择要登载"。[②]《北洋官报》的创办，使得官报正式形成了固定的内容、体例、办报方法和完整的布局。该刊的组织机构为北洋官报局，设总办一人，"举凡局内应办一事，以及官报致体例，办事致规则，寄报致章程，报价致数目，统由总办核定，禀明遵办"。总办之下设编纂处、翻译处、绘画处、印刷处、文案处、收支处等六股。这其中，编纂处有总纂、副纂等，"司撰述论注选录校勘等事，报务是其专责"；翻译处专译东西各国现售的新闻纸及诸杂志诸新书；绘画处专摹外国新图，以舆图为大宗，旁及名人胜迹；印刷处"司印刷盖戳号码裁订题封等事，兼存储图籍画器及一切需用致物料"；文案处"司禀启移咨公牍各件，并刊发公私告白，掌管卷宗，誊写报册，盖用关防等事"；收支处"司发售官报，收回报价，采办物料，发给薪俸伙食杂用，及一切出入等款"。[③] 由于袁世凯的推动并得到中央政府的支持，《北洋官报》走出直隶，远销到全国各地。《北洋官报》试办的成功，促成了各省官报兴办高潮的到来。1902 年，山西创办《晋报》，江西创办《江西官报》，湖南创办《湖南官报》；1903 年则有陕西的《秦中官报》、四川的《四川官报》。

1903 年，办理商约大臣吕海寰、伍廷芳在《奏陈近今要务折》中又有推广官报之请。对此，1904 年外务部议覆说，"推广官报，实为转移整顿之要义"，而且要求各地仿照《北洋官报》办理，"现北洋所刊官报，首刊圣谕广训，恭录谕旨，并载奏议、公牍、时政、新闻等类，与该大臣等所拟条例，大致相同。且月出一册，尤便观览。南洋现尚无官报，应令仿照北洋章程，妥酌开办，一体发交各属，销售各学堂阅看。南北洋官报如能

---

① 戈公振：《中国报学史》，生活·读书·新知三联书店 2011 年版，第 54 页。
② 戈公振：《中国报学史》，生活·读书·新知三联书店 2011 年版，第 54 页。
③ 戈公振：《中国报学史》，生活·读书·新知三联书店 2011 年版，第 55 页。

畅行，各省亦可逐渐推广"。① 于是，各省借机纷纷设立官报，主要有：
《南洋官报》（1904）、《河南官报》（1904）、《山东官报》（1905）、《安徽官报》（1905）、《湖北官报》（1905）、《吉林官报》（1907）、《甘肃官报》（1907）、《两湖官报》（1907）、《广西官报》（1907）、《陕西官报》（1908）、《浙江官报》（1909）、《贵州官报》（1909）、《黑龙江官报》（1910）、《福建官报》（1910）等。这些以省为名的官报多由各省官报局创办，其内容亦多大同小异。除此之外，许多省级相关机构也发行了专业性官报，其类型可细分为 7 类：1. 教育类官报，如《直隶教育杂志》（1905）、《湖北教育官报》（1905）、《奉天教育官报》（1907）；2. 商务实业类官报，如《南洋商务报》（1906）、《吉林实业官报》（1908）、《江宁实业杂志》（1910）；3. 警政类官报，如《湖北警务杂志》（1905）、《警务通告》（1906）、《天津警务官报》（1907）、《广东警务官报》（1910）、《四川警务官报》（1911）；4. 宪政与地方自治类官报，如《江苏自治公报》（1909）、《河南自治报》（1910）、《湖北地方自治官报》（1910）；5. 法政类官报，如《福建法政杂志》（1908）、《吉林司法官报》（1910）；6. 兵事军务类官报，如《武备杂志》（1904）、《北洋兵事杂志》（1910）；7. 社会风俗革新类官报，如《浙江禁烟官报》（1908）。②

　　1906 年，赵炳麟上疏，提请创办中央政府级别的官报："中国风气甫开，国民教育尚未普及，朝章国典，罕有讲求。向行邸报，大抵例折居多。而私家报纸，又往往摭拾无当，传闻失实，甚或放言高论，荧惑是非。欲开民智，而正人心，自非办理官报不可。前政务处曾经奏明，汇取中外文牍，编纂政要一书，只因各家抄送寥寥，未能编辑。今学部、农工商部、暨南北洋、山东、陕西等处已有官报刊行，惟关于一部一省之事，极应兼综条贯，汇集通国政治事宜，由馆派员专办一报，以归纳众流，启发群治。"③ 1907 年 10 月 26 日，《政治官报》正式出版面世。"我国中央

　　① 戈公振：《中国报学史》，生活·读书·新知三联书店 2011 年版，第 47 页。
　　② 参看李仁渊《晚清的新式传播媒体与知识分子》，（台北）稻乡出版社 2005 年版，第 317—318 页。
　　③ 戈公振：《中国报学史》，生活·读书·新知三联书店 2011 年版，第 49 页。

政府正式刊行官报，即以此报为倡始"。① 关于它的宗旨，据政务处奏文声称：在于"通国官民，从此传观研究，俾皆能晓然于政令条教之本，无不与民休戚相关，自然智虑开通，共识负担国家之意，忠爱激发，咸有服从法律之心"。② 该刊专载"内外政治文牍，无不详慎登载，期使通国人民开通政治之智识，发达国家之思想，以成就立宪国民之资格"。③ 就栏目而言，大体分为十类，类下又有细分，具体包括：1.《谕旨》《批折》《宫门钞》；2.《电报奏咨》；3.《奏折》：又分外务、吏政、民政、典礼、学校、军政、法律、农工、商政、邮电、航政；4.《咨削》；5.《法制章程》：凡改定官制、军制、民法、刑法、商律、矿律及部章、省章一切条款，均归此类；6.《条约合同》：凡订颁条约，聘定东西各国教习、工师、技师等员合同文件，均归此类；7.《报告示谕》：如统计报告及各部示谕，各督抚衙门紧要告示等件，均归此类；8.《外事》：翻译路透电报，《泰晤士报》及东西各国紧要新闻，又驻外各使臣领事报告等件，均归此类；9.《广告》：凡官办银行、钱局，工艺陈列各所，铁路矿务各公司及经农工商部注册各实业，均准送报刊登广告；10.《杂录》：包括各学堂公所训词、演说，及已采录各条陈及调查记事等。

《政治官报》的创办，大大激发了中央部门和地方督抚办刊的热情。在中央，《商务官报》《学务官报》于 1906 年创办，《交通官报》于 1909 年创办。它们大都登载中央部门的法令法规、奏折、调查报告等。在地方上，督抚大员们将设立官报视为"不容稍缓"的大事。1909 年，浙江巡抚增韫奏请设立《浙江官报》时称：浙江"虽私家报纸如林，而宗旨不一，往往传闻异词，是非淆乱，尤须有官报以纠正其失，示之准绳"。④ 1910 年，黑龙江巡抚周树模奏请创办本省官报时也说："近来新闻各纸往往传闻异词，撷拾无当，甚或别有宗旨，荧惑是非。……当此修明宪法，规制

① 赖光临：《中国近代报人与报业》，台北商务印书馆 1987 年版，第 466 页。
② 戈公振：《中国报学史》，生活·读书·新知三联书店 2011 年版，第 49 页。
③ 戈公振：《中国报学史》，生活·读书·新知三联书店 2011 年版，第 49 页。
④ 《抚部院增奏办理〈浙江官报〉折》，载浙江省社会科学院历史研究所等编《辛亥革命浙江史料续辑》，浙江人民出版社 1987 年版，第 82 页。

日新，苟非刊行官报，何以为甄采政闻，疏瀹民智之准绳?"① 1911 年，
《政治官报》改名为《内阁官报》，明确宣布为"公布法令机关"，"凡中
央政府之规章条教，一经拟定，即宣付官报刊登。酌量远近路程，分别到
达期限。以官报递到之次日或数日为实行
之期，法令即生效力"。② 这意味着，官报
的发展达到了顶峰。至晚清结束，清政府
刊有各式官报 110 种，形成了从中央、总
督辖区、省和少数州县四级政府办报的网
络格局。中央一级，主要有《政治官报》
《内阁官报》《商务报》《训兵报》《商务
官报》《学部官报》《交通官报》《北京日
报》共 8 种；督辖级共有《北洋官报》
《南洋官报》《两广官报》等 5 种。在当
时的 22 行省中，除新疆外都办有官报。
官报的触角还伸到了国外。1906 年 12 月，
清政府留学生监督处在东京开办《官报》，

图 11 – 2　《交通官报》

次年 7 月陆军部留学生监督处在东京创办《远东闻见录》，均以留日学生
为对象。这些官报，构成一个成熟发达、覆盖广泛的官报网。

官报是由清政府各级部门主办的近代形态的机关报刊。政治上，它服
务于清王朝统治的需要，但是在报刊发展史上，它和其他类型报刊一起，
成为我国第一次办刊高潮的组成部分，提高了近代新型报刊在当时社会生
活中的地位，并且最终宣告了中国古代形态报刊的消亡。在形式先进的官
报出现之后，就近抄发谕旨章奏的《京报》之类报房报刊走向没落。1907
年《政治官报》创刊时，清政府明令报房报刊停止活动。自此，中国古代
形态报刊走向了终结。官报作为统治阶级的工具，在政治上与人民的意愿
相对立，必然遭到社会的普遍反感。它的最终结局，只能是一项失败的活

① 李兴盛等主编：《程德全守江奏稿（外十九种）》上，黑龙江人民出版社 1999 年版，第
1281—1282 页。
② 戈公振：《中国报学史》，生活·读书·新知三联书店 2011 年版，第 50 页。

动。① 由于不被社会所接受，官报在民间除了向学堂、阅报讲报处所强制派销以外，自愿购买者很少，传播十分有限。《山东官报》几乎"无人购阅"，② 在四川地区"每遇旅舍主人，问取官报，多不知为何物"。③ 1911年辛亥革命爆发后，各省相继宣布独立，清政府的近代官报体系濒于瓦解。1912 年清帝逊位，所有官报全部停刊。

第二节　出版立法与期刊管制

清朝以前的历代政府，对出版业始终没有建立起法制化、规范化的管制体制，政府管制行为存在决策个人化、政策随意性的特征。随着近代出版行业的发展，传教士报刊的传播和国人自办报刊风起，清政府为形势所迫，开始按照近代立法模式制定颁布一系列专门法律，对报刊出版进行行业管制。

一、干涉与禁刊

19 世纪初，西方新教传教士进入中国，希望借助于期刊达到传播教义的目的，然而困难重重，甚至于可能招来杀身之祸。早期来华创办中文报刊的马礼逊在这一时期写的一封信中说："现在我附寄一份清朝谕旨英译本给你，使你们知道印发中文的基督教书籍，是要被判死刑的。但不论如何，我必须依靠上帝继续做这项圣工。我们将审慎地服从中国政府的命令，只要不违背上帝的旨意，我会非常小心，不引起官方的注意。"④ 从马礼逊的信中可知，清政府查禁的印刷品大都限于中文版，而不是英文版。事实上，当时的地方政府，尤其是沿海封疆大吏，对外文报刊是非常重视的。如林则徐就认为："有夷人刊印之新闻纸，每七日一礼拜后，即行刷出，系将广东事传至该国，并将该国事传至广东，彼此互相知照，即内地

---

① 李斯颐：《清末十年官报活动概貌》，《新闻研究资料》1991 年第 3 期。
② 《大公报》1908 年 9 月 25 日。
③ 《四川官报局总办札饬各州县推广官报文》，《南洋官报》1904 年 10 月 5 日。
④ ［英］马礼逊夫人编：《马礼逊回忆录》，顾长声译，广西师范大学出版社 2004 年版，第 78 页。

之塘报也。彼本不与华人阅看，而华人不识夷字亦即不看。"① 在这里，林则徐强调，这些外文期刊主要是为洋人服务的，国人因语言不通无法阅读，但通过译读这些外文期刊，我方可及时截获敌情，进而为制定对外制驭之术提供依据。因此，他雇用翻译人员，"辗转购得新闻纸，密为译出。其中所得夷情，实为不少，制驭准备之方，多由此出"。②

在注意搜集外文报刊的同时，清政府对传教士中文出版物的禁刊及干涉，主要出于对传播者不良意图的警觉。早在雍正朝时期，清政府已经开始明令禁教，一大批传教士被驱逐出境。雍正帝曾针对在京传教士，发布谕旨曰："尔等欲我中国人尽为教徒，此为尔等之要求，朕亦知之；但试思一旦如此，则我等为如何之人，岂不成为尔等皇帝之百姓乎？教徒惟认识尔等，一旦边境有事，百姓惟尔等之命是从，虽现在不必顾虑于此，然苟千万战舰来我海岸，则祸患大矣。"③ 这里，雍正帝明确表示了对传教士传教内容的担忧，认为一旦战事爆发，传教士及其信徒会从中破坏，起到里应外合的作用。1811 年，陕西监察御史甘家斌上《西洋天主教蔓延无已请敕部严定治罪专条折》，嘉庆帝在批复该奏折时，将天主教称为"邪术"，指出：

> 西洋人素奉天主，其本国之人自行传习，原可置之不闻。至若诳惑内地民人，甚至私立神甫等项名号，蔓延各省，实属大干法纪。而内地民人安心被其诱惑，递相传授，迷惘不解，岂不荒悖？试思其教不敬神明，不孝祖先，显叛正道。内地民人听从传习，受其诡立名号，此与悖逆何异？若不严定科条，大加惩创，何以杜邪术而正人心。嗣后西洋人有私自刊刻经卷，倡立讲会，蛊惑多人及旗民人等相西洋人转为传习，并私设名号煽惑及众，确有实据，为首者竟当定为绞决，其传教煽惑而人数不多，亦无名号者，着定为绞候。其仅止听从入教，不知悛改者，着发往黑龙江给索伦达呼尔为奴，旗人销去旗

① 林则徐：《答奕将军防御粤省六条》，载《林则徐全集》第五册《文录》，海峡文艺出版社 2002 年版，第 2609 页。
② 林则徐：《答奕将军防御粤省六条》，载《林则徐全集》第五册《文录》，海峡文艺出版社 2002 年版，第 2609 页。
③ 徐宗泽：《中国天主教传教史概论》，上海书店出版社 1991 年版，第 255—256 页。

档。至西洋人现在京师居住者，不过令其在钦天监推步天文，无他技艺足供差使，其不谙天文者，何容任其闲住滋事？着该管大臣等即行查明，除在钦天监有推步天文差使者，仍令供职外，其余西洋人俱着发交两广总督，俟有该国船只到粤，附便遣令归国。①

1840 年以后，两次鸦片战争的失利，香港岛被割让，广州、福州等地依次被迫开埠，外国传教士获准来华自由传教，并可以创办报刊。清政府对西方传教士在通商口岸的办刊行为，因牵涉到治外法权只能听之任之。清廷内部个别官员甚至对此表示欢迎。例如，王笃棠认为："或云洋报坏人心术，惑人耳目，此误国之言，欲以塞我皇太后皇上之聪明，不复求所以御侮之策也。"② 在清朝官方看来，外国人所办的现代报刊就是传统意义上的邸报或塘报，普通民众是无法阅读获知报刊内容的。③ 这种模糊认识和比附，也影响到当时普通民众的社会心理，即姚公鹤所说的"盖社会普通心理，认报纸为朝报之变相，发行报纸为卖朝报之一类"。④ 当时，对于邸报和塘报，清政府有一整套的管理措施。邸报和塘报的内容只能由政府直接管理，主要报道的是重要人事任免、皇帝恩赐、皇帝重要举措、军事胜利、民变骚动、奖惩官吏，甚至也包括少量的社会新闻等；读者主要是政府各级官员，一般百姓是无法看到邸报的。一旦违背这些基本原则，清政府是有严格的惩罚措施的，兵律规定："凡平常事件，虽非密封，但未经御览批发之本章，刊刻传播，概行严禁。如提塘于各衙门书办彼此沟通，本章一到即抄写刊刻图利者，将买抄之报房、卖报之书办，亦俱照泄露密封事件例治罪。其捏造讹传刊刻者，杖一百，流二千里。若有招摇诈骗情弊，犯该徒罪以上，不分首从，俱发近边充军。"⑤ 可见，当时的清政府认为洋人所办的刊物，与中国的邸报一样，实际上都是维护政权统治

---

① 中国第一历史档案馆：《嘉庆十六年严禁西洋人传教史料》，《历史档案》2004 年第 1 期。
② 戈公振：《中国报学史》，生活·读书·新知三联书店 2011 年版，第 93 页。
③ 林则徐：《答奕将军防御粤省六条》，载《林则徐全集》第五册《文录》，海峡文艺出版社 2002 年版，第 2609 页。
④ 姚公鹤：《上海报纸小史》，见杨光辉等编《中国近代报刊发展概况》，新华出版社 1986 年版，第 261 页。
⑤ 田涛：《大清律例》卷十九，第 1373 页；《大清律例》卷二十三，法律出版社 1999 年版，第 2013 页。

的，普通民众是无从接触和获知相关信息的。

　　然而，清政府对洋人刊物的纵容，引起通商口岸与西方传教士交往甚密的中国文人的警觉。他们认识到西方传教士所办的报刊，对中国舆论有着不可忽视的消极作用。当时在英国传教士开办的出版机构墨海书馆供职的王韬就认为，每遇外事交涉，西方在华报刊的言论"往往抑中而扬外，甚至黑白混淆，是非倒置"，"遇中外交涉之事，则有先入之言为主，而中国自难与之争矣"。① 郑观应也指出，在上海、天津、汉口、香港等处通商口岸开设报馆，"主之者皆西人，每遇中外交涉，间有诋毁当轴，蛊惑民心者"。② 而且，"同一西人日报也，在欧洲者其言公而直，在东土者其言私而曲。夫彼非甚爱我中国，以无成见也，此非甚仇我中国，以有先入之言为主，而轻蔑疑忌之心积渐使然也。甚且交构其间，颠倒是非，迷眩其耳目，簧鼓其心志，俾中外因是失欢"。③ 为此，他们主张对西人报刊在内地的流通发行加以管制。郑观应提出，对报刊管理应中外有别，即放开华人办报的禁令，并将洋人办刊的范围限于西文杂志，主张"于沿海各省，次第仿行，概用华人秉笔，而西人报馆止准用西字报章"；④ 同时，实施对期刊内容的实时监管，报馆如秉公报道，官吏设法保护，"倘有徇私受贿，颠倒是非，借公事以报私仇，藉巧词以纾积忿，逞坚白异同之辩，乱斯民之视听者，则迹同秽史，罪等莠民，可援例告官惩治"。清政府如能实施这些措施的话，"较今日之禁止华人而听西人开设者，其是非得失损益为何如也"。⑤ 但是，清政府仍对洋人办刊听之任之，并维持这种策略一直延续到其政权灭亡，而对于国人办报则严格加以限制。时人曾说："中国日报之设，盖亦有年，而不能得其利益者，由秉笔之人不敢直言故也。今有于官司之疵而偶一及之者，则其报馆必致查封，其主笔必被拘系，不问其事之真与伪也。今有于官门之受赃而涉笔言之者，则主稿者祸不旋踵，司报者灾必及身，不问其情之虚与实也。是故不知忌讳者不可以为日报，不

---

① 戈公振：《中国报学史》，生活·读书·新知三联书店 2011 年版，第 99 页。
② 郑观应著，夏东元编：《郑观应集》上册，上海人民出版社 1982 年版，第 346 页。
③ 王韬：《上丁中丞》，载《弢园尺牍》，中华书局 1959 年版，第 108 页。
④ 郑观应著，夏东元编：《郑观应集》上册，上海人民出版社 1982 年版，第 347 页。
⑤ 郑观应著，夏东元编：《郑观应集》上册，上海人民出版社 1982 年版，第 347 页。

识情面者不可以为日报"。① 为此，一些中国知识分子改变办刊策略，利用租界的独特地位，创办了一系列的新式报刊。

　　19 世纪中后期，在中国各通商口岸及租界所办的中文报刊，由于各种原因，大都未能进入内地广泛传播。直到中日甲午战争后，维新派的兴起及其所办刊物的影响力，才在全国掀起了一个办刊高潮。"乙未（光绪二十一年）以后，士习日嚣，无赖者混迹报馆，奋髯抵掌，议评国政。农学、商学、算学、蒙学诸名色，此犹一家言也。津、澳、闽、粤、湘、汉之间，私署地名，大张旗帜，以次流衍，都二十余家，而《时务报》蔓延最广。"② 对于这一时期的报刊发展，正如史家所概括的：

　　　　时四方新学士子喜康梁之议论新颖，群相呼应，起而组织学会讨论政治问题与社会问题。举其著者，如长沙之湘学会、时务学堂；衡州之任学会；苏州之苏学会；北京之集学会；其他如算学会、农学会、天足会、禁烟会等，尤不可以计数，而每会必有一种出版物以发表其意见。于是维新运动，顿成活跃之观，而杂志亦风起云涌，盛极一时。③

　　与此同时，清政府的部分官吏也察觉到维新报刊对于政权及传统社会秩序的瓦解作用。张之洞就曾多次指责《时务报》，认为"上海《时务报》，前经本部堂饬发院生阅看，以广见闻，但其中议论不尽出于一人手笔，纯驳未能一致，是在阅者择善而从"；④ "《时务报》第四十册梁卓如所作《知耻学会序》，内有放巢流彘一语，太悖谬。阅者人人惊骇，恐招大祸。……若经言官指摘，恐有不测，《时务报》从此禁绝矣"。⑤ 为此，一些封疆大吏对部分维新报刊又打又拉，迫使它们改弦更张。譬如《时务报》的主笔梁启超因张之洞的指责、施压，以及汪康年的屈服与退让愤而离职，客观导致《时务报》办报宗旨和宣传内容的变化，销路因之大减。

　　① 胡礼垣：《胡冀南先生全集·新政论议自序》，（台北）文海出版社 1976 年版，第 478—479 页。
　　② 胡思敬：《戊戌履霜录》卷一，载《戊戌变法》（1），神州国光社 1953 年版，第 366 页。
　　③ 戈公振：《中国报学史》，生活·读书·新知三联书店 2011 年版，第 117 页。
　　④ 汪诒年编：《汪穰卿先生传记》卷二，载《近代稗海》第 12 辑，四川人民出版社 1988 年版，第 195 页。
　　⑤ 上海图书馆编：《汪康年师友书札》（9），上海古籍出版社 1986 年版，第 7404 页。

民国以后，梁启超回忆这段经历说：

> 鄙人之投入报界，论始于上海《时务报》……明年二月南下，得数同志之助，乃设时务报于上海，其经费则张文襄与有力焉。而数月之后，文襄以报中多言民权，干涉甚烈。其事鄙人之与文襄，殆如雇佣者与资本家之关系，年少气盛，冲突愈积越甚。丁酉之冬遂就湖南时务学堂之聘，脱离报馆关系者数月，时务报虽在，已非复前此之精神矣。①

《湘报》也深受张之洞的压力，湖南巡抚陈宝箴对其"厘正言论"，在复电中说："前睹易鼐所刻论，骇愕汗下，亟告秉三收回，复嘱其著论救正。……因属公度商令此后删去报首议论，但采录古今有关世道名言，效陈诗讽谏之旨。"② 于是，谭嗣同、唐才常主编《湘报》文字之权被剥夺，改由黄膺、戴德诚接管。熊希龄按照陈宝箴的指示，从四月一日起，《湘报》不再刊登报首论文。

戊戌政变后，清政府加大对报刊的检查力度。于是，在 1895 年至 1898 年间创办的期刊纷纷停刊，留下来的几乎都在租界。据不完全统计，1898—1899 年间，中文报刊创办数量大幅下降，1898 年有 55 种中文期刊创刊，1899 年只有 33 种。如果以区域作为标准的话，情况更不乐观。扣除海外、港澳、上海、台湾与地点不明者，在 1898 年，华北、东北、西北、西南、湖南、江南和华南 7 区创办的中文刊物占同年所有中文刊物之比例从 38.8% 上升到 52.7%，大大超越了其他区域。然而在戊戌政变之后，这几个区域创办刊物的比例从 52.7% 骤降到 18.2%，只有 6 种，而且这 6 种刊物中有两种是天津租界的商业刊物，一种是教会刊物，还有一种是张之洞在武昌创办的《湖北商务日报》。③

庚子事变后，国内外形势大变。国内民智已启、言论已开，而且随着留学生的人数急剧增加，其在海外创办的刊物也日益增加。这些期刊大都言辞激烈，并且能够通过不同渠道从海外输入国内。由于当时清政府从中

---

① 梁启超：《鄙人对于言论界之过去及将来》，《庸言》第一卷第一期，1912 年 12 月。
② 《张之洞全集》第 9 册《电牍》，武汉出版社 2008 年版，第 315 页。
③ 李仁渊：《晚清的新式传播媒体与知识份子》，（台北）稻乡出版社 2005 年版，第 293—294 页。

央到地方没有相应的报律，也没有专门的管理机构，对新式报刊依然采取封禁的政策，在国内严禁国民印刷、翻印、传播海外留日学生期刊。1900年2月，因《清议报》激烈攻击慈禧，清廷发布上谕，严禁其流入国内。1903年3月，署理两江总督张之洞札饬所属州县禁止翻印、出售康梁维新报刊："近来中国士习嚣陵，人心浮动，皆出康梁逆党散播谣言，刊布逆报，诬谤朝廷，淆乱国是，党邪丑正，乐祸幸灾，专以煽惑天下。……本部堂访闻上江两县学宫旁设有明达书庄，鸠集股本，翻印《清议》等报，四散出售，足见逆党狡谋不息，蓄心煽乱。……札到该司即便遵照督饬认真查禁惩办，并通行各属地方官随时察访，官绅商民不准买此等股票，坊肆居民不准售买此种逆报，勿任徇隐干咎，是为至要。"①

除了针对零星刊物的查禁措施外，清政府还曾掀起大规模的查禁新式期刊运动。1904年5月，军机大臣鹿传霖致函各省督抚，要求查禁各种"悖逆"书报，被点名查禁的书报有《支那革命运动》《新广东》《新湖南》《浙江潮》《并吞中国策》《中国魂》《新民丛报》《新小说》《新中国》等。② 1907年9月，清政府照会日本驻华临时代理公使阿部守太郎，请求日本政府帮助查禁《民报》《复报》《无政府主义》《大江》《汉帜》《鹃声》《洞庭波》《天义报》等8种杂志，认为这些杂志"均系本国乱党在贵国境内出版发行之件，其中倡导革命，措词狂悖者，不胜枚举。若听其辗转流播，煽惑人心，实于本国治安大有妨害"，"此等悖逆书报，不独本国臣民见之发指，即贵国政府亦必深恶痛绝，具有同情。……除饬本国各地方官随时严禁递送售卖外，拟请贵代理大臣转达贵国政府，将另单开列之各项杂志，严禁印刷递送。并请嗣后遇有类似此项杂志之各种书报，一体禁止出版，以维秩序而保治安"。③

此外，清政府还勾结租界及外国政府，对所辖范围的刊物进行查禁。1900年，湖广总督张之洞致电当时在日本东京的钱恂，要他与日本外务部协商天津的《国闻报》、上海的《中外日报》《苏报》、汉口的《汉报》等

---

① 方汉奇主编：《中国新闻事业编年史》（上册），福建人民出版社2000年版，第218—219页。

② 方汉奇主编：《中国新闻事业编年史》（上册），福建人民出版社2000年版，第296页。

③ 方汉奇主编：《中国新闻事业编年史》（上册），福建人民出版社2000年版，第449页。

挂日商招牌实则中国人创办的报纸的相关事宜，认为："事事务须访实，勿信逆党讹言，刊报勿用康党主笔，万不可诋毁慈圣有碍邦交"。① 1904年，恽毓鼎提出查禁留日学生期刊《鹃声》，建议"密饬出使日本大臣，与日外、警部两部据理相商，封禁该报，毋使出版，并谕四川督臣，责成该省高等学堂总办自行检举，将官费学生酌量撤回。嗣后资遣出洋，务选心术纯正，中学已有根柢之人，庶几弊病较少"。② 1907 年，无政府主义刊物《新世纪》在法国巴黎创刊，清政府电告驻法钦使刘式训，"从速与法外部交涉，立即查禁，以遏乱萌而睦邦交"。③

清政府的禁刊行为，在一定程度上得到了租界及日本等国家的支持。胡汉民在论述晚清时期革命报刊的境遇时说：

> 统观革命报各家，其根本之主义，固无不合，而此外尤有相同点二焉，即皆必为满洲所忌惮，而与保皇党相遇，又必不能已于争辩也。故《中国报》之在香港，德寿、裴景福诸奴干求于英政府者屡，《新世纪》之在巴黎，清外部诸奴亦交涉于法政府者屡，而《苏报》则以租借之控案而狱，《民报》则以外交之属托而阻，事固有幸有不幸，而为彼虏政府所欲得而甘心，则一也。④

可见，在对革命报刊或反帝报刊进行限制和迫害的过程中，清政府和西方侵略势力之间是互相勾结的。

二、报律与规章

鸦片战争以前，清政府长期没有关于报刊、出版等大众传播媒体的专门法令。其控制社会舆论主要依据《大清律例》中的有关规定。其中，第二百五十六条规定："凡造谶纬、妖书、妖言，及传用惑众者，皆斩。若私有妖书，隐藏不送官者，杖一百，徒三年"；"凡妄布邪言，书写张贴，煽惑人心，为首者，斩立决，为从者，皆斩监候"；"凡坊肆市卖一应淫词

---

① 《张之洞全集》第 9 册《电牍》，武汉出版社 2008 年版，第 37 页。
② 恽毓鼎：《请禁逆报片》，载《恽毓鼎澄斋奏稿》，浙江古籍出版社 2007 年版，第 64 页。
③ 《电饬法使商禁革命书报》，《申报》1907 年 8 月 11 日。
④ 胡汉民：《近代中国革命报之发达》，载杨光辉等编《中国近代报刊发展概况》，新华出版社 1986 年版，第 21 页。

小说，在内交与八旗都统、都察院、顺天府，在外交督抚等转行所属官弁严禁，务搜版、书尽行销毁。有仍行造作刻印者，系官，革职；军民，杖一百，流三千里。市卖者，杖一百，徒三年。买看者，杖一百"。鸦片战争后，清政府被迫承认西方传教士自由传教、出版中文书籍，使得《大清律例》在这方面的规定形同虚设，对传教士没有任何的约束力。为此，清政府从维护封建统治的立场出发，一方面对外国人办报听之任之，无可奈何；另一方面对于国人办报严格加以限制。清政府在新闻管理上这种"于己民则禁之，于他国则听之"的策略，使得许多国人自办报刊为了生存，或者以外国人的名义出版，或者在外国租界内出版，以躲避清政府的查禁。

19 世纪七八十年代传教士创办的期刊在国内获得发展，引起了许多有识之士的警惕。他们提出以法律来管理报业的初步设想："中国现无报律，而报馆主笔良莠不一，恐如以上所言，当道因噎废食，则外国报颠倒是非，任意毁谤，华人竟无华报与其争辩也。故将英国、日本报律译呈盛杏荪京卿，奏请选定颁行，准人开设，俾官商各有所遵守。"① 与此同时，中国人创办报刊及外国报刊涌入国内，引起了地方官员的抵触与不满。1874年左宗棠在新疆借款之事，沪上报纸颇多非难，"左文襄闻有反对者，即大怒不止。在其与友人书函中有'江浙无赖文人以报馆为末路'之语，惟当时社会上有些人对报馆讥诮之语，并不以为左宗棠之语为非者"。② 1875年，浙江巡抚对《申报》刊登的《浙江巡抚辕门抄》中有《浙巡抚委派委员赴粤购买军火》的报道大为不满，特派人指摘申报馆，认为申报馆泄露军情秘密。1883 年，广州的《广报》由于刊登某要员被参的消息，惹怒了两广总督李翰章，随即被封。

无论是启蒙思想家的个人努力，还是地方官员的不满乃至禁报行为，都没有上升为清政府上层对报刊管理的整体意识和行为。直到戊戌变法时，光绪在维新派的推动下，颁布了一系列有关报刊的"上谕"，公开承认官绅士民可以自由办报。如 7 月 26 日诏曰："所有报单……择其有关时

---

① 郑观应著，夏东元编：《郑观应全集》上册，上海人民出版社 1982 年版，第 347 页。
② 徐载平等：《清末四十年申报史料》，新华出版社 1988 年版，第 90 页。

事者，由大学堂一律呈览"，"各报体例，自应以胪陈利弊、广开见闻为主，中外时事，均许据实昌言，不必意存忌讳"；① 8 月 21 日明诏奖励刊刻农报；8 月 26 日诏准梁启超设立编译学堂于上海，规定所编译之书籍报纸"一律免税"。然而，清廷顽固派对此非常仇恨，动辄以"妄谈时事，淆乱是非"的罪名而严加查禁，对报刊进行压制和摧残。康有为的《新学伪经考》在 1894 年被清政府下令毁版。1895 年 8 月，康有为和梁启超在北京创办了维新派的第一份刊物《万国公报》。强学会成立后，该报即成为强学会的机关报，后改名为《中外纪闻》。1897 年 1 月 20 日，清廷下令封闭强学会，《中外纪闻》和《强学报》也被迫停刊。有鉴于此，康有为向光绪帝呈上《请定中国报律折》："惟是当开新守旧并立相轧之时，是非黑白，未有定论。……他日或有深文罗织，诬以颠倒混淆之罪，臣岂能当此重咎"，建议"凡报章之所载，如何为合例，如何为不合例，酌采外国通行之法，参以中国情形，定为中国报律"。② 光绪皇帝随即发布上谕，命康有为负责翻译外国报律并参酌起草中国报律，送交孙家鼐呈览。但是不久维新运动遭到镇压，报律的起草也就不了了之。

戊戌维新失败后，清政府发布上谕，关闭了自由办刊的大门，命令各地督抚查禁报馆、严拿报馆主笔，导致许多报刊被迫停刊。此后，康有为、梁启超等流亡国外，继续以报刊为政治传播的手段。与此同时，革命派也开始认识到创办报刊的重要性，并借助于租界和海外的优势，不断将革命报刊输入国内。清政府对此非常恐慌。1903 年，上海县知县汪懋琨发布查禁革命书报的告示，攻击革命党人"散布谣言""诬谤政府"，禁止商人出资附股，私相传阅革命书报。次年底，清政府发布"通谕"，把《支那革命运动》《革命军》《新广东》《新湖南》等大量政治宣传品列为禁书禁刊，声称这些宣传品"骇人听闻"，要"严行查禁"。尤其是革命派在《苏报》上发表大量谴责清朝反动统治、批驳保皇党人谬论的文章，引起了清廷的恐惧和忌恨。清廷于 1903 年 6 月 29 日勾结上海租界巡捕房封闭

---

① 林树惠辑：《上谕三一六条》，《戊戌变法》（2），神州国光社 1953 年版，第 44 页。
② 康有为撰，姜义华等编校：《康有为全集》第 4 集，中国人民大学出版社 2007 年版，第 343 页。

了苏报馆，逮捕了章太炎等有关人员，制造了当时震惊中外的"《苏报》案"。"《苏报》案"的发生，一定程度上加速了清政府报刊立法的进程。

早在1901年1月，慈禧太后在逃亡途中发布上谕，诏令全国变法，以"务求中外通行"为指导方针的清末修律正式展开。报刊出版方面的法制建设就列入其立法日程。随即，张百熙建议朝廷制定报律："一、不得轻议宫廷；二、不得立论怪诞；三、不得有意攻讦；四、不得妄受贿赂；此外则宜少宽禁制，使得以改革立论，风闻纪事；不然，则恐徒塞销售之途，不足间谗慝之口也。"① 同年，清政府颁布了《大清律例增修统纂集成》，其刑律盗贼类"造妖书妖言"条，完全继受了《大清律例》中刑律盗贼类"造妖书妖言"条的内容："凡造谶纬妖书妖言，及传用惑众者，皆斩（监候，被惑人不坐。不及众者，流三千里合依量情分坐）。若（他人造传）私有妖书，隐藏不送官者，杖一百，徒三年。"所属条律有三，禁"妄布邪言书写张贴，煽惑人心""坊肆市卖一应淫词小说""各省抄房，在京探听事件，捏造言语，录报各处者"。② 1903年"《苏报》案"发生后，清政府因办理此案颇费周折，遂加快有关立法活动。同年10月中旬，某御史奏请明定报律，颁给各报馆一律遵守，规定无论华洋商人在中国各府厅州县开设报馆，均须先至商务部禀请存案。该报律草拟出来以后，外务部提出了反对意见，认为该报律未对租界外埠各报馆明定办法，施行起来徒生麻烦，主张从缓。民政部法部在其《会奏报律草案折》中也持相同观点，认为："若编定报律，而不预定施行之法，俾各馆一体遵循，诚恐将来办理纷歧，转多窒碍。迭经咨商外务部，体察情形，妥为核复。旋准复称，各项法律，正在修订之际，尚未悉臻完备，若将此项报律遽为订定，一时恐难通行，似应暂从缓议等因。用是审慎迟回，未敢率行定议。"③ 由于中央政府没有颁行报律的计划，而革命派在广东等地掀起办报高潮，发表革命言论，主张抵制美货，抨击时政，又使得当地政府迫于时局压力，不得不着手报刊立法的试点工作。1906年5月，广东南海县率先

---

① 转引自方汉奇主编《中国新闻事业编年史》（上册），福建人民出版社2000年版，第194—195页。
② 戈公振：《中国报学史》，生活·读书·新知三联书店2011年版，第297页。
③ 戈公振：《中国报学史》，生活·读书·新知三联书店2011年版，第310页。

颁布了南海县报律，这是中国近代史上第一个管理报刊的地方性专门法规。它从论说、公件、驳议、实事、访闻、传疑、录报、来函等 8 个方面对报刊登载内容做了具体规定，主要是针对当地报刊刊载的内容，没有规定出版手续和惩罚办法。当地政府还于 6 月 3 日召集广州各报负责人到署茶会，出示所颁报律，迫使各报就范。

1906 年 6 月，奉派出使考察宪政的载泽等五大臣相继回国。载泽等在国外考察了当地的新闻出版业，十分推崇君主立宪国言论自由法律，在给清廷的奏报中提出了"定集会言论出版之律"，说："集会言论出版三者，诸国所许民间之自由，而民间亦以得自由为幸福。然集会受警察之稽察，报章听官吏之检视，实有种种防维之法，非若我国空悬禁令，转得法外之自由。与其漫无限制，益生厉阶，何如勒以章程，咸纳轨物。宜采取英、德、日本诸君主国现行条例，编为集会律、言论律、出版律，迅即颁行，以一趋向，而定民志"。① 载泽等五大臣的意见得到了清政府的认可，《大清印刷物专律》《报章应守规则》《报馆暂行条规》《大清报律》和《钦定报律》等一批管理报刊出版的专门法律陆续制定并颁布出来。

1906 年 7 月，《大清印刷物专律》出台。它由商部起草，巡警部和学部共同会核，为我国近代意义上的第一部出版法。《大清印刷物专律》分为六章，总共四十一条，六章分别为大纲、印刷人、记载事件、毁谤、教唆、时限。其主要内容是：1. 实行注册登记制度，凡印刷物及新闻记载均须向所在地方巡警衙门呈请，报交京师印刷总局注册。经审查批准后，才可以印刷出版发行。未经注册的印刷人，不论承印何种文字图画作品，都要以犯法论处。印刷人违犯此条例者，要处 5 个月以下徒刑或 150 元以下的罚金。2. 实行事后检查制度，经理印刷物件、记载物件之人，须将出版发行之印刷物记载物件详细纪册，以备巡警衙门或未设巡警之地方官或委员随时检查，且须每件备 2 份，一份送所在地方巡警衙门，一份送京师印刷注册总局。3. 规定了禁载内容，即禁载毁谤。所谓毁谤者有三：一为普通毁谤，系对私人或朝廷官员之毁谤；二为讪谤，系对皇帝、皇室、皇族

① 载泽：《出使各国考察政治大臣载泽等奏请以五年为期改行立宪政体折》，载《清末筹备立宪档案史料》上册，中华书局 1979 年版，第 112 页。

及朝廷之大不敬；三为诬诈，系利用出版物，向人恫吓，要求财物。4. 规定了惩罚办法和方式，由所在巡警衙门、地方官、督抚办理，重要案件交商部、朝廷办理。对违法经营者采取罚金或监禁或两科之。记载物、印刷物或充公，或销毁，或不为邮递等。[①] 由于专律很大部分是关于报刊业的规定，因此"被看成是广义的新闻法，是我国管理报刊的第一个专门法"。[②]

　　鉴于"报律之纂定颁行，尚需时日，诚以法律关系重要，非分析至精，斟酌尽善，不足以利推行"，[③] 巡警部札饬京师巡警总厅撮举大纲，于1906 年 10 月颁发《报章应守规则》九条，规定：1. 采取呈报批准制，"除已开报馆之外，凡欲开设者，皆须来所呈报批准后，再行开设"。2. 规定了禁载内容："一不得诋毁宫廷；一不得妄议朝政；一不得妨害治安；一不得败坏风俗；一凡关外交内政之件，如经该管衙门传谕报馆秘密者，该报馆不得揭载；一凡关涉词讼之案，于未定案以前，该报馆不得妄下断语，并不得有庇护犯人之语；一不得摘发人之隐私，诽谤人之名誉"。[④] 3. 规定了记载错误失实必须更正。《报章应守规则》九条由于是大纲，简单模糊，没有具体规定呈报批准手续、负责部门和惩罚形式等。一经颁布，遭到了报界的反对。各报馆皆指责该规则由巡警部制定颁布不合法律程序，其主要内容与立宪国言论自由之意不符，与政治进化更是相去甚远。在报界的反对声中，巡警部批示由外城巡警厅对规则作出解释，并与外交部各使商订报律，请旨饬修律大臣，速将报律订妥以便宣布。

　　1906 年年底，巡警部改为民政部后，制定报律之责也随之转到民政部。1907 年 8 月，立宪思潮一浪高过一浪，报馆逐渐增多，风气渐开，民政部再次奏请拟定新的报律："东西各国自政府以至庶民无不以报馆为重要，而其对待报馆之法又最严，今日中国报界言论既多不实，而各报馆主笔亦复良莠不齐，若不明定报律，必至莠言乱政，大为风俗人心之害"，现查"京外报馆日见增益，其开通民智，维持公论者固不乏人，而挟私攻

① 戈公振：《中国报学史》，生活·读书·新知三联书店 2011 年版，第 298—304 页。
② 王学珍：《清末报律的制定》，《中山大学学报论丛》1994 年第 1 期。
③ 《警部饬由厅丞转复报馆文》，《大公报》1906 年 10 月 21 日。
④ 戈公振：《中国报学史》，生活·读书·新知三联书店 2011 年版，第 304 页。

许，甚或煽助异议，摇惑人心"，对此"稽查约束、刻不容缓"。① 1907 年
9 月，由民政部拟具的《报馆暂行条规》获准公布。该条规共十条，其内
容与《报章应守规则》相类似，补充和新加条款为："其以前开设之报馆
均应一律补报"；规定报刊必须载明发行人、编辑、印刷人姓名及其住址；
规定了惩罚方式，指出凡违犯本条规者，该管官署得酌量情节轻重，分别
科发行人、编辑人及印刷人监禁或罚金；通知相关邮局、电报局配合执
行；报律颁布后此暂行条规废止。与此同时，民政部参考英、日和香港地
区相关报律，对原草稿四十六条再三修改，定为四十二条，宪政馆和军机
处依照俄、奥报律核定。同时，咨外务部订定租界内报律，核准后照会各
列强公使，未获各公使认可，故报律对租界内报馆仍未做出规定。最终形
成四十五条报律，其中正文四十二条、附则三条，是为《大清报律》，于
1908 年 3 月获准颁布实施。《大清报律》首先规定凡开设报馆发行报纸者，
必须在发行 20 日前呈报，咨民政部存案。接着，它以五条律则对报纸发行
人、编辑人及印刷人须备要件、所缴保押费并报主更易等事项做了规定。
报律要求所有报刊必须在公开发行前送官署查核办理。"每日发行之报纸，
应于发行前一日晚十二点钟以前；其月报、旬报、星期报之类，均应于发
行前一日午十二点钟以前，送由该管巡警官署或地方官署，随时核查，按
律办理。"② 违者，发行人处 3 元以上 30 元以下之罚金。对于违犯有关规
定者，报律拟定了二十四条处罚规则，以罚金、监禁、封馆、停办直至依
照刑律问罪惩治，详细开列了各种惩处条款。

　　《大清报律》颁布后，引起极大非议。《申报》等报刊媒体认为，《大
清报律》取法日本律、俄律，不符合中国实情，而其取法也仅是"撮拾一
二以为涂耳目之谋"，实际内容却是"倍酷于他国"，③ "而苛尤过之"。④
譬如关于保押费的规定是为官吏"开一需索之门也"，并且保押费规定太
高，实为压制报馆开设。⑤ 事前检查的负面作用则颇多，如阻碍报纸报道

① 《民政部奏拟定报馆暂行条规折》，《东方杂志》第五卷第一号，1908 年 2 月。
② 戈公振：《中国报学史》，生活·读书·新知三联书店 2011 年版，第 306 页。
③ 《论政府将颁严重之报律》，《申报》1908 年 1 月 8 日。
④ 《读宪政编查馆奏核定报律折》，《盛京时报》1908 年 4 月 2 日。
⑤ 《书新报律后》，《时报》1908 年 3 月 30 日。

的敏捷，报馆将不堪其检查之烦扰；由官吏检查为不肖官吏挟制报馆提供了便利；报刊可能因此无法代表舆论发挥党言等。① 面对舆论的强大压力，清政府不得不正视这些意见，承认立法存在诸多不足。为"保法律之威性""免审判之参差"，② 清政府于1909年10月作出了重新修改报律的决定。民政部拟出了修正报律各条的具体理由和报律四十五条，请旨交宪政编查馆妥核，各军机大臣认为改订各条遇事宽纵，建议关于宣布外交军政及诋毁亲贵诸问题尤当从严取缔，使报律越来越严格，引起民政部强烈不满，予以抵制。宪政馆不得不依民政部理由和修正草案议复报律。1911年1月29日，清廷正式颁布了请旨裁决的报律，是为《钦定报律》。本律三十八条，附则四条。该修改律较《大清报律》主要有以下变化：其一，仍采取保证金制度，但减少了保押费，规定每月发行四回以上者银300元，每月发行三回以下者银150元，在京师省会及商埠以外地方发行者前项保押费得酌量情形减少三分之一，如果是专载学术、艺事、章程、图表及物价报告之类的刊物，免交保证金；如果是宣讲、白话等以开启民智为目的的刊物，由官方鉴定后也可免交保证金。其二，改事前检查为事后检查制，"每号报纸应于发行日递送该管官署本省督抚及民政部各一份存案"。其三，规定了记载错误的更正办法和禁载内容，即不得登载冒渎乘舆之语、淆乱政体之语、防害治安之语、败坏风俗之语、损害他人名誉之语，官署禁载之外交海陆军事件及其他政务，禁止旁听之诉讼或会议事件。其四，规定处罚形式主要采取罚金制，除登载冒渎乘舆之语、淆乱政体之语仍处发行人、编辑、印刷人监禁并附加罚金外，其余皆去掉监禁制。其五，规定了处理部门，"关于本律之诉讼由审判衙门按照法院编制决及其他法令审理"。

　　除了以上有关报刊出版管制的专门立法活动之外，清政府还先后制定颁布施行《钦定宪法大纲》《著作权章程》《新刑律》等具有近代色彩的法律，基本形成了由宪法、综合法、专门法和相关法相配套的近代报刊出

---

① 《读宪政编查馆奏核定报律折》，《盛京时报》1908年4月2日。
② 《专电》，《申报》1910年10月3日。

版法制体系,① 对报刊的创办程序、出版传播活动、禁载内容限定及报人权限、违规处罚等方面作了严格的规定，以实现对舆论的控制、封杀革命报刊、维护专制制度，同时对外国在华报刊及挂"洋牌"的中国报刊几乎没有法律效力，因此具有十分明显的半殖民地半封建色彩。② 不过，这些法律法令，从外在形式和内容的文字表述等方面来看，已经具有明显的近代特征。这主要体现在：其一，从形式上完成了从皇帝圣谕到具有近代法律文本基本特点的转变，达到了西方国家报律的相应水平。其二，从内容的文字表述上体现了一定的民主色彩。在报刊的创办方面承认民间自办报刊的权利，采用西方国家通行的注册制度；承认了言论及出版自由，规定报刊在"不涉阴私"的前提下批评损害"公益"的行为，赋予了报刊监督社会的权力；公开规定报刊违禁行为及处罚措施等执法依据，增加社会对执法者进行监督的可能性；立法执法的主体从皇帝个人意志转变为政府部门；等等。清末报刊立法过程中呈现的这些具有近代色彩的形式特征，是晚清以来西学东渐的结果，客观上对报刊出版业的发展具有一定积极作用，并为民国时期新闻报刊出版方面的立法工作提供了借鉴。但是，在半殖民地半封建社会的中国，不可能有真正意义的出版自由。这些具有民主特征的报律文本，最后也成为徒具虚名的一纸空文，随着清王朝的灭亡而废止。

---

① 倪延年：《中国新闻法制通史》，南京师范大学出版社 2016 年版，第 411 页。
② 倪延年：《中国古代报刊法制发展史》，南京师范大学出版社 2003 年版，第 309 页。

第十二章

晚清的期刊与社会变迁

第一节　媒体力量的觉醒

对于期刊作为大众传播媒体的作用，早期来华传教士其实是有明晰的认识的，即它能承载知识，充当传教的工具。鸦片战争后，西方传教士旗帜鲜明地以媒体的知识性为标榜。《遐迩贯珍》创办时，该刊的创办者明确指出了新式期刊与传统邸报的不同，认为这种新式媒体带有知识性的特征，且这种知识性是全方位的，涉及各个领域而非仅仅介绍朝廷动向。①《六合丛谈》的主办者则充分论证了期刊在通中外之情方面的作用。尽管这些仅仅是对外的一种说辞，实际上暗含着以"中国文化需要补充新知识，来宣传宗教与传播西学"②的目的。

"同治中兴"以后，传教士创办的中文期刊逐渐分化，部分期刊在介绍西学知识的道路上走得更远，如《格致汇编》《中西闻见录》等，刊载"西国之天学、地学、化学、重学、医学、格致之学及万国公法律例、文辞，一切草花、树木、飞禽、走兽、鱼鳖、昆虫之学"，涉及"泰西诸国创制之奇器，防河之新法，以及古今事迹之变迁，中西政俗之同异。盖土

---

① 《序言》，《遐迩贯珍》第一号，1853 年 8 月。载松浦章等编著《遐迩贯珍（附解题·索引）》，上海辞书出版社 2005 年版，第 714—715 页。

② 周振鹤：《六合丛谈的编纂及其词汇》，见沈国威编著《〈六合丛谈〉（附解题·索引）》，上海辞书出版社 2006 年版，第 162 页。

域疆界各国大有变更，流风遗俗阅世亦多移易。览万国图说天下地皆了然于胸，中述海外，奇闻宇内事俱恍然于耳前矣。几新法奇器珍禽异兽并万国舆地俱绘有图式，以便查阅，按月分续，公诸同好"。① 《万国公报》亦被誉为"以其书有功世教，即将万国所报播传中国，实足以为见闻之助"。②

相比之下，在鸦片战争前后，国人对于新式期刊的认识，除与外国人有接触的个别官吏士绅外，绝大多数是一无所知的。而在这个别人当中，以林则徐最具代表性。他注重新闻的信息价值，主张通过译报、阅报，以"时常探访夷情，知其虚实，始可以定控制之方"。③ 换言之，林则徐认为西方传教士创办的报刊，其登载的内容大都可以当作情报。受林则徐的影响，魏源也很重视新闻纸对于了解西方、抵御侵略的重要性，认为："澳门所谓新闻纸者，初出于意大里亚国。后各国皆出，遇事之新奇及有关系者，皆许刻印，散售各国无禁。苟当事留意探阅，亦可觇各国之情形，皆边防所不可忽也。源案：公司散则易制，此语甚扼要领。不料十四年散后，粤督反行文英吉利索其专派公司来粤，总司贸易，其来人即义律也。误听洋商簧惑之谋，遂启边防无涯之祸，惜哉！探阅新闻纸，亦驭夷要策"。④

林则徐、魏源的这种认识和做法，成为鸦片战争后相当一段时期内地方官吏、中央官员以及出使官员对于报刊媒介作用的一种共识。1870 年，曾国藩等人创办的上海广方言馆将翻译西书西报作为该馆的重要内容。清政府派出的出使英、法、意、比四国大臣薛福成也认为：

> 窃照奉使一职，办理交涉以外，自以觇国势、审敌情为要义；而耳目所寄，不能不借助于新闻纸。查泰西各国新闻纸，主持公议，探究舆情，为趋迩所依据；其主笔之人，多有曾膺显职者，若英国《泰

---

① 《中西闻见录序》，《中西闻见录》第一号，1872 年 8 月。

② ［英］韦廉臣：《广学会文件七件：公报列于书会缘记》，见汪家熔辑注《中国出版史料（近代部分）》第 1 卷，湖北教育出版社 2004 年版，第 210 页。

③ 林则徐：《责令澳门葡人驱逐英人情形片》，载《林则徐集·奏稿》，中华书局 1965 年版，第 765 页。

④ 魏源：《英吉利国广述中》，《海国图志》卷五十二，《魏源全集》第 6 册，岳麓书社 2005 年，第 1456 页。

晤士报》，声望最重，与各国政府，消息常通；其所论著，往往可征其效于旬月数年之后。虽其中采访不实，好恶徇情，事所恒有，固不可尽据为典要，存刻舟求剑之心；亦不宜概斥为无稽，蹈因噎废食之弊。①

当时的很多地方官员，与林则徐一样，把西方新式报刊与中国传统的《邸报》相比附，认为这些报刊是"编列号数，封锁在箧，非当议事之期，各夷官皆不能取阅，外间更无从购览"，② 是当时"外国的邸报"。直到 19 世纪七八十年代，还有个别官员认为："外国之新报，即中国之邸抄也，阅之可得各国之情形，即可知天下之大局。"③ 这些看法，在某种程度上导致了清朝官员将海外报刊的获得作为军事或商业机密，只许咨送上级部门，而不准在民间流传。1861 年，奕䜣、桂良等在《统筹夷务全局折》中提出将新闻纸译送作为应办的洋务大事，"各海口内外商情，并各国新闻纸，请饬按月咨送总理处，以凭核办也"；"各国新闻纸，虽未必尽属可信，因此推测，亦可得其大概。广州、福州、宁波、上海旧有刊布，名目不同。其新开各口，亦当续有刊本。应请一并饬下钦差大臣，及通商大臣，并各该省将军、府尹、督抚，无论汉字及外国字，按月咨送总理处。庶于中外情形，了如指掌，于补弊救偏之道，并臻详审"。④ 对于奕䜣等人的意见，咸丰皇帝予以认可，自此咨送新闻纸遂成为惯例。此外，出使大臣亦被要求译报咨送总理衙门。1876 年，《出使章程十二条》颁布实施后，有关方面做了补充说明，其中涉及译报的内容有："饬下东西洋出使各国大臣，务将大小事件逐日详细登记，仍按月汇成一册，咨送臣衙门备案直核。即翻译外洋书籍、新闻纸等件，内有关系交涉事宜者，亦一并随时咨送，以资考证。"⑤

---

① 薛福成：《咨总理衙门送摘译英法两国新闻纸》，载《出使公牍·奏疏》卷一，见马忠文等编《中国近代思想家文库·薛福成卷》，中国人民大学出版社，第 254 页。
② 中国史学会主编：《第二次鸦片战争》第三册，上海人民出版社 1978 年版，第 128 页。
③ 陈其元：《庸闲斋笔记》，中华书局 1989 年版，第 188 页。
④ 贾桢编撰：《筹办夷务始末（咸丰朝）》卷七十一，见沈云龙主编《近代中国史料丛刊》（第五十九辑），（台北）文海出版社 1979 年版，第 5755—5757 页。
⑤ 王延熙等：《皇清道咸同光奏议》卷十九，见沈云龙主编《中国近代史料丛刊》（第三十四辑），（台北）文海出版社 1979 年版。

当清朝官吏把西方近代报刊当作情报来源、只许向上级部门汇报的时候，在商业比较发达的沿海开埠城市，出现了《香港中外新报》《香港船头货价纸》等一批专业性商业报刊。对于洋人创办的商业性中文报刊，当时很多人认为"类皆商贾传闻，谬误滋甚"。一些有识之士主张华人自主办报刊，并在关注商情的同时，赋予报刊开启民智，摆脱西方刊物束缚的意义及作用。如《香港华字日报》主办者陈霭廷认为：

> 日报之所关甚巨，述政事、纪民情、辨风俗、详见闻，大之可以持清议，小之可以励人心。其所以激浊扬清，褒善惩恶，采舆众之公评，存三代之直道，实有足以转移风尚，鉴谶世人，况时处今日，所宜讲求者，非泰西各国之事乎？广为翻译，倍加搜罗，用以昭示同人，俾知其政治之得失，悉其民心之向背，察其风俗之淳浇，览其见闻之广隘。虽以瀛寰之远，不啻如视之掌，其足以裨益于我者，岂浅鲜哉！向者，华人皆以日报一道无足系于重轻，不知所以佐中治而稔外情者，实在于此。其良法美意，足以供我揣摩；造作艺术，足以资我仿效。而日报之中，无不具详，有不同于他人之徒工粉饰，仅托空言者比也。区区之心，实不仅欲为前此所未有之创举，而甚欲为后此仅有之美举也。①

这里，陈霭廷强调华人自办的中文报刊不同于西人，具有自我掌控舆论的权利，即"提挈之惟我，左右之惟我"，在裨益商业的同时，还能起到激浊扬清、褒善惩恶，转移风尚、鉴谶世人的作用。

在陈霭廷把报刊思想化为办报实践的同时，一些有识之士也从主权在我的角度，论证国人自办报刊的重要性和迫切性。王韬认为，报刊是"国之利器，不可假人"，不能让"外人操笔削之权"，甚至应该禁止外国人在中国办中文报刊。他创办的《循环日报》特别突出国人自办报刊的独立性，该刊"所有资本及局内一切事务皆我华人操权"，"专为裨益我华人而设"，期于"广见闻、通上下、俾利弊灼然无或壅蔽，实有裨于国计民生

---

① 原载于《中外新闻七日报》辛未年五月廿一日，见卓南生《中国近代报业发展史》，中国社会科学出版社 2002 年版，第 233 页。

者也"。①

1895 年中日甲午战争之后，维新活动蓬勃开展，期刊作为社会媒体的力量表现得更加突出。吴恒炜在《知新报缘起》一文中提出"喉舌"论，"报者，天下之枢铃，万民之喉舌也。得之则通，通之则明，明之则勇，勇之则强，强则政举而国立，敬修而民智"。② 梁启超也表达了类似的观点："去塞求通，厥道非一，而报馆其导端也"，"其有助耳目喉舌之用而起天下之废疾者，则报馆之谓也"。③ 至于报刊发挥喉舌作用的具体体现，当时大多数维新人士都认为主要是"开风气""启民智"。如唐才常认为：

> 迩者海内诸君子，曲体朝廷育才至意，广开报馆，用代道人。大声疾呼，海天同应。于是秦汉以来之愚障，始云开雾鬈，重睹光明；于是四民之困于小儒腐说，辗转桎梏者，始脑筋震荡。人人有权衡国是之心，而谋变通，而生动力。夫由今日以前之志士仁人，其欲摩挲故府，钻研政典，求断烂朝报不可得，而赍恨终者，何可胜道？今乃海宇大通，朝野一气，政学格致。万象森罗，俱于报章见之。是一举而破二千余年之结习，一人而兼百人千人之智力。不出户庭，而得五洲大地之规模；不程时日，而收延年惜阴之大效。④

又如《经世报》自称：

> 愿与各新报翕效嘤鸣，自固气类，隐任《春秋》经世之责，无忘同舟共济之怀，助聪导察，庶几小补云尔。⑤

维新派对于期刊开通风气、开启民智的功能定位，有着强烈的政治色彩，即有助于辅政，如通情况、开言路。如宋伯鲁指出："为政之道，贵通不贵塞，贵新不贵陈，而欲求通欲求新，则报馆为急务矣"。他从四个方面肯定了报刊在现实政治生活中的作用："首列论说，指陈时事，常足以匡政府所不逮，备朝廷之采择，其善一也；胪陈各省利弊民隐，得以上达，其善二也；翻译万国近事，藉鉴敌情，其善三也；或每日一出，或间

---

① 王韬：《本局布告》，《循环日报》1874 年 2 月 4 日。
② 吴恒炜：《知新报缘起》，《知新报》第一册，1897 年 2 月。
③ 梁启超：《论报馆有益于国事》，《时务报》第一册，1896 年 8 月。
④ 唐才常：《湘报序》，《湘报》第一号，1898 年 3 月 7 日。
⑤ 《经世报叙例》，《经世报》第一册，1897 年 8 月。

日一出，或旬日一出，所载皆新政之事，其善四也。"严复将《国闻报》明确定位为"以通外情为要务"。创办《无锡白话报》的裘廷梁等人，更是直接将期刊与推动变法联系起来，认为："无古今中外，变法必自空谈始，故今日中国将变未变之际，以扩张报务为第一义"。①

戊戌维新失败后，人们对于期刊媒体的社会作用，在认识上进一步深化。梁启超等人深化了"喉舌"论，认为期刊是一种社会势力，有"舆论之母"的社会地位。1901 年，梁启超为《清议报》发刊 100 期撰写祝辞，在论及"报馆之势力与责任"时指出："报馆者，国家之耳目也，喉舌也，人群之镜也，文坛之王也，将来之灯也，现在之粮也。"按照梁启超的理解，报馆的责任主要承载了生产和发表社会舆论的重任："报馆者，实荟萃全国人之思想言论，或大或小，或精或粗，或庄或谐，或激或随，而一一介绍于国民。故报馆者，能纳一切，能吐一切，能生一切，能灭一切。"不过，在梁启超的心目中，期刊与政治之关系，已经不像维新时期那样紧密，而是保持了疏离状态的一种局外监督角色。1902 年，梁启超在《新民丛报》发表文章，对报刊的大众传播功能做了更为明晰的说明："某以为报馆有两大天职：一曰，对于政府而为其监督者；二曰，对于国民而为其向导者是也。"② 这意味着，梁启超对于期刊传播功能的定位发生了变化，渐次由沟通上下、开启民智，发展出监督政府的功能，直至成为某种"权力"彰显的象征。③ 这代表了当时中国人对于报刊的认识达到的新水平，也得到了部分革命派期刊的认同。如秋瑾在《中国女报发刊辞》中认为：

> 具左右舆论之势力，担监督国民之责任者，非报纸而何？吾今欲结二万万大团体于一致，通全国女界声息于朝夕，为女界之总机关，使我女子生机活泼，精神奋飞，绝尘而奔，以速进于大光明世界。为醒狮之前驱，为文明之先导，为迷津筏，为暗室灯，使我中国女界中

① 《无锡白话报序》，《无锡白话报》第一期，1898 年 5 月。
② 梁启超：《敬告我同业诸君》，《新民丛报》第十七号，1902 年 10 月。
③ 章清：《清季民国时期的"思想界"》（上册），社会科学文献出版社 2014 年版，第 202 页。

放一大光明灿烂之异彩，使全球人种，惊心夺目，拍手而欢呼。①

与此同时，作为晚清中文报刊重要组成部分的留日学生期刊，对报刊社会功能的理解亦有一定的深化。这些刊物在知识性绍介的认知框架中，表达了强烈的民族主义诉求。《开智会录缘起》称："自戊戌之后，新闻报馆，飘零殆尽；加以本年之暴力禁压，而报馆之巍然独存者，益不堪数矣。民贼之辈，竟欲以强力压塞民口，败坏国民发言之权而夺其幸福，使自由之钟窒哑不能高鸣，良堪痛叹。仆等久怀慨愤，故于瀛海一隅，合众志士，兴起倡论，以争自由发言之权，及输进新思想以鼓盈国民独立之精神为第一主义"。②《云南杂志》指出："输入思想，厥道有二：曰学校，曰新闻杂志。学校，王道也，其功缓，且一时难普及，中年以上又弗暇从事。若新闻、若杂志，则以文明高尚之思，环球治乱之故，日日噪其耳，刺激其心，使阅者如亲承恳切之教，心领神会；如足履文明之土，耳目一新。熏习既久，潜移默化，其功之伟，真莫与京。乃反观故里，学校既寥寥有限，新闻杂志且并萌芽而弗之见"。③ 这里，留日学生赋予报刊以输入新思想、培育国民独立之精神的功能，一方面紧扣救亡与启蒙的两大时代主题，另一方面也切实反映出这一时期人们对于报刊媒体所具有的社会动员力量的觉醒。

第二节　中外文化交流的桥梁

近代早期，西方传教士来到中国传教，面对的是自视"天朝上国"的中国人。为了让中国人了解中国之外的世界，明白中国不是世界的中心，西洋各国并非"四夷"，也有着悠久的历史以及相对先进的科技文明，他们创办的中文期刊，大多积极输入西方自然科学和社会科学知识。

早期传教士创办中文期刊的宗旨，亦被后来的传教士中文期刊所继承，并赋予了中外文化交流色彩。如《六合丛谈小引》指出：

---

① 秋瑾：《发刊词》，《中国女报》第一期，1907 年 1 月。
② 《开智会录缘起》，《开智录》第一期，1900 年 12 月。
③ 《云南杂志发刊词》，《云南杂志》第一号，1906 年 10 月。

溯自吾西人越七万里，航海东来，与中国敦和好之谊，已十有四年矣。吾国士民旅于沪者，几历寒暑，日与中国士民游，近沪之地，渐能相稔。然通商设教，仅在五口，而士人足迹未至者，不知凡几。兼以言语各异，教化不同，安能使之尽明吾意哉？是以必须书籍以通其理，假文字以达其辞，俾远方之民与西土人士之性情，不至于隔阂。事理有可以观摩，而退迩自能一致矣。

其创办用意在于："欲通中外之情，载远今之事，尽古今之变。见闻所逮，命笔志之，月各一编，罔拘成例，务使穹苍之大，若在指掌，瀛海之遥，如同衽席。"①

傅兰雅在《格致汇编》的"启事"中强调，他创办《格致汇编》的原意，也是为了"将西国格致之学与工艺之法，择其要者译成华文，便于中国各处之人得其益处，即不出户庭，能知天下所有强国利民之事理"。②

19 世纪末 20 世纪初，国人创办中文期刊对外来文化从被动接收到主动汲取，在中外文化的交汇融合方面走得更远，将推动西学东渐此作为启发民智、改造国民的重要途径。譬如裘廷梁《无锡白话报》，"分三大类：一演古，曰经、曰子、曰史，取其足以扶翼孔教者，取其与西事相发明者；二演今，取中外名人撰述之已译已刻者，取泰西小说之有隽理者；三演报，取中外近事，取西政西艺，取外人论说之足以药石我者，谈新述故，务撷其精，间涉诙谐，以博其趣。"而其宗旨在于以此来开民智，"汰芜秽，存精英，以话代文，俾商者农者工者，及童塾子弟，力足以购报者，略能通知中外古今，及西政西学之足以利天下，为广开民智之助"。③

具体来说，近代中文期刊主要从以下几方面推动了中外文化交流：

其一，对自然科学知识的介绍，逐步改变了中国传统的宇宙观。

起初，传教士所创办的中文期刊，如《察世俗每月统记传》登载了多篇天文常识方面的文章，介绍了近代西方天文学的重大成果——日心说，关于恒星、行星、卫星、彗星等的基本运行原理，以及日食、月食等天文

① ［英］伟烈亚力：《六合丛谈小引》，《六合丛谈》第一期，1857 年 1 月。载汪家熔辑注《中国出版史料（近代部分）》，湖北教育出版社 2004 年版，第 86 页。
② ［英］傅兰雅：《格致汇编启事》，《格致汇编》第一年第六卷，1876 年 6 月。
③ 裘廷梁：《无锡白话报序》，《时务报》第六十一册，1898 年 5 月。

现象，其字数共约一万字，占整个刊物二十分之一的分量。后来，《东西洋考每月统记传》刊载了《论日食》《论月食》等文，这些文章亦大体上用当时欧洲天文学简要地介绍文章标题所列的概念。《遐迩贯珍》则发表了《地形论》《彗星说》《地球转而成昼夜论》等文。这些文章大都不仅仅止于介绍，更是对中国传统天文学知识提出质疑。譬如《察世俗每月统记传》中的多篇文章指出地球是围绕太阳转，明显是针对中国人的天圆地方说。"今世人之意，与古世人比之大不同。今世更细察，而实知天文之士，皆说地体不是甚长、甚宽、甚厚之平地，又不是四方、不动行的，又不是住天之当中，乃是圆如球，而常周日环运行者也。"① 对于天文异象，西方传教士更是不遗余力加以辨明，如《察世俗每月统记传》中《论月食》一文则反驳了国人的天狗吞月说，"夫日月之食，乃一定而不易之事，且非因天上有何狗、何兽，先食而后吐之。此愚者之错见，学者不可信也"。"古者今多无学问之人说，日食为凶之兆，是因为不知晓天文，不知日月星与地行走之理，所以说错了。"又如《遐迩贯珍》中《彗星说》一文，针对国人关于彗星感应灾祸说："自汉末迄今二千年中，所见客星不下五百，有三彗星之轨道，西国天文之士，已能推测而知，可察其出没之行度，而预决其将现也。此虽上天之垂象，亦星行之偶然，乌有灾异之足言，况此星之出，中外共睹，遐迩同观，不止在一州一国也。果其为灾氛之预兆，兵燹之先机，岂有只应于中国而不应于外邦者耶。"②

从《六合丛谈》开始，传教士所创办的中文期刊对于天文知识的介绍，一是逐渐出现了系统化的倾向，即不再是零星的，碎片式的概念或现象描述，而是全方位地加以介绍。譬如，《西国天学源流》连载于《六合丛谈》第一卷第九至十三号，第二卷一至二号，共连载 7 期。该文比较系统地阐述了西方宇宙观的演进历史，特别是对日心地动说的发展做了比较详细的叙述，使读者明了与中国天文学不同的西方天文学传统。《格致略论》连载于《格致汇编》第一年第一至十二卷，概要介绍恒星、变形、太

---

① 《论地周日每年转运一轮》，《察世俗每月统记传》第二卷（1816 年），转引自赵晓兰等《传教士中文报刊史》，复旦大学出版社 2011 年版，第 49 页。

② 《彗星说》，《遐迩贯珍》第三号，1853 年 4 月。载松浦章等编著《遐迩贯珍（附解题·索引）》，上海辞书出版社 2005 年版，第 696 页。

阳与八大行星的关系，各行星的卫星以及日食、月食等近代天文学知识。二是不再局限于天文常识的绍介，更能追踪报道西方天文学热点、理论进展。譬如《中西闻见录》第十五期以专题形式绍介"金星过日"现象原理、测定地日距离的方法和原理等，指出 1874 年世界将会发生"金星过日"现象，"明岁甲戌十月三十日金星过日……现在泰西各国选派精于天文者纷往各处观察，俄人往极北，英人往极南……"① 随后又以新闻形式在第二十一、二十四、二十五、二十七、二十八、二十九、三十期等追踪报道了西方各国天文学家兴师动众赴中国、印度、日本、非洲等地准备观察的行动。三是国人参与度亦在逐渐升温，即中国士人以不同方式参与到天文学知识的介绍行列。譬如《六合丛谈》的《西国天学源流》为王韬与伟烈亚力合作，翻译其相关著述。"余少时好天文家言，而于占望休咎之说颇不甚信，谓此乃谶纬术数之学耳。弱冠游沪上，得识西士伟烈亚力。雠校余闲，辄以西事相咨询，始得窥天学之绪余。适李君壬叔自檇李来，互相切磋。一日，询以西国畴人家古今来凡有若干。伟烈亚力乃出示一书，口讲指画，余即命笔志之，阅十日而毕事。于是西国天文源流粲然以明，心为之大快。"② 同文馆学生刘业全则采取了与丁韪良辩难的方式，在《中西闻见录》上发表了《问以日居中以地居中二说孰是》《续辩地中说》等文，"夫中华与西国地之相去数万里，中土之不以日居中者亦犹西国不能曲循中土，以闰月定四时也。明徐文定公云，融西人之巧算，入大统之型模"。此外，不少士人还以来信询问的方式参与讨论，《格致汇编》之《互相问答》栏目中的天文学相关文章便是如此，如天津王君所提问的问题："已知金星过日，能测定日与地之距离，问水星过日，能否测定其距离"；句章王君所提的问题是："西书云，地面冷热与太阳黑斑变化有关，不知西人是否已据此列表"。

19 世纪末 20 世纪初，随着国人创办中文期刊高潮的到来，天文学知识的传播尽管在内容上没有多大变化，但是背后的用意却发生了重大变化。原先，西方传教士对天文常识的介绍多为辅助传教服务的。即使是后

---

① 《金星过日》，《中西闻见录》第十五号，1873 年 10 月。
② 王韬：《西国天文源流》，1890 年淞隐庐活字版排印本，第 27—28 页。

来的《万国公报》，其登载的《格物探原》一文将宇宙万物归结为上帝所造。至戊戌维新时期，国人自办的中文期刊在接受了西方传教士对相关内容介绍的基础上，大多抛弃其宣传的基督教自然神学，进而在形成符合科学意义上的宇宙观的道路上迈进一大步。严复指出，西方宇宙观将改变中国传统的世俗道德秩序和政治秩序：

> 盖自古人群之为制，其始莫不法于自然。故《易》曰："天尊地卑，乾坤定矣"。有其至高者在上以为吾覆，有其至卑者居下以为吾践。此贵贱之所由分，而天泽之所以位也。乃自哥白尼之说确然不诬，民知向所对举而严分者，其于物为无所属也。苍苍然高者，绝远而已，积虚而已，无所谓上下也。无所谓上下，故向之名天者亡。名天者亡，故随地皆可以为极高，高下存乎人心，而彼自然，断断乎无此别也。此贵贱之所以不分，而天泽之所以无取也。①

20 世纪初，留日学生创办的报刊更为激进，直接宣传天文知识，彻底颠覆了传统的宇宙观。有的刊物甚至刊文，将传统宇宙观视为造成国人愚昧的重要原因，主张加以摈弃："于人之族其国，灭其种，毁其宗庙，迁其重器，戮辱其祖宗，系累其子弟，则恬然不以为怪。而于日食则怪之，于月食则又怪之，于彗星现则更大怪之。横览一部廿四史，几为日食、月食、星见等事占领其一大部分，一若不胜其诧异者然呜呼，何其愚也！"②

其二，对域外史地知识的介绍，推动了中国人近代世界观念的形成。

传教士创办的中文期刊，对域外史地知识的介绍是颇为重视的。早在《察世俗每月统记传》时代，就刊载了 4 篇介绍世界知识的文章：一是介绍大洋洲的大溪地，重点在于当地土著民族皈依基督教经过；二是关于阿拉伯半岛，重点介绍骆驼；三是叙述十五六世纪狄亚士（Bartholomeu Dias）、达·迦马（Vasco da Gama）等探险家，航行非洲沿海至印度的经过；四是米怜所写的《全地万国纪略》，介绍了欧洲、美洲、亚洲、非洲一些国家的政府、首都、政体、宗教等。到《东西洋考每月统记传》，专门开

---

① 王栻编：《严复集》，中华书局 1986 年版，第 1241 页。
② 直斋：《彗星出现时期之预定》，《云南杂志》第五号，1907 年 3 月。

辟《历史》和《地理》专栏,《历史》栏目刊载文章介绍中外历史、西方历史人物,其中最为重要的是分 11 次刊登了《东西史记和合》,所谓东史是中国史学,西史是其古史与英国王朝史。东史学始于盘古开天地,止于明亡;西史起自上帝造天地万物和世人,迄于英吉利哪耳慢朝(查理曼王朝)。其用意在于使读者"看各国有其聪明睿知人,孰为好学察之,及视万国当一家也,尽究头绪,则可看得明白矣"。后又在丁酉年(1837 年)七月号上发表了《史记和合纲鉴》,同样用"和合"形式,补叙了清朝历史和欧洲列国近代史。《地理》栏目则刊载了 32 篇介绍世界地理类的文章,以及《东南洋并南洋图》《大清一统天下全图》等四幅地图。这些有关世界各国地理的文章基本上都是以当时中西交通的海路走向为线索,向中国人分别介绍东南亚、南亚、非洲、"南方大洲"(南极洲)、"北亚米利亚"(北美),以及欧洲各国的简略情况。

　　19 世纪中后期,传教士中文期刊绍介的域外史地内容大为扩充。《遐迩贯珍》在历史方面更加注重对西方各国政治制度的介绍,如《英国政治制度》《花旗国政治制度》介绍了英美两国的宪法等。而地理方面则发表了 12 篇文章,涉及地质学、人文地理和自然地理,这其中的《地理全志节录》为慕维廉《地理全志》的节录,登载了其《缘起》《地质论》《磐石陆海变迁论》《磐石形质原始论》等。《六合丛谈》地理方面的介绍较之《遐迩贯珍》更进一步,在继续刊载慕维廉的《地理全志》的同时,还刊登《水陆分界论》《洲岛论》《山原论》《地震火山论》《平原论》《洋海论》《潮汐平流波涛论》和《河湖论》等文。到《万国公报》时,西学方面的文章涉及政治、经济、教育、哲学等方面,如哲学方面刊登《希腊理性纪略》《亚里斯多得里传》《希利尼源流备考》《希利尼圣哲纪略》《性理学列传小序》和《培根新学格致论》《格致进化论》等文,介绍古希腊哲学及西方近代哲学;在政治方面刊登《米利坚(即美国)志序》《译民主国与各国章程及公议堂解》《〈公报〉弁言》《环游地球略述》等文。这些文章尽管占的比重不大,"但必须指出的是,这些介绍涉及的都是西方民主制度的重要组成部分,可以说是代表了当时西方政治学在中国的传播水平"。①

戊戌维新时期,国人创办中文期刊对于域外史地知识的介绍,逐渐转化为与中外社会现实问题相联系的外国史地知识探讨。这种做法往往有着强烈的政治意图,注重介绍西方及日本资产阶级民主运动的历史。譬如《湘学报》"讲求中西有用诸学,争自濯磨以明教养,以图富强,以存遗种",该刊的《史学》专栏刊载唐才常的系列文章,如《史学第二:论最古各国政学兴衰之理》重点分析讨论印度、波斯等国政学之源流;《史学第三》分别就西方各国国会、教会、弭兵会、议院及君主制、民主制、君民共主制的由来及其利弊得失发表自己的见解;《史学第四:日本安政以来大事略述》重点探讨明治维新的成功经验;《史学第五:各国种类考》对五大洲 32 个国家和地区的民族寻源溯流。而《岭学报》辟有《史学篇》,先后译载《种类说》《亚述国沿革考》《腓尼基喀颓基考》《古希利尼建国考略》《马其顿考略》等 17 篇文章,以"考史"的形式叙述亚述、腓尼基、希腊、罗马、马其顿等西方古国文明兴衰。《知新报》则相继译载《俄皇大彼得传》《卑士麦传》《俄彼得中兴记》《述日本维新以前尊王之事》《阿伦日公威廉第一世传》《德莫斯塞尼斯传》《罗伯斯比尔传》和《美国独立史》等 8 篇文章,介绍彼得大帝、威廉一世、罗伯斯比尔等人的生平经历及日本明治维新和美国独立战争的历史。此外,《译书公会报》也以连载的形式刊登《英民史略》《拿破仑兵败失国记》《维多利亚载记》《增订五洲通志》和《万国中古史略》等 5 种外国史方面的著述。

20 世纪初,中文期刊绍介海外史地知识的力度和规模达到了新的高度。以《新民丛报》为例,该刊 1902 年共出版刊登 80 幅卷首插图,其中属于介绍欧美和日本等国家景物和历史人物的就有 75 幅,评介或涉及西方资产阶级意识形态方面的文字计 180 多个篇目。就时间跨度来说,从古代希腊、罗马到近代英、美、法、意等资产阶级民族国家的兴起,上下几千年;就所涉及的人物来说,从苏格拉底、柏拉图、亚里士多德到培根、笛卡儿,不下百十人;就学术知识范围来说,哲学、文学、政治、经济、法律、教育、历史、地理等,无所不包。同时,对史地知识的关注转移到与

---

① 杨代春:《万国公报与晚清中西文化交流》,湖南人民出版社 2002 年版,第 147 页。

警示亡国危险或参与政治改良的相关领域。譬如《杭州白话报》登载的世界历史介绍文章中，《波兰的故事》《俄土战记》《世界亡国小史学》等，叙述埃及、印度、波兰、土耳其被侵略被瓜分的经过，警示国人亡国的危险；《美利坚自立记》《菲律宾民党起义记》等记述美国独立战争、菲律宾独立起义，鼓舞国人争取民族独立；《俄力东侵小史》《俄皇大彼得遗训》等揭露沙俄向亚洲扩张的野心。又如《游学译编》设有《历史》《地理》等栏目，其 12 期总共 135 页，若合并传记类，则有 183 页之多。其《地理》栏目刊登的《支那地理概述》，在于使国人了解中国"天然之美丽，几无不备"，而生爱国爱乡之心。其《历史》栏则借世界弱小国族之兴亡事迹，资国人之借鉴，以呼吁国人奋发图强，如《埃及亡国惨记》；又借他国之革命建国，激励国人革命之志节，如《记十八世纪末法国之乱》等。

其三，对西学东渐的持续推动，激发了国人探索新知识的热情。

自《东西洋考每月统记传》起，传教士创办的中文期刊就重视西方近代科技知识的介绍。郭实腊指出，"夫西国之人，行窍十分精工，竭力制造新法子不辍，此样技艺令人惊奇特异，因此手段绝妙非常"，故对西方国家的新"技艺""莫不必描画之"。① 就《东西洋考每月统记传》而言，该刊刊登了《火蒸车》《孟买用炊气船》《水内匠笼图说》《推务农之会》《救五绝》《气舟》等，介绍蒸汽船、轮船、火车以及耕作和医疗急救方法。到《遐迩贯珍》和《六合丛谈》时，对于近代科技知识的介绍更是不遗余力。如《遐迩贯珍》"博采山川人物，鸟兽画图，胪列于其内也"。② 而《六合丛谈》则指出化学、察地之学、鸟兽草木之学、测天之学、电气之学说等西方学问"超前轶古，启名哲未解之奥，辟造化未泄之奇"，"是书中所言天算舆图及民间事实，纤悉备载"。《遐迩贯珍》刊载的《生物总论》一文，介绍西方近代生物学，文章将生物分为有脊生物、柔软生物、多节生物、多肢生物四大类，有脊生物又细分为哺乳生物、鸟、虫、鱼，

_____

① 《序》，《东西洋考每月统记传》道光丁酉年正月号，1837 年。
② 《〈遐迩贯珍〉小记》，《遐迩贯珍》第二号，1854 年 12 月，载松浦章等编著《遐迩贯珍（附解题·索引）》，上海辞书出版社 2005 年版，第 594 页。

并详细加以说明，这比之前合信的《博物新编》（1855）和慕维廉的《地理全志》（1853—1854）更为详尽；而《六合丛谈》的《真道实证》一文不仅介绍了 64 种元素的概念，较合信的《博物新编》多了 8 种，同时论及组成定律，介绍了有机物的结构。此外，医学知识亦被广泛地登载，如《遐迩贯珍》载有《泰西医士乐施痘浆论》《身体略论》《全身骨骼论》《肌肉功用论》《脑为全体之主论》《眼官部位论》等系列文章。

到《中西闻见录》时，西方科学知识成为该刊的主要内容。该刊以科技为主，杂以新闻、寓言故事，涉及的科技知识，仅物理学就有光学、声学、力学、热学等领域，机械技术介绍有起重机、缆车、圆筒式活字印书机、救火伸缩云梯等方面的新技术、新工具。《格致汇编》是一份专门的科学杂志，其绍介的科学知识比较全面，包括物理、数学、化学、生物学、天文学、医学、工业等学科或行业的理论、方法、技术和应用。在生产技术领域，《格致汇编》绍介的有棉花工艺、纺纱机、织布机、凿石机、漂染、印布、造瓷机、钻地机、抽水机、弹花机、造针机、造扣子机、造纸、造火柴、造玻璃、石印技术、印书机器、炼钢、炼铁、锅炉、电气镀金。而在日常生活方面则有汽水、制冰器、磨面机、吹风器、传声器、养蜂、碾米、制糖、打米机、打字机、幻灯机、电话、电灯、留声机、照相机和灭火器等等。

戊戌维新时期，维新报刊一方面充当维新变法的喉舌，另一方面为有志之士绍介科技新知。如《时务报》辟有《域外报译》专栏，从英文、日文、法文、俄文等 92 种外文报纸摘译稿件，其中关于科学知识的资料多达 145 篇。其刊载题材从工业到农业，从医疗到卫生，从地理、物理到生物、化学。其介绍的内容往往是当时世界科技的最新动态，如 X 射线是德国物理学家伦琴 1895 年发现的，并在许多领域得到迅速推广和应用。《时务报》1896 年 8 月 19 日第二册刊登了译自日本《西字捷报》的《照相新法》，绍介其在医学上的运用，"美国少将马理司，在本国搜费司报，扬言牢式照相新法为益甚大。其子官居少佐，由印度请假返国。一日乘马不备，伤及于脑，兼及其臂，并因脑病，莫测其臂伤之所在，而臂肿愈甚，少将万分焦虑。欲查伤原时病人不受苦楚之法，惟有用牢式照相机探之，始知臂骨脱节，非骨碎也。后脑病既愈，遂用麻木药，为其接臂骨，奈臂肿过甚，又莫测其究愈与否，因复用照相法以探之，始知平复如初。少将因言，自今而后，无论何处医院，皆宜备用牢式照相机器云"。① 由此可见，维新派报刊对于科技新知的介绍，在时效性方面较之前有很大提高。

20 世纪初创办的中文期刊，对于近代科技新知介绍，逐渐与世界最新学术动态接轨。《关中学报》旨在通过期刊"使吾陕学界与全国学界、全球学界，如影随形、如响应声，有息息相通之势，以助成我陕人之新道德、新智识、新技艺，以组成我国学界上之能力，使之雄飞于世界"。②《科学世界》标榜"发明科学基础实业，使吾民之知识技能日益增进"。此时期刊刊载的内容多是最新科技进展，《亚泉杂志》1900 年第三期登载的琴希所译《昨年化学界》，介绍了镭和钋两放射性元素的发现，这距离居里夫妇在 1898 年向法国科学院报告仅间隔两年。《科学世界》登载的王本祥所编译《最新原质表》详细介绍已知的化学元素，表内列有元素的英文名、罗马名、德名、日名、汉译定名、记号（元素符号）、原点量（原子量）共七栏，这距离 1902 年德国化学会委员会伦达尔脱、翁司脱滑尔达、沙意排尔脱的报告，仅隔一年。不仅如此，部分刊物注重学术研究，发表学术成果，如《科学世界》登载的虞和钦撰写的《化学定名表》，将每一个化学名称依据中文定名、英文名称、化学式分项列出，共收有六百多个化学定名。这在当时具有一定的学术价值和参考价值，而且对逐渐统一化学专用名词的中文译名，促进我国化学科学的发展，在一定程度上起过开拓作用："自同治初年迄今日，我国已译化学书虽不多，然名目参差百出，专业者既费参考，续译者又无所适从。且我国旧译本，多无化学名称，俱以记号当之。在昔用旧式时，尚便记忆，今日既用新式，觉如前仍用记号，必无是理。略之固不成名，全列之，更冗长难读。兹特不揣疏漏，依东西各国化学名例，撰以今名，非敢自我作故，亦示化学名之一斑耳"。③

总之，中文期刊绍介的近代西方知识，对国人了解外来文化、审视自身文化，起到了重要作用。譬如蔡尔康评价《格致汇编》说：

> 西国傅兰雅，主讲格致书院，月出《汇编》一卷。所载皆有关格

---

① 《照相新法》，《时务报》第二册，1896 年 8 月。
② 王世德：《关中学报序》，《关中学报》1906 年第一期。
③ 虞和钦：《化学定名表》，《科学世界》第二期，1903 年 4 月。

致之事，始于丙子中，正月为第一卷书出之期。书凡二十八页，印千卷，散寄各省镇，取资以充印费纸本，亦颇廉售，盖意不在逐利也。余初以为中国讲求格致之人极少，且既有不拘成见，深慕西学，知化学、算学之精，汽机制造之利，而事征诸书，不能历试其妙，则亦阅后辄忘，束之高阁已耳。千卷之书，恐其不能尽售也。不谓印至八九卷时，书出数日，即已售完。可知中国之人于格致之学，已日新其耳目，深信而爱慕之，详阅而考究之矣。①

又如《新民丛报》，孙宝瑄在日记中称其"新理盈篇累幅，我国人读之耸目惊心"；② 而蒋梦麟曾评价说：

> 梁启超在东京出版的《新民丛报》是份综合性的刊物，内容从短篇小说到形而上学，无所不包。其中有基本科学常识，有历史、有政治论著，有自传、有文学作品。梁氏简洁的文笔深入浅出，能使人了解任何新颖或困难的问题。当时正需要介绍西方观念到中国，梁氏深入浅出的才能尤其显得重要。梁启超的文笔简明、有力、流畅，学生们读来裨益非浅，我就是千千万万受其影响的学生之一。我认为这位伟大的学者，在介绍现代知识给年轻一代的工作上，其贡献较同时代的任何人为大。他的《新民丛报》，是当时每一位渴求新知识的青年的智慧源泉。③

晚清时期的西学东渐，从西器西艺到西制西俗，从外力强制的客观进程，到力图全面了解外来文化，为传统文化更新开辟通道的民族自觉，是在继承与发展鸦片战争以来先进中国人向西方学习的基础上，对世界潮流、社会趋势和国情重新认识的产物。④ 而在人们对西学的认识从夷学到西学再到新学的演变过程中，作为当时新式传播媒介的中文期刊，以其迅速、及时并具有针对性的信息传播和知识传播，冲击旧观念，普及新思想，为中西文化的交汇融合架起一座桥梁。

---

① 蔡尔康：《读格致汇编第二年第四卷书后》，《申报》1877 年 6 月 30 日。
② 孙宝瑄：《忘山庐日记》上册，上海人民出版社 2015 年版，第 549 页。
③ 蒋梦麟：《西潮与新潮》，人民出版社 2012 年版，第 56—57 页。
④ 桑兵：《晚清学堂学习与社会变迁》，广西师范大学出版社 2007 年版，第 416—420 页。

第三节　社会转型的记录

在人类社会迈向现代化与政治整合的过程中，大众传播媒介扮演着重要的角色。它是有效的工具，"能够同时传播统一及时标准的政治消息给众多的人民，它们的标准化足以产生举国一致的行为模式"。① 晚清中文期刊从无到有、从少到多，栏目的设置从单一到丰富，及时跟进报道中国社会、政治新闻和动态，并时时发表评论性文章，对于这一时期的社会变革起了重要的推动作用。

一、以《新闻》专栏彰显中国社会的危与机

对于中国社会的记录，始于《察世俗每月统记传》，其《新闻篇》专栏记录中国社会新闻，如1819年登载的四则消息：一、直隶省之寨河水涨成灾；二、南掌国有使臣到中国；三、皇帝往满洲时坠马未伤；四、陕西省西安府南郑县民人张守善因父奸其妻杀死伊父一案。这些消息内容详略有别，"第一则占七行，第二则四行，第三则仅一行，第四则多达十五行，占半页又一行。四则虽长短不一，但何人、何时、何地、如何等新闻要素，均已包含在内"。②《东西洋考每月统记传》新闻栏目记载中国的情况明显增多，如《广东省城医院》一文介绍西医院就诊情况，"每日接杂病人及各项病效，且赖耶稣之宠祐，医病效验焉。有盲者来，多人复见；连染痼疾得医矣。四方之人常院内挤拥，好不闹热。医生温和慈心，不忍坐视颠危，而不持不扶也。贵贱、男女、老幼、诸品会聚得痊"。③ 又如介绍当时中国三篇同名为《奏为鸦片》的奏章，分别是：太常寺卿许乃济于道光十六年（1836）四月二十九日所奏、内阁学士兼礼部侍郎所奏、兵科给事中许球的奏折，其内容均是对鸦片问题发表自己的观点。

《遐迩贯珍》对社会新闻的记载，辟有《近日杂报》专栏，篇幅较之

---

① 杨孝荣：《传播社会学》，台北商务印书馆1979年版，第439页。
② 苏精：《马礼逊与中文印刷出版》，（台北）学生书局有限公司2000年版，第168页。
③ 《广东省城医院》，《东西洋考每月统记传》道光乙未年六月号，1825年。

鸦片战争前的中文期刊大为增加，其内容涉及中国国内的政治、军事、经济和文化等方面。例如，对于太平天国、小刀会及其他会党起义的大量报道，较当时清朝官方记载要客观、真实得多。《佛兰西公使赴天京记》一文记载法国公使在南京的动向，"城中易贸虽疏，而民众兴盛，间阎各家门户洞开……市井安恬，极有规矩约束……官与兵皆一体平等，无轻重异视……凡城中妇女皆分地别居……男女不得聚处往来"，① 这就推翻了清方官书中诬陷太平军血洗南京城、奸淫妇女的不实之词。清朝官兵则相对干了不少坏事，"官兵纪律荡然，散游城厢乡落，欺扰良善，攘夺资财，淫其妇而杀其夫，奸其女而戕其族，种种惨祸，缕述难详"。② 又如对当时战乱下上海、福州等东南沿海地区的社会变迁进行报道，叙述上海本土贸易和洋货生意盛衰间转变："上海洋货生意甚盛，洋船约五十号停泊海面，中国经纪客商，乘轿往来于番人驻扎之处，纷纭不绝，体貌丰肥，衣冠华美，日厌膏粱之味。而城中之人，多有菜色也。本土贸易，多因兵戈扰乱，迁往宁波、镇海两城，是以贸易艚船，云泊彼所。"③ 而战乱下的广东民众，一方面是"粤东省垣，街坊众户，金捐银九十万两，为经费之用，团练丁壮，保护地方"；另一方面是迁移避难，"省垣各富室，畏乱先徙，多挈眷附本港常行载运贸易之火轮船，赴本港及澳门寄寓。有一火船载至六百余人者，多妇女幼稚，亦有用中土快艇载人，以缆系于火船以行者，各船价水脚涌贵，闻一中土客赁一火船载眷，价至一千二百余元"。④

《六合丛谈》大体上与《遐迩贯珍》相似，设有《泰西近事述略》《粤省近事述略》《印度近事》《粤东近事》《南洋近事》《澳大利近事》《中华近事》《缅甸近事》《金陵近事》等。新闻报道中尽管以欧洲新闻居多，中国新闻相对较少，但中国方面多为时政要闻，如《金陵近事》记载

---

① 《近日杂报》，《遐迩贯珍》1854 年第二号，1854 年 1 月。载松浦章等编著《遐迩贯珍（附解题·索引）》，上海辞书出版社 2005 年版，第 663 页。

② 《近日杂报》，《遐迩贯珍》1853 年第五号，1853 年 12 月。载松浦章等编著《遐迩贯珍（附解题·索引）》，上海辞书出版社 2005 年版，第 677 页。

③ 《近日杂报》，《遐迩贯珍》1854 年第十二号，1854 年 7 月。载松浦章等编著《遐迩贯珍（附解题·索引）》，上海辞书出版社 2005 年版，第 586 页。

④ 《近日杂报》，《遐迩贯珍》1854 年第八号，1854 年 8 月。载松浦章等编著《遐迩贯珍（附解题·索引）》，上海辞书出版社 2005 年版，第 622 页。

了太平天国的天京事变。《粤省近事述略》是有关"亚罗号事件"和事件发生后英方和粤督叶名琛进行交涉情况的报道，"迩来有粤东之变，传闻者不一词，兹特据述颠末，无使浮言胥动焉。……九月十日，划艇亚罗张英国旗帜，泊于粤江，船主故英人，舟子皆华民也，猝有武弁率众至艇，尽执舟子十二人至城，扯落英旂。……二十四日，叶督遣还十二人于巴领事署，巴不之受，曰：当仍还于原船，不然，则水师将任其责，与贵国从事焉。书往。叶置不问，二十六日，西军门攻毁黄埔沿河炮台"。①

戊戌时期维新人士创办的中文期刊或未设新闻栏目，如《新学报》；或是追随之前传教士期刊的轨迹，如《时务报》设有《京外近事》和《域外报译》，自第二期又分为《西文报译》和《路透电音》。《知新报》初设《论说》《上谕》《京外近事》《美国》《法国》《英国》《德国》《日本》《俄国》《西班牙》《希腊》《农事》《工事》《商事》《矿事》《路透电讯摘录》等栏目，后《京外近事》逐步调整为《京师新闻》《中外交涉新闻》《各省新闻》《广东福建新闻》；《美国》《法国》等栏目逐步调整为《亚洲近事》《欧洲近事》《美洲近事》《非洲近事》，后又综合为《外洋各埠新闻》《各国新闻》等。《无锡白话报》的《新闻》栏目有《五大洲邮电杂录》《中外纪闻》《无锡新闻》等。此时的国内新闻报道，多是介绍与维新变法相关的时政或科技新闻。譬如，《时务报》创刊号《京外近事》有三则标题新闻：《都城官书局开设缘由》《中国议办商务局缘由》《广西开办铁路》，而其对国内新闻的介绍更多是采取译载外报报道形式，如译自日文的有《论中国去年贸易》《杭州蚕茧抽税事》《中国及俄法英关系》《中国梧州府情形》等；译自英文有《论上海缫丝厂》《论孙逸仙事》《中国聘水师教习》《中国借款》《中国缅甸暹罗通商铁路》《梧州通商》等。《知新报》则相当密集地报道了 1897 年至 1900 年的国内政治事件，如《德国强占胶州湾》《俄国强占旅顺和大连》《法国强占广州湾》《英国强占九龙》《戊戌百日维新》《光绪被软禁及所谓立储事件》《义和团运动》《八国联军的肆虐华北》。由于地处澳门，远离京城，《知新报》的言论尺

①　沈国威编著：《〈六合丛谈〉（附解题索引）》，上海辞书出版社 2006 年版，第 531—533 页。

度相对较大，"多载京师各省近事，为《时务报》所不敢言者"。①

　　庚子事变后国人创办的中文期刊，多有《新闻》栏目，但其名称却不尽相同：《政艺通报》设有《内政通纪》《外政通纪》和《要电汇录》等栏目；《游学译编》设有《时事》《中外近事》《海外琐闻》等栏目；《湖北学生界》设有《国闻》《外事》等栏目；《夏声》有《时事丛录》栏目，下分《列强时局一览》和《内国新闻志要》两部分，《列强时局一览》主要报道欧美列强和周边国家的时政要闻，而《内国新闻志要》主要报道国内政界、学界、实业界、军事界、经济界、交涉界、路矿界、民事界的最新进展；《关陇》和《教育杂志》设有《记事》栏目，下分《本省之部》《内国之部》《外国之部》等；《安徽白话报》设有《要闻》栏目，下分《本省要闻》《各省要闻》《外国要闻》；《小说时报》设有《各国时事》《各国时闻》等栏目；《广东地方自治研究录》和《译书汇编》设有《杂报》栏目；等等。这些新闻或是编译刊载与中国有关的各国时局文章，如《游学译编》译载日本对华侵略政策动向，即《新定统治西藏制度》《满洲撤兵后之行政制度》《对清政策》《支那灭亡之风潮》等文，这些文章提醒国人加强对日本的警惕，激励起"救亡图存"的决心；或是登载国内新闻和地方新闻，记录中国社会热点，如《湖北学生界》第四期《国闻》栏目刊登《满洲撤兵之不实》《俄国之要求条件》《日英协同警告》《清国政府之情形》《上海有志家之建议》《京师大学堂学生之义愤》《俄国第二次之密约》等新闻，揭露沙俄侵略东北三省的罪行，报道上海、北京等地学生的拒俄运动。

二、以时事评论引导社会舆论

　　《察世俗每月统记传》很多文章都涉及中国现实问题，个别还具有新闻时效性，譬如《新年元旦默想》一文批评当地中国人对菩萨的迷信，以及正月里的浪费现象。又如，报道马六甲地区出现的华人祭祀痘娘娘活动，揭露这是一种骗人的把戏，认为当中使用了麻药，"你们看此篇书者，不可给人骗你，盖实在未有什么神降下在那里。……那钩着之人与那两个

---

① 上海图书馆编：《汪康年师友书札》（二），上海古籍出版社1987年版，第1846页。

狂作之人，俱有食颠茄与别种迷人之药所以致如此也"。到《东西洋考每月统记传》，其时事评论的色彩更为明显，"除了时效性较差之外，《东西洋考》上的一些言论与现代报刊评论已十分接近"。① 郭实腊在《东西洋考每月统记传》开辟评论栏目《论》，经常发表一些关于中国社会问题的言论，如 1833 年 11 月《论》探讨赌博的害处，提出以道德乃至信奉基督来摒弃这一恶习，"赌场之会，莫不害民人国家，但因此小人囚窜隅四方，故难防范刑罚，必以亲罪之报报之，亦贫下流，衣食俱无，亲戚朋友唾骂，令该人耻报无地。呜呼，其刑罚极严焉，惟上帝之报恶，不比人之耻笑"；同时在一些介绍新闻或其他新知的文章中，亦往往掺杂着评论，甚至有时直接议论中国时政，如对许乃济整治鸦片主张附上编者的意见："余看此自觉鸦片流弊之恶，不可尽言。称之药材，呜呼！远哉其谬矣。鸦片乃毒而已矣。食之者与自尽自刎者不异矣。故塞其流，锄根除源，是我所当为。禁令既不绝之，章程既不断之，必寻他方法，以尽绝根株"。②

19 世纪 50 年代，国人撰写的新闻评论性文章亦开始出现在中文期刊上，如《赌博为害本港自当严禁论》刊载在《遐迩贯珍》上，该文针对香港当局准备放宽毒禁、明设赌场一事，发表自己的意见，指出"赌乃盗之源，四民好赌，则必坏品。侥幸之心生，廉耻之道丧。赢钱则花销嫖饮，输钱则鼠窃狗偷"，如果当局允许开设赌场，是为"贪小而失大。"又如韩应陛《用强说》和王韬《反用强说》则登载在《六合丛谈》上。这一时期的新闻评论发展比较迟缓，影响亦有限，尽管如此，第二次鸦片战争后言论方面的变化已初露端倪："内容上干预中国朝政和社会生活的成分明显增多，而且立场态度十分坦率，不须遮掩；形式上由于中国人的参与而改变了战前那种不伦不类的怪模样，穿上了合身的中国传统文体的外衣，以更适合中国读者的面目出现在报刊上。"③ 19 世纪 60 年代至 70 年代，中文期刊的时事评论似乎没有多大变化，直到《万国公报》的出现，才有较大改观。《万国公报》早期发表大量评论中国时局的政论文章，积极鼓吹

---

① 曾建雄：《中国新闻评论发展史》（近代部分），广西师范大学出版社 1996 年版，第 19 页。
② ［德］郭实腊：《气舟》，《东西洋考每月统记传》道光丁酉年四月号，1837 年。
③ 曾建雄：《中国新闻评论发展史》（近代部分），广西师范大学出版社 1996 年版，第 24 页。

变法自强。如《中西时势论》一文对比中西时势后指出："我中国幅员之广，生齿之繁，声名文物已就著于寰区。智力才思不多让于西国，何国运多艰，一至于斯乎?……一旦变通旧章，酌用西法，因西国古昔之经营，资我朝今日之去取。以我所短，则彼所长。以彼所长，补我所短，则倚伏乘除之枢纽，兴衰隆替之权衡已可操今日之左券矣。安难复一代之中兴乎?"① 1889年复刊后，《万国公报》更是声称："本报之内容，依杂志体例以发表惟一之政论时评学说为主，而介绍世界新事新物为辅，其尤重者务求识力独到，足为中国前途之方针。"②《万国公报》出版后，获得了中国士人的认可，并成为中国维新变法运动的重要推动力量，"康有为之公车上书，提出'富国之法，养民之法，与教民之法。'可说是《万国公报》之翻版"。③

到戊戌变法时，维新人士创办的各种期刊纷纷将"政论"作为其核心特色。张之洞《劝学篇》形容当时的情形说："乙未以后，志士文人创开报馆，广译洋报，参以博议，始于沪上，流衍于各省，内政外事学术皆有焉。虽论说纯驳不一，要以扩见闻，长志气，涤怀安之鸩毒，破扪籥之瞀论。于是一孔之士，山泽之农，始知有神州；筐箧之吏，烟雾之儒，始知有时局。不可谓非有志四方之男子学问之一助也。"在这些期刊中，《时务报》政论最具特色，亦最具社会影响力。戊戌变法前期，《时务报》的论说，以"时务"为要义，内容多针砭时弊，大谈政治，起到了舆论动员和中外沟通的作用。如梁启超《变法通议》论述变法的合理性和必要性，向清廷发出了"变则全，不变则亡"的严重警告。该文刊登后，一时风行海内，销行甚畅，时人称，"此报名贵已极，读书人无不喜阅"，"谓识文兼具"，④ 又或谓："忽见《时务报》册，心气舒豁，顿为之喜……日起有功，必能渐开风气，增光上国。"⑤ 到百日维新时期，《时务报》虽更名为《昌言报》，但仍成功地制造了以变法自强为核心的社会舆论。"《时务报》

① 岭南望士：《中西时势论》，《万国公报》第三六一卷，1875 年 10 月。
② 《〈万国公报〉特别广告》，《万国公报》第二○五册，1906 年 1 月。
③ 李瞻等：《林乐知与万国公报：中国现代化运动之根源》，台北市新闻记者公会 1977 年版，第 25 页。
④ 上海图书馆编：《汪康年师友书札》(三)，上海古籍出版社 1986 年版，第 2658—2659 页。
⑤ 上海图书馆编：《汪康年师友书札》(二)，上海古籍出版社 1986 年版，第 1983 页。

的受众通过反复接触传播者制造的以变法自强为核心的传播内容，再融合、过滤自己原先的意见或主张，进而形成一种与传播者思想相近的共识。社会舆论就是受众普遍形成的一种共识，《时务报》受众对其传播内容的认同在《汪康年师友书札》中几乎俯拾皆是。变法维新的社会舆论的形成，不仅是'百日维新'得以推行的历史前提，且是促成'百日维新'的因素之一。"①

20世纪初，政治力量逐渐分化，出现了革命派、立宪派，以及更多倾向于革命的青年学子。他们创办的期刊，由于各自的政治立场、办刊经历等方面的差异，其政论特色及社会影响也不尽相同。譬如梁启超创办的《时务报》《新民丛报》等刊物，以"宣传为业"，批判中国传统文化，开启民智。在当时影响甚大，如黄遵宪评价《新民丛报》说："《清议报》胜《时务报》远矣，今之《新民丛报》又胜《清议报》百倍矣。惊心动魄，一字千金，人人笔下所无，却为人人意中所有，虽铁石人亦应感动，从古至今文字之力之大，无过于此者矣。"严复在给熊纯如的信中说："往者杭州蒋观云尝谓：梁任公笔下大有魔力，而实有左右社会之能，故言破坏则人人以破坏为天经。倡暗杀则党党以暗杀为地义。溯自甲午东事败坏之后，梁所主任之《时务报》，戊戌政变后之《清议报》《新民丛报》及最后之《国风报》，何一非与清政府为难者乎？指为穷凶极恶，不可一日复容存立，于是头脑简单之少年，醉心民约之洋学生，至于自命时髦之旧官僚，乃群起而为汤武顺天应人之事。"而革命派期刊及倾向于革命立场的多数留日学生期刊，其政论言论则笔锋犀利，思想激进，观点鲜明，批判比较彻底，故直接推动了国内外民主革命思想的传播：

在日本，在这些刊物出版以前，几万华侨当中，"附和排满革命之说者，得百数十人"，刊物出版以后不到两三年，形势顿然改观，不言革命的人反而成为少数。在国内，这些刊物经过革命党人的秘密输送散发，在青年学生和会党中都曾经广为流传。《浙江潮》被送到湖南长沙周南女校以后，经徐特立、朱剑凡等教师一宣传，"革命思

①　闾小波：《政论报刊的崛起与社会变革的突进——对〈时务报〉的个案研究》，《南京大学学报》（哲学·人文·社会科学）1994年第3期。

想的浪潮即刻就泛滥起来，冲动了整个学校。"传到会党手中的那一部分，也对他们的反清起义斗争起了很大的推动作用。①

三、以广告反映近代社会生活

《察世俗每月统记传》就已出现《立义馆告帖》的广告。但这则广告为招生信息，并未涉及中国社会情况的介绍。《东西洋考每月统记传》开辟市价篇，不时刊载广州的中外贸易消息和中外贸易进出口货物的价表，《入口的货》栏中，列有蜜蜡、冰片、牛黄、燕窝等洋货每"斛"价若干元，海参、槟榔、丁香、洋蜡、铜、铁、黑铅、白铅、黄旗钢、马口铁、乳香、木香、苏合油、檀香、鱼翅、硝、洋米、胡椒、洋参、象牙、火石等洋货每"担"价若干元，狐狸皮、獭皮、貉皮等每"张"价若干元，花布、洋布等每"疋"（匹）价若干元，等等。《出口的货》栏中，列有白矾、樟脑、八角、桂皮、藤黄、石黄、大黄、胡丝、土丝、冰花、大茶、白毫茶、拣焙茶、工夫茶、小种茶、安溪小种茶、熙春茶、雨前茶、屯溪茶、珠兰、上香茶、皮茶等每"担"价若干元，等等。这些记载不仅反映了广州商业贸易的商品种类，并且显示了商品价格变迁情况。如洋布，在19世纪初期是奢侈品，价格高昂，但到1834年，因进口的洋布多了，价格大为下跌，"花布，长二十八码，每匹二元半至四元半；洋布，长四十码，每匹三元至五元；上幼洋布，每匹长四十码，四元至五元"。②

《遐迩贯珍》1855年设立《布告篇》，共发行12期，每期《布告篇》篇幅3页或4页，条目7到10条不等。《布告篇》刊载条目共104条，除去"论遐迩贯珍表白事款编"4条、"洋货时价"12条、"本地货时价"12条，真正的广告共计76条。对于广告的作用，奚礼尔在《〈遐迩贯珍〉小记》中指出："西方之国狙卖招贴，商客及贸丝等，皆籍此而白其货物于众，是以尽沾其益，苟中华能效此法，其获益必矣。"③ 在这些广告中，轮船招客广告共37条、商行广告14条、医药广告14条、书院广告8条、

---

① 方汉奇：《中国近代报刊史》，山西人民出版社2012年版，第201页。

② 《市价篇》，《东西洋考每月统记传》道光甲午四月号，1834年。

③ 《〈遐迩贯珍〉小记》，《遐迩贯珍》第十二期，1854年12月。载松浦章等编著《遐迩贯珍（附解题·索引）》，上海辞书出版社2005年版，第593页。

其他 3 条。奚礼尔对广告编辑采取了新策略，使得广告的社会效应显著扩大，如对 1855 年香港米价风波的报道："兹将各商呈文并大宪批语，详录于左"，香港米商的陈情书《各商红呈》与港府的回复、拟采取的措施《大宪批语》编排在同一个版面，同时加以后续报道："自宪批发后，南北皆有船，陆续载米而来……故此本港米价日渐低减，诚可喜也"。用组合方式展示各方立场与诉求与事件的后续发展，使民众对事件内容了解更加全面、深入，从而更为有效地引导了社会舆论。

　　《六合丛谈》延续了《东西洋考每月统记传》和《遐迩贯珍》记载货价的传统，刊登进口货单、出口货单，同时增设了"水脚单"（运费）、"银票单"（货币兑换行情），其原意在于国人以此获知商业信息，更好地消费商品。尤值一提的是《六合丛谈》开辟了《新出书籍》栏目，介绍海外图书报刊出版动态，以引导世人关注社会动向："窃谓中国微有所不足者，在囿于见闻，有美不彰，苟且自域，宣播无从。偶有一书出，传之不远，不能遍告同人，使之不胫而走，迟之数月，或数年，尚无有知其名，遇而闻之者，甚者，庋之于高阁，有辜作者之盛意。西国苟著新书，人必争售，一月间家置一编，此新出书籍之目，所以每月必书也。"① 《新出书籍》栏目登载的图书广告，如介绍西医书籍，以期改善国人医疗方式，"《西医略论》……辨证制药之方，靡不赅备，理取真实，词务浅显，说所不能尽者，助之以图，计为论数十，为图四百余，其详为外症者，因外症易见，可使华人照方施治也。此真为世间有用之书，与《全体新论》相辅而行可也"。② 又如刊载宗教书籍广告，以期引导国人信奉新教，"旧刻《福音要言》一书，系闽人冯葆初所著，单词片语，直举其要，可谓简而不繁。麦都思先生重加删订，于圣书中微言奥旨，抉摘出之，推而广焉，学者览之，会心应不远矣"。③

---

① 《小引》，沈国威编著《〈六合丛谈〉（附解题索引）》，上海辞书出版社 2006 年版，第 732 页。

② 《新出书籍》，沈国威编著《〈六合丛谈〉（附解题索引）》，上海辞书出版社 2006 年版，第 703—704 页。

③ 《新出书籍》，沈国威编著《〈六合丛谈〉（附解题索引）》，上海辞书出版社 2006 年版，第 675—676 页。

随着商业报刊的兴起，19 世纪八九十年代国人自办中文期刊刊载的广告在内容上发生了一些值得注意的新变化，即日常商品或医疗用品的比重有所减少，而文化类的广告刊登则明显增多，种类更为丰富，出现了图书、期刊、书馆等方面的广告。譬如《经世报》第一册《代登告白》仅有两个广告，一是为《实学斋文编》做广告，"是编为杭郡诸生讲求时务之作，由林迪臣太守选定发刊，每季一册，仿格致汇编例也，定价每册一角二分，不折不扣，冱买二十册以上每册一角，有欲购者至本馆账房及省城各书肆面订可也。"二是为《春在堂全书》做广告，"是书为德清俞荫甫先生作，以说经说子为大宗，而诗文笔札丽焉，原书卷帙繁重，不便舟车，门下诸子以石印法装成三十二册，每部码银八圆，除竹简斋主人自行发售外，余并在浙江省城青云街戴文锦绸庄寄售，有欲得是书者，请到庄议价可也。"又如，《时务报》曾为梁启超《西学书目表附读西学书法》、译印西文地图公会、时务日报馆、英商瑞乐机器公司、务农会、湖南矿物分局做广告，其中《译印西文地图公会告白》称："本馆购求各种西文精图，在湘省设局，详细译绘共六百六十余幅，险要扼塞，莫不详载，定价八十一元，如购股票者只收回纸印费五十元，先收二十五元，第一次交亚洲北面图百幅，应续收股洋二十元，第二次出内地直省图二百六十幅，再收股洋五元，第三次出亚欧美阿澳各图三百零七幅，共为六百六十七幅，约三年告成，现又分设于上海石路之时务报馆，如欲购者请至馆看取样张可也。"① 这反映了当时中文期刊大多获得社会士绅的广泛支持和援助，不必以广告费用维系自身的经营，同时其广告内容亦昭示了维新时期刊物多为同人刊物，其目的在于绍介新知、启蒙民智，以推动变法。

20 世纪初，国人创办中文期刊登载的图书广告和期刊广告日益增多，这一方面是因为这些刊物多带有革命色彩，被清政府禁运和扣押，不易获得社会人士的资金资助，需要通过广告筹集资金；同时亦因其创办地多在租界或是日本等地，中国内地人士不易获知相关最新信息，需要广告来绍介海外新知或中文书报出版发行情况。譬如《新民丛报》的书报广告以绍介社会科学内容为主。这些著述多是介绍国内外时局，激发国人对政治革

① 《译印西文地图公会告白》，《时务报》第三册，1896 年 8 月。

新的渴望，进而探求救国救民的方案，如广智书局出版的麦鼎华所译日本柴四郎著《埃及近世史》一书，在 1902 年《新民丛报》第一号刊登的广告词中写道："埃及为世界文明开化最古之邦，今几不国矣。观其近世国权所以外流，实有足令吾华人猛省者"，"凡我国民当人置一册以作前车之鉴"。接着，该刊第六号又在《绍介新著》专栏对这部书做了重点推介，并指出："史也者，诚养国民精神之要务哉！埃及与中国最相类者也，其古代之文明相类，其近世之积弱而中兴、中兴而复积弱相类。……故欲鉴中国之前途，不可不读埃及史。"而留日学生所办期刊多为进步刊物，相互刊登同人刊物广告，以求声气相应，并希望引起读者的关注。譬如《夏声》除《陕西第一牧场广告》《震旦公学招生广告》和《汉英新字典》外，其余多为对进步刊物的宣传，如有《四川》《国报》《粤西》《中国新女界》《晋乘》《云南杂志》《关陇》《学海》《江西》《东亚月报》《河南》《学艺》《法政学报》《滇话报》《武学》《民呼日报》《西北机关白话报》等期刊的广告；而《云南杂志》除了本社出版书报广告外，还为《河南》《粤西》《四川》《江西》《晋乘》《夏声》《二十世纪之中国女子》《中国新女界杂志》《武学》《法政杂志》《新译界》《学海》《民呼日报》和《日华新报》等报刊做广告推介。这些刊物的广告内容大致相同，如对《四川》的介绍，《云南杂志》和《夏声》刊登的广告完全相同：

> 登岷峩之巅以瞩中国西南半壁，六诏危，两藏急，蜀之形势险殆极矣。而地属边陲，民智锢蔽，釜鱼幕燕，其乐方酣。本社同志虑焉伤之，爰组织斯报，以饷邦人。其主义在输入世界文明，研究地方自治，经营藏卫领土，开拓路矿利源。就此等问题，切实发挥，和平鼓吹，使我蜀国同胞起作神州砥柱。①

四、以联通读者的方式集聚社会变革力量

期刊作为社会变革的推动力量，主要体现在作者群体和读者群体的培育以及传播渠道的拓展。

以《时务报》为例，该刊先后开设"时务报馆文编""时务报馆译

---

① 《四川杂志广告》，《云南杂志》第十二号，1908 年 2 月。

编", 面向读者征集各种稿件, 加以遴选, 不定期刊载读者来稿。对于读者来稿, 《时务报》的采用标准是 "以发明政法及切近今日事情为主"。消息一经传出, 很快收到来自各个方面读者的投稿。据统计, 《汪康年师友书札》所保留的来函, 就有十函是投稿, 或参加时务课艺的。① 如在南洋公学东文普通学校读书的樊炳清、曾在上海格致书院读书的朱正元等, 都给汪康年写信, 寄过自己的文稿。此外, 储桂山还把自己编辑的《皇朝经世文续新编》, 寄给时务报馆代为出版。这种编者征稿和读者投稿的期刊内容生产机制, 一方面延续了中国传统士大夫 "据有议论并以议论为天职的传统"; 另一方面又 "前所未有地别开一种立说的空间, 使产生于这个群体的议论一经变为报章文字便可周行而四达, 引出交流、交汇、共鸣、回响"。②

在沟通读者方面, 白话报刊的许多做法值得深入研究。如前所述, 晚清时期的白话报刊创办者, 大多怀着 "一片醒世的婆心, 开通民智的妄想", 为的是 "要使全国的人, 个个尽明白事理, 个个尽痛改从前恶俗, 个个都晓得爱我们的祖国", "要希望列位能够实行本报的话……把那从前种种无益的举动, 什么拜佛哪、求神哪、缠足哪, 还有种种的迷信, 都一概改去, 重新做一个完完全全的人, 做一个完完全全的国民, 大家齐来造一个完完全全的祖国",③ 非常清楚地表达了他们的启蒙立场。

在晚清大众传媒的传播过程中, 有一个不容忽视的知识群体, 那就是青年学生。在白话报刊的传播渠道中, 学生的中介作用尤著。由于中介读者层的存在, 形成了间接传播或二次传播, 使得视与听两种传播渠道分途, 进而催生了大量的阅报讲报处所, 最终改变白话报刊的读者构成, 一定程度上拓展了白话报刊的传播范围。

学生阅读报刊的途径, 一是学堂设立阅报处, 如杭州武备学堂曾设立分送白话报社; 求是书院学生也曾设立一个分送白话报社, 每月购买几百份《杭州白话报》, 依照分送善书章程, 各处去广为分送。④ 二是有选择地分别自购书报, 然后互相交换。江西高等学堂学生要求总办增置书报, 遭

---

①　章清:《清季民国时期的思想界》(上册), 社会科学文献出版社 2014 年版, 第 91 页。
②　杨国强:《晚清的士人与世相》, 生活·读书·新知三联书店 2008 年版, 第 197 页。
③　《本报之大纪念》,《竞业旬报》第二十九期。
④　《中外新闻》,《杭州白话报》第二十期, 1901 年 12 月 25 日。

到拒绝后，遂捐款 3000 元派人到上海订购各种新书报。1903 年拒俄运动
进入高潮之后，一批宣传排满革命的书刊在国内流传开来，到 1904 年更加
风行，仅湖南一地就有数十种之多，不仅书肆大量销售，而且有人暗中
赠送。

　　学生们不仅大量阅读新式书报，而且积极利用大众传播工具。不少人
还在求学时代，就已成为报刊的热心作者。为了开通下层，他们十分注重
应用白话文，认为"今日变法，以开民智为先，开民智莫若文言革命"。①
由他们主编或参与编辑的一批白话报刊，如《江西白话报》《湖南演说通
俗报》《中国白话报》《杭州白话报》等都获得一定的社会关注。学生参
与编辑白话报刊的典范，当属《竞业旬报》。1906 年夏天，15 岁的胡适考
入新成立的上海中国公学。胡适的室友钟文恢等人组织了一个竞业学会，
钟文恢是会长，便介绍胡适入会，劝他为竞业学会的机关报《竞业旬报》
写白话文章。于是，在旬报的第一期上，便登出了胡适生平第一篇白话文
章——《地理学》，署名"期自胜生"。从此，他成了《竞业旬报》的作
者。1908 年 7 月，胡适由投稿的作者，变成了刊物的编者和记者，旬报从
第二十四期开始归他编辑，同时还兼作记者和翻译，采写时闻和时评。成
名后的胡适，每每提到这段经历，依然充满自豪："从第二十四期到第
三十八期，我做了不少的文字，有时候全期的文字，从论说到新闻差不多
都是我做的。"② 作为由青年学生参与的白话报刊，《竞业旬报》在洗涤陈
腐观念、改变旧的思维行为方式方面尤著特色，全部 41 期所发的 83 篇社
说中，鼓吹改良社会、增进道德的占 38 篇，占总数的 45.8%，其他有关
时政的 17 篇、教育的 11 篇、爱国主义的 8 篇、资产阶级政治学说的 6 篇、
实业的 3 篇，分别占总数的 20.5%、13.2%、9.6%、7.2%、3.7%。其
创刊号刊载的《发刊词》《凡例》以及《竞业学会公致同胞书》，都强调
开通民智，增进普通人民的知识，"养成高尚人格"，真正树立国民形象，
以生存于竞争的世界。该刊还通过对懒惰、苟安、偏私、推诿、涣散等各
种恶习的批判，深入揭露宗法专制是造成民族劣根性的万恶之源，希望以

① 《直隶学务处呈复核议官话字母请实力推行文并批》，《湖南官报》第八四二号。
② 胡适：《四十自述》，华文出版社 2013 年版，第 85 页。

批判为更新开辟道路。

不过，像胡适这样的青年学生参与主办白话报刊的例子并不多见，更多的青年学生通过在实际运动中的言传身教，把白话报刊的思想内容传导给民众，把启蒙的目标从纸上落实到行动中，使群众性的爱国运动由可能变为现实。他们特别注意对下层群众的宣传发动，采取各种通俗易懂、为民众喜闻乐见的形式，除演说、传单、标语、报刊外，还"拟刊送图画，编就俚语，发帖通衢，或饬瞽者歌唱（俗名唱新闻），或嘱讲书之人演说（俗名讲武书）"。他们还主动承担发行义务，成为沟通城乡的桥梁、传播文明的媒介和移风易俗的先驱。他们有意识地采集各种新学书刊送往乡间，《中国白话报》发刊后，湖南学生集资订购数百份，"分送其乡人"。[①]安徽大学堂学生则每人订购一份《安徽俗话报》，寄归乡里。于是，《启蒙画报》等书报成了乡野蒙童的课外读物，向他们展现了新知识的崭新天地。

对于不识字或粗通文字的下层社会民众，通过说讲等形式间接传播各种知识，成为实现启蒙目标的重要途径。因为，白话报刊的内容只有通过面对下层社会说话的演说、宣讲和讲报等方式，间接传播，才能与下层社会更有效地沟通，达致其所期待的启蒙效果。

演说要求将日常谈话语言提升为较为系统的演说语言，而个人的才识毕竟有限，于是，能够直接为演说利用的就是当时已蔚然成风的白话报。[②]刘师培就认为："中国自近世以来，演说之风虽渐发达，然各省方言参差不一，方隅既隔，解语实难；且演说之设仅可收效于一乡，难以推行及远，是演说之用有时而穷。若白话报之设虽与演说差殊，然收效则一。以通俗之文助觉民之用，上至卿士下至齐民，凡世之稍识字者皆可以家置一编，而觉世之力愈广矣。"[③]与深奥的文言相比，白话报刊的口语化表达，更适合面向公众的演讲。事实上，晚清一些白话报刊的创办，其根本目的也在于以之作为演说之资。如上海竞业学会主办的《竞业旬报》，主要是

① 《中国白话报广告》，《警钟日报》1904 年 4 月 8 日。
② 杜新艳：《白话与模拟口语写作——大公报附张敝帚千金语言研究》，见夏晓虹等《文学语言与文章体式》，安徽教育出版社 2006 年版，第 383 页。
③ 刘师培：《论白话报与中国前途之关系》，《警钟日报》1904 年 4 月 25 日。

"以备各处宣讲演说及各蒙小学堂披览之需";① 山西巡抚恩铭"为牖民聪、开通文化起见",特饬晋报馆编辑出版白话报,"注重演说","并通饬各州县慎选品行端正、热心进化之士绅,随时随地,认真演说"。② 天津北洋官报局增编的白话报,随同官报分发给各州县,不另收价,"以为宣讲之资"。③

与此同时,白话报刊在一定程度上也需要演说为之扩大受众。普通民众知识水平普遍低下,限制了白话报刊的传播范围,不得不借助演说这一速效而贴近民众的方式间接传播。白话报刊的主笔者很清楚演说之于白话报刊的意义,在行文中也常常流露这样的期待:"我们作报的人,不自量力,弄一支秃笔,东涂西抹,挖苦刻薄,无非是为了唤醒人的大梦。众位看了这《敝帚千金》,若是觉得有点意思,求你大发热心,把这个意思,尽力地向那不识字的人,说说讲讲"。④ 实际上,白话报刊写作与白话演说同属口语表达方式,传播的媒介有声音或纸张的不同,但是其诉求对象却是一致的,即知识水平较低的大众。并且,传统文化中说唱形式影响很大,人们很容易默认演说与白话报刊的关系近似"说话"与话本的关系,因而认为白话报刊与演说是一体两用:"写这些白话文的人,显然是把白话和传统说书之类的通俗文字一体看待。白话文就好像说书演唱者的底本和唱本,可以用作表演讲说的底稿。"⑤

正因为白话与演说之间的这种依存关系,"以通俗之文助觉民之用","以白话(报)济文字之穷,以演说助白话(报)之力",⑥ 就成为白话报刊扩大受众的传播策略。1905 年前后,许多开明人士设立阅报社,个人出资或集资订购各种报刊,无偿供外界借阅,使经济负担能力差的普通民众有了接触报刊的机会。1906 年,从前"都中无肯阅报者"的北京城就设了

①　《教育·各省报界汇志》,《东方杂志》第三卷第十一期。
②　《教育·各省报业汇志》,《东方杂志》第四卷第七期。
③　《教育·各省报界汇志》,《东方杂志》第三卷第七期。
④　《白话报与国民大有关系》,《敝帚千金》第十五册,1905 年 10 月。
⑤　李孝悌:《清末的下层社会启蒙运动》,河北教育出版社 2001 年版,第 93—94 页。
⑥　《论政府宜利用报馆并推广白话演说》(《顺天时报》),转引自《东方杂志》第二卷第八期,1905 年 9 月 23 日。

26 处阅报社。① 考虑到下层民众受阅读报刊能力的限制，一些人又开设了讲报社，或在阅读书报社内附设讲解员，或由专人宣讲特定的内容。阅报社和讲报社很快就与演说、宣讲结合起来，形成了一股口头说讲的启蒙潮流。阅报讲报处所产生于戊戌变法时期，它是适应救亡的需要而开展的一种社会教育形式，如汉口的"阅报总会"备有国内的数十种报刊，并在《申报》上刊登广告，声称"阅看分文不取，到报风雨无阻"；② 南京的"阅报会"中各种报刊"应有尽有，以备有志维新者就近取阅"。③ 1901 年清政府宣布实行新政，兴学校、励游学、译西书、开报馆，由此出现了开办阅讲报处所、开展阅报讲报活动的热潮。1908 年以后，阅报讲报处所逐渐减少。据李斯颐统计，晚清十年间见诸记载的阅报讲报处所有二百二十多家。④ 仅以《东方杂志》1902 年至 1908 年有关报道统计，就有 15 个省的 102 处阅报讲报处所。这些阅报讲报社的资金来源有私人捐款、官方拨款、地方官捐廉、集资等形式。虽然报刊对上述阅报讲报处所停办时间的记录阙如，但从其资金来源不能得到保证、管理不善以及人员的流动性等因素来分析，维持时间都很短。

阅报讲报处所一般有开办章程和固定的工作人员和组织机构，所存报刊从几种到几十种不等。开设者包括不同阶层，有士绅、州县地方官员、商人、学堂教员、留学生、革命团体，甚至还有僧人创办的阅报社，但总体上以官吏和士绅阶层为主体，主要面向城乡普通群众，通过免费阅读或讲解报章传播朝廷新制政要、国内外大势、科学知识和社会改良措施，贯彻"开民智"的宗旨："凡要看报，必须得识字，不识字的人，还是不能开化。所以有人办理讲报处，专为不识字的打算。"⑤

一方面，官吏士绅开设阅报处，大多与官办报刊相辅相成的。开设阅报处与创办白话报刊是晚清一些官吏向下层群众宣讲政策的手段，他们一般先办白话报刊，再设立阅报处宣讲报纸内容。尤其是在预备立宪时期，

---

① 《京师阅报设调查表》，《大公报》1906 年 6 月 27 日。
② 《汉口阅报总会广告》，《申报》1898 年 9 月 15 日。
③ 《设阅报会》，《申报》1898 年 9 月 26 日。
④ 李斯颐：《清末 10 年阅报讲报活动评析》，《新闻研究资料》1990 年 7 月。
⑤ 《沿街讲报》，《京话日报》第四七六号"本京新闻"，1905 年 12 月 14 日。

官吏创办白话报刊与阅报处所的热情极其高涨。在直隶，"井陉县丁大令以实行自治全在报章宣讲，因拟试办自治机关白话报，编印分布"，直隶总督袁世凯对此十分支持，"批准通饬各属一律仿办，并饬奖自治机关白话报名目改为某县自治研究白话报，以符名实"。在山西，也"有讲演白话报之举，即附属于晋报，按期发行外府州县，各慎选热心士绅分执报章，在通衢随读随讲"，山西巡抚恩铭"竭力提倡，通饬各属一律遵办"。在河南，《河南白话演说报》由省抚"发由各州县派人宣讲"，地方"遵饬实行者甚多，如陕州、封邱等县请额外添寄十分，以资分派各乡镇绅董宣讲"；"陕州之陈太守则更于每月逢五逢十等日亲为择要督讲，并出示广劝四民往听"。①

另一方面，民办阅讲报处所，一般与白话报刊建立起来密切联系。如在浙江，"新城沈君止戈登组织阅报处一所，购报十余种，供人观览，并将杭州白话报逐月粘牌挂俾乡人识字者可阅看"。② 在北京，还"出了几位热心人：一位松俊三，一位文哲臣，一位刘瀛东"，"约了同志的人，创办阅报处。又制造木牌，沿街贴报"。③ 民办阅讲报处所的地点，多在公共场所设，藏书楼、图书馆、学堂、祠堂、巡警局、药铺、寺庙乃至自家"府第外院"，都成为阅报讲报之所。山东登州中学堂在学堂"左近并筑阅报室一所，藏书室一所"；④ 京师家住报房胡同的刘义新开设一家女学堂，每日午时"宣讲白话报"；⑤ 奉天虹螺县的蒋元甫设立"半日学堂一所，内附设劝学所，讲报处"。⑥ 京师"自西城首先开办，为各处倡"，以至于"某茶馆旁之药铺亦购白话报在内宣讲"；家住什坊街的"悦公"也在"府第外院购备各种报纸，组织一阅报处"，"以为社会进化之助"。⑦

至于革命派创设的阅讲报所，则别有深意，即以阅讲报所之名，行武

---

① 《教育·各省报界汇志》，《东方杂志》第四卷第三期。
② 《教育·各省报界汇志》，《东方杂志》第四年第七期。
③ 《山西白话演说报的祝词》，《京话日报》第三三三、三三四号"演说"，1905 年 7 月 23、24 日。
④ 《教育·各省报界汇志》，《东方杂志》第一卷第九期。
⑤ 《教育·各省报界汇志》，《东方杂志》第二年第十期。
⑥ 《教育·各省报界汇志》，《东方杂志》第三年第六期。
⑦ 《教育·各省报界汇志》，《东方杂志》第二年第九期。

装革命之事。这类阅讲报所数量不多，主要集中在南洋、华中、华南，如暹罗中华阅书报社、新加坡华侨中按方言划分的书报社①、武昌的科学补习所、福建桥南社、益闻社、江西易知社等组织的阅报社，林森、吴铁城在九江创办的浔阳阅书报社，暗中"鼓吹革命"。② 可见，革命派国内活动的重心在于组织武装斗争，他们的阅书报社主要是一种掩护。

无论政治立场及创办初衷如何，阅报讲报处所的设立及其造成的声势，将白话报刊受众的范围扩展到社会最下层。由于阅报讲报所面向下层民众和知识分子，创办和维持简便易行，不收购买报章的费用，易于被各色人等接受；对于那些生活困难的下层知识分子，甚至目不识丁的民众，更是免费了解知识的渠道，因而受到欢迎："阅报者联肩而至"，"往来之农工商贾，听讲者颇不乏人，观其环立旁听，大有闻所未闻"之状况。③ 尽管阅讲报处所的高潮随着清王朝的灭亡逐渐低落，但是它的深刻影响并未随之消失，它在中国历史上第一次将报刊与大量普通民众结合在一起，将传播的触角深入到社会最下层，间接推动了大众传媒贴近社会的进程。

综上所述，中文期刊作为近代兴起的新型大众传播媒介，全方位影响着晚清中国的历史进程，一方面作为开通民智、启导文明的重要工具，传播了新思想、新知识、新观念，推动了近代中国的社会启蒙；另一方面作为书生报国的重要途径，推动了晚清社会变革和争取民族独立的革命进程。蒋智由诗云："文字收工日，全球革命潮！"④ 恰当揭示了报刊在近代中国政治、经济发展和社会、文化变迁

图 12-2 胡适

---

① 赖光临：《中国近代报人与报业》（下册），（台北）正中书局1980年版，第437页。
② 徐咏平：《革命报人别记》，（台北）正中书局1973年版，第290—291页。
③ 《学务处添设阅报所》，《时报》1906年5月20日。
④ 冯自由：《革命逸史》，新星出版社2009年版，第481页。

中扮演的关键角色。而近代报刊提供的平台，也为青年知识分子提供了锻炼的机会，种下了五四新文化运动的因子。胡适回顾在《竞业旬报》既当作者，又当编辑，兼做记者的经历时说：

> 这几十期的《竞业旬报》，不但给了我一个发表思想和整理思想的机会，还给了我一年多作白话文的训练。……我不知道我那几十篇文字在当时有什么影响，但我知道这一年多的训练给了我自己绝大的好处。白话文从此成了我的一种工具。七八年之后，这件工具使我能够在中国文学革命的运动里做一个开路的工人。①

可见，亲身参与编辑新式报刊的经验，成为五四新文化运动的领袖人物蔡元培、陈独秀、胡适等人在青年时期的重要积累之一。因为有了早年的办刊经历，得到了从思考到表达、从内容到形式的训练，才使他们可能在新文化运动中起到核心引领作用。而晚清期刊在发展过程积累的许多有益经验，也"为新文化运动时期的期刊发展奠定了一个良好的基础"。②

---

① 欧阳哲生编：《胡适文集》（第一卷），北京大学出版社 1998 年版，第 85 页。
② 宋应离主编：《中国期刊发展史》，河南大学出版社 2000 年版，第 98 页。

后 记

　　值此书付梓之际，我们并未感到如释重负的轻松，反而愈发忐忑。因为呈现在读者面前的这本小书，恐怕与我们最初的设想和读者的期待都相距甚远。《中国期刊史》作为由中国期刊协会组织编撰的一部通史性著作，旨在全面、系统地反映中国期刊史研究的历史传统和最新成果。本书作为《中国期刊史》的第一卷，涵盖作为中国期刊史发端的晚清时期，这一时段的期刊史学内容丰富多彩，史料相当浩繁，研究成果层出不穷，一方面为我们的研究提供了诸多便利，另一方面也对本书的撰写提出了更高要求。在本书写作过程中，我们虽勉力为之，但总体来看，还是取诸前贤者多而自己创新者少。特别是由于本书撰写的时间跨度较大，随着新的史料和研究成果不断问世，我们的认识有了些许提高，但因书稿撰写体例和出版时限规约，许多内容未来得及调整完善，其中的科技期刊和期刊思想等部分内容还是比较单薄。此外，在史料的分析和引证、史实的梳理和叙述、章节设计、结构安排和内容详略的把握等方面，也有许多缺憾。这固然是由多重因素造成的，但归根结底还是我们用功不够、学养不足。对此，我们深感自愧，并诚恳地希望得到读者方家的有益教正。

　　本书由刘兰肖和温州医科大学叶建副教授共同撰写，其中刘兰肖撰写前言和第一、六、八、十二章及全书的统稿工作，叶建撰写第二、三、四、七、九、十、十一章及第五章第一、三节。第五章第二节以钱俊龙提供的资料为基础作了文字梳理。全书插图由段艳文提供。

　　《中国期刊史》的编撰工作聚集了我国出版史学界和出版业界众多

专家学者，组建了高层次的顾问团队和编委会，召开了多次编撰研讨会，为研究者提供了强大的学术保障，对本书的研究撰写给予了多方面的指导，提出了很多有价值的意见，使我们避免了许多方向性和原则性的错误。在此，谨向数年来对我们提供各种指导、支持和帮助的领导和专家学者，以及为本书出版付出智慧和心血的人民出版社的编辑同仁深表谢忱！

刘兰肖

2016 年 8 月 20 日

责任编辑：邵永忠　王　萍

封面设计：王红卫　赵　晖

责任校对：吕　飞

图书在版编目（CIP）数据

中国期刊史. 第一卷，1815—1911 / 石峰 主编；刘兰肖 著.
—北京：人民出版社，2017. 12
ISBN 978 - 7 - 01 - 017242 - 2

Ⅰ. ①中… Ⅱ. ①石… ②刘… Ⅲ. ①期刊—新闻事业史—中国—1815 -
1911　Ⅳ. ①G239. 29

中国版本图书馆 CIP 数据核字（2016）第 319607 号

中国期刊史　第一卷（1815—1911）

ZHONGGUO QIKANSHI

石　峰　主编　刘兰肖　著

人民出版社出版发行

（100706　北京市东城区隆福寺街 99 号）

北京墨阁印刷有限公司印刷　新华书店经销

2017 年 12 月第 1 版　2017 年 12 月北京第 1 次印刷

开本：710 毫米×1000 毫米 1/16　印张：30

字数：480 千字

ISBN 978 - 7 - 01 - 017242 - 2　定价：95. 00 元

邮购地址　100706　北京市东城区隆福寺街 99 号

人民东方图书销售中心　电话（010）65250042　65289539